阿米巴经营改进模式

黄一新 朱迅 著

东南大学出版社
·南京·

内容提要

本书全面、系统地介绍了阿米巴经营改进模式的组成、作用及与精益管理、六西格玛的关系。从阿米巴经营改进模式概论、阿米巴经营基础、阿米巴组织划分、阿米巴经营报表、阿米巴经营核算、阿米巴经营报表分析、阿米巴经营改进方向、阿米巴经营改进项目、阿米巴经营改进措施、阿米巴改进成果评价、阿米巴改进成果固化、阿米巴循环改进体系、阿米巴经营长自我修炼等方面，以实战、案例为基础，系统展开，详细说明，让读者深入了解如何系统开展阿米巴经营改进、构建阿米巴经营改进模式。

本书重点介绍了阿米巴经营报表分析和开展阿米巴经营改进的工具、方法；也对阿米巴经营个人的修炼与成长进行了探索。

本书适用于有一定阿米巴经营管理基础知识的读者，对企业组织系统开展阿米巴经营改进，构建组织的阿米巴经营改进体系，具有良好的示范作用和参考价值。同时，也可作为相关教育培训机构的教学用书。

图书在版编目(CIP)数据

阿米巴经营改进模式/黄一新，朱迅著. — 南京：东南大学出版社，2022.8
 ISBN 978-7-5766-0184-8

Ⅰ.①阿… Ⅱ.①黄… ②朱… Ⅲ.①企业经营管理—研究—中国 Ⅳ.①F279.23

中国版本图书馆 CIP 数据核字(2022)第 137780 号

责任编辑：马伟　责任校对：韩小亮　封面设计：毕真　责任印制：周荣虎

阿米巴经营改进模式
Amiba Jingying Gaijin Moshi

著　　者：	黄一新　朱迅
出版发行：	东南大学出版社
社　　址：	南京四牌楼 2 号　邮编：210096　电话(传真)：025-83793330
网　　址：	http://www.seupress.com
电子邮件：	press@seupress.com
经　　销：	全国各地新华书店
印　　刷：	南京百花彩色印刷广告制作有限责任公司
开　　本：	787mm×1092mm　1/16
印　　张：	26.75
字　　数：	596 千字
版　　次：	2022 年 8 月第 1 版
印　　次：	2022 年 8 月第 1 次印刷
书　　号：	ISBN 978-7-5766-0184-8
定　　价：	138.00 元

本社图书若有印装质量问题，请直接与营销部联系。电话：025-83791830。

编辑委员会

主　　任：黄一新

副 主 任：祝瑞荣　姚永宽　王　芳

技术顾问：钱顺江　楚觉非　姚　媛　徐　赟　姚仁杰

著　　者：黄一新　朱　迅

序 一

创新发展练内功,持续改进应挑战

2022年时运多舛,注定是中国制造业发展史上将留下深刻印记的一年。回首望去,自2010年中国制造业登上世界制造业龙头位置之后,到2021年,中国制造业增加值增长9.8%,制造业增加值占GDP比重达到27.4%,制造业增加值规模达到31.4万亿元,已经连续12年位居世界首位。这样一个发展势头能否延续,如何又稳又好的继续向前,时代提出新的诘问,形势发出新的挑战。从国际上看,政治经济局面呈现出近年来从未有过的错综复杂,不确定不稳定因素明显增多,霸权行径和兵戎战事遏阻了全球经济恢复的努力,打乱了全球生产链供应链的正常秩序,发展前景扑朔迷离。从国内看,需求收缩、供给冲击、预期转弱三重压力在工业领域体现得更为明显,市场需求不足,企业综合成本居高不下,特别是近期疫情局部多发、超出预期,对经济平稳运行带来更大不确定性和挑战。企业是中国制造业、中国经济的骨干和脊梁,如何能在2022年的乱局中以创新正视挑战、以转型站稳脚跟、以管理强身健骨、以调整转危为机,争取新的高质量发展空间,无疑是需要认真思考和回答的大问题。本书提供的具备实操性的视角和案例是一个非常有意义的探索,能给读者带来有裨益的启示。

面对严苛的外部市场环境和运转失序的产业链供应链,企业如果只是用原来的生产经营方式来应对,必将陷入生产成本上升、节奏紊乱、效益下滑的窘迫境地。这样的情况乃至结果,对于中外企业来说,都是屡见不鲜,以至于许多经济学家面对当前经济形势向政府提出的建议,都是要争取让企业活下去。作为企业,尤其是制造业企业而言,外部环境的改善是非常重要的,政府也会在这方面不遗余力。除此之外,企业自身的努力也必不可少,惟创新者胜,惟创新者强,牢牢把握创新核心,是企业战胜各种艰难险阻最为有力的武器。

纵观中国制造业的发展历程,在产业发展尤其是快速扩张阶段,更多地表现为机器、设备、设施等硬件为主的企业生产能力的增加,而对管理等软件的投入相对不足。在产业内涵式发展阶段,强调以创新为内生动力的时候,既需要不停顿地加快技术创新步伐,更要全力提升管理经营水平,充分挖掘自身蕴含的巨大潜力。在数字化、网络化、智能化带动制造业全面提升转型的新阶段,尤其要对数字化转型促使企业管理发生革命性变革给予更多的理解、研究和探索，认识到实施与数字化转型相适应的企业管理创新可以为企业带来巨大的价值，包括降本增效、提高生产效率、减少人力成本、加速产品迭代、提升制造的自动化程度等，最终改善企业的运营业绩，提升效率和效益，实现可持续发展。

"他山之石，可以攻玉"，南京钢铁股份有限公司（以下简称南钢）经营管理团队认真学习日本被誉为"经营管理之神"稻盛和夫的阿米巴经营管理模式，潜心研究，精心设计，苦心实践，专心改进提升，形成了路径清晰、特色鲜明、为我所用、效果显著的管理创新成果。南钢在推进阿米巴经营模式的过程中，根据钢铁工业生产工艺流程和工序特点，将事业部划分为厂、车间、班组阿米巴。通过阿米巴经营模式，员工全面参与企业生产经营，使得组织更快速、更高效地对市场变化做出反应。通过组织"平台化"和"生态系统"模式重构人才与组织的关系，使得人人成为经营者，人人分享经营性收益。通过管理去中心化，确保"谁创造谁分享"原则，促进企业与员工共同"创业创新，创造价值"。通过让阿米巴组织走进创新研发领域，及时实现现场生产、操作、工艺、技术、质量、检测分析、设备保障之间的管理融合、创新提升。

一系列的研究与实践使南钢的管理团队和广大员工深切体会到，只有把企业做成平台，企业才能做大格局；把平台做成阿米巴，企业才能做强专业；把阿米巴做成合伙制，企业才能做久机制；要通过持续不断地改进，使阿米巴经营模式成为支撑南钢实现"创建国际一流受尊重的企业智慧生命体"企业愿景的重要抓手。可以说，这也是理解本书的一把钥匙。如果认真阅读，就可以发现，本书不仅可以作为学习了解阿米巴经营模式的一本实用性、操作性很强的手册，而且可以作为中国企业矢志管理创新、探索中外管理智慧的报告集。相信不论是企业管理工作者，还是从事企业管理研究、教学、学习的老师和同学，或是愿意了解中国企业管理的读者，都会从阅读这本书中有所收获。

中国企业联合会、中国企业家协会常务副会长兼理事长　朱宏任
2022 年 4 月 10 日

序 二

人才是组织永续经营的压舱石

热烈祝贺《阿米巴经营改进模式》一书出版！

组织要永续经营，必须要有符合组织价值观的经营人才不断涌现和成长的企业文化与环境机制。

阿米巴经营第一目标是培养人才，是培养和董事长、总经理一样会思考、懂经营的人才。任何一个企业在践行阿米巴经营模式的过程中，都要把锻炼、培养会思考、懂生产、擅经营、顾大局的复合型人才作为第一要务。

阿米巴经营通过划小经营单元，以模拟市场经营核算的方式和自负盈亏的原则，让这些小单元的负责人，即阿米巴经营长或巴长，独立经营，从而培养他们的经营能力。

企业的最小基础单元是班组，传统的班组管理是任务驱动，由上级下达工作任务和各项指标，由班组长带领班组成员去完成，上级根据完成情况和班组在生产过程中的重要程度，进行各种奖励分配。通过实施阿米巴经营，让班组由任务驱动转变为目标驱动，实现由被动向主动的转变。

任务驱动是要我做，是被动执行，是将人视为资源，与设备机器相当。

目标驱动是我要做，是主动实施，是将人视为资本，重视成长与增值。

一、经营者思维是组织的根本

分别给一名管理者和一名经营者 10 万元资金，管理者会把这 10 万元花得很好，而经营者会在花得很好的同时还会再赚回来 10 万元甚至更多。也就是说，管理者思维是做好事情、当好部门负责人，而经营者思维是把自己当成老板，把部门当成一个小企业来经营。这是两种完全不同的思维，也是管理者和经营者的差异所在。

阿米巴经营倡导的思维方式正是人人成为经营者的经营思维。阿米巴认为，每个人都有无限潜能，要激发出每个人的潜能和动力，让员工不只是用双手工作，同时也能更好地贡献智慧。当员工都具备了经营者思维，就好像企业家如"孙悟空"一样变出很多个"分身"，这样就有多个经营者同时操心企业的发展。所以，经营者思维可以理解为，在做每件事的时候，问一下自己："假如我是总经理，我该如何做？"试着把企业和部门当成自己的，不断以这样的方式锻炼自己的经营者思维。

长久以来的工作机制和氛围,都让我们习惯当一名执行者,只需按要求做事,而经营者思维需要我们独立思考并且做决策。这种决策是在我们能力范围之内、管辖范围之内,上级巴长审批通过的决策。所以与以往有很大不同,以往我们不需要决策,直接执行上级布置的任务就行;而阿米巴经营,是我们自己做自己的主人,由我们自己提出应该做哪些事情,是自己的决策,再由上级巴长审核通过,这样就激活了我们的自主权。

刚开始的时候,我们可能会有些不习惯,也可能会做出错误的决策,但是,没有犯过错误的巴长不是一名合格的巴长。每一名企业家能获得今天的成就,并不是他们天生优秀,而是他们在企业经营过程中,犯的错误多了,决策就越来越精准。巴长也需要这样的经历,只不过阿米巴经营会规范每名巴长在能力和权限范围内锻炼决策,即使偶尔失误,也不会产生超出职责范围的可控影响,这本身也是一个学习改进的过程。

二、家人思维是团队的基石

领导要坚持一家人思维,以员工为中心;员工要坚持经营者思维,以客户为中心。企业的各级巴长要贯彻和坚持家人思维,以员工为中心,以客户为中心;员工也需要有家人思维。家人思维首先要接纳彼此,才能相互沟通、形成一致的目标,有一致共同目标的组织才能称之为团队,才有卓越的执行力,如果团队成员不接受彼此,有可能彼此合作、协同提效吗?正确的思维方式,可以改变命运,做好事和学习也可以改变命运。

三、利他思维是合作的基础

所谓利他思维,就是尽量多为他人着想,本着对他人有利的角度去考虑问题,而不是仅仅对自己有利。做人与做事,其实都是这个道理。遇到事情,在不影响自己利益的前提下,尽量成全他人。久而久之,好的人缘也就积攒下来了,多帮别人,以后遇到困难或需要的时候,别人也会想着帮你。

所谓利他思维,就是心里总想着给他人利益和好处,处处为他人着想!总是把他人的利益摆在第一位!我们总是在帮助别人解决所遇到的种种困难和问题的需求中,不断获得回报!

一个企业,如果企业领导总是想着为自己企业的员工带来利益,让他们怎样赚到更多的收益。那么他的员工必然做事就兢兢业业,为所在的企业创造更好的发展空间!如果所有的员工,肯为企业领导着想,认真地做好本职工作,他们的领导就会不断地给他们加薪涨工资。在一个家庭中,如果家庭成员之间,不管是夫妻、父母、子女,大家都能相互包容,相互理解,永远看对方的优点,做什么事都总是为对方着想,那么僵化的家庭氛围一定能逐渐改善,整个家庭会越来越和睦幸福的!

有一个需要知道的真相就是,别人可能不在乎你多富有、不在乎你地位有多高、不在乎你能力有多大、不在乎你过去怎么样,他们只在乎你能给他们带来什么,能为他们提供多大的价值!

四、感恩思维是修炼的原点

活着就是幸福,活着就会有希望,懂得感恩,人生才会精彩。

不管是经营人生还是经营企业，我们都需要从结果出发，看待问题。从结果出发看待问题，才能突破问题本身的束缚，从而看到问题之外的突破口，掌握杜绝再次发生的方法，在严格要求的条件下，高效办事。

工作即修行，我们可以在工作中把我们的坏毛病、不良习性都改掉；巴长的自我改进，是摒弃打工者思维，树立经营者思维，修炼成为与董事长、总经理一样思考、经营的人，实现从"赚钱"到"值钱"的飞跃。

改进是组织提升、个人成长永恒的主题，无处不在。

《阿米巴经营改进模式》，是集组织改进、个人修炼于一体的系统改进模式，聚焦于组织的永续经营的人才培养。

《阿米巴经营改进模式》一书是作者在企业阿米巴经营实践中的心得和感悟，足见作者之心血和精华。积跬步以致千里，汇涓滴而成江海，该书展现了南钢阿米巴经营的深刻内涵，诠释了近年来南钢突飞猛进的成功之道，是一本有利于促进钢铁行业乃至整个制造业管理变革、经营提升的精品好书。

中国钢铁工业协会党委副书记　姜维

2022 年 4 月 28 日

序 三

激活个体是阿米巴经营模式的原点

在高速互联、信息共享的时代,企业管理者常常会遇到这样两个难题。一个是市场的难题,另一个是员工的难题。市场的难题是什么呢?是技术进步太猛,竞争太残酷,就算是百年老店,一不小心也有可能掉队。面对员工的难题是什么呢?比如很多管理者抱怨,现在"95后""00"后的员工越来越多,他们比较崇尚个性,强调个体价值,很多经典的管理方法和激励手段,好像都不管用了,管理难度似乎越来越大。

传统的企业组织模式已经不能适应时代的变化,组织必须主动变革,打破级别限制,鼓励员工献计献策,使跨越级别和部门的头脑风暴成为常态,让更多人参与决策,才能释放组织的创造力,从原本按部就班的执行,变成主动积极创新。这样一来,你的企业组织,也就能够适应不断变化的客户需求和商业世界。

如何做到这点?推行阿米巴经营是一个成功的路径。南钢将阿米巴经营与企业战略、管理模式、制度流程、考核激励、人才晋升、企业文化等融为一体,形成南钢特有的经营管理模式,并实现了经营业绩持续高增长。

南钢的企业愿景是"创建国际一流受尊重的企业智慧生命体"。在践行企业愿景的创新实践中,南钢提出了全员合伙人制度,推进了事业部制改革和阿米巴经营模式。结合企业数字化转型的战略推进,南钢实践了构建互联网思维下阿米巴生态圈的创想,面向各业务及职能层级构建阿米巴经营体系的决策分析体系和持续创新平台,员工既是"老板",也是平台创客。在南钢,阿米巴经营改变了员工思维方式,丰富了企业文化内涵,提升了企业核心竞争力。不仅如此,南钢还总结出自己推行阿米巴的创新成果,并结集出版,从《阿米巴经营与现代企业管理》到《阿米巴经营改进模式》。

南钢《阿米巴经营改进模式》一书,从南钢的阿米巴经营基础、阿米巴组织划分、阿米巴经营报表等具体案例,阐述了阿米巴组织如何依据阿米巴经营报表分析结果,开展持续改善、循环提升活动,实现阿米巴经营组织的收益提升和人才培养目标。

阿米巴经营的目标结果是"最大收益、最小成本、最少费用、最短时间"。改进是组织提升、个人成长的永恒主题,无处不在。阿米巴经营改进模式,是集组织改进、个人修炼于一体的系统改进模式。通过实施阿米巴经营,构建阿米巴经营改进模式,真正实现全员参与,每个人不仅知道自己的成本消耗,而且能主动、持续改进提升、创新增效,掌握与自己的历史、同行先进、行业标杆进行对比的方法,持续减少各种成本消耗,有效降低过程成本,使每个人手中的收益都能最大化。

"作为组织,如何激活每位员工个体?"是推行阿米巴经营模式的思维原点。

"每位员工,付出不亚于其他人的努力。"是推行阿米巴经营模式动力原点。

"营造能激活个体的企业文化,以推动个体建立主人翁意识,积极担当责任、发挥创意、获得成就。"是推行阿米巴经营模式的价值原点。

南京钢铁股份有限公司党委书记、董事长　黄一新
2022 年 5 月 18 日

前　言

阿米巴经营改进，是实施阿米巴经营的必然选择。企业导入实施阿米巴经营模式的目的是什么？当然不是赶时髦，而是为了提升企业竞争能力。

企业竞争能力的组成要素中，人才是核心和重点。组织通过实施阿米巴经营，开展阿米巴经营改进，培养属于企业自己的经营人才，是企业持续发展、基业长青之道。

与时俱进、循环改善、持续创新，锻造属于企业自己的核心人才队伍，建立改进创新的企业文化，是企业实现高质量发展的基础。

企业在实施阿米巴经营过程中，取得阶段性成果也很容易。但怎样保持成果、传承经验、复制方法，却是众多实施阿米巴经营模式企业的痛点与难点。到底有没有一种模式，让所有巴长、巴员都能在前人的成果基础之上，秉承方法、发扬经验、循环改善、持续提高，使组织的经营绩效得到保持并能不断改进、提升？

我们注意到，在实施阿米巴经营模式中，很多优秀的巴长取得了非常杰出的成果，由于他们的突出表现，在企业的发展过程中，他们被提拔、充实到各管理部门，但是随着他们的晋升，这些巴长们的经验和成果，巴组织却没有得到有效继承，其继任者也没有做好传承。这些被提拔的巴长可能也没有意识到，培养优秀的接班人是每个领导者的分内职责。很多公司虽然也规定，被提拔者在没有培养好接班人之前，不能得到晋升，但实际执行起来，却没有被认真对待和执行，从而造成优秀巴长晋升提拔后，组织的阿米巴经营改进活动也停滞不前，甚至倒退。

阿米巴组织的经营改进成果，是组织的知识资产，传承与发展也是每一位巴员的责任。阿米巴经营强调人人参与，通过阿米巴经营活动，将个人培养成具有老板思维的经营人才，使个人摒弃打工者心态，主动参与，实现从赚钱到值钱的转变。

有效开展阿米巴经营改进，首先要对阿米巴经营报表进行分析，严谨、科学的分析方法是保证；开展阿米巴经营改善活动，整合现有的多种多样的改进方法，是阿米巴经营改进模式探索和研究的重点。实施阿米巴经营，模式化开展阿米巴经营改进，传承和复制组织的阿米巴经营改进经验，对改进成果进行保持，是组织持续发展的基础。

我们可以从以下"一、二、三、四、五、六、七"方面，认识阿米巴经营、理解阿米巴经营改进模式。

实施阿米巴经营"一个原点"。深入思考"作为人，何谓正确"，树立"追求全体员工物质与精神两方面幸福的同时，为人类和社会的进步与发展做出贡献"的原点思维、初心思维。

实施阿米巴经营改进二大抓手。即"开源"和"节流",开源以提高效率增加收入为主,节流以降本节能减少支出为主。

阿米巴经营三心原则。即"仁爱之心、利他之心、利润中心"。

实施阿米巴经营三部曲。即"分巴、建表、定交易"。

阿米巴经营模式三大组成。即"阿米巴经营哲学、阿米巴经营会计、阿米巴经营工具"。

阿米巴经营四最经营理念。即"最大利润、最小成本、最少费用、最短时间"。

实施阿米巴经营五步落地方法。即"导、分、算、奖、融"。

实施阿米巴经营构建六大机制。即"全员参与、温度传递、自主经营、循环改善、内部交易、成就梦想"。

实施阿米巴经营的六大目标。即"老板理念、客户思维、人才培养、透明经营、赛马平台、全员合伙"。

实施阿米巴改进模式的七大步骤。即"报表分析方法、改进方向选择、改进项目确定、改进措施制定、改进效果评价、改进成果固化、循环改进体系"。

阿米巴经营改进模式,强调让各级巴长充分运用阿米巴经营报表的数据,分析说明为什么要改进?用数据、方法证明,为什么要开展这样的改进?这些过程的逻辑要清晰。

实施阿米巴经营的目的,是持续改进、循环改善;阿米巴改进模式的目标,是运用科学的方法,建立起持续改进、循环改善体系,实施全员改进、系统改进、循环改进。

唯有持续改进,方能追求卓越。

著 者
2021 年 12 月 20 日

目　录

第一章　阿米巴经营改进模式概论 ··· 001
　一、阿米巴经营 ··· 001
　二、稻盛和夫拯救日航的方法 ··· 003
　三、企业开门三件事 ··· 008
　四、阿米巴经营改进 ··· 015
　五、阿米巴经营改进模式 ··· 016
　六、阿米巴经营改进模式过程实施 ··· 028
　七、阿米巴经营改进模式与精益管理、六西格玛管理 ······················· 031
　八、精益管理 ·· 035
　九、六西格玛管理是世界最先进的质量管理法 ······························· 038
　十、GE创造了六西格玛管理DMAIC模式 ····································· 042
　十一、阿米巴经营点燃了员工的成长激情 ······································ 049
　十二、阿米巴经营改进模式核心理念 ··· 052
　十三、高质量改进促进企业高质量发展 ··· 065
　十四、高质量发展是质量5.0时代的要求 ······································· 080

第二章　阿米巴经营基础 ·· 085
　一、阿米巴经营模式 ··· 085
　二、阿米巴经营模式的三个层次 ·· 091
　三、阿米巴经营哲学溯源 ··· 095
　四、阿米巴经营方法溯源 ··· 097
　五、阿米巴不是赶时髦 ·· 100
　六、阿米巴经营的管理特色 ·· 101
　七、阿米巴经营的管理作用 ·· 101
　八、实施阿米巴经营是开展阿米巴经营改进的前提 ························· 109
　九、阿米巴经营实施"五步法" ·· 110

第三章　阿米巴组织划分 ··· 112
　一、阿米巴组织单元划分原理 ··· 112

二、阿米巴组织划分原则…………………………………………………………… 114
三、划分阿米巴组织的四个依据…………………………………………………… 115
四、划分阿米巴组织的五个维度…………………………………………………… 117
五、阿米巴组织划分的五大步骤…………………………………………………… 123
六、阿米巴组织的四种形态………………………………………………………… 124
七、四种阿米巴组织类型之间的区别……………………………………………… 126
八、不同阿米巴组织形态的运营与管控…………………………………………… 127

第四章　阿米巴经营报表……………………………………………………… 130
一、阿米巴经营报表构成…………………………………………………………… 130
二、阿米巴经营会计………………………………………………………………… 132
三、阿米巴产生内部交易的原因…………………………………………………… 135
四、阿米巴经营产品内部定价方式………………………………………………… 142
五、阿米巴经营服务内部定价……………………………………………………… 149
六、阿米巴经营内部核算…………………………………………………………… 150
七、阿米巴报表填写………………………………………………………………… 151
八、数字阿米巴……………………………………………………………………… 152
九、阿米巴经营报表的功能与作用………………………………………………… 154

第五章　阿米巴经营核算……………………………………………………… 157
一、阿米巴经营会计………………………………………………………………… 159
二、阿米巴经营会计核算特点……………………………………………………… 162
三、阿米巴经营报表的价值………………………………………………………… 163
四、阿米巴经营会计七大核算原则………………………………………………… 165
五、权责发生制与收付实现制……………………………………………………… 167
六、企业更加需要经营会计………………………………………………………… 168
七、经营会计科目设置与利润核算………………………………………………… 169
八、采购业务的阿米巴核算………………………………………………………… 174
九、销售业务的核算………………………………………………………………… 175
十、生产制造业务核算……………………………………………………………… 176
十一、经营会计报表构建原则……………………………………………………… 177

第六章　阿米巴经营报表分析………………………………………………… 183
一、阿米巴经营报表分析作用……………………………………………………… 183
二、阿米巴经营报表分析原则……………………………………………………… 183
三、阿米巴经营报表分析方法……………………………………………………… 185
四、帕累托法则（2/8原则）………………………………………………………… 185
五、标杆管理………………………………………………………………………… 190
六、目标对比………………………………………………………………………… 197

七、趋势分析 … 198
八、轻重缓急 … 199
九、深度分析法 … 200
十、缺陷优先 … 208
十一、效率首选 … 210
十二、矩阵图 … 211
十三、头脑风暴 … 215
十四、SIPOC 分析 … 217
十五、对策表 … 220
十六、跟踪表 … 221
十七、精细核算 … 221
十八、收益变化 … 222
十九、统计技术 … 224
二十、t 检验 … 229
二十一、方差分析（ANOVA） … 232
二十二、卡方检验 … 237
二十三、循环改善 … 240
二十四、5W2H 法 … 242
二十五、分类分层 … 246
二十六、节拍分析 … 250
二十七、因果图 … 256
二十八、过程能力分析 … 257
二十九、实验设计（DOE） … 262
三十、混料设计 … 274

第七章 阿米巴经营改进方向 … 278
一、如何确定阿米巴经营改进方向 … 278
二、提高经营品质 … 279
三、提高生产效率 … 280
四、提高生产效率的方法 … 281
五、影响生产效率的因素 … 282
六、提升生产效率的手段 … 283
七、组织常用改进方向 … 284

第八章 阿米巴经营改进项目 … 292
一、阿米巴经营改进项目的确定方法 … 292
二、阿米巴经营改进项目的确定流程 … 293
三、确定阿米巴经营改进项目的其他方法 … 300

第九章　阿米巴经营改进措施 ·············· 301
一、阿米巴经营改进措施制定方法 ·············· 301
二、QCC 式项目制订改进措施的方法 ·············· 302
三、六西格玛管理制定改进措施的方法 ·············· 304
四、技术攻关制定改进措施的方法 ·············· 307
五、流程优化与再造的改进措施制定 ·············· 308

第十章　阿米巴改进成果评价 ·············· 318
一、阿米巴经营改进结果评价方法 ·············· 319
二、阿米巴经营改进评价形式 ·············· 326
三、阿米巴经营改进评价作用 ·············· 335

第十一章　阿米巴改进成果固化 ·············· 338
一、标准化管理 ·············· 338
二、标准作业 ·············· 340
三、SOP 编制流程和方法 ·············· 342
四、SOP 是固化阿米巴改进成果的有效方法 ·············· 361
五、PDCA 到 SDCA 循环提升 ·············· 377

第十二章　阿米巴循环改进体系 ·············· 380
一、循环改进是组织追求卓越之道 ·············· 382
二、循环改进体系构建 ·············· 385
三、阿米巴经营改进案例提炼 ·············· 389

第十三章　阿米巴经营长自我修炼 ·············· 391
一、人格修炼立"三观" ·············· 393
二、中华文化是宝库 ·············· 395
三、人生追求是远方 ·············· 398
四、巴长必备的七大能力 ·············· 399
五、在"赛马"中成长 ·············· 402
六、老板成功方程式 ·············· 402
七、思路决定出路 ·············· 404
八、"敬天爱人"源于"阳明心学" ·············· 406

主要参考文献 ·············· 408
后记 ·············· 409

第一章
阿米巴经营改进模式概论

企业导入和实施阿米巴经营模式的目的各有不同,但开展阿米巴经营改进,降低成本、提高效率,为企业培养经营性人才,增强组织的综合竞争能力,是大多数企业家导入和实施阿米巴经营的初衷,也是众多企业的普遍目标。

笔者根据多年指导企业实施阿米巴经营、持续开展阿米巴经营改善的实践和经验,提出了阿米巴经营改进模式。该模式以阿米巴经营报表为出发点,通过对阿米巴经营报表的分析,确定改进空间和改进方向,确立改进项目、制定改进措施并实施改进,在对改进成果运用传统方法进行评价的基础上,再结合巴组织的阿米巴经营报表数据的变化趋势,进行经营性综合分析,对改进结果的有效性进行科学评价。同时,各级巴组织结合阿米巴经营报表数据的变化趋势和传统方法对改进的评价结果,再策划和确定下一个改进,实现循环改进、持续提升。

通过阿米巴经营报表,巴组织对改进成果进行自我评价,根据阿米巴报表数据的变化趋势,按照量化授权的原则,各级巴长能够自主开展改进,全体巴员也能通过阿米巴报表来开展经营分析、工作改进,从而实现人人参与、自动自发,持续改进、循环改善的经营目标。这正是众多企业家梦寐以求的经营方式,也是我国高质量发展阶段企业组织的追求。

一、阿米巴经营

阿米巴经营也叫阿米巴经营模式。它是由日本四大"经营之圣"之一的稻盛和夫创造的,他用阿米巴经营方法,将三家日本企业带入了世界500强。其中京瓷公司主营电子元器件制造,是制造业;KDDI主营通信,是服务业,这两家公司因为使用了阿米巴经营模式而成为世界500强企业。稻盛和夫利用阿米巴经营模式创造了两家世界500强企业的同时,2010年,为拯救濒临破产的日航,他于78岁高龄开始担任日航的社长,运用阿米巴经营模式,将日航从濒临破产的境地,一步步带向重生。一年后,重建的日航就在稻盛和夫的带领下扭亏为盈,实现年盈利1 500多亿日元,重新回到世界500强。除了盈利以外,日航在航空行业还成就了三个第一,即"利润第一、准点到达率第一、服务水平第一"。

稻盛和夫这样定义阿米巴经营,就是把公司划分成若干个小集体,每个小集体都按一个小公司的方式进行经营,独立核算,自负盈亏,并对最小的经营组织进行业绩评估,通过赋权经营,在公司内不断培养与老板理念一致的经营人才,实现全体员工共同参与、创造高收益、成就员工、彻底解放老板的经营管理模式。

在企业中,产品生产的每一个环节和工序流程都可以成为一个阿米巴,同一部门也可以按照不同的地区或者产品来进行阿米巴的划分。创立并实行阿米巴经营模式的缘由,要从稻盛和夫与他创立的日本京瓷公司说起。

成立于1959年的日本京瓷公司至今已经营了60多年,目前员工规模达到75 000人之多,主营通信与精密仪器元器件。自成立至今,公司的销售业务横跨世界各大洲,截至2018年3月,京瓷公司网站显示其营业额达到15 770亿日元,当时折合人民币约为960亿元。

京瓷公司创业初始只是一个缺乏资金、信用、业绩的小街道工厂,可以依靠的仅有技术和相互信任的伙伴。为了公司的发展,大家都竭尽全力,经营者也用毕生的努力回报大家的信赖,坚信工作伙伴绝不是为了私利私欲而留在这里的,所有员工都真心地庆幸自己能够在这个公司工作。人人都希望公司不断发展,这就是京瓷的经营哲学。虽然常言人心易变,但同时,也再没有什么比人心更加坚不可摧,以这样牢固的心与心的连接力为基础来经营,就是京瓷公司的基本管理理念。

京瓷公司之所以取得如此成功,归功于稻盛和夫创立的阿米巴经营模式。在经营京瓷公司的过程中,随着公司规模的不断壮大,稻盛和夫发现光靠他一个人来管理整个公司难度很大,所以他产生了将每个部门进行拆分并当作一个独立经营和核算的公司来看待的念头,认为这样做老板会很轻松。这种企业的经营模式,与一种叫阿米巴的变形虫对外部环境的变化相类似,变形虫最大的特性是能够随外界环境的变化而变化,不断地进行自我调整来适应所面临的生存环境。这种生物由于其极强的适应能力,在地球上存在了几十亿年,是地球上最古老、最具生命力和延续性的生物体。稻盛和夫将这种经营模式命名为阿米巴经营模式。

追求卓越是大多数企业的愿望,但就是缺乏行之有效的方法和持之以恒的毅力。很多企业正在寻求转型发展,阿米巴经营与建立在阿米巴经营体系之上的阿米巴经营改进模式,能够实现培养经营人才、营造人人参与的机制和氛围。通过这个模式,企业能将全体员工培养成为经营者,人人都能参与改进、人人都为公司的利润负责,全面的改进就成了阿米巴经营改进模式的核心和关键。

阿米巴经营模式能促使企业发生最根本的转变,一是人人成为企业的主人,用"主人翁经营者"的思维去工作;二是利益驱动,在这套经营模式的影响下,每个员工都将成为企业利益创造的工作者、追求者、分享者;三是企业全员上下彻底达成了一致目标,这个目标就是给企业创收!所以,阿米巴经营模式的导入会大幅降低传统企业的管理成本,成为传统企业转型升级真正的有力工具。

阿米巴经营模式之所以被企业经营者们所熟知,是因为稻盛和夫用它拯救了日航。在日航濒临破产时,稻盛和夫担负起重任,让日航重获新生。而他最厉害的地方在于,接手并拯救日航扭亏为盈,前后仅用了一年多的时间。

| 案例 1-1 | 阿米巴经营拯救日航 |

2010年1月19日,亚洲最大、全球第三大航空公司日本航空宣告破产。在此之前,已经连续四年亏损的日航负债高达1.5万多亿日元。

日航是日本的大型国有企业,在其严重亏损并申请破产保护之前,日本政府已经向其注入了3 000亿日元的公共资金,并且免除了一些日航债权人的贷款,据说这些贷款的规模高达7 300亿日元,折算后相当于100多亿美元。但即便如此,日航最终不得不正式递交了破产申请。

作为一家国有企业,日本政府为了保住日航,决定聘请78岁高龄的稻盛和夫出山以拯救日航。稻盛和夫不负众望,自2010年2月开始正式担任日航的社长,一年后重建的日航就在稻盛和夫的带领下扭亏为盈,并实现年盈利1 500多亿日元。

除了盈利以外,日航在航空行业还成就了三个世界第一:利润第一、准点到达率第一、服务水平第一。

说到京瓷公司和KDDI,企业经营者对它们的关注焦点是这两家公司因为使用了阿米巴经营模式而成为世界500强企业。然而,企业经营者应该明确的是,我们需要关注的并不是稻盛和夫利用阿米巴经营模式创造了两家世界500强企业,而是稻盛和夫在拯救日航的过程中,到底是如何结合阿米巴经营模式,将日航从濒临破产的境地一步步地带向重生。

稻盛和夫拯救日航的过程,就是运用阿米巴经营改进方法,对日航持续进行改进的过程;日航的成功拯救,正是稻盛和夫持续开展阿米巴经营改进的成果。但对于阿米巴经营改进的研究,却没有见到相关文献信息和研究、探索的资料介绍。

二、稻盛和夫拯救日航的方法

2009年,日本航空公司负债1.5万多亿日元宣告破产。稻盛和夫于2010年1月13日公开表态,以"零薪水"和"不带团队"为条件,出任日航的社长。424天后,日航的"利润、准点率、服务水平"做到了世界第一,日航重回世界500强。那么,稻盛和夫是如何通过阿米巴经营模式拯救日航的呢?

日航之所以能扭亏为盈,与稻盛和夫及他所创造的阿米巴经营模式密不可分的,正是这两者的结合使得日航在短时期内发生了翻天覆地的变化。稻盛和夫在14个月里究竟做了什么,使日航不但扭亏为盈,还在世界航空行业成就了三个"第一"?成功拯救日航的"灵丹妙药"到底是什么呢?

早在日本政府准备请人解救日航之前,就对目标人选设定了极其严苛的条件:第一,必须是非运输行业经营者;第二,必须知名度高且有创业经验;第三,必须有大企业经营管理的实践经验。

此时,稻盛和夫已经是被人们认可的日本"四大经营之圣",他成功地经营了两家企业:京瓷和KDDI。稻盛和夫出任日航社长一职后,组建了一个三人小组,一个是稻盛和夫本人,一个是森田直行,他的职务是财务总监,大田嘉仁则任社长助理,这三人成为拯救日航的关键人物。

1. 六个层面诊断日航

随后,一场为期两个多月的围绕日航经营的诊断便开展起来了。对日航的核心经营管理问题的诊断主要从以下六个层面进行,参见图1-1。

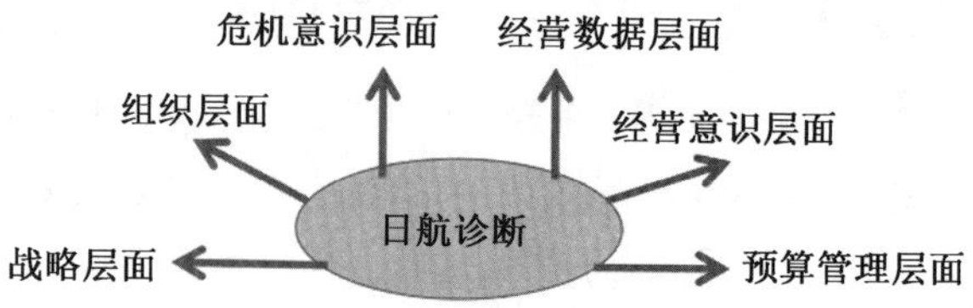

图 1-1　稻盛和夫六个层面诊断日航

（1）战略层面

日航采用多元化经营,经营资源特别分散,业务线多,地区分布广,有203家全资子公司,关联公司83家,无疑是个庞然大物。但在运营过程中,业务航线规划虽多,却完全没有做过"每条航线是否盈利？那么多航线中哪些是盈利的,哪些是亏损的?"除了在国内外拥有众多的航线(其中,日本国内有153条航线,国际有67条)之外,日航还有自营机场。尽管资源众多,但对于企业的未来发展,日航不仅没有很明确的战略方向,反而受业务繁杂所累,不能很好地进行聚焦。

（2）组织层面

各级组织的办事流程审批环节多,导致解决问题速度和办事效率低下。管理审批流程的官僚化和操作流程的时间过长,必然导致决策缓慢。同时还存在组织等级森严、机构臃肿、人员过剩、人均效能低下的问题。

在日航宣布破产的时候,在职员工多达47 000多人。日航的航班不管燃油税还是着陆费都比行业平均水平高出10%。由于有国家托底,所以在整个组织中,从管理者到基层的在职人员都只关心自己的工作,对企业的危机视而不见。组织层面也十分僵化,几乎没有鲜活的气息。

（3）经营数据层面

由于采取预算管理制度,日航所有的经营数据统计往往不够精确、及时,于是与经营状态相关的必要数字信息就会反馈迟缓,每个月的经营利润报表几乎比当月要晚两个月才能出来。更加离谱的是,在近100家相关联的公司中,竟然没有经营管理者对公司的利润负责。

（4）预算管理层面

在日航的预算管理制度中,收入的预算主要由售票部门与货运部门决定。

但是,这两个部门相当于传统企业的销售部门,这就导致在整个公司中只有公司的销售部门对业绩进行负责,其他部门对公司业绩都不会那么重视,因为不涉及他们的利益。

而预算管理导致企业无法及时对内部环境与外部环境的变化做出响应,因此经常出现不管环境如何变化,企业依旧按部就班地按照年初的预算进行。最后,挣钱的预算没完成,花钱的预算却完成得很好。

（5）经营意识层面

经济组织的核心使命是赚钱,但日航在破产前的经营管理中,安全是第一位,优于利润。尽管安全至关重要,但他们却忘记了一个事实：日航也是一家公司,公司的核心使命是盈利,日航围绕安全方面的花费十分巨大,许多自制航线甚至在没有利润的情况下仍坚持飞行,从未因为哪条线路不盈利而砍掉,这进一步加剧了亏损。

（6）危机意识层面

在日航,由于全员上下都把日航的经营责任与政府进行了挂钩,所有员工都一致认为,日航永远不可能破产倒闭。加之日本的企业雇佣制度采取的是相当于终身雇佣制,员工的工作能够终身拥有。因此,谁也没有想过公司有朝一日会破产倒闭,而且,员工们认为即便公司倒闭和破产,政府也一定不会袖手旁观。所以,全员上下对于公司的经营状态都漠不关心。

2. 四大措施拯救日航

稻盛和夫带领的三人小组通过对日航经营的六个层面进行综合诊断分析之后,随即针对了解的情况开始制定解决方案,最终确定了四大核心改革步骤。参见图1-2。

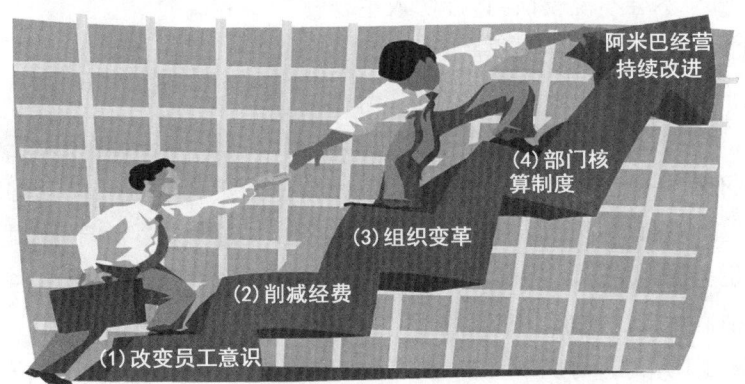

图1-2　稻盛和夫四大措施拯救日航示意图

（1）改变员工意识

正式到日航上任之后,稻盛和夫首先对日航的高层和中高层人员进行思想和哲学的宣讲。通过讲座,持续不断地进行宣传、宣讲,以引导日航全员上下在思想意识上首先达成一致。参见图1-3。

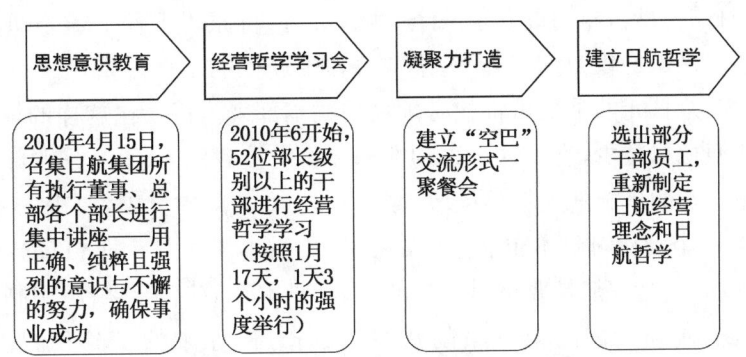

图1-3　稻盛和夫拯救日航转变员工意识的关键点

这一步其实是最难的,因为在企业所有的经营要素当中,"人"是最难改变的要素。其实稻盛和夫刚开始在日航导入经营哲学思想的时候也遇到了很大的"挑战",很多员工都认为稻盛和夫所讲的经营思想、理念都是很简单的,更有甚者当面与稻盛和夫对峙,但是稻盛和夫一直秉承着"利他""敬天爱人"等理念,慢慢感化员工。

那么,如何在日航内打造员工"凝聚力"?稻盛和夫采取的方式是打破传统的会议形式,通过导入一些新的做法,加强员工思想意识上的改变,如"空巴"这一交流形式。

用一个形象的比喻,"空巴"就是通常意义上我们所说的恳谈会。通常,在恳谈会上,企业会根据上个月财务报表反映的经营业绩情况,把每个班的负责人或者核心团队叫在一起聚餐,每次聚餐前要先解决3~5个核心主题,但在解决的过程中有一个要求,一桌饭菜上来以后每个人都不允许动筷。我们大胆地猜想,在此情况下可能出现的场景会有:

① 看着一桌美味佳肴,不吃会不会馋?
② 大家一馋,会不会不说废话,直接切入主题?
③ 大家一馋,会议效率会不会提高?
④ ……

在这种情况下,解决问题的空巴就会变得有效率了,接下来稻盛和夫还允许员工在空巴时喝酒。我国有句俗话,叫"酒壮怂人胆",开会时,一个下属对领导或者对其他部门有意见,正常情况下敢不敢提?显然不敢。喝酒以后,英雄莫过于"我"。于是,"某某领导你这有问题啊,我要说上次我对你不满意啊!"酒后吐真言,不经意间员工把一些压在心里面的话说出来了;但稻盛和夫还要求不能喝醉,因为喝醉时说的话叫胡话,所以不能喝醉。

最后,是最重要的一项,每次"空巴"时要排排位置,位置怎么排呢?排位的顺序是按照上个月的经营业绩排,坐在稻盛和夫左边的是上个月经营业绩最好的一组,紧随其后的是第二名、第三名、第四名、第五名、第六名。最后那一组对面空空荡荡的,这个位置意味着这里坐的就是上个月经营业绩最差的、天天跟老板对着干的人。所以,每次开会坐在那个位置的人都会感觉到耻辱,会有一种压迫感。通过这种方法,把每个人的团队凝聚力打造起来,这也成了日航自己的管理哲学。这样就完成了员工的意识改变。

(2)削减经费

稻盛和夫到日航以后,专门设立了一个采购本部。将原属于各个子公司、各个事业部、各个部门自行申请采购的权力削减,因为采购过程中产生的很多浪费没人关注。稻盛和夫规定,所有超过30万日元的采购审批权必须由采购本部来执行。在这样的情况下,30万日元及以上的采购便相对减少,当时这个采购本部在日航被戏称为"不准采购部"。

另一项削减经费的措施就是精兵简政,减少了超过30%的员工,原来的47 000人削减了16 000多人。这个动作对日本企业来说是很难执行的,不论是企业想裁员还是员工想离开这个企业,应该说这两方都是要付出代价的,因为日本企业属于终身聘用制。

精简航线是稻盛和夫做的第三项削减费用的措施,原来的153条国内航线缩减到110条,67条国际航线缩减到47条,同时大幅度缩小机场规模,优化并减少几种基础机型,共让103架飞机退役。为什么要减少基础机型数量?因为有很多航线取消,飞机也要退役,从而引进更多效率好、性能高的小机型。将上座率不高的航线换成小机型，降低成本费用，该航线就能产生利润。

一年后，日航节省了 800 亿日元。

(3) 组织变革

要想使整个日航从旧有的体制和传统的思想桎梏里解脱出来，稻盛和夫还对日航的组织做了变革。参见图 1-4。

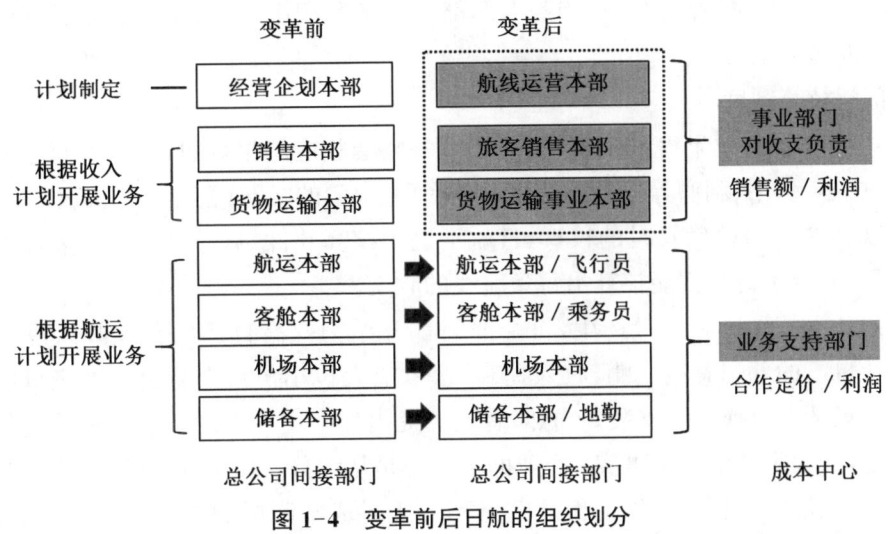

图 1-4 变革前后日航的组织划分

从变革前的日航组织结构图里可以看出，当时的日航和传统企业一样，没有谁对公司的业绩负责，真正对业绩负责的只有"销售本部"和"货物运输本部"。他们的业务分别为卖客票和货票，即客运和货运两大业务，因此只有两个部门对公司业绩负责。稻盛和夫进行组织改革后建立了一个新的部门——"航线运营本部"。航线运营本部好比很多企业的"商品规划中心"，一条航线是否盈利是由客流量、每个航班的入座率、运行班次等决定的，那么航线运营本部就根据每条航线的客流量来规划航线运行班次，以及为了确保入座率应该配备什么样的机型，从而确保航线盈利。例如，对从北京到东京的航线客流量，应该做以下思考：

① 航线的客流量在什么水平？开几个航班班次合适？
② 根据航线的客流量，每个班次配备什么样的机型？
③ 根据该航线客流量和机型配备多少飞行员和乘务员？

航线运营本部作为利润中心，对公司总业绩和总利润负责，即公司销售多少统统归为这个部门的收入。因为它的规划是否正确决定了航线的产出水平，也决定了日航的净利润，所以把整个公司的营业收入结算给该部门。

原来负责卖票的销售本部和货物运输本部进行变革后实行佣金核算制，即两个部门所卖的票从航线运营本部的总收入中提取 10% 作为他们的销售佣金收入，也就是这两个部门的营业收入。这样，三个部门对公司的利润和业绩均承担起了责任。同理，其他部门都进行了相应的变革,对原有提供每条航线服务的飞行员、乘务员都进行独立核算,即给飞行员和乘务员都确定一个定价标准:每小时的价格。那么,任何一条航线使用飞行员和乘务员均应支付成本,航线所支付的成本作为管理飞行员和乘务员部门即航运本部和客舱本部的营业收入。

这样一来,原本跟航线收入毫不相关的这些部门无形当中也有了自己的收入,同样也受到整体航线业绩的影响,同时每个部门也有了自己的利润目标。原本只是配合航线运行的航运本部、客舱本部、机场本部、储备本部都变成了利润中心,员工完成了从被动考核向主动经营的根本性转变。

(4) 部门核算制度

要使组织变革的效果得到落实,必须要有一整套相应的报表机制,即对每个部门都要进行收入、成本、费用、利润等的独立核算,建立每个部门的"经营会计核算报表"。

为实现各个部门精确及时的核算,日航引进了核算软件,从原来两个月才能知道公司的经营状况,变成了每日都能核算出每条航线的收支。

各部门独立核算机制一旦产生,每个部门都开始为提高自己的营业收入进行工作改革。为了让自己的部门有钱可赚、收入提高,改革前大包小包行李箱提着上飞机的空姐改革后就连大只牙膏也换成小支装。当然,有人会提出疑问:"一支牙膏的重量能降低多少成本呀?"但是,请大家认清一个事实:企业的利润都是从一分一厘中挣来的,一支牙膏的重量减轻,决定了燃油的减少。这样的做法重点不在于对成本降低的贡献具体有多大,而是使人深思这背后的员工行为。试想一下,如果企业里每个员工都有这样的成本节省意识,那么企业想不赚钱都难。

稻盛和夫通过这几大举措成功拯救了日航,从 2010 年 2 月他正式上任,担任日航的社长,导入经营会计报表,改革现有财务制度,用了三个月不到的时间就让日航扭亏为盈,一年后实现年盈利 1 500 多亿日元的净利润!

不难看出,稻盛和夫成功拯救日航的关键核心是组织变革。日航之所以变革成功,主要是实现了两大转型:一是员工思维意识转型成功;二是企业的经营模式转型成功。

作为企业经营者,从日航成功变革的过程中,应当学会对企业可持续发展经营进行思考:一是如何使员工将企业的营收责任纳入他们的日常思想意识中;二是企业建立一套怎样的经营模式能够让员工主动参与到企业的经营中来? 企业如何构建全员参与的改进体系,通过持续改进的方式,不断提高经营绩效。一旦对这些问题有了明确的答案,就意味着我们从日航扭亏为盈的案例中汲取了阿米巴经营模式和阿米巴经营改进模式的思想精髓。

三、企业开门三件事

在企业经营的过程中,到底是什么决定了一个企业能够"长治久安"? 怎样才能实现企业"高质量发展"?

企业经营者想让企业始终立于不败之地,必须学会抓大放小,了解对于企业经营来说何谓重要,何谓不重要。尤其是当前,不少企业在经营上都面临着三大不确定因素:一是政策不确定;二是行业竞争环境不确定;三是新生代员工的不确定。

尽管不同的企业所面临的具体的、不确定的因素是不相同的,但相同的是,在企业经营中,老板和经营者都想让自己的企业成为高盈利的企业,都想实现基业长青。其实,任何企业想要经营好,都需要面对四个问题:一是企业经营者是不是围绕"利润"做管理;二是企业在经营管理过程中"如何激发员工热情";三是员工的能力提升与发展能不能跟上企业发展的速度;四是员工是不是愿意将自己的聪明才智奉献给企业,自动自发地实施改进创新,与企业共同成长。在这四个问题的背后,正是企业经营的三大根本,即"战略、经营、管理"。

对所有想要经营好企业的管理者来说,需要从"战略、经营、管理"三个方面着手,俗称企业的"开门三件事"。

1. 战略的本质

提到企业的经营,纵观企业的经营史,那些传承数百年的企业在历史发展的长河中一直都熠熠生辉。它们也成为众多企业家、专家学者和机构等的研究对象,研究的焦点则是寻找它们基业长青的根本原因和秘诀所在。

企业之所以有存在的意义,就在于企业在为社会和客户不断创造价值的同时,也实现了自身的经营目标和发展目标,更推动着整个社会和人类历史不断向前发展和进步。这一切的根本都源于其最初的战略。因此,企业经营者要确保企业的经营能够永续发展下去,首先要清楚战略的本质。

提起战略,企业家们总有太多说不完的故事,战略也成为众多经营者在企业经营探索路上永恒的话题。那么,对于企业经营者来说,战略的本质到底是什么呢?

企业一旦成立,最重要的事就是先要"活"下来,且"要活"得够长,因为只有活下来才有可能做大做强,才可能有未来。

简单地说,企业战略的本质就是"不死"之术。那些百年企业之所以能够实现永续经营,正是因为在每一次关键时刻,其经营者在其战略决策上都做出了正确的选择。企业之所以制定战略,就是为了实现企业的生存和发展,把企业做大、做强。然而,不少经营者又片面地将战略的本质理解成为将企业做大做强。不可否认,把企业做大做强是企业战略的追求之一,但是如果仔细观察,不论我们处在哪一个行业,每一个行业都有着龙头企业;当我们将视线放大,放眼于全球范围,同样也有一些企业已经站在了企业界的最顶层。那么,对于这些企业来说,它们还要不要制定战略?

不言而喻,答案是肯定的。尽管这些企业已经做大做强,甚至在短期之内已经无法被超越,但它们依然要制定战略,因为如果今天企业不对未来进行战略规划,明天就有可能被竞争对手超越。

所以,战略的本质其实就是让企业"不死"。企业经营者和管理层,始终需要谨记的是,企业战略的制定并不是为了制定战略而制定战略,让企业做大做强、活得更长久,让企业的百年基业延绵不息才是其核心和关键。这是企业在经营过程中"开门"要做的第一件事情,也是企业战略的本质,更是每一个企业经营者都要思考的问题。

案例 1-2 | 中日企业寿命的比较

有资料显示,我国中小企业的平均寿命仅 2.5 年,大型企业的平均寿命仅 7~8 年,与欧美企业平均寿命 40 年、日本企业平均寿命 58 年相比,简直就是天壤之别。日本调查公司东京商工研究机构数据显示,全日本超过 150 年历史的企业有 21 666 家之多,而在 2017 年又有 4 850 家企业满 150 年,共有 26 516 家企业。

在我国,最古老的企业是成立于 1538 年的"六必居",之后是 1663 年创立的剪刀老字号"张小泉",再加上"陈李济""广州同仁堂""王老吉"和 1864 年创立的"全聚德",这好像是中国现存的 6 家超过 150 年历史的百年老店。

如果把时间轴放到 100 年,还有 1887 年创立的吴裕泰茶庄;1892 年创立的张裕葡萄酒;1903 年创立的东来顺饭庄;1903 年创立的青岛啤酒。这其中只有青岛啤酒是国际化的大企业。中国的百年企业实在是太少了,总共也只有 10 来家。相比之下,日本是世界上百年企业最多的国家。日本企业是家社会,重视员工利益,这可能就是为什么日本企业可以保持长期利益不断延续的根本原因吧。

2. 经营的本质

正如稻盛和夫在其"经营十二条"中所说:"追求销售最大化和经费最小化。"企业经营的本质,就是"赚钱",企业经营的结果,要能"盈利"。然而,值得重视的是,对于企业经营者来说,有一个原则是始终都要坚守,这就是我们常常提到的,企业"赚钱不是目的,是结果",只有将工作做好了,相关方满意了,结果自然就赚钱了。借用中国的一句古话,就是"君子爱财,取之有道",不能坑人骗财。相关方满意,钱财自然来。

"敬天爱人"的阿米巴经营哲学和"利他之心""仁爱之心"的阿米巴经营理念,都是"君子爱财,取之有道"之具体化。

企业的战略蓝图如何实现?依靠利润。只有利润才可以持续地支撑企业经营者实现梦想和蓝图。

企业获取经营利润是无可厚非的,因为企业在经营的过程中借助产品或服务的提供为消费者创造了价值,满足或者超越了消费者的期望,也在这一过程中自然而然地实现了企业的销售收入,获得了利润。但是一个不争的事实是,总有那么一些企业因为对利润的过分追逐,为了赚钱而不择手段。不仅损害了他人和社会的利益,也为企业的永续经营和发展埋下了无穷后患。

案例 1-3 | 三聚氰胺事件

2008 年 9 月 8 日至 9 月 11 日,随着甘肃省多名婴儿肾结石病的发现,卫生部对事件源头三鹿牌婴幼儿配方奶粉紧密关注,高度怀疑其受到三聚氰胺这一化工原料的污染。

随后,随着社会媒体的关注和相关部门的声明,三鹿集团才开始承认其生产的部分批次三鹿婴幼儿奶粉曾受到三聚氰胺的污染。一场沸沸扬扬的"三聚氰胺奶粉事件"逐渐扩散开来。

隐藏在三鹿集团的三聚氰胺奶粉事件背后的，其实正是企业经营者对企业经营的本质思考的真实写照，只是，同样是赚钱，同样是获取经营利润，三鹿集团选择的方式和途径并不符合"君子爱财，取之有道"这一天道和规律，最终在企业经营上误入歧途，对消费者、对社会，也对企业自身产生了无法估量的损害。

同样是经营企业，被称为"石油大王"的洛克菲勒则选择了不一样的方式。在经营企业的过程中，尽管洛克菲勒也经常从银行借款，但从来都是按时归还并支付利息的。银行之所以一直贷款给他，也是因为相信他在企业经营上是诚信的。他保守的经营也体现了从商本分和遵循天道。

不难看出，不论企业的经营如何开展，最终都要回到企业经营的原点，也就是"销售收入最大化，成本费用最小化，经营利润最大化"，简单来说，就是"赚钱"。"赚钱盈利"是企业的社会责任，这也是企业经营者需要思考的"开门第二件事"。

3. 管理的本质

说到管理，一直是企业经营者最头痛的事情。不论是企业经营者还是管理层，每一天都在谈管理，每个月都在谈管理，每一年都在谈管理，管理是企业经营中一个永远也无法绕开的问题。

然而，我们是否问过自己，对于企业来说，管理到底是什么？从表面上看，这个问题的答案是"管理是通过别人来完成工作"，如果再进一步，从字面上的理解来看，管理中的"管"就是管人、管事，"理"就是理顺人、事，如果用更简单的一句话来概括，管理就是通过对资源的有效分配，从而获取更大的效率。

对人的管理，目的是追求效率！管理的本质就是追求效率。效率决定了企业如何拔得头筹，如何将事情做得比竞争对手更快更完美。企业想在竞争中立于不败之地的法则，就是你的效率永远比别家企业高。

但对于企业经营者来说，明白管理就是效率还不够。我们需要对管理的本质再进一步思考，管理活动的开展是为什么服务的？让我们先来看这样一项调查。

· 案例 1-4 企业流程制度的有效性调查

有机构曾针对超过 5 000 家的民营企业做过一项调查，主要是调查其管理流程和制度，调查的核心是企业流程制度的有效性。

最终的调查结果显示，在所有调查企业中，真正有效的制度和流程占比仅为 15%。这就意味着，对于这些被调查的企业来说，绝大多数流程制度最终都流于形式。

在这次调查中，我们最深刻的体会并不是最后得到的数据多么令人不可思议，而是另一个值得发人深省的问题：这些流程制度为何最终流于形式，与其设立的初衷大相径庭？

因为，这样的管理制度并没有为企业的经营服务。试想一下，如果一个企业的管理制度不能很好地促进企业经营并实现利润增长，那么其管理的有效性也就无从说起。而企业管理对于效率的追求，从深层次来说，是用最少的资源赚取最大的利润，这就是管理的本质,也是每一个企业经营者都应该思考的企业"开门"的第三件事。

总而言之,战略、经营、管理是企业的"开门三件事",那么这三者之间关系如何呢?战略永远是第一位的,企业的可持续发展是最关键的。经营服从于战略,管理服从于经营。环环相扣,缺一不可,但必须主次分明。

企业经营者只有确定了战略的方向,才能清楚如何去经营;只有确定了如何经营,管理才能围绕经营的目标层层展开,才能将细节落到实处。

在企业经营的过程中,企业经营者最重要的事就是审视战略、经营和管理这三大问题的本质,把本质参透,才能带领自己的企业扎实前行!

4. 阿米巴是经营模式而不是管理模式

最需要给大家强调的观点、要点,因为经营是经营,管理是管理,经营有经营的逻辑,管理有管理的思维,二者根本不是一回事。但是大家似乎始终搞不明白这句话的真正意思。经营管理、经营管理,人们往往这样认为,似乎大家已经都习惯于这么朗朗上口地说,感觉经营与管理只不过是大家习惯说法的不同而已,在思想逻辑上都是一回事。

其实还真不是这么回事,因为经营是经营,管理是管理,经营与管理各自有各自的属性,各自有各自的机制,各自有各种的规律与法则,是不能够简单地相互混淆使用的。也可以这样认为,经营与管理两者思想的公分母是不一样的。稻盛经营思想是关于经营的,而不是关于管理的。因此我们反复提醒,企业家最好不要再带着原来的那种管理思维来学习、认识判断稻盛先生的经营思想,至少不要有意识带着管理思想来学习稻盛经管思想。至于埋藏在头脑深处隐藏的管理思维,就得慢慢地去除,并不是一蹴而就的事情。

实际上,企业家敢于在头脑之中把阿米巴经营模式与管理思想混淆在一起做简单加法,都是因为在思想根源上还没有搞清楚经营与管理完全是两回事,所以一直想把阿米巴这只羊往管理思想的圈里面赶。学习稻盛经营思想的困局往往就出在这里。当然我们这里所指的是在认知方面的障碍,更重要的原因还是企业家在内心良知方面放不下个人利益之心。

经营与管理的区别到底在哪里呢?这个话题如果展开来讲的话,绝对是一个非常庞大的话题,因此本书在这里不太可能做到,而且这也不是本书写作的真正目的。

简单地说,"管理就是管坏人,经营是激励好人"。按照这个思路,一直思考下去,也就把稻盛和夫的经营思想的许多要点以及阿米巴经营模式的许多问题想通了。其实学习稻盛思想的许多问题都来源于如何认识经营思想的思想原点。比如稻盛经营哲学、经营思想的原点,开宗名义就是"作为人,何谓正确?"这一原点问题。分解地讲,稻盛经营思想的原点是"作为人,何谓正确?",一方面是关于"作为人"的,另一方面则是关于"正确"的,即做人的正向价值观,也就是如何"做好人"。

德鲁克先生强调管理事,稻盛思想则关注经营人心。那么这两者的背后逻辑又是什么呢?其实德鲁克管理事不可避免地要涉及人的问题,毕竟事情必须由人来做,不可能自己完成。管理思想关于事情的逻辑到底是什么?关于人的管理逻辑到底是什么?

其实管理逻辑的潜台词就是管坏人，管理就是管坏人。管理逻辑的这一潜台词，一般很难说得出口，因此往往只能够保留在潜台词的思想原点方面，也就是管理事的逻辑延伸到人，其实就是管坏人，唯有坏人才需要被管。因此管理的逻辑实际上是基于一种不信任人的企业文化。因为我不相信你，认为你是一个坏人，所以如果我不管着你，那么你就一定会做损害企业利益的坏事，也就是损害企业老板的利益，我必须管着你，不能让你去做坏事。

企业老板已经假设你是一个坏人，这就是管理思想的一个根本假设。其实这种关于好坏的判断并不是一种真正的价值观衡量，而是一种利益对立的衡量，即假设人人都是自私的，人人都是为了自己的。管理的思维原点假设人人都是为了自己，而且还假设企业之中是以老板的利益作为判断好坏的标准原点的，如果员工为了自己的利益行事，就一定会与企业老板的利益相对立，因此就成为以老板利益为衡量基点之上被贴上标签的坏人，这种不能被老板文化信任的"坏人"就必须使用管理的方法来约束。这就是管理，就是管坏人的逻辑。然而这种"坏人"不一定是道德方面的坏人，而是利益衡量方面的坏人，是在做事维度方面的坏人，却很容易因为缺乏信任进一步发展成为真正在道德方面的坏人。

5. 管理思想与经营思想的原点

让我们再对比一下管理思想的原点与稻盛经营思想原点的差别。稻盛和夫阿米巴经营思想的原点是"作为人，何谓正确？"这是关于人的，关于如何激发去做好人。假设你是个好人，假设你能够成为一个好人。

管理的逻辑是什么呢？管理的逻辑不是"作为人，何谓正确？"而是"做错事了我应该如何惩罚你"。一个是关注人，一个是关注事；一个是关注做好人，一个关注做错事；一个是激发人如何做好人，一个是做错事之后如何惩罚人。二者的基点与逻辑完全不同，正是由于这些不同，我们才不能简单地做加减法。

按照心理学的原理，如果你假设谁是坏人，那么他最终可能真的就成为坏人了，不仅是物质利益方面的坏人，而且可能成为道德方面的坏人。为什么会这样呢？因为无论他如何努力，你都假设他是一个坏人，他去做"做好人"的任何努力，还有什么意义？在企业老板的头脑中，他永远就是一个坏人，只能破罐破摔。

管理就是管坏人。就是这样的逻辑，原点假设员工都是坏人，与企业老板的利益根本对立。管理希望能够管住坏人，然而真实的结果却是，真正的坏人其实一个都没有被管住，好人却都被管住了，困住了手脚，企业的业务效率、做事效率全都被管得低下，循规蹈矩的好人没办法去做事了。然而坏人照样可以钻制度的空子，企业最后也就只能变成个官僚机构。大家不再需要努力创新、去提高做事效率，而且官僚行为的理由讲出来全都冠冕堂皇，条条都可以找到管理制度规范方面的理由。

海底捞张勇曾说："一个真正想要做事的人，为了完成一项工作，那他必须突破多少管理障碍呀！"这是真正有一线实战经验的老总才能说出来的肺腑之言！

管理思想关注的主要是如何守住企业底线、如何守住下限、夯实基石，往往通过"管、控"的方法，也就是一种能力固化的方法，特别关注如何"做对事"，然而人心是不可能被真正地、根本地管住，因此管理最专注管理事。而经营思想其实关注的是提升企业上限，经营人往往要通过激发人心、提高心性的方式，是一种努力活化的方法，特别关注如何"做好人"，可见管理与经营是两种完全不同的方法，具有完全不同的原点假设，两者之间根本无法做简单加法。

在中国企业之中，大家已经习惯于使用"经理"这个称呼，如果职位再高就叫"总经理"，当然还有叫做总裁的，其实总裁与总经理还是有意义差别的。"经理"其实是一个非常符合中华传统文化意义的词汇，不知当年是谁将"经理"这个词汇用到现代企业管理之中。所谓"经理"，其实既有"经"的意义又有"理"的意义。"经"所对应的是"经营"范畴，而"理"所对应的则属于"管理"职责，因此"经理"一词既有"经营"的含义，又有"管理"的意思。

然而，这样的双重职责却不容易同时实现，真正的经营人才也不容易找到。真正意义上的经营者都已经去做企业老板了，懂得如何经营的经营者只做企业内部的经理，他一定会感到屈才。因此现在企业内部的"经理"工作，实际上就只具有"管理"的意义，而企业真正"经营"的职责只有企业老板自己去做了。在企业原本的框架结构之中，企业往往就只有一个经营者，那就是企业老板。这种企业管理模式在组织框架上实际上属于管理最大化，经营最小化。

6. 带着管理思维学习稻盛和夫的阿米巴经营

带着管理思维学习阿米巴经营，这是一个现实，因为我们都深受管理思维的影响，由于二者的原点不一样，要学习稻盛和夫的经营思想，必须越过这一障碍。首先要放下，以空杯的心态来学习、接受稻盛的经营思想。

管理思维是"果思维"，经营思维是"因思维"。管理思维就是实行阿米巴经营时，我们常常意识不到的最大思维障碍。因为大家在学习阿米巴经营的时候，自身的思维方式还没有发生根本改变，还只是把阿米巴经营当作一种管理知识来学习。

要排除"意识到的"管理思维与"意识不到的"管理思维的各种干扰，才能学到稻盛和夫经营思想的真谛。那些在观念上不接受或者不认同稻盛和夫经营思想的老板们、那些直接抱着"果思维"不放的老板们，管理思维或者管理意识非常坚定，几乎是一种独占式的思维，管理思维、管理模式如果真正能够做到的话，企业的管理水平也应该很高，企业运营非常有效。

提倡稻盛和夫的经营思想，并不是反对西方的管理思维，如德鲁克先生的管理思想。管理方法、管理工具也不是只有在管理思维下才能使用，阿米巴经营也经常使用这些方法，如标杆管理、改善管理、追求卓越即好上加好。稻盛和夫的阿米巴经营模式是经营思维下的成熟方法，是科学管理基础之上的发展、拓展，是对人心经营的拓展。我们学习西方的管理，将人视为资源，现在我们充分认识到人的重要性，"以人为本"开展经营，重视人的主观作用、创造性。其实西方的管理思想也在与经营思想融合，如美国卓越绩效评价准则（美国波多里奇国家质量奖标准），第五章的内容就是"以员工为本"。深受东方文化影响的日本，改善、创新了西方管理思想，当今的卓越绩效模式、六西格玛管理、精益管理等都是从日本的经验中总结、提炼、发展、创新出的方法。

四、阿米巴经营改进

持续改进是组织追求卓越之道。一个组织要拥有核心竞争力,实现"做精、做强、做大"战略目标,唯有坚持不断改进,持续提升,方能实现。

阿米巴经营改进,是对经营绩效的全面改进,涵盖质量、安全、效率、设备、成本、环境、人事、制度、流程、考核等诸多方面,也包括企业家自身的修炼和提升。企业家的自我修炼与成长,已经得到政府相关部门、企业家群体等重视,如江苏省工业和信息化厅已连续多年组织"英才名匠"专题培训,促进中小企业领导的成长。

六西格玛管理、QC小组活动是聚焦于质量的改进活动;TPM是聚焦于设备管理的相关活动;现场管理聚焦于质量、成本、交期;精益管理聚焦于生产过程的七大浪费,等等。这些都是一个领域、单方面的改进,没有对组织经营的全过程、全流程开展系统改进。从现象上、结果上,造成好像改进是质量人、设备人、生产现场等方面或部分人员的事,很难从全员的角度上去推动改进。基于全面质量管理的大质量体系下的改进,虽然有时也称为经营质量改进,但一直没有一个好的模式进行贯彻、实施和落地。

当今评价企业经营质量的最佳模式或方法,是卓越绩效评价准则或卓越绩效模式,但卓越绩效模式是一个框架,一个全面质量管理的框架,它运用所有成熟的工具和方法进行改进提升,兼收并蓄。但到基层的班组层面,却也没有具体的、有效的应对措施和方法,国内一些优秀的企业结合卓越绩效模式实施,也进行了卓越绩效班组建设方面的探索,将卓越绩效管理的理念和方法,在班组进行落地。多年的实施结果和经验表明,卓越绩效模式在班组的实施效果,并没取得预期的成效。这是因为,卓越绩效评价聚焦于经营结果的评价,而企业的很多班组却没有能进行评价的经营绩效指标。有成本指标、能对成本指标进行考核,就已经是非常超前了。追求卓越,让基层班组能够像一级组织那样,有明晰的收入、支出,能核算出经营收益,也是班组建设的目标。通过阿米巴经营会计原理,以阿米巴经营报表的方式,为巴组织(班组)核算出经营绩效结果,结合卓越绩效计分卡原理,可以准确评价班组的经营质量,将利润中心有效建立在班组。

阿米巴经营就是通过划小组织单元,再以量化授权的方式,让每个小的组织单元,像公司一样去经营,自负盈亏,这样的方式成功地调动了员工的积极性,他们积极参与,为组织的经营贡献自己的力量。一个大组织就是由若干个这样的小组织构成,每个小组织都具有强大的动力,与高铁动车组一样,每一节车厢都有动力。在组织追求卓越的具体方法、做法上,阿米巴经营模式是最有效的方法之一。阿米巴经营是目标驱动、绩效驱动,而非任务驱动。

组织在经营实践中,可能不缺改进方法,缺少的是系统评价改进效果的方法。只有有效评价改进成果,才能开展持续有效的改进,有效评价改进效果的方法,是开展综合改进的保障。阿米巴经营改进模式,是建立在组织细分、内部产品或服务交易、模拟市场核算上的系统方法,能有效评价组织的经营绩效和改进成果。

1. 改善

刚刚开始,改善是为质量服务的,因为这些方法是质量人创新、发展、推广的。同时,质量人发现,质量不仅仅是质量人的事,而是全员、全过程、全企业的事,逐步发现到今天的全面质量管理阶段。这是质量人改进、创新的结果。

改善是在不抛弃原经营方案的前提下而进行的提升,更多体现的是精益求精和工匠精神。其目的是要做得更好、追求好上加好、优中更优。

2. 创新

创新是在通过抛弃原经营方案并建立新经营方案的前提下而进行的突破性改进。由此可见,创新的内涵很大,如创新是对产品、服务、过程和运营做出有意义的改变以实现改进,并为相关方创造新的价值;成功的创新是一个开发、知识共享、决策、实施、评价、学习的多步骤过程;创新不只是研发部门的专利,也是所有业务和过程的重头戏(包括组织与流程的改变),是管理的创新;创新适用于带来突破性变革或方法与结果的改进的所有关键过程;创新应当成为组织文化的一部分,融入日常工作之中,支持绩效改进系统;创新是组织和员工累积的知识,能否将其知识迅速运用和推广是推动创新的关键。

创新包括技术创新、管理创新、机制创新等,核心是革新、突破,创新是有意义的改变、迭代和进化。对好的、满意或基本能满足相关要求的对象,进行进一步提升,取得突破性、颠覆性成果,一般属于创新范畴。

3. 改进

这是对"改善""创新"的统称,常常将"改进创新"并列使用,改进有"改善+创新"的意思,这里的创新没有突破的含义,它们的含义好像已经没有绝对边界了,主要针对不满意或不能满足相关要求的对象,进行提升。

五、阿米巴经营改进模式

模式是指从生产经验和生活经验中经过抽象和升华提炼出来的核心知识体系。模式(Pattern)其实就是解决某一类问题的方法论。把解决某类问题的方法总结归纳到理论高度,那就是模式。

模式是一种指导,在一个良好的模式指导下,有助于你完成任务,有助于你做出一个优良的设计方案,达到事半功倍的效果。通过模式,一般也会得到解决问题的最佳办法。

模式是一种认识论意义上的确定思维方式。它是从不断重复出现的事件中发现和抽象出的规律,是解决问题形成经验的高度归纳总结。只要是一再重复出现的事物,就可能存在某种模式。

1. 阿米巴经营改进模式构成

阿米巴经营改进模式由成功实施阿米巴和阿米巴改进过程组成。成功实施阿米巴经营,是开展阿米巴改进的基础条件,二者缺一不可。"分巴、建表、定交易"是做好阿米巴经营落地的"三部曲";阿米巴经营改进模式建立在阿米巴经营哲学、阿米巴组织建设、阿米巴经营会计基础之上,根植于公司企业文化之中,推动着企业高质量发展。参见图1-5。

阿米巴"报表分析、改进方向、改进项目、改进措施、改进评价、成果固化、循环改善"是阿米巴经营改进模式具体实施过程步骤,简称阿米巴经营改进"七步法"。参见图1-6。

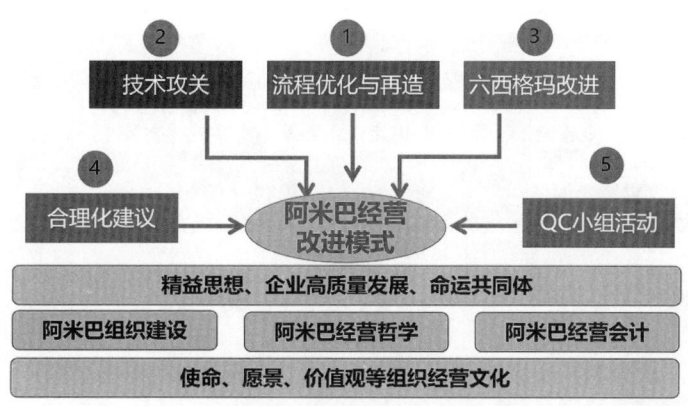

图 1-5 阿米巴经营改进模式构成图

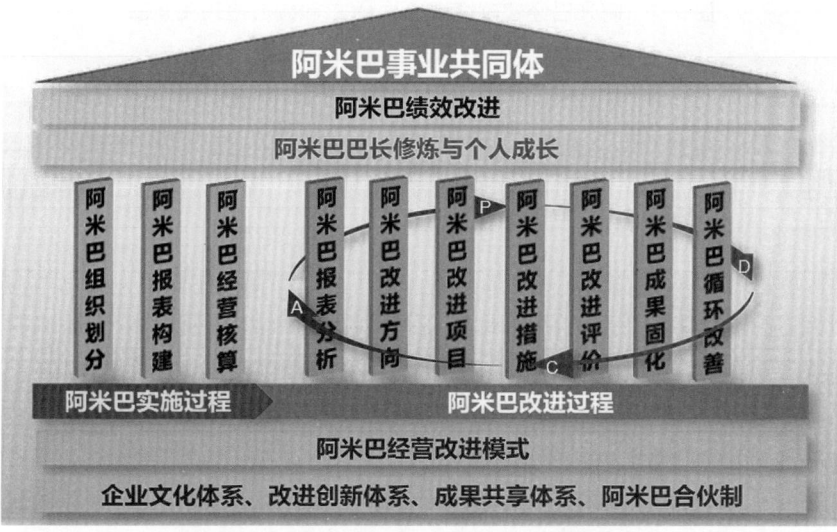

图 1-6 阿米巴经营改进模式实施过程图

阿米巴经营改进模式以成功实施阿米巴经营模式为基础,综合运用合理化建议、QC小组活动、技术攻关、六西格玛改进、流程优化与再造等改进方法、工具,系统开展阿米巴经营绩效的提升改进,聚焦组织的结果(即经营收益)。阿米巴经营改进的来源是巴组织的经营结果、收益变化趋势,通过深入分析,找出影响收益变化的关键因素后,按照量化授权原则,巴组织自主开展改进。参见图1-7。

阿米巴经营改进模式由合理化建议、QC小组活动等自主性改进活动和技术攻关、六西格玛改进、流程优化与再造等较为正式的改进活动组成。虽然很多组织也将精益作为改进工具或方法,但精益是一种理念思想、生产方式,精益管理本身没有特有改进工具和方法,通常叫精益生产或精益管理。精益的思想与其他改进体系和方法融合,形成了如精益六西格玛、精益6S管理等。

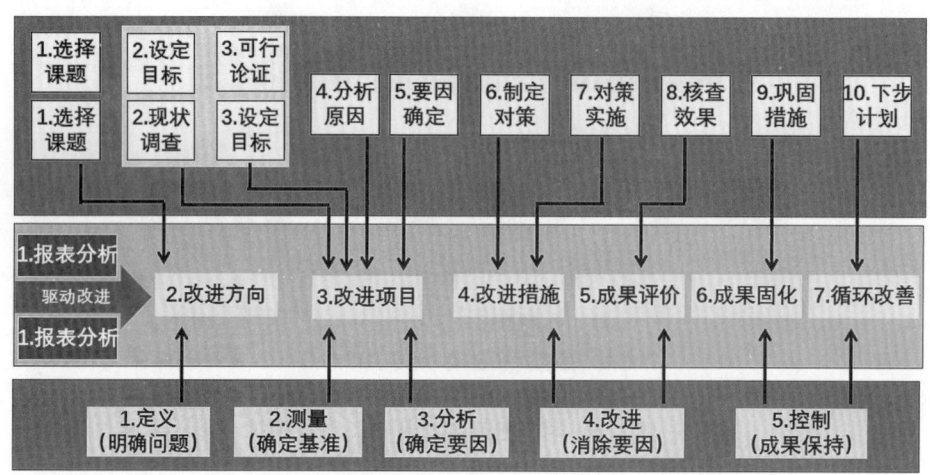

图 1-7　阿米巴经营改进模式与 QCC 和六西格玛关系图

阿米巴经营改进是以阿米巴经营报表结果数据的变化趋势为驱动的改进，改进方法的选择、使用，视改进项目、改进要求而定。

其他改进工具和方法、方式，其基本原理、评价理念等，都与这两大经典改进模式、方法和实施步骤相差不大，改进的逻辑、对结果的评价思想也基本一样。

企业要实施阿米巴经营改进，首先需要有强大的改进基础力量，如 QC 小组活动的普及性和广泛开展，这是企业开展改进活动的基础；坚实的六西格玛管理团队也非常重要，这是企业进行系统改进的依靠性力量。另外企业的精益管理理念、精益生产实施、全员设备维护、基础性的 5S 管理等，都是改进的良好基础。总之，组织改进体系的建立和健全，是有效开展阿米巴经营改进的基础条件。

具备这些基础条件后，企业导入阿米巴经营模式，成功实施阿米巴经营模式后，才能全面开展和实施阿米巴经营改进，从而构建有企业自身特色的阿米巴经营改进模式或改进体系。

阿米巴经营改进模式由合理化建议、QC 小组活动、技术攻关、六西格玛改进、流程优化与再造等改进工作体系或方式、方法组成。这些活动都是企业常见的质量改进活动方式。

2. 合理化建议

合理化建议制度又称为奖励建议制度、改善提案制度、创造性思考制度等，是一种规范化的企业内部沟通制度，旨在鼓励广大员工能够直接参与企业管理，下情上达，让员工能够与企业的管理者保持经常性的沟通。

合理化建议制度有着显著的优越性，它是员工参与到公司管理中的一个重要途径，是公司运用集体智慧的一个重要手段，也深受企业组织的青睐。

合理化建议是企业内员工发现现行办事手续、工作方法、工具、设备等，有改善的地方而提出建设性的改善意见或构思，称为"提案"或"建议"。

公司选择优良且有效的提案加以实施，给予提案者适当的奖励，并在系统内适时推广，这种系统地处理员工提案的方法，被称为"改善提案制度"。这是一项先进的员工参与的管理方法，古语说得好："三个臭皮匠顶个诸葛亮"，一人智短，众人智长，公司不仅需要管理团队，更应发挥员工智慧来实现持续的优化与改善。所以，合理化建议活动就是要充分调动广大员工的积极性，为公司献计献策，使员工能以主人翁的心态参与到公司的改善活动中来。在积极执行和实施合理化建议制度时，也应当持续改进、完善。尤其在公司面临售价降低、成本升高、客户要求更加严格、质量风险加大的时候，公司更应该充分运用合理化建议这一方法，调动集体智慧，群策群力，集思广益，使其在激烈的竞争中立于不败之地！

(1) 合理化建议应注意的事项

第一，要注意提案的客观性及具体性，即要求提案人把现状真实地反映出来，以事实和数据说话。

第二，要注意把握问题原因的准确性，即要求提案人把问题发生的主要原因找出来。

第三，要注意解决问题的可行性，即要求提案人针对问题发生的主要原因，提出具体的改善对策，也就是提出解决问题的具体方法，对只提问题不提解决办法的提案被视为无效提案。

第四，要注意改善的绩效性，一切提案都以绩效改善为导向，这种绩效不一定是以金钱去衡量，它是一个综合性指标，它的判定标准是促使公司向越来越好的方向发展。

(2) 创造性思考制度

合理化建议制度在某些跨国公司被称为"创造性思考制度"。和质量管理小组活动一样，合理化建议制度极大地促进了公司现场改善活动。基于"好产品来自好的设想"思想，有些公司就提出了"好主意，好产品"的口号，广泛采用合理化建议制度，激发全体员工的创造性思考，广泛征求大家的"好主意"，以改善公司的业务。

"好主意，好产品"意味着全体人员都来施展自己的才华，以全体人员的聪明才智，生产出质量更好、价格更廉、受顾客欢迎的产品。

从表面上看，合理化建议制度的目的是征求大家的意见和改善建议，增强大家的参与意识。但是，实际上组织开展合理化建议制度的真正目的和所体现的精神就像"好主意，好产品"的口号一样，通过公司全体人员共同思考和共同参与的改善活动及其直接效果，提高产品质量，降低生产成本，提高每个人自身的能力，创造出舒适的生产作业环境，追求生产现场的生机和活力，增强全体人员对公司的忠诚感和归属感，最终为公司的发展壮大做出贡献。

(3) 合理化建议的特点

① 广泛性

合理化建议制度有着广泛的群众基础。组织的每个成员和每个质量管理小组都积极热情地参加合理化建议的改善活动。现场管理人员和小组负责人对自己的部下所发现的问题和改善设想都给予认真和及时的考虑。

② 规律性

组织的各级合理化建议审查委员会都定期（每月）审查来自基层的改善建议提案，并且迅速公布审查结果，迅速实施被采纳的改善方案。

③ 相关性

在提案审查的过程中，使提案者与专业技术人员保持密切的联系。例如，如果改善提案涉及变更设计的问题，有关的设计师就会很快与提案者进行有关改善的共同研究。

④ 激励性

组织积极倡导和鼓励合理化建议活动，对那些在合理化建议和改善活动中取得成绩和做出贡献的人员和小组给予物质和精神奖励，以激励参与人员的改善热情，激发大家的聪明才智。

⑤ 持续性

组织的合理化建议活动不是一朝一夕、一时一事的活动，而是持久的、连续不断的活动。事物在发展，现有的东西总要被新的东西所取代。今天看来是合理的东西，也许过一段时间再看就是不合理的东西了，因此改善无止境，合理化建议活动无休止。

但是合理化建议越来越与活动的内涵相分离，魅力不再，大多是一种形式或定期的任务，形式重于内容。而对员工参与程度的关注，参与质量的评价，似乎直接被忽视。活动开展好的组织，由于领导重视和氛围较好，所以效果能持续。有些好的组织已经利用信息化手段，建立了合理化建议管理系统，员工可以随时提出合理化建议，体现出了合理化建议活动的广泛性、随时性。

随着阿米巴经营改进体系的建立，合理化建议的落实也更加有积极性，甚至有些巴组织还专门请上级部门、相关方人员，通过座谈的方式，听取改进建议和他们的期望，从而做出更好的改进选择。

3. QC 小组活动

1962 年，世界第一个 QC 小组（质量管理小组）在日本诞生。QC 小组通过运用质量管理理论和方法，科学地开展活动，提高了人员素质，发挥了员工的积极性、主动性、创造性，实现了质量问题的预防和改进，受到众多企业的重视与欢迎，逐步成为全面质量管理的一个重要支柱，得到迅速发展。

1978 年 9 月，北京内燃机总厂在学习日本全面质量管理经验时，诞生了我国第一个 QC 小组。QC 小组活动提倡和坚持"小、实、活、新"发展方向，QC 小组有以下特点：

（1）明显的自主性

QC 小组以职工自愿参加为基础，实行自主管理、自我教育、互相启发、共同提高，充分发挥小组成员的聪明才智和积极性、创造性。

（2）广泛的群众性

QC 小组是吸引广大职工群众积极参与质量管理的有效形式，不但包括领导人员、技术人员、管理人员，而且更注重吸引在生产、服务工作的第一线操作人员参加。广大职工群众在 QC 小组活动中学技术，学管理，群策群力分析问题，解决问题。

(3) 高度的民主性

QC小组的组长可以民主推选,QC小组成员可以轮流担任课题小组长,人人都有发挥才智和锻炼成长机会;内部讨论问题、解决问题时,小组成员不分职位与技术高低,各抒己见,互相启发,集思广益,高度发扬民主,以保证既定目标的实现。

(4) 严密的科学性

QC小组在活动中遵循科学的工作程序,步步深入地分析问题,解决问题;在活动中坚持用数据说明事实,用科学的方法来分析与解决问题,而不是凭"想当然"或个人经验。

4. 技术攻关

就是某项技术还差那么一点点没有达到最佳状态或取得预期目标,要取得问题突破与技术成功,现场必须要能攻克这个难题,突破瓶颈,才能取得成功。

生产企业存在许多这样或那样的问题、难题,要求我们根据生产需要,结合市场需求、顾客需要与期望,按照轻重缓急,组织相关技术人员、外部学者、行业专家等,组成技术攻关团队,就某一重大或重点问题进行破解,攻坚克难。

技术攻关在企业各级组织中广泛存在,也没有固定的模式借鉴。一般也是一企业一模式,或一项目一模式,不同方法可以取得相同的结果,企业根据自身的经营需求进行取舍,没有标准可言,更没有好坏之分。就一个评价标准,即能用、管用和好用就行。技术攻关的思维方法和逻辑程序,都与QC小组的改进方法和六西格玛改进流程大同小异,即聚焦问题点,消除要因,成功满足需求。

案例1-5 | 不同企业技术攻关活动的差异

20世纪90年代中期,南北各有一家企业(以下简称南方工厂、北方工厂),它们几乎在同一时间,分别引进了国外同类型的香皂生产线。后来发现,这种生产线有个缺陷,就是在香皂装盒的过程中,会出现约0.5%的空装情况。

南方工厂、北方工厂生产的香皂,都供应超市、大型企业,一段时间后,他们都收到了超市、大型企业的反映,收到的香皂中,有部分空盒现象,要求退货、赔偿。

生产线制造的产品有缺陷,肯定在技术上存在问题,不能满足生产经营需要,必须及时组织技术攻关进行改进。为解决生产线的空装情况,南方工厂、北方工厂都进行了技术攻关,但措施、路径不一样。

南方工厂是私营企业,老板接到这个问题报告后,立即要求生产主管3天之内想办法从根本上解决这一问题,没有条件可谈,也没有特别资源支持。生产主管与几位助手进行了讨论,两天下来,也没有什么好办法,只能喝酒解闷,喝酒了人就犯困,生产主管和衣睡觉了,南方温度高、闷热,睡觉出了汗,就开电风扇吹风,在风的作用下,身上的衣服角吹起来了……这位生产主管一个激灵,办法有了!没有装上香皂的空盒与装上香皂的实盒,重量不一样,用电风扇吹风的方式,调整好角度、掌握好风力,不就检验出来了吗?两台电风扇的投资,约700元。用吹风的方式,把空盒识别出来。

结果,南方工厂就用这个办法,解决了这个生产难题,赢得了顾客和市场。

北方工厂是一家实力较强的地方国企,有雄厚的技术基础和技术人员团队。厂长接到销售部门的这个问题报告后,立即组织生产、技术、质量三部门负责人开会,讨论解决方案。他们首先成立了以厂长为组长、技术负责人为副组长的攻关小组,要求一个月以内完成技术攻关,解决香皂空盒的问题。经过工程师们的努力,运用自动化技术,设计组装了一个自动识别装置(一种工作设备),又对生产线进行了改造和技术升级,新安装了自动识别装置,投资约350万元。

北方工厂通过大投入、组织技术攻关小组,研发自动识别装置,也解决了这个生产难题,赢得了顾客和市场。

这个案例说明,生产经营和技术改进,没有好坏对错之分,只有适用、管用、好用之别。北方工厂与时俱进,随着对知识产权和专利技术的更加重视,他们对研发的自动识别装置,申请了专利,通过法律来保护自主的知识产权和技术。北方工厂还成立了服务机构,对外提供技术改造和生产线升级服务,整体提升了香皂生产线的自动化水平。

据说,南方工厂后来也投资200万元,引进了北方工厂的技术改造和生产线升级服务。

5. 六西格玛改进

1987年六西格玛改进诞生于摩托罗拉公司,通用电气(GE)公司对六西格玛实施过程进行了模块化管理创新,促进了六西格玛改进的运用和在全世界的普及。

20世纪七八十年代,经过20多年的持续改进,日本产品的质量显著提高,占领了大部分美国市场,而美国企业的产品则逐步失去自己的市场,许多美国企业面临生死存亡的问题。同时,随着日本制造的精良产品畅销全球,全面质量管理概念传播到世界各地。许多美国企业经营管理者、专家开始重新认识"全面质量"活动,随着"日本能,我们为什么不能?"的讨论在工商界不断展开,很多美国经营管理者认识到,在竞争日益激烈的市场环境中,强调质量不再是企业可选择的事情,而是必须的条件。

在日本电子产品的挑战下,摩托罗拉公司也同样面临生死存亡的考验。20世纪70年代初期,摩托罗拉已经成为全球无线通信产品的领导者,并与得克萨斯仪器公司以及英特尔公司一起争夺全球半导体产品的最大销售商的位置。1974年,8个最大的半导体厂商中有5个来自美国,3个来自欧洲。但很快半导体市场的竞争变得异常激烈起来,仅仅在5年后的1979年,8个最大的芯片生产商中就有2个来自日本。摩托罗拉在1974年将电视机业务卖给了日本松下,1980年摩托罗拉公司在日本竞争者面前又失去了音响市场。日本人也对摩托罗拉在美国寻呼机市场的领导地位构成了威胁。于是摩托罗拉公司开始反思自己的问题,认识到提高产品质量实质上会降低产品成本,而不是当时绝大部分美国公司所认为的,提高质量会增加成本。于是摩托罗拉公司决定认真实施质量战略,开始了其质量改进之路。

在首席执行官鲍勃·高尔文的领导下,一个特别工作组开始为摩托罗拉的创新和业务增长制定计划,并于1980年实施,其目的在于确保摩托罗拉在全球的领导地位。其主要措施如下:

① 提升全球竞争力。通过与竞争对手进行水平对比,设计面向全球市场的产品,确保

优胜地位。

② 构建参与式管理机制。吸取全面质量管理之精华,将 QC 小组的原则和方法引入摩托罗拉的企业文化,在全公司广泛推进顾客完全满意小组活动。

③ 开展质量改进活动。将改进目标定为 5 年内改进 10 倍,将质量改进目标与所有管理人员的奖励计划挂钩——这个创意播下了六西格玛理念的种子。

④ 建立摩托罗拉培训与教育中心。形成摩托罗拉大学的雏形,主要任务是通过培训使员工的能力适应质量流程与管理方式的巨大变化。

摩托罗拉将日本的质量管理、员工参与的改进方式,结合美国个人英雄主义思想进行提炼创新,以突出个人能力的精英式思想,同时引入大量的统计工具和方法,提高了实施的门槛,使得实施的项目变得更大,改进的面更广、收益也更多。

经过几年的实践和酝酿,摩托罗拉于 1987 年全面推行六西格玛,点燃了六西格玛管理的火种。在首席执行官鲍勃·高尔文的大力支持下,六西格玛在全公司范围内得到了广泛的施行和推广,六西格玛产生的强大动力使得摩托罗拉制定了以前看上去几乎是不可能实现的目标。例如,20 世纪 80 年代早期的目标是每 5 年改进 10 倍,后来改为每 2 年改进 10 倍,到 1992 年,产品和服务质量均达到六西格玛质量水平。

由于实施六西格玛,公司于 1988 年获得美国波多里奇国家质量奖,从开始实施的 1987 年到 1997 年 10 年间,摩托罗拉的销售额增长了 5 倍,利润每年增加 20%,实施六西格玛管理所带来的收益累计达 140 亿美元,股票价格平均每年上涨 21.3%,效果十分显著。六西格玛方法成为改善经营绩效和提升企业战略执行力的有效方法。

1995 年,通用电气(GE)公司总裁杰克·韦尔奇将六西格玛引入 GE 公司,并将其作为促进 GE 公司经营绩效持续提升的四大发展战略之一。六西格玛管理的应用成效也非常显著,1999 年,GE 公司通过实施六西格玛管理而获得的年收益就达到了 15 亿美元。到了 21 世纪初,这个数字达到了 50 亿美元。

GE 公司总裁杰克·韦尔奇对六西格玛的最大贡献,是将实施过程进行了模块化,形成了今天大家熟知的"DMAIC"模式,即"定义、测量、分析、改进、控制"过程改进方法,首创"明星、黑带大师、黑带、绿带"六西格玛实施模式,并以 GE 特有的方式推进六西格玛。六西格玛管理在 GE 公司的成功应用和模式化,促进了它在全世界的普及。

世界 500 强企业大多已实施了六西格玛管理。不仅具有欧美文化背景的企业纷纷引入六西格玛,而且以东方文化为主的中国、韩国、日本、印度、新加坡等国家的企业也积极投入六西格玛管理的实践中。如今,六西格玛管理已经从摩托罗拉、通用电气走向了全世界,从西方走向了东方,从世界 500 强跨国公司走向了普通企业乃至中小企业,从电子、机械、化工、冶金等制造业走向了银行、保险、航空、电子商务和医院等服务业。

六西格玛管理方法是摩托罗拉公司学习日本 QC 小组方法后,结合美国文化创新出的质量改进方法,取得了巨大成功。QC 小组活动和六西格玛管理相辅相成,在组织的不同层次,改进、提升经营绩效。参见表 1-1。

表 1-1　QC 小组活动和六西格玛管理的比较

差异方面	QC 小组活动	六西格玛管理
课题	强调"小活实新",从小事和身边事做起	要求优先解决关键问题,优化核心过程
方式	自主参与,自下而上和上下结合	领导推进,自上而下
定位	群众性	精英性(要求精确求解)
成本	较低	较高
培训时间	3 天左右	至少 21 天

改进是提升质量、实现顾客满意、追求卓越的有效方法。QC 小组活动和六西格玛管理,在改进文化,改进程序和工具,改进组织、测评和激励等各方面,都基本相同或相似,但也存在一些差异。例如,σ(西格玛)是希腊字母,是一个用来定义母体标准偏差的统计测量单位,它的意义是衡量数据的变化程度或离散程度。实际应用上,西格玛水平用于衡量我们所提供的产品或服务有多少能够达到客户要求的水平。流程 σ 的水平越高,该流程输出的产品或服务满足客户要求的程度就越高,缺陷就越少。因此,六西格玛水平是一种近乎完美控制的一种量化理念;也是一个近乎完美的控制波动的管理系统。六西格玛管理使用了大量的统计工具、方法,突出了对结果的量化评价,对结果的科学判定,以彰显管理者的能力和知识技能。但这个结果评价,仍然是局部的,没有站在经营的高度,进行系统评价。经营的目的是提升客户满意度,提高企业的盈利能力,增强发展动力。不管是什么样方式的改进、提高,都必须有效提升企业的经营结果。改进成本控制、提高质量水平、提高客户满意度的目的,都是增强企业的竞争能力,提高盈利水平,企业没有利润,就失去了发展的动力。QC 小组的改进评价,相对于六西格玛来说,比较简单,因为它是群众性活动,要求并不高,关注的重点是参与度,培养的是一种意识,有形式重于内容的意思。需要先营建参与的氛围,一开始就要追求一个良好的结果,不太现实,这就是东西方文化的差异,东方是润物细无声,西方是暴风和骤雨。

从模式中提取方法,为我所用。如精益六西格玛,就是从精益生产方式(模式)中,提取精益的方法、理念,为六西格玛改进所用,从而形成精益六西格玛,这种互补,丰富了管理体系内容,拓展了视野和方法。阿米巴经营改进与六西格玛改进方法相结合,形成了改进项目来源于改进结果评价的自评化、去中心化、去审核化,有利于自主改进项目活动的广泛开展,更有利于经营人才培养。

6. 流程优化与再造

流程(Process)是指一系列的、连续的、有规律的活动方式,按照这种方式进行运转,会输出特定的结果,流程往往与过程并列存在。

流程管理(Process Management),是一种以规范化的、构造端到端的卓越业务流程为中心，以持续提高组织业务绩效为目的的系统化方法。有时也被称为 BPM 即业务流程管理（Business Process Management），是指流程分析、流程定义、资源分配、时间安排、流程质量与效率测评、流程优化与再造等。流程管理是为了客户需求而设计的，这种流程也会随着内外环境的变化而优化。流程一般分为业务流程和工艺流程两大类。

福特创造了流水线生产模式，流程管理思想就起源于流水线生产管理。20 世纪以来，随着机械化大生产的发展和企业规模的扩大，为了实现市场目的，企业均按照分工理论，致力于将内部的经济活动，按专业部门"各司其职"的分工原则进行细化，生产率大为提高。这种管理模式不断发展完善，并于 20 世纪 70 年代末 80 年代初被推崇到了极致，形成了业务流程管理（BPM）学科。但 80 年代以后，随着信息化时代的到来，市场有效供给的增加以及发达的交通运输手段，经济日益趋向全球一体化，市场竞争日益激烈。同时，顾客需求日益多样化，期望值日益提高。以往企业庞大的组织分工不但不能为企业带来效率的提升，反而成为组织快速应对市场的绊脚石。流程管理的学术研究和应用，开始进入了全新的发展时代。

传统的分工理论是基于这样一种概念，分工越细操作越简单，则越有利于提高工作效率。现代社会，一方面产品个性化、生产复杂化、企业经营多元化，片面追求分工精细，强调专业化，使企业的整体协调作业过程和对过程的监控日益复杂。管理环节越来越多，管理成本越来越高，结果致使整个企业效率低下，以至于走到了分工原则初衷的反面。另一方面，高科技的发展，特别是计算机的普及，使简化管理环节成为可能。例如，办公室自动化，使职能部门之间的运作，可以通过计算机编程，由机器去完成其复杂的作业流程，当今更有 AI 等技术，部分领域还实现了人工智能。

与市场变化和高科技发展相对应的是，今天的劳动力素质也大大提高，工作的灵活性和主动性远高于以往。他们不再满足于从事单调、简单的重复性工作，对分享决策权的期望日益强烈。以分工理论为基础的传统管理理论是以"员工希望从事简单工作和不愿意承担责任为前提"，这些都悄然在发生变化。

近年来，流程管理不仅成为管理界学术研究的热点，更在国际企业界形成讨论和应用的热潮。美国、日本以及西欧一些国家的企业都争先恐后开始了这方面的实践。国内很多知名企业在流程管理方面进行了探索和应用，积累了丰富的流程管理和再造方面的经验。

（1）组织的流程框架组成

组织的正常运营由若干类流程组成，业务流程由业务运营流程和管理支持流程组成，参见图 1-8。工艺流程是指产品制造的生产流程。

现代管理学家德鲁克曾说过："一个有效管理的企业应该是平淡无奇的企业！"真正管理好的企业，外部看起来是风平浪静的。因为每个人、每个部门都知道流程该如何往下走，内部和外部的循环是良性和互动的机制。相反，那些看起来如火如荼、成天热闹非凡的企业，往往目标远大，执行乏力，随意性太强。出了状况，人员或部门间大多相互推诿。

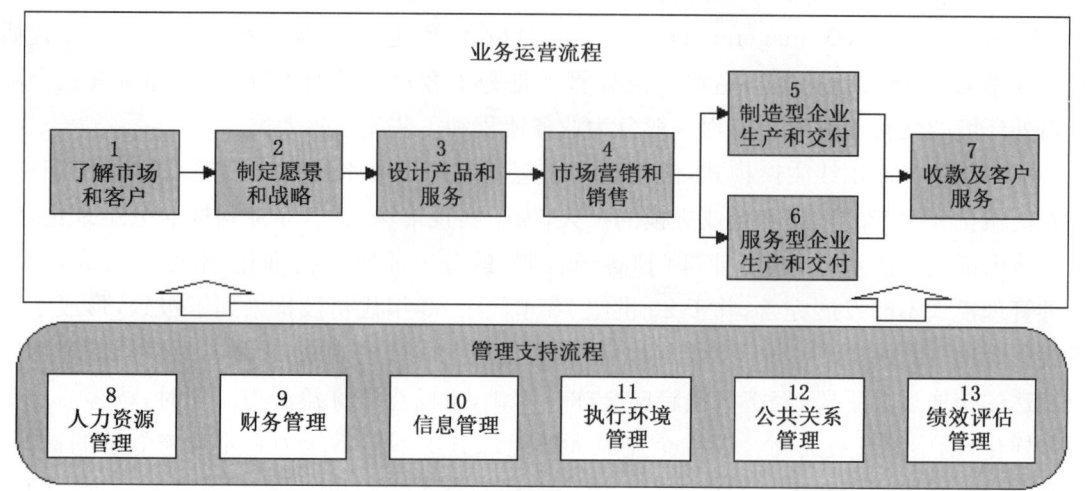

图 1-8 组织的流程框架组成图

流程框架是流程管理的基础,对流程效率的评价、对流程效率的优化和改进,以及流程重组与再造(BPR)等,则是流程管理的主要内容。某企业于 2018 年对其流程框架进行了再梳理,共分为 16 个流程模块,其中 1 级流程 35 个,2 级流程 99 个,3 级流程(含制度)共计 578 个。参见图 1-9、图 1-10。

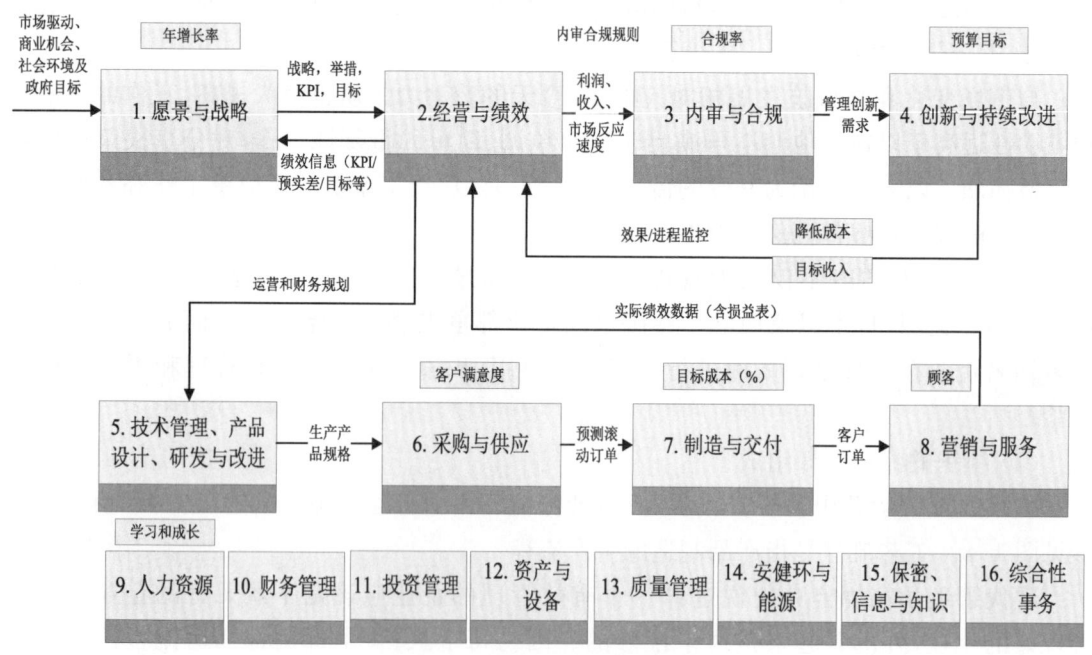

图 1-9 某企业流程框架组成图

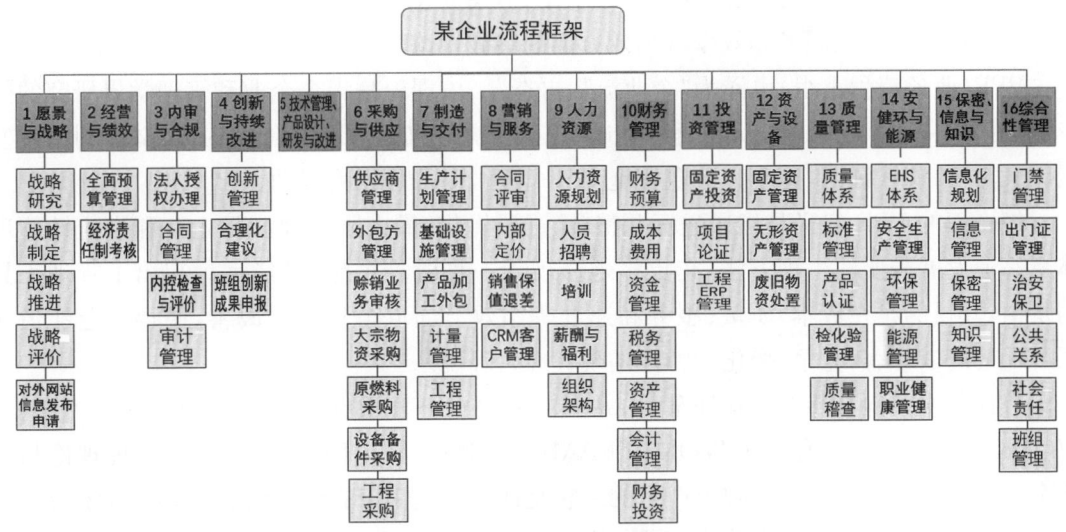

图1-10 某企业流程框架层级图

案例1-6 关于流程的一段对话

我们问一位经理人:"你们企业有没有流程啊?"

他觉得这个问题很好回答,他说:"当然有啊。像我们企业是生产冰箱的,那么冰箱订单的执行就是一个流程,这个流程要经过销售部、计划部、生产部、采购部等好多部门,这种跨部门、跨岗位的工作衔接、工作流转,不就是一个流程吗?"

当我们再问这位经理人:"你们企业有多少个流程,这些流程分多少大类,能把数字告诉我们吗?"

他觉得这个问题不好回答了,他说:"这个倒是没有全面地梳理过,说不清楚……"

能回答出这个问题的企业,相当于有一份"流程清单",也就是说,从流程角度看企业,把需要作为管理对象纳入管理的流程,并造了一个花名册,即"流程清单"。企业要开展流程管理,就一定需要有"流程清单"并不断动态维护,就好比企业开展人力资源管理就自然要有"员工花名册"一样,是一件很必要的基础工作。

这时,那位经理人又问了:"有没有一份流程清单的通用参考版本,也就是把一般流程列举出来,这样我们开展工作不就很方便了吗?"

(2) 业务流程重组

业务流程重组(Business Process Re-engineering, BPR)最早由美国的哈默(Michael Hammer)和钱皮(James Champy)提出,在20世纪90年代达到了全盛的一种管理思想。BPR是通过对企业战略、增值运营流程以及支撑它们的系统、政策、组织和结构的优化与重组,以达到工作流程和生产力最优化的目的。强调以业务流程为改造对象和中心,以关心客户的需求和满意度为目标,对现有的业务流程进行根本的再思考和彻底的再设计,利用先进的制造技术、信息技术以及现代的管理手段,最大限度地实现技术上的功能集成和管理上的职能集成,以打破传统的职能型组织结构,建立全新的过程型组织结构,从而实现企业经营在成本、质量、服务和效率等绩效方面的突破性改善。

BPR(业务流程重组)也译为"企业流程再造"。该理论是当今企业和管理学界研究的热点。美国的一些大公司,如 IBM、科达、通用汽车、福特汽车等纷纷推行 BPR,试图利用它发展壮大自己,实践证明,这些大企业实施 BPR 以后,取得了巨大成功。

较全面的 BPR 定义是指通过资源整合、资源优化,最大限度地满足企业和供应链管理体系高速发展需要的一种方法,它更多地体现为一种管理思想,已经远远超出了管理工具的价值,其目的是在成本、质量、服务和速度等绩效方面取得显著的改善,使得企业能最大限度地适应以顾客、竞争、变化为特征的现代经营环境。

有评价指出,BPR 是国外管理界在 TQM(全面质量管理)、JIT(准时生产)、WORKFLOW(工作流管理)、WORKTEAM(团队管理)、标杆管理等一系列管理理论与实践全面展开并获得成功的基础上产生的。它是西方发达国家在 21 世纪末,对已运行了 100 多年的专业分工细化及组织分层制的一次反思及大幅度改进。BPR 是对企业僵化、官僚主义的彻底改革,而我们对 BPR 的认识还比较肤浅。

六、阿米巴经营改进模式过程实施

阿米巴经营改进模式实施过程架构,参见图 1-5～图 1-7。该改进模式建立在已经实施阿米巴经营基础之上,实施阿米巴经营的主要标志就是,阿米巴巴长做阿米巴经营报表。阿米巴经营报表是进行阿米巴经营改进的依据,巴组织的所有改进决策都源于对阿米巴经营报表的分析,各级巴长能熟练掌握分析经营报表的方法、工具,是成为一名合格巴长的基本要求。通过分析报表发现问题后,按照一定的原则,对这些问题进行深入分析,找到产生问题的根本原因,再对这些根本原因进行识别,根据轻重缓急的原则,确定优先改进的次序后,制定改进的对策、措施,并实施改进,在改进过程中要注意跟踪、评价,取得详细的过程指标数据,以积累改进的过程资料和经验,为以后的改进成果申报做好资料的收集和积累。详细内容将在后续章节展开。

1. 阿米巴组织划分

要实施阿米巴经营,需要按照阿米巴经营的原则,对组织进行划分,明确细分组织的收与支出。一致、清晰的收与支出,是进行阿米巴核算的基础,也是划分阿米巴组织的重要依据之一。实施阿米巴改进,只有在成功实施阿米巴经营的基础上才能开展,当然也得有阿米巴组织去实施。

2. 阿米巴报表构建

划分阿米巴组织后,需要根据阿米巴组织"利润型、成本型、预算型、资本型"等形态的特点,构建阿米巴报表,确定报表核算科目,建立阿米巴核算准则,确立阿米巴交易单价、交易原则、核算机制等。

3. 阿米巴经营核算

对阿米巴组织按照阿米巴经营会计要求,对组织的经营结果进行核算,对组织的收入、支出、收益等进行归集、核算。数字阿米巴技术的应用,使得各级巴组织能够及时获得阿米巴经营核算数据,部分巴组织还能在完成产品交付的同时,获取生产产品的实时成本和各项资源消耗构成和核算结果,这些核算结果,有利于指导巴员开展实时改进。

4. 阿米巴报表分析

阿米巴组织成员对报表所反映的经营结果,结合现场实际和组织的目标管理与计划要求等,运用"对比、对标"及趋势分析等方法进行分析,发现优势与改进空间,寻找改进机会,进行保持和改进。阿米巴报表分析方法与工具,本书后续将详细展开。

5. 阿米巴改进方向

根据对报表的分析结果,综合现场实际情况,确定从哪些方面进行改进的对策,一般有提升效率,提高产量来增加收入;降低和减少消耗以控制成本,减少因各种不良造成的赔偿性支出等,以降低成本;通过优化流程、采用新工艺、新方法的方式控制临时人员雇用,减少人员费用的支出,以控制费用支出等。

6. 阿米巴改进项目

阿米巴改进一般有"开源""节流"两大方向,巴组织需要结合工作实际,按照轻重缓急等方式确定改进方向,根据方向再确定改进项目,改进项目越小越好,较大的改进项目,需要较多的人、财、物等资源的投入,必须得到上级巴组织的支持,才能有效开展。小项目可以采用QC手法进行展开;较大项目可以采用六西格玛方法推进或其他(如攻关小组等)方式推进。实践证明,一个巴组织的改进项目,最好控制在5个以内;项目较大时,以2个以内为宜。阿米巴经营改进项目以怎样的方式展开实施,需要结合改进的要求、组织的资源投入、项目涉及面的大小、项目目标要求等,进行综合考虑后选定。

7. 阿米巴改进措施

不同的改进方法对改进措施的要求也略有差异。确定改进项目后,根据项目要求选择改进方法后,改进小组须按照改进方法要求和改进实施原则等,运用相关方法、工具,制定改进措施,同时,确定改进过程的实施目标要求,并对改进过程进行跟踪。

8. 阿米巴改进评价

根据阿米巴报表的收益变化趋势,结合对改进过程的实施跟踪结果,综合评价阿米巴改进效果。

9. 阿米巴成果固化

对富有成效的改进,经综合分析和评审后,对先进的方法等进行固化,常用的方法有作业文件的修改、修订、编制标准化(SOP)文件等。

10. 阿米巴循环改善

实施阿米巴经营,就是要通过精细核算的方法,精准地开展改进,对制造业而言,尤其要做好成本的控制与改善。中巴、小巴、微巴都要建立循环改进机制,而大巴、总巴就需要建立循环改进体系。

一般地,循环改进体系包括"组织机构、实施机制、工具方法、跟踪考核、评审奖励"等。书中仅对QC小组改进活动流程进行了简单展开,其实改进方法多种多样,阿米巴组织选择的改进方法，要视改进项目的复杂性而定，不必追求高大上，以实用、简单、有效为原则。阿米巴组织在经营发展过程中，也会遇到多种多样的问题，为了解决发生在不同层次、影响程度和难度各异的问题，全员参与、有针对性地运用适宜的方法，进行改进和创新。例如，合理化建议、QC小组活动、六西格玛管理、业务流程再造、技术难题攻关、对标改进、转型发展、产品提档升级等。基层运用最广泛的仍然是合理化建议、QC小组等改进等形式。

循环改进体系的推进与实施，需要培养一支强有力的辅导员队伍。例如，某集团划分建立了600多个巴组织，如果每个微巴有2个改进项目课题要实施，全公司总计至少有1000多个改进项目课题，这给企业管理带来不小的挑战。一般平均每个微巴常常有3～5个改进项目需要实施，这就需要更多的辅导人员来保证。

随着循环改进的深入，可能需要更高层次改进方法的导入和实施，这更加需要辅导员队伍的跟踪和辅导。全员参与改进的热情来之不易，我们需要倍加呵护，不能因为他们不知道怎样开展改进、不会使用改进的工具方法，或者因为知识和水平方面而造成失败，从而挫伤他们的积极性，更不能打击他们改进的强烈愿望。

热情总会消退，营造参与氛围、构建良好机制，持续激发出巴员内心的愿望，让更多的巴长、巴员成为自燃型员工，是企业高层团队重点思考和持续践行的重要课题。及时激励、按时分享、评先争优、巴长晋升等都非常实用。

现实中，我们很难看到一个QC小组对现场问题进行系统的、持续改进的案例，基本都是简单地就一个方面（如"提高什么"或"降低什么""减少什么"），一般都是完成任务式的，所以不可能做到循环改进、更不会站在更高的视野来评价改进的有效性，QC评审很多也是就事论事的评审，只要保证本课题数据、逻辑严谨就行。不会做相关的延伸性展开分析、讨论，其机制、体制也很难做到"循环改进"。阿米巴经营从"力求最佳"到"追求完美"，利用PDCA闭环管理原理，大循环套小循环、螺旋上升、永无止境，持续探索建立将任务驱动转变为目标驱动、绩效驱动的机制。这就是"循环改进"，连续改善！

11. 阿米巴巴长修炼

阿米巴经营改进模式优于其他改进模式之处，就在于阿米巴经营改进，不仅强调组织经营绩效的改进，而且重视和强调阿米巴巴长个人的修炼和改进。巴长就是阿米巴组织的经营长官，需要德高望重、公平公正、仁爱利他、充满激情、自动自发、善于学习、技能超群。

商业的本质就是以利益客户、利益他人为中心。有句话说："人生以服务为目的，赚钱顺便"，就是说如果你是以服务他人，服务民众为目的的话，赚钱是顺便的、注定的。当你的人生是以赚钱本身为目的的时候，那你的破产是顺便的、固定的。有人经常会问："我们挺专业的，为什么打动不了客户呢?"原因就在于你心里想着他的预算，眼睛盯着他的口袋。你的起心动念就是错的，客户能明显地体会到你的出发点是你的私欲，所以纵有千般专业的说辞，也没有办法打动客户，这就是能量与能量的交换，心与心的感知。其实打动客户并不难，难的是没有一颗真正爱客户的心。没有人会拒绝你真心对他好，利他才是真正的利己，你给客户利益越多，你得到的回馈也就越多。

关怀之心、诚实处事这样美好的心灵，在商业世界里也是最重要的，善有善报的因果法则,在企业经营的领域一样存在,而且只有怀着这样美好的心灵去经营自己的企业,才可能稳定、长久。

"心灵经营",是企业追求幸福的过程,也是企业家心性修炼的过程。

企业家的人生哲学,其实就是企业的经营哲学。企业和人生一样,其目的是通过劳动磨炼灵魂,提升品格,使灵魂得到升华。在这个提高心性的修炼过程中,企业家需要"过五关斩六将"。

何谓"五关六将"呢?"五关"就是:利、名、情、艺、信。无利不起早,企业需要创造幸福,顺便赚钱;钱多一点后,就要有点名,担任些职务;情关,是很多人过不了的关;过了之后,还有艺关,什么石头、字画都想收藏,茶叶也行,就是玩收藏;"信",就是到底是信什么好,现在很多企业家有钱后,开始在家做佛堂、请观音。这五关都有局,很容易把人困在里面出不来。而"六将"就是贪、嗔、痴、慢(傲慢)、疑(疑心)、无明(活着的意义是什么)。只有通过戒、定、慧,才能感悟无明。

企业不是赚钱机器,企业要为员工和顾客创造幸福,幸福只会走进有欢笑的企业,员工和顾客也只会走进有欢笑的企业。因此,企业经营者若只为自己,要么小富即安,要么铤而走险。"利己者"很难获得真正的成功和幸福,更谈不上有员工尽职尽责的正能量。

因此,随着新生代员工阵营的壮大,就越需要重视那些曾经忽视的"思想""价值观",更需要根植"利他主义"的价值观。因为创造现代文明的不是别的,正是人类的"思想"。企业经营也一样,企业业绩乃至企业寿命全部取决于是否具有正确的"思想"和"价值观"。

中国企业为什么很难赶超世界一流企业?就是因为中国的企业家普遍缺少一种企业家精神,缺少那种敬天爱人、克己复礼、滴水穿石的"利他主义"灵魂。《周易》说:"积善之家,必有余庆;积不善之家,必有余殃。"无论人生还是企业经营,其成败取决于企业家如何想,如何行动。

总之,巴长需要以德服人,以理治人,以能育人。

只有经营者修炼到高层次之后,才能培养出和自己一样会思考的人才,才能复制自己,传承理念。

七、阿米巴经营改进模式与精益管理、六西格玛管理

实施阿米巴经营的目的是培养人才、改进提升、全员参与、客户思维,经营人才是组织未来的希望,他们在继承组织文化的同时,通过各种形式参与组织的经营改进,无论是自身修炼的提升,还是管理能力的提高、方法工具应用能力的增强,这些都要通过经历来磨炼,阿米巴经营改进模式对所有的改进工具和方法、先进理念与原则,进行了整合,通过模拟市场核算、构建内部交易体系,实现了对各个阿米巴组织的收入、支出的界定,形成了科学、综合评价阿米巴组织经营绩效的评价体系。阿米巴经营改进模式实施,是引导巴组织、巴长通过对阿米巴经营报表的分析,识别确定改进方向、讨论决策改进项目、组织实施改进措施、跟踪评价改进结果、固化分享改进经验、开展持续改进循环提升。所有改进从阿米巴经营报表中来,最后再回到阿米巴经营报表中去,通过报表数据的变化趋势,判断组织经营绩

效改进的有效性。阿米巴经营改进模式也使用成熟的改进方法和体系,与六西格玛管理、精益管理等方式、方法之间的关系,参见表1-2。

表1-2 阿米巴经营改进与精益管理、六西格玛管理内涵比较一览表

序号	类别	阿米巴经营	精益管理	六西格玛管理
1	定义	由日本稻盛和夫先生创造。它通过"分、算、奖"的方式,将组织划分成多个可以独立经营的阿米巴组织。在统一战略目标的指引下,以各阿米巴领导为核心,让其自行制定各自的行动计划,并依靠全体巴员的智慧和努力来完成目标的一种经营方式。这种做法,让一线的每位员工都能成为主角,主动参与到经营过程中,实现了"全员参与经营"	精益管理源于日本丰田生产方式,也常被称为"精益生产"(Lean Production)方式,是继单件小批量和福特大批量流水线生产方式之后,诞生的一种新生产方式。它的基本理念是在产品设计、制造、销售以及零部件库存等各个环节,消除一切不必要的浪费	六西格玛是一种改善企业质量流程管理的技术,以"零缺陷"的完美商业追求,带动质量大幅提高、成本大幅降低,最终实现财务成效的提升与企业竞争力的突破。其本质是一种对质量管理水平进行改进提升的方法
2	简介	稻盛和夫用"阿米巴经营"方法,成功将"京瓷、KDDI、日航"3家企业带入世界500强。阿米巴经营模式在制造业、服务业的成功,使稻盛和夫备受瞩目。受到很多企业家的推崇、学习、研究,使稻盛和夫的阿米巴经营模式在世界范围内广为传播。阿米巴经营模式的本质,是在"敬天爱人、利他共赢"的经营理念指导下,"用最短的时间、最小的成本、最少的费用,创造最大利润"	过程浪费分为两种:一是生产中不创造价值,但在现有技术与生产条件下不可避免的作业内容,称为Ⅰ型浪费,如必要的在线检验、物料运输等。二是不创造价值且可以立即去掉的作业内容,称为Ⅱ型浪费,如不必要的等待、多余的动作、不必要的审批等。首先努力消除Ⅱ型浪费,降低成本,然后进一步消灭Ⅰ型浪费,优化流程和降低成本	摩托罗拉将日本的QCC、员工参与改进的方式,结合美国个人英雄主义思想进行提炼创新,以突出个人能力,同时引入大量的统计工具和方法,提高了实施的门槛,使得实施的项目变得更大,改进的面更广、收益也更多。摩托罗拉于1987年全面推行六西格玛管理,达成了几乎不可能实现的目标
3	目标	提高企业营业水平,增强盈利能力。可以: 1. 企业培养经营性人才 2. 实现全员参与 3. 建立与市场挂钩的部门核算机制 4. 培养全员的目标意识 5. 把企业做成平台 6. 实现高度透明的经营	以消除七种典型的浪费为目标: 1. 过量生产 2. 等待 3. 搬运 4. 额外作业 5. 库存 6. 多余动作 7. 返工返修	1. 增加市场份额、减少成本、提高生产力、减少运作周期时间、减少错误、改变公司文化、改进产品和服务、留住顾客 2. 降低企业质量成本 3. 提高企业工作效率和经济效益 4. 加快企业的改进速度 5. 促进企业成为一个学习型组织
4	特点	有经营哲学、经营理念、经营方法,需要系统性思维。关注经营的原点和初心,突出以人为本,以心为本。人是中心、核心,人人都是经营者	方法、工具。精益管理开始有系统思维,更多是聚焦现场。对流程敏捷,人员积极性方面考虑不够,视人为资源,是能人思想的体现	方法、工具。大量的统计工具和方法,也提高了实施的门槛,是能人思想、精英思想的体现

续 表

序号	类别	阿米巴经营	精益管理	六西格玛管理
5	实施方法	划分阿米巴经营组织单元,建立阿米巴经营报表、确立内部交易规则,明确责权利	5S管理、防错设计、看板管理、目视管理、标准作业、均衡生产、快速换型、零库存、准时生产等	1. "DMAIC"模式,即"定义、测量、分析、改进、控制"过程改进方法;DFSS 模式等 2. "明星、黑带大师、黑带、绿带"六西格玛实施模式
6	差异点	全员参与,经营人才培养,建立市场联动内部交易机制,共创共享,打造命运共同体	精益管理以"简化"为手段,以"尽善尽美"为最终目标,尽量消除一切浪费;以整体优化的观点,科学、合理组织和配置企业的生产要素	六西格玛追求"零缺陷"和"尽善尽美"为目标,聚焦财务成效的提升与企业竞争力的突破
7	评价方法	相关人员通过查阅有收入和支出明细的报表,自主进行跟踪、评价、改进,改善从报表中来,再回到报表中去看结果	需要上级来考核评价,关注KPI,仅从做事的效率上考虑	改善结果需要第二方评价、审核
8	参与方式	我要干	要我干	要我干
9	效果简述	多、快、好、省、少、小	少、快、好、省	好、少、省
10	效果解释	1. 多,是收益多,效入最大化 2. 快,是快速反应,以客户思维导向,准时为顾客提供服务 3. 好,是产品品质好,质量高,服务好 4. 省,是费用要省 5. 少,是成本少 6. 小,浪费最小	1. 少,每天多频次小批量排产,当然也是多频次小批量交付,由于单件流、JIT生产,现场、库房、成品库一定不会有过多的库存,资金积压也会很少。 2. 快,快速换模,快速交付 3. 好,是产品品质好,质量高,服务好 4. 省,省工、省时、省钱	1. 好,是产品品质好,质量高,服务好 2. 少,劣质少,返工少,现场、库房、成品库一定不会有过多的库存,资金积压也会很少 3. 省,省工、省时、省钱
11	假定	1. 人人都可以成为老板 2. 所有的关系都是交易关系 3. 所有工作都能计算投入和产出	1. 消除浪费可以改善绩效 2. 大量的小改进更有利于组织成长	1. 问题总是存在的 2. 测量是重要的 3. 随着变异减少,系统产出得到改进
12	文化基础	东方以心为本的经营思想	东方以人为本的文化和管理思想	西方的制度、工具化的文化和管理思想
13	直接目的	1. 培养经营人才 2. 以收益最大化为原则	1. 消除一切浪费,降低成本 2. 缩短流程周期,增强响应能力 3. 多品种小批量生产,增加柔性	1. 消除变异,优化流程 2. 提高质量,增加价值

续　表

序号	类别	阿米巴经营	精益管理	六西格玛管理
14	关注焦点	收益、利润	价值流	问题
15	工具方法	阿米巴经营哲学、阿米巴经营理念、阿米巴经营会计、阿米巴经营改进	5S管理、准时生产、快速换模、防错、看板、并行工程、视觉控制、自衡化、平顺化、TPM、约束理论、持续改进、DFMA(面向可制造性可装配性设计)、价值工程和标准化作业等	分层法、散布图、排列图、因果图、关联图、系统图、亲和图、矩阵图、矩阵数据分析法、过程决策程序图、QFD、FMEA、DOE、SPC、水平对比、测量系统分析、方差分析、响应曲面方法等
16	实施步骤	1. 阿米巴组织划分 2. 阿米巴报表构建 3. 阿米巴经营核算 4. 阿米巴报表分析 5. 阿米巴改进方向 6. 阿米巴改进项目 7. 阿米巴改进措施 8. 阿米巴改进评价 9. 阿米巴成果固化 10. 阿米巴循环改善	1. 精确地确定价值 2. 识别价值流 3. 流动 4. 拉动 5. 尽善尽美	1. 界定 2. 测量 3. 分析 4. 改进 5. 控制
17	共同点	1. 关注顾客满意、顾客驱动 2. 关注财务成果 3. 注重持续的系统整体改进 4. 重视改变思想观念和行为方式 5. 全员参与，团队相互合作与协调 6. 管理层的大力支持与参与 7. 注重人、系统和技术集成	1. 关注顾客满意、顾客驱动 2. 关注财务成果 3. 注重持续的系统整体改进 4. 重视改变思想观念和行为方式 5. 全员参与，团队相互合作与协调 6. 管理层的大力支持与参与 7. 注重人、系统和技术集成	1. 关注顾客满意、顾客驱动 2. 关注财务成果 3. 注重持续的系统整体改进 4. 重视改变思想观念和行为方式 5. 全员参与，团队相互合作与协调 6. 管理层的大力支持与参与 7. 注重人、系统和技术集成
18	特点	以经营结果为导向，整合各种改进工具	1. 工具软性，但很有效 2. 注重柔性、灵活性、迅速机动，强调节流	1. 工具精良，功能强大 2. 注重系统性、规范化 3. 强调开源与节流
19	实施方式	自上而下、上下结合	自下而上推动	自上而下推动
20	主要效果	以经营结果改善为目标，聚焦效率和成本，并做到最佳	1. 减少一切浪费(库存等) 2. 优化流程，缩短交货期 3. 提高生产率 4. 降低成本，改善资本投入	1. 减少变异，统一产出 2. 消除缺陷，改进质量 3. 增加顾客价值，提高利润 4. 顾客满意与忠诚

续表

序号	类别	阿米巴经营	精益管理	六西格玛管理
21	优势	1. 以报表的方式,系统、全面展示经营成果 2. 根据经营要求设立核算科目 3. 透明经营,报表反映各人贡献度大小 4. 自主、自动,全面参与	1. 持续的全面创新和变革 2. 强调连续流动和拉动 3. 与相关利益主体的全面合作关系 4. 整体优化,追求尽善尽美 5. 见效快	1. 应用大量统计工具,精确界定问题 2. 彻底改进和设计流程 3. 追求完美和精益求精(持续改进)
22	不足	1. 可能会出现各自为政的现象 2. 难以做到公平、公正的激励 3. 可能发生成本转移现象	1. 过多依赖经验管理,缺乏定量分析 2. 对波动处理不力,难以"精益" 3. 疏于人员培训和系统方法整合 4. 急功近利,出现"非精益化"反弹	1. 流程增值性分析着力不够 2. 过于强调量化和统计工具

八、精益管理

精益管理源于日本丰田生产方式(TPS),也常常被称为"精益生产"(Lean Production)方式,是继单件小批量和福特大批量流水线生产方式之后,诞生的一种新生产方式。它的基本理念是在产品设计、制造、销售以及零部件库存等各个环节,消除一切不必要的浪费。它提出的准时化和自动化等思想,改变了日本企业的经营方式,极大地促进了日本制造业的飞速发展。随着 1990 年《改变世界的机器》一书的出版,第一次把丰田生产方式称为"精益生产"。之后,精益生产的理论和实践被引入西方,精益管理也越来越受到诸多企业的青睐。精益生产在世界范围的广泛应用,证明了精益思想的普遍意义。它代表了在日趋激烈的竞争环境下,对传统管理理念和管理方式的一种突破或变革。1996 年,詹姆斯·P.沃麦克和丹尼尔·T.琼斯所著的 *Lean Thinking*《精益思想》一书问世,成为精益生产方式的里程碑。这种方式能以越来越少的投入获取越来越多的产出。该书出版后,精益生产跨出了它的诞生地——制造业,作为一种普遍的管理哲理,在各个行业得到了传播和应用,先后出现了精益建筑、精益服务、军事精益后勤、精益医疗、精益软件开发、精益研发、精益政府等概念,使精益生产的应用飞跃发展,成为被广泛应用的一种管理方式。

1. 精益管理的核心思想

精益,顾名思义,精,即精准,不投入多余的生产要素,只在适当的时间生产必要数量的、市场需要的产品;益,即所有经营活动都要有价值,具有经济效益,能满足社会和人们的物质与文化需求。精益管理以消除浪费为核心思想,精益与浪费是直接对立的。

那么什么是浪费呢?在生产经营活动中对最终产品及顾客没有意义的行为就是浪费。也就是说,凡是超出增加产品价值所必需的绝对最少的物料、机器、人力资源、场地、时间等各种资源的部分,都是浪费。

浪费包括很多类型，如库存、不必要的工序、不必要的运输、超过需求的生产、人员的不必要动作、各种等待等，所有这些在日常活动中很少为人们所注意但却大量存在，它们不仅不能为企业创造价值，反而占用了资源，增加了成本，它们是精益生产要致力消除的。

过程中的浪费可以分为两种：

一是生产中不创造价值，但在现有技术与生产条件下不可避免的作业内容，称为Ⅰ型浪费，如必要的在线检验、物料运输等。

二是不创造价值且可以立即去掉的作业内容，称为Ⅱ型浪费，如不必要的等待、多余的动作、不必要的审批等。

在精益生产中，首先努力消除Ⅱ型浪费，降低成本，然后使产品在整个流程中流动起来。通过连续流动，进一步消灭Ⅰ型浪费，优化流程，并且流动越快，所暴露出的浪费会越多，越有利于精简流程和降低成本。

2. 生产现场中的七种典型浪费

在企业管理及生产活动中，存在七种典型的浪费：

（1）过量生产。生产出的产品数量超过顾客的要求，或生产出没有订单的产品，这是一种在企业中普遍存在的浪费，也是在丰田看来最大的浪费。精益管理强调"在必要的时间，生产必要数量的必要产品"，而由于其他理由生产出的产品，都是浪费。

（2）等待。作业的过程有空档，在等待下一个作业。其原因通常有，生产计划不平衡、各工位间的作业不均衡、作业活动不当、停工待料、处理质量问题和设备故障等。

（3）搬运。包括移动、放置、整理等不增加产品附加价值的运输等。

（4）额外作业。作业的浪费分为两种，一种是质量标准过高造成的浪费，另一种是额外的作业过程造成的浪费。比如，抛光、去毛刺等计划内或计划外的人工修补操作等。

（5）库存。过多库存或在制品。存货不断累计，增加了成本却不会带来价值，同时，库存掩盖了质量问题（如返工、缺陷）、人力或生产计划问题、过长的交货期及供应问题等诸多管理问题。精益管理视库存为"万恶之源"，在精益管理中，几乎所有改善活动都直接或间接地与减少库存有关。

（6）多余动作。人员、产品或设备不能为流程增加任何价值的动作。比如，工人往返于工作区和供应区，移动不需要的设备，产品在工作区域内的移动或者操作者的多余的动作等。

（7）返工返修。任何不合格品的产生和修复都是额外的时间和成本支出，造成浪费，精益管理强调"零缺陷"，控制不合格品产生的源头。

精益生产强调将过程中的浪费揭示出来，找到引起这些浪费的根本原因，并彻底地消除这些浪费。精益管理强调以"人"为本，以"简化"为手段，以"尽善尽美"为最终目标，尽量消除一切浪费；以整体优化的观点，科学、合理地组织和配置企业的生产要素。

3. 管理工作中的七种典型浪费

管理工作中的"七种典型浪费"，要比丰田生产方式所指出的生产现场中的"七种典型浪费"严重得多，但是解决起来也困难得多。因为生产现场中的浪费大多数可以量化，然而管理工作大多为软性指标,具有较大的弹性,要想进行量化和细化相对困难;而且大家司空见惯,即使上级要求,也是紧一阵后松一阵,容易形成反复,而如果不能对管理工作中的浪费形成共识,活动是很难持续有效地长期开展的。因此,我们必须要对消除浪费活动的艰巨性和长期性有清醒的认识。从消除点滴的管理浪费做起,向着彻底消除浪费的目标一步一步地走下去。

(1) 管理工作"等"。在管理工作中,等待的浪费主要表现在以下几方面,如等待上级的指示;等待下级的汇报;等待对方的回复;等待生产现场的联系等。这些"等"在工作中大量存在,主要是中层管理人员缺乏责任心和主动精神,不愿意承担责任。对于这种浪费,根据不同企业的文化氛围,如果不能用Y理论激励员工去消除等待的浪费,就需要用X理论去加强管理。例如,对于较重要的工作,可以用5W1H来进行计划分解,然后进行控制、检查和考核。实际上,X和Y理论都不能从根本上解决问题,X+Y相辅相成也许更好一些。

(2) 管理工作无序。"没有规矩,不成方圆",这句古语说明了秩序的重要性。缺乏明确的规章、制度、流程,工作中容易产生混乱,这是众所周知的。但如果有令不行、有章不循,按个人意愿行事造成的无序浪费,则是非常糟糕的事。管理工作无序的表现,如职责不清造成的无序;业务能力低下造成的无序;有章不循造成的无序;业务流程的无序等。

(3) 协调不力企业丧失凝聚力。所谓协调,就是指组织中的一切要素、工作或活动要和谐地配合,以便于组织的整体目标能够顺利实现。有了良好的协调,就会出现"1+1>2"的协同效应。因此法约尔把协调视为管理的一项基本职能。而如果在管理工作中协调不力,就会造成工作停滞等方面的浪费。如工作进程的协调不力;上级指示的贯彻协调不力;信息传递的协调不力;业务流程的协调不力;协调不力是管理工作中最大的浪费之一,它使整个组织不能形成凝聚力,缺乏团队意识、协调精神,导致工作效率的低下。

(4) 生产经营要素闲置。我们把管理工作中的库存浪费称之为"闲置"。机构重叠,职能重叠……形成人浮于事,使生产经营要素不能得到有效利用,造成了闲置的浪费。例如,固定资产的闲置;职能的闲置或重叠;工作程序复杂化形成的重叠;人员的闲置;信息的闲置等。扁平化管理、业务流程再造、组织再造、过程管理等方法,都是工作流程化、规范化、职责化的有效措施,可以从某种程度上减少闲置的浪费。但是,更重要的是思想不能闲置,流水不腐,如果能不断地用新的管理思想去冲击旧的思维,自然会采取有效的对策去消除因闲置而发生的浪费。

(5) 应付。顾名思义,应付就是工作虽然干了,但是不主动、不认真,敷衍了事,不追求最好的结果,从而缺乏实际效果,是责任心不强的一种表现形式,这种浪费在工作中是经常见到的。例如,应付基础工作;应付检查;应付导致前松后紧;应付造成虎头蛇尾等。应付的浪费主要是由责任心不强和素质低下等造成的,它实际上是工作中的失职,这种浪费对组织的损害是隐性的,将逐步侵蚀组织的肌体,是一种慢性毒药。对这种司空见惯的浪费现象,绝不能麻木不仁,听之任之,而应该建立健全以绩效为中心的监督考核机制,以减少浪费。

(6)"低效"反复发生。低效的含义包括工作的低效率或者无效率,错误的工作是一种负效率,包括管理者的低素质、方法不当、故步自封的僵化思想等。过去的成功经验、过去行之有效的方法,会使某些"成功"人士沾沾自喜,沉浸于过去的辉煌之中,从而不思进取,不继续提高自己,使用原有的一套来面对千变万化的内部和外部环境,不仅导致了低效率,甚至会拖慢整个组织的前进脚步,成为整个组织前进的绊脚石。只有不断学习新知识,接受新思想,才有可能解决新问题。

(7)管理无"理"可依。管理成本是企业成本构成的一项重要组成部分,即各职能部门在生产、供应、设计、品质、财务、营销等过程中产生的费用成本。管理必须依"理"行事来控制成本,减少浪费,否则就会受到惩罚。"理"在企业管理中具体指"目标、指标、预算、计划",但是,如果"理"本身存在问题,则危害更大,如目标指标不合理、计划编制无依据、计划执行不严肃、计划检查不认真、计划考核不到位、投入产出不匹配等。

九、六西格玛管理是世界最先进的质量管理法

20世纪50年代美国经济发展快,主要得益于世界大战没有影响到美国经济的发展。产品满足消费者要求。20世纪70年代,日本的产品开始进入美国市场,就产生争夺市场的竞争。美国企业界曾经发出惊呼:爆发了第二次"珍珠港事件"!日本的汽车、电子等制造业的产品以优异的质量和低廉的价格不断击败美国产品。同时,美国的"奶酪"市场不断被日本竞争对手吞食。摩托罗拉的电视机业务被迫卖给日本松下,又于1980年在日本竞争者面前失去了音响市场,接着移动电话业务也因质量等方面的问题而走下坡路。因此,摩托罗拉公司急需提高产品质量,从而产生了探索六西格玛管理,以实现提高产品质量水平的愿望。

1. 摩托罗拉公司创造了六西格玛管理

摩托罗拉公司认识到,最关键的问题是产品质量。该公司了解到,松下公司对买来的电视机企业仅做适度的机器改造,运用戴明的质量管理原理,就将制造过程的缺陷率从15%减少到4%,这一惊人的改造,使摩托罗拉公司深刻地认识到自己与日本竞争对手之间巨大的差距。

摩托罗拉在认识到差距后,投入大量时间和资源,进行了仔细的研究,他们在改进实践中也发现,在制造任何产品时,高质量和低成本完全可以成为孪生兄弟,而不是互不相容的。

1981年,摩托罗拉提出5年内把不良产品降低10倍。公司将用每年销售利润的5%~10%,有时甚至20%来改善质量。同时,公司通信部工程师比尔·史密斯研究发现:正是因为缺陷才导致产品竞争力受到了致命打击。于是向总裁高尔文先生提交一份减少或消除产品缺陷的六西格玛机械设计公差文件。公司的通信部门表示在6年内可以实现这一目标,摩托罗拉就将这个6年规划命名为"6σ方案"。从此,摩托罗拉点燃了六西格玛的火种。

1985年摩托罗拉公司正式推行六西格玛管理。那时,摩托罗拉的统计数据表明他们

的质量水平为4σ。即每一百万个机会中有6 800个缺陷。六西格玛方案中的具体目标是：1989年将产品质量和服务质量提高10倍；到1991年达到至少100倍的改进；到1992年达到6σ的质量水平。与其同时运行的还有与"顾客完全满意"紧密相关的其他四个战略行动：全面缩短生产周期、产品设计和制造挂钩、改革经营效益、员工全面参与管理等。

摩托罗拉公司实施六西格玛管理两年后，效果显著，成为第一批获得美国波多里奇国家质量奖的企业，并在第二年获得日本制造业的NIKKEI奖。

1994年，六西格玛在摩托罗拉已经取得了巨大的成功，公司的许多领域达到6σ的目标。六西格玛在摩托罗拉成功推行的结果表明，六西格玛活动的投入产出比为1∶6.2。

2. GE公司成就了六西格玛管理

杰克·韦尔奇领导的GE公司为什么能创造一个又一个工商管理的经典案例，使GE公司的利润实现了20年的高速增长？六西格玛管理方法在GE公司的实施，是GE公司成为富有竞争力、敏捷灵活的卓越公司的关键。韦尔奇曾这样形容六西格玛管理，"六西格玛管理像野火一般燃烧着整个GE公司，并在改造我们所做的一切"。

1995年，GE公司的质量水平处在3σ，每年在废品、返工零件交易、错误修正、低效率和生产损失率上多付出了70亿到100亿美元。GE公司与一些世界顶级公司对标后，清楚地看到差距。韦尔奇意识到，必须发动一场质量革命来改变这一切，决心对质量的追求融入GE公司文件之中并贯穿始终。

1996年初，韦尔奇在GE公司宣布启动六西格玛质量行动。六西格玛质量行动是GE前所未有的最雄心勃勃的计划，提出用5年实现摩托罗拉在10年中达到的目标。韦尔奇认为质量行为可以使GE公司从一个优秀的公司成为一个伟大的公司。于是六西格玛行动风风火火地在GE公司拉开了序幕，六西格玛回响在GE公司的每个角落，成为GE公司的格言和战斗口号。

GE公司不仅学习摩托罗拉推行六西格玛的经验，而且丰富和发展了六西格玛的应用。GE公司所开展的六西格玛质量改进的项目中，帮助客户改进其生产流程的项目越来越多，所占总六西格玛项目的比重也越来越大，其中很多项目是应客户的请求而进行的。GE公司认识到：一旦得到了客户的认可，GE公司便取得了效果。

由于GE公司成功地应用六西格玛管理，并扩展了六西格玛的应用范围，创造了许多推广六西格玛管理的做法和经验，因而吸引了华尔街的注意力。使得六西格玛的理念和方法，成为世界先进的质量管理模式，并迅速传遍全球。

（1）σ（Sigma中文译名西格玛、希腊字母）在统计学中常用来表示数据的离散程度，即标准差。在质量管理领域，则用来表示质量的控制水平，若控制在3σ水平，表示产品合格率不低于99.73%；若控制在6σ水平，表示产品的合格率为99.999 66%，即每生产100万个产品，不合格品不超过3.4个。接近于零缺陷，等同于企业拥有超常的竞争优势、超额的利润。在质量管理上的含义是："无论做什么，在百万次操作中，仅有3.4次失误。"这是一种追求完美的质量理念和优秀的管理方法。参见表1-3。

表 1-3　西格玛水平业绩表

西格玛水平	业绩质量/%	每百万个机会中的缺陷数/个
6σ	99.997	3.4
5σ	99.98	233
4σ	99.38	6 210
3σ	93.3	66 807
2σ	69.2	308 537
1σ	30.9	690 000

六西格玛是一种理念、哲学、文化、方法和工具。它告诉人们思考问题的方式,分析问题的方法,解决问题的途径。六西格玛运用统计方法发现和寻找事物发展规律,提示和把握事物(或问题)的内在规律和外部的本质联系,从根本上解决问题。六西格玛体现了不断改进、无边界以及崇尚学习的企业文化。

(2) 六西格玛代表高质量水平和完美。六西格玛用在质量管理上的含义是产品质量特性和服务要求必须满足顾客的需要,在生产过程中避免出现缺陷。

六西格玛用 σ 值来衡量我们的产品或服务的质量水平。当达到 6σ 时,每百万次机会中出现缺陷的个数为 3.4;2σ 质量水平则表示每百万次操作中的缺陷数为 308 537 次;3σ 质量水平则为 66 807 次。从这些数据中看出,6σ 质量水平将比 3σ 质量水平高出 2 万倍。这就是说:差错出现次数越少,质量水平的等级就越高。戴佛先生说:"六西格玛是实现前所未有的突破性绩效水平。"

(3) 波动是质量的真正焦点。在生活中平均值往往蒙蔽了我们的眼睛,使我们忽略了"波动"的存在。质量管理领域习惯于用"平均"这个词来描述结果,可实际上"平均"掩盖了波动,而"波动"问题才是质量管理的主要问题。六西格玛把解决"波动"作为关注的焦点,作为公司(企业)的核心问题来解决。因为,由于"波动"造成了生产部门的大量返工、返修,损失成本很大。因此,六西格玛的实施是消除不正常缺陷、分布居中、减少变异(波动)的最好办法。σ 表示正常态分布的标准差,它表征质量特性波动的(变异)大小。

(4) 六西格玛与加工能力的关系。工序(过程)能力指数 CP 值,实际上就是 σ 的前身。1.33 的 CP 值相当于 4σ 的效力;6σ 的要求相当于 2.0 的 CP 值。差别在于 CP 值是经过数据测量再与方差要求对比之后得出的结果。六西格玛管理是数据测量之后得出的结果再去与方差,即顾客的满意度进行对比。这就是前者往往只限于制造业或工程上的应用,而后者可以广泛应用到服务业或任何工作上。

(5) 六西格玛绩效的评价——流通合格率评价法。六西格玛方法中通常用流通合格率(RTY)来评价过程的绩效。由于在生产线上每一过程都可能产生缺陷,一些缺陷可以通过返工、修复成为合格的。因此最终的合格率不能反映中间工序返工、修复造成的损失。因而提出了流通合格率的概念。流通合格率指的是每一个过程合格率的乘积,用 RTY 表示

(R 为采购，T 为加工，Y 为装配)。

例如，产品有 3 个关键环节，其中第一环节是原材料的采购，原材料合格率为 95.5%，第二个环节是人员的操作，操作合格率为 97%，第三个环节是装配，合格率为 94.4%，则该产品的流通合格率为：

RTY：$0.955\% \times 0.97\% \times 0.944\% = 87.4\%$，这个流通合格率指标准确地反映了生产的效率和成本，也提示了生产中存在的浪费问题，这反映出 RTY 的优越性。

3. 六西格玛管理的特点和作用

实践证明，实施六西格玛管理的公司促进了质量的改进，实现了企业战略方面的新突破，成为全球最具有竞争力的公司，六西格玛管理现在已经成为全球质量界讨论的热门话题。为什么六西格玛有如此巨大魅力？这是由于六西格玛质量管理法有它独特和创新之处。

(1) 六西格玛质量管理法是一种近乎完美地满足顾客需求的管理法，是一种高水平、高标准的质量管理。

(2) 六西格玛质量管理法是一种顾客和组织双赢的方法。它强调从整个经营的角度出发，而不是强调单一产品、服务或过程的质量，将注意力同时集中在顾客和企业两个方面，以此获得更大的利润和更强的竞争力。

(3) 六西格玛质量管理法是一种灵活的综合性系统方法，通过它获取、维持、最大化公司的成功。它需要理解顾客需求，对事实、数据规范使用、统计分析，以及对管理、改进、业务过程重建密切关注。

(4) 六西格玛质量管理法是一种降低经营资源成本和风险的管理法。六西格玛的目的在于降低风险，而非仅仅降低缺陷。一方面可以降低顾客购买产品或服务的风险，买到最可接受的价格及时获得最好的产品；另一方面也降低产品或服务提供者的风险，以最小的成本和最短的周期实现最大的利润。降低风险意味着所有方面业绩的提高，如质量、能力、周期、库存以及其他的关键因素。

(5) 六西格玛质量管理法强调质量改进一定要与经济核算相结合。每项质量改进项目都要有财务效果，实现以最少的消耗和资源投入而不断提高顾客的满意度和企业的效益。

(6) 六西格玛质量管理法也称六西格玛过程法。它以过程改进项目为单元进行项目的选择，改进项目的设计、项目评定、实施监控和财务成本分析。

4. 六西格玛管理对企业的作用

六西格玛从摩托罗拉 1987 年推行以来的 40 多年中，经过许多公司的积极学习探索，已经形成了一种新的质量管理模式，迅速地在世界各大公司推广应用，究其原因主要是六西格玛对公司（企业）的全方位都产生重大而积极的作用。主要表现在以下几方面：

(1) 实施六西格玛管理，实现了高质量水平，几乎达到完美无缺的地步。

(2) 实施六西格玛管理是以顾客为中心，企业能最大限度地满足顾客需求。

(3) 减少劣质成本，增加收益。美国朱兰研究院院长戴佛对劣质成本占销售成本的情况作了如下叙述。参见表 1-4。

表 1-4　劣质成本表

σ水平	成本占比
6σ	销售收入的 5%～10%
5σ	销售收入的 11%～15%
4σ	销售收入的 16%～20%
3σ	销售收入的 21%～30%
2σ	销售收入的 31%～40%

从表 1-4 中看,劣质成本占销售收入的比重较大,的确是一座"水下冰山"可供挖掘。据资料反映,推行六西格玛管理的公司,获得了降低成本增加收益的效果。

(4) 造就公司的骨干队伍。通过六西格玛管理知识培训和实践经验,培养出一大批素质高、技能好、责任心强的员工骨干队伍,确保了六西格玛管理成功实施。

(5) 实施六西格玛管理获得可观的效益。

通用电气公司(GE)实施六西格玛管理,用 5 年实现摩托罗拉在 10 年中达到的目标。据 1995 年统计:质量水平达到 5σ～6σ;收入增长 317%,达到 700 亿美元;利润增长 311%,达到 66 亿美元;每股收入增长 313%,股东的投资年回报达到 45%。

GE 公司对实施六西格玛管理的工作方法和内容进行了创新突破,也创造了将六西格玛管理推广到其他领域的成功经验,促进了六西格玛管理走向全球。

十、GE 创造了六西格玛管理 DMAIC 模式

精心选择项目+精心设计项目+精心实施项目=更快更好的回报。

精心选择项目是前提,是最关键的活动,有了项目才能应用 DMAIC 模式改进活动。要开展六西格玛改进,需要做好两件事:选择项目、评价项目。

1. 选择项目

贯彻宁缺毋滥的选择项目原则,启动适当数量的项目。切勿贪多,要识别潜在六西格玛项目。其次要注意,项目范围要适当。再者,要选择见效快的项目,以提高推广六西格玛的信心。最后是长期和短期结合,使六西格玛延续持久地进行,以不断攀登更高的质量水平。

2. 评价项目

评价的原则方法很多,但最基本的是劣质成本(COPQ)分析以及流通合格率(RTY)分析。

(1) 劣质成本(COPQ),即过程中不增值的那一部分运行成本。六西格玛管理的根本目的是提高效益,减少不增值的劣质成本。摩托罗拉和 GE 公司推行六西格玛管理之所以成功,是因为他们发现了企业中还有一个不增值的"隐蔽的工厂"。

朱兰博士给出的"水下冰山",十分形象地说明了我们所注意到的劣质成本只是露出水面的那一小部分,例如返工、返修、测试和试验、报废、浪费、顾客投诉、退货等,这部分的成

本约占销售额的 4%。大部分的劣质成本却隐藏在水下而未被人们发现和排除。例如,加班过多、上门服务支出过多、报账或结账错误、产品开发失效、计划延续、未使用的能力、人员流动过于频繁、未正确完成销售订单、对现状缺乏跟踪、文件延迟、顾客赔偿备用金、接待和处理不满顾客投诉等。属于隐含在水下的部分就是六西格玛所要强调的劣质成本,约占销售额的 15%～20%,这个比重相当大,应作为六西格玛管理关注的目标。

(2) 流通合格率(RTY)。这是评价项目经常采用的重要工具,也是提示劣质成本存在的有效方法。同时为暴露"隐藏工厂"提供了有力的理论依据。流通合格率(RTY)通过对过程进行分析和测量,研究过程不用部分对整个过程的影响,提示过程的薄弱环节——"隐藏工厂"。

3. 六西格玛 DMAIC 过程改进模式

包括 D 阶段,界定(含义是识别评估和选择项目);M 阶段,测量;A 阶段,分析;I 阶段,改进;C 阶段,控制。该模式从调查顾客需求开始,了解顾客所关心的问题,从而确定所要研究的关键产品质量特性。即关键输出变量 Y 并对其测量,以寻找改进空间,确定改进的质量目标,然后在整个过程中影响关键产品特性的因素,并确定少数的关键因素——关键的过程特性,即关键输入变量 X。在此分析的基础上,建立 Y 与 X 函数关系——$Y=F(X)$,通过改进 X 值对 Y 进行优化。然后将此统计解决方案转化为现实方案。

(1) 界定阶段(D)

目的:界定阶段要弄清楚以下问题:我们的顾客是谁?重点关注哪个问题?顾客的需求是什么?调查的过程是什么?其关键是明确过程中的质量特性。

实施:要做好三项工作,识别顾客的需求、编写项目计划、绘制 SIPOC 图。

(2) 测量阶段(M)

目的:在这个阶段开始描述过程,并将过程文件具体化,收集计划数据,在验证测量后,测量过程能力,以达到识别产品特性和过程参数,了解过程并测量其性能的目的。使六西格玛管理法从一开始,即对过程现状有一个准确的评估,切实找到改进空间。

实施:要做好四项工作,描述过程、收集数据、验证测量、测量过程能力。

(3) 分析阶段(A)

目的:分析阶段需要对测量阶段中收集的数据进行整理和分析,并在分析的基础上找出产品特性的影响因素,提出并验证因素与关键质量特性之间关系的建议。在因果关系明确之后,确定影响的关键因素。这些关键因素将成为下阶段(改进阶段)关注的重点。这一阶段应完成的主要任务是把握要改进的问题,并找出改进的切入点,即关键过程参数。

实施:要做好三项工作,收集并分析数据、提出并验证因果关系、确定关键因素。

(4) 改进阶段(I)

目的:测量阶段测量的对象是关键质量特性,这是输出变量,而分析阶段分析的是影响关键质量特性的关键过程特性,这是输入变量,而改进阶段的主要任务首先要确定输入变量,然后寻找关键质量特性与关键过程特性之间的关系。通过改进输入变量而实现提高输出变量的目标。

实施：要做好三项工作，提出改进意见、选择改进方案、实施改进策略。

(5) 控制阶段(C)

目的：改进阶段所得成果要一直保持下去是一件非常困难的事情，甚至比改进取得成果还困难。因为它涉及更多的人和部门，而且原有的习惯和做事的方式是难以改变的，所以必须对关键过程特性制定一系列非常详细的控制计划，这就是控制阶段所要做到的。

实施：要做好三项工作，制定标准、明确管理职责、实施监控。

过程管理是六西格玛管理的终点，也是企业成为六西格玛组织的起点。一旦过程管理成熟，就会推动着工作过程不断提高质量水平，对顾客的声音做出最及时的反应。

4. 实施六西格玛管理的必备条件

(1) 领导是六西格玛管理能否成功的关键

自上而下推行方式是六西格玛管理的重要特点。因此，领导是六西格玛管理的成功首要条件之一。要求领导在全过程中发挥核心作用，亲自策划、庄重承诺、身体力行、贯彻始终。摩托罗拉总裁罗伯特·高尔文亲自决定实施六西格玛方案，提出具体目标和采取其他相应措施。GE公司董事长杰克·韦尔奇对推行六西格玛管理的坚定信念，对六西格玛管理的深刻理解，对实施六西格玛管理的精心部署，对确保六西格玛成功的庄重承诺，充分体现了一个企业最高领导在推行六西格玛管理中的作用和贡献。

领导的责任，一是提出目标要求；二是确保资源供应；三是选出最佳人员参加；四是采取确保六西格玛实现的有力措施等。

(2) 造就一大批六西格玛骨干队伍

摩托罗拉认识到对员工的持续教育和培训是事业成功的必要因素。公司每年拿出的培训费约为薪资的4%，使主要员工熟悉有关质量管理的概念以及提高质量管理水平的必要工具，强烈要求员工快速地接受六西格玛，严肃认真地实施六西格玛，达到"由上而下的一致承诺"。GE公司在开始的头两年共投资5亿美元，用于公司的全员质量培训。GE公司的专业人员总数约8万~9万人，都完成绿带或黑带的六西格玛培训。

黑带培训一般历时4个月，这4个月中有4个星期是脱产学习，其余时间实施项目改进，实行边学习边实践，让学员消化教材、加深理解，把所学内容运用到实际项目中去。同时，还要进行后续的学习，以保证他们掌握最新的技术，从而为今后的进步注入新的动力。"挂得较低的果实"被摘完以后，就要努力吸收新的知识掌握新的本领，争取把"挂得更高的果实"摘下来。

(3) 必须要有一个强有力的组织来保证

六西格玛管理是一种系统的改进活动，也是一种企业文化，必须依靠有效的组织体系和一批优秀的人才来推动和保证。实施六西格玛管理的组织形式有两种。第一种六西格玛管理的组织模式，一般分为三个层次：领导层、指导层、操作层。领导层是由倡导者、分管质量的经理及财务主管等组成的执行委员会；指导层由黑带大师或从外部聘请的咨询师组成；操作层由在第一线进行改进活动的黑带、绿带组成。参见图1-11。

各个层次的具体职责可归纳如下：

领导层：制定规划、提供资源、审核结果。
指导层：组织培训、指导项目、检查进度。
操作层：按照DMAIC方法开展项目改进活动。

这种组织体系是从全公司整体的、宏观的角度构建组织体系。

如果从人力资源和技术角度出发，可以构建第二种六西格玛管理的组织模式，参见图1-12。参与实施六西格玛的组织成员都规定了非常明确的职责和权限。

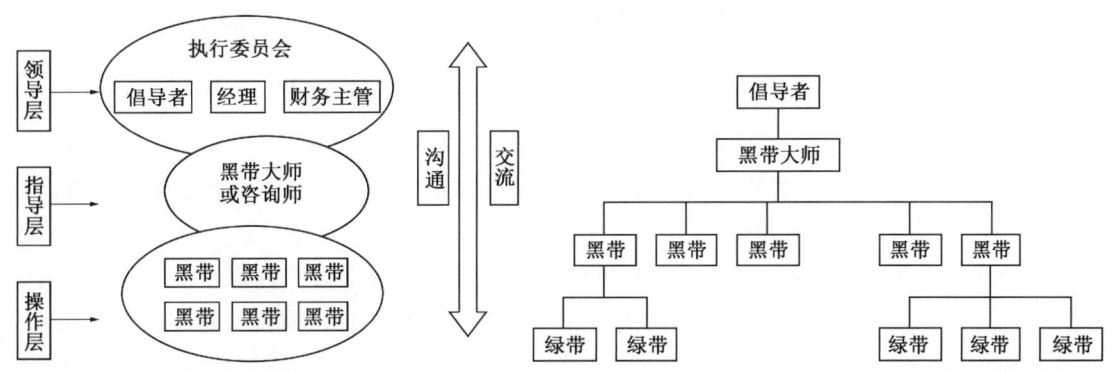

图1-11　六西格玛管理的层级组织模式　　　图1-12　六西格玛管理的人力资源组织模式

5. 实施六西格玛管理，企业必须要有良好的文化基础

六西格玛管理法追求的是卓越的质量目标，是一个内容相当丰富的科学系统，大致包括基本原理、管理规范体系、关键观念、员工质素、过程和检测能力数理统计分析工具、信息技术、思维方法、团队精神、解决问题的途径、工具和框架以及企业文化等，是企业一项重大的系统工程。因此没有一定的企业整体素质和能力，是难以执行的。摩托罗拉坚持了十年，才基本达到 6σ 质量水平，世界优秀企业 GE 也用了 5 年时间才见显著效果。可见一个企业要实施六西格玛，除了必备条件之外，还要有坚定的信心和持之以恒的精神，才能攀登3.4 PPM 这座高峰。

但是，由于六西格玛是以改进项目为单位组织实施的，在推广中不一定在全企业整体推进，可以在一个部门，在一个过程选择优势项目先开展，当取得经验，条件成熟后，再扩大到全企业。

6. 六西格玛与奖励、晋升挂钩

摩托罗拉公司明确宣布每个员工的奖酬将与六西格玛的目标实现程度相联系。GE公司的总裁杰克·韦尔奇专门向公司的管理人员发送了一份传真，明确规定：管理人员的提升将直接与六西格玛挂钩。接着又发布一条关于将六西格玛培训结果与晋升机会相联系的命令。获得了"黑带"便可赢得晋升的机会，否则就会被降级，甚至被解雇。韦尔奇还曾说："只有通过黑带培训的人，才有资格领导新世纪的GE"。另外公司还把大部分赠送性股票期权发送给参加黑带培训的员工。因此，全体员工被充分地调动起来，全身心地投入各个六西格玛质量项目活动中，取得了显著成效，培养出一大批六西格玛型领导人（见图1-13）。

(1) 冠军(明星)：人数一般应小于黑带大师的数量,没有比例的推荐性意见,由实施者根据具体情况决定。一般为兼职,受培训时间最短,主要职能为：监督和指导整个六西格玛活动,制定目标,选择黑带大师和黑带。

(2) 黑带大师：专职岗位,数量一般为公司总人数的0.1%。主要职能为：教授黑带关于六西格玛的策略、技巧和工具,检查黑带及其团队的活动进展,为团队制定方案目标,培训黑带。

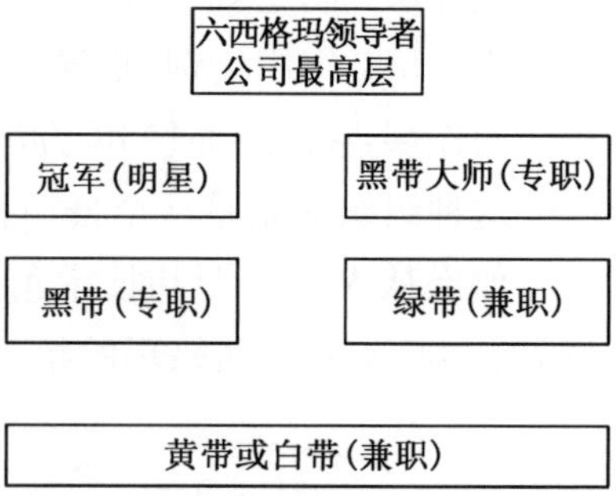

(3) 黑带：专职岗位,数量一般为公司总人数的1%。它是公司持续推行六西格玛管理的核心资源和骨干。其主要职能为：选择并指导团队成员,形成无边界的团队,培训团队成员六西格玛的使用工具,培训绿带。

(4) 绿带：兼职人员,数量一般为公司总人数的10%,是公司持续推行6σ管理的重要资源和骨干。其主要职能为：选择对当前工作有直接影响的项目,项目的具体实施,培训黄带或白带。

(5) 黄带或白带：兼职人员,一般为低级管理人员或操作人员,没有具体的推荐性比例,目前使用该资源的公司很少。其主要职能是项目的具体实施及相关配合工作。

图 1-13　六西格玛团队图

7. 六西格玛核心工具箱

一般而言,六西格玛管理中的核心工具箱就是以黑带应掌握的工具为准。核心工具箱中的统计工具,参见表1-5。

表 1-5　六西格玛管理核心工具箱

过　　程	项目改进工具
定义(D)	调查表法、直方图、分层法、排列法、因果图、条形图、随机样本及随机抽、层次分析法、质量机能展开
测量(M)	过程流程图、因果图、控制图项目的质量、排列图、散布图、测量系统分析(MSA)、失效模式分析(FMEA)(识别潜在的关键过程输入变量和输出变量)、过程能力指数、顾客满意度指数
分析(A)	头脑风暴法、多变量图、确定关键质量的置信区间、假设检验、箱线图、直方图、排列图、多变量相关分析、回归分析、方差分析
改进(I)	质量功能展开、试验设计(DOE)、正交试验、响应曲面方法(RSM)、展开操作
控制(C)	控制图、统计过程控制、防故障程序、过程能力指数、标准操作程序(SOP)、程文件(程序)控制

8. 六西格玛管理适用范围

各种类型的组织、各种管理领域都可实施六西格玛管理方法,但并不一定都适合于即时推行这种方法,只有具有相当规范的管理基础并拥有较高素质人员的组织,才有推行六西格玛管理方法的基础。这就像摘果实,地上的果实以及伸手可及的果实只需用一般方法即可摘到,而树顶上的果实就需要用六西格玛管理方法才能摘到。所以,目前推动和实施六西格玛管理方法的都是国际或国内的一流企业。

9. 六西格玛、TQM、ISO 9000 的联系和区别

六西格玛与 TQM、ISO 9000 在本质上有许多相似之处,彼此间有很多原则和工具可以从质量管理大师们的学说或著作中找到。但很多企业在实施六西格玛管理过程中,仍感受到了六西格玛的优越性,它对提高企业的生存能力和现代竞争力具有显著的帮助。

(1) 六西格玛与 ISO 9000

① 诞生的时间相同,但其起源和历史背景不同。ISO 9000 是 1978 年国际标准化组织总结西方工业国家对供应商质量保证体系的经验基础上制定出来的,是世界经济和贸易发展需要的产物。六西格玛是 1978 年摩托罗拉总裁高尔文批准实施"六西格玛方案"而正式诞生的,主要是激烈的市场质量竞争影响到企业生存和发展的关键时刻而产生的。

② 两者的目的不同。ISO 9000 是满足顾客和法律对产品和服务质量的要求,或多或少带有商务活动色彩。六西格玛是追求卓越质量,争取为顾客提供无缺陷产品和完美的服务,提高企业经济效益。

③ 覆盖面不同。ISO 9000 不覆盖企业的财务。六西格玛特别强调要把改进与财务结合起来,改进的最后结果再由财务评价分析做结论。六西格玛认为,不讲经济效果的质量管理,不算质量管理。

④ 培训教育不同。ISO 9000 培训教育的深度、广度有限;六西格玛的培训教育时间长、知识面宽、内容丰富,确保六西格玛有效实施。

⑤ 作用不同。ISO 9000 未能实现较大的突破性改进。六西格玛是企业一项重大的经营管理战略,对于企业将起到重大的突破性改进作用。

(2) 六西格玛与 TQM

① 六西格玛是 TQM 的继承和发展。

② 六西格玛是时代发展的产物,具有鲜明的时代特征。在现代生活要求不断提高和现代经济活动大量发生的时代,对产品和服务的质量要求不断提高的背景下,六西格玛应运而生。

③ 六西格玛是科学、完整的体系方法,思路清晰、内容充实。六西格玛与 TQM 同样使用各种工具。但六西格玛把各种工具进行有效的整合,为这些工具提供了一个强有力的综合分析思路和丰富的内涵,充分发挥工具对企业的增值作用。TQM 难以做到这点。

④ 推行的组织形式不同。TQM 是以 QC 小组活动开展工作。六西格玛是以改进项目的团队活动而开展的。六西格玛的团队特点是具有经过严格培训的高素质的黑带和绿带。

⑤ 六西格玛应用面广、重实效,追求经济效益最大化。六西格玛将科学、技术、质量、管理和高收益率汇聚在一起,使工程师和营销经理、公司和客户、高级主管和第一线员工,因追求经济效益最大化的共同目标而融为一体。TQM 则没那么广泛,经济效益也比不上六西格玛。

六西格玛与 ISO 9000、TQM 都强调要持续改进,都按照 PDCA 循环的方法进行下一轮的改进。但 ISO 9000 在企业的运用很少,TQM 改进力度也没有六西格玛大,而六西格玛的改进是带有根本转变性的改进,因而受到越来越多企业的欢迎。

10. 精益六西格玛

精益六西格玛(Lean Six Sigma，LSS)就是精益生产与六西格玛管理的结合，其本质是消除浪费。精益六西格玛管理的目的是通过整合精益生产与六西格玛管理，吸收两种模式的优点，弥补单个模式的不足，达到更佳的管理效果。它通过有效配置和优化资源，降低成本、缩短生产提前期和交货期、提高质量和顾客满意度来提高组织的竞争力。精益六西格玛不是精益生产和六西格玛的简单相加，而是二者的互相补充有机结合。按照所能解决问题的范围，精益六西格玛包括精益生产和六西格玛管理。根据精益六西格玛解决具体问题的复杂程度和所用工具，我们把精益六西格玛活动分为简单精益改善活动和精益六西格玛项目活动，其中简单精益改善活动全部采用精益生产的理论和方法，它解决的问题主要是简单的问题。精益六西格玛项目活动主要针对复杂问题，包括传统意义上的精益项目、六西格玛项目和狭义的精益六西格玛项目。其中狭义精益六西格玛项目需要把精益生产和六西格玛的哲理方法和工具结合起来。传统六西格玛项目主要解决与变异有关的复杂问题，如控制一个过程的产品一次通过率；而精益六西格玛项目解决的问题不仅包括传统六西格玛所要解决的问题，而且要解决那些与变异效率等都有关的综合性复杂问题，如不但要控制一个过程的产品一次通过率，还要优化整个生产流程，简化某些动作，缩短生产提前期，而且简化这些动作和过程变异的控制有直接联系。

通过实施精益六西格玛，组织流程可以在以下方面获得收益：减小业务流程的变异、提高过程的能力和稳定性、提高过程或产品的稳健性；减少在制品数量、减少库存、降低成本；缩短生产节拍、缩短生产准备时间、准确快速理解和响应顾客需求、改善设施布置、减小生产占用空间、有效利用资源；提高顾客满意度、提高市场占有率。实施精益六西格玛的关键成功因素如下：

(1) 关注系统。精益六西格玛的力量在于整个系统，而不是单个的项目，实施精益六西格玛不能把注意力仅仅集中在项目上需要考虑运作系统整体的改进状况，把短期财务绩效与公司长期战略平衡考虑。精益六西格玛不是精益生产和六西格玛简单相加，而是要把精益生产和六西格玛有机结合起来，处理整个系统的问题，对于系统中不同过程或同一过程的不同阶段的问题，精益生产和六西格玛相互补充，才能达到"1+1＞2"的效果。例如，当过程处于起始状态，问题较为简单，可以直接用精益生产的方法和工具解决，但随着过程的发展，当问题处于复杂状态时就要用六西格玛的方法解决。所以在实施中要关注于整个系统，用系统的思维方式，综合考虑，恰当选用精益六西格玛的方法或工具。现实一些企业实施精益六西格玛时之所以没有达到预期效果，就是因为它们虽然同时做了精益和六西格玛，但是没有把二者结合在一起，而是不同的部门分别使用不同的模式。

(2) 重视文化建设。不论是精益生产还是六西格玛管理，文化对其成功都起到了重要的作用。同样，实施精益六西格玛也离不开文化建设。通过文化建设，使公司每一个员工形成一种做事的习惯，自觉地按照精益六西格玛的方式去做事情。精益六西格玛的文化是持续改进追求完美、全员参与的文化。只有追求完美，持续地对过程进行改进，才能不断超越现状，取得更大的绩效；而现代的组织管理是一个非常复杂的系统，个人或一部分人的力量是有限的,只有靠全员参与,才能最大地发挥出集体的能力。

(3)以流程管理为中心。精益生产和六西格玛管理都是以流程为中心的管理方式,因此精益六西格玛管理也必须以流程为中心,摆脱以组织功能为出发点的思考方式。只有以流程为中心才能真正发现在整个价值流中哪些是产生价值的,哪些是浪费的,才能进行高效的管理。

(4)领导的支持。精益六西格玛需要处理整个系统的问题,同时要分析和解决的问题也更复杂,需要与不同的部门进行沟通,需要得到更多资源的支持,所以没有领导的支持是不可能成功的。领导的支持应该是实实在在的支持,而不是仅仅有口头上的承诺,所以这就要求领导也要参与到精益六西格玛的管理变革中去,只有参与其中,才能发现问题,有力地推进精益六西格玛。

(5)选择正确的人员。精益六西格玛实施涉及整个公司范围的所有人员,精益六西格玛在意识道德、技术水平等方面对人员素质都有较高的要求。在意识方面,要求员工具有不断进取、追求完美的精神;在道德方面,要有高尚的职业道德观,不要斤斤计较,要有团队精神;在技术方面要求一般员工是多能工,领导者能熟练运用精益和六西格玛的工具和技巧,接受过系统的管理知识的培训,有良好的沟通能力。

(6)正确使用方法和工具。在利用精益六西格玛方法对系统分析之后,针对具体某一点的问题,可能仅仅用到精益生产或者六西格玛的方法或工具,也可能需要把两个管理模式中的方法和工具结合起来使用。例如,对于简单问题,就应该用改善的策略,用精益生产的方法和工具直接解决,如果还用六西格玛的方法和工具,必然降低过程的速度;而对于复杂的问题,如果不用六西格玛的方法和工具,就不能发现真正的原因,不能有效解决问题,还有一些复杂问题需要同时利用精益的和六西格玛的方法和工具来解决才能达到其目的。因此,精益六西格玛管理要实现精益生产速度和六西格玛的过程稳健性,必须先确定问题的种类,然后针对具体问题选用恰当的处理方法和工具。

改进的意义在于提升组织的经营质量和绩效结果,阿米巴组织的改进结果,均能通过阿米巴经营报表得到及时反映。

十一、阿米巴经营点燃了员工的成长激情

在企业经营的过程中,真正关心利润的只有企业经营者,而阿米巴经营模式却能够让员工的思维与行为都发生根本性转变,让企业的每一位员工都能像老板一样,去关注企业是否盈利,阿米巴经营模式也改变了企业经营成果的分配与共享方式。

这种转换是员工角色的转换,员工从"为了做事而做事"向"为了赚钱而做事"转变,激发了员工的能动性,实现了员工思维向经营者思维转变,从打工者思维向老板思维转变,从"要我做"向"我要做"转变,真正解决了员工的工作心态问题,激发出员工的感恩情怀。

老板通常都有自己的事业,可以按照自己的想法做事。老板表面上高高在上,实际上是自负盈亏,承担着巨大的经营风险和经营责任。

老板就是自己给自己挣钱,自己承担痛苦和相应的经营责任的人物。传统员工的标准

是什么？听命于老板，服从指挥，理论上是不承责、不担风险的。传统企业的员工向来认为公司是否盈利与自己无关，不管公司赚不赚钱，公司约定的薪资不能少给。自己是被雇佣的，所以不需要对公司的经营承责。

很多员工在公司破产后还在申请劳动仲裁，从法律方面讲这样做是无可非议的，但是员工却把造成公司破产的责任都归咎于企业老板、管理者，其实是因为员工没有经营意识，没有承担起自己的经营责任。所以，员工和老板之间最根本的差异就是，一个具备经营意识，一个没有经营意识。企业经营者期望的理想状态是"员工能想我所想，急我所急"。

阿米巴经营模式最大的精髓就是达到了点燃人心和点燃组织的目标。所以阿米巴模式解放了管理员工的经理人，也激发了员工的工作热情。

阿米巴经营模式，就是把一个大企业划分成若干个小集体，把每个小集体都当作一个小公司进行独立运作，也可以说是"人人皆是老板"。"老板"自主改进自己公司的经营绩效，就显得天经地义，顺理成章了。

阿米巴经营改进模式的动力源泉，来自点燃的人心和员工燃烧的工作激情，来自点燃组织的目标和个人成长的需要。

阿米巴经营模式的精髓是让员工成为有经营意识的人，承担起经营责任。工资奖金是自己在组织这个平台上挣来的，不是老板给的，老板只是提供了一个平台，给了我们一个参与机制。所以，我们都是在为自己工作，要为我们的绩效结果负责，赚钱盈利是责任。但怎样赚钱盈利又上升为哲学层面的问题了，稻盛和夫的阿米巴经营哲学，用敬天爱人，"作为人，何谓正确？"来进行引导、教化，用"仁爱之心、利他之心"等理念来培养。这又牵出一个问题，企业家、老板自己怎样加强修炼，以及怎样引导员工进行心性提升，树立正确的、正能量的经营理念和原则，不能坑人骗财，更不能伤害社会生态相关方。古人云"君子爱财，取之有道"，经营要在赚钱盈利的同时，为社会做出贡献。稻盛和夫把阿米巴经营"追求全体员工物质与精神两方面幸福的同时，为人类和社会的进步与发展做出贡献"作为核心理念。阿米巴经营改进模式，也要求企业家、老板自己加强修炼，以引导员工进行心性提升，满足员工个人成长与发展的需要。

稻盛和夫指出，热爱是点燃工作激情的火把。无论什么工作，只要全力以赴地去做，就能产生很大的成就感和自信心，而且会产生向下一个目标进行挑战的积极性，成功的人往往都是那些醉心于自己所做事情的人。在阿米巴经营模式的推动下，员工因为经营意识的增长，逐渐实现了向经营者转型的升级过程，实现由"打工者"向"经营者"转变。

1. 思维转变——经营意识的塑造

阿米巴的经营理念首先就是要建立全员的经营意识思维，让员工学会对以下问题进行思考：

(1) 我这样做，能否给企业带来好处？

(2) 我这样做，能否给企业创造利润和价值？

(3) 我这样做，能否给企业带来更多的利润和价值？

通过理念引导，要让员工明白，员工和公司之间，不仅仅是利益共同体，更是事业共同体和命运共同体，就像在茫茫大海里航行的轮船一样，船若被毁，无一幸存。

让员工的思维转变，首先要从老板、企业家开始。从稻盛和夫成功拯救日航的案例中，企业经营者也需要建立一种意识，不要把员工当作成本，要让员工成为利润的创造者和获益者，是所有员工为企业创造了源源不断的利润。企业的利润最终有三个去向：一是通过依法纳税回馈社会；二是给了企业老板或公司股东，这是投资者的应得回报；三是向企业员工进行分配，这是劳动所得。企业经营者也一定要给予员工与股东同样的尊重。

2. 部门核算制度——与市场挂钩

阿米巴经营模式让员工成为老板的关键，是运用阿米巴经营会计原理，构建了基于与市场进行挂钩的部门核算制度。为什么要与市场进行挂钩？参照市场变化拟定的核算规则，能直接反映市场的变化趋势。阿米巴经营的主要支柱之一就是核算制度，科学公平的核算制度，一定是和敏感的市场相连接、联动的。只有对市场了如指掌，才能将企业各部门通过内部交易变成利益共同体，实现客户思维。每个部门就是一个独立核算的阿米巴，但是每个部门的核算又和其他部门之间相互依赖、相互关联。内部交易的核算制度，让每个部门也开始关注其他部门的经营情况。只有别的部门的经营情况好了，自己部门才会跟着好，这就是系统性思维，利他思维，客户思维。

可见，阿米巴经营模式的特点告诉我们，在所有部门之间、员工之间的关系不是基于竞争，而是基于企业的共同利益，是一种共同体模式。基于共同的利益和一致的目标，他们是经营者，开始升级为"老板"了。

3. 实现全体员工共同参与经营

部门核算制度透明，实现了全体员工对企业经营方向形成共识。阿米巴经营模式将经营者与员工真正绑定为利益共同体，给员工找到了人生的意义以及成就感，员工参与企业经营，清晰地了解部门、公司目前的经营数据，将已达成的数据与目标之间进行对比，然后思考下一步如何达成目标。这种参与感让员工感受到了工作的意义。当员工把工作当成事业一样去经营，那么归属感、尊重的需求以及达成目标的自我实现就会让其真正发现他们在企业中存在的价值。企业经营者就实现了让员工像自己一样去思考企业经营和发展的愿望。

成功的企业经营者愿意让员工像自己一样热爱企业，思考企业的生存与发展，但是中国民营企业者却往往恐惧员工成为老板。一是不想让员工太清楚公司的真实利润；二是不愿与员工分享利润；三是担心员工会自立门户。互联网等新经济模式的不断迭代，早已不是单打独斗的天下，合伙制是当今时代的大潮流，员工早已不是资源的概念了，而是人力资本。资本是需要追求回报率的，所以如何留住人才，让人才为我所有、所用，这又是一个当代企业家亟待破解的大难题。

外面的世界如此精彩，如果我们还活在过去的时代，那么等着我们的只有被淘汰。中国的民营企业平均寿命只有3～4年，是因为太多的企业经营者不是真正地经营企业，只是想寻找当老板的感觉。

国内一些企业，如复星集团、华为公司等大型民营企业，进行了有益的探索，企业经营者只有将思维先转型升级,才可能带领企业迈向更辉煌的未来。未来的企业只会有越来越多的合伙人,单纯的雇佣制也会逐渐消失。

任何一个企业经营者想要企业变革,就必须要有决心,否则任何变革都不可能产生效果,因为变革过程中总会发生各种阻碍,如果没有坚持的决心,变革往往会中途夭折。

十二、阿米巴经营改进模式核心理念

阿米巴经营哲学是"敬天爱人",形成"利他之心、仁爱之心、利润中心"的经营理念。建立在阿米巴经营基础之上的改进模式,不仅继承了阿米巴经营理念,而且结合经营改进,充分思考"作为人,何谓正确"等原点问题。确立了阿米巴经营改进模式核心理念。即"客户思维、利他共赢、人才培养、全员参与、循环改进、高质量发展、经营盈利是社会责任、付出不亚于任何人的努力、自我改进、系统性改善、基于数据和事实的管理"。

1. 客户思维

人天生就是从自我感受出发考虑问题的。所谓客户思维就是要站在客户(消费者)的角度来思考问题,以满足客户的相关需求、期望作为经营工作的出发点,不仅仅是只站在自己的角度来思考问题和工作,需要进行换位思考。

深刻体会顾客的需要及需要的力量强度,持续关注顾客的需要及需要的变化,然后在顾客最渴望的地方,集中所有的精力和资源去满足他。想顾客之所想,急顾客之所急。比如,我们在设计过程中,不是以产品为导向,也不是以设计的美观性为导向,而是以客户思维、顾客需求为导向。设计、生产前,需要充分了解顾客对组织的产品和服务的关注点是什么,最在意的是什么,最担心的又是什么。以客户思维为导向,想顾客所想,这样设计生产的产品或服务,才能满足客户的需求,做出的改进,也才能符合顾客的价值取向并赢得顾客的满意。

2. 利他共赢

利他共赢,"以关怀之心,诚实处事"。这也是稻盛和夫经营十二条中的第十一条。稻盛和夫认为,在商业世界里,不应只考虑自身的利益,首先要考虑对方的利益,必要时,即使自我牺牲,也要为对方尽力。君子爱财,取之有道,道即诚信。从最基本的意义上说,市场经济是交换经济,人们在市场上进行的交易也是信用的交易,信用是维系交换行为的无形纽带,失去这根纽带,交换就无法正常健康地进行。

要建立、健全"统一、开放、竞争、有序"的现代市场经济体系。这里的"有序",核心内容就是讲诚信。诚信是市场秩序的支柱,是市场繁荣的基石;失信必然损害市场,丧失市场。无论是哪一种市场经济,实际上都离不开诚信,都应大力倡导诚信。市场经济当然要讲利益,但这不能成为不讲诚信的理由。"君子爱财,取之有道"。这里所讲的"道",一个重要内涵就是诚信。

"言而无信,行之不远。"大量事实证明,制假售假、坑蒙拐骗,可逞一时之快,得一时之利,但必以东窗事发、身败名裂而告终。假的终究是假的,谎言就是谎言,没有拆不穿的假象,没有识不破的骗局。从古至今,没有一项事业能够建立在无诚不信的沙滩之上。诚实劳动尽管艰辛,却坦坦荡荡,踏踏实实。只有诚实劳动才能最终通向成功。而"吃亏论"本身,在某种意义上是在为老实人鸣不平,也是对诚信的呼唤。还有一些人,即使因诚信而一时吃了亏,仍不改初衷,堂堂正正做人,老老实实做事,这是对推进全社会诚信建设的宝贵贡献,正在越来越受到社会的赞赏和人们的尊敬。随着社会的发展,制度的完善,依靠诚信而获得成功的现象会越来越普遍,不讲诚信而付出的代价会越来越沉重,这是总的趋势,不可阻挡。

利他也是最好的商业模式。商业的本质就是以利客户、利他人为中心。有句话说:"人生以服务为目的,赚钱顺便",就是说如果你是以服务他人,服务民众为目的的话,赚钱是顺便的、注定的。当你的人生是以赚钱本身为目的的时候,那你的破产是顺便的、必然的。有人经常会问:"我们挺专业的,为什么打动不了客户呢?"原因就在于你心里想着他的预算,眼睛盯着他的口袋。你的起心动念就是错的,客户能明显地体会到你的出发点是从你的私欲出发,所以纵有千般专业的说辞,也没有办法打动客户。利他共赢就是能量与能量的交换,心与心的感知。

其实打动客户并不难,难的是没有一颗真正利他、仁爱客户的心。没有人会拒绝你真心对他好,利他才是真正的利己,你给客户利益越多,你得到的回馈也就越多。所谓舍得、舍得,先舍后才能得。关怀之心,诚实处事这样美好的心灵,在商业世界里也是最重要的,善有善报的因果法则在企业经营的领域内一样存在,而且只有怀着这样美好的心灵去经营自己的企业,才可能稳定、长久。

"利他之心"就是"关爱他人",仁爱,良知。利人也是自利,要想自利必须利人。稻盛和夫先生一生成就了三家世界 500 强企业,他是怎么做到的呢? 成功不是偶然的,要想在不同的三个行业都做到世界 500 强更不容易。稻盛和夫先生主要有两大支柱确保了他的成功:第一个是他的经营哲学,第二个是他的阿米巴经营模式。"敬天爱人,利他之心"是稻盛和夫先生经营哲学精髓,是他经营企业的基石。

"利他之心"是一种高深的哲学智慧,最终"利他"之人都会自利,受过你好处的人都会回报你,都会报答你,而且所获得的远远大于付出,是大智慧。什么事情都爱斤斤计较的人,成不了大事。不关心自己的员工,把员工当成赚钱机器的企业经营者也一样成不了大事,员工最终都会离他而去。

自利和利他,哪个是人的本性? 两者矛盾吗? 还是一体两面?

稻盛和夫先生说:"自利是人的本性,自利则生;没有自利,人就失去了生存的基本驱动力。同时利他也是人性的一部分,利他则久;没有利他,人生和事业就会失去平衡并最终导致失败。"

稻盛和夫说:"人、财、物各种经营资源都齐备,被认为必定成功的企业消失了,而只把为社会、为世人这种纯粹的动机作为最大经营资源的 KDDI 却幸存下来,并且依然继续成长、发展"。稻盛和夫先生就认为必定存在着指引企业持续发展的经营秘籍。

假如你往牛奶中添加三聚氰胺,你可以因此变得富有,但是,当人生谢幕的时候,所有的财富都会原封不动地留在这里,与你同行的只有那个受三聚氰胺腐蚀而降格的灵魂。因此人生在世最重要的事情就是修炼灵魂,使其在谢幕之时比开幕之初高尚。为了使灵魂高尚一点点,在整个经营企业的过程中都要不间断地修炼,而修炼的原则就是自利利他。

稻盛和夫先生也说过,他并不奢望每个人都接受他的经营哲学,但是,他确信他自己的这些观点与宇宙意识相吻合。他多年坚持这些原则,因而取得了人生和事业的巨大成功。自利则生,利他则久。我国改革开放使无数企业快速成长,为了使之成为基业长青的企业,应该导入"利他之心"的经营理念。

3. 人才培养

实施阿米巴经营的目的是为企业培养经营性人才、实现全员参与、建立生产现场与市场价格的联动机制。

阿米巴经营模式,能为企业培养具有经营者意识的经营人才。稻盛和夫创建京瓷之初,从新产品开发到生产、销售,各个环节都由他一个人负责。在稻盛和夫的努力下,创业时期的京瓷越做越大,当企业发展到200人左右时,他开始感到力不从心,他感觉一个人经营企业非常吃力,根本忙不过来。为了解决这种瓶颈式的经营难题,通过长期的思考和日常工作中所产生的灵感,稻盛和夫逐渐形成了他的经营理念。这时他想到了《西游记》里的孙悟空。孙悟空本领高强,能够斩妖除魔,为人间伸张正义,是一代又一代中国人心目中的英雄。每当我们看到孙悟空单枪匹马同一群妖怪决斗时,都忍不住脱口叫起来:"孙猴子,快点拔出毫毛来,多变一些孙悟空,这样你就不怕妖怪多了。"这说明什么问题呢?说明孙悟空只要变出了像他一样厉害的小孙悟空,就可以打败这些妖怪。

他想,如果他也能像孙悟空一样,能变出(培养出)很多与自己同样的、有经营意识和老板思维的人出来,他们就能像自己一样去经营、管理企业了。如果这样,无论企业发展得多快,也不必担心忙不过来。就这样,稻盛和夫的阿米巴经营思想诞生了。

那么,怎样培养具有经营者意识的人才呢?稻盛和夫把能划分成阿米巴的部门都划分成阿米巴,每个阿米巴都设有一个巴长,这个巴长就是这个阿米巴的经营者,这个巴长必须像稻盛和夫一样会思考,努力经营这个部门,有经营者思维,像老板那样去经营、思考企业的生存与发展。由于有经营哲学的存在,也就是有统一的价值观,这些巴长的所有行为都不允许出现有损整个公司利益的现象,大家都会遵守这个原则。

稻盛和夫是一位成功的企业家,在京瓷内部培养了许多有能力、有才能的经营者,他们每一个人都负责一个事业部,因为这些经营者的优秀,京瓷才能健康发展、长久经营,持续盈利,实现了多年不亏损的神话。

那么阿米巴经营是怎样为企业培养具有经营者意识的领导者的呢?

必须对各阿米巴领导者进行稻盛和夫先生的经营哲学理念培训,必须在接受稻盛和夫先生的哲学的前提下,才能被委任作为一个阿米巴巴长。不仅自己要接受稻盛和夫先生的经营哲学,同时还要具备一定的培训和宣导能力,必须在自己的阿米巴组织内进行稻盛和夫先生经营哲学的培训和引导,必须像传教士一样不停地宣导稻盛和夫先生的哲学思想,这是前提条件。

巴长要经营好巴组织,必须进行授权。阿米巴经营量化授权体系,避免了巴组织经营各自为政、恶意竞争和单打独斗等现象，能够执行公司的战略部署和整体计划安排。

企业在推行阿米巴经营的过程中，需要划分出一些能够独立核算的阿米巴单位，阿米巴组织也不是随随便便想划多少就划多少，必须具备以下三个条件：

第一，划分后的阿米巴能够成为独立核算的组织，需要"有明确的收入，同时能够计算出为获取这些收入而所需的支出"。为了采取独立核算制，必须能够计算收支，为此必须准确地掌握独立组织的收入和支出情况。只有对这些划分的阿米巴进行独立核算，让他们像老板一样去经营自己的部门，思考怎样才可以为本部门接更多的订单，怎样才能获取更多的利润，怎样才能进一步节约成本，怎样才能进行管理创新、产品创新，才能全面地培养出一个具有真正经营者意识的阿米巴领导者。

第二，最小单位组织的阿米巴必须是独立完成业务的单位。也就是说，每一个阿米巴必须是一个能够独立运作的组织，完全像一个独立工厂一样，阿米巴是作为一个独立业务而成立的，所以阿米巴必须是一个独立完成业务的单位。也只有这样，阿米巴巴长才能进行独立思考，才能以老板的角度去思考经营问题，也只有这样才能真正培养阿米巴巴长的独立经营能力，培养具有经营者意识的阿米巴领导者。

第三，能够贯彻公司整体的目标和方针。即使能够明确收支状况并且成为一个能够独立完成业务的单位，但是如果妨碍了公司大计的实施，也不能把它划成一个阿米巴。其理由是，如果将组织细分成阿米巴后，公司内部的协调机制被分割得支离破碎，那就无法完成公司的使命。这就是阿米巴经营的精髓，所有独立的阿米巴都必须服从总公司的指令，这样那些看起来一个个都进行独立核算的阿米巴实际上又是一个整体。

划分形成的阿米巴组织，必须任命阿米巴经营长，由巴长担任这个阿米巴组织的经营者，他必须全面对自己阿米巴单位的产品质量、经营成本、人工开支、教育培训、工作效率等负责。各个阿米巴单位好像一个个独立的小工厂或小公司一样独立运作，自负盈亏。阿米巴组织在保证完成现有订单的前提下，允许对外接订单。通过阿米巴日核算，准确、快速、及时掌握阿米巴组织的经营信息，及时有效地对各种不合理的现象提出改善以及预防与纠正措施，主动进行改进、提升组织的经营绩效。经过这样长期的对各阿米巴巴长的培养，每一个阿米巴巴长都将具备一个经营者所应该具备的经营能力。

简单来说，推行阿米巴就是以这样的方式为企业培养具有经营者意识的领导者。人才的成长，需要通过学习、思考、实践才能实现。阿米巴经营改进能够有效地推进组织和个人的学习，是构建学习型组织的有效方式。阿米巴经营改进强调学以致用，将系统的培训体系和阿米巴经营改进项目结合起来，将个人学习、绩效改进和组织学习有效融合。组织通过阿米巴经营改进项目将学习活动和成果植根于组织的业务过程改进。阿米巴经营改进项目的成果共享，进一步促进了阿米巴经营改进理念和知识在组织内的传播和渗透。

实施阿米巴经营改进模式的组织应建立系统的、面向组织不同层次需求的培训体系，激励员工积极参与阿米巴经营改进项目，促进个人职业发展、能力提升和组织经营绩效的系统改进。

4. 全员参与

实现全员参与经营。这是我国每一家企业年年都在喊的响亮口号和梦想的氛围。每一个老板都希望自己企业的员工，像自己一样关心企业的生存与发展，希望员工与自己一样，用经营者的思维去思考本职工作，思考怎样才可以把生产成本降下去，把产品质量搞上去，提高生产效率，提升企业利润。每一个企业老板都希望这样，可是，又有多少家企业真正实现了这样的目标呢？

我们怎样才能在企业内部，实现全体员工参与经营呢？稻盛和夫在京瓷公司早已实现了"全员参与经营"。其经营哲学、经营理念，为我们提供了解决"全员参与经营"的思路、方法。

"全员参与经营"应该说是一个企业追求经营的终极目标，同时也达到了经营领域的最高境界，这样的企业才是世界上最优秀的企业，这样的企业家也一定是令人十分敬佩的最优秀的企业家。

京瓷把"追求全体员工物质与精神两方面都幸福的同时，为人类和社会的进步与发展做出贡献"确定为公司的经营理念。因此，公司目标是追求员工的幸福，这与劳资双方团结一心，为公司发展做出贡献没有丝毫矛盾。从企业经营的角度说，是建立统一战线，实现共同目标。京瓷确立了能让全体员工接受并共同拥有的、普遍的经营理念，这也成了形成超越劳资对立却能团结一心的企业环境的土壤。这是企业家、老板们梦寐以求的氛围。

由于确立了经营理念，稻盛和夫先生作为一个经营者，可以直截了当地对员工谈他自己的想法。如果他是一个很自私狭隘的人，肯定会为了自身的利益而不断榨取工人的劳动，而在京瓷，稻盛和夫作为一个企业经营者往往都是身先士卒，即使牺牲自己的利益也要竭尽全力地为全体员工谋幸福。所以京瓷的员工与公司建立了互相信任的关系，这是一种伙伴关系。

为了进一步取得员工对公司的信任，京瓷决定公布公司的经营信息，把企业的烦恼、隐私等毫无隐瞒地告诉大家，这样就能进一步谋求员工的理解。如果员工都能够了解公司的现状和面临的困难，那么就能与公司共同分担烦恼，从而培养员工的经营者素质。

阿米巴经营通过晨会的形式向全体员工公开有关阿米巴以及公司经营情况的主要信息，通过尽可能地公开公司的信息，营造全体员工自觉参与经营的氛围，这样全体员工参与经营就成为可能。

全体员工如果能积极地参与企业的经营活动，在各自的岗位自觉地发挥自己的作用，尽到自己的责任，那么员工就不仅仅是一个单纯的工人，而是同企业一起共同奋斗的合作伙伴，是一个经营者。京瓷就是通过这样的方法、过程来培养具有经营者意识的员工，使得全体员工都能像经营者一样参与公司的经营，通过这样的方式，培养员工的经营思维，从而在一定程度上实现了"人人都是经营者"。

要使员工像老板一样地去思考、工作，全心全意地参与企业的经营活动，首先企业经营者必须舍得付出，让全体员工在物质方面得到基本满足，不能只顾自己赚钱而不管员工的死活，不关心员工的生活质量。只有那些真正关心员工、与员工成为一个"利益共同体、事业共同体、命运共同体"的企业家,愿意为员工未来生活承担责任的企业经营者,才能在他们的公司内,实现全员参与经营。

公司有很多培训,也有很多管理体系,如精益生产、六西格玛管理、TQM、企业流程再造、绩效考核等。这些都是管理方法,是管理思维,都是下发指令要求大家怎么执行,员工都是被动接受管理,没有从"要我做",转变为"我要做"。不能真正解决员工工作心态问题,更谈不上能激发出员工的感恩思想,员工都是在监督、高压、不信任的情况下,被动执行工作的。

为什么日本企业的平均寿命要比中国企业要长得多,真正的核心原因就在员工是否真正把自己看成是企业的一分子,是否以经营者的心态在工作,是否用经营者的思维去思考、改善、创新工作。在日本企业,员工的归属感比较强,员工都把自己的一生幸福交给了企业,企业的兴衰与个人息息相关。所以,他们能够做到用心去爱护企业,为了企业的长久发展,他们愿意牺牲自己的利益。

我国一些企业老板有点成绩的时候就好大喜功,盲目自信,目中无人,认为自己非常了不起、功成名就了,再也没有什么追求,好像世界上没有什么事情是他办不到的一样,什么人的话都听不进去。对待员工更是缺少关爱,认为只要给了员工工资就行,企业与员工之间就是一种买卖关系。这样的企业员工,会随时走人,哪里还谈什么经营者意识。这就是区别、差异。

我们应当反思,今天各行各业的急功近利,不关心他人,幻想一夜暴富,梦想快速出人头地;不崇善英雄和科学,却对歪门邪道趋之若鹜;不愿脚踏实地,却陶醉于投机取巧、不讲诚信和占小便宜。这些现象不仅不利他,而且专门害人,只能说,我们这个社会生病了,需要良药来治疗。个人以为,阿米巴经营哲学、经营理念,也算是一剂良药吧。

阿米巴经营远远不是"分、算、奖"那么简单,这只是阿米巴经营手法、是表象。阿米巴经营与组织的企业文化制度、管理模式、考核激励、人才晋升等全面融合,才能形成我们自己的阿米巴经营模式。

"全员参与经营"是高质量发展阶段的必然要求,也是构建"命运共同体"最高境界。一个人的生命有限,组织可以是在人的经营下,得到传承发展,全员参与是基业长青的不二秘诀。

5. 循环改进

循环改进就是持续改进、连续进行循环改善的意思。连续改善(Continuous Improvement)是当今国际上流行的管理思想。它是指以消除浪费和改进提升思想为依托,对生产与管理中的问题,采用由易到难的原则,不断地改善、巩固、改善、提高的方法,经过不懈的努力,以求长期的积累,获得显著效果。连续改善是"追求精益求精""力求尽善尽美"的路线图。

阿米巴经营是以量化的方式,引导你跟踪、评价,从而建立循环改进体系,持续提升、连续改善。实施阿米巴经营,就是要通过精细核算的方法,精准地做好改进,对制造业来说,尤其要做好成本的控制与改善。中巴、小巴、微巴都要建立循环改进机制,而大巴、总巴就需要建立循环改进体系,体系有全面、全部、系统、整体的含义。

一般地,循环改进体系包括"组织机构、实施机制、工具方法、跟踪考核、评审奖励"等。QC小组改进活动已建立了标准的流程,组织可实施的改进方法多种多样,阿米巴组织选择的改进方法,要视改进项目的复杂性而定,不必追求高大上,以实用、简单、有效为原则。阿米巴组织在经营发展过程中,也会遇到多种多样的问题,为了解决发生在不同层次、影响程度和难度各异的问题,全员参与、有针对性地运用适宜的方法,进行改进和创新。如合理化建议、QC小组活动、六西格玛管理、业务流程再造、技术难题攻关、对标改进、转型发展、产品提档升级等。

阿米巴经营从"力求最佳"到"追求完美"。利用PDCA闭环管理原理,大循环套小循环、所有循环螺旋上升,永无止境。这就是"循环改进",连续改善。

实施阿米巴经营是为企业培养人才,人才需要在连续、循环改善中得到锤炼,通过对连续、循环改善进行跟踪,从而获得经营的思维、能力。连续、循环改善是修炼人生的过程,也是锻造企业家的"铁匠铺"。

6. 高质量发展

我国提出的"高质量发展"突破了"全面质量管理"概念,"全面质量管理"是从广度出发,"三全一多样"是其特点。"高质量发展"是从深度出发,其核心内容是"高效益、稳增长、创新驱动"。高质量发展立足"全面",从"广度""深度"对质量概念进行了创新。阿米巴经营改进模式的目的,就是要通过持续改进,实现企业高质量发展目标。

实施高质量发展战略,一要实现高效益。高效益是高质量的重要内涵。二要实现稳定增长。经济运行的稳定性、持续性以及风险高低,也是衡量发展质量的重要标志。三要实现创新驱动。高质量发展,目的是提高供给体系质量,关键在于创新驱动。

企业高质量发展要实现高效益,首先要建立高效益的理念、思想,企业是创新、创造价值的主体组织,需要率先树立高效益的理念,探索高效益的评价方法,阿米巴经营的全成本管理、服务与产品的定价交易、精细核算,可以科学评价我们工作的结果、产出是否高效益。高质量发展理念使我们认识到,需要对结果进行高效益评价,这样,对工作的评价就不是完成任务,而是要从价值上进行衡量、评价,这与"敬天爱人""利他共赢"一样,引导我们从责任担当的原点思想出发,对工作结果、经营成果的价值进行评价,高质量发展理念重塑价值观。高质量发展可以涵盖"敬天爱人""利他共赢"的一切内涵,质量人要为企业高质量发展做出更大的担当。

"高效益"是高质量发展的核心目标之一,"高效益"如何评价?基于全成本、精细核算的阿米巴经营报表,为我们提供了方法、思路,利润思维模式也告诉我们,控制成本、降低成本的目的是要取得更多的利润,不创造利润的工作是无效的,这是阿米巴经营的核心。人人都关心自己的工作是否有价值,能否创造最大利润,如何开展改进,这就是老板思维。围绕持续提升顾客和社会相关方的需求,开展经营改善,以"最小的成本、最少的费用、最短的时间、获得最多的利润",提高企业竞争能力,这就是追求卓越。

"稳增长"是高质量发展的重要标志。对企业而言,稳定增长的前提是保持,再通过循环改善，提升经营绩效，以实现稳定增长的目标。阿米巴经营日报表帮助我们每天跟踪、评价经营绩效，通过与我们设立的"基本目标、奋斗目标、挑战目标"进行比较，掌握存在的差距；通过与标杆的对比，发现改进的空间。唯有持续提升、循环改善，才能获得有效改进结果，实现"稳增长""高效益"。

"创新驱动"是高质量发展的动力源泉。只有创新才能突破、实现超越，"机制创新""技术创新""管理创新""基层微创新"等，构成企业创新体系，创新是引领企业发展的第一动力，也是企业实现高质量发展的必由之路。创新是一个永恒的话题，其重要性不言而喻，美国凭其出色的创新能力，雄居全球，甚至称霸全球。

"高质量发展"也许会在不久的将来，成为"中国模式"。这需要我们进行"实践探索、融合文化、开拓创新"。学习西方企业管理经验，引进、模仿是学习，思考、探索是实践，拓展、融合是创新。要形成属于我们自己的方法、模式，任重道远！

阿米巴经营改进模式也突破了全面质量管理从广度上聚焦质量改进的思想，阿米巴经营改进是基于经营绩效的全面改进，涵盖质量、安全、效率、设备、成本、环境、人事、制度、流程、考核等诸多方面，还包括企业家自身的改进。企业家的自我修炼与成长，已经得到政府相关部门、企业家群体等重视。对企业家自身改进的关注，是阿米巴经营改进模式的特色之处。

"高质量发展"是从深度出发聚焦质量改进，其核心内容是"高效益、稳增长、创新驱动"，这正是阿米巴经营改进模式开展深度质量改进的目标要求，这些要求的综合表述，就是"高质量发展"要求。

高质量发展的三个关键，发展是第一要务；人才是第一资源；创新是第一动力。

7. 经营盈利是社会责任

追求全体员工物质与精神两方面幸福的同时，为社会做出贡献。组织不能盈利，什么都做不了，还可能给社会带来负面影响。

在市场经济大环境下，评价经营结果、体现经营价值的方式是组织的盈利能力大小，是实现的利税多少。组织的盈利能力决定着组织的竞争力。我们生产要用资源，如果你用最少的资源消耗，创造出最大的经济价值，结果就是用收益情况来反映、评价。如果你用掉了资源，却没有产生价值，可能成了废品，也可能被浪费掉了。这是一种罪恶，而不仅仅是一种浪费。

有收益、赚钱是结果，不是目的。首先必须把事情做好，什么叫做好？是在追求全体员工物质与精神两方面幸福的同时，为社会做出贡献，解决了社会需求的矛盾，满足了人民的需求并得到了肯定。市场经济条件下，人们肯定你成果的唯一方式是认可你的产品，为你投下现金票。其结果就是盈利、赚钱，有收益。

企业的使命和责任是为社会创造价值，创造价值的最佳评价方式是经济增加值或赚了多少钱。所以赚钱是一个结果，是一个评价指标。

阿米巴经营报表，为所有巴组织提供一个范本、标准，将阿米巴经营的精细核算理念和基本方法介绍给巴组织。让他们在这个框架下开展"核算、评价、创新、改善"等循环改进活动,以每天进步一点点的方式,持续提升,精益求精,从而追求卓越。以下一组数据,足以说明持续改进、循环提升的重要性,$1.01^{365} \approx 37.8$;$0.99^{365} \approx 0.03$;$1.02^{365} \approx 1\,377.4$;$0.98^{365} \approx 0.000\,6$。这些计算启示我们,只比你努力一点点的人,其实已经领先你很远了。

实施阿米巴经营也不是没有标准和准则的"自由经营"。各级巴组织一定要很好地落实与贯彻公司的战略、部署,一致的报表有利于整合、协同评价战略实施进展,为公司精准制定改进方案、调整战略实施目标,精确评价实施结果,制定新的战略规划,提供最具参考价值的数据。因为单位时间(人员)核算指标,能对各个岗位的巴组织对公司生产经营的贡献、对战略目标完成的价值度,进行综合评价。

8. 付出不亚于任何人的努力

"付出不亚于任何人的努力"是"6项精进"的第一条,也是京瓷经营12条中的第四条。稻盛和夫认为"6项精进"是经营企业所必需的基本条件,同时也是度过人生必须遵守的最基本条件。如果人们能够日复一日地持续实践这"6项精进",人生必将会更加美好,事业也一定会取得成功。

在"6项精进"里面,"付出不亚于任何人的努力"排在第一位。稻盛和夫认为"付出不亚于任何人的努力"是事业取得成功最重要的环节,是最关键的因素。稻盛和夫曾经说过,成功没有捷径,努力才是通往成功的光明大道。京瓷仅用40年的时间就成长到这么大的规模,除了努力之外没有别的原因。京瓷的努力不是普通的努力,而是"不亚于任何人的努力"。"不亚于任何人"这几个字才是最关键,反过来说,就是比任何人都要努力,不做这种程度的努力,企业难以取得长久繁荣和持续发展。

为什么稻盛和夫先生把"付出不亚于任何人的努力"放在首位呢？也就是说,在企业经营中最重要的就是这一条。每一天都必须努力工作,拼命工作,是企业经营中最重要的事情。想要有一个好的人生就必须付出比别人更多的努力。如果做不到这一点,要想拥有一个成功的人生,要想成功经营一家企业都将是空谈、空想,根本就实现不了。天下没有免费的午餐,更没有不经过努力就可以轻松获得的成功。

工作态度决定一个人的工作表现,决定他工作努力的程度。从哲学的观点来说,态度对于热情起到指导作用,意识反作用于物质,正确的意识促进物质发展,积极的工作态度就是正确的意识,有了这个意识才能更好地工作。就像人类,我们的手和脚很灵活,很有能力,但是还是需要大脑对其做出的各种动作进行指挥。所以说能力再高的人没有积极的工作态度,在工作中也很难掌握好自己的发展方向,甚至消极懈怠,影响自身的发展和企业的发展。

在现实生活中我们每天都会看到形形色色的人,他们每个人都有自己的工作态度,有的勤勉进取,有的悠闲自在,有的得过且过。工作态度决定工作结果,有了努力工作的态度不一定就能成功,但是,没有努力工作的态度就一定不能成功。

一位名人在《人生的经验》一书里,这样批评那些永远都无法超越别人的人,"一种人只做别人交代的工作;另一种人是从不做好别人交代的工作。这是两种工作的态度。另外,还有两种可以使工作成功的态度:一种是永远做好目前所从事的工作;另一种是永远做好你真正想做的工作。从以上这四种对待工作的态度,孰好孰差,不必多说,道理自明。我们应当认真选择和学习两种做好工作的态度,这既是人生必备的工作态度,也是一个人成就事业所必须坚持的基本原则。"思想态度决定一切,要想拥有一个美好的人生,要想经营企业成功就必须有好的工作态度,必须勤奋,付出比别人更多的努力。

自然界存在的前提是一切生命都在拼命求生存。稍微有了点钱,公司刚有起色,就想偷懒,就想舒服,这种浅薄的想法或许也只有人类才有。而自然界中的其他动物,都在竭尽全力地生存下去。

在经营京瓷时稻盛和夫先生就有一种危机感,如果不竭尽全力,不拼命努力工作,公司的经营就不可能顺利。这样的危机感、恐惧心促使他拼命工作。不管经济如何萧条,不管环境如何严峻,加倍的努力是经营者乃至每个人生存的最低条件。竭尽全力,付出不亚于任何人的努力,乃是这个世界上所有的生物都要承担的、理所当然的义务,没有谁可以逃避这个义务。

谁都想拥有一个美好的人生,谁都想创业成功,谁都想把企业不断做强、做大。可是,不付出实际行动,不付出不亚于任何人的努力就能成功的案例几乎没有。我国也有很多优秀的企业家是白手起家的,他们创业时非常艰难,通过不懈努力,不断地从跌倒中站起来,付出了比别人多得多的努力,最终成就了一番了不起的大事业。

设定工作目标,制定完整的工作计划,并不懈地去努力付诸实践的人,在我们身边大有人在。但有些人却将别人的成功归咎于"特有能力",自己没有成功是因为不具备很高的能力。能力是努力的积累,努力是能力的基础,能力来源于努力,努力会增长能力,要学会善于积累,只有长期不懈的努力才能积累很强的工作能力。要想不断增长自己的能力,就需要获取知识,需要不断地努力。未做任何努力就断定自己做不到,找出各种借口为自己推脱责任的人,不会有成功的人生。

能力有限,努力无限。能力不是与生俱来的东西,需要后天的养成。从这个意义上说,努力比能力更重要,人没有生而知之,只有学而知之。人们要通过自我修养、自我觉悟、自我约束、自我完善,不断提升自己的能力,不断磨炼自己的心性,磨炼自己的灵魂。能力普通的人若能清楚自己的弱点,并积极努力,其结果一定会比那些资质过人却不肯努力的人要好。人是不同的,能力有大小,但只要努力、加倍地努力,付出不亚于任何人的努力,并且用心去做,能力的差距就会缩小,甚至超过那些所谓有能力的人。

没有做不好的工作,只有不努力工作的人。不论工作有多难,只要你努力了,用心去做了,付出了不亚于任何人的努力,必定会有收获。正所谓勤奋沉淀美丽,执着收获成功。所以,无论我们职位高低,一个努力、踏实、用心去工作的人才会给别人信任感。有了不断努力的精神,在平凡的岗位上,做出不平凡的成绩,就是最优秀的。

京瓷在创业时,没有足够的资金,也没有经营的经验,唯一的资本只有无尽的努力。那个时候,京瓷全体员工在稻盛和夫先生的带领下夜以继日、不分昼夜地努力工作。他们每天忙得连什么时候回家、什么时候睡觉都不知道。不久,大家就筋疲力尽了。大家的生活都没有什么规律,睡眠极少,不能按时吃饭,大家都在想,这样下去难以维持啊,因为身体吃不消了,太累了。后来稻盛和夫召集大家开了一个会,他说:"我虽然不太懂企业经营是怎么回事,但认为它可比作马拉松,是长距离、长时间的竞赛。我们都是初次参赛的非专业团队,而且起步已迟。包括大企业在内的先头团队已跑完了全程的一半。反正是无经验、无技术的新手,出发又晚,不如一上场就全力疾驰。"

稻盛和夫先生就这样说服了全体员工,自创业以来,始终"全力疾驰",结果京瓷一刻不停,发展再发展,最后成了世界500强企业。"以百米赛跑的速度跑马拉松,或许中途会倒下,或许跑不动了落伍。大家这么讲过,我也这么想过。但是,与其参加没有胜算的比赛,不如一开始就全力以赴,即使坚持不久,也要挑战一下。幸运的是,不知不觉中我们居然适应了高速度,用这样的高速度一直跑到了今天。"

用跑百米的速度跑马拉松,这样的努力才配称"不亚于任何人的努力"。企业经营就是竞争,当竞争对手比我们更努力时,我们的努力就不会奏效,我们就难免失败和衰退。

仅仅是"尽了自己努力"这样的程度,公司不可能发展。要在血雨腥风般残酷而激烈的企业竞争中获胜,获得成长发展,就必须是"不亚于任何人的努力"。还有一点很重要,就是"不亚于任何人的努力"必须每天不断地持续,任何成功的事业都是一步一步、踏踏实实努力积累的结果。

稻盛和夫先生通过总结自己几十年经营企业的经验,认为企业发展的要诀一点也不难:认真做事,一步一步,踏踏实实,持续付出不亚于任何人的努力,精益求精,持之以恒,如此而已。

9. 自我改进

阿米巴经营改进模式,注重个人的心性修炼、能力提升、勇于开拓、使命担当,以崇高的人格影响他人。

在古代,如果你想成为社会精英,成为一位真正的君子,就必须从四五岁开始阅读《大学》这部经典,而且要滚瓜烂熟。不仅能背诵,还要能够解释、能够讲解。在我国的文化史、哲学史上,《大学》是一部非常重要的儒家经典。

为什么重要?南宋时期大思想家朱熹就说过,要读"四书",首先必须读《大学》,因为《大学》给整个儒家思想框定了一个规模。读了《大学》再读《论语》,这是儒家思想的根本。读了《论语》再读《孟子》,《孟子》是对《论语》的深度阐释和超越。其实我们都知道,没有孔子就没有孟子,但是从学术上讲,没有孟子就没有孔子。正是因为孟子才把孔子的学问,阐释得淋漓尽致,比如"民为贵,社稷次之,君为轻"等,一直到现在都是响彻云霄的口号,是贯穿我国历史几千年的伟大思想;之前三本都读完了,然后再读最高经典《中庸》。《中庸》是从各个方面来阐释从个人的修养到国家的管理,是儒家哲学的极致。

因此,《大学》是"人格修养"第一经。

"人格"是我们每个人独有的、先天获得的遗传素质,与后天的教育相互作用而形成,能够代表人类灵魂本质,能够代表人的个性特征,比如性格、气质、品德、品质、信仰、良心以及由此形成的尊严、魅力等,它对个人来说是非常重要的内容。亦是我们常说的要在"天人之际"确立"灵魂归宿"。

《大学》最重要的是提出了"三大纲领、八大条目",这是核心思想。

所谓三大纲领,就是:"大学之道,在明明德,在亲民,在止于至善。"《大学》指的是"大人之学",也就是说,你作为一个社会精英,要成为成功人士、要活得幸福、要有成就、要在盖棺定论的最后时刻对得起你自己,就要去做一个"大人"。这个"大人"的意思就是,面对社会、面对列祖列宗、面对世界上各种各样的人,走过的茫茫道路你该如何面对自己、面对自己的人生?你的道路在哪里?原则在哪里?这就是"大学之道",即"在明明德,在亲民,在止于至善"。

《大学》的"八大条目"为"格物、致知、诚意、正心、修身、齐家、治国、平天下"。知人者智、自知者明。明德,就是首先要弄清楚自己的本来面目,因为,人都缺乏自知之明,都不知道自己的本来面目。尤其在当今物欲横流、责任心不明、道德混乱的社会,加强个人的人格、道德修炼,也是提升整体社会风气、弘扬正能量的重要方式。

儒家一直重视对自身的修炼,一般可以分为"修行、修心、修性"三个层次。如果说《大学》指导我们修行,《论语》指导我们修心,那么《孟子》《中庸》则是修性的经典,这是儒家的"三修"思想。

明治维新后,当日本这个传统儒家文化国家面对现代化时,他们就没有极端地选择推倒原有价值体系。

涩泽荣一,日本商业之父。他从先师弟子、儒商鼻祖子贡谈起,创造性提出"士魂商才"概念,以商养儒,以儒促商,号召日本人"一手抓论语,一手抓算盘",他的著作《论语与算盘》,开启了日本商业强国之门,一大批巨无霸企业如雨后春笋,日本在东亚迅速崛起……

涩泽荣一不愧为日本商业之父,作为日本历史上最伟大的儒商,他对《论语》的体会令人钦佩,《论语与算盘》对日本商业崛起影响巨大,中国的企业和日本的商业巨擘相比,修为和内功都还欠缺。

修炼之路,漫漫修远,吾将上下而求索。

我们要成为对国家、社会、企业有用的人才,个人需要持续改进,个人的改进有一个专用名词即"修炼",我国的传统文化,就是我们修炼的宝库。

儒学以教化为核心。它是进取文化,体现的是积极进取、建功立业;提倡的"仁礼安邦"是修行思想。"修行",可以提升我们的进取心、责任心,克服懒惰、敷衍行为。道学以治理为核心。是规律文化,体现的是顺其自然、自我完善;提倡的"无为而治"是修性思想。"修性",可以提升我们的规律意识,做好自我约束,克服破坏性行为。佛学以大爱为核心。是奉献文化,体现的是慈爱众生、无私奉献;提倡的"万法皆空"是修心思想。"修心",可以提升我们的大局思想和奉献精神,克服贪婪和个人私欲。

10. 系统性改善

阿米巴经营改进强调以系统的观点,来管理整个巴组织及其关键过程的改进。要求各级巴长们根据公司顾客需求、战略方向和经营重点,通过阿米巴经营报表分析,找出改进方向,并组织实施和开展改进。阿米巴经营报表展示了不同巴组织的经营状况,通过对不同巴组织报表的联动性、综合分析,可以对阿米巴经营改进的有效性进行评价,从而强调了阿米巴经营组织在改进方面的整体性、一致性和协调性要求。

"整体性"是指把组织看成一个整体，组织整体有共同的战略目标和行动计划；"一致性"是指阿米巴组织之间的交易关系，虽然有产品买卖、各种租赁服务、外包服务等，但这都与实现公司的经营目标存在一致性关系，都是为实现公司经营目标而存在的；"协调性"是指各阿米巴组织的经营，与公司的各部门、各环节和各要素之间是相互协调的。

系统的观点体现了组织所有活动都是以"客户思维"为出发点，最终达到顾客和其他相关方满意的目的，阿米巴组织的各项经营活动，均依据公司的战略目标的要求，按照 PDCA 循环展开，进行系统管理。

只有系统思维，才能抓住整体，抓住要害，从原则上采取灵活有效的方法处理事务，目标是多方面相互关系、发展变化的有机整体。系统思维是人们从系统的角度系统地认识事物的各个方面及其结构和功能的一种思维方式。整体性原则是系统思维的核心。这一原则要求，无论人们做什么，都要立足于整体，从整体与局部、整体与环境的互动中理解和把握整体。领导者在思考和处理问题时，必须从全局出发，着眼全局，注重全局效益和全局效果。只要符合大局和大局，就可以充分运用灵活的方法来处理。

系统性改善突出的要求是，系统效益最大化，不允许出现成本转嫁和寅吃卯粮的现象，提倡工作协同和成果共享。

阿米巴经营改进模式追求无边界合作与突破性的过程改进，阿米巴经营改进提倡通过无边界合作建立跨职能、跨层级乃至跨组织的阿米巴经营改进项目团队，实现突破性过程改进和经营结果提升。

阿米巴经营改进建立在无边界沟通和合作的基础之上，能够构建和营造出一种真正支持团队合作的管理结构和环境。联结这种无边界合作的纽带就是那些有着强烈使命感的巴长和巴员。阿米巴经营改进面向经营全过程，聚焦于过程的改善、改良及突破性改进。组织向社会提供产品或服务是通过一系列过程实现的，过程存在的波动、非增值作业导致质量下降、成本增加和运营周期延长等，影响顾客的满意。通过阿米巴经营改进对核心过程和关键支持过程进行改进或再造，可以使过程绩效取得突破性的提升，为顾客和相关方创造价值，为组织建立竞争优势。

阿米巴经营改进特别注重结果，尤其是阿米巴经营报表结果的改善趋势，组织经营的收益变化趋势等，当然阿米巴组织同时也要关注包括顾客满意度、巴员人事、资源使用、经营过程等指标的改进成果、供应链绩效改进成果和巴组织文化与管理变革成果。这些成果反映了组织通过实施阿米巴经营改进，为顾客、股东、巴员、供方和合作伙伴以及社会等利益相关方创造的价值。这些价值应是平衡、和谐、相互促进、良性循环的，体现阿米巴经营改进对组织整体经营管理成熟度的贡献。

11. 基于数据和事实的经营管理

基于数据和事实的改进管理是现代管理与传统经验管理的分水岭。

越来越多的组织开始重视信息系统建设和知识管理，但所做的许多经营决策仍然基于感觉和经验。阿米巴经营改进模式把基于数据和事实的管理的理念和实践提到一个更高的层次。

阿米巴经营改进建立在数据和信息管理的基础之上,其最大特点之一就是强调一切用数据和事实说话,起点是从阿米巴经营报表分析开始,在确定改进方向和改进项目过程中,利用六西格玛管理的"定义"和"测量"过程输出的关键绩效指标及其基线值,然后应用统计方法进行数据分析和考察,确定显著影响关键绩效指标的过程因素,并通过改进获得优化的结果。除运用传统方法对改进结果进行评价外,还要结合阿米巴经营报表结果的变化趋势,进行经营评价。用阿米巴经营报表结果的变化趋势,判断改进措施的有效性。

十三、高质量改进促进企业高质量发展

高质量发展是 2017 年中国共产党第十九次全国代表大会首次提出的新表述,表明中国经济由高速增长阶段转向高质量发展阶段。2018 年 3 月 5 日,提请十三届全国人大一次会议审议的政府工作报告提出的深度推进供给侧结构性改革等 9 方面的部署,都围绕着高质量发展。

任保平研究指出,高质量发展根本在于经济的活力、创新力和竞争力,供给侧结构性改革是根本途径。当前转向高质量发展具备很多有利的基础性条件,比如过去五年最终消费的上升、服务业占比的提高大大增强了经济运行的稳定性,中等收入群体规模的不断增大提供了强大的市场驱动力,供给侧结构性改革有效强化了市场功能,科技创新和技术扩散为高质量发展提供了技术支撑,全球价值链的变化为高质量发展提供机遇。

在微观上,高质量发展要建立在生产要素、生产力、全要素效率的提高之上,而非靠要素投入量的扩大;在中观上,要重视国民经济结构包括产业结构、市场结构、区域结构等的升级,把宝贵资源配置到最需要的地方;在宏观上,则要求经济均衡发展。

高质量发展对企业和组织,在质量经营方面提出了新的挑战,无论是从理念、模式,还是方法、工具,都给出了新的命题,需要企业经营者在高质量发展过程中,逐一进行破解。质量经营最基本的定义是"经济地为顾客提供满意的商品","使企业能保持中长期稳定发展的经营"叫作好经营。

全面质量管理提出了质量管理的全面性,是全的概念;高质量发展提出了质量管理的高度性,是深度、厚度的概念,也增加了广度、宽度的概念。

企业是创新的主体,也是高质量发展的直接推动者和社会高质量发展的受益者,树立组织的高质量发展目标,成功实现企业转型发展,也是每一位企业家的梦想与责任。

1. 高质量发展内涵

高质量发展目前还没有公认的定义,一般认为高质量发展的内涵有以下几个方面:高质量发展是能很好地满足人民日益增长的美好生活需要的发展;能体现新发展理念的发展;能推动经济发展质量变革、效率变革、动力变革的发展;创新成为第一动力、协调成为内生特点的发展;绿色成为普遍形态、开放成为必由之路的发展;共享成为根本目的的发展。

2. 我国新时代高质量发展目标要求

高质量发展要求我国经济要从主要依靠增加物质资源消耗实现的粗放型高速增长,转

变为依靠技术进步和提高劳动者素质实现的高质量发展。高质量发展的目标就是要推动我国经济持续健康发展,更好地满足人民群众多样化、多层次、多方面的需求。

(1) 推动发展方式转变。改革开放之初,我国物资短缺,经济发展的主要任务就是通过数量追赶弥补短缺。经过改革开放40多年的"数量追赶",不少领域出现了产能过剩。在高质量发展阶段,经济发展面临的突出问题是生产过剩且产品质量不高,增强发展的质量优势成为新时代经济发展的关键,因此在发展方式上要实现从数量追赶转向"质量追赶"。

(2) 实现产业体系和产业结构的转型升级。高质量发展要求,实现由要素密集型产业为主的产业体系,转向以技术和知识密集型产业为主的产业体系,从而促进我国产业向国际价值链的中高端迈进。同时,产品结构上要实现由目前低技术含量、低附加值产品为主的产品体系,转向高技术含量、高附加值的产品体系为主。

(3) 打造环境友好型经济。过去一段时间,我国更多地依靠资源、资本、劳动力等要素投入,实现了经济快速增长和规模扩张,这种粗放型经济发展方式,造成了对资源和环境的破坏。高质量发展阶段的经济发展方式,必须把资源利用和环境代价考虑进去,要求在经济发展过程中加强生态环境保护,有效利用自然资源,避免过度开发,走绿色发展道路。

3. 我国高质量发展战略思路

提高商品与服务质量是高质量发展的基础,技术创新是高质量发展的核心,可持续性是高质量发展的最高层次,实现人的发展是高质量发展的终极关怀。据此,高质量发展的战略思路包括以下方面:

(1) 提高效率。一是提高要素配置效率。在要素市场化程度不断提高的基础上,进一步优化要素配置结构,使要素和资源配置到生产效率较高的领域和环节,以提高投入产出效率。二是提高生产创新效率。也就是通过科技创新和模式创新的方式,提升全要素生产率,使生产体系产出效率更高、生产模式更新、成本控制更好。三是提高市场组织效率。搭建良好的交易平台,形成有效的市场机制,优化制度体系和管理体制,使市场的资源配置能力更强、交易空间更大、竞争效率更高,从而促进市场组织效率的提升和收益增加。

(2) 优化经济结构。要从总量扩张转向结构优化,使我国新时代的产业结构、需求结构、城乡区域结构等不断优化。一是优化产业结构。深化供给侧结构性改革,在坚持优化存量和扩大增量并重的基础上实现经济结构升级,发展先进制造业和壮大现代服务业并举,培育战略性新兴产业和改造提升传统产业并行,推动中国制造向中国创造转变、中国速度向中国质量转变、中国产品向中国品牌转变,积极发展新产业、新产品、新业态、新模式,增强高质量发展的新动能。二是优化区域结构。按照主体功能区的建设思路,优化区域经济结构,对于优化开发区,要强化对经济结构、资源消耗、环境保护、科技创新等方面的考核。限制开发区,要走绿色发展的道路,以生态环境建设为核心,强化生态功能的保护和对提供生态产品能力的考核。重点开发区域,要实行工业化、城镇化发展水平优先的绩效考核。传统农区,要培育壮大主导产业,加快推进工业化城镇化进程。发展基础好的城市区域,要加快提升创新能力,增强辐射带动力和区域竞争力。三是优化城乡结构。遵循城市发展规律,高标准规划、高起点建设、高水平管理,构建以城市群为主体、大中小城市和小城镇协调发展的现代城镇格局。实施乡村振兴战略,走农业现代化道路,培育新型农业主体。在此基础上,走城乡一体化道路,把城市和乡村融合起来,形成城乡融合发展的新格局。

(3) 培育新动力。在高质量发展中新动能的培育包括三层含义：一是由依靠要素驱动转向依靠创新驱动。创新是引领发展的第一动力。随着大数据、人工智能等为标志的新一轮技术革命的加快推进,创新在经济发展中的地位日益凸显。唯有创新才能推动我国经济转型升级与产业变革。二是从旧制造模式转到新制造上来。新制造是以智能化、大数据、互联网为代表的新技术所促成的智能化大规模个性化定制生产与服务。高质量发展新动能的培育需要在新的技术应用、新的制造模式、新的商务服务上实现新的发展。三是由投资拉动为主向消费拉动为主转变。拥有消费大市场是我国高质量发展的最大潜力,因此要注重由投资拉动向消费拉动为主转变,以消费驱动投资转型,以消费来调整经济结构,使消费结构升级成为高质量发展的内生动力。四是由工业主导向服务业主导转变。随着我国居民收入水平不断提高,服务型消费需求正在快速增长,服务型消费也将成为经济增长的新引擎。

4. 新时代我国高质量发展的战略重点

围绕高质量发展的目标要求和战略思路,我国新时代高质量发展的战略重点包括以下方面：

(1) 提高新时代我国经济发展供给体系的质量。高质量发展不仅是指某一种产品或服务标准符合国际先进水平,而是整个供给体系都要有高质量。

一是提升劳动力供给的质量。人是高质量发展的重要支撑,也是高质量发展动力变革的核心力量。在提高供给体系质量时,我们应以提升劳动力的供给质量为出发点,推动经济发展中劳动生产率的稳步上升。中国是人力资源大国,9亿多劳动力、1亿多受过高等教育和拥有专业技能的人才,是中国高质量发展最大的资源和优势,高质量发展需要实现对劳动力资源的有效利用。要建立与高质量发展相适应的人才激励机制,激发人才的主动性、积极性和创造性,为高质量发展提供动力。

二是注重供给主体质量。企业是经济发展的运行主体,提高供给主体的质量主要就是要提高企业的发展质量,提升企业产品的质量水平、技术水平和服务水平。要培育一批规模优势明显、产业链整合能力、自主创新能力、品牌知名度、资源整合能力达到世界级的龙头企业。要以提高企业的整体素质为目标,努力培育出具有竞争力的世界一流企业,从而在关键制造领域和行业中保持全球领先的综合实力与行业影响力。特别是要推进创新型企业的发展,深入实施创新型企业培育计划、强化人才与服务两大保障、深化产学研三方协同创新,提高企业研发经费占主营业务收入的比重。同时要鼓励引导更多的企业投入发展战略性新兴产业中来,提升高新技术企业的科技基础与原创能力,努力提升企业的创新能力,推进创新型企业的发展。

三是注重产品供给质量的提升。标准化是提高产品质量的关键,在提高产品供给质量过程中,需要加强标准化建设、提高标准化水平。同时进一步加强产品设计、制造、配送、销售等环节的质量标准,而且要加强行业监督,为产品质量的提高创造公平竞争的市场环境。

在此基础上，进一步完善认证认可机制，提升我国产品质量标准。

四是加快数字技术的供给。数字技术包括大数据技术、云计算技术、物联网技术、区块链技术、人工智能技术等，其中大数据为数字资源，云计算为数字平台，物联网为数字传输，区块链为数字信任，人工智能为数字智能，这些新技术相互融合。加快推进数字产业化、产业数字化，推动数字经济和实体经济融合发展，让数字经济成为经济增长新动力。

(2) 注重与我国高质量发展阶段相适应的宏观调控体系建设。

一是宏观调控的目标需要转变。要从总量调控转向结构调控，对经济发展质量的宏观调控应与结构升级相匹配，从引导总量增长转向引导结构转型升级为主。还要从速度调控转向效率调控，调控的重点要集中在能够提高生产效率的领域，要重视生产过程创新作用的发挥，重视要素创新作用的发挥，从而提高经济发展中的全要素生长率。

二是发挥质量型政策的作用。财政政策、货币政策都是数量型政策，数量型政策主要是通过调控税收、公共支出和货币的供应量等手段来刺激经济的数量增长。人力资本政策、创新政策、结构升级政策是质量型的经济政策，质量型政策更侧重于通过创造内生动力来促进经济发展的质量。要实现从数量激励转向质量激励，从增长激励转向质量激励的转变。

三是以质量为导向实施宏观调控。高质量发展的宏观调控不能再依赖数量指标，而要更多依靠质量效益性指标，重点调控就业、收入、企业利润的合理增长，物价的稳定，风险规避等方面。

四是注重促进创新。高质量的宏观调控要解决企业在创新研发上的困难，通过科学的政策引导企业进行科技创新，加大对企业创新的政策支持、激励、补偿。

(3) 构建高质量的产业体系。

我国要实现从制造业大国向制造业强国迈进，构建高质量的产业体系。高质量产业体系是指工业化程度比较健康的、现代服务业发展比较充分的产业，是实体经济、科技创新、现代金融、人力资本、制度创新协同发展的产业体系。依照这一标准我国高质量的产业化道路仍有很长的路要走。我们需要从经济智能化、产业绿色化、发展高端化出发，来推进战略性新兴产业的升级进步和现代服务业的系统优化，最终实现产业体系从规模速度型粗放增长向质量效率集约型增长转化。同时加快制造业强国建设，促进先进制造业发展，实现我国产业迈向全球价值链的中高端。

未来经济的新增长点在先进制造，特别是在于互联网、大数据与人工智能和实体经济的深度融合。要加快数字产业的发展，数字经济对产业发展的带动和渗透作用是战略性的，一方面可发展大量成长性好的数字产业，另一方面数字技术对各行各业的渗透应用，对整个经济能起到极其强大的提升作用。

(4) 高质量的开放推动高质量的发展。

发展更高层次的开放型经济。全面提升我国在全球产业链、价值链、信息链中的地位，以高质量的开放推动高质量的发展。要依靠技术、质量、标准、管理等方面的竞争优势参与国际竞争，尤其是依靠创新驱动形成具有自主知识产权的核心技术和关键技术，进入全球价值链中高端。

一是拓展对外开放产业领域。目前全球制造业大规模转移的热潮在降温,服务业的全球转移和全球配置正在兴起。服务业的开放和承接全球服务业务转移,应成为我国对外开放新的重点。

二是充分利用自贸区、综合保税区等开放发展平台,持续提升开放平台的支撑能力。自贸试验区是我国进一步融入经济全球化的重要载体,也是打造新型开放性区域的载体,能够成为拉动区域开放发展的增长极。

三是打造更高水平的开放型经济新高地。高度重视新技术、新产业、新模式、新业态、新动向,在更大范围、更高层次、更广领域参与国际经济技术合作与竞争,打造更高水平的开放型经济新高地。

5. 我国新时代高质量发展要求

中国特色社会主义进入了新时代,我国经济发展也进入了新时代。推动高质量发展,既是保持经济持续健康发展的必然要求,也是适应我国社会主要矛盾变化和全面建成小康社会、全面建设社会主义现代化国家的必然要求,更是遵循经济规律发展的必然要求。

第一,高质量发展是适应经济发展新常态的主动选择。我国经济发展进入了新常态。在这一大背景下,我们要立足大局、抓住根本,看清长期趋势、遵循经济规律,主动适应把握引领经济发展新常态。要牢固树立正确的政绩观,不简单地以 GDP 论英雄,不被短期经济指标的波动所左右,坚定不移实施创新驱动发展战略,主动担当、积极作为,推动我国经济在实现高质量发展上不断取得新进展。

第二,高质量发展是贯彻新发展理念的根本体现。发展理念是否对头,从根本上决定着发展成效乃至成败。党的十八大以来,以习近平同志为核心的党中央直面我国经济发展的深层次矛盾和问题,提出创新、协调、绿色、开放、共享的新发展理念。只有贯彻新发展理念才能增强发展动力,推动高质量发展。应该说,高质量发展,就是能够很好满足人民日益增长的美好生活需要的发展,是体现新发展理念的发展,是创新成为第一动力、协调成为内生特点、绿色成为普遍形态、开放成为必由之路、共享成为根本目的的发展。

第三,高质量发展是适应我国社会主要矛盾变化的必然要求。中国特色社会主义进入新时代,我国社会主要矛盾已经转化为人民日益增长的美好生活需要和不平衡不充分的发展之间的矛盾。不平衡不充分的发展就是发展质量不高的直接表现。更好满足人民日益增长的美好生活需要,必须推动高质量发展。我们要重视量的发展,但更要解决质的问题,在质的大幅度提升中实现量的有效增长,给人民群众带来更多的获得感、幸福感、安全感。

第四,高质量发展是建设现代化经济体系的必由之路。建设现代化经济体系是跨越关口的迫切要求和我国发展的战略目标。实现这一战略目标,必须坚持质量第一、效益优先,推动经济发展质量变革、效率变革、动力变革,提高全要素生产率,不断增强我国经济创新力和竞争力。归根结底,就是要推动高质量发展。推动高质量发展是当前和今后一个时期确定发展思路、制定经济政策、实施宏观调控的根本要求。遵循这一根本要求,我们必须适应新时代、聚焦新目标、落实新部署,推动经济高质量发展,为全面建成小康社会、社会主义现代化强国奠定坚实物质基础。

（1）高质量发展根本在于经济的活力、创新力和竞争力,供给侧结构性改革是根本途径。高质量发展要建立在生产要素、生产力、全要素效率的提高之上,而非靠要素投入量的扩大;在中观上,要重视国民经济结构包括产业结构、市场结构、区域结构等的升级,把宝贵资源配置到最需要的地方;在宏观上,则要求经济均衡发展。

（2）高质量发展意味着——高质量的供给、高质量的需求、高质量的配置、高质量的投入产出、高质量的收入分配和高质量的经济循环。

新时代高质量发展的重要性、紧迫性、必须性。

高质量发展有利于生态环境保护,有利于绿水青山;有利于可持续发展,有利制造业转型升级;有利于资源最大转化率,有利于科学合理整合资源;有利于产品精细化,有利于单位 GDP 耗能减少、减小,产业长远发展。

高质量发展有利于降低资源成本,提升市场竞争力;有利于创新创造力,加大产品开发、研发。有利于加长产业链,加宽产业细分;有利于以点带线形成面,形成产业集团军。

高质量发展有利于在行业、产业领域最短时间内成为高、精、尖的顶级企业,成为立足国内放眼全球,引领世界的知名企业。让企业提升国际竞争力、提高市场占有率,为消费者提供优质商品的使用幸福指数。

（3）高质量发展的三个关键,发展是第一要务;人才是第一资源;创新是第一动力。

（4）企业组织是推动高质量发展的主体,如何实现企业自身的高质量发展,是企业家们的使命、担当,需要开拓创新、砥砺前行。

6. 高质量发展评价指标体系

目前关于高质量发展的讨论,多集中在理念、政策方面,学术层面和企业执行层面,虽然有探索、交流,但远远没有形成体系。对高质量发展的评价和指标体系构建方面,仍是改进提升的重点,需要加以重视,只有能够对希望得到的结果进行评价,才是真正的重视,才能起到引导作用。因为我们不测量我们认为没有价值的东西,只有测量了我们才能了解,我们不会重视我们不测量的东西,可测量才可评价。

要对高质量发展结果进行评价,非常不容易,评价体系就是指挥棒,因为你评价什么就会得到什么,是通过评价的方式影响、指挥别人去追求什么。只有评价指标体系健全,评价维度科学全面,全社会形成共识后,所有的努力才有成效。这里尝试从 10 个方面提出评价建议,以期抛砖引玉、持续完善,推动企业高质量发展。

（1）质量面广深。

高质量发展是对全面质量管理继承性发展和创新,是在全面质量的全面基础之上,在广度上,沿着供应链、价值链方向延伸,形成由"点到线、到面、再到网、到体系";在深度上,对质量管理和质量改进的深度进行评价。面上的评价较为简单,对全面的要求是"全员、全过程、全企业"。但对广度、深度的测量、评价,则还需要进行研究、探索、创新。

（2）相关方满意。

组织的主要相关方有客户、员工、股东、合作伙伴和社会等五大相关方,组织需要做出努力,平衡五大相关方的利益,使五大相关方均满意。这是和谐社会、高质量发展的目标。五大利益相关方在高质量发展过程中,实现共同富裕目标,这是中国共产党的初心、使命,也是广大组织、企业的使命、担当。

(3) 系统效益优。

高质量发展追求的效益不是单个或局部的效益好,而是整体效益好,是系统效益的最大化。同时,还不能损害五大利益相关方的利益。它也是一种社会生态的效益最大化思想。

(4) 绿色和环保。

高质量发展是科学发展、可持续发展,低碳、绿色、环保是主旋律。浪费资源、效率低下、破坏环境、危害生态等,都是高质量发展不能容忍,需要革除的陈旧思想。

(5) 创新驱动力。

创新是引领发展的第一动力,是建设现代化经济体系的战略支撑,也是实现高质量发展的必由路径。近年来,我国"大众创业、万众创新"热潮不断兴起,呈现出聚焦生产领域、技术要素深度融合、成果转化更为活跃、与产业升级结合紧密、创新创业生态更加完善等趋势特征,创新创业与技术创新、效率变革、产业升级和现代化经济体系建设结合得更为紧密,为促进经济增长、提高劳动生产率和全要素生产率提供了有力支撑。

推动"双创"升级发展对创新驱动的需求更为迫切,要求经济发展动能加快从单一要素数量投入转变为更多依靠创新驱动,从而形成创新动能。一要推动传统产业转型升级。推动高质量发展,要推动量大面广的传统产业改造升级,促进新技术与传统产业融合,让传统产业焕发新动力、释放新动能。二要加快新兴产业培育。深入实施创新驱动和"互联网+"等发展战略,发展高端装备、电子信息、生物医药等新兴产业,通过产业结构优化升级催生新技术、新动能、新活力。三要促进成果顺畅转化。搭建成果转化平台,畅通科技成果与市场对接渠道,健全科技资源开放共享机制,鼓励科研人员面向企业开展技术开发、技术咨询、技术培训等,实现科技创新与企业创新创业深度融合。

(6) 幸福指数高。

幸福指数是衡量人们对自身生存和发展状况的感受和体验,幸福感是一种心理体验,它既是对生活的客观条件和所处状态的一种事实判断,又是对于生活的主观意义和满足程度的一种价值判断。它表现为在生活满意度基础上产生的一种积极心理体验。而幸福感指数,就是衡量这种感受的具体程度的主观指标数值。

高质量发展的目标是实现全员奔小康,实现中华民族的振兴,使人民共享发展成果,实现共同富裕,构建国家、民族和个人共同参与的命运共同体,从而使国家利益、民族利益和每个人的具体利益都紧紧地联系在一起,实现强国梦、复兴梦等伟大梦想。为中国人民谋幸福,为中华民族谋复兴。提高企业员工收入水平,也可以推动幸福指数提升。

(7) 核心竞争力。

核心竞争力是指能够为企业带来比较竞争优势的资源,以及资源的配置与整合方式。随着企业资源的变化以及配置与整合效率的提高,企业的核心竞争力也会随之发生变化。

凭借着核心竞争力产生的动力，一个企业就有可能在激烈的市场竞争中脱颖而出，使产品和服务的价值在一定时期内得到提升。

在两位美国学者普拉哈拉德(C. K. Prahalad)和哈默(G. Hamel)看来，核心竞争力首先应该有助于公司进入不同的市场，它应成为公司扩大经营的能力基础。其次，核心竞争力对创造公司最终产品和服务的顾客价值贡献巨大，它的贡献在于实现顾客最为关注的、核心的、根本的利益，而不仅仅是一些普通的、短期的好处。最后，公司的核心竞争力应该是难以被竞争对手所复制和模仿的。

核心竞争力是一个企业（人才，国家或者参与竞争的个体）能够长期获得竞争优势的能力，是企业所特有的、能够经得起时间考验的、具有延展性，并且是竞争对手难以模仿的技术或能力。

核心竞争力，又称"核心（竞争）能力""核心竞争优势"，指的是组织具备的应对变革与激烈的外部竞争，并且取胜于竞争对手的能力的集合。核心竞争力是竞争对手不容易或不能模仿的一种能力，一个组织具备的核心竞争力越多，竞争能力超强。例如，在当今的芯片领域，我们没有核心竞争力，所以受制于人、被卡脖子现象太严重了，需要全社会力量的投入，系统改进提升，以增强国家、组织的核心竞争力。

核心竞争力是企业竞争力中那些最基本的能使整个企业保持长期稳定的竞争优势、获得稳定超额利润的竞争力，是将技能资产和运作机制有机融合的企业自身组织能力，是企业推行内部管理性战略和外部交易性战略的结果。现代企业的核心竞争力是一个以知识、创新为基本内核的企业某种关键资源或关键能力的组合，是能够使企业、行业和国家在一定时期内保持现实或潜在竞争优势的动态平衡系统。

（8）文化精气神。

文化是人类社会相对于经济、政治而言的精神活动及其产物，分为物质文化和非物质文化。具体可以理解为人类在社会、历史发展过程中，所创造的物质财富和精神财富的总和，特别强调精神财富，如文学、艺术、教育、科学等。

文化的价值和珍贵是能被更多人欣赏和研究，实现"价值外溢"和"价值增值"，日益强大的中国，国民对精神和梦想更为关注，对主流价值和共同信念也更为认同。

企业高质量发展，需要对既有的企业文化和精神进行传承、改造、发展。古人云，文以载道。中华优秀传统文化所载之"道"，既是文明承续之道，更是文化自信与国家复兴之道。把握住时代精神、民族精神与核心价值，坚持中国特色社会主义道路自信、理论自信、制度自信、文化自信，以文化人，凝聚中国"精气神"，是建立文化自信的重要之举。

高质量发展需要对文化精气神设立测量指标并进行测量、分析和评价，以强化"文化自信"在企业高质量发展中的作用。

企业家必须着眼长远，均衡满足"客户、股东、员工、合作伙伴及社会"等五大相关方的要求，实现相关方满意。

（9）发展要科学。

高质量发展的三个关键之一"发展是第一要务"，发展的意思是事物从出生开始的一个进步变化的过程,指的是事物的不断更新。

习近平总书记强调,"高质量发展不只是一个经济要求,而是对经济社会发展方方面面的总要求;不是只对经济发达地区的要求,而是所有地区发展都必须贯彻的要求;不是一时一事的要求,而是必须长期坚持的要求"。这"三个要求",为推动高质量发展指明了方向,必须把高质量发展落实到经济社会发展的各领域和全过程,坚定不移走高质量发展之路。

高质量发展,核心是经济发展的高质量,但不等同于(不完全是)经济高质量发展,它应体现在经济社会发展的方方面面。随着中国特色社会主义进入新时代,我国社会主要矛盾已经转化为人民日益增长的美好生活需要和不平衡不充分的发展之间的矛盾。人民日益增长的美好生活需要不仅包括人民对物质文化生活的更高要求,而且包括人民在民主、法治、公平、正义、安全、环境等方面日益增长的新要求。与之对应,发展的重点也由物质生产拓展到包括经济、政治、文化、社会、生态文明"五位一体"的发展。必须坚持以人民为中心的发展思想,把发展质量和效益摆到更加突出的位置,解决好人民群众普遍关心的就业、教育、医疗、居住、社保、环境、安全等突出问题。所以高质量发展绝不能仅局限于经济领域,经济、社会、文化、生态等各领域都要体现高质量发展的要求,让人民群众有实实在在、全面立体的获得感。

高质量发展,归根到底是为了全体人民共同富裕。"全体人民",顾名思义,包括全部地区的人民,只有全部地区都实现高质量发展,"一个都不能少",共同富裕才能真正落地。企业高质量发展,必须坚持永远在路上,"一刻都不能停"。高质量发展绝不是应时之举、权宜之计,而是立足社会主义现代化建设全局的战略选择,必须长期坚持、持续推动、久久为功。

经济发展是一个螺旋式上升的过程,上升不是线性的,量积累到一定阶段,必须转向质的提升,这是经济发展的规律使然,也合乎唯物辩证法的基本原理。我们要学好、用好辩证法,审时度势,科学设计,以辩证思维来处理推动高质量发展中遇到的各种矛盾关系。

高质量发展是科学发展,不是粗狂式的拼资源消耗式的发展。我国仍处于并将长期处于社会主义初级阶段,仍然是世界上最大的发展中国家,发展不平衡不充分问题仍然突出,创新能力还不适应高质量发展要求,农业基础还不稳固,城乡区域发展和收入分配差距较大,生态环保任重道远,民生保障存在短板,社会治理还有弱项,破解这些问题,绝非旦夕之功。高质量发展作为经济社会发展的新的更高要求,组织必须建立科学、全面的评价体系,才能促使我们保持战略定力,以钉钉子的精神锲而不舍、奋斗到底。

(10) 人才培养多。

创新和发展,归根结底都要靠人才驱动。习近平总书记多次强调,"发展是第一要务、人才是第一资源、创新是第一动力"。党的十九大报告指出,"人才是实现民族振兴、赢得国际竞争主动的战略资源"。中国特色社会主义进入新时代,人才资源作为经济社会发展第一资源的特征和作用更加明显,也对培养更高层次的人才提出了更为迫切的要求。我们必须把人才作为核心竞争力来抓,以人才优势厚植创新优势、科技优势、产业优势,以人才发展赢得机遇、赢得竞争、赢得未来。当前,无论是推进全面脱贫与乡村振兴战略有效衔接,还是构建现代化经济体系和产业体系;无论是实施创新驱动发展战略,还是更好地服务和融入以国内大循环为主体、国内国际双循环相互促进的新发展格局,人才都是不可或缺的重要因素,都是引领推动企业实现高质量跨越式发展的重要动能。以人才为基础,化人才为动力,用人才为保障,坚持人才引领发展的战略地位,牢固确立"人才是第一资源"的理念,坚定实施人才强企战略,企业要营造拴心留人的平台环境集聚人才,创造成长成才的机制条件培养人才,通过深耕人才成长沃土,激励各类创新创业人才大施所能、大展才华、大显身手,推动企业高质量发展。

吸引、培养、使用好人才,是企业高质量发展的基础,企业的责任是在做好产品的基础上,培养出有利于国家、企业发展的各类人才。可以认为,为国家培养人才,是高质量发展阶段,各级组织、企业的社会责任。

7. 企业如何实施高质量发展战略

企业是价值创造主体,企业家是创新的核心群体。高质量发展离不开广大企业家和企业的积极参与、实践探索和无私贡献;更离不开社会全员的全力以赴和倾力追求。共同富裕是社会主义的本质要求,也是人民群众的共同期盼。企业组织全员共享企业利润,是共同富裕的重要路径。营建全员参与的机制、氛围,构建全员参与的体系,打造全员参与的平台,推动企业高质量发展。全员参与,是企业实现高质量发展的基础。从企业最佳实践上看,到目前为止,稻盛和夫创造的阿米巴经营模式,真正营造了全员参与的机制和方法,为广大员工的参与创造了渠道和平台,是最佳模式之一。

(1) 为企业培养经营人才。每个阿米巴的领导者就像是经营者一样经营着自己的阿米巴。每个阿米巴的经营由阿米巴经营长(以下简称巴长)负责执行,以此来培养具有经营者意识的人才。这样可以使具有经营者意识的人才得到提升、展示,形成挑战自我的经营环境。企业的发展也后继有人。

(2) 全员参与。阿米巴能实现真正意义上的全体员工共同参与的经营。企业为持续发展,要营造出全体员工为了同一个目标而团结合作的经营环境。在阿米巴组织,员工也像经营者一样,主动去关心、考虑阿米巴的收入和支出,检讨自己的工作。通过阿米巴经营,使全体员工的能力得以最大限度的提升和发挥。每个人都参与阿米巴的经营,为所属阿米巴组织的经营业绩贡献着自己的力量,促进自我价值实现,使团队交流通畅,为达成目标而喜悦,培养出有经营意识的人才。全体员工带着生存意义与成就感参与工作。在阿米巴经营中,把公司分为若干小团体,在巴长的带领下,全员参与管理。这种状况下,与阿米巴及公司经营状况相关的主要资讯,就通过早会等场合完整告知全体员工。像这样尽可能公开公司资讯,培育全体员工自主参与经营的土壤与氛围,使得"全员参与管理"成为可能。只要全体员工都积极参与到管理中、分别在个人的立场上自主性扮演自己的角色、完成自己的责任,员工就不再是单纯的劳动者,而是一种共同工作的合作伙伴,是一种"共同体"模式,这样,全员就开始逐步拥有经营者意识了。个人实现由"赚钱"到"值钱"的提升转变。全员参与是共同富裕的基础和前提。

(3) 建立与市场挂钩的部门核算制度。企业为了实现销售额最大化,费用最小化的经营原则。将组织划分为若干个阿米巴组织,建立与市场变化联动的部门核算管理机制。使巴长可以清晰地看到阿米巴的经营状况,看到经营活动的成果,迅速捕捉市场信息,快速进行经营判断,实现高效经营。

(4) 培养全员的目标意识。企业将制定的年度经营目标,以自上而下的方式进行分解,形成各个阿米巴组织的绩效目标。为有效完成计划目标,阿米巴巴长,会充分考虑阿米巴内部所有人员的智慧,逐步分解、形成巴组织自己的目标。巴长和巴员可以根据阿米巴报表的即时经营数据来进行调整,并积极地为达成共同的目标而努力。这也有利于培养全体员工的目标意识。

(5) 把企业做成平台。阿米巴经营使企业平台化,将整个企业变成了一个创业的平台。那么在这个平台上,公司总部相当于投资方,提供相关的平台的资源,每个阿米巴都是企业内部的创业团队,他们利用每个人的人力资本、知识资源,创造市场价值,这将极大地提升企业综合竞争力、使企业迅速强大。

(6) 实现高度透明的经营。阿米巴经营的数据一定要准确,并能及时传递给每位巴员,经营者能在第一时间获得准确的经营数据,以迅速做出判断和决策。

个人只有当同时具备了责任感和使命感时,才会充满激情地投身到自己所从事的事业之中。而所谓的高收益经营,同样也是只有在企业的全体员工都能够积极主动地参与企业经营活动,并为了共同的目标相互团结成一个牢固且斗志昂扬的集体时,才会有真正实现的可能。

在实际经营管理中,并非只要把企业进行细分化然后再将被细分出来的组织委托给相应的组织领导者进行管理就万事大吉。事实上,如果这些组织领导者没有经过应有的训练,那么即使将权力下放给这些组织的领导者,他们也照样难以采取与组织领导者职责相称的行动,甚至有的组织领导者会因此产生自大情绪,滥用手中的权力。虽然阿米巴组织的规模都很小,但是这些组织的负责人都是被视作企业管理层的一员而被赋予了阿米巴组织的经营管理职责,因此就必须让所有阿米巴组织的负责人都能够正确理解作为领导者应尽的职责,在自觉担负起责任的前提下,开展阿米巴组织的经营管理活动。

为此,稻盛和夫在选拔阿米巴组织的负责人时,首先都会针对他们作为一个领导者应有的风范、担负的任务与使命进行谆谆教导,并且在将阿米巴组织的经营实际委托给这些组织负责人的同时,稻盛和夫还会利用下基层视察和开会等机会,围绕他们所属阿米巴组织所存在的矛盾点,以及他们作为领导者所必备的思维模式和具体行动等问题反复进行指导。

稻盛和夫就是通过这样的方式,在为那些组织负责人提供实践阿米巴经营舞台的同时,不断对他们进行企业后备领导者的教育,从而培养出具有经营者意识的企业人才。通过这种方式培养出来的阿米巴领导者由于具备了经营者意识,因此为了实现心中"要让我的阿米巴组织发展成长"的心愿和梦想,必然会主动设立目标,并为了实现这个目标而全速前进。然而,为了实现这个组织目标,阿米巴领导者又必须发动全体阿米巴成员,激发他们的士气。

在一般公司里面,通常都是依照上命下达的方式,单方地由上级指派下级员工参与各项工作的具体实施。然而,这样做就会导致下级员工产生"纯粹是由于受命于上司指派所以不得不为"的思维定式,也就无法积极主动地投入其中。但是如果反过来,企业的上级主管在对待手下员工时,假如能够秉持"为了实现我们组织的目标,希望大家都来出谋划策,共同为公司的发展贡献力量"这样的态度,在平日里就倾力培养员工对企业经营的关注和参与意识,这样必然能够使员工拥有"企业的发展也需要我的贡献,所以我必须发挥自身力量以协助实现公司的经营目标"的自主意识。如此一来,员工就自然会对工作主动提供各种方案和建议,在工作中积极地担负起相应的责任。

此外,在企业进行阿米巴经营时,由于各个阿米巴组织每个月都会发表各自的核算成果,因此各个阿米巴组织全体成员付出的努力所产生的成果就会以所属部门业绩的形式立即展现出来。所以,阿米巴组织的各个成员自然就会开始留意如何才能提高自身所属阿米巴组织的核算性,将组织的发展当作自身的职责。

就像这样,不仅是让领导者,而且通过让企业全体员工都具备相同的认识,在企业内部催生"全员参与经营"的意识,从而打造出公司全体上下都能团结一致,实现目标的经营体制。

企业要实现高质量发展,阿米巴经营模式是最佳实践,基于阿米巴经营和时代发展要求,创新的阿米巴经营改进模式,无疑是最佳的路径和方法。高质量发展必须坚持永远在路上,"一刻都不能停"。高质量发展绝不是应时之举、权宜之计,质量发展必须长期坚持、持续推动、循环改进,高质量发展是质量发展的高要求、高标准,需要创新理念、方法,解放思想。

面对互联网、面对个性消费、面对市场的极速反应、面对新新人类、面对高质量发展,我们只有"将企业做成平台,将平台做成阿米巴,将阿米巴做成合伙制",真正实现全员参与、全员合伙,共享发展成果,实现共同富裕,才能与时俱进。

8. 改进理论的发展历程

回顾质量改进的发展历程,是为了更好地理解质量改进方法在组织经营质量领域的拓展,同时也能更好地理解高质量发展与全面质量管理之间的继承与迭代关系。

伴随着质量概念的演进,现代质量管理也在改进、发展。从全球工业发达国家的情况看:质量管理历经质量检验、统计质量控制和全面质量管理三大历史阶段:第二次世界大战以前可以看作第一阶段,通常称为质量检验阶段;20世纪四五十年代为第二阶段:通常称为统计质量控制阶段;第三阶段为从20世纪60年代开始的全面质量管理阶段。

时至今日,现代质量管理更加强调基于顾客满意的持续改进。持续改进的逻辑非常简单,因为顾客需求是动态和持续提升的,所以一个组织必须不断地、持续地在质量、周期、成本、服务、品种等方面改进,才能获得和保持竞争优势。我们今天说的改进,已经不是单指质量改进,是对经营活动所有业务的综合、全面的改进,是经营质量的改进。因此,实施阿米巴,基于利润提升的改进,整合对标管理、合理化建议、QCC、六西格玛改进、技术攻关、技改技措、创新发展、转型提升等改进方法,建立循环改进体系,是组织持续改进、追求卓越的最佳路径。

持续改进的模式有多种,以丰田汽车公司为代表的提案制、质量管理小组(QCC 活动)和改善(即 Kaizen,意思是持续改进)、福特汽车公司推行的 8D 活动、零缺陷管理等都是持续改进的具体实践。六西格玛管理则是持续改进理论方法的集成和升华,进一步发展了持续改进理论和方法。阿米巴经营改进模式,是运用多种多样的改进方法,以提升组织的经营绩效水平为目标的改进。

(1) 质量检验阶段。质量检验源远流长,在家庭作坊制生产条件下,生产职能和检验职能没有分开。20 世纪初,随着机器化大生产的出现,检验职能从生产职能中单独分离出来,这一阶段主要是通过检验的方式来控制和保证产出或转入下道工序的产品质量,主要特点是事后把关。其演进历程为:工人自检、工长监督检查、检验员专检。其倡导者是被称为科学管理之父的泰勒,他提出了科学管理方法和职能化组织理论,要求按职能的不同进行合理的分工,首次将质量检验作为一种管理职能从生产过程中分离出来,倡导建立独立的检查部门和专职检验制度。同时,基于大批量生产的产品技术标准的建立和公差界限的规定,也为质量检验奠定了基础。

但是,质量检验存在两个主要问题。一是事后检验,无法在生产过程中进行预防和控制,而且属于非增值活动,是低质量的代价,因此人们称之为"死后验尸";二是全数检验,成本太高,在破坏性检验条件下更是无法进行。由此导致统计质量控制理论的诞生。

(2) 统计质量控制阶段。统计质量控制(Statistical Quality Control,SQC)阶段酝酿于20 世纪二三十年代,形成于四五十年代。这一阶段的特征是数理统计方法与质量管理的结合,从单纯依靠质量检验事后把关发展到过程控制,形成质量的预防性控制与事后检验相结合的管理方式。

在生产的推动下,统计学的应用有了很大进展。20 世纪 20 年代,英国数学家费希尔(R. A. Fisher)结合农业实验提出方差分析与试验设计等理论,为近代数理统计学奠定了基础。与此同时,美国贝尔实验室成立了两个课题研究组:一个是过程控制组,负责人是休哈特,他创建了统计过程控制(SPC)理论,实现了应用统计技术对生产过程的监控;另一个是产品控制组,负责人是道奇,他和同事罗米格进行了抽样检验的探索,在 1929 年发表了《抽样检验方法》,并设计了实用的抽样检验表,解决了全数检验和破坏性检验在应用中的困难。

在 20 世纪二三十年代提出过程控制理论与抽样检验理论之际,恰逢西方发达国家处于经济萧条时期,所以这些新理论乏人问津;直到第二次世界大战期间,由于国防工业迫切需要保证军火质量,这些理论才得以广泛应用。上述理论的实际应用效果显著,得到了广泛的承认,战后风行全世界。

统计方法的应用减少了不合格品,降低了生产费用,但统计质量控制过分强调统计方法,使人们误以为质量管理就是统计方法,而且在缺乏计算机和数理统计软件支持的情况下,许多人感到难度很大。随着现代化大规模生产的演进,影响产品质量的因素越来越多,单纯依靠统计方法不可能解决一切质量问题,质量管理由此走向系统工程的道路。

（3）全面质量管理阶段。20世纪60年代以来，随着科学技术和工业生产的发展，对质量的要求越来越高，这就需要人们运用系统工程的概念，把质量问题作为一个有机整体加以综合分析研究，实施"全员、全过程、全企业"的管理。美国通用电气公司的费根堡姆首先提出了全面质量管理（Total Quality Control，TQC）的概念，他在1961年的《全面质量管理》一书中指出："全面质量管理是为了能够在最经济的水平上并考虑到充分满足顾客需求的条件下进行市场研究、设计、生产和服务，把企业各部门的研制质量、维持质量和提高质量的活动构成一体的有效体系。"

日本在20世纪50年代引进美国的质量管理方法后，对其进行了发展和创新。提出了全公司质量管理（Company-Wide Quality Control，CWQC），首创了质量管理小组（Quality Control Circle，QCC）方法、田口方法、5S管理、全面生产维护（Total Productive Maintenance，TPM）、质量功能展开（Quality Function Deployment，QFD）和丰田生产方式（Toyota Production System，TPS）等，归纳了"老七种""新七种"工具，并普遍用于质量改进和质量控制，为全面质量管理充实了大量新的内容。质量管理的手段不再局限于数理统计，而是全面运用各种管理技术和方法。日本企业应用全面质量管理获得了极大的成功，引起了世界各国的关注，全面质量管理的观念在全球范围内得到广泛传播，各国结合各自的国情及实践皆有所创新与发展。1979年，美国质量管理专家克劳斯比（Crosby）出版了他的开山之作《质量免费——确定质量的艺术》，确立了"第一次就把事情做对"和"零缺陷"的理论。"零缺陷"的四项基本原则是：明确需求、做好预防、一次做对、科学衡量。

1987年是质量管理发展史上最重要的一年：国际标准化组织发布了其第一套管理标准——ISO 9000系列标准，适应全球化贸易的质量体系认证由此拉开帷幕。摩托罗拉公司在总结70年代竞争失利的基础上，提出的六西格玛方法并在公司正式实施，取得了显著成效。1987年美国国会通过了100－107号公共法案《马尔科姆·波多里奇国家质量改进法》，决定启动波多里奇国家质量奖评审，这是自20世纪80年代美国重新审视和借鉴日本的发展，将TQC发展到全面质量管理（Total Quality Management，TQM）的一个里程碑，为TQM建立了一个从过程到结果的卓越绩效评价框架。由TQC向TQM的演进，实质上是，质量概念由"产品和服务质量满足顾客需要"向"大质量综合满足顾客及相关方需要"、质量管理由"全面的质量管理"向"全面质量的管理"的演进。国际标准化组织在ISO 8402：1994中，将TQM定义为"一个组织以质量为中心，以全员参与为基础，目的在于通过让顾客满意和本组织所有成员及社会受益而达到长期成功的管理途径"，视其为一种卓越经营的哲学和方法。但如何构建组织的TQM？如何评估TQM做到什么程度，成效如何？如何识别经营管理的优势和改进机会，推动持续改进和创新，不断提高管理的水平？于是卓越绩效（质量奖）模式应运而生。

放眼全球，几乎所有经济发达和强劲发展的国家和地区，均建立了各自的卓越绩效（质量奖）模式，以推动所在国家、地区的经营管理进步和核心竞争力提升。最经典的卓越绩效模式是三大质量奖，即美国波多里奇国家质量奖、欧洲质量奖和日本戴明奖。其中，美国波多里奇国家质量奖，在使美国经济恢复活力以及提高美国国家竞争力和生活质量等方面，都起到了重要作用,影响也最为广泛。

卓越绩效模式是美国一群管理学专家,在提炼、总结世界500强企业成功经验的基础上,抽象形成的一套反映了当代先进的质量经营理念和世界级企业成功的经验,能引导和帮助企业实现持续改进、提升综合绩效和竞争力的系统方法,被世界公认为经营质量的国际标准。阿米巴经营是取得成功、追求卓越的方法之一。阿米巴经营哲学就是卓越绩效模式"使命、愿景、价值观"的具体展现,其循环改进与持续改进有异曲同工之妙。

卓越绩效模式是一种框架,是全面质量管理的条理化和具体化,但要在组织落地生根,需要结合企业自身的经营模式和企业文化。阿米巴经营模式是组织追求卓越的有效方法,是组织的追求卓越之道。

案例1-7 | 南钢集团实施阿米巴经营,持续追求卓越

南钢集团(以下简称南钢)自2006年导入卓越绩效管理模式,以创全国质量奖的方式推动活动深入开展。2009年成功创奖后,南钢即开始进行"创奖成功后,我们再怎么办"大讨论,明确了"如何将卓越绩效模式进行落地,是南钢集团持续追求卓越、更好实现转型发展的关键"。为此,南钢与中国质量协会共同开展"现场管理"课题研究,将卓越绩效管理模式向企业现场、班组建设方面进行展开,构建了"卓越现场"达标创优、"卓越绩效班组管理"体系,实现了卓越绩效管理模式在企业的落地、生根。通过持续创建后,南钢10个生产现场,获得全国"五星级现场""四星级现场";南钢"实施卓越绩效班组建设的实践经验",获得2013年全国工业企业质量标杆。追求卓越已经成为南钢的战略驱动和文化基因。

南钢在企业运营、现场管理、班组管理的工作提升中,兼收并蓄国际国内先进管理理念和方法,将稻盛和夫"仁爱之心""利他之心""作为人,何谓正确"等阿米巴经营理念,持续向现场的车间主任、班组长等进行介绍、宣传、培训,培养基层领导者以人为本管理思想、提高成本意识,开展攻关改进、降本增益、挖潜增效等活动。南钢2015年将24个生产厂重新组合成炼铁、特钢、板材、公辅等四个事业部,为深入实施阿米巴经营完成了顶层设计。事业部实行模拟法人运营,变身为利润中心、成本中心,通过"量化授权",事业部作为一级阿米巴组织,独立经营,承担"人、财、物、采购、生产、研发、销售、物流、客服"等生产运营全流程的责、权、利。

2015年5月,南钢板材事业部第一炼钢厂石灰车间率先开展实施阿米巴经营探索。通过全员参与,树立"省下来的成本就是利润""提高的效率、质量就是效益"等理念,主动对接客户需求,每天进步一点点,石灰车间当年降本1179万元,主要经营指标位居行业前三名,巴员综合收入也有了明显提升。

2016年,南钢在公辅事业部电厂实施阿米巴经营,在基础条件并没有变化的条件下,电厂当年三破月发电纪录,六破日发电纪录,年增加发电量1.1亿千瓦时。

2017年,南钢推行全员合伙人制度,实施效益分成,在各事业部倡导阿米巴经营,"效益共同体、事业共同体、命运共同体"理念深入人心,阿米巴激发了全员的价值创新、价值评估、价值分享的激情,降本增益的新措施、新方法、新变革不断涌现,南钢实现工序降本(与

年度计划比)6 948万元,实现利润44.14亿元。员工年收入平均增加1.4万元。

2018年,南钢所有班组实行阿米巴,组织各事业部定期总结、分享经验,你追我赶,并进行先进的阿米巴评选,优秀的巴长除了效益分享,可以有更多的晋升机会,如铁运中心原料站微巴的张巴长,2019年被提拔为生产科科长;高线厂换辊微巴的许巴长,2020年被提拔为准备车间主任;据不完全统计,炼铁、炼钢及轧钢等单位,约30多名巴长或班长都得到了提拔,为企业培养了经营型人才。当年公司实现利润60.11亿元。

2019年,南钢在总结经验的基础上,全面梳理,为4个事业部下属所有生产厂进行了阿米巴组织划分,建立了阿米巴经营报表,并进行数字阿米巴探索,与和弦云稻公司广泛交流,构建了南钢数字阿米巴信息系统。在前5个月已经完成16.7亿元降本基础上,8—12月完成19.56亿元再降本,公司实现利润45.34亿元。

2020年,南钢深化数字阿米巴建设,试点单位实现了"一键获取报表",尝试数字研究,并取得成果。从阿米巴到数字阿米巴,贴合了管理的最高境界:实现自我驱动、自我管理、自我挑战目标(OKR)。数字阿米巴引导阿米巴经营报表从片面走向全面,在与财务报表数据源同宗同源下形成了数据孪生。系统实现了手工报表不具备的功能,可以根据不同规则对间接材料、总表的水电风气、设备设施和各项间接费用进行自动抓取、分摊,保证了阿米巴经营报表中的数据与财务报表数据的高度一致。2020年南钢集团实现利润48.08亿元,位居行业前列。位列中国企业第148名,全国制造业第55名,是江苏省第7大企业集团,南京市制造业第1名。经济效益指数、全员劳动生产率、人均利税排名第1,人均利润、吨钢利润排名第2,人均产钢排名第4。

南钢在实施阿米巴经营的过程中,为全员营造了参与的平台。各级巴员以创新创效为目标,积极开展技术创新、管理创新、文化创新;专利数量逐年递增、创新成果层出不穷,先进操作法纷纷涌现。因为实施阿米巴经营,巴员们事事较真,处处要收益,有效激发了全员的创造力、创新力。2020年8月17日,新材指数(Steel Ranking)发布2020世界钢铁企业专利技术能力排名,南钢排名世界钢企第13位,位列国内钢企第6位。

阿米巴经营是实学,不实践、实施,体会不到阿米巴的精髓,面对大发展、大变革、大调整的世界大趋势,面对前进道路上各种困难险阻,我们面临的考验复杂而严峻、肩负的任务艰巨而繁重,每一个人都能脚踏实地地干、雷厉风行地干、掷地有声地干,干在每一天、干好每件事,企业才会具有竞争力,国家才会强大。

十四、高质量发展是质量5.0时代的要求

"质量4.0"一词源于"工业4.0",德国联邦教研部与联邦经济技术部在2013年汉诺威工业博览会上提出了工业4.0的概念,它描绘了工业的未来愿景,带动全球进入第四次工业革命,工业4.0的目标之一就是为人们提供更高质量的产品,伴随其左右的质量管理也必然向着匹配工业4.0的质量4.0的方向迈进。2015年美国质量协会《未来质量报告》中首次描绘了质量4.0的特征。2017年11月达拉斯举行的"ASQ质量4.0:颠覆、创新和变革峰会"上,面对商业环境的快速变化,人们认识到组织未来的表现是否卓越将取决于其适应变化

和快速反应的效果和程度,未来发展不会将重点放在个体利益上,而将着眼于整个业务生态的健康与生存能力,于是提出了质量4.0概念。纵观前三次工业革命的过程,围绕竞争力的争夺是主要的内生动力,而质量管理成了关键的变革引擎。史殿魁、高峰研究指出,互联网的崛起打破了这个平衡,竞争形态与商业模式都发生了跨代的剧变,同前三次一样,企业组织将别无选择地进入质量4.0的阶段。

1. 质量4.0内涵及特点

质量4.0关注生态系统,是集正、负产出于一体的,与环境相适应的质量,反映企业集群组成的循环经济系统中的组织提供产品或服务满足相关方的需求或期望以及环境要求的程度。质量4.0表明质量管理发展与进化的第四个阶段;并且是在工业4.0以及互联网思维背景下产生的一种战略质量管理模式,特点之一,企业集群之间的关系发生了剧变,从原来以产品为纽带的供应链转换成了以用户为纽带的生态系统,完全打破了产业之间的界限;特点之二,企业集群之间的关系成了依存度较高的产业联盟,以资本纽带或共同盈利模式相存共生;特点之三,质量4.0是智能设备、智能生产、智能物流,以及伴随着机器人的投入使用,大量的产品检测、质量管理、数据统计分析被机器人所取代,自动化、智能化将能消除大部分部门的变异,质量不再是减少错误,而将是"增加价值"。

迈克尔·波特以其竞争优势理论为基础在《国家竞争优势》中认为企业集群是某一特定产业的中小企业和机构大量聚集于一定的地域范围内而形成的稳定的、具有持续竞争优势的集合体。而围绕客户综合体验模式提供产品和服务而形成的跨产业的企业集群就是生态系统。质量概念演变说明从质量2.0阶段,企业集群便开始形成,他们的关系主要是买卖契约关系,其中的企业产品实现相对独立,生产资源投入较大,同质化竞争严重,企业管理模式以生产为主,管理要素较为完整,对市场变化的响应很差,总成本较高,竞争力较弱。到了质量3.0阶段,企业集群之间的关系有了合作伙伴的需要,企业主要专注在与自身核心竞争能力密切相关的关键管理要素,其他则通过合作的方式由供应链相关方提供。例如,服装企业美特斯邦威,只把核心资源专注在服装设计与品牌营销上,生产职能完全由委托代工的方式分包,这就是我们经常提到的哑铃型管理模式。这个时期企业资源配置比较合理,对市场变化的反馈较为迅速,总成本较低,竞争力较强。而质量4.0阶段,面对顾客需求的多样化、多层次化以及多变,按照生态系统的"终端、应用、平台"等各类组织不同的轨迹有序运行,实现组织的战略质量绩效。首先,凭借廉价或免费的"终端"产品积累庞大的用户群;继而,靠丰富多样化的"应用"产品增加用户的黏度或盈利;最后,形成生态圈"平台"产品不断提供丰富且定制化的用户体验,形成强大的竞争力。在这个过程中,用户的"口碑"成了重要的催化剂。例如,苹果手机缔造了前所未有的智能使用体验模式,因此被消费者追捧;小米手机凭借让用户参与产品的实现过程获得的"参与感"体验也获得了跨越式的成长等。

2. 质量4.0与质量创新

质量4.0是匹配工业4.0,为追求卓越绩效的数字化转型。这一阶段组织以"创新"作为战略质量管理过程的核心,其创新的含义是"以提升战略质量绩效为目的,从模式、产品以及方法三个层次提升顾客感知价值的思维与实践"。质量创新的本质是满足需求、创造价值,而不是简单地提高性能标准,或者单纯地降低缺陷,更不是不问需求地埋头于管理体系本身的提高。这一本质不仅体现了质量4.0的理念,也反映了高质量发展的要求,使得"质量创新"成为将质量4.0与高质量发展有机联系的纽带。

首先,质量创新可以实现微观产品服务质量基础上的宏观经济发展质量的"双提高",这就是高质量发展。质量作为一种投入,相对于其他要素投入而言,能够为企业带来更高的收益。在市场定价中,一定是优质优价,正是由于微观上更能满足需求的优质优价产品,才构成了宏观的投入产出效率的提高。其次,正是由于良好的产品服务质量,才使得企业的供给和产能能够不断地扩大,能够抵御短期需求下滑而带来的影响,因为不可替代的高质量,总是能带来刚性的需求。最后,无论是产业结构,还是产品结构,只要是有真实需求的优质产品与服务质量的供给,这样的结构既不存在不平衡的问题,也不存在过剩的问题。当一个企业只能依靠高质量才能获得收益的时候,一定会更加依赖劳动者的质量技能,从而给劳动者更多的分配收益。发达国家的经验可以证明,经济长期稳定的增长,不是建立在短期性的需求管理基础上,而是建立在微观的产品服务质量不断提高的基础之上,这正是高质量发展的基础。

质量4.0中的"质量"更加关注顾客感知价值、生态结构平衡以及生产率提升的层面,与高质量发展的生产力水平、结构升级和经济均衡发展三个关键要素不谋而合,而且微观质量延伸的生态系统质量打通了微观质量与宏观质量的路径,因此,应用质量4.0的理念、模式、方法和工具实现高质量发展自然是水到渠成。

3. 质量5.0与高质量发展

质量4.0是从质量管理的理论框架开始进化的,因此,今天我们是否能够全面、科学地对质量认知就决定了实体、社会、经济质量的高度、深度和广度。

(1)质量1.0关注产品,对质量的定义是模糊的。质量只是辅助职能,手工作坊制是主体,产品与体验不可分,质和量都取决于工匠的经验与技能,比如青花瓷,就是同一窑烧制的产品也参差不齐,件件都是孤品。

(2)质量2.0关注过程,对质量的定义("实体若干固有特性满足要求的程度")是比较清晰的。以泰勒的科学管理为基础,抽样检验应运而生,质量控制从控制最终产品的质量前移到重视和控制关键输入因素的波动。

(3)质量3.0关注体系,克劳斯比提出了"零缺陷"理论,以质量改进为核心。这一时期消费者不仅仅满足于产品性能的单一追求,开始有了更多体验的要求,主要使命在于追求经营总成本最优,组织效益最大化。

(4)质量4.0关注企业生态,即相互共生、共存的企业集群生态系统中的顾客自己定义质量,生态系统中的组织协同、共同改进、共创价值以及持续的发展能力才是本质核心。质量3.0和4.0是大质量概念属于经营质量(包括体系质量、供应链质量、生态圈质量)范畴。其中,质量4.0是在新的竞争形态的驱动下,在前面三个阶段基础上的整合与进化,生态系统中的企业是以资本纽带或共同盈利模式互赢共存。例如,小米生态系统,目前投资89家公司包括小米科技、小米通信技术、小米电子产品、小米数码科技、小米支付技术、小米移动软件、小米软件技术、小米电子软件技术、智能家居、平衡车等；其中小米科技开设了中国北京、合肥、深圳及美国硅谷四地子公司，核心团队由全球各地的资深技术工程师、优秀工业设计师及产品专家组成。

（5）质量 5.0 关注社会发展，是对社会整体发展的质量表述，是发展质量、生态质量。高质量发展是 2017 年中国共产党第十九次全国代表大会首次提出的新表述，表明中国经济由高速增长阶段转向高质量发展阶段。2018 年 3 月 5 日，提请十三届全国人大一次会议审议的政府工作报告提出的深度推进供给侧结构性改革等九方面的部署，都围绕着高质量发展。在微观上，高质量发展要建立在生产要素、生产力、全要素效率的提高之上，而非靠要素投入量的扩大；在中观上，要重视国民经济结构包括产业结构、市场结构、区域结构等的升级，把宝贵资源配置到最需要的地方；在宏观上，则要求经济均衡发展。

高质量发展是能很好地满足人民日益增长的美好生活需要的发展；能体现新发展理念的发展；是推动经济发展质量变革、效率变革、动力变革的发展；创新成为第一动力、协调成为内生特点的发展；绿色成为普遍形态、开放成为必由之路的发展；共享成为根本目的的发展。高质量发展的三个关键："发展是第一要务；人才是第一资源；创新是第一动力"。高质量发展特别重视人才培养，当前，无论是推进全面脱贫与乡村振兴战略有效衔接，还是构建现代化经济体系和产业体系；无论是实施创新驱动发展战略，还是更好地服务和融入以国内大循环为主体、国内国际双循环相互促进的新发展格局，人才都是不可或缺的重要因素，也是引领推动企业实现高质量跨越式发展的重要动能。

高质量发展对企业和组织，在质量经营方面提出了新的挑战，无论是理念、模式，还是方法、工具，都给出了新的命题，需要企业经营者在高质量发展过程中，逐一进行破解。质量经营最基本的定义是"经济地为顾客提供满意的商品"，"使企业能保持中长期稳定发展的经营"叫作好经营。

全面质量管理提出了质量管理的全面性，是全的概念；高质量发展提出了质量管理的高度性，是深度、厚度的概念，也增加了广度、宽度的概念。

质量创新的本质是实现更高的效益。从本质上来讲，质量在市场中只能用价格来衡量，从投入上也只能用利润率来衡量。市场价格所带来的利润率越高，则质量创新能力越强，质量之所以能够实现创新，就在于它始终着眼于在为消费者和相关方创造价值的同时，实现投入产出的最大化。产品想要有更高的定价，获得更高的利润，重要的路径就是生产异质性的产品。质量创新关注的焦点，就是消费者是否购买，特别是购买中所给予的价格评价。特别重要的是，质量创新不仅关注消费者通过价格支付而表现出来的质量评价，而且更为关注的是消费者在购买之后的满意度评价。

质量创新重视大数据的应用。要实现质量创新，从根本上就是要获取尽可能多的反映消费者需求的大数据，拥有实时的大数据越多，就越能够在质量性能上快速、准确且多样化地满足消费者需求。质量创新只能来源于质量大数据，质量大数据是质量创新最基础的要素。大数据的出现，让消费者通过互联网能够更加准确地掌握产品和服务的质量状态，特别是了解其他消费者在使用产品之后的质量评价,从而极大地减少因为信息误导而导致的质量损失。正是因为大数据的出现,才使得技术、管理和服务等各类资源得到真正的优化配置,因为这些创新资源都是着眼于对质量创新需求的满足,质量创新中各类资源的配置依托大数据的支撑。

高质量发展必将推动社会向质量 5.0 时代迈进。高质量发展的多维度模型,参见图 1-14。

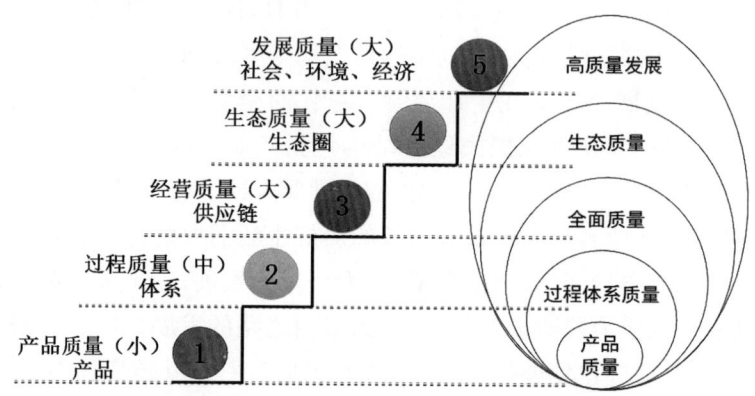

图 1-14 高质量发展的多维度模型

第二章

阿米巴经营基础

阿米巴经营由日本企业家稻盛和夫先生创造。它是一种经营方法，也是一种组织形态。它以牢固的经营哲学为基础，其特点是把组织划分成一个个小团体，通过独立核算制加以运作，在公司内部不断培养具有经营意识的人才，以实现全员共同参与经营。

实施阿米巴经营，应当基于企业管理现状，结合阿米巴经营思想，运用经营会计学原理，构建组织内部模拟市场的交易体系，以全面质量管理的思想、全面成本管理的理念，对各级组织建立精益核算体系。组织要从使命、原点出发，对传统企业进行机制变革，打造平台型企业，让全体员工真正参与，让他们能成长为"企业的CEO"，而不仅仅是一个打工者。

阿米巴经营模式能提升企业竞争力，实现全员参与。稻盛和夫运用阿米巴经营方法，先后成就了三家世界500强企业。善于改进、持续改进、循环改善，打造一支有执行力的、主动参与组织经营的队伍，是企业成功和发展的基础。

一、阿米巴经营模式

1959年，稻盛和夫在几位朋友的帮助下成立了京瓷公司；1984年，通过收购成立了第二电信公司KDDI。这两家公司一直保持了高收益，取得了持续发展，其原因就在于采取了基于牢固的经营哲学和精细的部门独立核算管理的、被称为"阿米巴经营"的经营手法。"阿米巴"（Amoeba）在拉丁语中是单个原生体的意思，属原生动物变形虫科，虫体赤裸而柔软，其身体可以向各个方向伸出伪足，使形体变化不定，故而得名"变形虫"。其最大的特性是能够随外界环境的变化而变化，不断地进行自我调整来适应所面临的生存环境。这种生物由于其极强的适应能力，在地球上存在了几十亿年，是地球上最古老、最具生命力和延续性的生物体。

在阿米巴经营方式下，企业组织也可以随着外部环境变化而不断"变形"，调整到最佳状态，即能适应市场变化的灵活组织。京瓷公司经历了4次全球性的经济危机都屹立不倒，并且还得到了持续发展。在20世纪90年代末期，亚洲金融风暴过后，日本很多大公司都出现问题，原本名不见经传的京瓷公司成为东京证券交易所市值最高的公司。专家学者们纷纷开始研究京瓷公司，后来发现京瓷的经营方式与"阿米巴虫"的群体行为方式非常类似，于是将之命名为"阿米巴经营"。

阿米巴经营也叫阿米巴经营模式或阿米巴经营管理模式。

1. 阿米巴经营模式与班组管理

根据其组织形态和特点分析,阿米巴组织也相当于我们日常的班组,如一般人数在8~15人之间,有共同的任务(目标),在一个工序或作业区间内等。但也有不同:阿米巴要求有清晰的收入和支出,产品或服务是建立在内部交易基础上,阿米巴之间是模拟市场的交易关系。阿米巴经营是利润思维,是客户思维,是因思维,是经营思维,是人思维,是全局思维,是先哲学思维,更是实践思维。

从经营意义上说,阿米巴是真正的团队,巴长也就是团队长;而很多班组还不能算是真正的团队。巴长必须要同时具备"责任感"和"使命感",这也是班组管理与阿米巴管理的最大区别。只有团队才有共同一致的目标。

阿米巴重视经营,经营与管理有着巨大的差异。管理的目的是效率,对象是资源,控制是手段;而经营的目的是效果,对象是人,艺术是方法。所以说,管理出效率,经营用人心。

对班组建设与管理展开分析,我们看到,传统的班组管理更加注重过程,要求正确地做事,至于过程输出的结果,符合要求就行。这些要求有标准,有规范,也有验收、检查、考核、兑现。其实质是交付、完成任务。结果是不是盈利,跟员工没有关系,员工不负责赚不赚钱,不对公司的效益和利润负责。

阿米巴经营管理对经营结果的评价,是建立在市场机制上的交易,结果要看是不是盈利,对社会、公司有没有贡献,有没有实现利他——利他的结果是盈利。阿米巴经营是利润思维,传统班组管理内容——"安全管理、质量管理、生产管理、成本管理、人事管理、环境管理、设备管理"等——都是过程管理,而这也是巴组织经营过程必须控制的。巴组织的经营结果需要通过市场来评价,是不是有价值,即结果是不是赚钱盈利。这个结果的延伸分析,尤其是阿米巴经营的全成本分析、重点成本控制,更加关注各项资源的经营效率。"经营分析"是巴长的重要技能。

为有别于班组管理,我们将巴组织的经营长简称为"巴长"。其作用与班组长差不多,只是要求更高、作用更大,是真正意义上的老板了,是一种CEO式的要求。具有老板的经营思维、摒弃了打工者心态的班组长才能被称为巴长。

在开展班组长培训时,需要改变思想、转变方式、增加内容,引导班组长成长为合格的巴长,同时也要逐步增加对巴长技能方面的培训,架起从班组长到巴长的成长桥梁,使更多的先进巴长、优秀巴长通过锻炼逐步成长为金牌巴长。这将是一个系统工程,需要在实践中持续不断地探索、总结、提高,才能形成符合组织要求的培训、培养体系。班组长培训时,须加强"经营分析"能力的培养。按照"搞好生产、学好技术、带好队伍、做好经营"成长目标,为班组长设计培训课程,搭建成长平台,畅通成长通道。

班组长与巴长的区别,实质就是思维方式不一样。班组长是任务驱动,是完成任务式的交付;巴长是带领巴员实施经营,是目标驱动,从事模拟市场的交易。

2. 稻盛和夫创造了阿米巴经营模式

稻盛和夫,1932年1月21日出生于日本鹿儿岛县,毕业于鹿儿岛大学工学部。27岁创办京瓷集团,52岁创办日本第二电信KDDI,这两家公司都进入世界500强,皆以惊人的力道成长。78 岁出任破产重建的日航董事长，仅仅用了一年时间，就实现了"V"字形的反转，做到了航空业三个第一：利润率世界第一、准点率世界第一、服务水平世界第一。稻盛和夫被誉为日本 20 世纪的经营之圣。

1959 年成立"京都陶瓷株式会社"时，稻盛和夫自己没有钱，是宫木电机公司的几位董事出资 300 万日元，帮助稻盛和夫创立了公司。"京都陶瓷株式会社"的第一任社长由宫木电机的社长宫木男也兼任，稻盛和夫名义上是董事兼技术部部长，但实际上全权负责公司的经营。1959 年 4 月公司正式成立时共有 28 名员工。虽然公司起步时既没有资金也没有设备，但是在之前的公司里同甘共苦的 7 名伙伴，为了与稻盛和夫共同创办自己的公司而汇聚在一起。京瓷公司成立的过程，也反映出公司的思维方式就是以人心为基础。

创业后不久，有一天，宫木社长从外地出差归来，他一边解开一个包裹一边说："稻盛君，给你买了件好东西，是稻盛君你的同乡前辈西乡隆盛的书法，我估量着你一定能喜欢。"展开纸卷一看，正是西乡隆盛所书的"敬天爱人"四个大字，字迹苍劲有力。尽管这并非西乡的亲笔墨宝而是临摹之作，但宫木对刚刚扬帆起航的公司给予的这番好意，以及其中倾注的温暖情谊，让稻盛和夫感激之余，还流下了热泪。

稻盛和夫立即把字拿到装裱店装裱好挂在公司的接待室中。当时公司借用宫木电机的仓库二楼当办公室，冬天仅能依靠火炉烧炭取暖，因此这幅字如今已被熏成了茶褐色，然而稻盛和夫却把它当作无价珍宝，半个多世纪以来，一直悬挂在办公室中。

虽然稻盛和夫当时很激动，但对"敬天爱人"的含义却没有做过深入的思索，也还没有切身的体验。

稻盛和夫创立京瓷时是技术员，他出身理工科，对会计、企业经营一窍不通。但既然开公司当了经营者，就必须对公司的各种事情做决断。当部下来请示"这笔生意做不做""那个问题怎么办"时，因为缺乏经验、不知道该如何回答，稻盛和夫常感苦恼。刚刚诞生的弱小企业，一旦判断失误，很可能立即破产。稻盛和夫深感责任重大，常因为担心而夜不能寐。

企业经营要求经营者对面临的所有问题都能做出正确而及时的判断，那么怎样才能做到这一点呢？稻盛和夫说："拿什么作为判断或决断的基准呢？我在苦恼之余来了灵感，想到了原理原则。这里所谓原理原则就是'作为人，何谓正确'，这也是从小父母、老师教导过的。小时候他们表扬我、责备我根据什么呢？不外乎'是非、对错、好坏、善恶'这类最朴实的道理。如果这可作为判断基准的话，那么并不难，我能够掌握。就是说，不拿'赚钱还是亏本'做基准，也不用所谓的常识、习惯、时尚的潮流做基准，而是用'作为人，何谓正确'这一原则作基准，从这一点出发，去经营企业，去应对和解决一切问题。"

没有明确的判断基准，心中无底，人就难免悲伤和烦恼。而明确了判断基准，掌握了如何去判断和解决问题的大原则，稻盛和夫心里就有一种豁然开朗的感觉。

那天回到办公室，抬头看到"敬天爱人"四个字，稻盛和夫心中一动：把"作为人，何谓正确"作为判断基准，遵从自然规律和社会规律行事，就是敬奉天理，这不就是西乡隆盛所教导的"敬天"吗？稻盛和夫愈加坚定了自己的信念。

"天"是那么浩瀚、那么不可思议。"敬天"或者说"敬奉天理"不是很抽象吗？但稻盛和夫却用"作为人，何谓正确"这一句话具体表述了这个似乎不可捉摸的"天理"。正如稻盛和夫所说，"作为人，何谓正确"是自己从小就懂的理，是人的良知，为每个人内心所共有。只要对照这句话，用这种良知去判断和应对一切就够了，这就是天理。换句话说，天理就在人的心中，天理即良知。顺应天理，得道多助，当然无往而不胜。虽然道路总是曲折的，但前途一定是光明的。

　　作为经营者，稻盛和夫面临重重压力，一直在思考"经营应该依靠什么"这个问题，得出的结论是"人心"最为重要。人心易善变，且不确定，然而一旦建立起相互信任的关系，人心也会变得无比牢固，且值得信赖。所以京瓷的出发点就是构建"心与心之间的纽带"。

　　京瓷在成立初始只是一个缺乏资金、信用、业绩的小街道工厂，可以依靠的只有仅有的技术和相互信任的伙伴。为了公司的发展，大家都竭尽全力，经营者也用毕生的努力回报大家的信赖，坚信工作伙伴绝不是为了私利私欲，所有员工都真心地庆幸自己能够在这个公司工作，人人都希望公司不断发展，这就是京瓷的经营策略。虽然常言道人心易变，但同时也再没有比它更坚不可摧的了。以这样牢固的心与心的连接为基础的经营，就是京瓷的原点。也就是说，"以心为本经营京瓷、发展京瓷"是京瓷的原始出发点，也是大家的责任与使命。

　　京瓷公司创立后的第2年，招进了11名高中毕业生。经过1年的训练，他们都成了生力军。当时京瓷虽说也算一个高新技术企业，但它刚刚起步不久，规模很小，工资不高，再加上粉尘、高温，劳动条件不好，而且还经常加班，管理又很严格，这些高中毕业的年轻人受不了了，他们写了一张联名状，同稻盛和夫展开集体交涉，要求每年加多少工资、发多少奖金，否则就要集体辞职。因为当时企业的前景还不明朗，稻盛和夫无法违心地接受他们的条件，但如果他们真的辞职，公司就会受到很大的损害。

　　稻盛和夫创办公司的最初目的是"让我们自己的技术得以问世"。为了实现这一梦想，创业时的成员们都是自觉地拼命埋头工作。但是刚进公司不久的高中毕业的员工，自然不满长时间的加班，而且对未来感到不安，于是，就用集体交涉的形式来要求公司对自己的未来做出保证。

　　稻盛和夫对此解释说："由于公司刚刚成立，所以无法对你们的未来做出确切的保证，但是我一定会为你们着想。"但是，这并没能说服对方。交涉不仅仅在公司里进行，还延续到了稻盛和夫的家中。经过三天三夜的交涉，最后，稻盛和夫饱含诚意地说道："如果你们还是信不过我的话，那么，能不能有敢于被骗的勇气？如果我背叛你们的话，我会以死谢罪！"这句话打动了对方，终于了结了这次交涉。

　　以此为契机，稻盛和夫开始持续认真地思考"公司应该成为一种怎样的组织"这个问题，最终意识到公司经营必须保护员工及其家属未来的生活，为大家谋幸福。进而，还认识到要使公司长期发展，就必须为社会的发展做出贡献，履行社会一员的责任。之后，京瓷把公司的经营理念确定为在追求全体员工物质与精神两方面幸福的同时，为人类和社会的进步与发展做出贡献。京瓷公司也因此从一个以"让技术得以问世"为目的的企业转变为追求全体员工幸福的企业,从而确立了公司经营的牢固基础。

这三天三夜让稻盛和夫产生的震动、取得的收获,只有他自己知道,但对稻盛和夫日后潜移默化的改变,影响肯定很深。也许就是这三天三夜改变了稻盛和夫,成就了稻盛和夫。

京瓷公司从此确立了"敬天爱人"的经营理念,并把"作为人,何谓正确"作为判断和行动的基准,把作为人应该做的正确的事情用正确的方法贯彻到底。稻盛和夫从经营企业的烦恼中获得的这一灵感,犹如醍醐灌顶。

稻盛和夫在企业的发展中,不断修炼自己,在经营中实现了"修心、修性、修行"的人格提升,成功开悟"作为人,何谓正确"。

3. 阿米巴经营模式的核心是哲学

阿米巴经营哲学即"敬天爱人",亦称"稻盛和夫哲学""京瓷哲学",是创始人稻盛和夫在克服重重困难的过程中形成的关于工作和人生的指南,是其人生、商业判断的基准,也是使京瓷能够发展至今的经营哲学。

阿米巴经营以"作为人,何谓正确"作为判断标准,指出了按照人类应有的原始伦理观、道德观及社会规范,开展无愧于任何人的、正大光明的经营与业务活动的重要性,是阿米巴经营的基础。阿米巴经营哲学的核心是"敬天爱人",倡导在"利他共赢""以心为本"的思想、理念下经营企业。

学习阿米巴经营哲学,最终要结合企业和企业家的实际形成自己的经营哲学,这样企业家自己才能身体力行,经营哲学也才能够真正在企业产生强大的生产力。

经营哲学其实是要回答和思考:我是做什么的,为什么要经营,怎样赚钱,赚钱是为了什么,等等。也可以认为,这是"使命感、责任感、善恶感、是非观"的界定原则。

《大学》有"致知在格物"语。王阳明认为,"致知"就是致吾心内在的良知。这里所说的"良知",既是道德意识,也指最高本体。王阳明认为,良知人人具有,个个自足,是一种不假外力的内在力量。"致良知"就是将良知推广扩充到万事万物。"致"本身即是兼知兼行的过程,因而也就是自觉之知与推致知行合一的过程,"致良知"也就是知行合一。"良知"是"知是知非"的"知";"致"是在事上磨炼,见诸客观实际。"致良知"即是在实际行动中实现良知,知行合一。"致良知"是王阳明心学的本体论与修养论直接统一的表现。所谓"君子爱财,生之有道"。

稻盛和夫的"作为人,何为正确"是这些理念的直接体现。我们要思考的是,我们这些做法、行为、处置方式等正确吗?这里的正确是从"良知"的角度来认识的。"良知"即是善良的认识,也就是对的、正确的、有益的、正能量的,而不是害人的、损人的、破坏的、违法的、有悖道义的。

这些内容、思想构成了阿米巴经营哲学的核心体系。实施阿米巴经营,首先要建立经营的哲学理念体系。这是核心、基石、根本。其实,这里也有个原点思维。我做企业的目的是什么?也就是,我企业的使命是什么?一般的抽象表述,当然是"满足社会日益增长的物质和文化需要"。那社会需要什么样的物质和文化,我们怎样识别并满足?这就是要在"敬天爱人""利他共赢"理念指导下,以"致良知"的方式,结合企业的具体行业和产品特点,进行综合性表述。即做有益于社会、有利于人民的产品和事,让这些产品和事来满足社会日益增长的物质和文化的需要。

4. 阿米巴经营成功三要素

稻盛和夫认为,人生工作的结果(成功)=思维方式×热情×能力。所谓能力,是指才能或智能等先天性的资质;所谓热情,是指努力的意愿或热心等后天的努力;思维方式是指哲学、思想、伦理观等生活的姿态等人格因素。对于自我来说,最重要的是思维方式,因为能力和热情只有0分到100分,但是思考方式可以从负100分到正100分。因此,改变思维方式、加强自我修炼,是对巴长提出的更高要求。对于一个企业来说,什么样的人才是有用之才?

稻盛和夫将人分为"自燃性的人、可燃性的人、不燃性的人"三种类型,这里所谓的"燃性",是指对事物的热情。"自燃性的人"是指,最先对事物开始采取行动,将其活力和能量分给周围人的人。"可燃性的人"是指,受到自燃性的人或其他已活跃起来的人的影响,能够活跃起来的人。"不燃性的人"是指,即使从周围受到影响,他也不为所动,反而打击周围人热情或意愿的人。阿米巴经营就是以"自燃性的人"带动"可燃性的人",让更多的"可燃性的人"成长为"自燃性的人"。

在稻盛和夫成功方程式"成功=思维方式×热情×能力"中,稻盛和夫道出了评价人才的三大要素:思维方式、热情和能力。

(1) "能力"

按稻盛和夫先生的解释,"能力"主要指先天的智力和体力,包括健康、运动神经等。既然属天赋条件,自己就无法决定和负责。这种"能力"有个人差异,用0~100分来表示。

(2) "热情"(或称努力)

"热情"(或称努力)也因人而异。从饱食终日、无所事事的懒汉到忘我工作的模范,也用0~100分来表示。但这个努力与上述能力不同,不是先天的,可以由自己的意志决定。

稻盛和夫先生举例说,一个天资聪明又很健康的人,"能力"可打90分。但他自恃聪明、不思进取,"热情"只能得30分。那么两者之积:90×30=2 700分。另一个人天赋差些,"能力"只评60分,但他笨鸟先飞、特别勤奋,"热情"可打90分。这样他的得分为:60×90=5 400分。后者得分比前者高一倍。就是说,天资一般而拼命努力的人可以比天资优良而不肯努力的人取得大得多的成就。我们周围很多人就是这样。

稻盛和夫曾经这样形容京瓷的热情:把42.195千米的路程,按照短跑的方式全力跑完。相对于能力而言,热情显然是更为重要的一个因素。

(3) "思维方式"

最后一个要素,就是人生态度与哲学认知。中国传统典籍中就有关于人才等级的分类:一流人才"深沉厚重",二流人才"磊落豪雄",三流人才"聪明雄辩"。这其实就阐述了人的品性及思维方式的重要性。

在能力、热情、思维方式这三个要素中,稻盛和夫最看重思维方式。

这个要素是一个矢量,有方向性,从-100分到+100分。一个人能力很强、热情很高,但如果他一味地以自我为中心、损公肥私、损人利己等，那么他的得分就是负数，并可能给他人、给社会造成很大损害。这样的例子古今中外屡见不鲜。

培养人才，首先从建立正确的思维方式开始。

日航破产退市，稻盛和夫受邀出任CEO。此时已年近80岁的他，对于航空业可以说一窍不通，是一个彻彻底底的"门外汉"。他有什么绝招呢？我们通过"成功方程式"来分析和体会其中奥妙。

在成功三要素中，首先，"能力"方面的得分，稻盛和夫由于是"门外汉"，得分上肯定要大打折扣；其次，他80岁的高龄也无法像以往一样拼命地工作了，"热情"的得分也不会很高；最后，只剩下"思维方式"这一项，要想带领日航实现复兴，必须在这方面取得非常高的得分才行。

事实证明，稻盛和夫正是通过为日航植入稻盛和夫哲学，让日航全员拥有了"正确的思维方式"，使日航迅速扭亏为盈，并实现重新上市。

稻盛和夫刚上任的时候，有些人迫不及待地想知道答案："在这种情况下接手日航，您有什么高招吗？"

稻盛和夫回答："虽然在航空事业方面我是门外汉，但长期以来，作为经营者，我在经营企业的经验中归纳出了正确的经营思想和有效的管理模式。同时，我在自己的人生中总结出了作为人应该持有的正确的思维方式。我希望将这些传授给日航的每一位员工，我希望全体员工想法一致、齐心协力投入日航的重建。我认为，日航重建成败的关键，就在于能否有效地建立起上述这种体制。我没有什么特别的高招，我到日航去，就是要把我的经营哲学渗透到日航的员工中去，再没有另外的技巧。"

日航的员工并不缺乏热情，个个都是各自岗位上的专家，稻盛和夫要做的就是为全体员工植入正确的思维方式。只要日航全体员工的思维方式正确了，日航的重生一定为期不远。事实也证明了这一点。

只要具备了正确的思维方式，人才的热情和能力就会随之而来，很容易提升。因此，要培养与企业家理念一致的人才，首要任务是培养员工正确的思维方式。

中国企业推行阿米巴经营的成败与否，从是否能够为全员植入正确的思维方式开始，也就是从所谓的"哲学共有"开始。而要达成这一点，除了经营哲学以外，还离不开全体员工对于经营原理、原则的学习。

关注日航重生的人可能会注意到，稻盛和夫到日航之后，立刻在企业内部展开了高密度的培训，第一个月就举办了17次，稻盛和夫亲自讲解6次，讲完后还与大家一起讨论。正因为这样，日航的阿米巴经营才得以顺利推进。

阿米巴经营是一篇优美的乐章，中国企业在推行时要时刻牢记，实施阿米巴经营的根本目的，就是要为企业又好、又快地培养经营人才。

二、阿米巴经营模式的三个层次

稻盛和夫经营思想体系由三部分组成，即经营哲学、经营理念、经营手法（参见图2-1）。

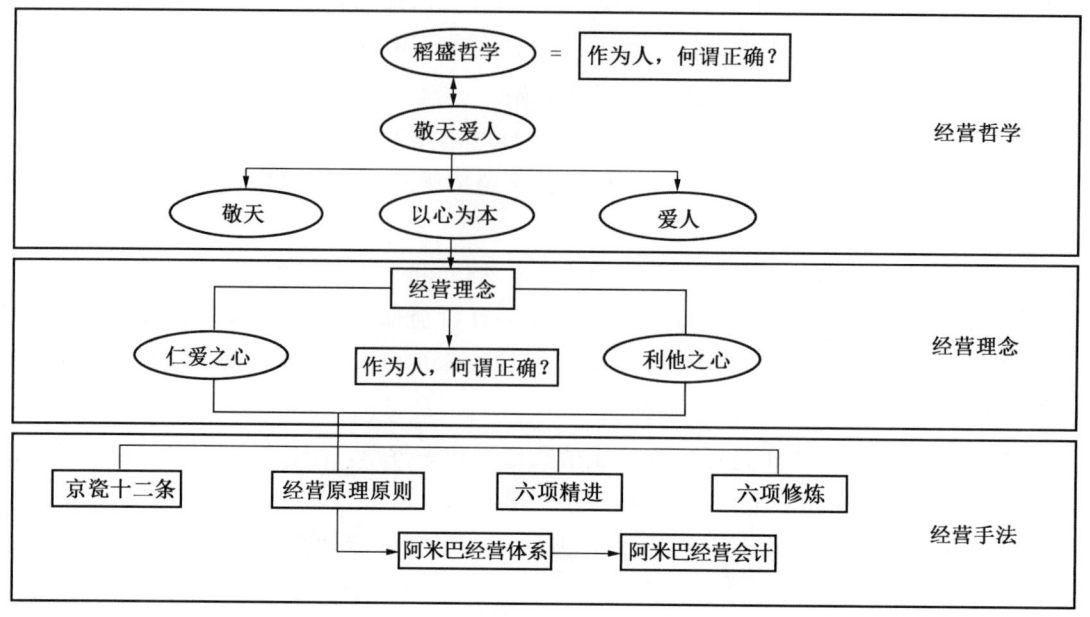

图 2-1　稻盛和夫经营思想体系模式图

哲学是对基本和普遍之问题进行研究的学科，是关于世界观的理论体系。世界观是关于世界的本质、发展的根本规律、人的思维与存在的根本关系等普遍基本问题的总体认识。方法论是人类根据世界观形成的认识世界的方法。

我国企业一直以来都在学习西方和日本的企业管理经验，基本都在摸索中前进，到今天为止，也没有一套完完全全属于我们自己的经营管理模式。这不是中国人不懂得经营管理，更不是中国人没有别人聪明，主要还是我国的工业发展的时间太短，根本没有多少成功经验积累和经营理念的沉淀。

阿米巴经营模式由日本"经营之圣"——稻盛和夫创新、总结而成，直到今天也还在发展中。稻盛和夫亲手创办了两家世界500强企业——京瓷和KDDI，同时又仅仅用一年多时间就成功拯救了破产的日本航空公司。这样的企业家，被企业界称为当代的松下幸之助，稻盛和夫先生的阿米巴经营风靡全球。

阿米巴经营目前在我国似乎也已形成了一股热潮，很多企业家甚至认为"阿米巴经营"是"灵丹妙药"，可以解决企业的一切问题，为企业管理员工提供了新的方法，很多企业家都亲自向稻盛和夫先生请教经营心得。

客观地说，稻盛和夫不仅是一位卓越的企业家，还是一位企业思想家。从企业家上升到思想家，才是他成功的根本。他的哲学集中到一点就是"敬天爱人"。

从企业规模来看，美国有微软，日本有丰田，中国有华为。稻盛和夫虽然赤手空拳创建了两家世界500强企业，但毕竟不是世界最大的，也不是最有名的，然而从企业经营和经营哲学乃至人生哲学综合来看，稻盛和夫先生却站到了世界和时代的高峰。季羡林先生曾说："根据我七八十年来的观察，既是企业家又是哲学家，一身二任的人，简直凤毛麟角。有之自稻盛先生始。"

我国的市场经济经历了40多年的发展,无论是国有企业还是民营企业在管理规范、制度建设上都取得了长足的发展,但同时也暴露出一些经营、管理的弊端,如有的企业经营者一手遮天、独断专行,企业缺乏有效的监督机制和制衡制度。企业的成功归根到底是由人来推动的,组织中的冲突与交融、控制与反控制、影响与反影响都是复杂的隐性问题,也是领导者和管理者所面对的真正富于挑战的关键问题。

经营企业实际上是在经营人心,成也人心,败也人心。对于用什么样的思想、哲学、价值观来经营企业、度过自己的人生,每个企业经营者都有自己选择的自由,但这种选择决定着企业经营和人生的结果。例如,我们选择了利己主义的思想、哲学和价值观,无论对什么事情都只会考虑自己的利益,甚至损人利己、损公肥私,我们的经营和人生虽然可以取得一时的成功,但这种成功很难长期持续。为了企业的持续发展,为了获得幸福的人生,我们有必要学习并选择对人类进步与发展有帮助的思想、价值观,用它来指导我们的企业经营和人生。

稻盛和夫先生选择了"利他主义",强调作为一个企业经营者要有"利他之心",提倡把"追求全体员工物质与精神两方面都幸福的同时,为人类社会的进步和发展做出贡献"作为一个企业的经营理念。把"作为人,何谓正确"作为做事、做人的判断基准。学习和研究阿米巴经营,要从阿米巴经营哲学、经营理念开始。

1. 经营哲学

经营哲学是关于企业经营本质的思考与探索。简单地说,是要回答:企业经营的目的与目标是什么?经营企业、发展企业到底是为了什么?

企业为什么需要哲学?这是企业家要深层次进行思考的问题。经营企业的终极目标是什么?是要成为一家伟大的企业,还是只想做一家平庸的企业?如果没有远大的理想,不知道做企业是为了什么,需不需要哲学可能无所谓。经营哲学是企业发展的出发原点定位,是目标的依据、动力的源泉。譬如郊游,爬北京香山,穿着旅游鞋去也就可以了;但是如果是去攀登珠穆朗玛峰,那就必须要有登山的专业装备了。企业家或者经营者足够的思想准备、道德素养,是企业家攀登企业经营这座珠穆朗玛峰的专业装备。

企业经营哲学就是成就伟大企业的必需装备,是企业家带领企业向高峰攀登所必备的登山装备。

企业存在的依据和根本不是赚钱,但赚钱却是企业存活和持续发展的前提,这一浅显的道理却很少有企业家去思考。企业的使命和责任是满足社会日益增长的物质和文化需要,只有满足了社会等相关方需求,其最终结果或回报就是赚钱。赚不赚钱是市场经济或商品经济条件下市场对企业的评价结果,赚钱的多少间接评价出企业的经营水平、经营方法、经营理念等层次,也反映出企业的市场竞争力。如果一个企业家不能跳出赚钱这个框框、没有比赚钱或地位更高的追求,是不可能有持久的热情和长远的事业追求心的。赚钱总有累的时候,也还有不赚钱的时候,名望和地位也总有到头的时候,这个时候你没有更高的追求,将失去方向和动力。这是很多企业家失败的根本原因。其实,作为个人,我们的人生也是如此。

当今社会的特点更加突出了"以结果论英雄",我们可以称之为"果思维"模式。它只看到了成功的结果,而对于取得成功的要素、原因等却直接忽视,其结果就是误导人们不择手段地去追求名利、希望一夜暴富。想的是投机取巧,而不是脚踏实地;重视的是结果,而不是原因;要的也是结果,从不关心过程。

以这种"果思维"模式作为阿米巴经营的学习导向,只看到稻盛和夫创建了两家世界500强企业,但对它们是怎样成长为500强的原因却不关心,只想学做法、不学手法、不关注心法,这是不可能成功的。稻盛和夫经营哲学集中到一点就是"敬天爱人"。

2. 经营理念

一般认为,经营理念就是管理者追求企业绩效的根据,是顾客、竞争者以及职工价值观、正确经营行为的确认依据。以此为基础,形成企业基本设想、科技优势、发展方向、共同信念和经营目标。

理念是"看法、思想、观念"的意思,相当于行为准则,是做事方式的依据。

在"敬天爱人"经营哲学下,将"以心为本"从"仁爱之心""利他之心"两个维度展开,始终贯穿"作为人,何谓正确"的经营思想。

3. 经营手法

经营的具体方法、做法是实现其哲学和理念的一种方式。阿米巴经营模式的第三层次是经营手法,是实现经营哲学和经营理念落地的具体方式,是表象或附属内容,而不是管理方法或手段。

阿米巴经营手法具体表现为"分、算、奖"。"中国式阿米巴"问题研究专家胡八一认为:"古今中外之人,虽有认识差异,从而形成文化差异、观念差异,然而人心、人性无异!"例如:

管仲新政,故有齐桓九合诸侯,无非分、算、奖。

商鞅变法,故有大秦一统天下,无非分、算、奖。

明治维新,故有日本赶超亚欧,无非分、算、奖。

邓公改革,帮助中国平视世界,无非分、算、奖。

对于"分、算、奖"的一般理解:

分:即划分阿米巴组织、分清职责、做好分工、制定分配原则等;清晰界定交易原则,是分巴的核心。分巴、分责、分权、分财、分人、分利,分要分得清清楚楚。

算:即构建阿米巴报表,确定核算的科目和指标,计算交易结果。以数据说话,依据阿米巴经营的数据进行量化授权,计算巴组织对公司利润的贡献度大小。单位时间核算可以进行巴组织和巴员的横向比较。核算、计算、算账,账要算得明明白白。

奖:即依据既定原则,结合巴组织的经营结果,进行分配、奖励。奖要奖得透透彻彻。

运用"分、算、奖"方法的目的,是培养人才,调动全员的积极性。

企业组织实施阿米巴经营,表面上看,就是将组织内部的计划经济模式改革为市场经济模式。每个企业不一样,文化背景也存在巨大差异,还需要深入探索。

经营理念就是管理者追求企业绩效的根据,是顾客、竞争者以及职工价值观、正确经营行为的确认依据。以此为基础,形成企业基本设想、科技优势、发展方向、共同信念和经营目标。

理念是"看法、思想、观念"的意思。相当于行为准则,是做事方式的依据。

在"敬天爱人"经营哲学下,将"以心为本"从"仁爱之心""利他之心"两个经营理念维度展开。稻盛和夫经营哲学、理念,始终贯穿"作为人,何谓正确"的思想。

阿米巴不是救命稻草,经营手法也不是万能药。有的企业陷入了管理的困局,比如刚刚遭遇了企业管理变革的多次失败,一听说稻盛先生的阿米巴经营模式有如此神奇的效果,可以起死回生,因此也来试一把,这完全属于病急乱投医,死马当活马医。带着这种目的或心理来的企业家,不过是把阿米巴经营当作解脱企业当前困局的救命稻草而已。至于阿米巴经营是什么,稻盛经营思想是什么,一概不知,完全是一种盲目学习状态,可能连稻盛先生的著作一本都没有看过,根本不知道实施阿米巴经营需要学习什么,没有任何精神准备,无论是知识的、心理的还是思想的。

这其中可能还夹杂着另外一种情况,就是企业管理那一套没有学好、学会,所以跑来学习稻盛和夫经营思想。就像考大学的学生一样,并不是因为喜欢学习文科,而是因为考不上理科才学习文科。学习稻盛和夫经营思想也有这样的,可能就是因为学不会管理而来学习经营。

把阿米巴经营当作一种管理手法、方法,也就是把阿米巴经营当作一种可以实现管理目的的方法,甚至是捷径,那就大错特错了。我们要清楚,阿米巴经营不是万能的,仅仅使用其方法来管理企业,一定会失败。而真正有能量起作用的是稻盛先生的经营哲学与经营理念,而不是阿米巴经营手法。

即便是稻盛先生自己在拯救日航的时候,也是先用了一年的时间导入经营哲学、经营理念。让大家见证思想的力量,而不是一上来直接就导入阿米巴经营模式。在真正学习了稻盛先生的经营哲学与理念之后,你会发现,阿米巴经营模式只是一种可用可不用的手法而已,并不是企业成功的关键。

稻盛先生是讲"经营需要哲学",而不是讲"经营需要阿米巴"。阿米巴对于企业经营而言,对于学习了稻盛经营哲学与经营理念的企业而言,是一种"锦上添花",而不是在企业面临危亡时,在还没有掌握任何稻盛经营思想的条件下的"雪中送炭"。因此,阿米巴经营不是解救企业当前困局的速效救心丸。

阿米巴经营远远不是"分、算、奖"那么简单,这只是阿米巴经营手法,是表象。阿米巴经营与企业的文化制度、管理模式、绩效改进、考核激励、人才晋升等全面融合,才能形成我们自己的阿米巴经营模式。

"全员参与经营"的高质量发展阶段,就是成功构建"命运共同体",是实施阿米巴经营的最高境界。

三、阿米巴经营哲学溯源

王阳明与稻盛和夫两人的出生时间,间隔有460年。仔细研读其思想,两人之间却有着惊人的相似。

他们都在用最朴实的语言讲述着最通俗的故事：一个叫心学，一个叫心法，无非是人心，人性即人心，打仗也罢，经营企业也罢，大抵如此。

大明王朝中期的1472年10月31日，浙江余姚诞生了一位文武全才的军事家、哲学家——王阳明。1499年中进士，他的一生跌宕起伏，充满了传奇色彩。王阳明是中国历史上罕见的集"立德、立言、立功"于一身的奇人。他先后打败了多个令朝廷无可奈何的山贼盗匪，并以其睿智，22天就平叛了预谋8年之久的宁王造反，更是创下了军事奇迹。后又完善了他在贵州龙场的"心外无理，心外无物"心学理论，成为中国古代心学创始人。

稻盛和夫，1932年1月21日出生于日本鹿儿岛市，鹿儿岛大学工学部毕业。27岁创办京瓷集团，52岁创办日本第二电信KDDI，这两家公司都进入世界500强，两大事业皆以惊人的力道成长。78岁出任破产重建的日航董事长，仅仅用了一年时间，就实现了"V"字形的反转，做到了三个第一：利润率世界第一、准点率世界第一、服务水平世界第一，被誉为日本20世纪的经营之圣，稻盛哲学的创建人。他深受其同乡西乡隆盛的影响，西乡隆盛、大久保利通和木户孝允被称为"明治维新三杰"，西乡隆盛和大久保利通年轻时即为好友，曾同时师事吉田松阴门下。大久保利通精通阳明学和禅学，其父便是阳明学、禅学学者，自小便受熏陶。西乡隆盛平生最信服阳明学（即阳明心学），随身携带阳明的书籍。受到西乡隆盛思想熏陶的人们，将西乡隆盛的训诫编纂成册，留于后世，即《南洲翁遗训》。最能体现西乡隆盛生活准则的就是"敬天爱人"四个字。

王阳明是军事家，却没有军事巨作留下，他一生无败绩，屡战屡胜，有人问王阳明，这都是靠什么取胜的，是"心学"，心学居然能够教会人打仗。稻盛和夫是企业家，创办两家世界500强，成功挽救日本航空破产，耗时极短，却很少看见稻盛和夫有什么管理大论，最能代表稻盛的是"心法"，心法居然能够教会人经营企业，不可思议。

王阳明和稻盛和夫在精神上的共同点：一个叫"致良知"，一个叫"作为人，何谓正确"。王阳明讲，每个人心中都有良知，人性善，只是来到世界上，被歪风邪气污染，染上了恶习，良知被蒙蔽，所以才会干些坏事，而修炼心学就是要擦拭那些污垢，恢复本来的面目。王阳明讲"去人欲，存天理"，天理即良知。

稻盛和夫更有意思，他在经营企业的过程中，经常碰到很多问题，譬如税务的问题、员工离职的问题、产品质量的问题等，在如此多问题的解决过程中，稻盛和夫总结出来一套决策哲学，当经营者在碰到疑难问题，而又没法解决时，稻盛和夫指引他们："作为一个人，你该怎么做才算正确了？"他相信，按此指引，人就能做出正确的决策。

举个例子，有个部门经理，每月上报经营数据，这个月如果再能多100日元就可以获得更高级别的奖励，当大家都让经理虚报这100日元时，经理开始犯难了：要不要这么做，这么做的后果其实没什么，就算领导知道了也是小事。然而，他开始问自己，这件事要不要做，作为一个人，这好像是弄虚作假，想到这里，这个经理断然拒绝了所有的恶念。稻盛和夫将"作为人，何谓正确"作为所有问题的哲学前提。

几乎一样的哲学思考，而"致良知"是王阳明几乎穷尽一生才提出的理念，"作为人，何谓正确"也是稻盛和夫历经无数波折才总结的经营圣经。本质上,他们是基于人性善基础上的哲学理念,是在帮人恢复善的本性,让善能够发挥到最大。

王阳明与稻盛和夫,在行为上的共同点:兵无常势,水无常形,他们总是无中生有。如果说王阳明平定江西,很多人可能还认为是那些盗贼不懂兵法,被王阳明欺诈,那么,王阳明平宁王叛乱几乎是完美的演出。

后来,经常有人请教王阳明,可惜,我们没有看到王阳明留下什么兵书,而是"致良知"。而很多人惊诧于王阳明用兵如神时,王阳明却能够经常无中生有,但有一点是王阳明每战必做的功课:深入现场了解每片地形,而绝不盲目听从他人的描绘,他认为只有在现场才能找到答案。此外,他每战必分析敌方心理,采取灵活的策略,把他的部队划分成10到20人一个小组,步步为营,组长有绝对的军事指挥权,对战役的结果负责。稻盛和夫在京瓷集团实施的阿米巴小组,实行独立核算、自负盈亏,巴长对经营结果负责,与此非常类似。

稻盛和夫的经营理念是他的法宝,为了配合经营理念的执行,稻盛和夫创造了阿米巴经营模式,让企业划分为更多的阿米巴,每个阿米巴都能成为一个小单元,独立承担经营责任。为什么是这样?打仗要消灭敌人,而办企业要创造利润,只有将利润分成一个一个的小单元,每个单元都为创造利润做贡献,整个公司的利润就大了。

为了让更多的人能够理解阿米巴核算,稻盛和夫经常拿家庭开支表来对比阿米巴结算表,收入减成本减费用等于利润。当稻盛接手日航时,很多人认为稻盛和夫的这套阿米巴只适合制造业,不认为稻盛和夫的团队能够发挥作用,结果,日航神奇般的恢复,让业界惊呼神奇。对于稻盛和夫而言,阿米巴是一套理念,家庭开支表谁不会用?而不是针对制造业计算的那一列一列实物。阿米巴报表背后的灵魂是经营理念。

王阳明的兵法、稻盛和夫的活法,一个不讲兵法,一个不讲工具,却能够发挥如此之功效,而这全在乎以不变应万变之"无中生有"。

在稻盛和夫的经营哲学中,到处是王阳明"良知"的影子。比如稻盛和夫说,要判断某件事是不是有道理,不能只看其是不是符合逻辑,还应当看它是不是符合人类的道德标准,要思考其与人类价值的相关程度。稻盛和夫信奉的是天理良知,两人的精神世界十分契合相通。

学习稻盛先生的经营哲学和阿米巴经营手法,在明确的企业经营哲学、经营理念、经营原则的指导下,将企业组织分成若干个"自主经营"的小集体,以年度计划为基础,运用经营会计实现量化分权,通过经营权下放而快速培养人才,引入内部交易会计实现内部交易,直接传递市场竞争压力,以"内部市场化"运作机制来促进企业内部竞争,以独立核算为基础,将经营的实际状况看清、看透、看系统,同时运用科学的组织业绩管理及业绩评价来衡量员工贡献,并实现循环改善,促使员工从"被动执行"转变为"主动创造"的经营者,释放企业潜能。

四、阿米巴经营方法溯源

学习阿米巴经营,我们首先看到的是阿米巴的表象内容,即阿米巴经营手法或方法。这一方法的思想根源,起源于我国的文化宝库代表《西游记》。

划分阿米巴组织后,希望这些小的阿米巴组织的经营长,即巴长,像老板一样思考、经营、决策,将大的经营活动划分为若干个小的经营活动。如何让这些小的经营长与企业家一样思考、经营、决策,这是阿米巴经营哲学与理念范畴。到底是先有阿米巴经营哲学和理念,再有阿米巴经营手法与方法,还是先有阿米巴经营手法与方法,才有阿米巴经营哲学和理念?这个讨论其实已经没有意义,我们只需明白"道、法、术"思想原则就足够了。

我们看西游记的时候,发现孙悟空有一项绝技,常常使用,并且屡试不爽。这项绝技就是"拔猴毛"!据不完全记载,在原著中,孙悟空一共使用过十几次,其中比较典型使用猴毛的有这么几次:比如第二回,孙悟空跑去跟混世魔王大战,他就变出了二三百个小猴子,围住了混世魔王,最后孙悟空夺过混世魔王的刀,一刀把他劈成了两半!再如第三回,孙悟空跑去傲来国偷兵器:"好猴王,即拔一把毫毛,入口嚼烂,喷将出去,念动咒话,叫声'变!'变作千百个小猴,都乱搬乱抢。"还如第七十三回,孙悟空跟蜘蛛精大战的时候:"行者却到黄花观外,将尾巴上毛捋下七十根,吹口仙气,叫声'变!'即变作七十个小行者"。

当然还有很多地方也使用过毫毛,比如变分身对抗哪吒,变分身对抗四大天王,变分身对抗黄风怪,变分身对抗兕大王,变分身击败七头狮子等。

孙悟空拔猴毛变小孙悟空,这是现象。稻盛和夫把它运用到企业经营,通过划分成小阿米巴组织后,让小阿米巴的巴长,像稻盛和夫一样有经营组织的思想,就来源于孙悟空拔猴毛变小孙悟空的故事。

小孙悟空由于是猴毛变的,所以受孙悟空的指挥,能听孙悟空的话。而巴长不是稻盛和夫变的,怎样才能让这些巴长们听稻盛和夫的话,能像他一样来思考、经营组织?这就需要哲学和理念来统一他们的思想,这一方法与中国共产党的统一战线理论非常一致。冯成略先生的《红色管理:向中国共产党学管理》一书,值得我们深入研究和学习。

关于统一战线,这里就不多论述了。只有建立最广泛的统一战线,才能团结绝大多数力量,这是中国共产党的三大法宝之一。毛泽东在《抗日游击战争的战略问题》中谈到战术的灵活性,参见案例2-1(毛泽东选集第二卷412~414页)。

毛泽东著作、毛泽东思想对企业经营管理也有巨大指引作用,是我们的精神、文化宝库。深入研读毛泽东著作、研究毛泽东思想,也是新时代提高企业经营管理水平的新思路。

案例2-1 | 抗日游击战争的战略问题(节选)

灵活性就是具体地表现主动性的东西。灵活地使用兵力,是游击战争比较正规战争更加需要的。

必须使游击战争的指导者明白,灵活地使用兵力,是转变敌我形势争取主动地位的最重要的手段。根据游击战争的特性,兵力的使用必须按照任务和敌情、地形、居民等条件做灵活的变动,主要的方法是分散使用、集中使用和转移兵力。游击战争的领导者对于使用游击队,好像渔人打网一样,要散得开,又要收得拢。当渔人把网散开时,要看清水的深浅、流的速度和那里有无障碍,游击队分散使用时,也须注意不要因情况不明、行动错误而受损失。渔人为了收得拢,就要握住网的绳头,使用部队也要保持通讯联络,并保持相当主力在自己手中。打鱼要时常变换地点,游击队也要时常变换位置。分散、集中和变换,是游击战争灵活使用兵力的三个方法。

一般地说来，游击队当分散使用，即所谓"化整为零"时，大体上是依下述几种情况实施的：①因敌取守势，暂时无集中打仗可能，采取对敌实行宽大正面的威胁时；②在敌兵力薄弱地区，进行普遍的骚扰和破坏时；③无法打破敌之围攻，为着减小目标以求脱离敌人时；④地形或给养受限制时；⑤在广大地区内进行民众运动时。但不论何种情况，当分散行动时都须注意：①保持较大一部分兵力于适当的机动地区，不要绝对地平均分散，一则便于应付可能的事变，一则使分散执行的任务有一个重心；②给各分散部队以明确的任务、行动的地区、行动的时期、集合的地点、联络的方法等。

集中使用兵力，即所谓"化零为整"的办法，多半是在敌人进攻之时为了消灭敌人而采取的；也有在敌人取守势时，为了消灭某些驻止之敌而采取的。集中兵力并不是说绝对的集中，集中主力使用于某一重要方面，对其他方面则留置或派出部分兵力，为钳制、扰乱、破坏等用，或作民众运动。

按照情况灵活地分散兵力或集中兵力，是游击战争的主要的方法，但是还须懂得灵活地转移（变换）兵力。当敌人感到游击队对他有了大的危害时，就会派兵镇压或举行进攻。因此，游击队要考虑情况，如果可以打时，就在当地打仗；如果不能打时，就应不失时机，迅速地转移到另一方向去。有时为着各个击破敌人，有刚才在这里消灭了敌人，又立即转移到另一方向去消灭敌人的；也有在这里不利于战斗，要立即脱离此敌转移到另一方向去进行战斗的。如果敌情特别严重，游击部队不应久留一地，要像流水和疾风一样，迅速地移动其位置。兵力转移，一般都要秘密迅速。经常要采取巧妙的方法，去欺骗、引诱和迷惑敌人，如声东击西、忽南忽北、即打即离、夜间行动等。

分散、集中和转移的灵活性，都是游击战争具体地表现主动性的东西；死板、呆滞，必至陷入被动地位，遭受不必要的损失。但领导者的聪明不在懂得灵活使用兵力的重要，而在按照具体情况善于及时地实行分散、集中和转移兵力。这种善观风色和善择时机的聪明是不容易的，惟有虚心研究、勤于考察和思索的人们可以获得。为使灵活不变为妄动，慎重地考虑情况是必要的。

毛主席的"化整为零""化零为整"思想与理论，在军事斗争中，取得巨大成功。对企业开展经营，落地阿米巴经营方法，也具有重要的借鉴意义。稻盛和夫的阿米巴经营模式，是不是脱胎于毛泽东思想，是不是受到《西游记》的启发，我们无从得知。但通过这些现象，我们能联系、分析出，我们实施阿米巴经营，仅仅只知道划分阿米巴组织，不清楚组织细分背后的逻辑支持和思想主旨，不明白哲学和理念的支持，永远也学不会阿米巴经营的精髓。

因此，我们说，稻盛和夫的阿米巴经营具有非常典型的东方思维的特征，但要想真正把稻盛和夫的思想学到家，就必须学会稻盛先生的思维方式，而不是仅仅学习一种经营手法或者管理知识。脱离稻盛经营思想，阿米巴经营手法是根本学不到，也不可能学会的，必须先学会稻盛先生是如何思考问题的。

所以，我们一定要学原理原则，不能一上来就拿着练习题、应用题问，这道题怎么做、那道题怎么做，这是我们常犯的学习错误。一些公司的最大问题就在于，企业目标是为了满足企业老板自己的愿望,或者是满足自己的欲望。他们经营企业的目标就是为了成就自己、满足自己,属于一种个人思维方式,而且这种思维方式一直都局限在一种成果主义的逻辑范畴之中。这种利己企业存在的最大问题就是企业目标不能有效传递能量,不能形成合力,企业团队与员工的激情也就不可能被点燃,因此,也就没有战斗力。

五、阿米巴不是赶时髦

通过对阿米巴经营方法、哲学的溯源分析,我们了解到了阿米巴经营,是一套经营体系,是建立在"作为人,何谓正确"的基础之上的经营体系、方法,是对我国传统文化在现代企业经营管理中的创新和发展。当下有一种现象,认为实施阿米巴就是赶时髦、赶潮流,不实施阿米巴就是落伍、落后,似乎"阿米巴"这个词汇就是时髦、潮流、先进的代名词。如果哪位企业家不知道阿米巴是什么,好像就已经外行、落伍了。所以有些企业家张口闭口都说自己的企业已经实施阿米巴了,而且很阿米巴了,等等。其实,这些企业可能连阿米巴到底是什么都没有弄清楚。

现在的咨询公司,也是这样,好像不能提供阿米巴咨询就是落伍、落后,赶不上潮流。前不久,有一位管理顾问公司的老师来谈阿米巴经营的导入与辅导,据他自己介绍,他们公司是目前中国最早做阿米巴经营落地的咨询公司。笔者向他介绍了我们实施阿米巴的核心目的、推进过程、实施方式、进度控制、一键报表、数字平台,成果评审等后,他问:"你们请哪家公司辅导的呢?"笔者说:"我们没有请管理顾问公司,我们是自己做的,已经推进了5年多了。"之后我们聊了一些关于阿米巴经营方面的知识,发现这个老师对阿米巴经营的实际操作并不太懂,应该以前在工厂工作时没有做过实际的管理,对现场管理、班组管理、成本控制、改进方法等许多内容,都不太熟悉。

有些咨询公司的业务人员很"牛",他们胆子也很大,过度包装自己,能说会道。其实他们中间连从企业走出去的基层管理人员都非常少,而真正在企业做过副总经理、总经理的,更是少之又少。如果为了赶时髦、赶潮流,要导入、实施阿米巴经营,自己又不学习、不知道是阿米巴、不懂阿米巴经营,那些顾问老师怎么讲,你就会怎么听,对错根本就不知道。实施失败的果子,也只有自己吞下。

当然也有一些真正有实力、有实际操作经验的顾问公司,不过这样的公司不多。阿米巴经营是总经理工程,没有任职过企业总经理的人很难成功辅导企业推行阿米巴经营。至少也要站在总经理的高度,行使过决策、决定、推进和实施的成功经营案例。阿米巴经营的咨询老师在一定程度上就是代理公司总经理的工作,如果一个没有做过部门经理的人突然让他对公司总经理进行辅导,可行吗?可靠吗?

个别顾问公司人员的最大特点是胆子大,就算他们没有做过一天的部门主管,也敢去指导一家企业集团公司总裁的工作,其结果可想而知。最后还把失败归于企业,说企业文化、基础管理、信息化手段、人员执行力等方面都有问题。希望中小企业的老板们,能通过学习阿米巴经营哲学、理念、方法,改变你们的思想,从而彻底改变一个企业。阿米巴经营思想所追寻的是一种团队逻辑境界,而不是个人逻辑,仅仅使个人转变,而不能够引起团队改变是绝对不够的,改变职业经理人群,也只不过是改变了少数几个人的思想,作用有限。

六、 阿米巴经营的管理特色

1. 培养具有经营意识的人才

经营权下放之后,各个小单元的领导会树立起"自己也是一名经营者"的意识,进而萌生出作为经营者的责任感,尽可能地努力提升业绩。这样一来,大家就会从作为员工的"被动"立场转变为作为领导的"主动"立场。这种立场的转变正是树立经营者意识的开端,于是这些领导中开始不断涌现出与稻盛和夫共同承担经营责任的经营伙伴。

2. 实现全员参与的经营

如果每一个员工都能在各自的工作岗位为自己的阿米巴甚至为公司整体做出贡献,如果阿米巴领导及其成员自己制定目标并为实现这一目标而感到工作的意义,那么全体员工就能够在工作中找到乐趣和价值,并努力工作。我们要激励全体员工为了公司的发展而齐心协力地参与经营,在工作中感受人生的意义和成功的喜悦,实现"全员参与的经营"。

阿米巴经营最根本的目的是培养人才,培养与企业家理念一致的经营人才。企业家要亲自为巴长们上课、培训,稻盛和夫的亲力亲为作风,传授了其思想精髓,让更多的人复制他的思想,学习他的作风。

3. 确立各个与市场有直接联系的部门的核算制度

公司经营的原则是"追求销售额最大化和经费最小化"。为了在全公司实践这一原则,就要把组织划分成小的经营单元,采用全部能够及时应对市场变化的精细核算管理。

4. 阿米巴经营量化分权

阿米巴经营模式的本质是一种"量化分权"管理模式。阿米巴经营模式与"经营哲学"、"经营会计"一起相互支撑,是一种完整的经营管理模式,是企业系统竞争力的体现,推行时应该遵循基本的规律,由上到下,由大到小,分层逐步推进。

5. 阿米巴经营四最原则

(1) 提高员工参与经营的积极性,增强员工的动力,为企业快速培养人才。

(2) 小集体是一种使效率得到彻底检验的系统,能够将"销售额最大化,成本、经费最小化,时间最短化"的经营原则在企业内部彻底贯彻。

(3) 企业领导人能够时刻掌握企业经营的实际状况,及时做出正确决策,降低企业经营的风险。

(4) 把大企业化小经营,能够让企业保持大企业规模优势的同时,具备小企业的灵活性。

(5) 组织能够灵活应对市场环境变化而迅速调整,帮助企业在竞争中立于不败之地。

七、 阿米巴经营的管理作用

1. 建立利润思维导向模式

阿米巴经营管理与传统的班组管理,在方法上没有根本的区别,都是为了管理目标和效率。阿米巴组织的活动叫阿米巴经营,称谓不一样,活动内容也就不完全一样。阿米巴经营是利润思维导向,班组管理是成本控制思维导向;阿米巴叫经营,班组叫管理;阿米巴经营的结果是收益或利润,班组管理的结果是完成任务的效率。

其实,成本控制得再好,但不能实现盈利,那么这样的成本控制是没有意义的;至少,你的生产经营活动结果不被市场和顾客所接受。因此,控制成本的目的是赚钱盈利,是为了创造更多的利润而开展控制成本、降低成本。

阿米巴经营管理,是为了调动全体巴员的积极性,做具有增值意义的工作,为社会创造更多的价值;班组管理的目标是调动全体员工的积极性,提高效率,为社会做更大的贡献。侧重点不一样,班组管理更加注重过程控制,阿米巴经营更加注重经营结果。

2. 培养循环改进思维

实施阿米巴经营,就是要通过精细核算的方法,精准地做好改进,对制造业来说,尤其要做好成本的控制与改善。中巴、小巴、微巴都要建立循环改进机制,而大巴、总巴就需要建立循环改进体系,体系有全面、全部、系统、整体的含义。

一般循环改进体系包括"组织机构、实施机制、工具方法、跟踪考核、评审奖励"等。

循环改进体系中,包括多种多样的改进方法,阿米巴组织视改进项目的复杂性,选择改进方法,不必追求高大上,以实用、简单、有效为原则。阿米巴组织在经营发展过程中,也会遇到多种多样的问题,为了解决发生在不同层次、影响程度和难度各异的问题,全员参与、有针对性地运用适宜的方法,进行改进和创新。例如,合理化建议、QC 小组活动、六西格玛管理、业务流程再造、技术难题攻关、对标改进、转型发展、产品提档升级等。基层运用最广泛的仍然是合理化建议、QC 小组改进等形式。

循环改进体系的推进与实施,需要培养一支强有力的辅导员队伍。南钢集团划分建立了 600 多个巴组织,如果每个微巴有 2 个改进项目课题要实施,全公司总计至少有 1 000 多个改进项目课题,这给企业管理带来不小的挑战。一般平均每个微巴常有 3～5 个改进项目需要实施,这就需要更多的辅导人员来保证。

随着循环改进的深入,可能需要更高层次改进方法的导入和实施,这更加需要辅导员队伍的跟踪和辅导。全员参与改进的热情来之不易,我们需要倍加呵护,不能因为他们不知道怎样开展改进、不会使用改进的工具方法,或者因为知识和水平方面欠缺而造成失败,从而挫伤他们的积极性,更不能打击他们改进的强烈愿望。

热情总会消退,营造参与氛围、构建良好机制,持续激发出巴员内心的愿望,让更多的巴长、巴员成为自燃型员工,是企业高层团队重点思考和持续践行的重要课题。及时激励、按时分享、评先争优、巴长晋升等都非常实用。

我们很难看到一个 QC 小组对于现场问题,进行系统的、持续改进的案例,基本都是简单地就一个方面如"提高什么"或"降低什么""减少什么",一般都是完成任务式的,所以不可能做到循环改进,更不会站在更高的视野来评价改进的有效性,QC 评审很多也是就事论事的评审,只要保证本课题数据、逻辑严谨就行。不会做相关的延伸性分析、讨论,其机制、体制也很难做到"循环改进"。

阿米巴经营从"力求最佳"到"追求完美"。利用 PDCA 闭环管理原理，大循环套小循环，所有循环螺旋上升，永无止境。这就是"循环改进"，连续改善！

3. 实现全员参与的经营

阿米巴经营，能促使员工从"被动执行"转变成"主动创造"的经营者，释放员工潜能。稻盛和夫说，"我们不能只雇佣员工一双手，应该雇佣整个人；人人都想让生命出彩，人人都想创造价值；人人本自俱足，人人具有整体观，人人富有创造性。"

为何取名"阿米巴经营模式"而不叫"阿米巴管理模式"，这也有深刻内涵，管理是员工"被动执行"的思想，经营是全员"主动思考、主动创造"的思想。管理面对的是资源，结果是效率提升；经营面对的是人，结果是人们获得更高满意、组织盈利。实现"老板的企业"向"企业的老板"转变，让员工成为企业的主人。

（1）阿米巴经营立足"人性本善"

阿米巴经营的伟大之处就在于它彻底颠覆了西方管理理论体系从"人性本恶"的原点出发所建立的经营管理系统，它从"人性本善"出发，从东方企业的经营实践出发，将每一位员工变成具有"老板思维"和有行动力的经营者，构建释放每一位员工智慧、潜力的经营管理体系。所以，阿米巴经营是一套科学的、高效的、复制老板的模式，能在企业内部形成无数个"内部企业家型"的人才培养系统。

阿米巴经营的出发点，是一种从人心出发，追求经营艺术与经营科学的高度融合的现代经营模式。

首先，从人心、人性出发，这点在阿米巴经营里面的体现就是做任何决策都是以"作为人，何谓正确"为原点，在这个基础之上来思考对方的需求和如何让工作更有利他性。这种"利他"不是去考虑一个人善、恶两方面的需求，而是去考虑一个人"作为人，何谓正确"的善的需求，即我为你做什么才正确？

其次，艺术和科学的高度融合，艺术是非逻辑的，而科学是逻辑的。阿米巴经营的背后也同样遵循感性和理性相结合的基本经营哲学原理。阿米巴经营一方面重视会计报表中的具体数据，从科学的角度来经营企业；另一方面从感性的一面来思索"作为人，何谓正确"，展开"以心为本"的经营。

稻盛和夫认为，"判断是否合理，经营科学固然重要，但不能只看理论上有无矛盾，还要思考人如何才是正确的，人心的问题才是企业经营最根本的问题。"

最后，这里所说的阿米巴经营是一种现代经营模式。所谓"现代经营"，有一个前提条件，要求经营者和股东立场分离。这一点在企业推行阿米巴经营时尤其要注意。在中国，目前大部分企业的最高决策者都具有股东和职业经理人的双重身份，在做经营决策的时候往往容易患上"神经分裂症"，角色定位不清的毛病。

（2）经营和管理的差异

如何做到现代经营呢？假如企业没有聘请职业经理人，那么解决办法就是，老板在上班的时候是经营者，站在职业经理人的角度思考问题；下班的时候我们是股东，站在股东的立场来看待企业的所有问题。只要企业最高决策者能够站在客观、公正的立场上来处理经营的问题，阿米巴经营在我们企业的实践是完全可以实现的。我国企业经常把经营和管理混为一谈。而事实上，经营和管理虽然有着紧密联系，但也存在着本质的区别。参见表2-1。

表2-1 经营和管理的区别

对比项	经营	管理
定义	"经营"是指：使企业朝着其目的，对企业进行的持续性的运营，科学与艺术的结合	管理本质定义：是指把看到的事情做得符合目的、合理、高效 管理科学定义：是指计划、组织、领导、指挥、协调、控制
涵盖内容	经营哲学、理念、经营原则、商业模式、盈利模式、新事业开发、战略、展开策略等	如何确定组织 如何编制制度、流程 如何安排人事
重要性	经营是方向、方针、策略，经营决定生死	管理决定效率和利润高低
思维方式	经营是系统思维，是全局性的	管理是模块思维，是局部性的
中心目标	以人本为中心	以资源为中心
出发点	原点思维、体现责任和使命	完成目标、突出效率和效益
启动类型	经营是主动思考，是"疏通"	管理是被动思考，是"堵"
侧重点	经营更关注未来，要看远方，具有预见性，但也并不忽略现阶段具体情况	管理注重现在，强调当下，把看到的做得符合目的、合理、高效
	注重的是思维模式、原理·原则	注重工具和方法
	经营注重培养理念一致的"人才"，假设前提是"人性本善"	管理侧重"控制风险"，假设前提是"人性本恶"

仔细研究经营与管理的不同，将为企业经营管理带来很多启发，从上述对比可以一目了然地看出，经营注重的是思维模式、原理、原则，侧重于理念和策略方面，强调主动思考和系统思维。而管理则侧重于工具和方法，更多的属于制度范畴。

制度、工具离不开理念、经营原则的指导，理念、策略又必须遵循经营的原理展开，依托制度、工具为载体，才能得到有效贯彻。两者不可分割，更不能混淆，这就是经营和管理的联系与区别，它们之间不能相互代替，是事物的阴阳两面。阿米巴重视经营，经营与管理有着巨大的差异。管理的目的是效率，对象是资源，控制是手段；而经营的目的是效果，对象是人，艺术是方法。所以说，管理出效率、经营要用心。

4. 阿米巴经营有利于快速决策

快速决策其实是一个战略层面的表述。因为战略就是决定我们要做什么。而"想做、能做、可做、该做、敢做"都基于当下企业经营的实际情况。

阿米巴经营的透明与全员参与，将有助于各级组织的快速决策。

阿米巴经营的透明，让我们能清楚地掌握各工序、各品种、各条线的实际盈利情况，也能做到预测各种生产情况下的制造成本与交货周期。

阿米巴经营,是从原点出发的系统思维。系统思维是把认识的对象作为一个完整的系统,从系统和要素、要素和要素的相互关系中,综合地考察认知对象的一种思维方法。整体性是系统思维的方式的基本特征,它贯穿于系统思维活动始终。稻盛和夫说:"阿米巴经营与经营的所有领域密切相关。"阿米巴经营思维是系统思维,系统思维要求经营者用经营思想来解决复杂的管理问题。

经营活动是由多种要素构成的完整系统。在企业经营活动中,管理是用模块思维的方式来解决问题,注重具体的工具和方法。而经营的思维方式就是站在全局的高度,系统地思考问题,重视原理、原则的遵循。例如,站在人力资源管理的角度来解决人力资源的问题,往往得不到根本的解决,通常事倍功半;如果从经营的高度来解决人力资源问题,往往迎刃而解。

常识告诉我们,即使在没有任何障碍物的平地,视线也是有尽头的,地平线就是视线的尽头。模块思维相当于站在地球表面上看地球;而系统思维相当于从太空看地球,一览无余。这就说明,具备系统思维与看问题的高度密切相关。此外,系统思维还与看问题的维度、角度、深度、广度密切相关。

现行的经济责任制目标体系。一般都是上级下达各项任务和指标,执行者只需要按照指标完成即可,执行者一般不会考虑下道工序或接收者的要求,只会考虑考核者的要求,是交付思维、完成任务思想。该模式会造成很多组织在各种能力方面进行保守,"鞭打快牛"的现象广泛存在,会哭的孩子有奶吃,这就是人性。考核的周期往往也非常短,如节约的费用本月不"消费"掉,就要作废,而下月稍微超一点也不行,因为要扣奖金,从而造成很多账务、费用消耗不能忠实反映生产实际,掩盖了生产经营实际现况,不利于快速反应和快速决策。

稻盛和夫常常严厉训斥自私的领导行为:"为什么你只顾自己而不考虑对方? 有这种自私想法的人,没有资格当领导。"利他思维造就了领导人、管理者的强烈使命感和大局观。

5. 阿米巴经营是全面成本管理下的利润思维

阿米巴经营是基于精细核算、全成本管理的利润导向思维模式。

(1) 精细核算

精细核算是阿米巴经营会计的重要思想之一,精细核算不是将传统会计科目进行细分,而是依据经营的原则,对巴体有影响且巴体可以进行控制、管理的所有科目都要进行统计、分析、控制。按照模拟市场构建的内部交易原则进行核算。该共享利益的项目,需要进行利润分成,应该赔偿的照价赔偿;巴组织请相关人员协作处理工作时,要进行相应的费用支付。

总之,核算的目的是为了更好地控制成本,是为了更加准确地发现缺陷和问题点,利于持续改进和循环改善。精准改善的目的就是要更加有效地消除浪费、降低成本。

有时候的改进,可能会造成成本转嫁。比如,这里什么都好了,但那里却出现等待,不良增加等待现象,这在传统管理中,很难确定原因。但通过阿米巴精细核算的方法,就能发现是由于公司的成本控制或改进、控制浪费,造成了下道工序的成本增加、浪费严重。阿米巴报表可以清楚展示出这一结果。因为,上级巴组织的利润是下级巴组织的合并,下级巴组织改善了,增加了利润,上级巴组织的合并报表没有增加利润,说明下级巴组织改善成果被别人吃掉了,有成本转移或转嫁的可能。

这种现象在传统的考核模式中,屡见不鲜。人们常常利用这种方法来钻考核的空子。阿米巴的精细核算结果,引导组织多开展有效的改善,这才是企业追求的目标。

(2) 全面成本管理

全面成本管理(Total Cost Management,TCM)是运用成本管理的基本原理与方法体系,依据现代企业成本运动规律,以优化成本投入、改善成本结构、规避成本风险为主要目的,对企业经营管理活动实行全过程、广义性、动态性、多维性成本控制的基本理论、思想体系、管理制度、机制和行为方式。所谓"全面"包括三个方面,即全员、全面、全过程,亦称为全面成本管理的"三全性"。其基本思想来源于全面质量管理。

产品在生产过程中,组织流程的每一个环节、每一个工艺、每一个部门,甚至生产现场每一个工位操作工,都能参与到成本管理中;同时,强调成本管理的科学性与发挥全员参与改善的主动性相结合,通过成本管理的科学性与全员参与改善的主动性,达到经营层的要求同基层部门的追求的一致性。

推行全面成本管理体系(TCM)不但要体现"三全"(全员、全面、全过程),而且要将"科学性、主动性、一致性"等"三性"融入其中。因此,全面成本管理体系就是:以成本管理的科学性为依据,建立由全员参与、包含企业管理全过程的、全面的成本管理体系,并汇集全员智慧,发挥全员主动性,让各部门全体员工自主改善不断降低成本,使经营层与各部门员工具有降低成本的一致性,谋求在最低成本状态下,进行生产管理与组织运作。

面对复杂多变的经济环境,传统成本管理方法已力不从心,缺陷日益明显。

① 传统成本管理观念落后,缺乏战略眼光。

在传统成本管理中,成本管理的目的被归结为降低成本,节约成为降低成本的基本手段。但是,成本降低是有条件和限度的,在某些情况下控制成本费用,可能会导致产品质量和企业效益的下降。因而,传统的成本管理是一种消极的管理。随着市场经济的发展,企业不能再将成本管理简单地等同于降低成本,而应是资源配置的优化和资本产出的高效管理,传统成本管理观念过于狭隘。同时如何适应瞬息万变的外部市场经济环境,以获得持续性的竞争优势,是现代企业必须考虑的首要问题。因此,企业必须把重点放在制定竞争战略上,而传统成本管理把眼光局限在单纯降低成本方面,缺乏战略眼光。

② 传统成本管理的对象主要是企业内部的生产过程,注重生产过程成本控制和事后成本核算。

在现代企业中,产品研发和销售在作业链两端变得越来越重要,费用也日益上升;中间端的生产环节相对弱化。只重视生产过程的成本核算而轻视研发和销售环节的成本核算是不适宜的。

③ 传统成本管理体系难以满足多目标要求。

成本管理为财务管理服务,传统成本管理视追求利润最大化为己任。以利润最大化为目标,能够促使企业讲求核算、加强管理,但利润最大化不仅未考虑企业的远景规划,而且忽略了市场经济条件下最重要的一个关注点——风险。其结果是增大了企业的财务风险,削弱企业长远发展能力。当今股东财富最大化已成为企业财务管理的追逐目标,传统成本管理的短期效益性暴露无遗。另外,传统成本计算基础是以币值不变为假定,以历史成本和权责发生制为原则。这套成本管理体制符合财务报告准则要求,但不能很好满足企业内部成本的过程控制和决策支持要求。

④ 全面成本管理立足于长远的战略目标,致力于培植企业核心竞争力。

为了达到这一目的,就需要了解并运用价值链这一有效的战略性分析工具。价值链是一系列由各种纽带连接起来的相互依存的价值活动的集合。在这里,价值是指买方愿意为企业提供给他们的产品所支付的价值,价值活动是企业所从事的物资上的和技术上的界线分的各项活动。波特教授将其划分为基本活动和辅助活动两大类:前者如内部后勤、生产作业等,后者如采购、人力资源管理等,两者皆可进一步划分为若干显著不同的具体活动。

可见,价值链并不是独立活动的汇集,而是相互依存的活动构成的一个系统。在这一系统内各项活动之间相互联系,即某项活动进行的方式影响其他活动的成本与效率。联系的普遍存在意味着仅仅考察一项活动本身并不能全面理解这项活动的成本性态,同时为降低相互联系的活动的总成本创造了机会,企业可以通过协调或优化这些联系来创建其整体成本优势。

案例 2-2 │ 南钢集团某高炉值班室微巴运用阿米巴报表进行综合降本的改善

某高炉值班室微巴,运用数字阿米巴信息化系统,在对 2019 年的经营结果进行复盘分析时发现,在提高煤比的过程中,由于煤粉量的增加,导致高炉风口小套磨损的问题突出。煤比虽然得到提高,但休风率也同时在升高,通过阿米巴经营核算,全年因超额更换高炉风口小套实际休风的产量损失达到 439 万元,而提高煤比创造的效益只有 261 万元,实际休风损失高于提高煤比创造的效益,不仅没有提高收益,反而损失了 178 万元利润,部分指标参见表 2-2。

表 2-2 某高炉 2019 年 6—12 月提高煤比与休风部分指标统计表

指标	6月	7月	8月	9月	10月	11月	12月	合计
休风时间/min	105	397	327	152		88	98	1167
影响产量/t	438.04	1 656.20	1 364.17	634.11	0.00	367.12	408.83	4 868.47
更换小套个数	2	8	4	2		5	1	22
煤比/(kg·t^{-1})	156.72	153.35	153.85	150.73	151.54	147.75	148.38	1 062.32

续表

指　标	6月	7月	8月	9月	10月	11月	12月	合　计
煤比提高量/(kg·t^{-1})	53.72	50.35	50.85	47.73	48.54	44.75	45.38	341.32
损失/元	477 982.55	1 816 145.46	1 444 120.42	674 062.22	0	467 071.36	428 788.52	5 308 171

高炉值班室微巴联合水煤微巴开展跨界协同，通过改进创新，研发制造出弯头煤枪，设置最优夹角，避免枪前伸时不会偏向另一侧，解决了磨套问题。2020年1月，风口煤枪全部更换为弯头煤枪，小套磨损个数由月均3个下降到月均小于1个。解决了煤粉磨损小套的问题，使小套的磨损个数从2019年的40个下降到2020年的7个，仅节省小套设备备件支出就有70多万元，减少了休风更换小套时间。

在南钢集团阿米巴经营推进办公室的辅导下，开启了巴组织的跨界经营协同，2020年与水煤等相关微巴进行跨界协同，提出了加装冲制箱喷淋装置设计，有效改善了冲制箱结渣的状况，提高了高炉生产效率，提高煤比5 kg/t，吨铁综合降本24.16元。

2020年，随着公司数字阿米巴信息系统的成功上线，阿米巴经营推进办公室提出了阿米巴改进新思路，同时对该厂（中巴）骨干巴长开展经营分析、六西格玛管理、Minitab软件运用等工具方法培训后，提出探索最佳的用料结构，实现铁水成本最低、收益最大的经营结果目标。高炉全体巴员开展了"如何搭配高炉的用料才能减少原料成本支出"大讨论，经过不懈的努力与思索，郭巴长带领巴员，运用Minitab软件的混料设计功能，通过建立混料模型，对用料成本和用料后的碱度进行分析对比，选择最经济的搭配，经过全员的共同努力，使复杂问题简单化，成功探索出了基于利润响应的混合等值线图，划定了在特定条件下，合理用料比例的红线。2020年1—11月，对值班室微巴对高炉的用料比例进行了微调，通过阿米巴经营日报表进行跟踪。相比于2019年，因为用料结构微调，实现吨铁降本2.38元。

高炉值班室微巴在之前的分析中，原料矿支出占整个支出费用的59.11%，为主要支出之一。通过对高炉用料结构进行分析，得到了烧结矿65%～74%、球团矿0～22%、生矿10%～33%的用料结构；再结合各种矿的价格和铁水成本之间的关系，每天进行微调，用最佳的用料比例，使投入产出比最佳，实现利润最大化。2020年实现吨铁降本2.38元。混料分析模型成为2020年降本的创新亮点。

2020年，通过提高煤比，吨铁降本24.15元；控制合理的用料结构，吨铁降本2.38元；由于装料创新的操作难度巨大，燃料比反而升高，美中不足的造成吨铁增加成本3.16元。2020年1—11月，实现吨铁降本23.37元，实现综合降本收益4 512.92万元。

某高炉值班微巴运用数字阿米巴平台，探索开展数字研究，对燃料消耗对吨铁成本的影响进行对比分析、研究，在焦炭价格和煤粉价格相对固定情况下，分析了在同一阶段的燃料比情况下，提高煤比、降低焦比，成本构成也会发生相应的变化。如某高炉微巴对其2020年5月份和6月份的燃料数据进行了分析，燃料比都在545 kg/t时，煤比提高13 kg/t，吨铁成本降低16元/t，每提高1 kg/t，煤比成本节约1.23元/t，参见表2-3。

表2-3 某高炉微巴2020年5月份和6月份的燃料费用分析表(一)

日 期	吨铁燃料消耗成本/元	煤比/(kg·t^{-1})	焦比/(kg·t^{-1})	燃料比/(kg·t^{-1})
6月5日	930	147	398	545
5月3日	946	134	411	545

燃料比在531 kg/t时,煤比提高8 kg/t,吨铁成本降低11元/t,每提高1 kg/t,成本节约1.38元/t,参见表2-4。

表2-4 某高炉微巴2020年5月份和6月份的燃料费用分析表(二)

日 期	吨铁燃料消耗成本/元	煤比/(kg·t^{-1})	焦比/(kg·t^{-1})	燃料比/(kg·t^{-1})
6月6日	908	142	389	531
5月15日	919	134	398	531

燃料比在517 kg/t时,煤比提高12 kg/t,吨铁成本降低15元/t,每提高1 kg/t,成本节约1.25元/t,参见表2-5。

某高炉2020年产铁223万吨铁,煤比提高4.5 kg/t,降本收益有1 250多万元。

表2-5 某高炉微巴2020年5月份和6月份的燃料费用分析表(三)

日 期	吨铁燃料消耗成本/元	煤比/(kg·t^{-1})	焦比/(kg·t^{-1})	燃料比/(kg·t^{-1})
5月24日	893	133	384	517
6月9日	878	145	372	517

八、实施阿米巴经营是开展阿米巴经营改进的前提

阿米巴经营改进模式不同于其他改进模式,阿米巴改进是基于阿米巴经营报表结果变化趋势,以全员参与的方式,从组织经营的层面、自动自发地开展阿米巴改进。

阿米巴经营巴体都构建有阿米巴报表,通过对收入、支出的精细核算,以收益或经营利润的方式,通过阿米巴经营报表,每日跟踪经营结果的变化情况,从而动态掌握阿米巴的经营状况。

持续改进,循环改善是追求卓越的唯一路径,改进方向和改进项目的确立,其依据就是阿米巴经营报表,全员主动参与改进,怎样主动和自发?必须要有切入点和手段,阿米巴组织的经营报表,对全体巴员开放,他们随时可以进行跟踪、查询。

阿米巴经营巴体如何确定阿米巴改进方向?分析收入和支出,确定是提高效率来增加收入,还是降低成本来减少支出,或者是效率成本都要抓。然后再分析收入或成本的构成、占比各是多少,哪些可控,哪些比较容易控制,哪些目前还没有能力控制等。从而确定改进提升的方向,改进方向指的是大概方向,不是具体项目,解决的是"干什么",而不是"怎么干"的问题。

阿米巴的改进、提升项目可能会有几个，这不同于开展 QC 小组活动，QC 小组改进基本局限于质量改进方面，而且参与的人数和参与面都以自愿为主。由于阿米巴改进是基于巴组织的经营结果改进，不可能是只局限于某一个方面，同时还是全员参与，所以改进、提升的面会更加广泛，项目也就会更多，巴长需要做好协调，选择项目组长。但在实施中的改进、提升项目，最好也不要超过 5 个。如果过多，可能会造成顾此失彼或人员技术、资源不能保证等，从而造成失败。

总之，阿米巴经营改进的所有项目，都来自阿米巴经营报表和对报表的分析结果。

九、阿米巴经营实施"五步法"

实施阿米巴经营的目的是为企业培养经营性人才、实现全员参与、建立生产现场与市场价格的联动机制。

阿米巴经营模式，能为企业培养具有经营者意识的经营人才。稻盛和夫创建京瓷之初，从新产品开发到生产、销售，各个环节都由他一个人负责。在稻盛和夫的努力下，创业时期的京瓷越做越大，当企业发展到 200 人左右时，他开始感到力不从心，他感觉一个人经营企业非常吃力，根本忙不过来。为了解决这种瓶颈式的经营难题，通过长期的思考和日常工作所产生的灵感，稻盛和夫逐渐形成了他的经营理念。这时他想到了《西游记》里的孙悟空。孙悟空本领高强，能够斩妖除魔，为人间伸张正义，是一代又一代中国人心目中的英雄。每当我们看到孙悟空单枪匹马同一群妖怪决斗时，都忍不住脱口叫起来："孙猴子，快点拔出毫毛来，多变一些孙悟空，这样你就不怕妖怪多了。"这说明什么问题呢？说明孙悟空只要变出了像他一样厉害的小孙悟空，就可以打败这些妖怪。

他想，如果他也能像孙悟空一样，能变出（培养出）很多与自己同样的、有经营意识、老板思维的人出来，他们就能像自己一样去经营、管理企业了，如果这样，无论企业发展得多快，也不必担心忙不过来。就这样，稻盛和夫的阿米巴经营思想诞生了。

那么，怎样培养具有经营者意识的人才呢？稻盛和夫把能划分成阿米巴的部门都划成阿米巴，每个阿米巴都设有一个巴长，这个巴长就是这个阿米巴的经营者，这个巴长必须像老板一样经营这个部门，有经营者思维，像老板那样去经营、思考企业的与生存发展。由于有经营哲学的存在，也就是统一的价值观。这些巴长的所有行为都不允许出现有损整个公司利益的现象，大家都会遵守这个原则。

稻盛和夫是一位成功的企业家，在京瓷内部培养了许多有能力、有才能的经营者，他们每一个人都负责一个事业部，因为这些经营者的优秀，京瓷才能健康发展、长久经营，持续盈利，实现了多年不亏损的神话。

南钢集团从 2014 年开始导入阿米巴经营，进行事业部改制到现在，已经 8 年多了。在实施阿米巴经营的过程中，探索形成了"阿米巴经营实施落地五步法"实践经验。参见图 2-2。

经营和管理有差异，从实践的角度，结合实施卓越绩效管理模式、精益管理、现场管理、班组建设与管理等经验，对阿米巴经营模式与现代企业管理、运营的方法进行了融合探索。

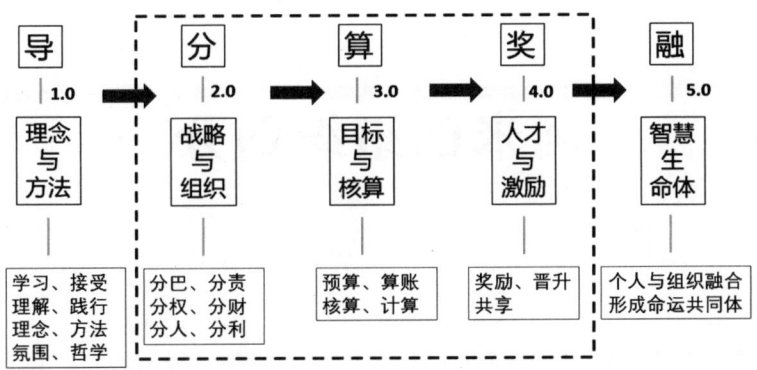

图 2-2　南钢集团实施阿米巴经营落地"五步法"

在分析、总结南钢集团成功实施阿米巴经营经验后,凝练出"导、分、算、奖、融"实施阿米巴经营"五步法"。基础是"导",阿米巴经营哲学、理念不能成功导入,大家思想不统一,阿米巴"分、算、奖"就做不好,因为一旦触动某些既得利益后,你将没有办法进行协调,平衡很可能会失败。但是,"导"的过程,往往得不到应有的重视,"快餐文化"式的急功近利,最容易造成"营养不良",不能解决思想上的问题,这是很多企业实施阿米巴经营失败的根本原因。

实施阿米巴经营的最高境界是"融",要从根本上将东、西方的经营理念、管理方法学习研究透彻后,做到首先要不抵触、不反对,才能谈接受,只有接受到了一定程度后,才可能有融合。这些方法、模式不能与企业管理现状进行有机融合,永远都存在两张皮的现象。因此,确定导入实施阿米巴经营的目的很重要。阿米巴经营不是万能的,不能解决企业运行中的所有事情。

"阿米巴经营实施五步法"基础是"导",手法和表现是"分、算、奖",最高境界是"融"。即阿米巴经营与公司的文化、管理模式、制度流程、考核激励、人才晋升、成果共享等融为一体。相关内容请参阅《阿米巴经营与现代企业管理》。

第三章
阿米巴组织划分

稻盛和夫成就三家世界500强企业的三大法宝是"阿米巴经营哲学、阿米巴组织划分、阿米巴经营会计"。

阿米巴经营组织划分是实施阿米巴的前提,也是开展阿米巴改进的基础。"分巴体、建报表、定交易"是成功实施阿米巴经营"三部曲"。覆盖了企业生产经营管理的方方面面,划分阿米巴组织是一个细致的过程,实施阿米巴经营是一把手工程,需要有经验丰富的团队来推进实施项目。实施阿米巴经营,我们要实现什么样的目标?预期得到什么结果,都确定好,不能在实施过程中,忘掉我们的初衷和原点目标。如果实施阿米巴经营,实现了设定的目标,就算成功。

由于阿米巴经营诞生于日本,与我国国情有较大差异,不能照搬照套,前段时间也发生过争论。但企业是实用主义,方法、工具、理念能帮助我们解决实际问题,管理用,那就是好方法。我们不能指望一个工具、方法、理念,能解决我们所有的问题。

一、阿米巴组织单元划分原理

1. 细分阿米巴单元的目的

通过阿米巴经营,把公司划分成若干个小集体。每个成熟的小集体都按一个小公司的方式进行运营,独立核算,并且自负盈亏,并对最小的经营组织进行业绩评估。通过赋权经营的模式,使与老板理念一致的经营人才在公司内得到不断培养,最终实现全体员工共同参与,创造高收益,成就员工,彻底解放老板。细分阿米巴单元的两大目的:

(1) 实现全员参与经营,培养具有经营者意识的人才。

(2) 确立与市场直接挂钩的部门核算制度。

2. 细分阿米巴单元的作用

(1) 每个阿米巴都有自己的产品和市场,既能够规划其未来发展,又能灵活自主地适应市场出现的新情况,并迅速做出反应。所以,这种组织结构有高度的稳定性和良好的适应性。

(2) 有利于最高领导层摆脱大量的繁杂事务,进而成为企业坚强有力的决策团队,同时又能使各阿米巴发挥经营管理的积极性和创造性,从而提高企业的整体效益。

(3) 有利于培养全面管理的人才,为企业的未来发展储备干部。例如,阿米巴经理负责领导的虽然只是一个比所属企业小许多的单位,但是,由于阿来巴自成系统,独立经营,相当于一个完整的企业,所以,他也能经受、应对和践行企业高层管理者面临的各种考验。

(4) 作为利润中心,阿米巴既便于建立衡量阿米巴及其经理工作效率的标准,进行严格考核;又易于评价每种产品对公司总利润的贡献大小,用以指导企业发展战略决策的制定。

(5) 有利于提高劳动生产率和企业经济效益。按产品划分阿米巴,便于组织专业化生产,形成经济规模,采用专用设备,并能使个人的技术和专业知识在生产和销售领域得到最大限度的发挥。

(6) 各阿米巴之间的比较和竞争,有利于增强企业发展的活力,促进企业的全面发展。

(7) 各阿米巴自主经营,责任明确,使得目标管理和自我控制得到有效的进行。在这样的条件下,高层领导的管理幅度便可以适当扩大。

3. 阿米巴单元划分的原则

划分阿米巴,主要遵循"整体规划、分步实施"的原则,使阿米巴单元划分方案能够发挥高端引领作用,并能够有效实施。

(1) 整体规划。即企业导入阿米巴经营模式,应立足于从整体上进行战略规划,再制订详细推进计划,为阿米巴经营模式在企业中的有序推进指明方向。对"阿米巴单元划分"进行系统设计,指引各项具体工作的开展。

(2) 分步实施。阿米巴单元的划分与实施需要分步、分阶段地进行规划。划分后的阿米巴单元能独立核算,有完整的职能,有合适的巴长人选;然后确定阿米巴划分的依据——现行的组织、公司价值链、企业战略、人力资源状况等;再明确划分的顺序——自下而上、逐级划分,并设计组织管理链;最后须确定阿米巴的形态——利润阿米巴、成本阿米巴、费用(预算)阿米巴。

4. 阿米巴组织划分的三个条件

行业的不同及企业发展阶段、业务构造等方面的不同,使其划分阿米巴单元的方式也各有不同。但是,无论以何种方式划分,都要格外慎重。划分阿米巴单元前需要明确三个前提:收支独立、业务独立和整体运行。

(1) 收支独立。可以实现独立核算,能够计算出投入的成本和收益结果,并分析运转状态,评估收益,必要时调整生产计划。阿米巴组织的收入和费用必须清晰,阿米巴组织必须是一个可以独立核算的单位,能够清晰计算为获取这些收入而产生的支出。一般中小企业职能部门由于没有对外进行销售的业务,因此不能作为一个阿米巴组织独立出来;但对于大型企业集团,其有些职能部门,如企业大学培训部,既为企业内部提供培训服务,同时以其独特专业优势也为外部提供服务,就可以划分为阿米巴组织。

(2) 业务独立。能够独立完成业务,并实现自主经营,形成计划、组织、实施、生产、控制的能力,能够独立经营,直接迎合市场。阿米巴组织产出明确,具备独立完成某项业务的能力。

(3) 整体运行。以企业的整体效益为前提,能够贯彻企业发展战略和经营方针。阿米巴单元之间相互沟通配合,以保证任务划分的合理性和人员的协调性。阿米巴单元之间不可互起冲突,各个单元共同协作,为实现企业的同一目标配合协作。

运行阿米巴经营模式，就要建立阿米巴运行委员会而非依靠老板。各个阿米巴组织拥有同一个经营目标，紧扣年度计划，按月度进行核算管理，全体成员掌握每天的进展情况。阿米巴巴长需要具备强烈的使命感，为实现阿米巴组织的各个目标，不断创新。持续改进，使每个阿米巴成员具有整体意识、大局观念。

阿米巴经营模式的运行，需要循序渐进，遵循基本的规律，由上到下，由大到小，分层逐步推进。先在成功概率最高的部门试推行，再到其他部门逐步推行。

二、 阿米巴组织划分原则

要实施阿米巴经营和改进，第一步就要划分阿米巴组织。阿米巴组织是实施阿米巴经营和改进的前提、基础。由于我们企业有既有组织架构，如"厂—车间（作业区）—班组"层级。最基层组织是班组，班组是完成生产任务的基本单元，班组也有各种KPI，如质量、成本、安全、产量等，这些指标构成了企业管理的经济责任制体系。这是传统的成本思维模式管理方式，也是交付式生产方式的一般原则。

划分阿米巴单元绝对不是简单地分割，任何企业对阿米巴组织的划分，必须从"能独立核算、能够独立完成业务的单元、能够执行公司的战略或方针目标"来划分。

1. 能独立核算

划分出的阿米巴组织需要有清晰的产品或服务收入。这有两层含义：一是能够清晰地界定产品或服务业务，二是能够进行有效的内部定价或计价。如果产品或服务、定价等难以确定，收入就难以确定，那就实现不了独立核算。

2. 能够独立完成业务的单元

划分出的阿米巴组织除能独立核算之外，还必须是能够独立完成业务的单元。也就是说，划分出的阿米巴组织的业务，在企业内部的各项流程、制度、数据等方面都能有较好的支持与分类收集、独立核算的基础。

3. 能够执行公司的战略或方针目标

划分出的阿米巴组织，必须能独立核算，能够独立完成业务的单元。此外，这个单元在经营过程中，必须能够执行公司的战略或方针目标。不能影响公司的整体经营计划的完整性、系统性等。公司在进行阿米巴经营单元划分的时候，要充分思考公司给予该小单元的计价模式背后会带来的行为表现，要深入思考公司鼓励的行为是什么。

4. 有可以授权的人

阿米巴经营模式的核心目的是通过划小单元，以内部交易、独立核算的模式，培养员工的经营意识，从而培养出企业所需的人才，达到提升企业经营利润的目的。但是，很多企业在推进阿米巴经营模式过程中，除了以上三个基本原则外，往往还忽略掉一个很重要的因素——人。要知道，再好的模式如果背后缺乏人的支撑，一切都是"空中楼阁"。

所以，回到实际的经营过程中来，企业进行阿米巴组织划分必须关注人的经营能力的提升，"人"才是决定阿米巴经营模式导入企业获得多大成效的核心关键所在。因此，在企业中是否能够找到适合做巴长或者具备巴长培养潜质的人相当关键。如果缺少"人"这个重要的先决条件,而采取"霸王硬上弓"的方式强推,就会出现人为制造的瓶颈。

5. 阿米巴组织划分中的业务界定方式

阿米巴经营是以利润思维为结果导向,最小单元即"微巴"(相当于传统管理中的班组)必须要有清晰的收入与支出才能成巴。班组管理中的成本管理,基本可以认为是"成本支出、消耗费用"的管理,当然这里与阿米巴要求的交易核算还有很大差距,但已经有基础了,只要完善一下,也基本满足要求。为区别传统架构组织名称,这里采用"阿米巴"名称,它是厂、车间、班组的统称,对应的是中巴、小巴、微巴。

要实施阿米巴经营,首先是分巴,即划分阿米巴组织。简单地说,阿米巴组织是能独立核算的经营单元,有清晰的收入和支出。划分阿米巴组织,主要以生产工艺流程,结合现有的架构,如厂、车间、班组等形式,根据其不同职能,综合采用"产品买卖、服务外包、设备租赁、协力劳务"等形式,界定巴组织的收入。

但是,要让所有的班组都能形成收入,却也不是太容易,这里就要引入一些市场经营的理念与方法,采用"产品买卖、服务外包、设备租赁、协力劳务"等形式,为班组界定收入与支出,划分出微巴巴体,微巴人员最好在10人左右。组织有"收入"与"支出",是阿米巴经营实施成功的先决条件。

划分出"有收入、有支出"微巴组织,是实施阿米巴经营的第一步。一个生产厂,按照职能分,一般有生产操作、设备维修、产品检验、后勤保障等班组。生产操作型班组的结果是生产出了产品,比较好划分、界定,产品完成销售就能形成收入。但要让"设备维修、产品检验、后勤保障"等类型的班组有收入,这比较难。我们经过探索,利用"产品买卖、服务外包、设备租赁、协力劳务"的思想,也为"设备维修、产品检验、后勤保障"等类型的班组定义了收入,这样就能很好地为阿米巴组织构建内部交易体系,解决了阿米巴经营最为重要的前提问题,即组织划分问题。

三、划分阿米巴组织的四个依据

一般阿米巴组织划分的依据是,根据现行的组织进行划分;根据企业战略进行划分;根据公司价值链进行划分;根据公司的人力资源状况进行划分。

1. 根据现行的组织进行划分

根据现行的组织架构划分阿米巴组织,责、权、利划分比较明确,能较好地调动阿米巴经营人员的积极性。阿米巴组织在企业最高决策层的授权下,享有一定的投资权限,是具有较大经营自主权的利润中心或成本中心。集团高层(或总部)只掌握重大问题决策权,从日常生产经营活动中解放出来。

2. 根据企业战略进行划分

这是基于对外部环境、自身战略定位及内部条件的理性判断。一些按战略推进来划分阿米巴组织的企业,由于判断准确,业务得到快速拓展,形成自身品牌优势,在行业内已经具有一定的影响力。但是,随着外部环境的变化、内部经营管理的改变,与之相适应的管控模式也需要不断优化。

在市场竞争方面，企业在市场定位上，不断围绕目标进行产品创新和服务改善。而划分阿米巴则会使企业更加专业化，实现销售、管理和绩效评价专业化。

从自身战略定位看，战略本身是基于内外部环境的诊断评估，为提升核心竞争力，制定长期目标和战略举措，而阿米巴经营模式是企业为实现战略而建立的组织结构和业务流程。划分阿米巴，就是对战略型业务进行市场定位，要求各个阿米巴组织为客户（内部客户和外部客户）提供专业化、全面的服务，这符合阿米巴经营模式以客户为导向的经营理念及专业化的经营原理。

从内部资源和条件看，实施阿米巴经营模式的前提条件之一是企业总部具有较强的管控能力。企业划分阿米巴，确定战略业务，注重在人员招聘、培养、能力建设、企业文化、专业技能方面打造出高效的核心人才队伍，并在制度机制上进行保障。事业部制就是这个思想的体现。

企业一般都有"成熟、发展、种子"三种业务，分别对应"今天、明天、后天"的战略发展。基于战略的三层业务链设计，划分阿米巴组织，制定不同的经营对策。成熟的业务为今天的企业经营提供现金流，我们要更多地关注稳定性与成本；发展的业务是明天企业发展的基础和保证，要对业务的发展趋势进行重点跟踪和评价，提供相应的资源重点支持，关注其成长性；种子业务是企业未来发展的可能定位，是需要孵化的业务，重点关注其成才性。

3. 根据公司价值链进行划分

根据公司价值链进行划分阿米巴组织，实施价值链战略，首先要进行价值链分析，找出企业的战略环节。在此基础上对企业的各项运营环节进行"流程再造"，打造企业核心竞争力。

第一，分析企业内部价值链，划分企业的主要价值活动。在划分过程中，关键在于确定影响各项价值活动的成本动因。成本动因主要分为两大类：一种是结构性成本动因，包括产品规模、技术、范围、多样性等。另一种是执行性成本动因，包括员工责任感、质量管理、生产能力利用程度、产品设计合理程度等。通过这种可以量化的成本分析，找出自己有优势的价值活动。

第二，分析外部产业价值链。企业要获得竞争优势，不能局限于内部价值链分析，还需要把企业置身于整个产业价值链，从战略高度分析、考虑是否可以利用产业链的上游、下游来帮助企业进一步降低成本，或者调整企业在整个产业价值链所处的位置。

第三，分析竞争对手价值链。在充分识别竞争对手价值链和价值活动的基础上，通过对其价值链的调查、测算和模拟，确定本企业与竞争对手相比在各价值环节的优势和劣势。通过以上对价值链的综合分析，就可以找出企业的战略环节。找出企业的战略环节之后，就可以据此划分阿米巴组织。

工艺流程比较长的组织，可以采用价值链的方法来分巴。钢铁公司是传统型长流程企业，按照经典阿米巴组织进行划分，其目的是加强对生产过程的控制，提高效率、降低成本，即所谓"开源、节流"。

4. 根据公司的人力资源状况进行划分

企业本部人力资源既保障公司战略对人才的多种需求，又能满足"业务目标达成"所需的人力资源技术保障和人力资源服务能力。因此,划分阿米巴组织,就需要根据公司的人力资源状况进行。阿米巴经营组织的一般划分原则:

一是巴组织有明确的收入,同时能计算出为实现这些收入而进行的支出。

二是最小的阿米巴组织是能独立完成业务的单位。

三是能够贯彻公司整体战略运营目标。

四是主观努力能够影响产出。

五是收支数据可在巴内公开。

四、划分阿米巴组织的五个维度

阿米巴组织的划分要高瞻远瞩,实施要脚踏实地。对一级阿米巴组织划分的方法,企业家需要牢记非常重要的两个要点,第一是战略思考,第二是组织变革。根据公司总部对阿米巴组织的价值定位,确立相应职责和权力。

划分阿米巴组织的维度,一般有五个:按产品划分;按客户情况划分;按区域划分;按品牌划分;按现有的行政职能划分。例如,宝洁公司按产品类别划分;麦当劳公司按区域成立;一些银行则按顾客类型为依据来划分。根据阿米巴组织划分的五个维度,有利于企业家们解决只按照行政架构划分的困惑。

1. 按产品维度划分

按产品划分阿米巴组织,主要是以企业所生产的产品为基础,将生产某一产品有关的活动,完全置于同一产品阿米巴组织内,再在阿米巴内细分职能部门,进行生产该产品的活动。这种组织结构形态在组织设计中往往将一些共用的职能集中,由上级委派以辅导各产品阿米巴,做到资源共享。

以产品为维度划分阿米巴组织,使每种产品线是一个独立的阿米巴组织,让顾客能够与确切的阿米巴组织联系并获得满意,且阿米巴组织之间协调良好。

按产品维度划分阿米巴组织,有利于阿米巴组织采用专业化设备,并能使个人的技术和专业化知识得到最大限度的发挥,提高劳动生产率和企业经济效益;每一个产品部都是一个利润中心,因此阿米巴领导人要承担利润责任,这有利于企业评价各阿米巴组织的经营业绩;在同产品部门内有关的职能活动协调比较容易,更有弹性,容易满足企业的扩展与业务多元化要求。

按照产品维度划分阿米巴组织的缺点是:在产品阿米巴组织中,需要更多具有全面管理才能的人才,而这类人才往往不易得到;每一个产品阿米巴都独立经营,企业管理层有时会难以控制;对总部的各职能部门,如人事、财务等,产品阿米巴往往不会善加利用,以至于总部的一些服务不能充分被利用;各个阿米巴组织之间会存在管理成本的重叠和浪费;若产品阿米巴组织数量较大,则难以协调。某大型钢铁公司进行了组织变革,划分组成"炼铁、板材、特钢、公辅"等四个事业部大巴,各事业部按照独立法人方式经营。炼铁事业部生产铁水;板材事业部生产钢板产品;特钢事业部生产特殊钢长材产品;公辅事业部提供水电风气等辅助产品和保障服务。参见图3-1。

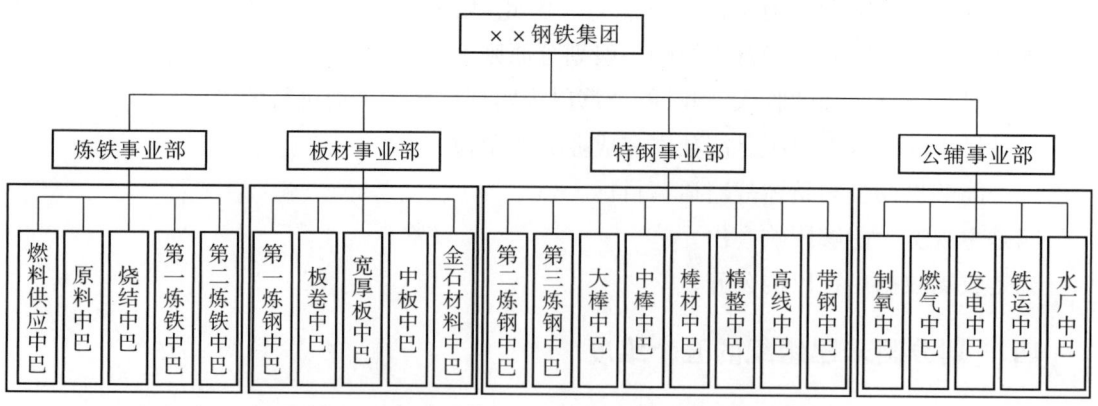

图 3-1 某公司按照产品服务划分阿米巴组织示意图

顾名思义,是按照不同的产品或服务来划分阿米巴组织。再如,某公司 C2M 智慧工厂阿米巴组织,划分为压弧、弧刀板钻孔、弧刀板铣边、平刀板钻孔、平刀板铣边微巴,都是按照产品或服务特点进行划分的,参见图 3-2。

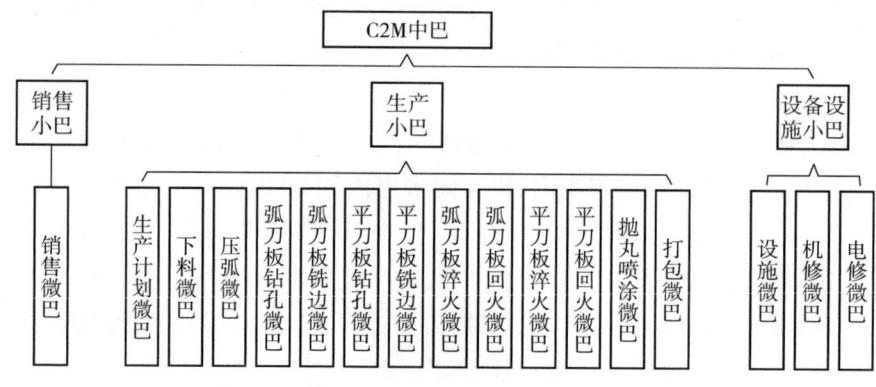

图 3-2 某公司 C2M 阿米巴组织划分示意图

案例 3-1 | A 公司实施阿米巴成功案例

A 公司是一家以产品研发设计为核心,生产和售塑料空调风叶的专业生产企业,具备完整的"塑料改性—模具设计制造—塑料空调风叶设计制造"产业链,能够从原料开始全过程制产品质量。

A 公司的空调风叶生产有风叶设计、改性塑料研发、模具开发、实施风叶生产四道工序,于是将这四道工序分成四个阿米巴。每个阿米巴都像一个小企业,都有经营者,都有销售额、成本和利润。

该股份公司总部不仅考核每个阿米巴的领导人,而且考核每个阿米巴人员每小时产生的附加价值。这样就可以真正落实"全员经营"的方针,发挥企业每一位员工的积极性和潜在的创造力,把企业经营得有声有色。

2. 按区域划分

对于在地理上分散的企业来说,按地区划分阿米巴组织是一种比较普遍的方法。其原则是把某个地区或区域内的业务工作集中起来,组建一个区域阿米巴,委派一位经理进行管理。按地区划分阿米巴组织,特别适用于规模大的公司。这种组织结构形态,在设计上往往设有公司总部服务部门,如采购、人力资源管理、财务等,向各区域阿米巴组织提供专业性的服务。

按区域维度划分阿米巴组织,不是指划分销售市场,而是根据地区的客户差异,重新组织研发、生产、物流和销售。这种划分阿米巴组织的方式,只有当产品的规模效应不明显时,才显出优势。随着全球物流采购系统的完善,地域的差异越来越小,而产品的规模优势越来越明显。

根据区域进行阿米巴划分,有利于及时供货和降低运输成本,也利于捕捉当地客户需求。

案例 3-2 花旗银行阿米巴组织划分

花旗银行对组织架构不断进行业务重组,中心内容是细分市场,围绕客户寻求产品、地域之间的平衡。花旗银行的业务被划分为环球消费金融业务、新兴市场和公司业务、投资银行业务、环球财务管理业务资产管理和选择性服务,所有业务被进一步划分到北美、亚太拉美、中东、欧洲和非洲等区域。花旗银行将产品划分业务部门实质是事业部形式,由具备相应专业知识和从业背景的专业人士组成负责相应业务线的管理,而各分支机构则偏重于协调花旗银行的各项产品融入当地市场。

按照区域维度划分阿米巴,其优点是:

(1) 责任到区域,每一个区域都是一个利润中心,每一区域阿米巴的领导人都要对该地区的业务盈亏负责。

(2) 企业下放经营权到区域阿米巴。每一个区域阿米巴有其特殊的市场需求与问题,总部放手让区域阿米巴领导人进行经营管理会比较妥善、实际。

(3) 有利于地区内部协调。

(4) 对区域内顾客比较了解,有利于服务与沟通,能实现更好、更快的经营决策。

(5) 每一个区域阿米巴领导人都要担负一切管理职能的活动,这对培养管理人员大有好处。

(6) 会削减成本费用。

(7) 有利于对外经营的阿米巴组织应对各种环境变化。

按照区域维度划分阿米巴,其缺点是:

(1) 随着地区的增加,需要更多具有全面管理能力的人员,而这类人员往往不易得到。

(2) 每一个区域阿米巴都是一个相对独立的单位,加上时间、空间的限制,往往是"天高皇帝远",总部难以控制,难以维持集中的经济服务工作。

案例 3-3 | 国产某汽车企业按东西南北区域划分 4 大阿米巴

K 公司是一家国产汽车品牌,为应对国内外市场竞争,积极进行组织架构变革,按东西南北区域,成立 4 个一级阿米巴。每个阿米巴将涵盖网络建设、销售、市场、公关等相应的职能单元,并将在每个阿米巴所在的中心城市招兵买马,涉及的市场推广等资源将由各阿米巴自由支配,其对经销商的商业政策制定也拥有自主权,类似"小销售公司"的概念。

设立阿米巴后,该公司的板块组成为:4 大阿米巴、研发中心、生产制造、发动机分公司,以及南方子公司(物流、零部件和直营店),几乎涉及整个产业链条的各环节。

K 公司按区域划分成 4 大阿米巴,可大幅缩短决策时间。明显的优势在于各区域对市场的应变速度将更快,决策只需阿米巴领导人批示即可执行,这将大大缩短决策时间。同时,一位老经销商也表示,商务政策的灵活度会更高,对今后把握市场更有利。

设立阿米巴,打造企业的"黄埔军校",有利于企业核心人才梯队的建设。对阿米巴领导人的要求比过去大区总监所要求的职业素养要高得多,这实际上是在为企业做好人才输送的准备。

按照地区来划分阿米巴组织,参见图 3-3。

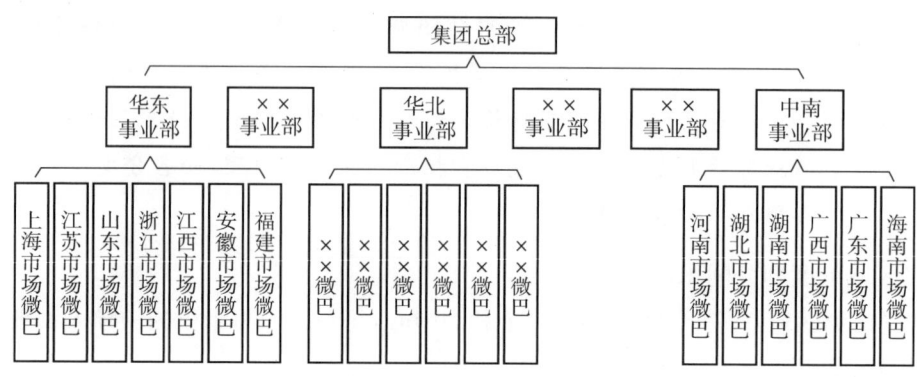

图 3-3 某集团公司按区域划分阿米巴组织示意图

3. 客户维度

以客户为维度划分的阿米巴组织,通常与销售部门和销售工作相关。在这些以客户为中心的阿米巴组织中,一般由阿米巴领导人负责联系主要客户。

企业确定哪些客户是最有价值的客户,并决定怎样与其一起获得双方价值的最大化,而为客户提供的价值就是为客户提供量身定制的产品和服务。因此,企业在设立阿米巴组织的时候就应该以客户为维度进行流程的设计和安排。

针对不同类别的客户群进行阿米巴划分,有利于从客户需求出发进行产品和服务的组织,为不同类别的客户提供不同的产品或服务政策,能较好地满足市场需求。这种划分方式适用于客户类别非常重要的行业,比如银行将业务细分为私人客户和企业类客户。

按客户划分阿米巴的企业也有很多,如银行和金融咨询服务类行业,都普遍选择这种阿米巴组织划分方式。他们将客户划分为公司客户、个人客户、机构客户,不同的客户可能消费相同的产品、服务。由于不同的银行提供的产品基本相同,所以只有更加贴近客户,了解客户的即时需求和客户的偏好,才能抓住商机。

根据不同的客户来划分阿米巴组织。阿米巴组织通过服务对应的客户,获取价值。通过改进,为客户提供差异化服务,以寻找、发掘潜在的重点客户和战略客户,参见图3-4。

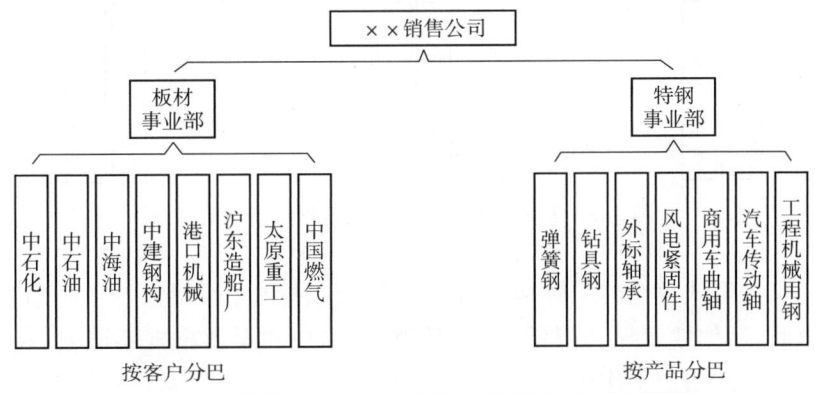

图3-4 某公司按客户、产品划分阿米巴组织示意图

4. 品牌维度

众多知名企业,按照细分市场进行分化,都把品牌作为阿米巴划分的依据。按品牌划分阿米巴,使企业把更多的精力放在品牌建设上,让旗下各品牌发挥最大价值,因为只有强有力的品牌支撑才可能有高品牌溢价。

案例3-4 | 吉利汽车公司按品牌划分阿米巴

为应对汽车行业激烈的竞争,吉利汽车进行多品牌战略的同时,也在进行着品牌改造。吉利汽车直接划分出"帝豪""全球鹰""英伦"三个子品牌,其区别仅在于品牌特征不同,比如"帝豪"的消费者更加成熟稳重、"全球鹰"更加年轻化等。而且从管理架构上看,吉利汽车的品牌划分,使各个品牌之间更具独立性,也更具灵活性。

根据不同的品牌来划分阿米巴组织。阿米巴组织通过对品牌经营,实现价值获取。不同的品牌具有不同的内涵、定位,其经营方式、理念等,都可能存在差异。通过对不同品牌经营结果的分析,寻找改进空间,参见图3-5。

5. 按现有的行政职能划分

企业设立行政管理部门的初衷往往是将主营业务(制造、销售、研发等)外的事务性工作剥离出来,使得企业的管理者能够集中精力和时间做主营业务,保持业务的迅猛增长并提高市场竞争力。

随着企业的逐步发展壮大,企业按现有的行政职能划分阿米巴,从行政职能中分离出市场、人力资源、客户服务、售后服务等门机构。

按照专业分工进行职能划分,有利于专业职能的发展及经验的积累,可以避免相同职能的重复设置,适用于产品类别区别不大、产品开发和生命周期较长的企业。这是最为常用的组织结构形式,也是目前众多工程机械企业一直在沿用的管理模式。

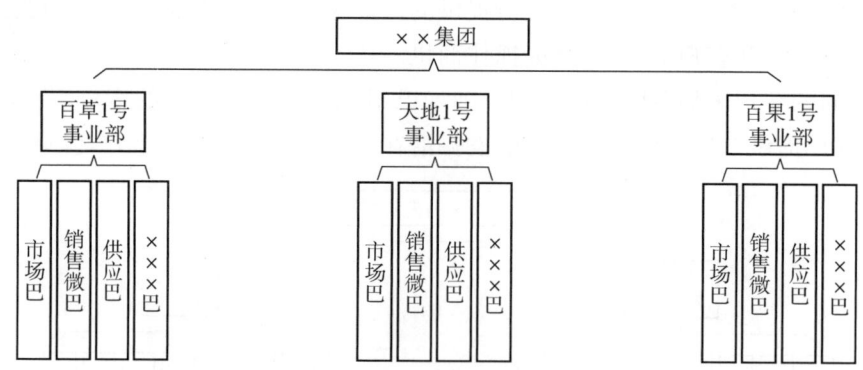

图 3-5　某公司按品牌划分阿米巴组织示意图

这种组织结构形式存在的问题是各阿米巴之间的协调工作量大。当产品生命周期短、开发活动频繁时,运作效率显著降低;当产品类别、客户和渠道出现不同时,高层管理者会陷于大量日常事务的协调工作中。

划分阿米巴之后,行政部门不是停留在满足有效处理日常事务的层次,还应该在公司的经营理念、管理策略、企业文化等重大问题层次上有自己的思考,并且在实际工作中加以贯彻落实,成为领导不可缺少的"高参和臂膀"。这就要求行政部门的领导者不能满足于做一个事务主义者,而是要做一个有思想、敢创新、有冲力的阿米巴领导者。

任何一个企业都是其产品在设计、采购、生产、销售、交货和售后服务方面所进行的各项活动的聚合体。所有经营管理活动都是这一价值链上的一个环节。价值链必须增值,可以分为基本增值活动和辅助性增值活动。

图 3-6 是某炼铁厂按照其行政组织架构划分出的阿米巴组织,各小巴、微巴就是该厂的车间、班组。在很多企业,行政组织的职能也是为生产经营服务而存在,具备良好的管理基础,是划分阿米巴组织、实施阿米巴经营模式的重要基础。

基本增值活动,即一般意义上的"生产经营环节",如材料供应、成品开发、生产运行、成品储运、市场营销和售后服务等。这些活动都与商品实体的加工流转直接相关。

辅助性增值活动,包括组织建设、人事管理、技术开发和采购管理等。这里的技术和采购都是广义的,既可以包括生产性技术,也可以包括非生产性的开发管理,如决策技术、信息技术、计划技术;采购管理既包括生产原材料,也包括其他资源投入的管理,如聘请有关咨询公司为企业进行广告策划、市场预测、法律咨询、信息系统设计和长期战略计划等。

价值链的各环节之间相互关联,相互影响。一个环节经营管理的好坏可以影响到其他环节的成本和效益。如果多花一点成本采购高质量的原材料,生产过程中就可以减少工序,少出次品,缩短加工时间等。这都是阿米巴经营改进的切入点。

按照价值链划分,常见的方式又按照不同生产线进行划分。

总之,以内部职能为维度进行阿米巴组织划分,适用于成熟稳健的行业,主要用于成本控制和降低成本。以外部客户为维度进行阿米巴组织划分,适用于快速发展的行业,主要用于市场应变和增加收入。

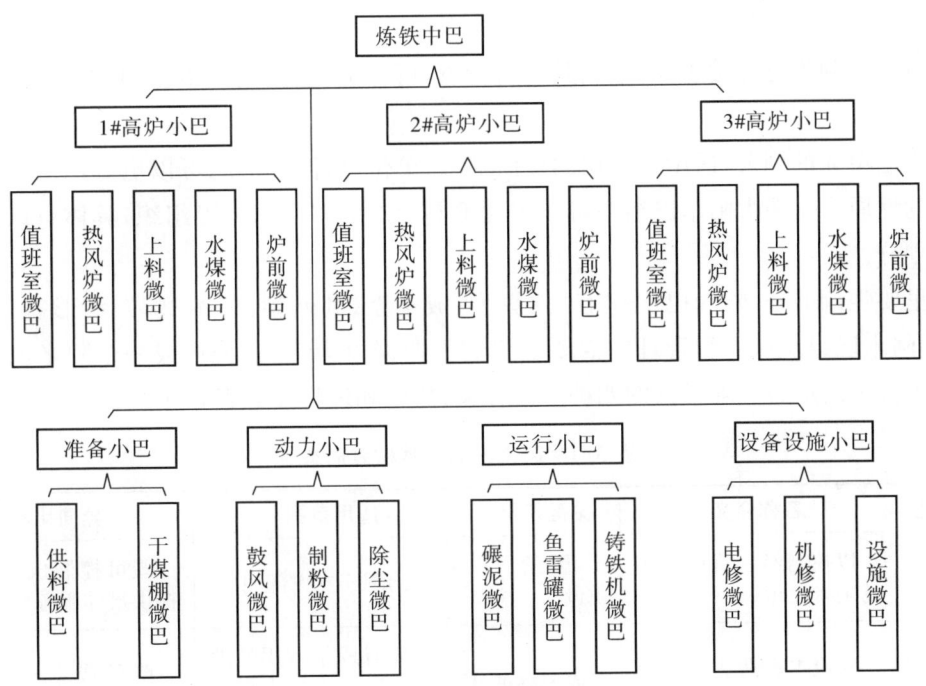

图 3-6　某公司炼铁中巴按其职能划分的阿米巴组织示意图

五、阿米巴组织划分的五大步骤

企业划分阿米巴组织，具体可分为五个步骤：

一是梳理公司的战略理念及主营业务板块。

二是找出费用中心(SAU)与成本或利润中心(SBU)。

三是确认新的事业单元(SDU)。

四是根据价值链或产品的相关维度，划分阿米巴单元。

五是根据公司实际情况，分层实施和推进阿米巴经营。

阿米巴组织划分是实施阿米巴经营模式的前提条件，这一步影响到整个阿米巴经营模式是否可持续执行。企业经营一定要对企业自身的核心能力、战略、主营业务等进行全面分析，分析后再根据阿米巴组织划分的步骤一步步落实。总之，企业经营其实就是一个借力的过程，只有越来越多的人愿意把力借给企业，企业经营才能获得成功。

划分阿米巴组织的过程就是一个借力的过程，对阿米巴组织的划分不是简单地为了划小单元而划，而是通过把组织划分成小单元，在企业找到除了销售部门以外的，更多对公司业绩、公司利润负责的部门。

通过把组织单元划小和把经营权下放到各个阿米巴经营单元，让他们从"管理"迈向"经营"。

六、阿米巴组织的四种形态

划分出的阿米巴经营组织,依据其经营特点,可分为预算型、成本型、利润型、资本型四种形态。

阿米巴单元的划分,适用于公司的任何部门、单位,这四种形态可以更好地明确各阿米巴组织的性质。一个大阿米巴组织可以包含不同形态的多个阿米巴组织,具体可以根据工作性质划分。

这里要强调的是,阿米巴组织有"预算型、成本型、利润型、资本型"四种形态,这样分类,是对阿米巴组织认识和管理的需要。我们不要误以为,一家公司或一个阿米巴组织一定是一个统一的形态。阿米巴的四种形态释义、比较和理解参见表3-1。

表3-1 阿米巴的四种核算形态

组织形态	名称释义	关键指标	适用范围	异同比较
预算型	以控制经营费用为主的阿米巴组织	预算与质量	多出现于支撑部门	既可控制成本,也可提供最佳服务质量
成本型	对成本和费用承担控制、考核责任的中心	成本降低	只要有成本费用的地方都可以成立成本型阿米巴	降低成本不影响质量,对成本具有可控性
利润型	既对成本负责,又对收入利润负责的阿米巴组织	利润增长	多出现于营销部门,也可用于能构成完整交易的生产及管理部门	既对收入负责,也对成本费用负责
资本型	既对成本、收入和利润负责,又对投资效果负责	回报率	子公司、分公司	既对收入负责,也对成本费用负责,还对资产负责;最高形态阿米巴

1. 预算型阿米巴

很多职能部门没有明显的收入和支出,那么可以把人工费用的预算作为整个巴的收入,而实际发生的人工和经费作为整个巴的支出。这一类阿米巴不能直接为整个公司去创造利润,也不大可能为整个公司降低成本,但是它可以在预算的范围内,努力做好管理工作。简单地说,你赚不到钱,就不要多花别人的钱。

预算型阿米巴更多要对工作或服务质量进行关注和量化评估,是以控制经营费用为主的阿米巴组织。预算型阿米巴很重要的职能是对工作的验收、费用的细分。其最大的优点是既可控制费用又可提供最佳的服务质量,缺点是不易衡量绩效。

预算型阿米巴最主要的特点,就是在预算过程的全员发动,包括两层含义:一层是指预算目标的层层分解。人人有指标、有任务、有责任,让每一个阿米巴单元的成员都要学会算账,树立"成本""效益"意识。另一层是企业资源在各个阿米巴之间的一个协调和科学配置的过程。通过各职能部门和阿米巴单元对预算过程的参与,各阿米巴单元的作业计划和公司资源，通过透明的程序进行调配，根据轻重缓急的原则，将有限的资源优先用到最需要的地方去，实现资源的有效配置和利用。

2. 成本型阿米巴

相对一个标准成本而言，实际成本和标准成本之间的差异就是该阿米巴的收益。成本型阿米巴是其责任者只对其成本负责的单元，是指只对成本或费用负责的阿米巴。成本型阿米巴的范围最广。

只要有成本费用发生的地方，都可以建立成本型阿米巴，从而在企业形成逐级控制、层层负责的成本中心体系。在阿米巴组织结构中，每个部门都与一个或几个成本中心挂钩。

在交易中，可以把不同的成本中心费用纳入不同的成本中心，以核算一个分部、一个区域、一条产品线，甚至一个项目小组的成本。

成本型阿米巴具有只考虑成本费用、只对可控成本承担责任、只对责任成本进行考核和控制的特点。其中，可控成本具备三个条件，即可以预计、可以计量和可以控制。这里的可控性是与具体的责任中心相联系的，而不是某一个成本项目所固有的性质。企业为了划分所属各生产部门成本计算和成本控制的职责范围，通常设立若干个成本型阿米巴。成本型阿米巴只需控制成本，而无控制销售收入的职责。作为成本型阿米巴，其主要职责是协助利润型阿米巴进行相关的营销活动。例如，成本型阿米巴可以协调其他阿米巴与客户之间的关系，协调其他阿米巴组织进行市场的推广，帮助其他阿米巴组织分析和开发相应的客户。

3. 利润型阿米巴

利润型阿米巴组织，要求在规定的时间内完成一定的利润目标，达到考核指标的要求，主要的核心指标是利润。利润型阿米巴是既对成本负责又对收入和利润负责的阿米巴组织。它有独立的或相对独立的收入和生产经营决策权。它追求的是利润，而不仅仅是成本的降低。利润型阿米巴的权利和责任都大于成本型阿米巴。

利润型阿米巴的划分程度应根据企业管理的要求而定（有些部门既可以作为利润中心，也可以作为成本中心，对这些部门的划分要进行利弊权衡）。利润型阿米巴还有以下两个特点：

（1）独立性——利润型阿米巴对外虽无法人资格，但对内却是相对独立的阿米巴经营组织，在产品售价、采购来源、人员管理及设备投资等方面均享有高度的自主性。

（2）获利性——每一个利润型阿米巴都会有一张独立的损益表，并以其盈亏金额来评估其经营绩效。所以，每一个利润型阿米巴有一定收入与支出。非属对外的营业部门，就需要设定内部交易和服务的收入，以便计算其利润。

4. 资本型阿米巴

资本型阿米巴组织，即这个阿米巴由公司股东投入了多少资产、资本，则回报多少给公司即可。至于利润多少，不作为这个阿米巴巴长的考核指标。资本型阿米巴的考核指标是投资回报或者EVA（经济附加值）。资本型阿米巴既对成本、收入和利润负责，又对投资效果负责。

| 案例 3-5 | 企业建立内部结算中心 |

有资料表明,华南地区一家知名饮料企业导入阿米巴经营模式之后,在集团总部建立了投资中心,财务部门作为投资中心内部专司财务运作管理的职能部门。财务部门以资金管理为中心,动员资金并控制资金的使用。资金控制需要从流入、流出两方面着手,建立企业内部结算中心。

投资中心财务部门对经营期各阿米巴组织采取适当方法加强管理,除日常财务监督外,大力推行经营会计,建立责任控制与业绩评价制度。这一工作包括阿米巴组织的划分、责任指标的设立、指标核算的开展、业绩评价及与奖惩挂钩等环节。

企业还可以根据实际情况设为不同性质的阿米巴单元。一级阿米巴内部可以进一步划分为若干阿米巴。各级阿米巴单元都需明确负责人,较低一级负责人向其上一级负责人负责。巴长对其责任范围内的事务必须能够控制或发挥影响,对一般事务享有管理权,对重大事务提出方案,报上一级阿米巴负责人批准。

七、四种阿米巴组织类型之间的区别

利润型的阿米巴具有对外的张力,成本型的阿米巴不大可能具有对外的张力。比如说,公司规定今年的费用是一千万元,那么作为成本型的阿米巴,因为它参照的标准是成本,所以不大可能具有对外的张力。

预算型的阿米巴,企业并不要求也并不希望该阿米巴过多地去降低既定的预算金额。因为如果预算金额降低了,就很有可能造成服务质量的下降。比如培训费用,如果公司预算是 300 万元/年,那么减少预算是很容易的,如少讲几节课就可以了。但是如果公司培训部门规定,300 万元一定要听 300 场,你不能少,那可不可以降低呢? 降低成本不能以牺牲质量为前提。而成本型阿米巴是期望降低成本,同时又不以牺牲质量为前提的。

资本型和利润型阿米巴的区别在于:一个是追求投资回报,另一个是追求单位利润。所谓的利润,是建立在利润率的基础上,而利润率又和公司资金的回收周期有关。

四种阿米巴组织类型之间,可以相互转化。从阿米巴的四种核算形态来看,它是可以不断地发生变化的。阿米巴核算的四种形态,既各有各的区别,也各有各的关联,同时它又可以很灵活地去转化。

1. 预算型阿米巴转化为成本型和利润型的阿米巴

一家公司的人力资源部可能在这个时段里面属于预算型阿米巴,而在另一个时段里面又属于成本型阿米巴或利润型阿米巴。所有职能部门的管理职能都可以分为两个部分:第一个是服务职能,第二个是管控职能。

作为人力资源部,为其他部门进行招聘就是服务职能。所有的服务职能都是可以转化为市场行为,进行购买的。也就是说,现在是一个人力资源部,它已经定位为预算型的,但当我们把人力资源部的功能进一步细分为服务职能和管控职能的时候,那么服务职能其实可以把它变成一个成本型的阿米巴或者是利润型的阿米巴,因为有其他部门去购买人力资源部的服务。服务可用市场化购买,而管控职能没有人愿意买,怎么办呢?它的费用就进行分摊。

所以,预算型的阿米巴,很大一部分可以转化为成本型和利润型的阿米巴。

2. 成本型阿米巴可以转化为利润型或资本型阿米巴

成本型的阿米巴可以转化为利润型的阿米巴,甚至可以转化为资本型的阿米巴。一家公司的生产部是一个成本型的阿米巴,生产部会通过公司的BUM(业务单元)清单建立一个生产产品的标准价。生产部参照这个标准来考量部门的贡献:高于标准,生产部就亏损;低于标准,生产部就有盈余。但是作为一个阿米巴来讲,阿米巴的动力来源于"销售收入的最大化,成本费用的最小化"。生产部如果在保证供应公司内部,而又不伤害公司竞争力的前提下,是否可以对外接单呢?如果可以,那么它就是一个利润型的阿米巴,而不是一个成本型的阿米巴。

八、不同阿米巴组织形态的运营与管控

阿米巴经营组织形态,依据其经营特点,可分为预算型、成本型、利润型、资本型四种,对不同阿米巴组织形态的运营与管控也有区别和差异。

1. 预算型阿米巴组织的运营与管控

概括起来,预算型阿米巴组织主要体现以下管理价值:

第一,以目标利润为主线,提高了员工的工作积极性。这个是因为我们在下达预算的时候,要下达到阿米巴单元,阿米巴单元再下达到各个微巴(班组),从高层领导到每个阿米巴成员都知道自己的任务是什么,要为完成这个目标利润去积极努力。

第二,通过预算管理使从公司总部到基层的阿米巴组织,从上至下养成降低成本、控制能源消耗的行为习惯。

第三,可以正确评价各个阿米巴单元的业绩。这个预算和考核结合起来,每个月对各个阿米巴单元进行考评,把考评结果同他的工资和奖金挂钩,通过这个评价,让阿米巴单元知道自己在这个月所做的成绩。

2. 成本型阿米巴组织的运营与管控

成本型阿米巴的运营与管控相对较简单,可分为基本成本中心和复合成本中心。基本成本中心没有下属成本中心,如一个班组、工段就是一个成本中心;复合成本中心有若干个下属基本成本中心。基本成本中心对其可控成本,向上一级责任中心负责。

3. 利润型阿米巴组织的运营与管控

划分利润型阿米巴组织,既有利于提高经营者的积极性和主动性,也有利于提高目标管理、预算管理等制度的实施效率,从而有利于企业战略目标的实现。

大的利润型阿米巴组织下面,可以设置若干成本中心或小的利润中心。随着企业规模的进一步扩大,仅有成本中心已经不能适应企业战略发展的要求,企业需要下分若干个利润中心;对于大中型企业而言,其下面还可以设置二级投资型阿米巴,二级投资型阿米巴下再设若干个利润型阿米巴。

利润型阿米巴组织的经营管理，必须结合目标管理制度来推行。企业为追求未来的发展与创造高收益，现行的功能性组织已无法适应发展需求。企业划分利润型阿米巴，事实上就是实施分权的制度。但为求适当的控制，总公司的领导层仍需对各利润型阿米巴承担应负的责任，即由双方经过协商，定立各阿米巴的目标，同时赋予执行的权利，并对最后的成果负责。在目标执行过程中，设置一套完整的、客观的报告制度，定期提出绩效报告，从中显示出的目标达成的差异，不但可以促进各阿米巴采取改善的措施，还可作为总公司考核及奖惩的依据。

因此，利润型阿米巴的推行必须结合目标管理制度，才不至于空有组织架构，而缺乏达成公司目标及评估各利润型阿米巴绩效的管理方式。

公司可采用多种模式或方式，对利润型阿米巴进行独立核算。

企业和企业集团内部的利润型阿米巴独立核算：企业管理者可以对于内部利润型阿米巴的运营成果（包括内外部收入、成本费用、利润的情况）进行及时准确地了解，为管理控制与考核评价提供依据。

事业部运营模式的内部核算：按照事业部方式运营而不是按照公司运营的企业集团，通过传统的以公司为主体进行会计核算来反映事业部的经营成果已不可能，需采用利润中心会计提供解决方案。

企业集团下的跨公司的产品线/业务线的独立核算：对于矩阵式管理的企业集团，按照产品线/业务线和公司组织的方式来分别核算，了解集团的产品线/业务线的盈利情况，需要跨公司反映产品线/业务线的经营业绩。

企业内部利润型阿米巴之间的内部结算：在企业内部利润型阿米巴之间，由于采取了内部市场机制，各利润中心之间的内部产品/服务的提供，需要进行内部结算而不用进行外部结算，需利润中心会计提供内部结算的处理。

成本费用的分摊以及精细化的利润型阿米巴核算：核算的对象不但需要成本型阿米巴，还需要根据客户需求设置产品、客户、地区等维度。

4. 资本型阿米巴组织的运营与管控

资本型阿米巴的主要任务及目标，是追求资本的持续增值，这一目标决定了资本型阿米巴的财务工作不同于一般产品经营企业或项目财务工作。财务部门作为资本型阿米巴内部专司财务运作管理的职能部门，主要任务有：负责会计核算；统筹调度资金；进行项目财务效益与风险分析；参与责任控制与业绩评价工作。这些工作任务直接影响着财务机构设置。传统的财务管理组织机构必须在横向和纵向上分别加以改造。此外，资本型阿米巴财务的机构设置必须适应企业集团的组织管理体制要求。

企业集团资本型阿米巴一般设在集团公司总部，企业可按投资额大小或专业化要求设投资分中心。对资本型阿米巴本身的业绩评价工作，也必须提到议事日程上来，这是企业集团强化内部管理、建立内部激励机制的出发点。

在当今社会经济的背景下，资本型阿米巴也常常与股权鼓励相关联，资本型阿米巴是最高层次的阿米巴组织，它拥有最大的决策权，也承担最大的责任。资本中心必然是利润中心,其获利能力与其所使用的创造利润的资产相联系。但利润中心并不都是资本中心,利润中心没有投资决策权,而且在考核利润时也不考虑所占用的资产。

推行资本型阿米巴是比较好的方式,这是和它的股权激励关联起来的。预算型、成本型、利润型等核算形态的阿米巴都可以采用工资加适当奖金的方式来处理,而推行资本型阿米巴最好能够和资本结构即股权关联起来。

第四章

阿米巴经营报表

实施阿米巴经营的标志,是阿米巴的巴长是否做阿米巴经营报表。划分阿米巴组织后,需要按照阿米巴经营会计原则,为每个巴组织构建阿米巴经营报表。阿米巴经营报表构建的逻辑是,所有的交易必须要由最底层的阿米巴组织实现,上一级的阿米巴组织起协调、组织作用。最底层的阿米巴组织一般为称为微巴、小巴,是不能再进行细分的阿米巴组织。

一、阿米巴经营报表构成

阿米巴经营报表一般结构和科目见表4-1。它是实施阿米巴经营的依据。阿米巴经营报表是阿米巴组织每天经营结果的呈现,其经营收益是 $M = A - B$。 常识告诉我们,收益(M)必须为正值,说明经营无异常。也就是说,我们的经营有效,结果实现了盈利。

表4-1 阿米巴报表一般科目构成表

一级	二级	三级	四级	数量	单价	金额	备注
收入	内部收入	产品收入	产品1				
			产品2				
		服务收入	服务3				
			服务4				
		其他收入	赔偿收入				
	外部收入	产品收入	产品5				
		服务收入	服务6				
		其他收入	赔偿收入				
小 计						A	

续表

一级	二级	三级	四级	数 量	单 价	金 额	备 注
支出	巴内成本	成本支出	原料				
			辅料				
			材料				
			水、电、风、气				
			外包采购				
			服务采购				
			赔偿支出				
			差旅支出				
			其他				
支出	巴内费用	费用支出	设备设施租赁费				
			管理费用				
			环保费用				
			运输费				
			预提费用				
			销售费用				
			财务费用				
			人员工资				
			其他				
	巴外费用	费用分摊	公司分摊				
			事业部分摊				
			中巴分摊				
小　计						B	
时间	工作时间	有效	有效作业时间				
		加班	加班时间				
		无效	无效作业时间				
小　计						C	
收益（M）						$A-B$	
巴员总数						D	
单位时间核算（W）						$(A-B)/C$	
单位人员核算（V）						$(A-B)/D$	

在市场经济大环境下，评价经营结果、体现经营价值的方式是组织的盈利能力大小，是实现利税的多少。所以，组织的盈利能力决定着组织的竞争力。

生产要用资源，如果你用最少的资源消耗，创造出了最大的经济增加值，对经营结果的直接反映，就是用收益的变化来反映、评价。如果你用掉了资源，却没有产生价值，也就是成了不良品，这也是一种"罪恶"，而不仅仅是一种浪费。

需要强调的是，有收益、赚钱是结果，不是目的。首先必须把事情做好，什么叫做好？就是解决了社会需求的矛盾，满足了人民的需求并得到了肯定。市场经济条件下，人们肯定你成果的唯一方式是认可你的产品和服务，为你投下现金票。其结果就是盈利、赚钱，有收益。

企业的使命和责任是为社会和人民创造价值，创造价值的最佳评价方式是经济增加值或赚了多少钱。所以赚钱是一个结果，是一个评价指标。

建立报表的目的是构建一个标准体系，为所有巴组织提供一个范本，将阿米巴经营的精细核算理念和基本方法介绍给巴组织。让他们在这个框架下开展"核算、评价、创新、改善"等循环改进活动，以每天进步一点点的方式，持续提升、精益求精，从而追求卓越。

实施阿米巴经营也不是没有标准和准则的"自由经营"。各级巴组织一定要很好地落实与贯彻公司的战略、部署，一致的报表有利于整合、协同评价战略实施进展，为公司精准制定改进方案，调整战略实施目标，精确评价实施结果，制定新的战略规划，提供最具参考价值的数据。因为单位时间（人员）核算指标，能对各个岗位的巴组织对公司生产经营的贡献，对战略目标完成的价值度，进行综合评价。

阿米巴经营报表是建立在阿米巴经营会计原则基础之上的全成本核算方式，要全成本进行核算，需要明确巴组织的收支科目明细和产品、服务的交易定价，对各种不良、损失等要进行赔付定价。

收入核算科目一般由"产品或服务"交易构成；成本支出核算科目一般由"料、工、费"组成。"料"根据其作用一般又可细分为"原料、辅料、材料"成本等，"工"又可细分为"员工、劳务、协力"支出等，"费"又可细分为"巴内、巴外、赔偿"费用等。"水、电、风、气（汽）"等动力成本，巴内赔偿也放到巴内成本科目中。这只是一般的划分原则，其科目划分设立的科学性，需要用实施阿米巴的目的、取得的实际效果，以及是否有助于巴组织经营绩效的改进来评价。

二、阿米巴经营会计

企业经营离不开会计。利润是算出来的，企业经营不能没有会计。这是每个人都懂的简单道理。然而，在企业经营的实际过程中，很多经营者却这样认为：自己不需要懂会计，反正把每天发生的单据汇总并交给会计师就可以了，自己只要知道最终的经营成果（利润），专业的处理可以交给专业的会计人员。这样的观点在当下中国大陆企业中，也具有普遍性。

经营者必须正确、及时地掌握企业活动的真实状况，才有可能引领企业长期持续发展，尤其是面对当前越来越复杂、变化越来越快的市场环境时，这点尤为重要。

对于会计的重要性，稻盛和夫这样说："如果把经营比喻为驾驶飞机，会计数据就相当于驾驶舱仪表上的数字，机长相当于经营者，仪表必须把时时刻刻变化着的飞机的高度、速度、姿势、方向等信息正确及时地告诉机长。如果没有仪表，就不知道飞机现在所在的位置，就无法驾驶飞机。"所以，如果企业离开了准确反映经营实际状况的会计，那么，经营者就无法做出有效的经营判断。

1. 认识经营会计

长期以来，只要提及会计，大家满脑子浮现出来的都是有关"财务会计"或"管理会计"的概念，仿佛那些数据都只有专业人士才能看懂，才知道如何分析，一些艰涩难懂的术语背后蕴含着许多"高深莫测"的秘密。然而，在稻盛和夫看来，这些按照固定要求制作的会计报表，对于企业经营的提升和改善，并没有任何实际意义。国内很多企业家也逐渐意识到这一点，并为构造适合本企业自身特点的会计系统展开了孜孜不倦的探索。

例如，在传统的财务会计当中，成品和半成品的制造成本要根据适当的成本计算法得出结果，否则就可能造成会计监督的重大问题。特别是股份制上市企业，为了保护投资者，企业的会计系统会受到十分严格的监督。而事实上，财务会计也具有重大缺陷。计算成本的过程非常繁杂，并且需要另设负责成本计算的部门，需要花费大量的人力、物力，消耗大量的时间。更加不幸的是，在传统的财务会计中，几乎所有的品种都要计算成本，加上制造数量不同，成本也会相应地有很大不同。那么，一家制造多元产品的企业，仅设定标准成本的工作量就极其庞大，而且程序十分繁杂。在多品种小批量的生产模式已成为大势所趋的背景下，这种传统的会计模式虽然依旧不可缺少，但它显然已经不能成为帮助企业提高效益的"神经中枢"，反而成了拖企业后腿的"萎缩肌肉"。

松下幸之助成立了专门的"松下会计学院"，通过对会计的学习来培养能为经营服务的高端经营人才，成为老板、经营高层的左脑。松下会计学院所教授的，即是有别于传统财务会计的另一门会计——经营会计。在此基础上，稻盛和夫吸取了日本企业几十年来所沉淀的宝贵经验，不断完善并开创出完整的经营会计体系，并在他所创办的京瓷集团展开运用。由此，作为量化工具的经营会计和阿米巴量化授权体系，使京瓷的经营理念得以落地，从而成为京瓷迅速成长的原动力。这门会计在《稻盛和夫的实学：经营与会计》中做了简要阐述。

2. 财务会计、管理会计与经营会计的异同

（1）财务会计。自从诞生之日起，就是为股东和外部利益相关者服务，这个目的就决定了它不能真实反映企业本身的经营实际。

（2）管理会计。这是以财务会计为基础，对财务会计信息进行二次加工，为企业管理者提供决策依据。然而，对于企业业务的量化分析，只有最原始的一手数据才能真正、确切地反映现场及经营的实际状态。既然财务会计本身已经是一次失真，在此基础上所做的二次加工，自然也不能反映经营的实际状态。

除了失真性之外，财务会计和管理会计还具有缺陷。其运用目的并不在于提高企业的效益，不能很好地用于企业的经营管理；它的专业性较强，导致非专业财务人士很难看懂，因而也不利于在企业中推广，常常还会受到员工们的抗拒。

（3）经营会计。运用的是企业的第一手数据，根据本企业的业务特点进行个性化编制。它没有进行任何的人为操作，具有简单、易懂、易用，直达经营目的的特点，向经营者百分之百反映企业经营的实际状态，是组织做出正确、及时决策的可靠性保障。

有了经营会计体系的京瓷，果断摒弃了传统会计中的成本计算法，而采用市场价格、倒逼企业降低生产成本的思想来经营，即先拿到订单，然后以订单上的价格为基础千方百计降低费用，以最少的费用做出最令客户满意的完美产品，利润也就在这个基础上得以产生。

这种思想摒弃了会计体系中繁杂的"成本"概念，是经营会计简单易用的具体体现。究其本质，企业的最终结果不是成本，而是利润。要产生高利润，首先要有足够的客户，得到尽可能多的订单，然后再以最小的费用来完成这些订单。在这点上，经营会计体现了极强的针对性，即最大限度提高企业的收益。

经营会计是日本企业在经营领域奉献给全世界最伟大的发明，与先前的两种会计系统相比，具有明显的进步性和优势，参见表 4-2。

表 4-2 三种会计体系的比较

会计体系	特　点	作　用
财务会计	重在回顾过去，履行反映和报告企业经营成果和财务状况的职能	通过对企业历史的资金运动全面系统的核算与监督，为外部与企业有经济利害关系的投资人、债权人、政府有关部门提供企业的财务状况与经营成果等信息
管理会计	重在面向未来，履行预测、决策、规划、控制和考核的职能	解析过去、控制现在、筹划未来的有机结合。对财务会计所提供的资料做进一步的加工和延伸；并通过指标体系，及时修正在执行偏差，使经济活动严格按照决策预定的轨道进行；严密地进行定量分析，提高预测与决策的科学性
经营会计	20世纪70年代成型于日本，拥有精准、有效的企业数据系统，能够提供一手数据，简单易用	针对性强，能够提升企业效率、收益和成长性，以实用为主，结构比较简单，能体现全面成本、精细核算等思想

3. 财务会计与经营会计的区别

经营会计是日本企业经营者长期探索的结果，在很长的时间里是"养在深闺人未识"；又由于这是一种基于企业个性化基础的定制性工具，在不同企业表现出的会计形式也不同，所以对此有系统化的理论认识，以及实务经验的人相对比较少。通过经营会计与最古老的财务会计的比较，对经营会计的理论体系进一步加以说明、比较和梳理。

经营会计采用了与财务会计完全不同的方式去构造阿米巴的经营报表。按照这种方式来设计报表，"阿米巴经营报表"等各种报表中的数据就变得一目了然，巴员也容易理解，并能从数据背后发现问题，制定改进措施，实施改善行动。同时，无须借助专业会计知识就能掌握企业经营状况，而不再像财务会计和管理会计那样，"好似云端最美人，让人可望而不可即"。

在京瓷，把经营会计和公司经营状况连起来的就是每月结算报告。在京瓷刚刚成立的时候，很少有公司实行月度结算，一般每半年或一年才进行一次核算，而且这种核算往往委托外部的会计师事务所来进行，所以无法及时了解每个月的核算情况。在当时，京瓷进行月度结算，本身就是一种开拓。京瓷在公司内部制作核算表的基础上自主进行结算，更是可以详尽地掌握每天的业绩数据，并不断地进行改进和改良。最为难得的是，这种月度结算并不是按照月末统计出的核复表来开展的，而是每天进行各种细小数据的累积，统计当天的订单、生产、销售、经费、时间等重要的经营信息，并迅速地将其结果反馈给现场。

京瓷的这种经营会计模式，在那个年代是一种创新。它使得企业管理层和员工在事实数据方面完全实现了共享。在此基础上，将数据背后的企业经营问题完全袒露，由责任员工自我分析，并自发拿出相应的解决方案，一系列的自主改善和创新也就由此而生，包括营销改善、精益管理、TPM、IE工程、5S管理等。

在此基础上，通过每一年、每一月、每一天、每个人的不断循环改善，京瓷人一步一步地把企业做到了极致。最终，京瓷实现了持续的高速增长，并创造了连续60多年不亏损的企业神话。

三、阿米巴产生内部交易的原因

在阿米巴经营中要从组织划分上把单元划小核算，为了把每一个阿米巴单元的利润核算清楚，就要进行内部交易。比如一家生产制造型企业，划分了生产和销售两个二级阿米巴利润中心，要核算生产部门的经营利润，用销售额减去费用就可以了。如果想实现销售额，就要把自己生产的产品定价后卖给销售部门，这就叫内部交易，这个定价就叫内部交易定价。在管理会计中，内部交易定价称为内部转移定价，同样是为了核算组织内部单元独立创造的经营利润。

在组织划分之后，要把所有阿米巴单元区分为利润中心和费用中心。比如一家制造型企业，制造和销售部门确认为利润中心，销售部门是对外销售，有销售收入，其销售收入减去的成本、费用，得到经营收益；而生产部门没有对外销售收入，生产部门生产出的成品，需要以一定的内部价格卖给销售部门，这样生产部门才有销售收入，这叫对内销售收入。

所以，如果没有生产部门与销售部门的内部交易，就没有办法构造出生产部门的内部销售额，没有内部销售额，就不能核算出生产部门的经营收益或利润。

这里要注意的一点是，不是说做阿米巴就一定要做内部交易，而是要根据企业的具体情况而定。有的企业内部交易极为复杂，有的企业则根本没有内部交易。比如，一家品牌服饰销售企业，它是七八个女装品牌的代理商，下面有20多家服装服饰专卖店，对它来讲，就是从品牌服饰厂商手里购买服装，然后通过门店销售给顾客。其他的部门，如仓储、运输、维修部门定位为费用中心，是服务职能。这样每家门店就是一个天然的阿米巴单位，它们有外部销售收入，但不需要和其他部门发生内部交易，也就没有内部销售收入。再如，在项目类企业中，它的各个项目就是一个个天然的阿米巴利润中心，如果定位工程、预算、采购等部门为费用中心，也不会产生内部交易。制造业的各个工序之间，以内部交易的形式进行核算，是评价其经营绩效的最佳选择。

通过内部交易，企业创造了一个内部的"虚拟市场"，也就是说，内部交易并不伴随着钱的流动,不是一手交钱、一手交货,而仅仅体现在阿米巴经营会计报表中数据的变化上。比如生产部门今天生产了一批产品,共100件,质检合格后进入到成品仓,这意味着生产部门完成了销售,这100件产品有了内部交易定价,生产部门用内部交易定价乘以100,得到的是部门今天的对内销售额。同时,销售部门从生产部门购买了这100件产品,销售部门也是用内部交易定价乘以100得到今天的对内采购额,这个对内采购额在经营会计报表中体现为变动费用。每一笔对内销售额和每一笔对内采购额是相等的,体现在公司的整体合并经营会计报表中时,总的内部销售额和总的内部采购额就会相互抵销。

通过内部交易,促使了每个部门都会关注自己产品的质量、成本、交期。比如生产部门的产品质量不合格,销售部门就可以拒收,各种不良以赔偿费用的方式计入报表,这样生产部门就无法获得对内销售额,丧失一部分经营利润,增加费用支出。同样,对于交期不合格的也可以制定相关制度,如交期未达成计划的可以扣除一部分货款,相当于打折。这样,企业就可以模拟外部市场的规则,建立一套符合市场规律的内部交易规则,并体现在内部交易管理制度中。内部市场和外部市场的区别,参见表4-3。

表4-3 外部市场与内部市场的区别

项目类别	外部市场	内部市场
本质	实际市场	虚拟市场
目的	价值交换	改善业绩
供求关系	自动均衡	人为干预
竞争机制	自由竞争	缺乏竞争
价格机制	市场机制	计划手段

从本质上讲,外部市场是一个实际市场,一手交钱、一手交货;内部市场是一个虚拟市场,它的交易仅仅是经营会计报表中数据的变化。

从目的上讲,外部市场的目的是交换价值,买方愿买,卖方愿意卖,从而达成交易;内部交易的目的在于激发员工的经营意识,增收节支,从而改善经营业绩。

从供求关系上讲,外部市场通过供求关系的变化达成价格的自动均衡,供大于求,价格下跌,供小于求,价格上升;内部市场的内部交易价格是人为制定和干预的,不允许不按照计划进行买卖,更不准哄抬物价、囤积居奇。

从竞争机制上讲,外部市场是自由竞争;内部市场虽然也鼓励竞争,但竞争强度有限,而且不鼓励各阿米巴之间进行残酷竞争,而是友好竞赛。从价格机制上讲,外部市场是市场机制,依靠市场这只"无形的手"来调控价格;内部市场则是计划手段,是有计划的市场经济。

所以,要准确理解阿米巴的"自主经营",是在公司整体经营计划的基础上实现,而不是每个阿米巴单元各自为政。主导部门一般是经营管理部,公司的整体经营计划和各阿米巴单元的经营计划都掌管在经营管理部手中,它通过对公司内部各阿米巴单元的计划平衡来调控,确保资源的集约化使用,从而保证公司的整体利益最大化。在外部市场上,各市场主体的竞争是完全的市场行为,在很多时候充满了残酷性;在公司内部市场,是有计划的市场经济,一切都在经营管理部的主导下,按照计划有条不紊地运行。各阿米巴单元一般不是直接竞争关系,也就是说,它们的竞争更多表现为在经营数据上的比拼,即使有直接竞争关系,也是在规则约束下的行为。

比如,生产部门总是抱怨采购部门供给的原材料价格过高,那么可不可以允许生产部门自行采购原材料呢?答案是可以,但不是全部,比如说放开一个口子:10%的原材料由生产部门自己采买,如果生产部门采买的原材料在质量相等的情况下确实价格更低,那么采购部门就没有理由不把采购价格降下来。但是,不能把100%原材料的采购权给到生产部门,因为这样就把采购部门的功能废掉了,也不符合企业战略发展方向。所以,企业只能允许部门之间有规则的竞争和博弈。

只有在经营管理部的指导和监督下,不断完善企业内部的机制,就完全可以把公司的内部市场营造成一个规范有序、良性竞争的市场,各阿米巴单元就可以实现共赢,而不是共输。

1. 内部交易三要素及其关系构建

阿米巴内部交易三要素是"交易对象,交易关系和交易定价"。

交易对象,指两个阿米巴单元之间交易什么产品和服务;

交易关系,指某两个阿米巴单元之间进行交易;

交易定价,指某项交易关系定义的交易对象,如何确定内部交易价格。

其中,交易对象和交易关系合起来,又称为交易结构。

这三个要素按照一定的逻辑展开,首先要搞清楚交易对象是谁,然后弄明白交易对象的交易关系是怎样的,最后制定出交易价格。

很多企业推行阿米巴,一谈到内部交易就直指内部交易定价,以为这样就算直接看到了事物的本质。但如果交易对象不清晰、交易关系不明确,制定交易定价就会困难重重,错漏之处甚多。所以,企业在内部交易前要先搞清楚各部分的关系,不然很容易进入误区。

在订单型生产和库存型生产模式下,其内部交易关系构建的一般原则是,在订单型生产模式下,企业的产品由客户指定标准,销售部门根据客户制定的标准委托设计部门进行设计,客户认可后签订合同,销售部门向生产部门下订单。这种情形下,企业的生产、研发及设计部门与客户需求有紧密的连接,这种连接直接决定企业是否可以与客户签订合同。因此,在订单型生产模式下,生产部门处于主导地位,销售部门处于辅助地位,外部销售收入应该归属生产部门,而销售部门通过辅助生产部门获得内部销售佣金收入。

在库存型生产模式下,企业产品遵循行业标准或者自身标准,销售部门通过调研客户需求,主导产品策略。这种情况下,销售部门处于主导地位,生产部门处于辅助地位。这时,外部销售收入应该归属销售部门,而生产部门通过销售部门的销售计划制定生产计划,根据生产计划把产品生产出来,进入成品仓,完成生产部门和销售部门之间的交易。

2. 内部交易定价的确定与企业类型相关

(1) 内部交易定价的基本方法及步骤

在确定内部交易前,企业需要明确的是,阿米巴内部交易没有必要用现金交易。因为阿米巴内部交易是虚拟的，用现金交易会加大交易成本，反而体现不出内部交易的优越性。企业内部交易定价有交易协商定价法（开价侃价法）、市场参照定价法和成本推算定价法、利润逆算定价法等，详见下一节相关内容。

交易协商定价法，指两个部门之间对内部产品或服务的价格进行协商，达成共识。简单来讲，就是一单一议。交易协商定价法的成本较高，在双方无法达成一致的情况下，要由经营管理部裁决，这种方法适用于非标产品的定价。

市场参照定价法，适合用于内部交易的产品或服务。在能找到公允的市场价格前提下，就可以参照市场价格给内部交易对象进行定价，可见，这种定价方式有利于把市场压力向企业内部进行传递。

成本推算定价法，以企业内部成本为基础推算出定价。比如测算出生产部门的产品成本是100元，加上合理的利润比例是10%，那么，卖给销售部门的内部交易价格就是110元。如果生产部门有几个车间或工序，划分成了企业的三级阿米巴单位，则分段测出的这几个车间或工序的标准产品成本，就可以作为内部交易定价的依据。这时，测算内部半成品的成本，需要采用财务口径的全成本核算，包括直接材料、直接人工和制造费用等。

利润逆算定价法，产品利润较为固定，而产品的成本随着市场价格的波动，起伏比较大。通过协商，将利润在各增值工序或流程中，进行分配。常见的食品销售，其定价原则，一般就采用这种方法。

（2）阿米巴经营内部交易定价的制定步骤

第一，画出阿米巴内部交易结构图，图上清晰标明哪些关系图中心之间（交易关系）对什么产品或服务（交易对象）进行交易。参见图4-1。

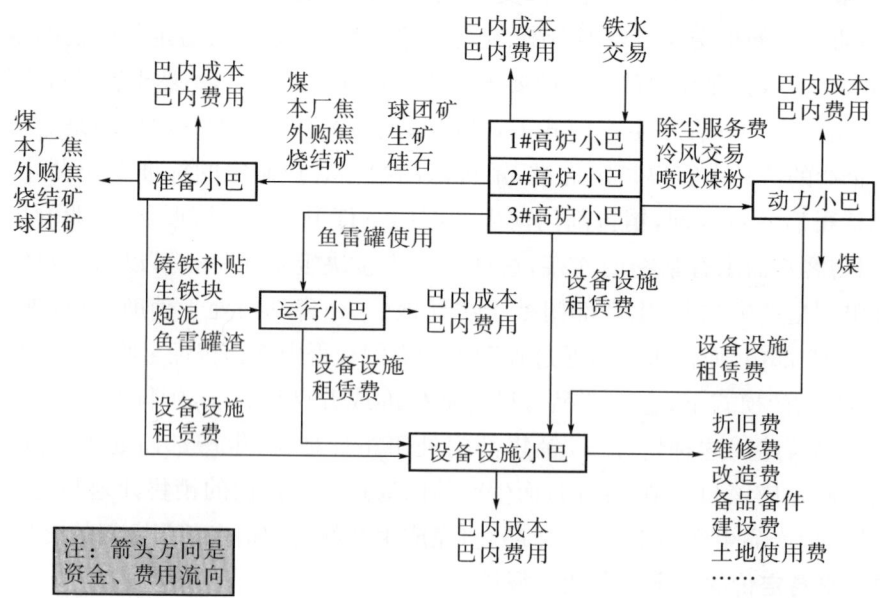

图4-1　阿米巴组织交易关系示意图

第二，查找内部交易对象的市场价格，如果外部市场有同类产品或服务的交易，就可以把这个市场价格作为参照来定价。因为内部交易的成本一定比外部交易的成本低（否则这一块业务不如外包给外部市场），所以内部交易定价可以比外部交易定价略低。

第三，对于内部交易对象无法找到市场价格的，就必须测算其成本。这时，企业成本会计的水平很关键，要在阿米巴组织机构的基础上，分巴来测算各类，甚至是各品种产品的成本，以此作为内部交易定价的基础。

(3) 制造型企业的内部交易定价

首先，看采购与生产之间的内部交易。采购部门把原材料等卖给生产部门，如果按照原价加成的方法来定价是没有意义的，因为采购价格越高，采购部门的内部销售额越高，绩效越好，这会与企业推行阿米巴的初衷相违背。所以，企业需要制定一个公允的价值为内部交易价格。

其次，看生产和销售之间的内部交易。生产和销售之间的交易方式要依据企业的生产方式而定，如果是订单式生产，则可以认为企业的主导部门是生产部门，这时外部销售收入的归属部门是生产部门，销售部门按照销售产品的金额提取销售佣金；如果是库存式生产，则可认为企业的主导部门是销售部门，这时外部销售收入的归属部门是销售部门，生产部门按照内部交易定价卖给销售部门。

最后，看仓库与其他单元的内部交易。制造型企业的仓库，一般分为原料仓和成品仓，它们发生交易关系的单元是不同的。人们一般把仓库看作费用中心，这里则要把仓库划分为利润中心，因为仓库是企业的"毒瘤"，库存会占压流动资金，而资金是有成本的，利率就是资金的价格。把仓库作为利润中心，目的就是压低库存。

堆在成品仓里的成品必须由销售部负责。因为销售下单给生产部来生产，所以成品仓和销售部进行交易；堆在原料仓的原材料由生产负责，销售为龙头，根据销售计划制定生产计划，再根据生产计划制定采购计划，所以原料仓和生产部进行交易。交易定价可以参照同区域、同行业的仓储费标准制定，如有的行业按件数、有的行业按吨数等，各不相同。另外，为了给销售部、生产部制定货物快速流转的要求，可以在仓储费的基础上再加一个利息，叫仓储费利息，这是阿米巴虚拟出来的一个利息，但是非常有现实意义。这个利息告诉生产部和销售部，资金占用是有成本的，要用经营行为减少资金占用、做好计划和计划的执行。这一招在制造型企业里非常实用，往往起到提升相关人员经营意识、大幅度降低库存、减少资金成本、提高经营利润等奇效。

一个例外的情况是，有的行业原材料是大宗产品，这时采购部门精通行情的功能就很重要了，原材料库存要由采购部门来负责，把采购部门做成利润中心，原材料仓向采购部门收取仓储费和资金利息。

(4) 销售型企业的内部交易定价

销售型企业一般是业务部门接单回来，再卖给运营部门。这种类型的公司应该如何定价呢，是按接单总额比例，还是按营运部门收取一定比例的服务费来计算？

以上两种方式都可以，但应用逻辑不同。运营部门可以把业务部门作为外包单位，给它销售佣金,按照接单总额的一定比例计算定价;或者是业务部门把运营部门作为外包单位,给它一定比例的服务费用,同样按照接单总额的一定比例计算定价。但上述两种方式计算出来的比例所落实的责任还是不够清晰,也就是说,责任没有做到一对一。

案例 4-1 　组织内部交易定价案例

汽车销售企业,一般把4S店作为阿米巴单元,它主要有三个业务部门:市场、销售和售后。市场部负责通过各种线上线下的宣传手段,把客户引导到大厅看车,来看车的顾客就是比较有意向购买的顾客,这叫作集客;销售部负责把车卖给顾客,并做二手车、精品销售、金融等延伸业务;售后部负责车的维修清洗等服务。为了更清晰地显示各部门的业绩,可以设计为市场部把集客标价卖给销售部,按一个集客的价格测算服务成本,然后给予一个合理的利润空间。这样的定价,非常清晰地显示了各部门的责任,市场部只对集客数量负责,集客数量不达标,就是它的责任;销售部对销售额负责,它的责任是到店顾客的成交率和客单价,成交率不高,客单价低,肯定影响销售额达成。

这个案例中用到的方法其实和制造型企业中生产部门卖给销售部门的成本基础定价法相同,产品可以测算成本,服务同样可以测算成本。成本基础定价法是最精准的定价方法,比较清晰地揭示了企业内部的成本结构,以成本为基础做交易定价对各部门来讲也是最公平公正的,经营会计报表的核算可以清晰地揭示各部门的利润贡献,从而给予公平公正的评价和激励。

(5) 制造型企业中研发部门的内部交易定价

很多制造型企业有研发中心或研发部,那么研发部门可以做成阿米巴利润中心吗?如果可以做,内部交易关系如何建构,内部交易定价如何进行呢?

研发可以分为战略、战术、战斗三种层次,所谓战略性研发是指企业的基础研发平台,这类研发有公共部门的性质,只能放在公司总部,做成费用中心;战术性研发是指产品的应用研发;战斗性研发是指拼装级研发,主要是工艺方面的改善。所以,战术和战斗级研发,可以作为阿米巴利润中心存在。

一家做智能晾衣机的企业,这个行业里的大多数企业不太注重研发,研发部一般只有五六个人,以模仿为主。而这家企业立意很高,创业之初就立志要做行业第一,非常注重研发工作,研发中心三十多人,研发成本很高。老板表示,一定要把研发中心做成利润中心。

如何把研发中心做成利润中心呢?难点就在于如何建立交易关系,如何做内部交易定价。这个问题在很多企业中出现,但都没有得到妥善的解决,这些企业在导入阿米巴之后,把研发中心作为费用中心处理,要求研发部门对每个月的研发费用做详细统计,按照进度进行项目制管理。但这种方式仍然不利于激发研发人员的积极性和创造性,对研发项目的成果缺乏量化的数据。

这里,介绍两种有关研发部门的内部交易定价方式。

第一种方式,是在研发项目立项之后,核定项目开发合同收入,把一个项目组作为虚拟的阿米巴利润中心。等项目结项后,通过评审之后,收入减去费用得到经营利润,从而模拟核算出一个项目创造的利润。这种方式的缺点是，项目收入是既定的，创造利润的唯一方式是节省费用、缩短工期，造成研发人员只对项目通过评审负责，而对项目实际为企业创造的效益不负责任。

第二种方式，是首先建立项目与销售的交易关系，规定从研发新产品销售收入中分成一定比例给研发，作为研发项目的销售收入。这种方式也有缺陷，比如项目研发周期是六个月，则前面六个月产生的都是费用，等六个月结束产品上市之后才有收入。这种方式的好处是从一开始就极大地激发了研发人员的经营意识，他们会更多地从客户需求出发，因为项目是否成功，直接决定了产品上市之后的销售收入。

企业可以按照研发项目立项开始后一年内的新产品销售收入的比例，分成给项目组作为销售收入。这种定价传导的思想是，加快研发进度，早日完成项目，让新产品尽快上市。

按照第二种方法，这家智能晾衣机企业的项目非常成功地盘活了研发中心，研发人员加强了市场意识和经营意识，不仅主动加班加点抢研发时间，而且积极与销售人员交流客户需求，研发周期大大缩短，新产品更加贴近市场需求。

（6）内部交易与企业业务形态的关系

如前所述，做不做内部交易，和企业的规模大小没有关系，只跟企业的业务形态相关。有一家建材销售企业，年销售额超过2亿元，是若干建材品牌的代理商，在全国拥有50多家门店，员工500多人。它的各门店就是天然的阿米巴单元，因为采购部作为阿米巴单元很难定价，所以把它看成费用中心；门店是唯一的阿米巴利润中心，门店的进货价格就是各门店的商品成本，它们的实际销售回款就是销售额。所以，在这样一家有一定规模的中型企业里，推行阿米巴时就没有做内部交易定价。

一家做智能工程和暖通的工程类企业，年销售额不到1 000万元，员工有十几个人，下设三个部门——销售部、暖通部和智能工程部，这三个部门就定义为阿米巴利润中心。暖通部负责空调类产品的设计、安装和服务；智能工程部负责智能化设备的设计、安装和服务，由销售部分别和暖通部、智能工程部作内部交易，这样就要做这两种交易关系的内部交易定价。

按道理来说，采购是企业价值链的重要一环，属于业务部门，肯定要做成利润中心。但是，如果没有合理的内部交易定价方式，把采购部门做成利润中心的效果就会不太明显。比如很多企业在把采购部门做成利润中心时，采取的是以实际采购价加一定比例的交易定价的总和卖给下游部门，那么，采购进来的物料价格越高岂不是越好？所以，这样的定价方式是错误的，与把采购部门做成利润中心、不断降低采购价格的初衷相违背。

设备部门可以做成利润中心，关键点仍然在于内部交易定价。如果可以标出每一种维修服务的标准工时，就是一种很精准的内部交易定价方式。维修部门在接到维修任务之后，在标准工时以内完成工作，就算赚了；反之，就算亏了。

但是很多企业并不具备这样的条件，由于机器设备繁多、维修服务非常零碎，不太好确定维修服务的难度系数。这时候，可以把一年的设备维修任务汇总起来核算一个总的维修收入，也就是说，设备部的销售收入既定，想要增加经营利润，只有降低费用。为了避免维修部门偷工减料，一定要制定详细的维修服务标准，比如维修之后多长时间内设备不许出故障，一旦出故障就要罚款，冲减设备部的销售收入同样要在内部交易规则中体现。

如某制造型企业采取了上述的方法，极大地激发了设备部人员的积极性和能动性，直接效果就是原来设备总部抱怨人手不够，现在则主动加班加点完成维修任务，积极培训生产部门保养设备，并通过减员来降低成本。

质检部门不能做成阿米巴利润中心，因为质检部门的职责是为企业提供产品质量保证，不把质量不合格的原材料放进来，不把不合格的成品放出去。如果把质检部门做成利润中心，它的工作导向就变成了利润最大化，便很难保证它的质量监督管理职责的有效落实。比如，质检部门为了增加利润，减少质检人员数量，降低质检的频次，当期可能不会体现出质量成本损失，但时间一长，势必导致企业产生更多的质量损失，对企业来说就得不偿失了。

（7）内部交易关系只存在于基层的阿米巴之间

经营会计报表的核算，从基层的阿米巴单位的数据开始，逐层汇总而来。因此，上下级单元之间不存在内部交易关系，内部交易关系以及费用分摊关系都是直接从基层阿米巴单元开始的。

某制造型企业，刚开始只设计了二级阿米巴单元，利润中心有采购部、生产部和销售部；费用中心有财务部和行政部。这样采购部把原材料卖给生产部、生产部把成品卖给销售部时就会发生内部交易。同时，采购部、生产部和销售部分摊财务部和行政部的费用。在阿米巴经营运行三个月后，该公司决策把阿米巴经营单元深化到三级单元；生产部按照工序 A、B、C 划分，销售部按照区域甲、乙、丙划分。这时，采购部直接与 A 工序展开内部交易，C 工序直接与区域甲、乙、丙展开内部交易。生产部下属的生产计划部为它的利润中心，在报表核算过程中，工序 A、B、C 分别分摊掉生产计划部的费用，再分摊总部财务部和行政部的费用。销售部下属的跟单部为它的费用中心，在报表核算过程中，区域甲、乙、丙分别分摊掉跟单部的费用，再分摊总部财务部和行政部的费用，即做了两层分摊，以此类推。

四、阿米巴经营产品内部定价方式

定价能力是保护利润的关键。科学制订内部价格，能够使各阿米巴"利润"相对客观、真实。

确定内部定价标准，需将阿米巴组织所涉及的定价项目全部列出，有遗漏的还需及时增补并及时调整。

企业要构建起内部交易模型，在企业内部实现"市场化运作"。阿米巴内部交易的实际操作方式是：把下一道工序的阿米巴视为上一道工序阿米巴的客户，各阿米巴之间以产品与有偿服务的方式，按市场化运作方式进行交易。

阿米巴内部交易主要是两种形式：一个是产品，看得见、摸得着；另一个是服务，看不见、摸不着。有偿服务的定价方法看起来简单，只有一种，以时间为单位核算。不管是制定产品的价格，还是制定有偿服务的价格，一个很重要的关键词叫作"单位时间"，单位时间是核算内部价的基础。

1. 界定阿米巴组织内部交易结算标准

阿米巴经营首先要在企业建立内部交易机制,充分体现客户思维原则,只有服务好客户,客户满意了,才能完成交易,才可以进行阿米巴核算。客户不满意,意见也不统一,如何进行核算?

虽然在中国已有很多阿米巴经营的成功案例,但是阿米巴毕竟是诞生于日本的经营模式,不加考虑和研究地导入、实施阿米巴经营,可能会出现水土不服的现象,这需要根据国情、企业文化基因、实际管理情况等,逐步引导和实施。阿米巴经营定价,是实施阿米巴经营的基础,需要认真对待。稻盛和夫说,定价即经营。因此,企业要形成科学、合理的内部定价机制、规则,要定期进行研讨、修正,确保交易的公平、公正。

阿米巴经营是以市场价格为基础,通过把市场价格引入阿米巴经营体系,根据内部交易价格开展生产经营活动。界定阿米巴的产品内部交易结算标准,我们必须明确几点内容:

(1)定价为经营之本。阿米巴领导人必须对收集来的信息进行彻底的分析,在准确掌握市场价格和竞争对手动向的基础上,正确认识本阿米巴产品的价值,然后进行价格评估。内部产品定价主要采取成本加成定价法:以实际成本为基础,加上当期平均销售利润作为内部结算价格。

(2)所有工序都是按照单位时间进行定价。内部产品交易是企业内部各阿米巴之间物资、材料、产品、半成品、零部件的购销活动。公司内部购销的定价是按照生产该产品各道工序的阿米巴相同单位时间决定的,由于原本就是高附加值产品,所以所有工序都是按照单位时间进行定价。

(3)实施定价与降低成本的联动。对产品进行定价时,必须同时考虑降低成本的方法,而且生产型阿米巴需要进行成本削减,找到降低生产成本的办法。做到内部定价与降低成本的联动,保障阿米巴的利润和市场竞争力。

2. 建立统一价值理念、目标和文化体系

阿米巴有自己的一套哲学文化,成员之间是一种和谐的大家庭式的关系,阿米巴组织划分和经营会计,既是组织划分阿米巴、评定阿米巴经营绩效的依据,又是将员工利益和公司利益进行有机结合,发挥出阿米巴组织利益链的连锁反应关系。如果不能形成和谐的大家庭关系,大家各自为政,以各自绩效为唯一目标,相互竞争、相互扯后腿,或者在各个阿米巴组织之间如果没有统一的目标和方针,那么公司内部的协调机制将会被分割得支离破碎,无法完成公司的使命。

因此,在阿米巴实施之前要通过各级培训巩固认识,使成员之间形成和谐的大家庭关系,建立阿米巴经营模式的运行基础;通过对经营会计反复学习,让员工明确自己创造的价值,真正参与经营。从企业战略高度出发,充分将阿米巴经营与长期战略目标相结合,指导各级阿米巴组织的发展方向和运营动力。不同的阿米巴组织划分理念和指导思想,内部定价原则也不一样。通过一致原则的内部定价,为各巴组织设定了一个经营绩效评价的基线,这个基线的确立,是为下一步的改进、完善,提供参考和比较的起点。这并不是,也不能是对绩效的绝对考核。

3. 建立组织内部交易价格体系

阿米巴经营会计常用的几种内部定价方法。参见表4-4。

表4-4 阿米巴常用的几种内部定价方法

定价方法	适用对象	描述
成本推算法	成本较高并有刚性需求	按照每道工序的成本多少来推算内部定价
利润逆算法	利润弹性不大,成本弹性较大	先决定了利润的多少,其他定价根据各自需要自行解决,比较关注市场和竞争对手
市场参照法	服务交易	市场多少钱,阿米巴就卖多少钱,采购型阿米巴可参照
开价侃价法	服务交易	充分考虑双方的利益,讨论后,自主定价

阿米巴的定价是推行阿米巴重要的一环。也是众多企业在推行阿巴过程中最为头疼的问题,企业部门常因定价不公而导致争吵不断。因此各阿米巴组织之间必须要形成公平的内部交易价格,综合自身条件、行业特点、市场价格、生产能力、产能效率等因素,运用售价还原成本法,对每一个环节和工序进行模拟,决定价格。通过试行,逐步探索建立属于企业自己的,内部交易价格定价体系。内部交易定价还与交易规则、分巴模式、费用分摊理念等都有紧密关系,各组织之间没有复制关系,只有参考、参照的关系,拿来主义绝对行不通。成本结算价格构成原则,参见图4-2。

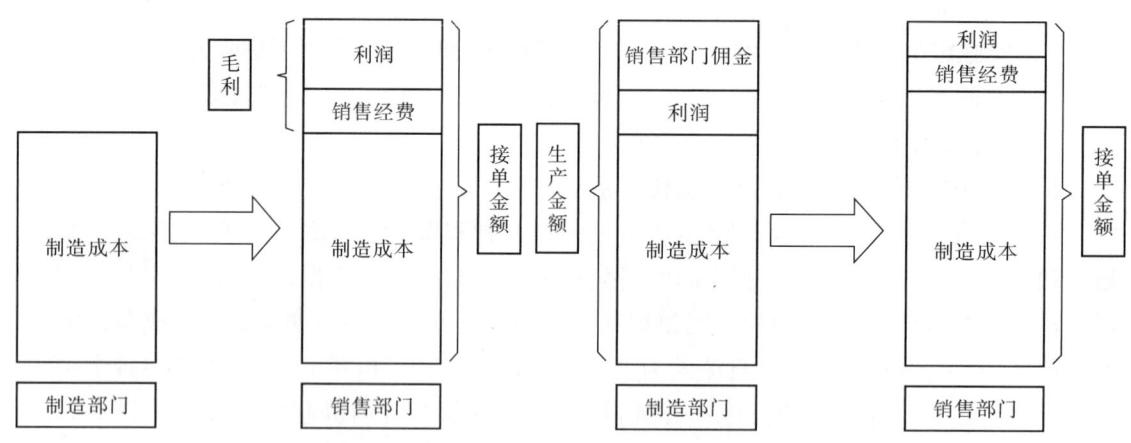

图4-2 成本结算价格构成示意图　　图4-3 订货式定价原则

（1）成本推算法

成本推算法是指按照每道工序的成本多少来推算内部定价,是以每道工序的产品单位成本为基本依据,再加上预期利润来确定内部定价的方式。订货式和备货式定价原则,分别参见图4-3、图4-4。

例如，炼钢阿米巴向炼铁阿米巴购买炼钢生产的铁水，炼铁阿米巴就要计算生产铁水的原料如煤、焦、矿、各种辅料当前市场多少钱1 t、材料消耗多少、其他成本（如人员工资、设备设施相关费用、各种费用分摊、生产性材料损耗分摊等）；然后，每天生产多少铁水，铁水的成分、杂质、温度等质量要求等，所有成本加起来，计算出吨铁的内部成本价是2 680元。订货式和备货式成本推算法定价原则，分别参见图4-5、图4-6。

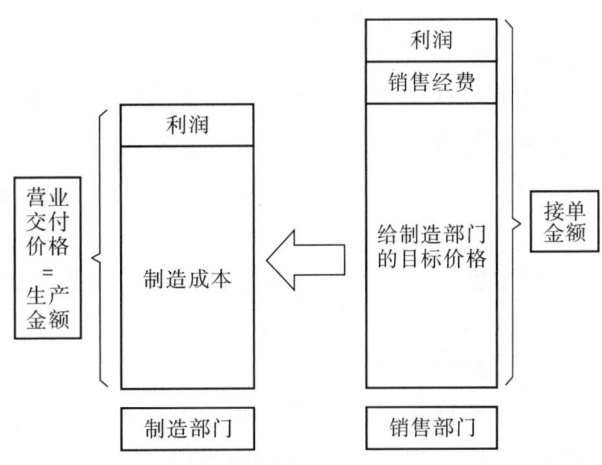

图 4-4　备货式定价原则

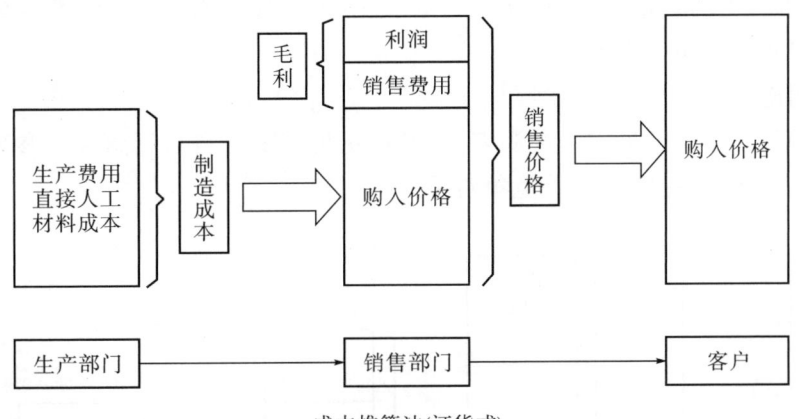

图 4-5　订货式成本推算法定价示意图

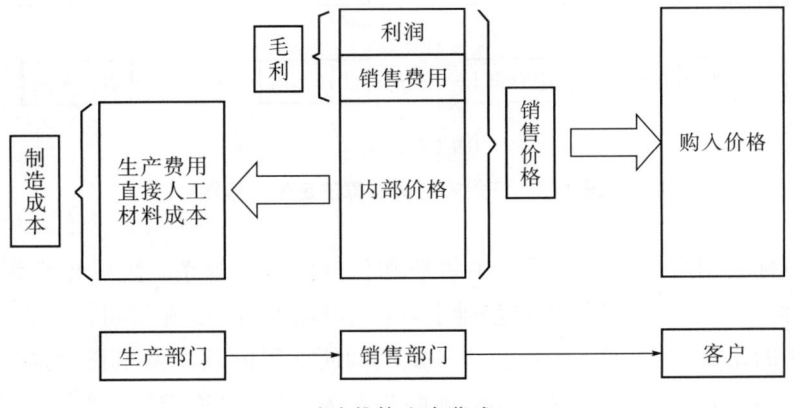

图 4-6　备货式成本推算法定价示意图

阿米巴组织内成本加上分摊的公共费用,这是生产一件产品的成本。然后在保证一定利润的前提下,如5%等,才能进行交易。

成本推算法适用于内部转让的产品或劳务没有正常市价的情况。从它的最终价格即客户接受价格向前倒推算,决定各道工序的价格。这一产品以这一价格卖给客户,那么,最终的检验工序的价格是多少、各精加工工序价格是多少,一直推算到原料部门的价格是多少。

成本推算法是阿米巴内部定价首先需要考虑的方法。成本是阿米巴生产经营过程中所发生的实际耗费,客观上要求通过商品的销售而得到补偿,并且要获得大于其支出的收入,超出部分表现为组织的利润。

成本推算法的优点是定价方式简单明了,以现成的数据为基础;在考虑本阿米巴合理利润的前提下,下一道工序的阿米巴需求量大时,价格显得更公道。在实践中,阿米巴可以采用成本加成的方法(即在服务成本的基础上加一定的加成率)来定价。这种定价方法的缺点在于,一是没有考虑市场价格及需求变动的关系;二是没有考虑市场竞争的问题;三是利于企业降低产品的生产成本。

(2) 利润逆算法

利润逆算法是在已经决定了利润多少,其他定价需要各自自行解决。参见图4-7、图4-8。其优点是比较关注市场、关注竞争对手。

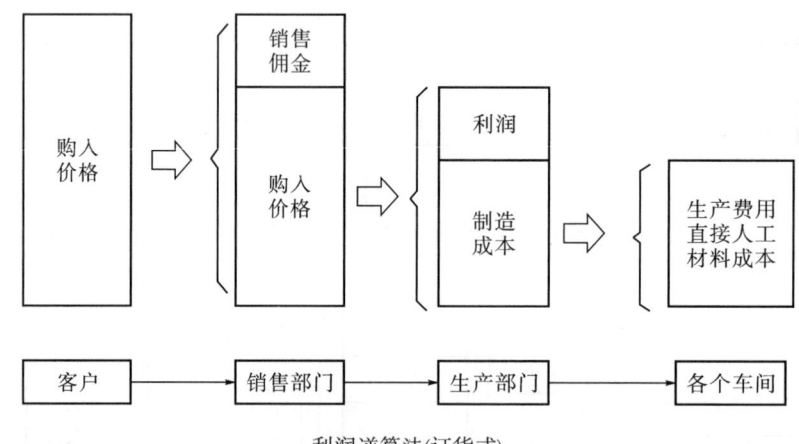

利润逆算法(订货式)

图4-7 订货式利润逆算法定价示意图

一定的目标利润需要一定的目标销售额和目标成本来维系。阿米巴组织以利润目标为出发点,在科学的市场调查与预测基础上,通过市场调查、预测和同行业先进水平、本阿米巴最高水平的比较,从而对阿米巴将来一定期间所获得的利润做出科学预算。以阿米巴经营目标、生产或进货成本、费用、税金、预期收益为依据,以追求经济效益最大化、实现预期投资报酬率、扩大市场份额、维持营业等为目标,确定合理的产品价格。

在确定目标利润时,要以本阿米巴的历史资料为基础,根据对未来发展的预测,通过研

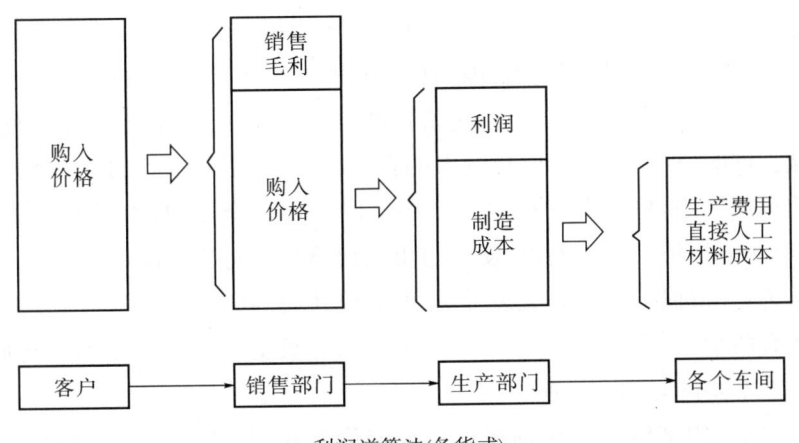

图 4-8 备货式利润逆算法定价示意图

究产品品种、结构、成本、产销数量和价格几个变量间的关系及对利润所产生的影响,结合市场经济动态、企业的长远发展规划等有关信息,在反复研讨论证的基础上加以确定,以确保本期利润的最优化。

(3) 市场参照法

市面上多少钱,阿米巴就卖多少钱。

市场参照定价法,主要是根据产品或劳务的市场供应价格作为计价基础,卖方愿意对内销售且售价不高于市价时,买方就有购买产品的义务,不得拒绝;若卖方售价高于市价,买方有改向外界市场购入的自由;卖方对内销售时,应该调低销售单价,如没有契约成本等而带来的销售成本的降低和节约。

在完全竞争的市场条件下,参照市场价格,让定价双方心中有数,最终按照市场的价格去定价。采用市场价格法可以解决各阿米巴之间可能产生的冲突,生产型阿米巴有权选择其产品是内部转移还是卖给外部市场,而采购型阿米巴也有权自主决定。

以市场为依据的内部定价,是以市场上的产品或有偿服务价格作为内部价格,适用于能够对外销售产品及从市场上购买产品的较高层次的阿米巴。企业应在进行市场调查的基础上,参照市场上的定价,尽量等于或低于该种产品或服务的平均市场价格。

市场参照法的特点是灵活有效地运用价格差异,对平均成本相同的同一产品,价格随市场需求的变化而变化,不与成本因素发生直接关系。

如果与市场价格偏离,将会使相关阿米巴的利润下降。市场价格比较客观,能够体现责任会计的基本要求,但市场价格容易波动,其准确性与可靠性受影响,甚至有些产品无市场价格作为参考,因而市场价格作为内部交易价格有很大的限制。

(4) 开价侃价法

开价侃价法是指阿米巴之间本着公平、自愿的原则,买卖双方以正常的市场价格为基础,定期共同协商,确定出一个双方都愿意接受的价格作为计价的标准。

内部转移价格中所包含的推销和管理费用,一般要低于外界供应的市价。

内部转移的中间产品一般数量较大,故单位成本较低。

售出单位大多拥有剩余生产能力,因而议价只需略高于单位变动成本就行。

开价侃价法在各阿米巴独立自主制定价格的基础上,充分考虑了企业的整体利益和供需双方的利益。同时,保留了阿米巴负责人的自主权,培养了阿米巴的经营人才。

这种方法运用恰当,将会发挥很大的作用。但在实际操作中,由于存在质量、数量、商标、品牌甚至市场的经济水平的差别,使得与市场价格直接对比很困难。

胡八一认为,开价侃价法的好处就是效率比较高,有利于企业整体利益最大化。面议法的缺点主要有两个:一是业绩指标可能由于阿米巴负责人的协商谈判技巧而扭曲;二是面议时会花费非常多的时间和资源。

总之,阿米巴的内部定价不能拘泥于一种定价方式,要结合企业与各阿米巴组织的实际情况,采用多种定价方法互补的方法,才能更好地适应企业内外市场。

四种定价方法各有利弊。比如成本推算法,适合成本比较高,而且成本比较刚性的阿米巴。利润逆算法就是利润的刚性比较足,弹性不大,但是成本的弹性较大。市场参照法、开价侃价法适合服务交易。

4. 内部交易定价六要素

阿米巴要进行内部定价,就要企业内部市场化。企业内部多个阿米巴之间、利润中心与成本中心之间按照市场机制建立交易关系,明确相互之间提供的产品和服务及收费标准,确定违约责任和索赔机制。同时,引入外部市场价格促使内部交易服务成本下降,如果内部服务成本无法降低则还应寻求外部交易机会。

一般而言,要做好公司内部的交易定价,主要有"称职人员、市场价格、议价机制、信息透明、自由采购、良好氛围"等六要素。这其实与企业已建立的成本中心的管理原则、方法一致,只是阿米巴经营涉及的内容更加全面,是全成本思维模式,是对所有要素的精细核算,其目的是循环改善,不是考核分钱。

(1) 称职人员。在理想状况下,管理者应该既关注本责任中心的长期业绩,又关注短期业绩。参与转让价格议定和仲裁的人员也必须称职,做到公平和公正,通常的做法是成立一个由公司主要领导担任主任的委员会,定期活动。

(2) 市场价格。理想的转让价格应该基于已经形成的转让产品、同等产品的正常市场价格,即反映要确定转让价格的产品同等条件下的市场价格。市场价格可以下调,以反映因内部销售而产生的节约。

(3) 议价机制。各个阿米巴经营单元之间必须存在一个议定的"合同"协调机制。

(4) 信息透明。管理者必须了解可以获得的替代方式,以及每种方式的相关成本和收入。

(5) 自由采购。应该存在替代采购方式,管理者应该有权选择最有利于自己的替代方式。采购经理应该有外购的自由,销售经理也应该有外销的自由。市场价格反映销售方对内销产品的机会成本,转让价格反映公司的机会成本。

(6) 良好氛围。管理者必须把损益表中所反映的盈利能力，视为对经营绩效评价的一个重要指标，内部的交易价格是公平、合理的。

5. 建立精细独立的阿米巴会计核算体系

要成立独立核算的阿米巴组织，必须能够准确统计阿米巴组织中的所有支出。可以直接归属于阿米巴组织的成本核算比较简单，例如燃油、水电、折旧、维修、材料等；无形资产、相关资源等间接成本，核算较为困难，需合理分摊；公司整体成本，如财务利息成本、行政人事辅助成本、发生诉讼费用、赔偿费用等，更需根据阿米巴组织中工序环节的特点，制定合理的分配、分摊制度，以确定费用分摊的透明、合理、公正。

因此，建立精细化的、独立的阿米巴经营会计核算体系是实施阿米巴经营的必然要求，也是企业发展、企业创新的需求，更是企业寻求高质量发展，实现经营新突破，实现组织敏捷、快速、精益的重要方法。

阿米巴经营会计核算体系，是建立在内部交易原则基础上的会计核算，是一种模拟市场的行为。核算结果能够评价每个阿米巴组织的经营绩效，识别、确定需要重点改进的方面，系统降低生产和管理成本，提高组织的综合竞争能力。

五、阿米巴经营服务内部定价

有偿服务是指各阿米巴之间加工、运输及服务的活动，按照"细化项目、明确标准、合同承包、有偿服务、严格结算"的原则，界定阿米巴的有偿服务结算标准。

1. 影响阿米巴有偿服务定价的因素

影响有偿服务定价的因素主要有三个方面，即成本，需求和竞争。

管理型阿米巴必须理解有偿服务的成本是随时间和需求的变化而变化的。成本决定着有偿服务价格的最低界限，如果价格低于成本，阿米巴组织便无利可图。市场需求决定着有偿服务价格的上限，市场竞争状况直接影响着阿米巴有偿服务定价策略的制定。在有偿服务差异性较小、市场竞争激烈的情况下，服务价格也相应降低。

2. 阿米巴有偿服务的定价方法

阿米巴有偿服务的定价方法主要有成本推算法和竞争导向定价法。

(1) 成本推算法。这是指阿米巴组织依据其提供服务的成本决定服务的价格。这种方法的优点：一是简单明了；二是在考虑阿米巴合理利润的前提下，当客户需求量大时，能使提供服务的阿米巴维持在一个适当的盈利水平，并降低客户的购买费用，其具体的方法有利润导向定价。

(2) 竞争导向定价法。这是指以竞争者各方面之间的实力对比和竞争者的价格作为定价的主要依据，以竞争环境中的生存和发展为目标的定价方法。

除了有形产品，各阿米巴单元间还有些非产品性的交易。例如，人力资源部成立一个利润巴后，向其他巴提供人力资源服务时，需要进行相应的收费；公司的研发部成立利润巴后，向其他巴提供工程技术检测时，需要进行相应的收费；公司的行政部门成立利润巴后，也需要向其他巴提供相应的服务收费，等等。

六、阿米巴经营内部核算

阿米巴经营的目的是培养经营人才,让全员真正参与,促使员工从"被动执行"转变成"主动创造"的经营者,释放员工潜能。稻盛和夫说,我们"不能只雇佣员工一双手,应该雇佣整个人;人人都想让生命出彩,人人都想创造价值;人人本自俱足,人人具有整体观,人人富有创造性"。建立阿米巴经营内部核算体系,通过巴长对阿米巴经营报表的填报、核算,使各级巴长能及时掌握本巴组织的经营绩效,以利于及时进行改进、创新,控制成本、增强竞争能力。

为何取名"阿米巴经营模式"而不叫"阿米巴管理模式"这也有深刻内涵。管理是员工"被动执行"的思想,经营是全员"主动思考、主动创造"的思想。管理面对的是资源,结果是效率提升;经营面对的是人,结果是人们获得更高满意、组织盈利。实现"老板的企业"向"企业的老板"转变,让员工成为企业的主人。

1. 租赁费

设计思想是将"设备、设施"以资产的方式,"打包"给设备管理部门,以设备设施租赁费的方式,形成收入。使用设备、设施的所有巴组织,须支付设备、设施租赁费,若有损坏须按照规则进行赔偿。确保"设备设施"的完整性、可使用性等,是设备设施巴组织天经地义的责任,修旧利废,则是他们为降低设备设施维修投入,降低备品备件,减少支出的重要方法,是设备设施巴组织应尽的责任和义务,因为设备设施相当于是他们自己的资产。

设备设施租赁费计算原则如下:

(1) 设施租赁费总构成。

设施折旧费+大修费+维修费+土地使用费+建设费+备件费+绿化费+公共区域保洁费+人工服务费+其他,等等。

(2) 设备租赁费总构成。

设备折旧费+大修费+维修费+备品备件费+技改费+设备投资费+人工服务费+其他,等等。

对于失误或造成的异议或损失,通过内部赔偿机制,按照市场化的原则赔偿。

2. 服务费

服务性阿米巴组织,以提供服务的方式,收取服务费用。服务费用可以用"计量单位×服务单价""劳务费用总包干"等方式计算。

后勤服务、质量检验、产品和材料运输服务、物流运输等都可以用同样的方式计算,形成收入。

3. 产品买卖

有具体产品交易的巴组织,按照"计量单位值×产品单价"方式进行计算。

4. 其他费用

中巴巴内有些费用,如治安费、防洪费、防疫费等管理费用,金额一般都不是特别大,也不是每个月都有。这种费用也没有必要以分摊的方式,分到人头,然后再从各个巴组织中收上来。建议直接由创造价值的生产性微巴来承担,分摊后,还是要让他们来承担,在相关的交易中进行考虑并支付给各有关参与交易的微巴。实战经验表明,这样做的价值不大,因为这不是微巴能控制和管理的费用,只会使阿米巴报表更加烦琐。我们不能为了阿米巴而照搬照套阿米巴。

七、阿米巴报表填写

阿米巴实施成功的标志是巴长每天做阿米巴经营报表,经营日报表参见第五章表 5-1,经营月报表参见表 4-5。

表 4-5　某集团钢厂加热炉微巴阿米巴 2018 年度月报表　　　　单位:元

阿米巴科目	1月	2月	3月	4月
总产品收入	374 567 005.90	340 506 617.70	372 237 174.92	289 017 418.74
热坯销售	373 817 331.65	339 818 112.09	371 462 770.38	288 686 900.88
蒸汽回收	749 674.25	688 505.61	774 404.54	330 517.86
生产支出	372 999 829.21	338 965 269.87	370 876 244.49	287 983 447.67
坯料	367 562 676.75	334 132 326.98	365 247 511.65	283 613 783.01
煤气	5 159 394.48	4 582 064.71	5 350 974.86	4 100 866.61
循环水	91 221.38	82 393.50	91 221.38	88 278.75
电耗	151 178.94	136 548.72	151 178.94	146 302.20
其他生产辅料	35 357.67	31 935.96	35 357.67	34 217.10
生产毛利	1 567 176.68	1 541 347.83	1 360 930.43	1 033 971.07
费用合计	1 027 559.50	949 509.94	992 497.64	912 361.66
设备租赁费用	552 054.79	498 630.14	552 054.79	534 246.58
设备维修费用	207 492.82	187 412.87	207 492.82	200 799.50
生活水	1 488.00	1 344.00	1 488.00	1 440.00
办公用品	10.85	9.80	10.85	10.50
生活用品	93.00	84.00	93.00	90.00
部门管理费	109 702.37	107 894.35	95 265.13	72 377.97
公司管理经费	156 717.67	154 134.78	136 093.04	103 397.11
质量赔偿费	279 940.00	222 380.00	196 850.00	160 396.00
收益	259 677.19	369 457.89	171 582.79	−38 786.59

阿米巴经营报表填写是基本功,更是责任心的体现,通过这种方式,使巴组织的巴员真正参与阿米巴经营中来。当今信息化时代,高度的数字化背景,已经将人力从繁重的事务性工作中解放出来。基于阿米巴经营会计定价原理、阿米巴经营精细核算原则等构建的数字阿米巴信息系统,已经实现了"一键获取阿米巴报表"功能,但巴长、巴员对阿米巴经营报表的会计核算逻辑、基本原理、原则,必须牢固掌握。

八、数字阿米巴

数字阿米巴,一般认为就是将阿米巴经营报表进行平台化、信息化、系统化、数字化,实现完全的自动化的计算结果,不需人工干预,实现智能决策。数字阿米巴系统是阿米巴经营体系的信息化管理方式,南京和弦云稻公司开发的数字阿米巴信息系统,简单易操作,通过系统集成的方法将 ERP、MES、EMS、i＋MTS、财务用友系统等数据进行抓取、归类、汇总、计算,形成微巴、小巴、中巴报表,该系统能自动汇总下级所有巴组织的阿米巴报表数据,形成上一级的阿米巴报表。

现代生产都是流程化、集中化、智能化的流水生产线,所以很多的过程数据、生产消耗等都能在线实时采集。这些生产数据、费用,会分别存放于企业的信息化平台系统如 ERP、MES、EMS、用友等系统中。通过信息化手段,将阿米巴经营报表进行平台化、信息化、系统化、自动化,从而实现数字化。

南京和弦云稻数字阿米巴信息系统的登录界面参见图 4-9。主要有"核算模型、数据接口、阿米巴核算、查询、报表"等大类标签,每个大类下面有若干小的选项菜单。阿米巴核算菜单下有"数据建模、时间数据、核算数据、费用分配、经营核算、责任调整、期末关账"等。

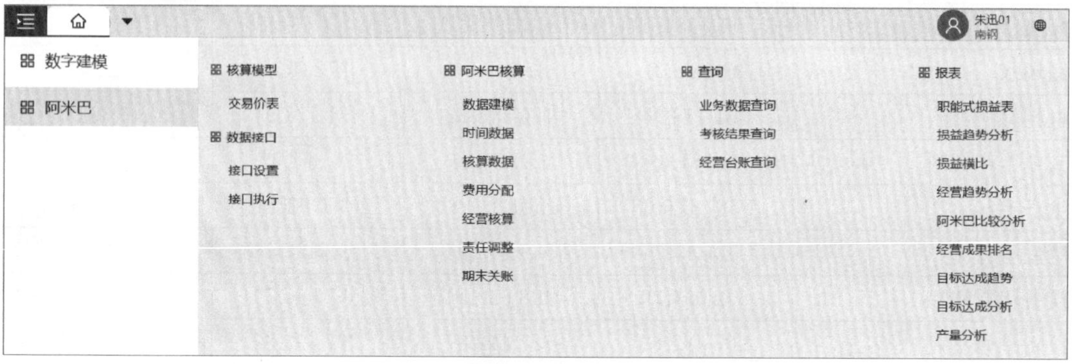

图 4-9 数字阿米巴信息系统核算菜单界面

数字阿米巴系统的核心组成,是巴组织的职能损益表,也就是阿米巴报表,它的界面如图 4-10、图 4-11 所示,它是对阿米巴报表的数字化。

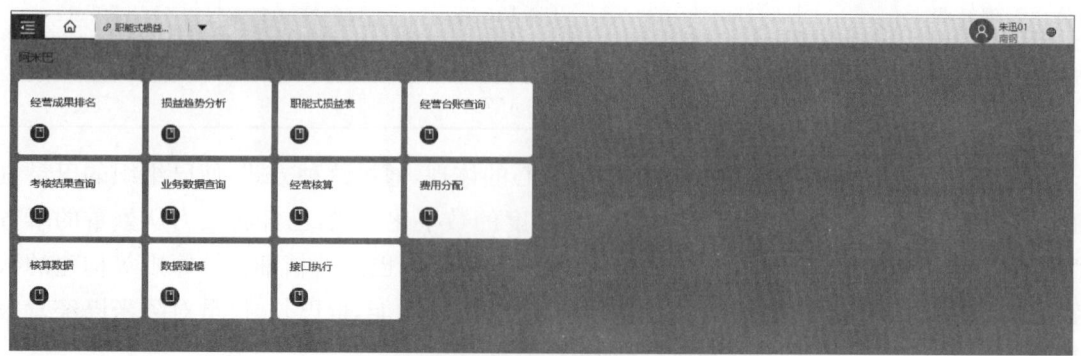

图 4-10 阿米巴系统登录界面

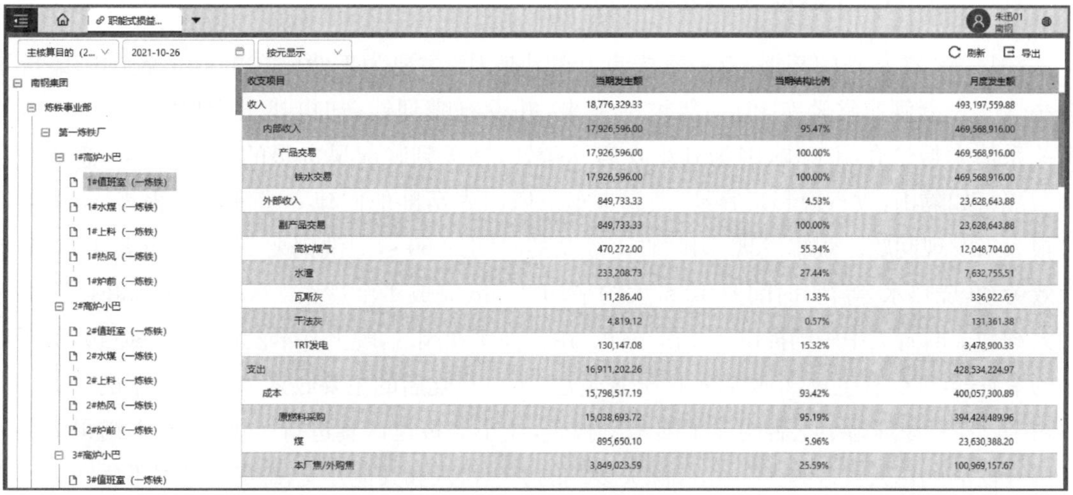

图 4-11　阿米巴职能损益表界面示意图

通过信息化手段，实现一键获取，将巴长从填报阿米巴报表中解放出来，让其有更多的时间使用阿米巴报表、分析阿米巴报表，把时间和精力用在分析、研究、改进方面。

企业通过数字阿米巴建设，实现所有阿米巴组织报表数据在 MES、ERP、i＋MTS、用友等系统自动抓取，自动汇总计算，实现一键式获取报表。

通过对报表的动态分析，可以分析降本、改进的有效性，有没有造成成本转移等，全成本是改善了还是没有变化等，都可以通过对报表进行综合分析发现。

数字阿米巴信息系统对数据进行处理、汇总后，还通过图表的方式显示信息，员工利用自己的实践经验、理论知识，综合这些信息，进行决策，同时，结合特殊数字模型，运用数字化技术，将信息升华成为知识、智慧，实现阿米巴的数字化转型，构建真正的数字阿米巴体系。可见，要真正实现数字阿米巴经营，实现数字化经营，任重而道远。

数字阿米巴有助于各级巴长系统分析经营结果，确定改进方向，制定改进措施，确立改进空间，构建循环改善机制，培养先进巴长、优秀巴长、金牌巴长等。

很多组织按照传统方式，建立了强大的成本管控体系和标准成本模型，但很少去分析成本管控管理方法的科学性，有效性评价也不完善，人为地将"现场"和"市场"，这两个本应紧密联系的"场"隔离开了，要求这两个"场"的人员只需要按照规范和要求，完成相应的任务就行了，"现场"的生产人员不知道"市场"，"市场"的营销人员也不了解"现场"，造成很多需要上一级部门协调的事情，事实上，"现场"的复杂和"市场"的瞬息万变，由于不能做到"现场"和"市场"的直接沟通，信息不能通过"市场"向"现场"有效传递，形成"热水瓶"内热外凉现象，影响公司的经营效率和客户满意度。

谁对企业的利润负责？谁又对企业的支出、成本负责？这中间需要很多的协调、考核，管理成本巨大，各自为政的思想，使企业难以得到良好发展。

九、阿米巴经营报表的功能与作用

2014年,在某省的某地,有一家夫妻开的小吃店,主要为工业园区的打工者供应廉价午餐小炒。夫妻俩非常勤奋,但一年忙活下来,并没有赚到钱,却也找不到原因。这时,他们托关系请人帮忙介绍工作,因为开小吃店不赚钱,一天到晚起早贪黑的,太辛苦了,想转行。

隔行如隔山,改行说起来容易,做起来难。所以先帮助他们建立了阿米巴报表,希望能通过报表来发现问题。观察发现,厨师真正炒菜的时间约 60 s,但洗锅要 25 s、装盘要 10 s、其他无效劳动(烧热水、等待)时间要 10 s,大约平均 2 min 完成 1 个炒菜。每天中午高峰供应的时间大约为 2 h,每天中午约提供 450 份小炒。由于在工业园区,晚上基本没什么人来吃饭,除了偶尔的聚餐等,很少有生意,小吃店不做早餐生意,所以小吃店的主要收入来源是中午的午餐。按照阿米巴经营原理为小吃店构建了阿米巴报表,让小老板也认真进行了填写,基本结果详见表4-6。小吃店的每天收益约 580 元,扣除夫妻俩的资金投入和其他开支,确实是基本不赚钱。

表 4-6 某小吃店改进前阿米巴日报表

一级科目	二级科目	数量	单价/元	收入/元	支出/元
销售收入	小炒	450	10	4 500	
小计				4 500	
生产支出	柴	450	0.3		135
	米	450	0.2		90
	油	450	0.2		90
	盐	450	0.1		45
	调味	450	0.1		45
	食材	450	3.5		1 575
	管理费	450	0.2		90
	水		900		30
	电	4 000	0.9		120
	房租费	1	8 000		266.67
小计					2 486.67
折旧	折旧费用	1	100		100
小计					100
人员工资	厨师	6	6 000		1 200
	服务员	2	2 000		133.33
小计					1 333.3
收益(元)				580	

通过对报表的分析发现,收入只有 4 500 元,较少,需要提高效率增加收入。成本支出部分,日食材成本约 2 500 元,约占收入的 56% 左右,分析发现,几乎没有改进的空间。而每日人员工资支出较大,尤其是厨师的工资有 1 200 元,约占了总收入的四分之一,是较大费用支出项,需要控制、改进、优化,应重点关注。这是降低成本、提升效率的关键。

小老板先进行流程优化改进,厨师只负责炒菜,标准时间设定为 60 s。其他辅助工作如刷锅、配菜、装盘等由专门服务员承担。方案确定后,通过内部竞争的方式,留下 4 名综合素质较高的厨师,重新商定待遇方案。新招收 2 名服务员,负责刷锅、配菜、装盘等服务、辅助、准备等工作。优化流程后,需要新购置 100 口锅,用于炒菜周转。

小吃店改进后的阿米巴经营日报表,详见表 4-7。提高了效率,增加了收入,也增强了小吃店的竞争能力。

表 4-7 某小吃店改进后阿米巴日报表

一级科目	二级科目	数 量	单价(元)	收入(元)	支出(元)
销售收入	小炒	1 000	10	10 000	
小 计				10 000	
生产投资	新购炒锅	100	20		2 000
小 计					2 000
生产支出	柴	1 000	0.3		300
	米	1 000	0.2		200
	油	1 000	0.2		200
	盐	1 000	0.1		100
	调味	1 000	0.1		100
	食材	1 000	3.5		3 500
	管理费	1 000	0.2		200
	水	900			30
	电	4 000	0.9		120
	房租费	1	8 000		266.67
小 计					5 016.67
折旧	折旧费用	1	100		100
	新增折旧费用	1	16.67		16.67
小 计					116.67

续 表

一级科目	二级科目	数 量	单价(元)	收入(元)	支出(元)
人员工资	厨师	4	7 000		933.33
	服务员	4	2 200		293.33
小 计					1 226.67
收益(元)			3 639.99		

本案例主要从流程优化、提高效率来实施改进、提升,在确保质量的前提下,用有限的投入,实现了收益最大化目标。

第五章

阿米巴经营核算

阿米巴经营核算是按照阿米巴经营会计的原理、原则，根据内部交易的关系，对巴组织的经营结果进行核算的过程。阿米巴经营核算与一般的财务核算不同。

阿米巴经营核算是根据组织内部的核算原则，对经营过程数据进行核算的过程，主要目的是为经营者提供经营性信息，为经营决策提供帮助，主要目的是经营改善。在阿米巴经营报表中，设计了四级科目，参见表 4-1、表 5-1。

表 5-1 某阿米巴组织经营日报表

一级	二级	三级	四级	数量	单价/元	金额/元	备注
收入	内部收入	产品收入	钢板生产	1 000	5 000	5 000 000	
			钢板处理	500	500	250 000	
		服务收入	来料加工	300	1 000	300 000	
			交流接待	20	500	10 000	
		其他收入	废钢销售	366	2 200	805 200	
			赔偿收入	0	0	0	
	外部收入	产品收入	无	/	/	0	
		服务收入	协同创新	33	480	15 840	
		其他收入	无	/	/	0	
		小计/元				6 381 040	
支出	巴内成本	费用支出	钢坯购入	1 370	3 700	5 069 000	
			生产辅料	23	400	9 200	
			水、电、风、气			12 000	
			外包采购	24	1 200	28 800	
			服务采购	24	8 000	192 000	
			赔偿支出	/	/	30 000	
			不良支出	/	/	25 000	
			其他	/	/	0	

续表

一级	二级	三级	四级	数量	单价/元	金额/元	备注
支出	巴内费用	费用支出	设备设施租赁费	1	56 000	56 000	
			管理费用	/	/	1 200	
			环保费用	/	/	800	
			运输费	/	/	5 690	
			预提费用	/	/	2 000	
			销售费用	/	/	3 000	
			财务费用	/	/	0	
			人员工资	/	/	59 687	
			其他	/	/	48 210	
	巴外费用	分摊费用	公司分摊	/	/	45 621	
			事业部分摊	/	/	25 431	
			中巴分摊	/	/	17 500	
小计/元						5 631 139	
时间	工作时间	有效	有效作业时间	/	/	240	
		加班	加班时间	/	/	22	
		无效	无效作业时间	/	/	12	
小计/h						274	
收益/元						749 901	
巴员总数/人						30	
单位时间核算/(元·h^{-1})						2 736.86	
单位人员核算/(元·人$^{-1}$)						24 996.70	

阿米巴组织划分好以后，通过对巴长的培训、培养，巴长就要按照巴组织的经营原则，每天填报阿米巴报表，每天核算阿米巴经营收益。每天看报表、分析报表，是经营者、老板的看家本领。报表科目的设计必须要贯彻"全面成本"的思想，巴长们要知道企业在经营过程中的成本构成与分类。阿米巴经营报表也必须是全成本报表。

经营报表的核算结果即收益，我们主要看收益的变化趋势。利润巴与成本巴的要求不一样，利润巴要通过提高效率、减少成本支出来提高收益；成本巴主要是通过减少各项支出来降低成本，从而增加收益，所谓降低的成本就是收益。

由于定价原则、交易机制，数据颗粒度大小的程度等因素，阿米巴核算可能做不到绝对的公平、公正，但绝对能公开，让所有巴长、巴员都明白，我们的基线、起点在什么基线水平就行。阿米巴经营看的是改善趋势、努力程度，而不是能力的大小。

一、阿米巴经营会计

经营会计是管理会计的分支,与管理会计源于西方不同,经营会计由日本人发明,它是一种直接以促进经营为目的的会计系统,它的出现解决了"企业家如何一目了然地掌握经营实态""如何通过量化的数据来贯彻经营者意志"等难题。

1. 财务会计与经营会计

经营会计是日本企业经营者长期探索的结果,在很长的时间里是"养在深闺人未识";又由于这是一种基于企业个性化基础的定制性工具,在不同企业表现出的会计形式也不同,所以对此有系统化的理论认识,以及实务经验的人相对比较少。财务会计和经营会计的区别参见表5-2。

表5-2 财务会计和经营会计的区别

对比项	财务会计	经营会计
用途	外部报告:向公司的利害关系人报告公司的财务状况和经营成果	内部经营:是经营者,管理者能够及时地了解企业的经营状况,并提出适当的对策
目标	提供有效信息:提供决策有用的信息,加强经营管理,考核企业管理层经济责任的履行情况	生产性的提高:提高企业的收益性,生产性、追求企业的安全性、安定性
核算准则	合规、合法:《会计法》《企业会计准则》	合目的:随着企业的业种、业态、观摩、组织、产品、区域、课题的不同而建立的独立基础账户科目和部门计算体系
核算对象	我国企业会计准则规定的财务会计要素包括资产、负债、所有者权益、收入、费用和利润六项	管理对象类别的分类计算:管理对象不局限于公司的范畴,而是按事业类别、部门类别(如制造、销售)、营业类别、地区类别、商品群类别、工程类别、项目类别、客户企业类别进行把握
会计期间	根据连续经营假设,将连续的经营过程划分为适当的时间段落,通常以"年"来计量,称为会计年度,从公历1月1日起到12月31日止。此外,还可分为季度、月度	过程与结果计算 年度开始的计算(年度计划) 年度过程的计算(月度计划) 年度末的计算(年度决算评价)

2. 财务会计与管理会计

经营会计是管理会计的一个分支,管理会计和财务会计的区别参见表5-3。

表5-3 财务会计与管理会计的区别

比较要素	财务会计	管理会计
服务对象	政府、银行、股东等外部利益相关者	企业内部管理层
依据标准	政府部门颁布的《企业会计准则》	企业自行制定,不受企业会计准则约束

续　表

比较要素	财务会计	管理会计
提供信息类型	以已完成或已发生的交易和事项作为加工对象,面向过去	以预计企业要发生的和企业未来的经济行为作为加工对象,所产生的信息面向未来
报告形式	报告形式固定;损益表、资产负债表、现金流量表	报告形式自由,依据企业需要自行制定
时间范围	以一定的期间(月、季、半年、年)编制	不受固定期限限制
会计原则	权责发生制	收付实现制
记账方法	复式记账—有借必有贷,借贷必相等	单式记账—数据表格
成本计算方法	严格按照公认会计准则采用的方法进行,采用的是完全成本法(制造成本法)	根据不同目的,可选择变动成本法、作业成本法等

第一,财务会计和管理会计的服务对象不同。财务会计的服务对象是政府、银行、股东等企业外部利益相关者,管理会计的服务对象是企业内部管理层。财务会计报表需要公开,并满足外部利益相关者了解企业经营状况的需要;经营会计报表不需要公开,仅仅满足企业管理层经营管理决策的需要。

第二,财务会计和管理会计的依据标准不同。财务会计的依据标准是财政部颁布的《企业会计准则》,管理会计的依据标准则是企业内部自行制定的标准。各国政府都很重视《企业会计准则》的制定和颁布,其代表的是国家机器的利益,政府会用《企业会计准则》来规范企业的做账,防止企业偷税、漏税。

第三,财务会计和管理会计提供的信息类型不同。财务会计是以已完成或已发生的交易和事项作为加工对象,面向过去;管理会计是以预计企业要发生的和企业未来的经济行为作为加工对象,所产生的信息面向未来。

第四,财务会计和管理会计的报告形式不同。财务会计有三张表:损益表、资产负债表和现金流量表。管理会计报表形式自由,依企业实际的经营和管理需求而定。

第五,财务会计和管理会计报表核算的时间范围不同。财务会计的最短期限是月报表,并有季报、半年报、年报等不同周期的报表;管理会计核算的期限不受固定期限限制,根据实际管理需求,可以把报表的核算周期缩短,比如旬报、周报、日报等。例如,京瓷对基层阿米巴的核算采用单位时间核算表,即把一个阿米巴单元每小时的利润核算出来,以满足企业业绩分析与改善的需要。

第六,财务会计和管理会计所遵循的会计原则不同。财务会计遵循权责发生制,管理会计遵循收付实现制。

第七,财务会计和管理会计采用的记账方法不同。财务会计的记账方法为复式记账—有借必有贷,借贷必相等;管理会计的记账方法为单式记账—数据表格。

第八,财务会计和管理会计的成本计算方法不同,财务会计严格按照公认会计准则所采用的方法来进行,即完全成本法;而管理会计根据不同目的的选择,如变动成本法、作业成本法等方法。

3. 完全成本法和变动成本法

完全成本法是指在计算产品成本和存货成本时,把一定期间内在生产过程中所消耗的直接材料、直接人工、变动制造费用和固定制造费用的全部成本都归纳到产品成本和存货成本中去。参见图 5-1。

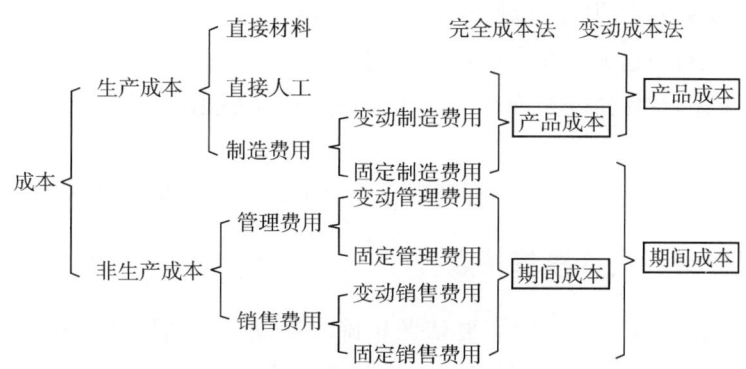

图 5-1　完全成本法和变动成本法的区别

变动成本法是指在计算产品成本和存货成本时,只将变动生产成本作为产品成本的构成内容,而将固定生产成本和非生产成本作为期间成本,并按贡献确定程序,计算损益的一种成本计算模式。

完全成本法和变动成本法的区别是:

(1) 变动成本法中,固定制造费用不计入产品成本,而是作为期间成本全额列入损益表,从当期的销售收入中扣减。

(2) 制造费用包括辅料消耗、生产水电及能源费、维修费、管理人员工资及其他费用,厂房及设备折旧。一般来讲,属于变动制造费用的有辅料、生产水电及能源费、维修费,管理人员工资及其他费用、厂房及设备折旧属于固定制造费用。显然,在"产成品"与"在产品"存货估价方面,完全成本法计算出来的估价高于变动成本法计算出来的估价。

(3) 此外,在盈亏计算方面:

① 在产销平衡情况下:按完全成本法确定的净收益＝按变动成本法所确定的净收益。

② 当期产量＞当期销量:按完全成本法确定的净收益＞按变动成本法所确定的净收益。

这是因为在完全成本法下,部分存货留在企业内部,存货价值包含了一部分固定生产成本,这样当期扣减的产品成本低于变动成本法核算的产品成本,计算的净收益自然大于变动成本法计算的净收益。

③ 当期产量＜当期销量:按完全成本法确定的净收益＜按变动成本法所确定的净收益。

这是因为把上期的部分存货销售出去,在完全成本法下,这部分存货也包含一部分固定成本,这样当期扣减的产品成本高于变动成本法核算的产品成本,计算的净收益自然小于变动成本法计算的净收益。

（4）这两种成本算法在经营决策上也有所不同。完全成本法强调生产环节对企业利润的贡献，固定制造费用在本期已销售产品和库存产品之间的分配是一致的。所以，在一定销售量条件下，生产量越大，利润越大。在产销不平衡的情况下，会诱导管理层片面追求高产量，盲目生产，从而增加成品库存，与人们的经营常识相悖。

而变动成本法强调销售环节对企业利润的贡献，固定制造费用不计入当期产品成本。所以，销售量越大，利润越大。在产销不平衡的情况下，决策层也会牢牢把握销售最大化的经营原则，盯住库存，在保持安全库存的前提下把库存最小化，这也是比较符合经营常识的经营思维。

因此，变动成本法的优势就在于有利于企业做出正确的短期经营决策。

二、阿米巴经营会计核算特点

组织为了持续创造高利润，除了要依照正确的原理和原则展开经营活动外，正确的会计同样必不可少，而这门重要的会计就是——经营会计。

阿米巴经营会计是基于牢固的经营哲学和精细的独立核算管理，把组织划分成一个个小的团体，通过与市场直接联系的独立核算制，实现全员参与的核算方式。其主要特点是：层级管理、组织细化、全员参与、自主经营。

经营会计是实践阿米巴经营必备的系统量化工具。与源于西方的财务会计、管理会计不同，经营会计源于日本，由"经营之神"松下幸之助最早发明，是一门直接以促进经营提升为目的的会计系统。它的出现解决了"企业家如何一目了然地掌握经营实际""如何通过量化的数据来贯彻经营者意志"的世界性难题。

经营会计以数据反馈现场，及时应对市场变化。阿米巴经营会计是反映阿米巴整体经营状况的一套核算体系，清楚地表明阿米巴的损益状况。只有将复杂问题简单化，才能让阿米巴全体员工都了解。在阿米巴经营模式里面，"人人都是经营者"，只有掌握了现场的经营数据，阿米巴管理者才能准确地做出决策。这也是阿米巴经营的精髓所在。

对于会计的重要性，我们以一个比喻来说明：如果把经营比喻为驾驶飞机，会计数据就相当于驾驶舱仪表上的数字，机长相当于经营者，仪表必须把时时刻刻变化着的飞机的高度、速度、姿势、方向正确及时地告诉机长。如果没有仪表，就不知道飞机现在所在的位置，也就无法驾驶飞机。所以，如果企业离开了准确反映经营实际状况的会计，那么，经营者就无法展开有效的经营判断。

在传统的财务会计报表中，企业管理者无法一个人从这些繁多的数据中发现企业哪一项业务能够保持盈利，哪一项业务正处于亏损状态，哪一项业务需要发展壮大，哪一项业务必须控制收缩并立即制定相应的对策。但是阿米巴经营会计能正确利用这些数据，让企业内部所有员工都时刻盯着这些数据的变化，并把数据有效运用到工作流程中，形成高效易懂的阿米巴经营报表，依据阿米巴经营报表信息，开展持续改进、循环改善，将企业做精做大做强。阿米巴经营报表与传统的务会计报表的区别，参见表5-4。

表 5-4　阿米巴经营报表与财务报表的比较

比较要素	财务会计报表	阿米巴经营会计报表
作用	报告财务状况和经营业绩	掌握经营状况并及时调整对策
报告对象	对外有关部门和权益相关人	各级巴长
制作者	财务会计部门	巴长
计算准则	有关法律、法规	公司内部规定
计算对象	公司的综合财务报表	各巴的经营报表
功能	主要核算	包括预计、预提,最后核算
报表周期	月、年	日、周、月

独立核算的阿米巴组织,必须能够准确统计阿米巴组织中的所有支出。可以直接归属于阿米巴组织的成本核算比较简单,如燃油、水电、折旧费、维修、材料等;无形资产、相关资源等间接成本,核算较为困难,需合理分摊;公司整体成本,如财务利息成本、行政人事辅助成本、发生诉讼费用、赔偿费用等,更需根据阿米巴组织中工序环节的特点,制定合理的分配、分摊制度,以确定费用分摊的透明、合理、公正。这一系列原则制定以后,所有巴组织都遵循这些核算原则进行核算,那么基于管制职能的各种"中心",也就没有存在的价值,减少了管理成本。

因此,建立精细化的、独立的阿米巴经营会计核算体系,是实施阿米巴经营的必然要求,也是企业发展、企业创新的需求,更是探索区块链新理念、寻求企业经营新突破的要求。去中心化是实现组织敏捷、快速、精益的重要方法。

三、阿米巴经营报表的价值

阿米巴经营报表是对组织在单位时间内的产品和/或服务收入,组织在单位时间内发生的各种实际消耗,如原料、辅料、材料及水、电、风、气和各项费用等,按照设计的科目进行归集、核算结果的呈现。通过每天跟踪结果,分析组织经营结果的变化趋势,及时发现问题、解决问题,以改善组织的经营绩效。这是阿米巴经营报表最大的价值,这种改进来得直接、快速、主动、高效,这正是各级管理者,老板孜孜以求的结果。充分体现了人人都是经营者的老板思维,解放了老板,重视和体现了员工的价值。

1. 目的对象方面

在目的对象方面,传统财务会计报表向公司的利害关系人报告公司的财务状况和经营成绩,一般服务和提供财务数据的对象是股东或最高经营者。

而阿米巴会计核算的数据,为组织中进行阿米巴经营行为的人提供。阿米巴经营会计报表最大的作用,不在于阿米巴报表核算数据有多么准确,而关键在于阿米巴报表的制作者是巴长或者是巴长指定的成员。通过阿米巴经营会表,可以激发巴长及其成员的经营意识,及时反映阿米巴经营状况。

2. 计算周期方面

财务会计报表一般是事后计算。传统财务会计一般以月度、季度或年度为周期，对过去一个较长周期的财务数据进行统计分析。

而阿米巴经营报表是即时反映经营状况。阿米巴经营报表需要及时做出来，一般至少要做到月报，最好的能做到日报、周报。阿米巴经营会计以日、周、月、年等为周期进行核算，重点对短期内的经营状况数据进行统计分析，为经营者提供经营决策依据，如确定是否需要开展改进和对改进效果进行评价。

3. 在合规方面

财务会计报表需要符合相关的法律法规，而阿米巴经营报表只要符合内部规定即可。阿米巴经营报表传达的信息是巴组织的经营信息，只需按照一定的交易核算原则进行统计核算，以实用、管用、好用为原则，没有强制性要求。

4. 在原则和科目方面

在阿米巴报表科目设计方面，根据核算的目的不同，可以设立不同的科目。柏明顿设计的阿米巴经营会计报表中，经常会有"预计"和"预提"这两项，最后才进行核算。本书作者设计的报表科目，除"预计"和"预提"外，增加了"赔偿"科目，主要核算巴组织由于各种不良情况造成的损失支出，这样有利于对不良成本开展改进、控制。而传统的财务会计报表主要是核算，很少有核算之后再去做预提的，更不可能依据财务会计报表去开展改进提升。

（1）预计

一家公司的生产阿米巴制作经营会计报表，假如要做到周报，那么这一个月的水电费就只能预计为2 000元，这2 000元就要分为4周，1周就是500元，在阿米巴经营会计报表里面的目标就是500元。这500元是阿米巴预计的，然后真正发生了事后去统计。

（2）预提

某家公司的一个阿米巴每年的外部质量损失成本相当于营业额的万分之一。假如这个阿米巴实现了1亿元的营业额，那就可以预提1万元。这1万元到底发生在哪一天呢？哪一天会有退货呢？这是无法确定的。

阿米巴只能把1万元分配到十二个月，每个月阿米巴要做周报，就分成四周，这就把1万元的外部质量损失成本预提出来，放到了每一周，尽管这一周没有发生客户退货。那为什么要预提呢？如果阿米巴不预提，不预计，等事后再去统计，就失去了阿米巴经营会计报表的最大价值，即及时反映经营状况，促使巴长和巴员及时调整我们的经营策略。

（3）赔偿

很多不良成本，并不能及时准确发现，除非是当场出现完全报废或失败。在很多时候，都存在一个滞后情况，即当一个产品已经生产完成，被下道工序接收后，按照阿米巴会计核算的逻辑和原则，视同交易完成，必须形成收入。如果在后道工序中，发现由于前道工序的原因造成了产品不良，那么，巴组织可以通过追溯的方式，按照设立的"赔偿"支出科目进行赔偿支出，这些赔偿支出属于产品不良成本，是重点改进和控制对象。

服务赔偿也按照相似的思想设计，比如，你是设备、设施的所有者，对其进行维护、保养是你的责任、义务，但由于设备、设施的原因造成了生产延误、产品不良，这些损失，也需要相关巴组织进行赔偿支出。

赔偿的原则，是损失多少钱，就赔偿多少钱，其中还应当包括不良损失鉴定费用、相关人员其他费用如差旅费、招待费等费用支出。对最终客户造成了损失，其实也对公司的产品品牌、社会形象也造成了损失，除了经济赔偿外，如果有条件，在公司内部可以对其进行"商誉损失"预提。

以前，我们一直想清楚地了解公司的各项成本构成，但由于传统的会计核算系统的目的和其服务对象的原因，总不能满足这一要求，绝大部分企业只能得到一个整体的成本数据。随着管理会计的发展，虽然对成本科目也进行了细分，但这基本都是基于财务会计原理来计算的，成本构成也很粗浅，通过分摊后，也只清楚单位产品的成本、费用构成比，具体是什么，还是不清楚；内部生产造成的各种不良损失，没有进行专门的统计和分析，掩盖了生产的实际情况，这很难为经营决策提供有力支持。

稻盛和夫曾这样说，"无论是在公司还是出差，我都第一时间看每个部门的'阿米巴经营会计报表'。并且，通过销售额和费用的内容，就可以像看一个一个故事一样明白那个部门的实际状态，经营上的问题也自然而然地浮现出来。"

当然，"阿米巴经营会计报表"除了让股东或经营者能直接看到公司的经营状况及发现问题，阿米巴经营会计还采用市场价格倒逼的方法来降低生产成本。例如，销售部接到订单后，发送到生产部门，生产部门会以订单上的价格为基础想尽一切办法降低费用，用最少的费用和成本做出最完美和客户最满意的产品，从而达到利润最大化的目的。

四、阿米巴经营会计七大核算原则

稻盛先生在京瓷的阿米巴经营实践，使他认识到企业经营者必须正确把握自己企业的实际经营状况，在此基础上做出正确的经营判断，而要做到这一点，前提就是要精通会计原则和会计处理方法。

稻盛和夫运用经营会计不拘泥于传统会计制度，而是直逼会计的本质。在长期的实践中，随着京瓷的发展壮大，稻盛先生对于会计的理念问题不断思考，逐渐归纳出经营会计的七个原则。

1. 以现金为基础经营的原则

财务会计制度奉行权责发生制，收支钱款的实际时间与其销售收入和费用核算的时间不一致，企业经常出现面临账面盈利而手头没钱的现象。有些资产在账面上显示为财富，但事实上已经是垃圾；有些企业将借贷的钱用于投资，但会直接受到宏观经济形势、政府政策的影响，一旦银根紧缩，就有资金链断裂的风险。所以，稻盛先生强调，企业经营必须以手头的现金为基础，努力提升自有资本比重，保证现金流。

2. 一一对应的原则

企业经营过程中，必然会发生钱、物的流动，稻盛先生要求必须保持钱、账、物的一一对应。表面看来这种对应是理所当然的，但是实际经营活动中却并不如此，比如某个月销售不理想，业务员有可能串通客户开出票据，把账面做得好看。稻盛先生认为，这种行为是不道德的，这样的公司是没有前途的，要坚决杜绝此类行为，不论在什么情况下，都必须保证钱、账、物的一一对应，尤其是赊购和赊销。每一笔对应都要清清楚楚，不能笼统对冲。坚持贯彻一一对应的原则，数据就能够真实反映企业经营状况，更重要的是，贯彻该原则可以提高公司的道德水准，使员工相互信任，对于保证企业健康运行意义重大。

3. 肌肉坚实的原则

稻盛先生认为，经营者必须具备坚强的意志，克服过分美化企业的诱惑。企业可以通过如下举措保持肌肉坚实：

（1）减少固定费用，降低生产成本。比如购买二手设备，虽然一手设备的效率基本上是二手设备的两三倍，但价格可能是十几倍，因此投资效率并不高。若企业过分投资先进设备，固定费用会迅速增加，盈亏平衡点会大幅上扬，不利于企业的正常经营。

（2）及时清理库存。稻盛先生把库存比作"路边的石块"，他主张不能为了账面上数字的好看，而将已经毫无价值的东西放在仓库当财产看。经营者应该经常检查仓库，及时把"石块"清理出去。

（3）警惕固定费用的增加。稻盛先生认为，大量的设备投资和非生产人员的增加，实际上是"虚胖"，必须高度警惕。

（4）靠汗水换取利润，绝不投机。稻盛先生认为，只有自己额头流汗、辛勤工作赚来的钱，才能成为利润。稻盛先生非常厌恶风险投资，在20世纪80年代中期，他坚决抵制住银行投资房地产的建议，使京瓷在日后房地产泡沫破裂之际得以安然无恙。

（5）即买即用。在采购方面，稻盛先生坚持"买一升"原则，哪怕"买一斗"更便宜、更诱人，也只买一升，绝不积压。

4. 完美主义的原则

"所谓完美主义，是指不允许暧昧和妥协，所有工作都要追求完美，达至每一个细节。"企业的经营者，不但要会把握企业的发展方向，而且要了解工作的细节，"如果部下请假，自己不能完全取代他的工作，就没有资格做领导"，对于生产、销售目标的实现，以及研发工作的进度，都要百分之百确保实现，哪怕差一点点，也绝不通融。否则，公司经营就会怠慢，公司内部纪律就会松弛。对于会计数据，经营者要严格审核，不允许出现任何错误，经营者自身严格贯彻执行，完美主义原则就会渗透到整个公司，成为每位员工的习惯。

5. 双重确认的原则

稻盛先生倡导"以心为本"的经营理念，他认为人心是脆弱的，所以需要制度来约束，避免员工因为一念之差而铸下大错，为此，京瓷从原材料的接受、产品的发送到应收款的回收，整个管理系统都实行"双重确认"的原则，让两个以上的部门和员工相互审核、确认。

6. 提高效益的原则

提高效益的原则主要体现在单位时间核算表上。京瓷通过单位时间核算表，实现了全员参与的透明经营。需要指出的是，阿米巴的内部市场化绝不鼓励各阿米巴单元之间的残酷竞争，而是友好竞赛，通过阿米巴的独立核算能够明确反映出其对公司做出的贡献，推进各部门之间相互扶持、协同。

7. 玻璃般透明经营的原则

松下幸之助曾经为公司规模扩大后如何实现信息公开和透明而苦恼，稻盛先生的阿米巴经营则完美解决了这个问题。要保证阿米巴的良好运行，需要公司的整体信息能够全面、及时、准确地传达给员工，如果员工不知道公司的实际经营状况，就不会与领导者产生共鸣，更不会产生努力工作的动力。

五、权责发生制与收付实现制

很多老板或者高管多年来习惯于阅读财务会计报表，如果财务会计报表和经营会计报表核算出的利润数据差异很大，大家就会思考。到底是哪些因素导致财务会计报表和经营会计报表核算的利润数据差距这么大，如果两者所采用的核算原则都不相同，是很难去解释这种差距的。下面，就让我们了解一下这两种核算原则及其在核算方面的区别。

1. 权责发生制

权责发生制是指，凡是当期已经实现的收入和已经发生或应当负担的费用，不论款项是否收付，都应当作为当期的收入和费用；凡是不属于当期的收入和费用，即使款项已经在当期支付，也不应当作为当期的收入和费用。

2. 收付实现制

收付实现制则是与权责发生制相对应的一种收入和费用确认的基础。收付实现制是指，款项只要收到，就作为当期的收入；款项只要支付，就作为当期的支出。

3. 权责发生制和收付实现制在核算方面的区别

（1）会计科目有所不同，这是因为权责发生制在应计基础上存在费用的待摊和预提等问题，而在现金收付基础上不存在这些问题。

（2）计算的收入和费用总额不同，这是因为权责发生制和收付实现制确认当期的收入和费用的原则不同。

（3）盈亏计算的准确性不同，权责发生制把费用和相关收入进行配比，真实反映企业一段时间的成本，因此计算企业的盈亏比较准确。

（4）计算程序不同，权责发生制在应计基础上期末对账簿记录进行调整之后才能计算盈亏，所以程序多；而在现金收付基础上期末不需要对账簿记录进行调整，即可计算盈亏，所以程序简便。

实际操作中，经营会计报表的核算并不采取收付实现制，特别在制造型企业中，很多企业有应收账款，比如两个月周期，也就是说，当期发生的生产费用，要配比两个月之后的销售回款，这样就造成当期核算巨亏。而两个月之后，销售回款收到了，又造成当期核算巨盈。这样的核算结果很难进行分析，也很难去进行成本的分析。所以，在销售额的取数上，仍然和财务会计一致，也就是与客户签订合同并发货来确认销售额，而不采用销售回款。这样也是为了准确核算当月的利润，准确计算当月的成本，继而采取相应的业绩改善措施。

所以,经营会计报表采用权责发生制核算的好处是:

第一,经营会计报表核算的经营利润可以和财务会计报表核算的净利润直接进行对比。

第二,很多科目数据可以直接取用财务会计报表数据。

第三,经营会计报表可以用来分析产品和服务的成本结构。

六、企业更加需要经营会计

企业更需要经营会计而不是财务会计。财务会计是以企业持续经营为假设设计出来的一套会计制度,这套制度的根本目的是规范企业记账行为,防止企业偷逃税款。所以,财务会计这门工具的出发点不是为了帮助企业,而是为政府的税收收入服务的。

中小企业要想健全成长,必须建立一目了然、反映经营情况,而且能够彻底贯彻经营者意志的会计系统。京瓷的发展证明,及早建立系统的经营会计体系,会对企业的发展起到罗盘一样的指南作用。

无论在企业规模尚小的时候,还是发展壮大之后,京瓷都会按部门做每月结算。稻盛先生无论身在何处,公司的报表总是不离身,一看到哪个部门的报表,头脑中就会浮现出这个部门的问题。等下次去工厂的时候,稻盛先生经过有问题的车间,就会想"上个月这里是这样的吗",并马上指出他们问题所在。如果阿米巴巴长按照稻盛先生的建议采取措施,那么下个月的结算表就会马上体现出来,这样整体的业绩也就逐渐好起来了。

中小企业的脆弱性正是源于内部会计的不稳定和烦琐性,实行内部会计核算结果无法及时反映经营实质。稻盛和夫曾说:"经营会计不是一堆冷冰冰的数据,而应当是正确反映经营状况的数字,否则将会失去企业的经营生命力。"

因此,中小企业要想走在发展的前沿,就必须建立符合经营理念的经营会计,改善会计资料,结算表必须反映经营状况和问题,这才是真正意义上的经营企业。

经营会计相比于财务会计,主要有以下几个方面的优势:

第一,财务会计只能核算出一个企业整体的盈亏状况,而经营会计可以核算到每一个阿米巴单元的盈亏状况。这样经营会计就能够细化地揭示出问题,哪个部门业绩好、哪个部门业绩差一目了然,也能够为业绩考核与激励提供翔实的数据支持。

第二,财务会计的专业术语较多,没有学过财务会计的业务人员在理解上会感觉到困难,因而不容易去分析;而经营会计的会计科目根据企业经营的实态设置,科目名称简单、亲民,就好像是家庭主妇的记录,是一个家庭的会计科目。简单才能够引起业务人员的兴趣,才容易被业务人员分析和应用。因此,经营会计大大降低了会计的门槛,能够比较顺利地在企业里面普及和应用。

第三,财务会计按照一个月一个周期进行核算,经营会计可以根据企业实际情况,核算到一旬、一周、一天,甚至每个小时。这样,业绩改善的频率会大大加快。

从以上三点可以看出,经营会计追求简单实效,很多对财务会计有惧怕心理的业务人员,甚至总监、副总等级别的管理人员,接触到经营会计之后都非常兴奋,因为他们无法专业到通过财务会计分析出业务运行背后的东西,但通过经营会计进行分析就可以一目了然了。

七、经营会计科目设置与利润核算

经营会计科目的设置财务会计有何不同?一般来讲,财务会计的科目在国家财政部颁发的《企业会计准则》中有详细的规定,有很强的规范性和专业性。如果经营会计也采用和财务会计一样的科目,由于业务人员缺乏会计知识,他们会感到难于理解部分科目的含义,这时候就要对某些科目取一个直观、简单的名字。再者,经营会计是经营的思维,它把所有科目转化为变动费和固定费两类,由于费用中心没有变动费(费用中心没有销售额,当然也就没有变动费,因为变动费是与销售额有直接关系的费用),因此一些费用科目就要在利润中心和费用中心之间做区分。

1. 灵活设置会计科目进行收益核算

比如,工资这个科目,我们知道中国企业销售人员一般是拿提成的,这个提成从性质上来讲是典型的变动费,它会随着销售额的增加而成比例的增加。所以,工资这个科目在经营会计中要转化为两个科目,变动费中体现为"提成工资"或"销售提成",在固定费中体现为二级科目一人工费中的三级科目—"固定工资"科目。

再比如,接待费,业务部门的接待费和职能部门的接待费也有不一样的性质。业务部门的接待费显然是变动费的性质,在经营会计中可以体现为"业务接待费",为便于区分,可以把职能部门的接待费在经营会计中体现为"非业务接待费"。

中国制造型企业为激励基层员工提升工作效率,在能够计量的情况下一般实行计件工资。计件工资显然是变动费的性质,那么"工资"这个财务会计科目在经营会计中也要分解为变动费的"计件工资"和固定费的"固定工资"两个科目。

再如,易耗品,是指劳动资料中单位价值在10元以上、2 000元以下,或者使用年限在一年以内,不能作为固定资产的劳动资料。它跟固定资产有相似的地方,在生产过程中可以多次使用且不改变其实物形态,在使用过程中也可能需要维修,报废时可能也有残值。由于它价值低,使用期限短,所以可以采用简便的方法,将其价值摊入产品成本中。

但易耗品从字面意思来看令人费解,不同的人有不同的理解,而且太过笼统。给人的导向好像是低值易耗的东西,允许浪费,这显然与阿米巴精益求精的思想背道而驰。所以,在经营会计中可以把这个科目转化为若干(如"包装袋""生产工具""劳保用品"等)明细科目。其中包装袋和劳保用品放到变动费的三级科目,生产工具则根据使用年限摊销进产品成本,便于准确反映产品成本。

还有制造杂费这个科目,也很笼统。一般来讲,这个科目包括润滑油、修理备件等间接材料费用。显然,这样笼统的科目出现在经营会计中是不利于一线业务人员去节约和控制的,在经营会计中就要予以有效的转换。

科目明细化,一方面便于一线业务人员的准确理解,一看到科目名称头脑中就能立即反应出是什么东西,不至于理解不一致;另一方面在科目中予以明确,有实时数据,可以提醒员工这一笔费用也要一线人员关注,养成他们节约利用的好习惯。

经营会计报表中销售收入和费用的计入规则。经营会计报表核算也采用权责发生制,即企业应按收入的权利和支出的义务是否属于本期来确认收入、费用的入账时间,而不是按款项的收支是否在本期发生。权责发生制下,凡是本期实现的收益和发生的费用,不论款项是否收付,都应作为本期的收益和费用入账;凡不属本期的收益和费用,即使款项已在本期收付,也不应作为本期的收益和费用入账。

用权责发生制进行核算最大的优势就是对成本的计算准确,进而准确反映当期的损益。如果在经营会计报表的核算中不采用权责发生制,而是收付实现制,则报表无法进行有效分析,成本数据没法看明白,进而也无法与财务会计报表的利润数据进行比较,造成企业老板及高管层的困惑。

企业销售收入的计入,是按照与客户签订合同并发货的金额;费用的计入是根据实际发生的原材料费用、其他实际发生费用及固定资产折旧与摊销。

从经营会计报表的核算逻辑来看,它是从底层阿米巴单元核算,从下往上逐层汇总而来。比如一个制造型企业,划分了采购、生产、销售三个利润中心,当期采购的原材料进入原料仓,即卖给了生产部门;生产部门当期生产的成品经检验进入成品仓,即卖给了销售部门。

销售部门按照发货金额计量销售收入,应收账款一般设一个应收账款利息科目,放入变动费用中。但计入销售部门内部采购的是当期进入成品仓的成品,一般进入成品仓的成品数量显然与发货数量并不相等,可能产成品数量大于发货数量,也有可能产成品数量小于发货数量。当产成品数量大于发货数量时,销售部门一般来讲会亏损,甚至会巨亏;而当产成品数量小于发货数量时,销售部门一般来讲会盈利,甚至盈利巨大。

生产部门按照当期生产完成进入成品仓的成品数量来计算内部销售收入,计入生产部门内部采购的是当期从原料仓领用原材料的数量,进入成品仓的成品数量所耗用的原材料显然与从原料仓领用原材料的数量也不相等。

采购部门按照当期采购回来进入原材料仓的原料数量来计算原材料成本,卖给生产部门是按照生产部门从原料仓领用原材料的数量,这两者一般也不相等。可见,采购部门向生产部门的原材料销售收入和生产部门向采购部门的原材料采购金额相等,也就是发生内部交易时,这一买一卖抵消掉。生产部门的成品销售收入和销售部门向生产部门的成品采购金额相等,也就是发生内部交易时,这一买一卖也抵消掉。这样,从理论上讲,合并经营会计报表和财务会计报表核算出来的净利润是相等的。

由上可知,企业需保证内部交易两两相等,以使合并经营会计报表经营利润与财务会计报表净利润可以进行比较。但在采购部、生产部、销售部内部,一买一卖的原材料或者成品数量并不相等,在报表出来之后,一定要详加分析。比如销售部买进了100件成品,但只销售了80件,这个结果,就会倒逼销售部门积极销售,并制定精准的销售计划,在经营策略上产生明确的结论。

在工程项目型企业中,财务一般以开票计销售收入,而以完工量相应时期所发生的费用计算成本,这样财务会计和经营会计在核算项目经营利润时,是完全一样的口径。

销售服务型企业中的情况会比较复杂,很多服务型企业是预收款,也就是签订合同后即收款,但服务是在未来的一段时期逐步发生的。那么这种情况下如何计算经营利润呢?财务会计以开票计销售收入,但一般情况下,客户打款即要求开票,所以开票时间和收款时间一般在同一个月。但费用方面,是按照当期实际发生的费用计算的。很显然,这实际上高估了利润,因为一些成本是在随后的几个月逐步发生的。因此,在经营会计中,要把收款项目对应的未来几个月要发生的成本(特别是员工的提成收入)全部计入费用,再减去其他实际发生费用以及固定资产折旧及摊销,这样才能得出当期的真实经营利润。

2. 制造型企业经营会计与财务会计利润核算的差异

财务会计在核算产品成本的时候,采取完全成本法,经营会计在核算产品成本的时候采取变动成本法。下面以一个具体案例来进行分析说明。

案例 5-1 | 经营会计与财务会计进行利润核算结果的差异

有一家制造型企业,导入阿米巴之后分出了两大利润中心——生产部和销售部,还有一个费用中心——公司总部。销售部卖给客户的产品价格是 500 元/件,销售部和生产部之间实行内部交易,生产部卖给销售部的产品价格是 500×80%=400 元/件,生产部生产一件产品的原材料成本是 200 元/件。

第一种情况:当期生产量是 80 件,当期销售量也是 80 件,也就是当期生产量=当期销售量,则经营会计报表核算如表 5-5 所示。显然,如果按照财务会计核算,其结果也是一样的。

表 5-5　某制造型企业合并经营会计报表(当期生产量=当期销售量)　　单位:元

类目		生产部	销售部	总部	合计
销售额	对外销售收入	—	40 000	—	40 000
	对内销售收入	32 000	—	—	—
变动费	商品成本	16 000	32 000	—	16 000
	其他变动费用	6 400	3 000	—	9 400
变动费用小计		22 400	35 000	—	25 400
边界利润		9 600	5 000	—	14 600
固定费用		4 000	2 000	2 000	8 000
贡献利润		5 600	3 000	—	—
总部费用分摊		1 000	1 000	—	—
经营利润		4 600	2 000	—	6 600

第二种情况:当期生产量是 100 件,当期销售量是 80 件,也就是当期生产量>当期销

售量,则内部交易是销售部和生产部按照当期生产量来进行内部交易,也就是按照100件产品来进行内部交易。因为从生产部的角度来说,只要是按照生产计划来进行生产,则进入成品仓的产品,就相当于卖给了销售部,也就是说产品进入成品仓的那一刻,就实现了生产部和销售部之间的交易。这时的经营会计报表核算如表5-6所示。

表5-6 某制造型企业合并经营会计报表(当期生产量>当期销售量)　　　　单位:元

类 目		生产部	销售部	总 部	合 计
销售额	对外销售收入	—	40 000	—	40 000
	对内销售收入	40 000	—	—	—
变动费	商品成本	20 000	40 000	—	20 000
	其他变动费用	6 400	3 000	—	9 400
变动费用小计		26 400	43 000	—	29 400
边界利润		13 600	−3 000	—	10 600
固定费用		4 000	2 000	2 000	8 000
贡献利润		9 600	−5 000	—	—
总部费用分摊		1 000	1 000	—	—
经营利润		8 600	−6 000	—	2 600

当按照生产量交易的时候,生产部获得利润8 600元,销售部亏损了6 000元。原因是销售部当期从生产部购买了100件产品,但仅仅卖给客户80件,还有20件产品的库存产品成本进入到销售部的当期费用。

那么,经营会计核算出来的企业净利润和财务会计核算出来的净利润是否相等呢?
在这个例子中,财务会计的核算方式是,既然销售出去80件产品,则配比产品成本也是按照80件产品,即200×80=16 000元;而经营会计把生产部门耗用100件产品的原料全部核算了,也就是200×100=20 000元。所以,财务会计核算出来的净利润就比经营会计核算出的净利润高4 000元,也就是6 600元,差了20件产品的原料成本。

第三种情况:当期生产量是80件,当期销售量是100件,也就是当期生产量<当期销售量,则内部交易是销售部和生产部按照当期产量来进行内部交易,也就是说按照80件产品来进行内部交易。这时经营会计报表核算如表5-7所示。

表5-7 某制造型企业合并经营会计报表(当期生产量<当期销售量)　　　　单位:元

类 目		生产部	销售部	总 部	合 计
销售额	对外销售收入	—	50 000	—	50 000
	对内销售收入	32 000	—	—	—
变动费	商品成本	16 000	32 000	—	16 000
	其他变动费用	6 400	3 000	—	9 400
变动费用小计		22 400	35 000	—	25 400

续 表

类　目	生产部	销售部	总　部	合　计
边界利润	9 600	15 000	—	24 600
固定费用	4 000	2 000	2 000	8 000
贡献利润	5 600	13 000	—	—
总部费用分摊	1 000	1 000		
经营利润	4 600	12 000		16 600

由于销售部的商品成本只是 80 件产品的成本,另外 20 件产品的成本 20×400＝8 000 元没有算在当期,而生产部是生产 80 件产品,卖给销售部 80 件产品。所以核算出来的销售部的利润较高,其中有 20 件产品没有算为销售成本,因为这 20 件产品是库存,以前没卖出去,但销售成本已经被前期消化掉了。

那么,经营会计核算出来的企业净利润和财务会计核算出来的净利润是否相等呢?

在这个例子中,财务会计的核算方式是,既然销售出去 100 件产品,则配比产品成本也是按照 100 件产品,200×100＝20 000 元;而经营会计只核算当期生产部门耗用 80 件品的原料,也就是 200×80＝16 000 元,所以,财务会计核算出来的净利润就比经营的净利润低 4 000 元,也就是 12 600 元,差了 20 件产品的原料成本。

所以,我们得出的结论是,在盈亏计算方面:

(1) 产销平衡情况下,按财务会计核算的净收益＝按经营会计核算的净收益。

(2) 当期产量＞当期销量,按财务会计核算的净收益＞按经营会计核算的净收益。

(3) 当期产量＜当期销量,按财务会计核算的净收益＜按经营会计核算的净收益。

当期生产量和销售量不一致的时候,经营会计和财务会计核算出来的净利润是不一样的。经营会计反映企业经营时态,可以采用加速折旧的方式核算,固定资产折旧额就比较高,就会使净利润低一些。

经营会计核算资金成本,往往会加上一个变动费科目—变动费利息,包含应收账款利息、库存占用资金利息的科目,这两个三级科目的作用都在于加速企业资金的流转。比如应收账款利息核算就会让销售人员关注应收账款,加强催收账款的经营意识;原料仓资金利息是生产部门负责的,这个变动费的核算就会让生产部关注原料库存,在满足生产原料安全库存的基础上尽量少进料;成品仓资金利息是销售部门负责的,这个变动费的核算就会让销售部关注成品库存,要尽量消化掉成品积压,做好销售计划和销售执行。这两个利息支出项是虚拟出来的,财务会计并不核算。所以,这一部分的经营会计又会比财务会计核算的净利润低。

以上三个因素会使经营会计和财务会计核算出的净利润数据有差异,可见只要我们知道了差异源,就完全可以分析差异产生的原因在哪里了。

在实际应用中,会出现财务会计和经营会计的科目不一致的情况,导致实际核算时不仅麻烦、工作量大,而且造成财务会计和经营会计核算出的净利润无法直接对比,这个问题怎么解决呢？

有的企业在导入阿米巴用经营会计报表核算时，由于财务会计有比较完整的数据资料，生产车间也有领料单、出库单、流转单等内部原始凭证，这时候核算经营会计报表，直接从财务会计数据取数，就必须建立经营会计科目和财务会计科目的一一对应关系，以免数据出错。

另外一种核算方式是把经营会计和财务会计的底层数据源调整一致，一边汇总出经营会计报表，另一边核算出财务会计报表。也就是在根据经营实态构建出财务会计报表后，实操中可以这样操作：财务会计的底层科目，一般到三级或四级科目，调整到与经营会计的三级科目一致，所遵循的会计原则也相同。

以上方法的好处是一劳永逸，当财务会计报表的底层科目调整到与经营会计报表一致后，两套报表的底层数据源就是一致的，这样在取数的过程中不容易出错。两套报表分别从不同的路线汇总计算上来，最后核算的净利润可以直接对比，给企业的高层决策者提供更多的参考依据。

八、采购业务的阿米巴核算

采购业务的首要职能是保供，在保供的基础上做好比质比价，控制采购成本。保供是按照现场的产品生产和服务需求，按期、按量、按质完成采购计划任务。很多组织都将采购业务进行了整合，各单位根据生产计划，形成采购申请计划，经过审批后，形成采购计划，最后由采购部门统一完成招标、采购、交付，一般的原料、材料、辅料采购价格大多是协议价或招标价。

如将采购业务作为贸易公司性质设置成利润巴，也是可以的，但核算起来比较复杂，尤其是内部交易定价方面比较难以实现，管理成本较高，实行起来比较困难。所以，按照预算巴的原则建立核算关系，其管理成本较低，对按期、按量、按质完成采购计划任务，也可较好地进行评价。通过设置虚拟巴的方式，对降本的经营结果也可以进行核算与评价。

为进一步激发采购业务人员的积极性，在保证生产安全库存的前提下，通过择机的方式超采或缓采，利用市场价格的波动，从而实现采购降本。但这是有限的，不可能无限量的超采或缓采。

但对超采或缓采的结果，一般是次月进行核算后，做出评价。对超采或缓采的结果，无非就是赚钱、持平或亏损。超采还需要考虑资金占用利息、仓储管理费用等。这些都是核算的基本原则。

通常将采购业务按照考核要求，划分成"保供业务"和"降本业务"2个微巴，即保供业务微巴和降本业务微巴。降本业务微巴为虚拟巴，计入超采或缓采的业务量，核算价格为次月结算价与采购入储价之差。例如，超采量10 000吨，次月涨价50元/t，则降本50万元，扣除资金、仓储管理费用10万元，实际形成降本收入40万元；次月如果只涨了5元/t，则形成5万元亏损。再如，缓采量10 000 t，次月价格下跌了5元/t，实际形成降本收入50 000元[=(-10 000)×(-5)]。

由于采购人员的努力,通过压价等方式,使公司的原料、材料、辅料等采购入储价格比较低,形成了比较优势,事实上实现了采购降本。为鼓励采购人员做好采购降本,将通过评审,认定的采购降本总额,以"采购降本收入"的方式,形成降本业务微巴的收入,即可完成核算。

按照以上思想设计的采购阿米巴经营核算,基本体现了我国现阶段大多数企业对采购业务运营管理与考核模式,这是计划式思想,是预算式的服务型阿米巴组织,由于业务具有降本的特点,设计了对降本结果的核算机制和原则。有利于调动采购人员的积极性,实现保供、降本双目标。对降本虚拟巴按照季度、年度进行综合核算评价,也能全面评价采购降本的经营成果。

九、销售业务的核算

销售业务一般分为订单式生产和库存式(备货式)生产的销售,按照阿米巴内部交易原则,订单式生产和库存式生产的收入归属部门是不一样的,背后展现的企业业务主导部门也是不同的。

1. 订单式销售业务

在订单式生产模式中,企业的产品是按照客户指定的标准生产的,意味着如果产生了次品或废品,产品有很大概率无法在市场上销售。这时候,生产部门及设计与技术部门和客户要保持紧密的沟通,根据客户的要求进行试制,销售部门在整个业务过程中起到辅助作用。所以,在设计内部交易结构时,对外销售收入一般划归生产部门,而销售部门对生产部门提供销售支持服务,提取销售佣金,这个销售佣金就是销售部门的内部销售收入。

从内部交易定价原则上看,订单式生产模式中,销售部门拿佣金,根据不同类别产品,按照毛利率的高低来定价,比较简单。这时,销售部门和生产部门按照内部交易定价的比例分别获益。

2. 库存式(备货式)销售业务

在库存式生产模式中,销售部门通过调研市场客户需求,提出市场营销策略。做出市场预估,向生产部门下订单,生产部门基本都是被动接受销售部门指令,单纯地从事标准化产品的生产任务。这时,销售部门是主导部门,生产部门是辅助部门。所以,在设计内部交易原则时,对外销售收入一般划归销售部门,而生产部门负责把产品卖给销售部门。这时销售部门把生产部门当成一个外包部门,生产部门,通过把成品卖给销售部门获得内部销售收入。

从内部交易定价原则上看,库存式生产模式,则要对各类产品的制造成本进行测算,作为定价的基础,体现出销售部门的市场营销策略——产品组合的价值,超出的收益均归销售部门。

3. 每一笔对外销售收入有唯一的责任部门

有些企业在核算对外销售收入时,为简便处理,很多时候直接把一笔对外销售收入分解为平行的几个部门收入,这样,几个部门之间就不必发生内部交易,简化了计算流程和报表格式。

但以上做法是错误的,因为每一笔对外销售收入应该有一对一的责任,即反映了该部门的唯一责任。而且,如果对外销售收入计入经营会计报表,即进行几个部门之间的分解,一个部门的收入和费用就无法匹配,导致错误的分析结论。

所以,当一笔收入发生时,只能计入甲部门的对外销售收入,乙、丙两个部门与它发生内部交易,则分别计入内部销售收入和内部采购。

甲部门有一笔100单位的对外销售收入,乙部门和丙部门分别对它有30单位和40单位的内部销售收入。其中,对外销售收入合计数是100,但对内销售收入没有合计数,因为在合并经营会计报表中,对内销售收入合计数没有意义。

同理,对内采购合计数也没有意义,我们通常以销售净额为100%来进行报表的分析。即:销售净额=对外销售收入+对内销售收入-折扣-退货。

甲部门的对内采购是,从乙部门采购了30,从丙部门采购了40,所以加起来是70。这样,在合并经营会计报表中,因为70=30+40,所以内部交易被相互抵消掉了。参见表5-8。

表5-8 底层阿米巴组织交易销售示意表

科 目	甲	乙	丙	合计	比 例
对外销售收入	100	0	0	100	100%
对内销售收入	0	30	40	—	—
销售净额	100	30	40	100	100%
对内采购	70	0	0	—	—
……	……	……	……	……	……

十、生产制造业务核算

生产制造业务核算,是阿米巴经营会计核算的重点。产品生产需要厂房、设备、原料、辅料、材料及水电风气和资金、熟练工人等,厂房、设备有折旧费、大中修、维修保养费,原料、辅料、材料是实际消耗,水电风气等能源介质,不可能计量到各工序阿米巴,就是计量到各工序阿米巴,但也不能计量到每一件产品上,这需要按照一定的原则进行分摊。有的业务要外包,需要支付外包费用;中间产品若有库存,需要计算资金占用利息费用,熟练工人需要培训,人工费用需要定义核算口径。企业组织中,有很多财务会计科目,进行阿米巴经营核算时,都可以归集到人工费用中。

生产制造是真正增值环节,是利润型阿米巴。但不是所有生产中的阿米巴组织都是利润型阿米巴,除了有产品或中间产品进行交易外,其他阿米巴组织以提供设备、设施等保障服务的阿米巴组织,是服务类阿米巴组织,虽然也可以设计成利润型阿米巴,但这样做利少弊多。因为这些巴组织的职能是保产、保供,只有在保产、保供的前提下,再进行降本、增效。所以一般设计成成本型阿米巴。

各种类型的阿米巴组织，尤其是生产类阿米巴组织，需要对公司、上级部门的管理费用进行分摊。

按照受益原则确定费用归属部门，财务会计报表以企业整体为对象进行核算，因此不会从部门角度分别记录费用；经营会计报表是对各阿米巴单元的独立核算，就需要把每个阿米巴单元承担的费用划分清晰。想要把每个阿米巴单元承担的费用划分清晰，就要遵循一条原则：受益原则，即企业所产生的各项费用应该由使用该费用而受益的部门承担。

比如一家企业的总部大楼，有行政部、人力资源部、信息部、财务部、总经办、经营管理部6个费用中心，首先就要把它们承担的费用划分清楚。第一个是办公租金，按照每个部门实际占用公面积来分摊整体办公面积，知道了每平方米的租金单价，就能算出每个部门承担的办公室租金。第二个是水电费，水费是公共支出，最贴切的分摊标准是人头数，即按照每个部门的人头数来分摊公共水费；电费一般按照办公面积来分摊，或者再精确一些，找出各部门使用设备的功率和平均使用时间的数据进行匡算。再比如设备折旧，则要准备设备清单，列明设备原值、设备净值和可使用年限，计算出每月每个部门要承担的设备折旧费用支出。

除固定费用外，在实践中一些企业的变动费用也需要划分部门归属。比如一家工厂下属三个车间，都作为阿米巴利润单元独立核算，由于没有给每个车间拉电表，无法清晰核算每个车间每个月的用电量，这时只能采用分摊的办法，计算各车间的设备功率和平均每天使用电时间，匡算出各车间每月用电量的比例。显然，这不是精确的计算方法，仍然会形成大锅饭的环境，理想的方法是每个车间拉电表，为了获得阿米巴经营的成果，这样的投入是必要的。

再比如企业的广告费、业务招待费、展会费等科目，受益的不是单个阿米巴单元，而是一个阿米巴单元群体，也需要根据相对贴切的受益原则进行费用的分摊。

十一、经营会计报表构建原则

构建阿米巴经营报表的目的是为了对巴组织进行阿米巴经营核算。阿米巴经营会计报表，需要有收入、支出、费用等科目，一般是"销售收入、成本支出、费用支出、分摊费用"等。中巴、大巴以上的巴组织，由基层微巴组织的报表合并而成。微巴组织的报表科目，决定了上级巴组织的阿米巴报表科目构成。上级巴组织也可以根据经营分析需要，对报表进行合并，重新构建。简单、适用、直观是根本，不拘一格。参见表4-1、表5-1、表5-9等。

一般的原则是，销售成本包括直接材料、直接人工、制造费用三项，期间费用包括销售费用、管理费用、财务费用三项。这六项费用，经营会计报表的表达方式就是两种费用：变动费和固定费。在构建阿米巴报表和进行阿米巴报表分析时，可以进行这样的合并与归类，巴组织、阿米巴巴长应当灵活掌握经营科目的合并技巧，以促进巴组织的改进、直观反映巴组织经营结果为原则。

变动费是指驱动销售额增长、与销售额成正比例变化关系的费用；固定费是指在一段时期内相对固定不变,与销售额没有直接关系的费用。经营会计把所有费用按照与销售额的变化关系区分为变动费和固定费,不仅大大简化了人们对费用的认知,而且鲜明地体现了经营思维。

1. 边界利润

$$边界利润＝销售额－变动费$$

$$经营利润＝边界利润－固定费$$

这里的边界利润就是边际利润,并非错别字,而是从日文直接翻译过来的。

边际利润就是增加一个单位产品销售所产生的利润,反映增加产品的销售量能为企业增加的收益。

案例 5-2 边际收益与边际利润

边际收益(Marginal Revenue)是指增加一单位产品的销售所增加的收益,即最后一单位产品的售出所取得的收益。它可以是正值或负值。边际收益是厂商分析中的重要概念。利润最大化的一个必要条件是边际收益等于边际成本,此时边际利润等于零,达到利润最大化。在完全竞争条件下,任何厂商的产量变化都不会影响价格水平,需求弹性对个别厂商来说是无限的,总收益随销售量增加同比例增加,边际收益等于平均收益,等于价格。

$$边际收益＝售价－变动成本$$

如何理解"边际利润"?

你有 5 个饼,每个饼成本 1 元,准备以 8.5 元钱的价格卖给我。突然你生产了一个饼,你有 6 个饼了,然后准备以 9.6 的价格卖给我。5 个的时候:成本 5 元,总价格 8.5 元,利润 3.5 元;6 个的时候:成本 6 元,总价格 9.6 元,利润 3.6 元,这时候边际利润就是 0.1 元。

边际利润是指多售出一单位的产品时,多获得的利润。切记不要和边际收益搞混了。

理解边际利润的概念对企业经营非常有帮助,这主要体现在下面几个方面:

(1) 决定企业生产的某种产品是否应该停产。只要某种产品存在边际利润(即它的销售收入大于其变动成本),就应该继续生产。因为固定费用短期不变或变化很小,利润总额是增加的。所以,如果企业用财务会计的方法计算出的产品成本高于产品售价,并决定停产时,其实从管理会计或者经营会计的角度来看,可能是错误的决策。

(2) 判断企业产品结构是否合理。如果企业生产的所有产品均有边际利润,则说明企业的产品结构基本合理。

(3) 停止某种产品的生产,必须以其他产品增产所带来的边际利润大于停产产品的边际利润为前提。

销售额、变动费、固定费一般细化到三级科目就足够了。科目分级要有逻辑,只看一级科目,就能对经营状况有一个初步的判断;再看二级科目,对经营状况就有一个更加细化的判断;最后看三级、四级科目,得到最终的精准判断,是一个由粗到细的过程。

表 5-9　上级巴组织合并经营会计报表示例

分类项目		部门				合计	比例/%
		采购	生产	销售	总公司		
销售额	对外销售						
	对内销售						
销售净额							
变动费	商品成本						
	运输费						
	销售手续费						
	促销费						
	业务资利息						
变动费小计							
边际利润							
固定费	人工费						
	折旧费						
	其他费用						
	固定利息						
固定费小计							
贡献利润＝销售净额－变动费小计－固定费小计							
总部费用分摊							
经营利润＝贡献利润－总部费用分摊							

销售净额＝对外销售收入＋对内销售收入

　　销售部有对外销售收入，没有对内销售收入；而采购部和生产部有对内销售收入，没有对外销售收入。对内销售收入和商品成本是一一对应的关系，也体现出了内部交易。比如，采购部门体现在对内销售这一栏的数据是 100，则生产部门体现在商品成本的数据也是 100，生产部门体现在对内销售这一栏的数据是 200，则销售部门体现在商品成本这一栏的数据也是 200，这样，在合并经营会计报表中，这些内部交易的数据就相互抵消了。

　　阿米巴经营会计报表的核算是从底层阿米巴单元核算的，如果生产部门划分了车间或工序，则车间或工序就是三级阿米巴单元；如果销售部门划分了区域办事处，则各区域办事处就是三级阿来巴单元。

　　采购、生产、销售三个利润巴计算出各自的贡献利润之后，再分摊掉总部的费用，贡献利润－总部费用分摊＝经营利润。三个利润巴的经营利润之和就是整个公司的经营利润。

合并经营会计报表,有两个数据逻辑必须打通:第一,内部交易关系必须一一对应,内部买卖的每一笔数据必须相等;第二,合并经营会计报表中,纵列之和的经营利润必须等于横栏各利润中心经营利润之和,满足这个要求才能说明经营会计报表是做平了。

如果通过检查,以上两个数据逻辑没有问题,则经营会计报表的数据逻辑就可以保证是正确的了。

2. 单位时间核算表与经营会计报表的区别

单位时间核算表由稻盛先生创造,来源于现场的管理会计体系。它的特色在于简单易懂,即使不懂会计也能轻松自如地运用,可以让员工更直观地了解自己每小时所创造的附加价值。参见表 5-10。

表 5-10　单位时间核算表

项　目		数　量	备　注
销售额(万元)	对公司外	14	
	对公司内	36	
	总额	50	
内部采购(万元)		20	
销售净额(万元)		30	
费用(万元)	原材料	8	
	配件	1	
	电费	1	
	部门内分摊	1	
	SBU 间分摊	1	
	合计	12	
利润(收益)(万元)		18	
工时(小时)	正常	1 600	
	加班	200	
	部门内分摊	200	
	公司分摊	200	
	合计	2 200	
部门内月均总人数		8	
月单位时间核算		81.8 元/h	

一个基层阿米巴单元的销售净额=对外销售+对内销售-对内采购,再减去它的所有费用得到附加值为 18。在所有费用中,假设这个班组级单元上面是一个生产车间,所有的生产车间上面是生产部,则这个班组(基层阿米巴组织或微巴)先分摊掉车间的固定费用,这叫部门内分摊,再分摊掉生产部、公司的固定费用,这叫公司分摊。

工时也是一样的道理,假设总工时是 2 200 h,这个月的单位小时附加值＝180 000÷2 200＝81.8 元/h。综上,单位时间核算表与经营会计报表有三点区别:

第一,在单位时间核算表里,由于基层阿米巴单元的费用类别少,结构简单,没有必要区分一项费用是变动费用还是固定费用,所以,费用下面分的科目直接是具体的费用名称。

第二,单位时间核算表的费用项中没有包括人工费,也就是说计算出来的附加值包括了人工费。这是因为如果把人工费放进费用中,压低人工费就成为一个降本增效的手段,有可能这个基层阿米巴巴长追求短期利益,拼命压低人工费,这样就会与阿米巴培养经营人才的初衷相违背。

第三,单位时间核算表中加入了人工工时这个变量,体现出了单位小时的附加值。阿米巴经营会计报表体现出了"销售额最大化、费用最小化"两条提升利润的途径。在基层阿米巴单元,特别是生产部门,对于扩大销售额是没有办法的,它是按照计划来接单生产,费用的下降空间也有限,它能做的主要是通过提升人工效率来提升利润。所以,在单位时间核算表中专门体现了工时。

以上三点也表明,单位时间核算表是适用于基层阿米巴组织单元的经营会计报表,是以每个基层阿米巴为单位的精确计算,通过精细的划分工作提高数值的精确度,阿米巴成员的所有行动都会变得如玻璃般透明,整个阿米巴的经营状况也会清晰地反映在最终的核算表上。这样,基层的员工也都能清晰地了解到公司的经营状况,激发了巴员的干劲和责任心。

因此,单位时间核算即从产值中扣除所有的费用,然后除以总时间作为评估每个阿米巴的标准,保证阿米巴之间不受产品或者规模影响,进行公平竞争。

想要更深入理解阿米巴经营会计报表与单位时间核算表的区别,我们还需要再了解一下单位时间核算表的特点。

(1) 简单易懂。单位时间核算的设计可以保证使不擅长数字的人也能看懂,保证他们会计算,并能据此判断出产品能否盈利。

(2) 坚持用金额表示。凡是使用单位时间核算表的活动,其目标和结果都是用金额来表示。这样员工会对成本支出有更强的感知,也更容易切实感受到自己正经营着一个阿米巴组织。

(3) 基于准确的数字展开竞争。使用单位时间核算,可以不受工作内容的影响,对所有阿米巴进行比较公正的评价,精确地用数字统计并予以公布,让阿米巴之间为实现更多盈利展开竞争。

(4) 及时统计、核算出各阿米巴当天的实绩,在第二天就统计出来并反馈给现场,在提高员工工作热情的同时,及早察觉危机并采取应对措施。

(5) 数据是逐步汇总起来的,既保证速度又保证精确度。

(6) 通过数据让每个角落都变得透明。单位时间核算是各项数据的精确汇总,从这些数字中可以清楚地看到每个经营细节,不仅员工变得更有紧迫感,还能不断让人反思,现场精益改善。

（7）把数字交给现场去管理。单位时间核算制度下，数据由员工自己记录并汇总，因此都能找到相应的说明，并让员工真正信服这些数据，对自己的工作结果承担起更加重大的责任。

（8）现场员工知道成本经营上的所有数据都是阿米巴巴长亲自计算的，单位时间核算足以让其掌握产品成本的数据。

（9）把数据渗透到员工意识中，不断重复单位时间核算的各项数据，有助于所有员工明确工作目标和努力方向。

（10）把时间渗透到日常经营中。单位时间核算以一小时为单位，如果能让员工充分认识到这一点，员工就会自发产生一种"一小时"意识，主动采取各种措施寻找最合理的时间安排，以此提高公司运作效率。

日本企业推行阿米巴经营，通常采用单位时间核算表的形式，但这并不符合中国企业经营的实际，因为单位时间核算表的适用范围是基层的阿米巴单元，而我们知道，阿米巴经营是从上至下推行、逐层深入的。一般来讲，一家中型企业初次实施阿米巴，一般核算到三级阿米巴单元就足够了，在阿米巴经营开展起来、获得一定效果后，才会向下深入，推进到四级乃至五级的阿米巴小巴、微巴单元。而二级、三级阿米巴大巴、中巴单元是非常有必要了解事业部或部门整体的经营利润状况的。

再者，单位时间核算表体现出工作效率是影响阿米巴经营利润的重要因素，这鲜明体现在单一品种大规模制造的企业，而如今的企业经营模式，日益转化为多品种、小批量的生产模式，这样模式的企业，提升利润的关键点在于产品的毛利率——研发水平和不断改善商品结构。而且，现在阿米巴经营不断扩展应用的行业范围，大量销售服务型企业导入阿米巴经营模式，而它们经营上的特点是固定费用压缩空间有限，提高利润的主要手段还是提升销售额。因此，只有在提升销售额的基础上提高人工效率才有意义。

综上，建议我们企业，先采用全方位、全口径的经营会计报表来进行核算并分析，再视自身情况，采用单位时间核算表进行计算、核算。

阿米巴经营报表的作用是核算，其科目构成需符合企业实际，需要各企业根据自身实际来"订制"。在推进与实施过程中，持续改进，不断优化，才能形成符合企业实际、基层认同的阿米巴经营报表。

第六章
阿米巴经营报表分析

阿米巴成功实施的标志,是巴长能运用和分析阿米巴经营报表进行改进,并取得改进成果,通过自身的努力和影响,提高了效率,降低了成本、支出,提高了阿米巴经营收益。

基于全面成本管理、精细核算的阿米巴经营思想设计的阿米巴经营报表,引导经营体全员,系统、全面开展以"提高效率、降低成本"为改善方向,制定措施,全员参与实施改进,提升阿米巴经营组织的盈利水平和增强市场竞争能力。

似乎是这个时代选择了阿米巴。追求卓越的唯一有效方式就是持续改进。怎样做好持续改进?阿米巴经营是最佳路径之一。其利润思维方式,指引我们在"确定改进方向、制定改进措施、评价改进结果"等方面,思考与评价是否抓住了关键、是否发生了成本转嫁、改进成果是否有效、系统效益是否最大。因此,实施阿米巴经营,通过阿米巴经营报表分析,就能够实现"量化确定改进方向,有效评价改进结果"目标。

一、阿米巴经营报表分析作用

高层领导要定期对组织的经营情况进行分析。分析的目的是,明确国际国内经济形势的变化;企业竞争能力提升情况;产品和服务在市场的变化趋势,组织的成本控制和盈利能力情况;重点领域的改进提升、创新发展情况等。一般有经营分析会、日绩效进度和异常处理、应变能力、决策相关工作、市场动态、当期效益、增益措施、运营的信息获取和系统执行能力、价格水平与市场需求的匹配分析、竞争性排名、各专业职能领域绩效和能力等。

小小的阿米巴组织,是大公司、大组织的化身,巴长也是公司董事长、总经理的化身,需要和他们一样,每天跟踪组织的经营绩效、分析绩效变动原因、决策下一步行动计划等,对组织的经营绩效进行分析。

要做好组织的经营绩效分析,首先需要全面、准确地掌握组织的经营数据,这些经营数据是按照阿米巴经营会计原则,进行核算后的结果,通过对比分析,能反映组织的经营绩效变化趋势,在保持和改进中提升竞争能力。

阿米巴经营者的第一要领是会对阿米巴经营报表进行分析,从而识别改进方向,确定改进项目,制订改进措施,跟踪改进效果,评价改进绩效。以上改进过程,都需要依托阿米巴经营报表的核算结果进行支撑。

二、阿米巴经营报表分析原则

阿米巴组织每天需要填报阿米巴报表,报表是经营透明性的体现,也是全体巴员用来跟踪、分析经营结果的依据,所以阿米巴报表必须每天填报。一般生产型、服务型、销售型微巴,都应当填写日报表。日报表主要用于跟踪、分析工作目标和任务的完成情况。同时,还能及时发现问题并进行改进。数字阿米巴信息化系统实现了各级阿米巴组织一键获取阿米巴经营报表。

传统的报表基本是月报表,常常是到月底才发现问题,而对于产生问题的原因大多只能靠回忆,很难还原当时的情况,从而失去了很多及时发现问题、及时进行改善的机会。

阿米巴日报表能实时反映生产经营中的问题,巴员看到报表后,也能及时分析、跟踪自己关心的指标,这样就有利于巴组织及时找到产生问题的原因,有助于快速反应、快速改进,同时也有利于对改进的跟踪、评价。实践证明,很多改进在第二天就能通过报表体现出改进结果。

1. 阿米巴经营报表分析技巧

要做好分析,巴内还需要有内部收入与支出、费用等方面的明细记录表,每天要统计、分析哪些科目指标出现了异常,是什么原因导致的。

要做好阿米巴组织经营绩效的改进提升,成本控制是常用方法,也是生产制造型阿米巴的首选,增产提效要在市场有潜能、有需求的前提下才有效。分析时,需要对巴组织所有的可控支出如成本、费用明细进行统计,再运用2/8原则(如排列图原理)分析找出重点的、关键的那个少数20%,而其价值却占总支出80%的那些要素后,再根据轻重缓急原则,确定改进项目并实施改进,这样取得的成果,一定是最科学、最佳的。

参考其他微巴报表及小巴、中巴报表,我们还可以分析出,我们的改进是否有效,是否有系统效益,有没有影响其他微巴的成本增加,如果增加,增加的具体情况是什么。例如,轧钢厂加热炉的主要任务就是对钢坯进行加热、保温。生产中,我们需要控制加热成本如煤气消耗等,但如果对钢坯加热没有达到工艺要求,在轧制的过程中,可能会出现轧机电耗增加、辊耗增加、钢板的表面增加质量缺陷、中废(轧制过程中出现废品)增加等。这些方面增加的损失,肯定要比加热炉节约的一点煤气价值大得多。但怎样控制好煤气消耗,从而控制成本?应该是在保证工艺要求的前提下,用最少的消耗来实现生产工艺要求,首先要控制的是浪费,如何减少热量损失、如何保证煤气充分燃烧,这些才是首要的。这些都需要我们巴内有精细的数据收集表来跟踪、收集、分析。

2. 阿米巴经营报表分析思路

阿米巴报表展示的经营结果,是全成本、精细核算的结果,是当天的、实时的结果。它能及时反应出我们的经营状况,以便我们迅速做出反应,进行改进。月度报表,是一段时间的结果,我们没有办法及时做出预防、改进。

增加阿米巴组织收益的渠道,一般有"开源、节流"两个抓手,"开源"以提高效率、增加产量为主。"节流"以降低成本、减少支出为主。开发新业务、培育新的效益增长点,也是方法,但这与基层微巴组织的经营关系不大,一般是公司的战略举措,需要资源的综合投入,这不是本书讨论的重点。

(1) 收入来源分析

所有阿米巴组织都有经营收入项,巴组织要分析,收入构成比怎样?产品交易、副产品交易、服务交易、其他交易等。分析这些交易的构成比,哪些可以通过巴组织的努力,自主进行改进、提升等。

(2) 成本支出分析

阿米巴组织要对成本支出项进行细致分析,各项成本的支出及构成比怎样?原料支出、材料支出、辅料支出、制造成本(水、电、风、气)、劳务人员工资支出等,分析这些成本的构成比,哪些可以通过巴组织的努力,自主进行改进、降本等,哪些可以通过协同、实施跨界阿米巴改进来降低消耗、减少支出。

(3) 费用支出分析

所有阿米巴组织都有费用支出项,各项费用的支出及构成比怎样?设备设施租赁费、运输费、赔偿费、管理费、环保费、财务费、分摊费等,分析这些费用的构成比,哪些可以通过巴组织的努力,自主进行改进、减支等。

三、阿米巴经营报表分析方法

分析阿米巴经营报表的目的是跟踪组织的经营结果变化趋势,根据市场价格的传导,寻找改进空间。因此,对阿米巴经营报表分析方法的掌握,是一个合格巴长的基本技能。在阿米巴经营报表中,是一串串数字,但这个数字所反映的现场生产经营状况,需要结合各个阿米巴组织的现场情况,巴长、巴员要结合组织的现场(现地)、接触的实物(现物)和实际(现实)情况,做出改进决策。

巴组织根据阿米巴报表,每天要对产品制造、设备运行、养护检修、质量不良等数据进行分析,按照效率优先的原则、效益优先的导向,进行巴内人员的优化、调整,达到人、岗适配和资源优化配置,实现系统效益最大化;适当时,在上级巴组织的支持下,与相关的巴组织联合开展跨界阿米巴改善项目,系统提升流程效率和效益。

改进的第一步,是能够发现问题、识别问题、界定问题。通过实施阿米巴经营,巴长们都能通过阿米巴经营日报表,发现需要改进的空间。由于资源的有限和各种条件的限制,所有的改进也不是都能实现的。这就需要用方法、工具来进行策划、筛选、确定。

一般情况下,要做好阿米巴经营改进,一名优秀的巴长至少要掌握 20 种以上的分析方法和改进工具的使用技能,最好能熟练使用 QCC、流程优化、六西格玛改进等系统方法。

四、帕累托法则(2/8 原则)

帕累托法则往往称为"二八原理",即百分之八十的问题是百分之二十的原因所造成的。帕累托图在项目管理中主要用来找出产生大多数问题的关键原因,用来解决大多数问题,又称为帕累托法则、帕累托定律、最省力法则或不平衡原则等。

早在 19 世纪末,意大利经济学家帕累托,在研究英国人的收入分配问题时发现,大部分财富流向小部分人一边。还发现某一部分人口占总人口的比例,与这一部分人所拥有的财富的份额,具有比较确定的不平衡的数量关系。而且,进一步研究证实,这种不平衡模式会重复出现,具有可预测性。经济学家把这一发现称为"帕累托收入分配定律"。

"2/8 原则"告诉我们一个道理,即在投入与产出、努力与收获、原因和结果之间,普遍存在着不平衡关系。少的投入,也可以得到多的产出;小的努力,也可以获得大的成绩;关键的少数,往往是决定整个组织的效率、产出、盈亏和成败的主要因素。

"2/8原则"还说明,20%的事态成因,可以导致80%的事态结果。"2/8原则"对企业管理者的一个重要启示是,避免将时间花在琐碎的多数问题上,因为就算你花了80%的时间,你也只能取得20%的成效;你应该将时间花于重要的少数问题上,因为掌握了这些重要的少数问题,你只花20%的时间,即可取得80%的成效。

管理学家从帕累托的研究中归纳出了一个简单的结果:如20%的人占有80%的社会财富,由此可以预测,10%的人所拥有的财富为65%,5%的人享有的财富为50%。管理学家看重的是这一结果体现的思想,即不平衡关系存在的确定性和可预测性。正如里查德·科克有一个精彩的描述:"在因和果、努力和收获之间,普遍存在着不平衡关系。典型的情况是:80%的收获来自20%的努力;其他80%的力气只带来20%的结果"。

帕累托图是将出现的质量问题和质量改进项目按照重要程度依次排列而采用的一种图表。帕累托图又叫排列图、主次图,是按照发生频率大小顺序绘制的直方图,表示有多少结果是由已确认类型或范畴的原因所造成。

帕累托图可以用来分析质量问题,确定产生质量问题的主要因素。按等级排序的目的是指导如何采取纠正措施,相关实施人员应当首先采取措施,纠正造成最多数量缺陷的问题。从概念上说,帕累托图与帕累托法则一脉相承,该法则认为相对来说数量较少的原因往往造成绝大多数的问题或缺陷。

排列图用双直角坐标系表示,左边纵坐标表示频数,右边纵坐标表示频率。分析线表示累积频率,横坐标表示影响质量的各项因素,按影响程度的大小(即出现频数多少)从左到右排列,通过对排列图的观察分析可以抓住影响质量的主要因素,参见图6-1、图6-2。

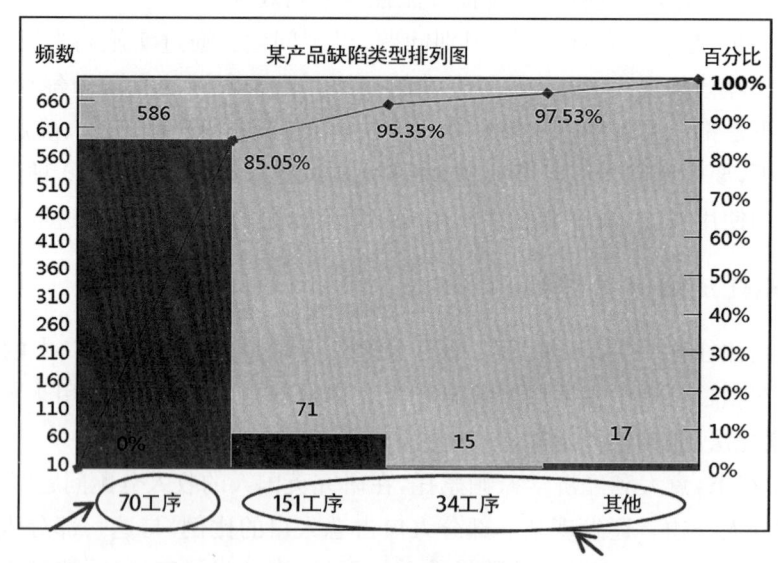

图6-1　排列图示意图

图说明:①本排列图的缺陷类型共4项,其中仅"70工序"一项的产品缺陷频数为586,对产品不合格的影响程度就达到了85.05%。②因此"70工序"是关键的少数项,其余三项工序对产品不合格的影响程度一共才占14.95%,为次要的多数项。

在帕累托图中，不同类别的数据根据其频率降序排列的，并在同一张图中画出累积百分比图。帕累托图可以体现帕累托原则：数据的绝大部分存在于很少类别中，极少剩下的数据分散在大部分类别中。这两组经常被称为"至关重要的极少数"和"微不足道的大多数"。

帕累托图能区分"微不足道的大多数"和"至关重要的极少数"，从而方便人们关注于重要的类别。帕累托图是进行优化和改进的有效工具，尤其应用在质量检测方面。

案例 6-1 | 帕累托法则应用

某维修微巴 2020 年度阿米巴经营报表参见表 6-1。某维修微巴 2020 年度收入支出统计表见表 6-2。

表 6-1 某维修微巴 2020 年度阿米巴经营报表

科目				数据		
一级	二级	三级	四级	数量	单价/万元	金额/万元
收入	内部收入	服务收入	机械设备租赁费	12	66	792
			换模服务收入	12	7	84
	外部收入	其他收入	废旧物资	1	16.3	16.3
	小计					892.3
支出	巴内成本	成本支出	清水	12	0.1	1.2
			电	12	0.12	1.44
			气	12	0.05	0.6
			除锈清洗剂	12	0.21	2.52
			胶水黏结剂	12	0.14	1.68
			焊条	12	0.09	1.08
			砂轮片	12	0.07	0.84
			布料	12	0.04	0.48
			砂纸	12	0.03	0.36
			乙炔气	12	0.03	0.36
			其他辅料	12	0.04	0.48

续表

科 目				数 据		
一级	二级	三级	四级	数量	单价/万元	金额/万元
支出	巴内费用	费用支出	劳务费用	0	0	0
			外包工工资	0	0	0
			差旅	12	0.05	0.6
			生活水	12	0.05	0.6
			办公费用	12	0.01	0.12
			网络通信费用	12	0.01	0.12
			家具用品费用	12	0.02	0.24
			劳保费用	12	0.07	0.84
			其他	/	/	7.79
			折旧费	12	7.54	90.48
			大修费	12	6.29	75.48
			维修费	12	5.08	60.96
			备件费	12	27.72	332.64
			故障停时赔偿费	1530	0.05	76.5
			资产投资费	0	0	0
			运输费	12	0.1	1.2
			环保费用	12	0.03	0.36
			预提费用	12	1	12
			其他费用	12	0.6	7.2
			设施租赁费用	12	0.3	3.6
			正式工工资及其他	12	13.5	162
	巴外分摊	分摊费用	公司分摊	12	3.699	44.388
			事业部分摊	12	0.757 8	9.093 6
			中巴分摊	12	0.545 4	6.544 8
		小 计				903.796 4
收益		合 计				-11.496 4

表 6-2　某维修微巴 2020 年度收入支出统计表

科目	类别	参考值（指标）	1月	2月	3月	4月	5月	6月	7月	8月	9月	10月	11月	12月	合计
收入	设备租赁费	每月66万元	66.00	66.00	66.00	66.00	66.00	66.00	66.00	66.00	66.00	66.00	66.00	66.00	792.00
	换模服务费	每月7万元	7.00	7.00	7.00	7.00	7.00	7.00	7.00	7.00	7.00	7.00	7.00	7.00	84.00
	废旧物资	按实际计算/万元	0.00	0.00	0.00	6.60	0.00	0.00	0.00	0.00	0.00	9.70	0.00	0.00	16.30
	收入合计/万元		73.00	73.00	73.00	79.60	73.00	73.00	73.00	73.00	73.00	82.70	73.00	73.00	892.30
支出	备件领用	根据实际计算/万元	28.48	29.39	27.56	26.23	25.39	28.04	26.18	27.50	27.80	26.25	29.43	30.33	332.58
	外委维修	根据实际计算/万元	7.40	0.00	6.50	11.40	0.00	0.00	7.10	8.20	0.00	5.50	14.90	0.00	61.00
	员工工资	1.5万元/(人·月)	13.50	13.50	13.50	13.50	13.50	13.50	13.50	13.50	13.50	13.50	13.50	13.50	162.00
	折旧	0.8376万元/人	7.54	7.54	7.54	7.54	7.54	7.54	7.54	7.54	7.54	7.54	7.54	7.54	90.48
	大修	月均6.29万元	6.29	6.29	6.29	6.29	6.29	6.29	6.29	6.29	6.29	6.29	6.29	6.29	75.48
	辅料	每月0.2万元	0.65	0.65	0.65	0.65	0.65	0.65	0.65	0.65	0.65	0.65	0.65	0.65	7.80
	其他杂项	其他公摊等/万元	8.16	8.16	8.16	8.16	8.16	8.16	8.16	8.16	8.16	8.16	8.16	8.16	97.92
	故障赔偿金	超出标准赔偿	8.40	11.20	6.40	7.40	0.00	11.60	9.20	0.00	3.70	9.10	2.20	7.30	76.50
	支出合计		80.42	76.73	76.60	81.17	61.53	75.78	78.62	71.84	67.64	76.99	82.67	73.77	903.80
收益合计			-7.42	-3.73	-3.60	-1.57	11.47	-2.78	-5.62	1.16	5.36	5.71	-9.67	-0.77	-11.50

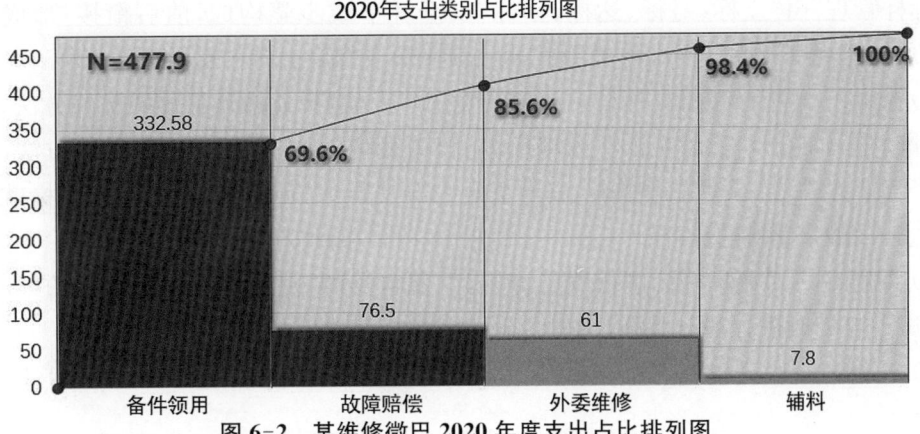

图 6-2　某维修微巴 2020 年度支出占比排列图

通过绘制排列图对组织可控的支出成本项进行了分类归集,备件领用和故障赔偿这两项合计占比高达 85.6%,占比多且是绝对的少数,是主要改进和控制的方向,找到了关键问题点。

五、标杆管理

我国古代著名的军事著作《孙子兵法·谋攻篇》中,"知己知彼,百战不殆;不知彼而知己,一胜一负;不知彼,不知己,每战必殆"。唐太宗李世民说"以铜为镜,可以正衣冠;以古为镜,可以知兴替;以人为镜,可以明得失"的名言。我们的先人早就已经开始找自己与别人的差距,通过改进来获得成功。

标杆管理就是将这种思想系统化的一种理论。标杆管理是企业在组织内部或行业内外,选取最佳实践对象进行整体或局部对标,找出差距并学习、模仿和创新,从而赶超对方的、动态的、持续的过程。标杆管理本质上是模仿和创新的过程,是组织重新定位自身的地位,并寻找"标杆"加以学习和突破的过程。

"标杆管理法"是美国施乐公司于1979年首创,西方管理学界将其与"企业再造""战略联盟"一起并称为20世纪90年代三大管理方法。标杆管理方法较好地体现了现代知识管理中追求竞争优势的本质特性,因此具有巨大的实效性和广泛的适用性。如今,标杆管理已经在市场营销、成本管理、人力资源管理、新产品开发、教育部门管理等各个方面得到广泛的应用。其中杜邦、Kodak、通用、Ford、IBM等这些名企业在日常管理活动中,都采用了标杆管理法。国内像海尔、联想等知名企业也通过采用标杆管理法取得了成功。

标杆管理还有"对标管理,典范借鉴、标杆超越、基准管理"等不同的说法。

1. 标杆管理概念

标杆管理是企业将自己的产品、服务、流程、绩效及管理模式等与同行业或行业外的最佳实践进行比较,寻找差距,借鉴和学习他人的先进经验,不断完善和持续改进,提升竞争力和创造优秀业绩的一种动态过程。其本质是不断寻找最佳实践,以此为基准,不断地"测量分析与持续改进"。标杆管理是创造模版的工具,可以帮助企业创造自身的管理模式或工作模版,是实现管理创新并获得竞争优势的最佳工具和方法。

"标杆管理"由"立标、对标、达标、创标"四个环节或步骤构成,前后衔接,形成持续改进、围绕"创建规则"和对"标准本身"的不断超越,形成螺旋上升的良性循环。

(1)立标——选择和树立标杆。有两层意思,一是选择业内外最佳的实践方法,并以此作为基准、学习对象。二是在企业内部培养、塑造最佳学习样板,可以是具体方法、某个流程、某个管理方式,或者是先进个人,成为企业内部其他部门或个人的榜样。立标就是树立一个大家认可的、学习的标杆。

(2)对标——对照标杆。进行测量分析,发现自身的短板、寻找产生差距的根源,并分析与尝试自身的改进方法与措施,探索达到或超越标杆水平的方法与途径。

(3)达标——改进落实。在实践中达到标杆水平或实现既定的改进目标,取得对标成效。

(4)创标——成为新标杆。通过改进、创新,形成自己的知识、方法、成果,形成超越最初选定的标杆对象,总结、提炼出新的、更先进的实践方法,成为内部或行业的标杆。

标杆分析已经发展成为组织绩效改进的一个基本工具,并广泛应用于不同的领域。但尽管如此,它仍然是一种饱受误解的改进工具。不同的人对标杆分析有不同的理解,标杆分析项目也经常不能实现改进的初衷或者取得真正意义上的改进成果。不过,如果标杆分析实施得当,就能为组织提供强有力的焦点,将事实分析得非常透彻,并且让组织意识到着手改进战略的必要。标杆分析能够识别最佳实践并指导组织最终实现卓越,这是基于对组织所在行业的事实分析而不是内部标准或者历史趋势实现的。

标杆分析不是我们所说的"企业参观"。简单的企业参观没什么参照点,也无助于改进过程。匆忙的一次参观或者短暂的一次访问,不可能获得对所参观企业的翔实理解,通过这样简单的企业参观,也几乎不可能形成一套实现改进的行动计划。缺少前期的标杆分析,很难决定应该参观哪些组织,因此对一些凭想当然认为是最好的组织或者较好的组织的参观学习是有风险的,这些组织可能实际上并非优秀。然而,如果这种企业参观事先经过系统的标杆分析,并且所参观组织是公认的最佳实践者,就很有价值。

标杆分析同样也不应该作为个人绩效评估的工具,其重点应该放在组织以及组织的员工身上。如果没有意识到这一点就实施标杆分析则只能导致抵触,并无疑会对成功实现标杆分析造成障碍。

标杆分析不应是一时的兴趣,而应是持续改进的过程。当今,组织必须快速地改进绩效来保持在行业中的竞争力。在一些行业里,如果组织之间不断地互相学习,普遍实行标杆分析,组织就需要更快地改进绩效。一个典型的例子就是石油和天然气行业,组织要应对不断增长的行业、技术和监管的需求。该行业的大多数组织基本上每年都参加标杆分析联盟。

标杆分析不仅是竞争力分析,它也能够考察竞争对手的产品和服务的价格以及性能。这种考察不光针对最终产品或者服务,也针对产生产品和服务的过程。标杆分析也不仅是市场调查,它还学习最佳实践者如何采取适当的商业活动以满足顾客需求并最终实现最佳绩效。

标杆分析提供了有事实依据的输入,使组织专注于管理,让组织明白进行改进的必要性。不能把参与标杆分析看作孤立的活动。如想获得成功,必须使标杆分析成为持续改进战略的一部分,不断对其进行指导,并且要将其融入公司的持续改进文化中。和其他项目一样,标杆分析必须得到高层管理者的支持,需要有足够的资源来完成目标,并且需要依附于一个健全的项目计划。最后,不能完全依赖标杆分析活动来解决问题,它只是实现目标的一种方法。任何公司都不可能单纯依靠标杆分析来改进绩效。组织必须根据标杆分析研究的结果来进行改进。

标杆分析的输出应该为决策或改进计划提供输入。这需要对标杆分析、学习要点的构成,以及行动计划的形成进行详细的思考,以促进改变并实现改进。朱兰认为,标杆分析是一个系统的、持续的过程,它促进对绩效的测量和对比,识别最佳实践,最终帮助组织实现卓越绩效。这个定义是通用的,因此能够包含各类型的标杆分析。在这种情况下,绩效的测量和对比可以是公司之间、业务部门之间、业务职能之间,以及公司过程、产品或者服务之间的。

标杆分析可以是内部或外部的，可以是在竞争者之间的，也可以是同行业或者跨行业的。不管标杆分析如何分类，这个定义依旧适用。

2. 标杆管理类型

我国企业在开展对标管理过程中，也形成了自己的特色。如一开始，大家相互比对指标，通过指标的差异，发现改进点后，再进行管理对标。管理对标就是找出指标差异背后的管理方法、措施的不同，从而进行学习、模仿、改进、创新。某钢铁集团开展了"技术经济指标对标（技经对标）"和"管理对标"活动，形成了"开门对标听建议、出门对标找差距、关门对标定措施"独具特色的标杆管理方法。

该钢铁集团与肯德基快餐对标标准化后，结合自身特点，形成了独具特色的SOP管理方法，建立了"可视化标准作业指导书（SOP）"管理体系和信息化平台，为公司的转型发展、产品提档升级打下了坚实基础。2年以后，肯德基快餐又回头向该钢铁集团对标学习过程指标量化、SOP改版、培训管理等方面的经验。常见的标杆管理类型，参见表6-3。

表6-3 常见的标杆管理类型

分 类	含 义
内部标杆	以组织内部运营为单位，在组织内部不同部门或不同地理区域间寻找最佳管理实践进行对标学习；信息获得容易，节省时间和资源
外部竞争对手标杆/竞争性标杆	以行业内直接竞争对手为基准进行对标，包括竞争对手产品与服务购买分析比对，以寻求竞争优势
外部行业内（非直接竞争对手）标杆	以全球范围内的行业领先者（非直接竞争者）或某些优秀运营操作为基准展开对标，对标企业和被对标企业没有直接利益冲突
外部跨行业标杆	利用流程的相似性，在不同行业内不同组织间寻找业务流程不同环节的最佳实践
内外部综合标杆	上述4种结合运用的对标方法
全球标杆	国内很少或没有合适对标对象时将对标放到全球范围搜索展开
战略标杆	通过学习"最佳实践"企业的长期战略和方法来提高组织的整体绩效；通常考察核心竞争力、发展能力、创新机制等战略内容
流程标杆	通过学习"最佳实践"组织的相似产品、服务或其他流程来提高组织关键流程和操作的绩效表现
职能标杆	通过学习"最佳实践"组织的相似职能活动提高组织的经营活动

3. 标杆管理现状

改革开放的40多年以来，我们更多是引进、学习、模仿美国的企业管理方法，这些方法、原理、原则由美国的专家总结出来，有科学性的一面，他们有实施和运用这些方法的系统支持。我们学习、引进、模仿这些方法，但常常只关注方法的科学性一面，而对于实施这些方法的环境、基础、背景、文化等支持因素，往往重视不够。这也就造成了这些方法的实施效果不佳或出现水土不服的现象，由于我们与美国存在巨大的文化差异，如美国等西方的思维是"二分思维"，中国人的思维方式是"二元思维"。

企业管理需要由人去执行，人的思维方式是基础。在这方面，日本的一些企业做得比较好。例如，稻盛和夫提出了"敬天爱人""利他共赢"经营理念，他结合西方的科学管理方法，借鉴日本国内企业管理探索成果，创新出"阿米巴经营"管理模式。该模式充分考虑了人性，融合了很多有效的方法，为他所用。

稻盛和夫创立的阿米巴经营会计，实现了对所有管理方法实施后的有效性评价，即阿米巴经营结果——巴体盈利的改善情况。在美国的管理创新成果，如"卓越绩效模式、精益生产、六西格玛、标杆管理"等方法中，如何对结果进行评价，没有做出详细说明，也没有给出直接的方法，一般都使用传统的价值链方法进行评价，该方法不能满足要求，我们需要创新、引进新方法进行补充、改善。

稻盛和夫强调"作为人，何谓正确"重视所有过程、所有人的努力，通过阿米巴经营报表就能对结果的有效性评价。不同公司当然也采用了不同的改善方法，也正是这样，日本才涌现出现场改善、降低浪费、质量改进等众多方法。日本企业管理中，重视责任与义务，美国人更强调职责、高效完成任务，所以美国人学习、总结、提炼日本的这些方法时，是不是就有意识地忽略了这些内容，只总结、提炼对他们有用的东西，泰勒的"科学管理"也是为提高工人效率而诞生。

阿米巴经营是通过细分组织、建立模拟市场交易机制，使所有参与经营的组织和个人，通过阿米巴经营报表的结果，能够清晰看到自己的成果、改善有效性，有助于经营的改进。上级巴组织通过经营报表，能够及时跟踪下级巴组织的经营结果、对本级巴组织的经营结果的影响情况。通过协调，很容易做到系统效益最大，避免了部分巴组织在改善过程，造成成本转移、影响相关巴组织生产效率等不经济现象。这正是系统性思维、全局观思想，通过经营报表这种有效方式，得到了体现。培养人们换位思考，多利他才能共赢，这与西方的个人英雄主义大相径庭。只做好自己的事，不关心他人，只关注自己的结果，他人结果怎样，与我无关。这种思维模式需要消耗大量的管理资源去协调，效率十分低下。只有激发出员工参与的积极性，让他们主动去发现问题、改进问题，共享丰富成果，这是各级经营管理者努力的方向。

4. 标杆管理的步骤

除前述的"立标、对标、达标、创标"标杆管理四环节或步骤外，中国质量协会赵志民博士提出了组织实施标杆管理的"三八对标法"，即"三阶段，八步骤"，组织、实施、完善三个阶段，明确组织体系、选定标杆选定、组建团队、选择标杆对象、数据收集、标杆追赶、完善制度流程、完善数据库八个步骤，参见图6-3。

施乐公司的罗伯特·开普是标杆管理的先驱者和最著名的倡导者，他将标杆管理过程分为"组织策划、确定改进目标、制定和优化实施方案、有效执行、目标达成与持续改进"等五个阶段，参见图6-4。

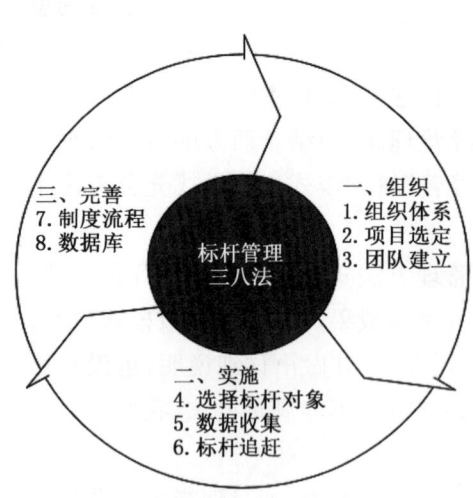

图 6-3　标杆管理"三八法"示意图

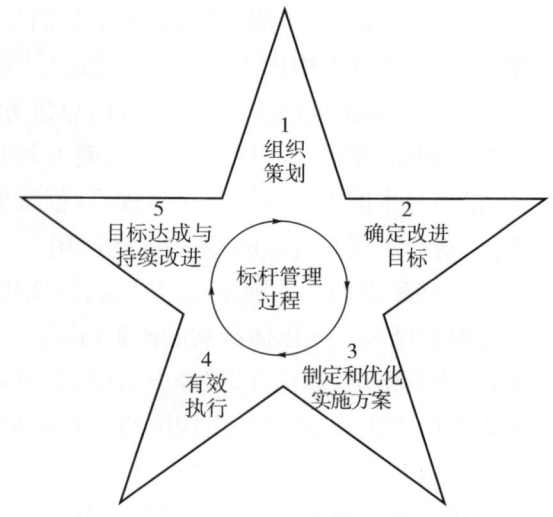

图 6-4　施乐公司标杆管理"五阶段"示意图

5. 标杆管理的方法

（1）选择标杆对象。在选择标杆对象时，不能局限于某个行业，应在最大范围内搜索和调查，列出尽可能多的备选合作对象清单。对备选标杆实施筛查和选择时，应建立一个基本的选择标准，如组织规模、所在行业、距离远近、合作可能性、获取资料渠道、财务业绩、市场表现、运营流程绩效等，具体应根据标杆项目进行确定。要避免先入为主。

（2）收集标杆数据。一般通过行业或专业协会收集。一般有以下三种方式：

一是通过标杆组织的年报及其相关报道和出版物进行收集或者直接通过双方官方组织进行拜访交流。

二是通过对标杆对象的客户、供应商等相关方进行问卷调查、电话访谈等方法获取相应的数据和信息。

三是通过其他途径获取，包括外部专家、利用专业调查公司、参加行业论坛等方式和渠道。

（3）实施标杆追赶。包括数据分析、寻找差距、明确改进目标、制定改进计划、实施改进等系列活动。

需要对收集到的定性及定量数据和信息进行归类和分析，并确认本组织与最佳实践之间的差距，包括定量的绩效差距和定性的理念、方法、工具不同处和差距。

在确认差距的基础上明确改进或提高的目标，运用鱼骨图、头脑风暴、树状图等工具进一步分析差距的影响因素和原因，并针对性地制定改进计划，实施改进。

6. 标杆管理在阿米巴经营中的应用

分析阿米巴经营报表的目的是找差距，标杆管理方法为我们对标公司内外部标杆找差距提供了方法。

数据的差异能说明既往的结果，对标是要通过这些数字的对比，发现差异，从而找到背后措施，对标的重点是要找出造成这些数据结果差异的措施原因后，组织通过借鉴、学习、模仿，从而改进组织的阿米巴经营结果。

案例 6-2 | 内部对标改短板

某钢铁公司炼铁厂有 3 座 2 000 m³ 的高炉（见表 6-4），1♯高炉在 2020 年，取得较好绩效结果，主要经济指标名列第一，如全年累积产量 209 万 t、燃料比 540 kg/t 等。进入 2021 年，1♯高炉在利用系数、富氧率、燃料比等技术指标方面，仍然领先其他 2 座高炉，处于先进水平。通过内部对标，巴组织发现其他指标（如煤气利用率、煤比等）落后于其他 2 座高炉。

阿米巴经营报表及阿米巴改进成果表明，煤比是评价燃料成本的最好指标之一，能较好反映出炼铁成本控制的优势程度，提高煤比，能替代一部分价格较高的焦炭的用量，从而达到降本的目的。煤气利用率是衡量高炉主要还原剂利用水平的指标，提高煤气利用率，也能起到降低燃料消耗的作用，对节能降本也同样具有较为重要的意义。

通过 1♯高炉和 3♯高炉的煤气利用率对比图的分析，参见图 6-5。可以发现 1♯高炉的煤气利用率 2 月份后，出现了较大幅度的下降，相反 3♯高炉煤气利用率没有出现明显下降，1♯高炉与 3♯高炉在煤气利用率方面存在差距，存在改进机会，有改进空间。

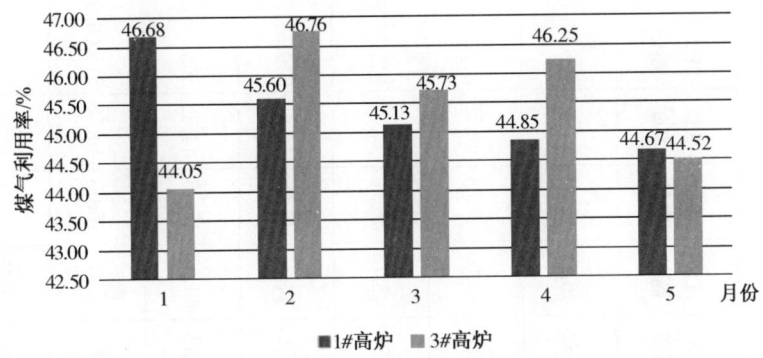

图 6-5　某炼铁厂 1♯高炉和 3♯高炉煤气利用率对比图（一）

针对这一问题，郭巴长组织全体巴员开展了积极而又热烈的讨论，大家一致认为，造成煤气利用低的原因包括焦炭质量的变化、烧结矿质量的变化、装料手法的变化等。但因为 3 座高炉的原燃料质量方面的变化一致，没有特别的不同。分析认为，1♯高炉煤气利用的变化是由装料手法差异引起的，于是开展针对性改进。改进后结果参见图 6-6。

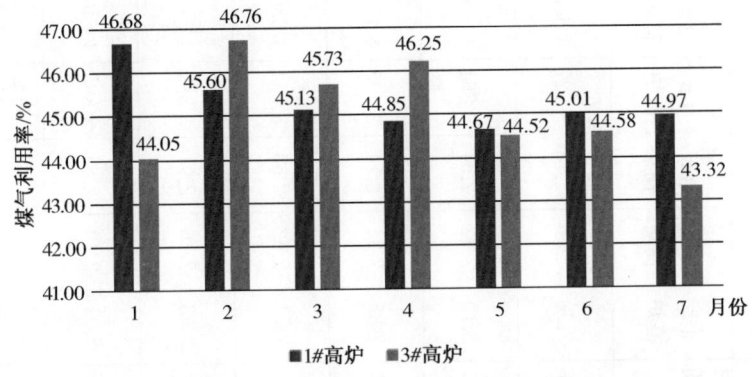

图 6-6　某炼铁厂 1♯高炉和 3♯高炉煤气利用率对比图（二）

表6-4　某炼铁厂3座高炉技术指标一览表

月份	系数			风量/m³			富氧率			煤气利用率%			燃料比/(kg·t⁻¹)			风温/℃			煤比		
	1#高炉	2#高炉	3#高炉	1#高炉	2#高炉	3#高炉	1#高炉	2#高炉	3#高炉	1#高炉	2#高炉	3#高炉	1#高炉	2#高炉	3#高炉	1#高炉	2#高炉	3#高炉	1#高炉	2#高炉	3#高炉
1	2.90	2.56	2.78	3 727	4 608	3 650	6.99	6.45	5.84	46.68	45.63	44.05	529.98	547.17	548.60	1 153	1 116	1 162	147.0	150.1	157.3
2	3.10	2.42	2.54	3 861	4 534	3 470	7.28	5.67	4.36	45.60	47.54	46.76	535.95	551.55	538.64	1 173	1 103	1 140	153.8	142.7	148.0
3	2.85	2.34	2.74	3 705	4 422	3 596	7.08	6.11	6.33	45.13	46.78	45.73	545.77	547.68	544.00	1 164	1 110	1 173	159.3	157.1	165.1
4	2.74	2.62	2.63	3 764	4 580	3 691	6.68	6.50	5.58	44.85	45.96	46.25	540.59	548.20	545.48	1 156	1 083	1 169	152.5	154.3	159.5
5	2.93	2.66	2.91	3 835	4 714	3 796	6.75	6.71	6.82	44.67	45.95	44.52	553.59	543.71	559.29	1 177	1 138	1 190	164.1	159.8	165.5
6	2.91	2.49	2.83	3 895	4 640	3 748	6.78	6.20	6.70	45.01	46.08	44.58	545.66	552.48	566.06	1 181	1 131	1 180	154.0	152.0	157.0
7	3.07	2.31	3.02	3 955	4 560	3 948	6.11	4.39	6.29	44.97	45.74	43.32	538.68	559.42	561.62	1 184	1 115	1 194	154.0	153.3	156.4

巴组织通过分析每 5 分钟记录一次的煤气利用数据,结合每日煤气利用数据与每日装料手法的角差进行拟合,运用大数据分析方法,得到了煤气利用日平均值与角差的对应关系。综合考虑角差会对高炉产量产生影响,巴组织也对入炉风量日平均值与角差的关系进行拟合。从而优选出了入炉风量日均值大于 3 900 Nm³/min、角差>3.465°时,炉况稳定性较好。最后确定了角差值的最优取值点。通过不断调整,1♯高炉煤气利用率出现了改进性提升,相比 3♯高炉,提升幅度明显。煤气利用率的提升使高炉燃料消耗得到降低。同比 2～5 月份指标,平均燃料消耗下降 3 kg/吨铁。经过阿米巴报表的核算,燃料成本降低 5.4 元/吨铁,月降低成本 96.93 万元。

六、目标对比

目标对比的方法与标杆管理法有类似之处。目标是人为制定的,是通过一定的方法,结合公司战略,进行分析而确定的。阿米巴组织是能执行公司战略的经营组织,所以必须承接和执行公司的整体经营目标安排,计划目标的实现与达成,是评价阿米巴经营工作的重要方法之一。

巴组织的经营报表数据核算出来以后,首先要与确定的经营目标进行对比,分析有没有按计划达成目标,如果满足生产计划进度和目标要求,再看哪些项目有变化,是什么变化等。

目标的类型一般分为预算设立和分解设立两种,预算目标分为保底目标、奋斗目标、挑战目标三类。按照目标的性质,可分解为计划目标(静态)、滚动目标(动态)。

目标值来源,一般有历史最佳指标值、标杆借鉴、顾客等重要相关方需求等。

案例 6-3 某钢铁公司炼钢阿米巴设立目标,比找差距,持续改进

转炉炼钢是整个炼钢环节的核心工序,承担着降低生产成本,提升钢水纯净度和节能减排,是实现绿色炼钢的主要环节。炼钢小巴现有成员 66 人,分 3 个微巴,核心人员 15 人,全天 24 小时转炉不间断运转,为完成 570 万吨产量目标踏实前行。炼钢小巴通过深入分析阿米巴经营日、月报表,以改善成本支出,提高收入出发,制定了相应的措施方案,主要从"缩短转炉冶炼周期、降低辅料合金成本、降低钢铁料消耗和提高煤气回收量"等四个方面进行改进提升。对标先进,在缩短转炉冶炼周期方面,确立了 37 分钟的目标。

为缩短冶炼周期,提高产能,将转炉冶炼周期缩短至 37 分钟以内,巴组织主要从"行车就位准备时间、缩短取样送样时间、改进滑板出钢口内径缩短出钢时间"等多方面着手,进行优化,设立标准作业时间,从而缩短等待时间,实现行车等转炉、转炉不等铁水、少等或不等钢包目标。各项目标设定参见表 6-5。

表 6-5 某钢铁公司炼钢阿米巴目标对比改进一览表　　单位:min

冶炼周期	S 钢	A 钢	N 钢	目标	措施
加废钢兑铁水	4～5	4.5	5～7	4～6	略
供氧时间	14.5	15	15.5	15	略
取样、等样时间	3～5	4	4～6	3～5	略

续 表

冶炼周期	S钢	A钢	N钢	目标	措 施
出钢时间	4~5	5	6.5	6	略
溅渣时间	4	3	4	4	略
倒渣时间	0~2	1.5	2	2	略
辅助时间	1	2	1~2	1	略
总时间	34~35	35	38~41	35~38	略

通过对转炉冶炼周期进行分解落实,转炉小巴3个微巴、12个cell巴(班组)开展劳动竞赛,形成"学、比、赶、帮、超"良好氛围,通过目标对比法,循环改进,营造抢生产、保质量、齐协同家的氛围,炼钢月产量连续刷新历史纪录,参见图6-7。

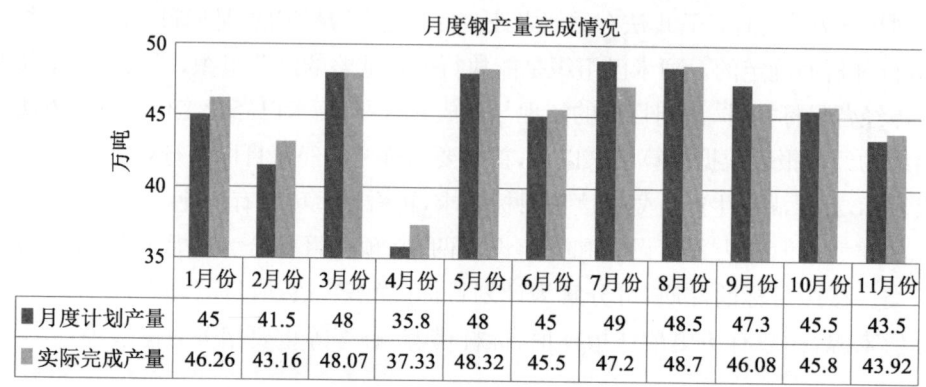

图 6-7 某钢铁公司炼钢阿米巴缩短冶炼周期产量提升结果柱状图

七、趋势分析

一个数据看状态,二个数据可比较,三个数据看趋势。通过对一组数据进行分析,比较,就能发现变化的趋势。要做好趋势分析,必须把数据可视化,人们对一组数字、数据所表示的信息,往往反应迟钝,但通过一定的方法、工具,将这些数字、数据进行可视化,以图形的方式展示出来,我们就能分析出各种变化的趋势。参见图6-8、图6-9。

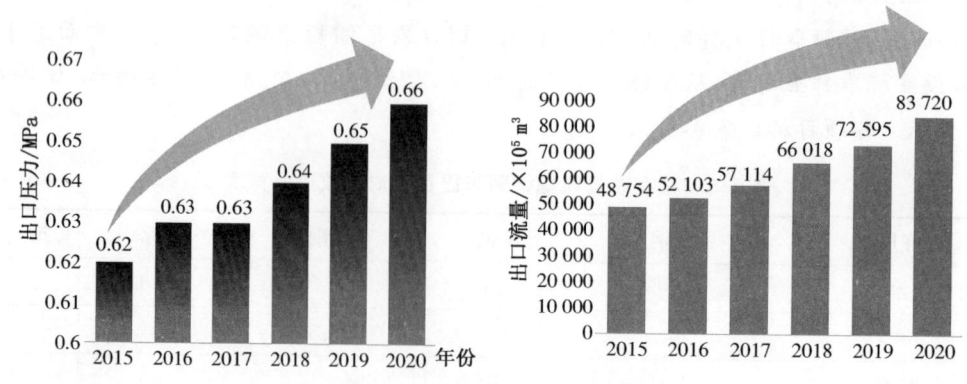

图 6-8 通过柱状图看趋势

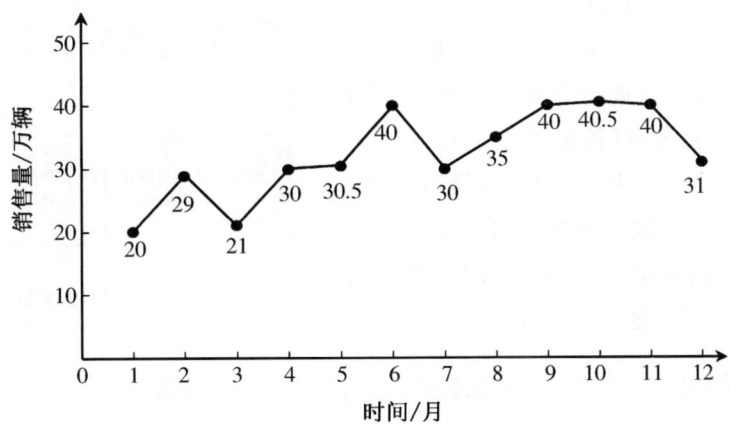

图 6-9　通过折线图看趋势

实际工作中，我们会收集、统计很多类型的数据。这些数据只是数字，可能没有什么特点，更不知道其价值。如何将这些进行数据提炼、变成信息，这就需要方法，这些方法应时将数据可视化，数据可视化的方法就是图表，善于将数据用图表的方式表现出来，也是一项我们必须掌握的、非常重要的技能。

用图表的方式对数据进行可视化，首先需要对数据进行分类，厘清其关系。一是数据是随时间而周期产生，还是随时间而成对产生；二是数据是连续型，还是离散型；三是数据产生的背景条件；四是测量方法和数据收集形式。这对数据的分析至关重要，因为对数据进行所有的比较、分析，前提是获得数据的方法和背景条件必须相似或一致。

b.

Ⅰ		Ⅱ		Ⅲ		Ⅳ	
x	*y*	*x*	*y*	*x*	*y*	*x*	*y*
10	8.04	10	9.14	10	7.46	8	6.58
8	6.95	8	8.14	8	6.77	8	5.76
13	7.58	13	8.74	13	12.74	8	7.71
9	8.81	9	8.77	9	7.11	8	8.84
11	8.33	11	9.26	11	7.81	8	8.47
14	9.96	14	8.10	14	8.84	8	7.04
6	7.24	6	6.13	6	6.08	8	5.25
4	4.26	4	3.10	4	5.39	19	12.5
12	10.84	12	9.13	12	8.15	8	5.56
7	4.82	7	7.26	7	6.42	8	7.91
5	5.68	5	4.47	5	5.73	8	6.89

图 6-10　成对数据分析示意图

对成对数据进行分析，常用图表方法（见图 6-10）。WPS、Office 等办公软件都有丰富的图表方法供选择。

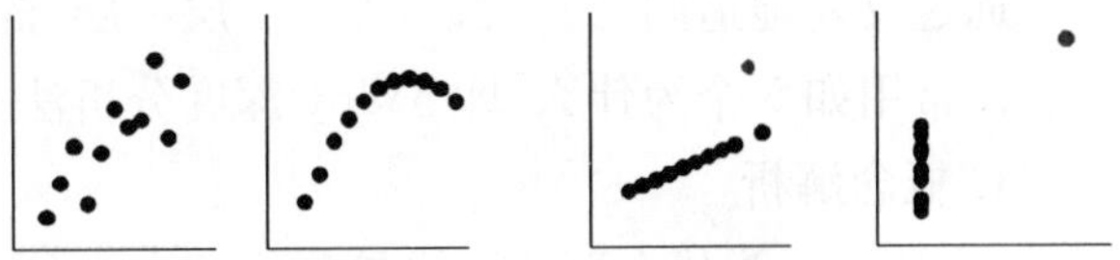

八、轻重缓急

轻重缓急法是针对组织存在资源有限、人力不足、突发情况多、多项工作需要同时开展的情况下，需要对各项工作逐个梳理，按先急后缓、先重后轻的顺序，科学制定具体工作计划的方法。参见图6-11。

首先是将组织要解决的问题或者要完成的工作任务，一一罗列出来，不能有遗漏，再从紧急和重要程度两个方面进行逐个分析和梳理；以先急后缓、先重后轻的顺序，将各项工作进行排序，先是既紧急又重要，然后是紧急不重要，接着是重要不紧急，最后是不紧急也不重要；结合资源调配情况，在有效的时间内制定出具体可行的工作计划。按照排列的先后顺序，逐个进行解决。

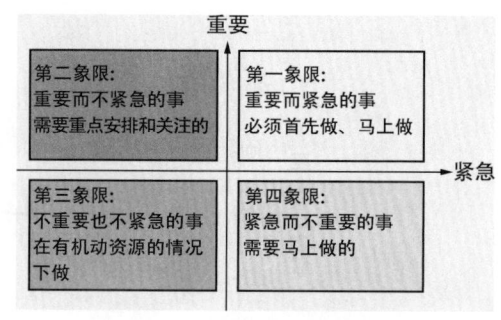

图6-11　轻重缓急示意图

案例6-4 │ 某钢铁公司行车班使用轻重缓急法进行工作改进案例

某钢铁公司铁路运输中心行车班，主要的工作任务是承担铁水运输，成材运输，原材料以及零星车运输，平时工作都是平行安排。2014年1月，铁运中心行车三班白班，东区二炼铁原4条焦炭提前卸空，由于原料站机车一辆在成品站准备排空，一辆在上海局梅桂营站进行作业。导致二炼铁焦炭延迟一个半小时上货位，影响生产并增加了货车使用费。事后该班组针对这次事故进行分析，发现计划安排中没有区分轻重缓急，没有合理地制定调车作业计划是导致这起事故的主要原因。该班组根据运输的性质轻重缓急绘制出运输任务计划安排矩阵图，并按图进行任务安排，保证了重要、紧急的运输任务能够按时完成，全班运输任务完成及时率稳步提升。

九、深度分析法

深度分析是对具体现象的分析方法，是针对现场出现的产量、质量、故障、消耗等不良状况，对这些现象不断地提出问题，进行追问，深入查找原因，找出问题根源，再制定有效措施，从根本上杜绝该问题再发生。

通过反复地追问"为什么"，进行一层一层、深入的原因分析，直至找到根本原因的分析方法。常用如5个为什么，即5Why深度分析法。

1. 概念解析

"为什么—为什么"分析，也被称作5个为什么分析，它是一种诊断性技术，被用来识别和说明因果关系链，它的根源会引起恰当的定义问题。不断提问为什么前一个事件会发生，直到回答"没有好的理由"或直到一个新的故障模式被发现时才停止提问。解释根本原因以防止问题重演。文件中所有带有"为什么"的语句都会定义真正的根源（通常需要至少5个"为什么"）。该方法曾在美国波音公司广泛使用。参见图6-12。

"为什么—为什么"分析就是在因果分析过程中，将导致结果的原因作为结果进一步探讨其成因，循环往复至少5次，直至挖掘出产生结果的潜在成因或本质原因，以便采取相应的对策予以解决，其实质是因果的循环分析，最终达到不被事物的表面成因所迷惑，为企业的生产经营工作起到积极的促进作用。

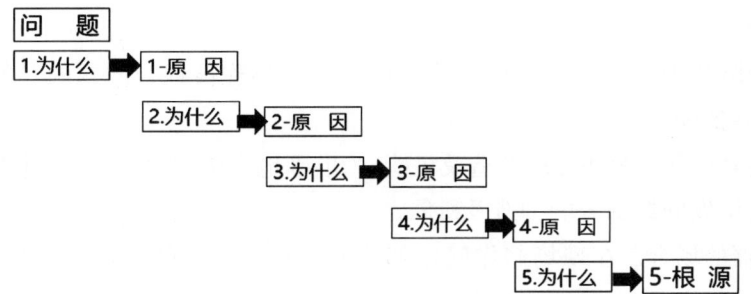

图 6-12 "为什么—为什么"分析法示意图

2. 内容分析

在一些组织里,一个普通的解决问题方法被用来分析和解决经营质量问题时,这个方法由"把握现状、原因调查、问题纠正、通过'差错防止'过程进行预防"4个方面内容构成。

① 把握现状。这是方法的第一部分,需要从"识别问题,澄清问题,查找原因要点"三方面展开分析。

② 原因调查。这是方法的第二部分,你可以引导一次5个为什么的调查来识别根本原因。需要从"针对明确的问题,针对为什么没有发现问题,针对为什么系统允许问题发生。"等方面展开分析。

③ 问题纠正。这是方法的第三部分,你需要"采取明确的措施来纠正问题,至少要求采取短期临时措施来保护顾客利益。"

④ 通过"差错防止"过程进行预防。这是方法的第四部分,要"采取明确的措施来确保问题不会再发生,典型的措施是'差错防止'过程",铭记吸取到的教训。参见图6-13。

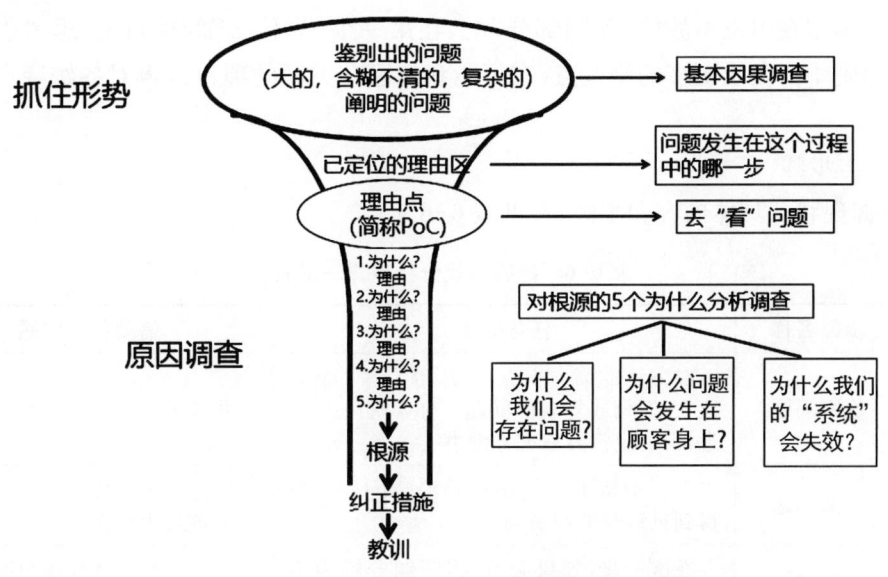

图 6-13 "5个为什么"漏斗图

3. 深度分析法工具应用

(1) 准备事项

① 将问题作整理（层别），充分把握事物的本质。整理被视为问题的对象物或事态，过滤出事实并将其把握。

② 彻底理解引发问题部分的构造及机能，为准确地实施"为什么—为什么"分析做好准备，要充分理解引发问题部分的构造及机能。

产品或机器的场合。在现场制作问题部分或其相关部分的画稿，或利用图纸、使用说明书等了解其内部构造，同时理解构成部品的机能。

业务的场合。写出问题业务的程序或过程，并且对其业务的机能做再确认。和账票等有关联的场合，边和现货做比较。边理解其机能和内容。

(2) 探讨方法

"为什么—为什么"分析的探讨方法，有"从应有的状态探讨"和"从原理·原则探讨"两种。

① 从应有的状态探讨

将"应有的状态"和导致问题的物品做比较。决定搜寻问题的方向，其后再重复"为什么"，逐次找出要因的方法。

例如，螺栓拧不动时，根据自身的经验在脑海里浮现"螺栓头形状不好吗？""螺栓和金属板有无生锈？""螺栓和金属板焊上没有？""扳子的尺寸是否合乎螺栓的尺寸？""扳手的扭矩值是否充足？"等调查项目，然后明确"螺栓应该是这样""板子应该是那样"，并把实物和应有的状态做比较找出问题。在找出问题的过程中，只对认为有异常的事项分析。此种分析方法称为"从应有的状态探讨"的方法。

② 从原理·原则探讨

将焦点锁定在引发事故的"问题部分"上，在第一个"为什么"的项目上，思考引发事故的原理与原则中揭发出更多的嫌疑点（有可能和问题有关联的项目），再对各嫌疑点进行分析的方法。

(3) 基本步骤

① 把握现状。具体内容和步骤，参见表6-6。

表6-6 把握现状分析步骤一览表

步骤	步骤名称	任务描述	需要问的问题
1	识别问题	在方法的第一步中，你开始了解一个可能大、模糊或复杂的问题。你掌握一些信息，但一定没有掌握详细事实	我知道什么？
2	澄清问题	方法中接下来的步骤是澄清问题。为得到更清楚的理解	实际发生了什么？ 应该发生什么？
3	分解问题	在这一步，如果必要，将问题分解为小的、独立的元素	关于这个问题我还知道什么？ 还有其他子问题吗？

续　表

步　骤	步骤名称	任务描述	需要问的问题
4	查找原因要点	现在，焦点集中在查找问题原因的实际要点上。你需要追溯来了解第一手的原因要点	我需要去哪里？ 我需要看什么？ 谁可能掌握有关问题的信息？
5	把握问题的倾向	要把握问题的倾向。在问为什么之前，问这些问题是很重要的	谁？ 哪个？ 什么时间？ 多少频次？ 多大量？

② 原因调查。具体内容和步骤，参见表 6-7。

表 6-7　原因调查分析步骤一览表

步　骤	作　用	任务描述	需要问的问题
6	识别并确认异常现象的直接原因	如果原因是可见的，验证它。如果原因是不可见的，考虑潜在原因并核实最可能的原因。依据事实确认直接原因	这个问题为什么发生？ 我能看见问题的直接原因吗？ 如果不能，我怀疑什么是潜在原因呢？ 我怎么核实最可能的潜在原因呢？ 我怎么确认直接原因？
7	找出根本原因	使用"5 个为什么"调查方法来建立一个通向根本原因的原因/效果关系链	处理直接原因会防止再发生吗？ 如果不能，我能发现下一级原因吗？ 如果不能，我怀疑什么是下一级原因呢？ 我怎么才能核实和确认下一级有原因呢？ 处理这一级原因会防止再发生吗？
		如果不能，继续问"为什么"直到找到根本原因	我已经找到问题的根本原因了吗？ 我能通过处理这个原因来防止再发生吗？
		在必须处理以防止再发生的原因处停止	这个原因能通过以事实为依据的原因/效果关系链与问题联系起来了吗？ 这个链通过了"因此"检验了吗？ 如果我再问"为什么"会进入另一个问题吗？
		确认你已经使用"5 个为什么"调查方法来回答这些问题	为什么我们有了这个问题？ 为什么问题会到达顾客处？ 为什么我们的系统允许问题发生？
8	采取明确的措施来处理问题	使用临时措施来处理异常现象直到根本原因能够被处理掉	临时措施会遏止问题直到永久解决问题能被实施吗？
		实施纠正措施来处理根本原因以防止再发生	纠正措施会防止问题发生吗？ 跟踪并核实结果，问： 解决方案有效吗？ 我如何确认？

(4) 检查清单

为确认你已经按照问题解决模型操作,当你完成问题解决过程时,使用这个检查清单。参见表 6-8。

表 6-8　5 个为什么检查清单

步　　骤	提出问题
把握现状	提取问题
	澄清问题
	遏止问题
	查找原因要点(PoC)
	把握问题趋势
原因调查	识别/确认直接原因
	问 5 个为什么以识别根本原因
	问 5 个为什么以查找为什么问题没有发现并流出到顾客处
	问 5 个为什么以查找为什么系统会允许问题发生
问题纠正	实施纠正措施;至少,实施临时措施
预防	杜绝根本原因
	吸取接受的教训

(5) 应用规则

① 将"问题"或"为什么"的主语只写一个单词。例如,用"○○发生△△"这样简短的语句表达。

如果在"问题"或"为什么"的地方记入像"因电池寿命到了,所以手电筒不亮了"的语句,在接下来的"为什么"里就只能从"电池寿命到了"一个方向来分析了。而且,如果"电池寿命到了"还只是个推测的话,这种已断定犯人的写法会导致误捕犯人或无法找出犯人的错误。为了防止此种错误的发生,应注意用像"○○发生△△了"一样简短的语句表达。

② 开始的首个"为什么"是将焦点锁定使现象发生部分,根据现象发生的原理·原则(或者,不让其发生的原理·原则)推理出来。

推理出首个"为什么"的程序。

(第一步)对有问题部分的构造进行描画,明确地表示出构成要素。

(第二步)根据构成要素,列出使现象发生的原理·原则,或者是不使其发生的原理·原则。

(第三步)根据已确定的原理·原则,推理出第一个"为何"。

③ 决定了"为什么"以后,再从后面往前重读一遍,检查是否有"论点不符合逻辑"或"论点跨越"的地方。

假如对于一个问题"为什么"反复分析了 3 次。这个分析正确不正确,就要从最后一个

"为什么"到"问题"逆向读过一遍,检查自己的分析是否合乎条理,是否合乎逻辑,和论点有无跨越的地方。

④ 应持有"如果这个为什么"不发生的话,前面的"为什么"是否也不会发生的观念。另外,应将并列关系的要因无遗漏地列举出来。

⑤ 应注意不自然的"为什么",只记入和正常有偏差(异常)的要因。

⑥ 使用任何人看了都懂的语言,具体形容"为什么"。

为了让每个人都可以得到同样的解释,应尽量具体形容"为什么"。例如,

［地面脏污］(X)→［地面沾满油污］(○)

以下的表达方式不适当:

- 材料差、设计差、部品差等,○○差的表达方式
- 磨损、变形、堵塞等,欠缺主语的表达方式
- ○○的位置偏了等,没有说明往什么方向偏移等,含糊的表达方式

⑦ 对于作为基准的事物。也要用"为什么"进行探求。

使用形容词(大・长・慢等)时,应明确示出作为基准的事物(比较的对象)明确出来"比○○快""比○○大"。

⑧ 应避免追究员工心理层面的原因(避免写发呆,累了等事态)。

就算追究员工心理层面的原因也无法达到防止再次发生的目的。所以要对能够做到防止再发措施的设备方面、管理结构方面采取措施。

⑨ 持续探讨"为什么"直到找出和防止再发对策有关联的要因为止。"为什么"要连续问到具有维持管理意识的或恒久对策的要因为止。

分析不能停止在"轴承磨损"或"螺栓掉落"等地步。持续探讨"为什么"直到找到和防止再发生对策有关联的要因为止。对策不能只是"现换旧品"而已,应该以像"改变材质或直径""列入点检项目"等表达。若已举出和再发生防止对策有关联的要因,可以结束"为什么"深度分析作业;若没举出的话,需要重复多次探讨"为什么",直到找出真正原因为止。

⑩ 分析过程中要在现场现物进行确实地验证,能够验证"为什么"的时候要立刻验证。

千万不可以没确认事实就下判断。在分析的过程中如果能验证"为什么"的话,应马上实行。如果胡乱地进行分析,在没有导致问题原因的部分思考"为什么"也是浪费时间。也就是说,分析到可以验证的部分的话,应暂停分析,进入验证作业。对于已找到的原因一直验证到找出问题的防止再发生对策为止,反复进行验证作业。应极力避免闭门造车,觉得"绝对不会有这样的事""应该不会有这种可能"只靠头脑判断的做法。

案例 6-5 | 领导者的决策

领导者在实施决策时,应对所决策的内容应用"为什么—为什么"分析法判断其可行性,针对具体条款还应多提几个为什么,以确保决策不失误。例如,某企业在上暖仓项目时,对技术条款争议较大,企业领导者应用了为什么—为什么分析法进行多层次分析,上暖仓可以减少二次倒运费用,但如何实施物料的混匀?解决的办法是入冬前用推土机将所进

物料平铺,利用天车直取;如何能保证平铺直取的效果?解决的办法是暖仓的建筑面积应足够大,以方便推土机的作业,同时操作人员的素质和责任心有待加强;如何提高操作人员的责任心?暖仓筹建时应对操作人员进行业务培训,并以制度严格规范其行为;培训和制度的运作如何解决?暖仓建设时应成立相应的组织机构和确定相应的责任人;责任人的人选如何确定?一方面由厂提名,公司经理办公会确定。由此可见,决策上暖仓的技术弊端可以解决,实践验证上暖仓项目对企业过冬难、冬季生产塌腰的问题解决得十分理想,取得的效益十分可观。

案例6-6　管理者的创新

管理者在实施每项管理机制时,应用"为什么—为什么"分析法有助于实现管理创新,如对企业劳动纪律的管理条目,企业员工劳动纪律为何较差?有制度缺少监督考核机制;完善监督考核机制,由谁来监督考核?成立劳动纪律检查小组;但日常由谁来监督考核?班长或工长是最合适人选;如何调动班长或工长的积极性?赋予其相应的职责和利益;班长或工长获其利益,由于面子等因素不履行职责如何办?对其进行处罚,或对其下达每月劳动管理处罚指标,完不成指标的班长或工长取消其管理奖;由此延伸一个管理思路——责任连带考核,即劳动纪律管理株连制;班组成员违纪,班长或工长承担主要连带责任,工段长、厂级领导承担其相应的连带责任,形成了劳动纪律人人管的良好局面,提高了企业基础管理工作水平。

案例6-7　操作者的改进

对于岗位操作者而言,"为什么—为什么"分析法有助于提高操作者自身的技能,对每一个操作环节以及设备存在的问题进行反思与改进,确保信息流的有序运行;如对炉前液压泥炮的使用,经常出现跑泥现象,操作者提出了以下问题,泥炮为什么跑泥?泥炮不对位;调整角度对位后,为什么还有跑泥问题的发生?炮泥与铁口之间有间隙;为什么改进炮嘴后仍然还出现跑泥现象?液压系统油压需提高;为什么提高后跑泥现象没有完全根除?操作者对新上的液压系统不熟悉,未能平稳操作,导致泥炮在运行的过程中不平稳,这是潜在原因。改进操作后泥炮使用效果良好。当然,岗位操作者应针对本岗位存在的问题多提几个"为什么",多进行小改小革,对本人是一个提高素质的过程,对企业的生产经营工作会起到促进作用,企业应对此建立相应的激励机制予以肯定,充分发挥全员的智能办好企业。

案例6-8　事故分析处理

在事故分析处理时,"为什么—为什么"分析法较为实用,根据事故的结果反推上道工序以及各个环节的原因,会找出产生事故的实质原因。例如,针对高炉炉况不顺,可追溯到烧结矿性能,再可追溯到精矿粉质量问题,以及采购环节存在的种种弊端,用管理制衡机制予以改进,会取得较为明显的经济效益。

(6) 注意问题

① "为什么—为什么"分析法提供的只是一种管理方法和反思问题的一种方式,企业应根据自身的实际情况灵活地加以运用,以简化管理程序,达到清晰化和轻松化管理的目的。

② 在实施"为什么—为什么"分析法时,企业领导者应对此给予高度重视,统一观念和认识,同时借助舆论宣传工具,减少各层组织的思想误区,为实施"为什么—为什么"分析法原因追溯时减少层层阻力,达到相应的管理效果。

③ 对每个环节隐瞒或歪曲的原因建立相应的监督考核机制,通过多方位、多层次地做好调研工作,挖掘出潜在的原因,以便"对症下药"采取措施加以解决,应用"为什么—为什么"分析法应具有快速反应的能力,不能无原则地拖延,使管理在时间概念里失效。

④ 培养和建设企业的文化,使"为什么—为什么"分析法与企业文化达到相融相生,相互影响与相互促进与提高,以便提高企业的核心竞争力和提升企业无形资产的价值。

⑤ 企业应对每一种管理模式进行管理延伸与不断地进行总结经验,将成功的做法与经验不断纳入文件中予以应用,经过理论与实践的反复验证,来达到其预期的管理效应。

通过对阿米巴经营报表的分析,确定改进方向后,就需要明确改进的具体项目,而改进项目来源于现场出现的产量、质量、故障、消耗等不良状况在报表中的反映,以及对巴组织的经营结果的影响占比和影响的重要度、紧急度等。改进项目确定后,就需要对改进项目包含的现场现象进行深度分析,从而找出根本原因。

深度分析时,针对现象进行首次发问,找出造成该现象的原因;再针对此原因制定措施后先分析可行性,后判断能否杜绝再发生,如果能杜绝则按此方案实施,分析结束,如果不能杜绝,再针对原因进行追问,并继续向下深入分析,直到查找出问题本质,找到可采取的措施能杜绝问题的再发生,分析才能结束。参见表6-9。

表 6-9 深度分析示例表

现象	地上油渍		
发问	原因	对策	结论
首问(1)	清洁工未及时清扫	提高清洁工清扫频次	不能杜绝该现象再发生
次问(2)	密封件损坏漏油严重	缩短密封件更换周期	不能杜绝该现象再发生且造成密封件成本上升
再问(3)	密封件质量差	更换质量好的密封件	能杜绝该现象,但造成成本指标完不成
追问(4)	采购成本指标少	提高采购指标	能杜绝该现象,但造成成本指标完不成
深问(5)	成本考核制度不合理	重新修订成本考核制度	能杜绝该现象,方法有效

案例 6-9 某班组运用深度分析法进行改进案例

某钢铁公司高线厂精轧机维修班,2013年1—4月活套区轴承更换频次达10次/月超出指标的6次/月,造成成本及设备非计划停机时间大幅上升,严重影响生产。该班组运用此法进行原因分析,具体分析过程见表 6-10。

表 6-10 轴承更换频次多深度分析表

现象	轴承更换频次多		
发问	原因	对策	结论
首问(1)	轴承损坏多	选择质量更好的轴承备件	不能杜绝该现象再发生,因为轴承质量达标
次问(2)	润滑不充分	提高润滑频率	不能杜绝该现象再发生,已是油气润滑,供油不间断
再问(3)	油管损坏多	缩短油管更换周期	不能杜绝该现象再发生,还将造成油管成本上升
追问(4)	环境温度高	安装水冷喷淋头	能杜绝该现象再发生,方法有效

分析结束后,立即进行现场实施,在活套区域油气润滑管周围安装水冷喷淋头,及时冷却油气润滑管环境温度,取得良好效果,活套轴承更换频次开始逐月下降,2013 年 5 月—2014 年 12 月实际更换频次均小于或等于 6 次/月,满足了现场生产要求。

十、缺陷优先

缺陷是经营工作有欠缺或不够完备的总称。通常,缺陷都是质量方面没有满足相关要求,所有工作缺陷都是质量问题。在阿米巴报表中,这些质量缺陷和不良,是以赔偿费用的方式进行核算的,是改善的首选,各级巴长策划的改进,首先要解决质量等方面的缺陷问题,对缺陷的改进要优先考虑。如果限于当前的条件,一时不能有效解决,也必须采取临时性改进措施。

在阿米巴经营中,因为工作失误造成停产、等待,不能满足生产需要,造成产量损失或者质量不良等,在阿米巴经营报表中,也是以赔偿费进行核算的。赔偿费用指标有质量不良赔偿、故障停产停工赔偿、延期交付赔偿、设备设施损坏赔偿等,通过量化的方式,利用影响的时间长短,依据既定阿米巴经营交易核算原则,核算出阿米巴组织的赔偿损失,从而确定巴组织需要支付的赔偿费用。

赔偿费用,在上一级的阿米巴经营报表中,可能会看不到,因为合并后进行了费用对冲。如果发生了组织外部赔偿,在巴组织的合并报表中,会直接体现出。

控制质量缺陷,降低各项赔偿费用,是巴组织首先要确定的改进方向。

改进方向确定后,就要从"人、机、料、法、环、测"即 5M1E 方面进行展开,用因果图的方式进行分析,确定主要原因后,即形成改进项目。如果是人员技能方面,造成不能满足生产经营要求,出现了异常,赔偿费用增加,可采取的措施是,对员工首先要加强培训,提升相关人员技能,以满足生产需要。另外,加强标准化建设、科学考核、对标学习、采用新技术和新方法等,都可能是有效措施之一。

案例 6-10　缺陷优先改进案例

某集团公司电器维修微巴长,带领巴员深入了解现场实际,运用阿米巴报表数据,客观评价工作绩效。以"效益最大化和成本最小化"为原则,营建人人参与的氛围,激发员工热情,告别打工心态。在巴组织经营过程中,员工积极寻找缺陷进行改进,提升作业效率,降低设备维护成本。

通过巴组织的阿米巴报表分析,发现从 2018 年 9 月后,单位时间利润出现周期性波动。进一步分析发现,主要是非计划赔偿严重影响了利润。通过对这几个月的数据对比调查发现,非计划中飞剪短尺所占比例大约占到了总的非计划的 80% 以上。减少飞剪短尺非计划量是巴组织亟须解决的问题。参见图 6-14。

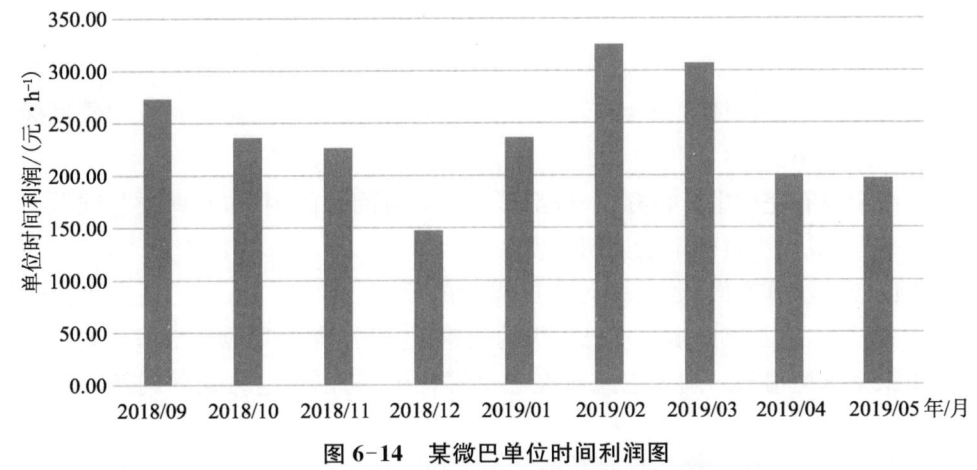

图 6-14　某微巴单位时间利润图

现场检测飞剪剪切长度的方法是在飞剪剪前增加一个热检,对进行钢板的检测,钢板到达该位置后程序开始通过辊道速度计算钢板长度,然后进行剪切。该方法弊端很大,因为辊道与钢板的摩擦力误差不可避免,而且因为钢板重量的不同,该误差是不可控的,并且现在对质量的要求越来越严格,该检测方法已经过时,很难达到生产的需求。微巴运用头脑风暴法,2019 年 1 月,讨论决定在该热检处增加激光测速仪,直接检测钢板的速度,这样就不存在摩擦产生的误差,数据更加准确。但是,安装激光测速仪之后的情况并没有好转。

现场调查发现,该测速仪需要直接安装在钢板的正上方,该区域温度高,加冷却水后镜片会产生冷凝水,然后直接导致数据的错误。让值班人员在每次换辊期间擦拭镜头,从而保证激光测速仪的运行。可冷凝水不是在换辊期间产生的,在生产过程中冷凝水就会产生,这个时候如果去擦拭镜片会很危险,并且不能保证每次在换辊期间都有值班人员在值班室待命,方法不可行。

微巴运用 5 个"为什么"深度分析法,找到冷凝水的形成必定是存在较大的温度差,这个温差的产生就是冷却水,冷却水一般 25 ℃ 左右,热轧钢板通过时,设备外部可到达 300 ℃ 以上,这样镜片必然出现冷凝水。

现场的冷却水是制冷站送过来的,温度正常都是 25 ℃ 左右,不能控制,但可以通过阀门来控制水流量,从而达到控制水温的目的,在设备的外部我们增加隔热棉,阻隔钢板的热量。通过不断的实验,2019 年 6 月,找到了激光测速仪的最佳状态。经统计,飞剪短尺量在减少,每月减少大约 100 t 非计划量,按阿米巴报表计算 1 t 非计划赔偿 600 元,每月减少赔偿费用支出 6 万元以上,参见表 6-11。

表 6-11 某微巴 2019 年开展缺陷改进前后绩效表

2019 年	1月	2月	3月	4月	5月	6月	7月	8月	9月	10月	11月
飞剪短尺量/吨	127.3	151.6	133.9	153.8	214.2	113.3	71.1	51.7	33.5	21.9	31.8

对缺陷的改进,是阿米巴改进的优先选项。

十一、效率首选

效率是实现目标的保证。对生产型企业或阿米巴组织来说,就是完成产量目标、实现服务目标的结果反映。

阿米巴组织没有完成生产目标,一般都是因为质量问题的困扰,这些质量问题,直接影响了生产效率,造成生产目标不能如期实现。

在阿米巴经营核算方面,若是因为本巴组织的原因,造成了上、下道工序等待的浪费,需要进行相关赔偿,这不仅影响了本巴组织的效率,还直接影响其他巴组织的效率,这些都需要本巴组织来承担损失。阿米巴组织在经营过程中,若出现这方面的问题,需要优先进行改进。

公司对各级阿米巴组织的管理是一种计划管理方式,对每个阿米巴组织都会制定和下达生产计划目标,相关阿米巴组织要对上级下达的生产计划目标进行分解,形成日作业计划目标进行跟踪、评价。生产实际进度低于计划目标,说明没有完成计划任务,效率低下,需要立即改进。对生产计划完成的跟踪,是巴长每天必做的功课。

案例 6-11 效率首先改进案例

某钢铁公司是钢板生产企业,加热炉作为热轧车间的第一道工序有着至关重要的地位。2018 年一季度,该厂连续 3 个月未完成生产任务,其中 3 月份甚至欠产高达 6 905 吨,加热炉是限制产量的第一个瓶颈,参见表 6-12。进一步分析发现,加热炉工作效率低下,是未完成生产任务的唯一因素,其他工序都处于待料状态。

表 6-12 某微巴 2018 年一季度欠产统计表　　　　　　　　　　单位:吨

月　份	1月	2月	3月
计划产量	128 000	116 000	133 000
实际产量	126 256.62	114 634.64	126 094.41
欠产产量	1 743.38	1 365.36	6 905.59

为提高加热炉效率，微巴开展头脑风暴，运用树图、关联图等方法，进行深度分析，排除不可控因素后，巴员一致认为，提高加热炉产量就得解决加热炉存在劳动强度高、红号多、装钢效率低等诸多影响因素；降低改判损失实际就是减少加热缺陷，就是要解决红号多影响加热炉正常走梁烧钢的问题。

提高加热炉效率，首先要解决加热炉装钢自动化程度低，解放巴员手动开钢定位、人工输入板坯号、温度等信息，巴员劳动强度大、容易出错且工作积极性不高，信息传递不完整造成红号，这需将板坯退出加热炉，加热炉不能走梁，需要重新装钢后才能走梁。加热段的板坯长时间处于高温下，氧化严重，轧制时会有麻面、麻坑等缺陷产生。这就导致轧机轧完上一块钢而加热炉还不具备出钢条件，严重影响了轧制产量同时生产质量也受到了影响。

针对这些问题，微巴与专业技术人员进行研讨后，决定从"自动检测板坯温度、板坯自动定位、建立板坯数据库、自动提取板坯数据"等 4 个方面进行改进提升，并定于 4 月份大修时实施改进。

改进实施后，加热炉红号数量降低到 0，彻底解决了令人头疼的红号问题，节约了大量装钢时间，提高了效率，满足了生产要求，产量稳步上升，均超额完成生产任务。同时也为降低麻面、麻坑等缺陷改判量创造了条件。

十二、矩阵图

矩阵图就是从多维问题的事件中，找出成对的因素，排列成矩阵图，然后根据矩阵图来分析问题，确定关键点的方法。它是一种通过多因素综合思考，探索问题的好方法。从问题事项中找出成对的因素群，分别排列成行和列，找出其中行与列的相关性或相关程度大小的一种方法。

1. 矩阵图的作用

在复杂的问题中，往往存在许多成对的影响因素，将这些成对因素找出来，分别排列成行和列，其交点就是其相互关联的程度，在此基础上再找出存在的问题及问题的形态，从而找到解决问题的思路。

目的或结果都有两个以上，而我们需要找出原因或对策时，用矩阵图比其他图方便。矩阵图着眼于由属于行的要素与属于列的要素所构成之二元素的交点。

通过矩阵图方法，我们可以从二元的分配中，探索问题的所在及问题的型态；从元的关系中探求解决问题的构想。

在行与列的展开要素中，要寻求交叉点时，如果能够取得数据，就应依定量方式求出；如果无法取得数据时，则应依经验转换成资讯，再决定该事项。决策交叉点时，最好是以全员讨论方式来决定，并在矩阵图旁注上讨论的成员、时间、地点及数据取得方式等信息，以供参考。

有时候交叉点的重要度各不相同，因此可用各种记号区别记录，矩阵图的应用比较广泛，一般应用如下：

（1）竞争对手分析时；
（2）新产品策划时；
（3）探索新的课题时；
（4）方针目标展开时；
（5）明确事件关系时；
（6）纠正措施排序时。

2. 矩阵图特点

（1）透过矩阵图的制作与使用，可以累积众人的经验，在短时间内整理出问题的头绪或决策的重点，可以发挥象数据般的效果。

（2）各种要素之间的关系非常明确，能够使我们掌握到全体要素的关系。

（3）矩阵图可根据多次元方式的观察，将潜伏在内的各项因素显示出来。在系统图、关联图、亲和图等手法已分析至极限时使用。

（4）矩阵图依行、列要素分析，可避免一边表现得太抽象而另一边表现得又太详细的情形发生。

3. 矩阵图制作步骤

（1）列出因素；
（2）把成对因素排列成行和列，表示其对应关系；
（3）选择合适的矩阵图类型；
（4）在成对因素交点处表示其关系程度，一般凭经验进行定性判断，可分为三种：关系密切、关系较密切和关系一般（或可能有关系），并用不同符号表示；
（5）根据关系程度确定必须控制的重点因素；
（6）针对重点因素做对策表。

质量管理中所使用的矩阵图，其成对因素往往是要着重分析的质量问题的两个侧面，如生产过程中出现了不合格时，着重需要分析不合格的现象和不合格的原因之间的关系。为此，需要把所有缺陷形式和造成这些缺陷的原因都罗列出来，逐一分析具体现象与具体原因之间的关系，这些具体现象和具体原因分别构成矩阵图中的行元素和列元素。

矩阵图的最大优点，在于寻找对应元素的交点很方便，而且不会遗漏，显示对应元素的关系也很清楚。矩阵图法还具有以下几个特点，可用于分析成对的影响因素：因素之间的关系清晰明了，便于确定重点；从二元的分配中探索问题的所在及问题的型态；从元的关系中探求解决问题的构想。

4. 矩阵表

矩阵表是矩阵图的变化形式，其运用更加灵活，主要说明二元展开后的关系说明，常用于展开分析、对比分析、关系分析。参见表6-13阿米巴经营改进步骤与QC改进方法关系一览表。

表 6-13 阿米巴经营改进步骤与 QC 改进方法关系一览表

类目/步骤	一、巴体简介	二、报表构成	三、报表分析	四、改进方向	五、改进项目	六、改进措施	七、改进结果
要求说明	对巴组织进行简要介绍，突出是你做什么的、有什么特点等	对组织的阿米巴报表进行简要介绍，突出巴组织构成及巴组织的主要关注点	运用相关的分析方法，对巴组织关注的内容进行分析，找出需要改进的方向	围绕确定的改进方向，进行系统分析、推导，确定改进的关键点	用一个表单矩阵，列出分析结果，提出需要改进的项目	根据分析结论，确定要改进的具体项目，列出详细改进措施	通过报表中数据的变化情况，突出改进后，数据改进的变化结果
QCC活动对应步骤	0. 小组概况	0. 小组概况	1. 选择课题 2. 现状调查 3. 设定目标	4. 分析原因	5. 确定要因	6. 制定对策 7. 对策实施	8. 检查效果 9. 巩固措施 10. 下步打算
阿米巴改进常用方法	1. 抽象汇总 2. 重点描述	1. 分类分层 2. 重点描述	1. 2/8 原则 2. 标杆对比 3. 目标对比 4. 趋势分析 5. 开源节流	1. 轻重缓急 2. 先易后难 3. 缺陷优先 4. 效率首选 5. 成本控制 6. 深度分析	1. 顾客需求 2. 瓶颈优先 3. 异常展示 4. 矩阵图 5. 因果图	1. 头脑风暴 2. 对策表 3. 跟踪表	1. 精细核算 2. 收益变化 3. 统计检验 4. 循环改善
注意事项	重点突出	真正的、全部结构的阿米巴报表	从报表的科目入手进行分析	要有分析推导过程，对选择、取舍要说明理由，最好有工具方法支撑	用矩阵精准描述	改进措施的选择要有依据	通过阿米巴报表前后的变化评价改进的有效性，用统计检验分析说明结果差异显著性

5. 因果矩阵

在工作中,我们常常会遇到,面临需要解决的问题比较复杂,如缺陷产生的形式比较多,影响它们的原因也很难分开单独进行考察,这时,因果矩阵就是一种有效的分析工具。

因果矩阵的特点是能帮助选择应重点关注的原因,可用于对多个结果质量特性进行分析与改进。因果矩阵的应用步骤为:

(1) 在矩阵图上方填入过程结果的质量问题形式;

(2) 确定每一质量问题的重要度(1~10,10 代表问题最严重);

(3) 在矩阵图左侧填入所有潜在的原因变量;

(4) 评价每一原因变量与结果变量间的相关程度,在这两个变量交叉点的单元内填入代表它们相关程度的数字。相关程度共分四级,赋予 1、3、5、9 的值代表不同的相关程度,9 为相关性最强。

把每一单元的相关度与该列结果变量的重要度相乘,是这个原因变量的重要度系数,然后把一行中各列的系数相加为该原因变量的重要度权重,将此值填入该行右边的单元格中,参见表 6-14。

比较各重要度权重,数值高的为最应该关注的原因。

从表 6-14 可以看出,对齿轮失效影响最大的原因分别是齿轮弯曲强度差和齿面接触应力过大。这两项应成为首先关注的关键原因。

表 6-14 因果矩阵示例表

重要度	5	4	3	2	原因重要度合计
原因/结果	断齿	缩短使用寿命	点蚀剥落	胶合	
渗碳层深度不够	5	3			37
齿根表面粗糙度差	5	3			37
齿轮弯曲强度差	9	9			81
齿轮接触应力过大	5	5	5	9	78
齿轮的冷却润滑不足		5	9	9	65
齿轮硬度不够	1	3	9	3	50
接触色印不正确	3	3	5	1	44
齿轮表面粗糙度差	1	5	3	9	52

因果矩阵的原理应用很广泛,如质量功能展开等工具中就已经包括了因果矩阵的应用。

如果把矩阵表左边换成可选的解决方案,上边的表项换成对方案的评价准则,如对顾客的影响、实施的难易程度、潜在问题、实施的成本等,并赋予不同的权重,就成为解决方案矩阵,也成为选择解决方案的一种工具。

十三、头脑风暴

头脑风暴法又称脑力激荡法、智力激励法、BS 法、自由思考法,是快速大量寻求解决问题构想的集体思考方法。通过一组人创造性地思维,系统、有计划地提出可行的想法和意见,最后通过一定方式进行归纳,形成解决建议方案。

提供一种能自由畅想的氛围,无拘无束地发表意见。利用参加会议的每一位成员连续不断地激发思想火花的连锁反应,一定会收集到更多的创意。简单地说,头脑风暴法就是指通过一组人的创造性思维,系统、有计划地提出可行的想法和意见。

在阿米巴经营改进活动中,头脑风暴法适用于问题解决的多个阶段,这一方法有助于清楚地认识问题,找出问题原因,寻求纠正措施,还可以用来识别包括质量的众多改进的潜在机会。

寻求问题解决方案需要与专业人员紧密结合,开展头脑风暴的目的在于集思广益,提出尽可能多的,甚至是一些"离经叛道"的创造性想法来,找出能跳出传统技术解决方案的圈子去解决问题。这是一个思维发散的过程。

1. 头脑风暴遵循的基本原则

(1) 自由畅想。头脑风暴会议应形成一种良好氛围,使参加会议的所有成员不受约束,畅所欲言,鼓励发散性思维,鼓励异想天开,说出能想到的任何主意。

(2) 避免批评。不做批评对激发创新思维是很有必要。参加头脑风暴会议的人应尽量避免考虑或评论方案的有效性、重要性、可行性和相关性等,在会后再进行方案评审。严格遵守这一原则有助于保护会议成员的自信心和热情,从而得到更多、更出人意料的想法。如果进行评论,许多人就会变得更加拘谨。他们未发表的意见或许非常好,或许可以激发别人的好意见。花费在评论上的精力未能用在产生好意见的现实任务上,没有任何意义,更是得不偿失。

(3) 多多益善。在头脑风暴法中,数量重过质量。想法越多,获得最佳方案的可能性就越大。不提倡参加者在发言前做详细分析和周密思考,当场把每个人的观点毫无遗漏地记录下来。

(4) 互相融合。参加者可以相互补充各自的观点,也可以综合各方想法,通过改进提出自己的想法。

2. 头脑风暴法的应用步骤

(1) 准备阶段。在准备阶段,首先应确定中心问题,如有必要,可将复杂问题分解成小问题。问题确定后,成立一个 5~8 人小组,小组成员由不同岗位、不同学科的人员组成;然后要确定一名会议的组织者,由其负责阐明会议的目的、明确原则、确保会议不偏离主题、按照规则程序执行。会前应把相关问题的阐述和背景信息发给会议成员,要使参加会议的每一个人都清楚了解问题的内容,明确问题的范围。要确定一名记录员,记下所有可能提出的观点,即使是重复的。

(2) 鼓励创造性思维阶段。会议组织者将所提出的问题以及四项活动原则清晰地写在白板或活动挂图上,保证每人都能看清楚。组织者要保证每个成员在会议中表达想法的机会均等;必要时,可让成员轮流发言。发言应尽量具体、简明,发言者不要为自己的观点做任何解释说明。记录员及时将会议成员提出的想法记录在白板或活动挂图上,保证清晰可见。任何人在写出自己的想法后都不得对内容进行改动,任何人都不得批评、讨论和评价所提出的观点或控制会议进程。组织者应鼓励成员借鉴他人的想法,让团队成员提出尽可能多的想法,让他们各抒己见,会议持续到无人发表意见为止。

（3）整理阶段。会议组织者要将每个人的观点重述并让参加者了解全部观点的内容,对所提出的观点进行分组归类。在会议后,为每类意见指定一个小组进行评估,明确选择方案的标准,如可行性、成本和相关性等。各个小组分别召开会议,根据方案选择标准淘汰那些没有使用价值的想法。各个小组拟出方案,提交管理层。

3. 用亲和图对头脑风暴观点进行分组归类

日本的川喜田二郎根据头脑风暴法创造了 KJ 法,亲和图就是 KJ 法的主要类型。亲和图又叫 A 型图解、近似图解,用来对语言数据进行分析,以便从采集的原始数据中提取信息。它是把收集到的大量有关某一特定主题的意见、观点、想法和问题,按它们之间相互亲(接)近关系加以分类、汇总的一种图示技术或方法。亲和图经常用于已获得非常多的想法,一时难以掌握的情况,如通过头脑风暴产生出大量想法的情况。所以亲和图往往在头脑风暴后应用,把头脑风暴中产生的想法理出头绪,属于集中式思维。亲和图的主要应用步骤如下：

（1）确定主题。活动小组的成员通常不超过 10 人,组织者应用通俗化的语言阐明将要研究的问题,保证每位成员清楚明了,避免在对问题的选取取得一致时就陷入各类的讨论和辩论。

（2）制作语言资料卡片。在亲和图的应用过程中,资料的收集是重要的一环。用卡片尽量客观地记录下小组成员的所有想法。如果是在开展头脑风暴之后,可以直接把头脑风暴中每个想法直接做成一张卡片,每张卡片只记录一个想法。

（3）整理卡片。把所有卡片集中起来,将卡片根据假定的相互关系进行分类,最多不超过 10 种类别。整理卡片时,对无法归入任何一组的卡片,可以独立地编为一组。整理完成后,为每类卡片选定标题,参见图 6-15。

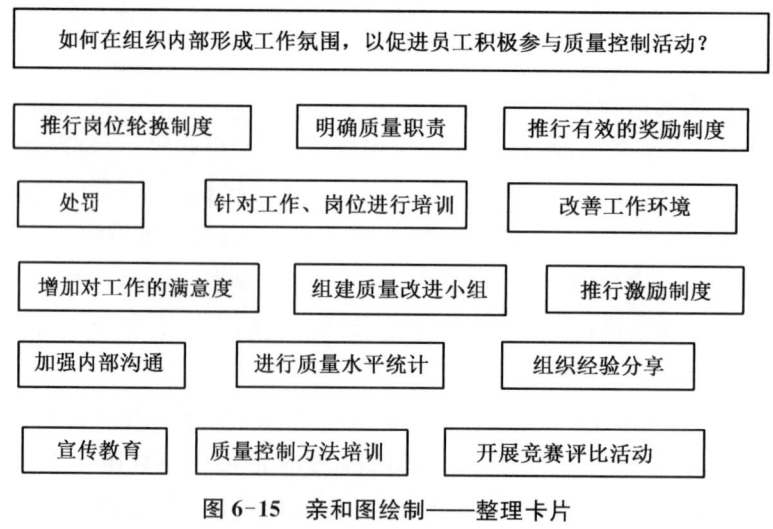

图 6-15　亲和图绘制——整理卡片

（4）制作亲和图。卡片编写整理后，将它们的总体结构用亲和图来表示，以清晰地显示分组的内部结构和这些组之间的关系，参见图 6-16。

（5）给出结论。根据绘制的亲和图，写出分析报告，指明结论，参见图 6-17。

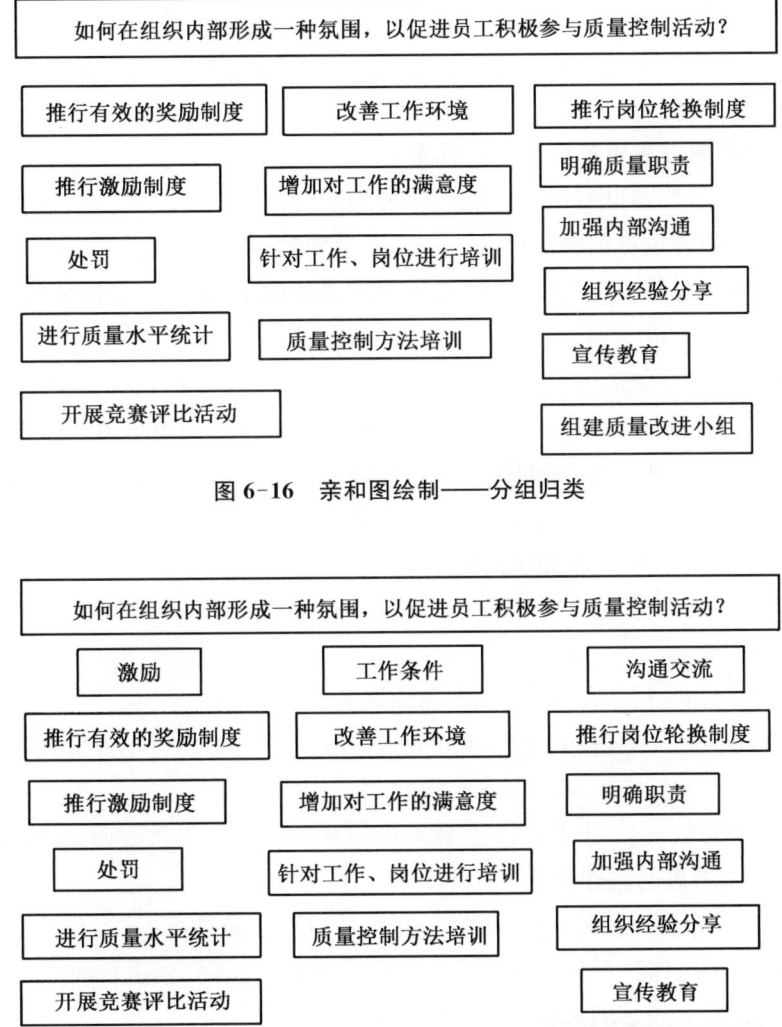

图 6-16　亲和图绘制——分组归类

图 6-17　亲和图绘制——总结整理

十四、SIPOC 分析

SIPOC 分析是确定质量管理计划中的重要元素的方法。这里的质量是大质量、高质量的概念，是组织所有经营业务的组合。

SIPOC 分析图表是分析系统过程、识别过程中所有重要元素的列表。它适用于质量管理的开始阶段，可以帮助经营管理者确定过程中的重要元素或梳理供应商、输入、输出和顾客间的关系。SIPOC系统运作流程图参见图6-18。

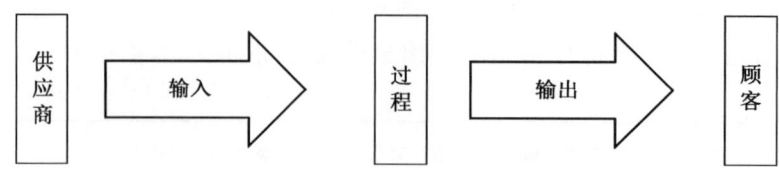

图6-18 SIPOC系统运作流程图

1. SIPOC分析图表在质量管理中的作用

(1) 减少企业质量管理中的影响因素,以便理清管理脉络。

(1) 帮助企业理清重点消费群体所关注的质量问题,便于寻找针对性的质量改进技术。

(3) 帮助理清企业的真实供应需求,便于寻求最好的采购资源,保证采购质量。

(4) 找出重要的质量元素。

2. SIPOC分析图表含义

SIPOC分别代表了供应方(Supplier)、输入(Input)、过程(Process)、输出(Outputs)和顾客(Customer)。SIPOC中各个词所代表的具体含义如下:

(1) 供应方(Supplier),向系统提供关键零部件等资源的人、组织或工序。

(2) 输入(Input),供应方所提供的信息、零部件等。

(3) 过程(Process),输入的信息或零部件经过一系列运作输出服务或产品,并且在这个流程中实现价值流动。

(4) 输出(Output),过程的结果,即产品或服务。

(5) 顾客(Customer),接受输出结果的人、组织或工序,不仅包括外部顾客,还包括内部顾客。

在整个质量经营管理计划过程中,经营者应该从以上五个因素方面,综合考虑问题。

3. SIPOC分析图表的制作步骤

在绘制SIPOC分析图表时,管理者需要严格依以下步骤进行:

(1) 挑选对整个运作过程比较熟悉的人员组成团队,对各要素进行研究。

(2) 制作一张自上而下的过程图,包括过程的起点和终点。

(3) 识别过程的输出,列出关键输出部分和顾客。

(4) 识别过程的输入,列出关键输入部分和供应方。

(5) 找出输入和输出过程中的主要元素,并按既定顺序排序。

(6) 绘制SIPOC分析图表,验证并修订。

对于整个系统来说,把各个重要因素考虑周到是非常重要的。

4. SIPOC分析图表的应用

以一家生产手动气压源企业为例,说明SIPOC分析图表的应用。

(1) 输入。在供应方和输入环节中,企业的供应方包括内部供应方和外部供应方。外部供应方一般为供应商,他们向企业输入原材料;内部供应方有销售部、市场部、来料质量检验、仓储部门和生产部门等,这些部门主要负责输入资料,比如销售部提供销售订单,生产部门根据销售订单和当前库存量提供生产计划、生产任务单等。此外,对于下一工序而言,上一工序即为输入方,上一工序交付的产品、零件等为输入。

(2) 过程控制。在手动气压源的装配过程中,应画出整个装配流程,从而确定质量管理计划中的关键装配工序。然后,依据生产计划及工艺流程来装配产品。

(3) 输出。在输出和顾客环节,内部顾客有品质部门、成品仓库、财务部、销售部,其中,品质部门检验手动气压源是输出环节中的关键,对于其余的输出,只需要监督其执行情况即可;外部顾客为消费者。

最后将上述因素连接起来,从而形成系统的 SIPOC 分析图表。手动气压源 SIPOC 分析图表,参见图 6-19。

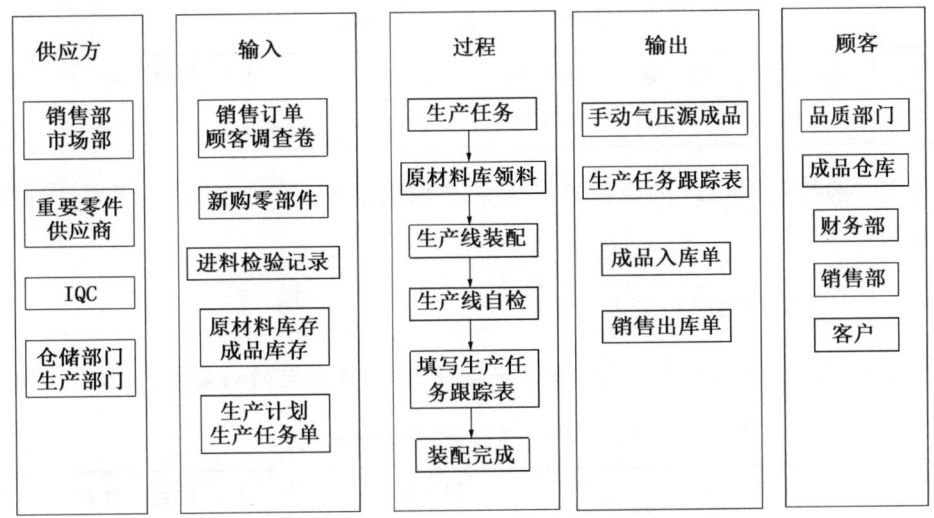

图 6-19 手动气压源 SIPOC 分析图表

从整个分析图表可以看出,手动气压源的生产装配过程、供应商零部件进料检验过程、成品检验过程是整个质量管理计划中的关键环节,质量管理计划中的重要因素也由此体现出来。

5. SIPOC 分析图表绘制的注意事项

SIPOC 分析图表是从全局对质量系统进行统筹的工具,在绘制的时候,要注意以下事项:

(1) 明确自身所面对的顾客;明确过程中用来满足顾客需求的产品属性,也就是明确过程控制的最终目标。

(2) 明确需要这样的过程的因由;是否可以用其他过程代替,是否可以外包,外包是否会提高效率和增加效益;应当对过程中的哪些因素实施控制,以达到不靠检验把关也能确保品质的目的。

(3) 根据客户要求以及自身的过程,明确需要输入的内容;考虑是否让供应方了解自己的输入要求;如和供应方沟通,明确他们提供的输入对于自身要求的满足程度。

(4) 明确需要监视和检测哪些必要的因素,保证判定过程结果会满足顾客要求;明确在过程中的哪些位置需做出改进。

在制订质量管理计划时,使用SIPOC分析图表可以识别出输入与输出的基本要求、过程中的关键要素,并有助于发现问题,尽快改善工作流程,以控制过程质量和产品质量。

十五、对策表

对策表,又叫措施计划表,是针对质量问题的主要原因而制定的,应该采取措施的计划表,广泛用于各种质量控制活动中,针对质量问题制定对策或措施,作为实施的依据。参见表6-15。

表6-15 对策表一般结构

序 号	要 因	对 策	目 标	措 施	地 点	时 间	责任人
1	问题	方法	为什么	做法	在哪儿	何时完成	谁做

对策表一般按照5W1H的原则编制,目标要数据量化,对策和措施不需要区别,必须要有完成时间。

案例6-12 某检修微巴对策表

某钢铁公司检修微巴在阿米巴经营改进过程中,讨论制定的对策表,参见表6-16。

表6-16 某检修微巴对策表

序号	要因	对策	目标	措施	地点	负责人	完成时间
1	铜螺母断裂多	改进螺母结构	铜螺母断裂频次≤1次/月	1. 螺母圆柱体直径增大2 mm 2. 螺母圆柱体根部倒角由R1 mm增大到R3 mm 3. 优化螺母备件的检验流程 4. 优化铜螺母的使用流程	现场	徐××	6月30日
2	辊箱进水多	优化辊箱安装模式	润滑站油位上升刻度值≤1 mm/天	1. 平面密封胶改型 2. 辊箱和锥箱的连接水路进行改进,由内接式改为外接式 3. 进水故障排查方法优化	现场	沙××	6月30日

1. 制定对策注意事项

(1) 分析研究对策的有效性、可实施性;

(2) 防止出现一个人的对策,要由全体成员去做;

(3) 选用对策组织成员应能够控制,高投入、高难度、违反法律、法规的不宜采用;

(4) 避免采用临时性应急对策;

(5) 尽量采用以组织成员自身能力可实现的对策。

2. 使用对策表的注意点
（1）不要将"对策"与"措施"混淆。对策是方法，措施是具体做法；
（2）目标要尽可能量化；
（3）针对要因逐条制定对策；
（4）避免抽象用语；
（5）避免采用临时性的应急方案；
（6）尽可能依靠组织自己的力量，制定对策表。

十六、跟踪表

将需要跟踪的内容和信息，设计成表格，形成固定的、标准化的格式，按照一定的时间周期和要求逐一进行填报，以使管理者收集、统计需要的信息的方法。阿米巴经营报表，实质上也是跟踪表，是对我们每天的经营结果进行核算跟踪，以发现经营过程中的不足，加以改进。日常使用的各类报表，也是通过设计固定格式的类目和报表内容，定向、按时收集和统计管理者、决策者需要跟踪的内容和数据。

跟踪表使用时，需要注意的是，首先要坚持、要有闭环和反馈机制；其次是要有科学的跟踪表格的类目设计，数据等信息易于获取；最后就是目的性与针对性要强。

在改进项目的跟踪过程中，跟踪表常常与对策表配合使用。

使用跟踪表时，科学设计跟踪表最为关键，尤其是各项内容不能有歧义；不能有多个选择，要形成唯一的选择项。它是描述性的，也尽可能提供模板、范式。其目的是让跟踪、收集、汇总的信息有意义、有价值。

十七、精细核算

精细核算有两层含义，一是精细，二是核算。

精细是基础工作，也反映了阿米巴组织的管理水平，精细到什么程度要看巴组织的需要，数据颗粒度太大，不能反映经营中的问题，数据颗粒度太细，管理成本太高，也不合算。精细核算的程度要由公司领导、各级巴长结合生产、现场实际来确定。

核算是指以货币为主要计量单位，通过确认、计量、记录和报告等环节，对阿米巴组织的经营活动的结果进行算账，为巴长和巴员等提供决策所需的经营信息。它是量化授权的基础，自主参与的前提。

1. 精细核算的目的
精细核算的目的是对收入和成本等两个方面的所有要素，全面、科学、统一进行核算。阿米巴经营会计，是基于全面成本管理思想而建立的精细核算经营会计体系，能实现到产品品种、规格的核算，也能核算出每一个单件的成本、收益。

作为企业的老板，你可能不了解你的企业中，哪一种产品利润高，哪一种产品利润低，哪一种产品在亏损。

作为组织的经营管理者，当企业规模小的时候，你对利润的来源和构成清清楚楚，当企业规模扩大了,对利润的来源是否也模糊了?

要弄清这些问题,企业需要有详细而准确的成本信息、经营信息的支持。成本信息是企业管理层决策所需要的重要信息,是企业进行产品定价、外包决策、业绩评价的主要依据,只有详细、准确、及时地了解产品、订单、部门、客户、作业成本信息等,才能对决策提供有力的支持。

要提供充分的成本信息,仅靠手工成本核算是难以实现的,同时传统管理软件的成本核算功能比较薄弱,难以提供详细、准确的成本信息。目前市场上有许多成本核算系统,它们是专业的、精细化成本核算软件,能够为企业提供详细、丰富、及时的成本信息,包括产品、订单、批次、加工环节、部门、客户的成本数据,为企业的分析、决策和控制提供充分的信息支持。这些成本核算系统引入了国际上先进的作业成本法(ABC)思想,同时能够支持品种法、分批法、分步法等不同核算方法。有些信息化成本核算系统在设计上充分考虑了企业的产品结构、生产组织和生产(服务)流程特点,把成本核算与企业业务运行紧密地匹配起来,核算得到的成本数据更加详细和准确,企业可以根据需要,选择使用。

2. 精细成本经营会计核算系统功能

(1) 采用作业成本法(ABC)的思想,灵活设置各项费用的分配方法,使间接费用分配更正确、更合理。

(2) 按照产品生产路线或服务流程进行分步结转核算,并记录各环节的成本增值数据和累计数据。

(3) 灵活选择成本对象:产品(服务)、订单、产品类、零件、半成品、客户。

(4) 灵活定义企业个性化的成本项目(科目)结构。

(5) 可按企业、部门、产品、订单、产品构成(BOM)查询产品成本数据,深入分析成本结构。

(6) 支持基于标准成本进行成本模拟和成本规划。

十八、收益变化

阿米巴经营报表由收入、支出两大类目组成,阿米巴经营组织关注的结果重点是收益的变化情况,收益=收入-支出。只有在"收入变大,支出变小"的前提下,收益才会变大。

阿米巴经营结果的落脚点就是收益增加。反映的是,使用同样的资源,你的产出和效率怎样?所以,作为巴长,必须紧盯收益的变化情况,这种变化主要看变化的趋势及绝对值。

由于收入和支出各项组成要素的变化和波动,收益一定也是波动的。通过跟踪阿米巴经营报表,每日分析收入和支出项要素的变动情况,识别出异常和不良,加以改进。

经营质量的管理目标是经营过程的稳定输出,但实际情况是波动的,而且有时候波动非常巨大,有波动就有原因,要进行识别、改进、消除。

1. 波动理论

人们对波动有以下认识:

(1) 过程中有许多导致波动的因素存在;

(2) 每种因素的发生是随机的且无法预测,然而这些因素都影响着过程的输出,即质量特性;

(3) 质量特性有波动是正常现象,无波动倒是虚假现象;

(4) 彻底地消灭波动是不可能的,但减少波动是可能的;

(5) 控制过程就是要把波动限制在允许的范围内,超出范围就要设法减少波动并及时报告,迟到的报告就有可能引起损失,是失职行为。

导致质量特性波动的因素根据来源的不同,可分为人(Man)、机(Machine)、料(Material)、法(Method)、环(Environment)、测(Measurement)6个方面,简称为"5M1E"。从对质量影响的大小来分,质量因素又可分为偶然原因(Common Cause)和可查明原因(Assignable Cause)两大类。

2. 偶然原因

偶然原因,又称为一般原因,简称为偶因。《常规控制图》国家标准 GB/T 4091—2001 对此做了如下的解释:控制图理论认为存在两种变异。第一种变异为随机变异,由"偶然原因"(又称为"一般原因")造成。这种变异是由种种始终存在的且不易识别的原因所造成,其中每一种原因的影响只构成总变异的一个很小的分量,而且无一构成显著的分量。然而,所有这些不可识别的偶然原因的影响总和是可度量的,并假定为过程所固有。消除或纠正这些偶然原因,需要管理决策来配置资源,以改进过程和系统。

3. 特殊原因

特殊原因(Special Cause),又称为可查明原因,俗称异常原因,简称为异因。这些原因实际改变和影响着过程。这种改变可归因于某些可识别的、非过程所固有的,并且至少在理论上可加以消除的原因。这些可识别的原因称为"可查明原因"或"特殊原因"。它们可以归结为原材料不均匀、工具破损、工艺或操作的问题、制造或检测设备的性能不稳定等。

偶然原因引起质量的偶然波动,异常原因引起质量的异常波动。偶然波动是不可避免的,但对质量的影响微小,故可把它看作背景噪声而听之任之。异常波动则不然,它对质量的影响大,且采取措施不难消除,故在过程中异常波动及造成异常波动的异因是关注的对象,一旦发生,就应该尽快找出,采取措施加以消除,并纳入标准,保证它不再出现。将质量因素区分为偶然原因与异常原因,质量波动区分为偶然波动与异常波动,并分别采取不同的处理策略,这是休哈特的贡献。控制图就是用来区分正常波动与异常波动的一种工具,控制图上的控制界限是区分正常波动与异常波动的科学界限。只有偶然原因没有异常原因的状态,称为统计控制状态,简称稳态,是控制阶段实施过程控制所追求的目标。

阿米巴经营结果等,如收入、成本、收益等变化,可以绘制成控制图进行分析。

4. 控制图

控制图(Control Chart)是对过程质量加以测定、记录并进行控制管理的一种用统计方法设计的图。图上有中心线 CL、上控制界限 UCL 和下控制界限 LCL,并有按时间顺序抽取的样本统计量数值的描点序列,参见图 6-20。UCL、CL 与 LCL 统称为控制线。若控制图中的描点落在 UCL 与 LCL 之外或描点在 UCL 与 LCL 之间的排列不随机,则表示出现了异常。

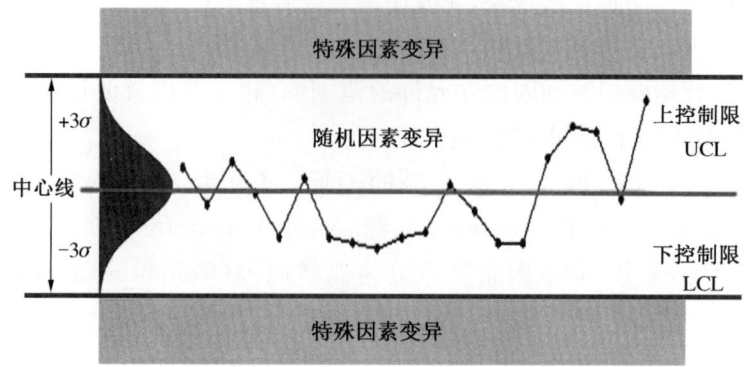

图 6-20 控制图示例

控制图是用于分析和判断过程是否处于稳定状态所使用的带有控制界限的图,是具有区分正常波动和异常波动的功能图表,是现场质量管理中重要的统计工具。常规控制图包括计量值控制图(包括单值控制图、平均数和极差控制图、中位数和极差控制图)和计数值控制图(包括不合格品数控制图、不合格品率控制图、缺陷数控制图、单位缺陷数控制图等)两类。

运用控制图的目的之一就是,通过观察控制图上产品质量特性值的分布状况,分析和判断生产过程是否发生了异常,一旦发现异常就要及时采取必要的措施加以消除,使生产过程恢复稳定状态。也可以应用控制图来使生产过程达到统计控制的状态。产品质量特性值的分布是一种统计分布。因此,绘制控制图需要应用概率论的相关理论和知识。

阿米巴组织每天的计划目标就是控制线或基线。

十九、统计技术

统计技术理论都可以用于对变化的分析。

"统计"(Statistics)一词是由"国家"(State)演化而来。它的意思是指收集和整理国情资料、信息的一种活动。随着近代科学技术和工农业生产的飞速发展,统计方法得到了日益广泛和深入的应用,对人类认识和改造世界产生了重大影响。日本在战后经济恢复和高速发展中,统计方法所起的作用已经引起世界各国的瞩目和议论。用统计方法分析种种社会调查和工农业生产状况的资料而引出的结论,日益成为有关当局决策的重要依据。

美国著名的质量管理专家费根堡姆指出,在全面质量管理中,"无论何时、何处都会用到数理统计方法""这些统计方法所表达的观点对于全面质量管理的整个领域都有深刻的影响"。日本著名的质量管理专家石川馨把引入统计方法的质量管理称为新的质量管理。

1. 统计方法含义

所谓统计方法,是指有关收集、整理、分析和解释统计数据,并对其所反映的问题做出一定结论的方法。统计方法一般分成描述性统计方法和推断性统计方法两类。描述性统计方法是对统计数据进行整理和描述的方法。比如，一位教师计算一个班级的数学平均成绩和最高分与最低分的差距，就是描述性统计方法的一个例子。描述性统计方法常用曲线、表格、图形等反映统计数据和描述观测结果，以使数据更加容易理解。例如，可将统计数据整理成折线图和频数直方图，等等。

2. 统计方法性质

统计方法有以下三种性质。

(1) 描述性。利用统计方法对统计数据进行整理和描述，以便展示出统计数据的规律，这就是统计方法的描述性。统计数据可用数量值加以度量，如平均数、中位数、极差和标准偏差等；亦可用统计图表予以显示，如条形图、折线图、圆形图、频数直方图等。

(2) 推断性。统计方法都要通过详细研究样本来达到了解、推测总体状况的目的，因此它具有由局部推断整体的性质。例如，某教师利用一个班级的数学平均成绩去估计整个年级学习同样数学课程的平均成绩，就具有明显的推断性。

(3) 风险性。统计方法既然要用部分去推断全体，那么这种由推断而得出的结论就不会是百分之百正确，即可能有错误。犯错误就要担风险。不过，正确地使用统计方法，可以最大限度地减少风险，并对犯错误的可能性和风险大小做出有效的估计。

3. 统计方法用途

在质量管理活动过程中，统计方法一般有以下几方面的用途：

(1) 提供表示事物特征的数据。在质量经营管理活动中收集到的数据大都表现为杂乱无章，这就需要运用统计方法计算其特征值，以显示出事物的规律性，如平均值、中位数、标准偏差、方差、极差等。

(2) 比较两事物的差异。在质量经营管理活动中，实施质量改进或应用新材料、新工艺，均需要判断所取得的结果同改进前的状态有无显著差异，这就需要用到假设检验、显著性检验、方差分析和水平对比法等。

(3) 分析影响事物变化的因素。为了对症下药，有效地解决质量问题，在质量经营管理活动中可以应用各种方法，分析影响事物变化的各种原因，如因果图、调查表、散布图、分层法、树图(系统图)、方差分析，等等。

(4) 分析事物之间的相关关系。在质量经营管理活动中，常常遇到两个甚至两个以上的变量之间虽然没有确定的函数关系，但往往存在着一定的相关关系。运用统计方法确定这种关系的性质和程度，对于质量活动的有效性就显得十分重要，如可利用散布图、试验设计法等。

(5) 研究取样和试验方法，确定合理的试验方案。用于这方面的统计技术有，抽样方法、抽样检验、试验设计、可靠性试验等。

(6) 发现质量问题，分析和掌握质量数据的分布状况和动态变化。用于这方面的统计技术有频数直方图、控制图、散布图、排列图等。

(7) 描述质量形成过程。用于这方面的统计技术有流程图、控制图等。

应当指出,统计方法在质量经营管理中起到的是归纳、分析问题,显示事物的客观规律的作用,而不是具体解决质量问题的方法。这如同医生为病人诊断一样,体温表、血压计、X光透视机、心电图仪、B超仪、核磁共振仪等仪表器具,只是帮助医生作出正确诊断的工具,诊断并不等于治疗。要想治好病,还应当采取打针、服药或其他治疗方法。因此,统计方法在质量管理中的作用在于利用这些方法,探索质量症结所在,分析产生质量问题的原因,但要解决质量问题和提高产品质量还需依靠专业技术和组织管理措施。

4. 标准差

标准差(Standard Deviation)是离均差平方的算术平均数,是方差的算术平方根,用 σ 表示。标准差也被称为标准偏差,或者实验标准差,在概率统计中最常使用作为统计分布程度上的测量依据。

标准差能反映一个数据集的离散程度。平均数相同的两组数据,标准差未必相同。σ 是表示过程波动程度的量化指标。

总体标准差:

$$\sigma = \sqrt{\frac{\sum_{i=1}^{n}(x_i - \bar{x})^2}{n}}$$

样本标准差:

$$S = \sqrt{\frac{\sum_{i=1}^{n}(x_i - \bar{x})^2}{n-1}}$$

标准误差:

$$\sigma_n = \frac{\sigma}{\sqrt{n}}$$

方差=标准差的平方。在实际工作中,单次测量总是难免会产生误差,为此我们经常测量多次,然后用测量值的平均值表示测量的量,并用误差条来表征数据的分布,其中误差条的高度为±标准误差。这里即标准差。

标准差是反映一组数据离散程度最常用的一种量化形式,是表示精确度的重要指标。说起标准差首先得搞清楚它出现的目的。我们使用方法去检测它,但检测方法总是有误差的,所以检测值并不是其真实值。检测值与真实值之间的差距就是评价检测方法最具决定性的指标。但是真实值是多少,不得而知。

因此,怎样量化检测方法的准确性就成了难题,这也是质控工作的目的,保证每批实验结果的准确可靠。

虽然样本的真实值是不可能知道的,但是每个样本总是会有一个真实值的。可以想象,一个好的检测方法,其检测值应该很紧密地分散在真实值周围。如果不紧密,与真实值的距离就会大,准确性当然也就不好了,不可能想象离散度大的方法,会测出准确的结果。因此,离散度是评价方法的好坏最重要也是最基本的指标。

标准差在概率统计中最常使用,作为统计分布程度上的测量。标准差定义是总体各单位标准值与其平均数离差平方的算术平均数的平方根。它反映组内个体间的离散程度。

标准差为非负数值,与测量资料具有相同单位。一个总量的标准差或一个随机变量的标准差及一个子集合样品数的标准差之间有所差别。

简单来说,标准差是一组数据平均值分散程度的一种度量。一个较大的标准差,代表大部分数值和其平均值之间差异较大;一个较小的标准差,代表这些数值较接近平均值。例如,两组数的集合{0,5,9,14}和{5,6,8,9}其平均值都是7,但第二个集合具有较小的标准差。

标准差可以当作不确定性的一种测量。例如在物理科学中,做重复性测量时,测量数值集合的标准差代表这些测量的精确度。当要决定测量值是否符合预测值,测量值的标准差占有决定性重要角色:如果测量平均值与预测值相差太远(同时与标准差数值做比较),则认为测量值与预测值互相矛盾。这很容易理解,因为如果测量值都落在一定数值范围之外,可以合理推论预测值是否正确。

标准差、方差,一般用 σ 表示;也有用 S 代表的。表示数据的离散程度。

(1) 到货周期差距越大,到货周期的数据越分散,σ 值就越大。参见表6-17。

表6-17 平均交货期一样标准差不一样的2个供应商数据示例

A供应商交货记录	说　明	B供应商交货记录
19		9
22		14
4		10
22		12
5	这是A、B两家铸造件供应商各10次交货记录,实际供货时间的均值都约是12天,你认为哪一家更好?为什么?	12
19		13
7		9
6		13
10		12
3		14
平均供货周期为12天		平均供货周期为12天
标准差=8天		标准差=2天

(2) 分散程度 σ 大,表明采购物品早到或晚到的批次较多,早到会增加现场管理的压力,造成库存成本增加、管理成本增加等,晚到会影响生产、发货,造成顾客投诉、顾客索赔等。

(3) 两家的平均供货周期一样,但对我们的结果是不一样的,我们的感觉也是不一样的,我们感觉到的是 σ。供应商A比供应商B的供货周期变化大,对生产组织、库存管理等,都会增加管理成本。

总之,规范范围内的 σ 数量越多,缺陷数就越少;波动越小,成本就越低。

5. 正态分布

正态分布（Normal Distribution），也称"常态分布"，又名高斯分布（Gaussian Distribution），最早由棣莫弗在求二项分布的渐近公式中得到。C.F.高斯在研究测量误差时从另一个角度导出了它。P.S.拉普拉斯和高斯研究了它的性质。它是一个在数学、物理及工程等领域都非常重要的概率分布，对统计学的许多方面有着重大的影响力。

正态曲线呈钟形，两头低，中间高，左右对称因其曲线呈钟形，因此人们又经常称之为钟形曲线。

若随机变量 X 服从一个数学期望为 μ、方差为 σ^2 的正态分布，记为 $N(\mu,\sigma^2)$。其概率密度函数为正态分布的期望值 μ 决定了其位置，其标准差 σ 决定了分布的幅度。当 $\mu=0$，$\sigma=1$ 时的正态分布是标准正态分布。

（1）正态分布的概念

由一般分布的频数表资料所绘制的直方图，图 6-21(1)可以看出，高峰位于中部，左右两侧大致对称。我们如果观察例数逐渐增多，组段不断分细，直方图顶端的连线就会逐渐形成一条高峰位于中央（均数所在处），两侧逐渐降低且左右对称，不与横轴相交的光滑曲线图 6-21(3)。这条曲线称为频数曲线或频率曲线，近似于数学上的正态分布。由于频率的总和为100%或1，故该曲线下横轴上的面积为100%或1。

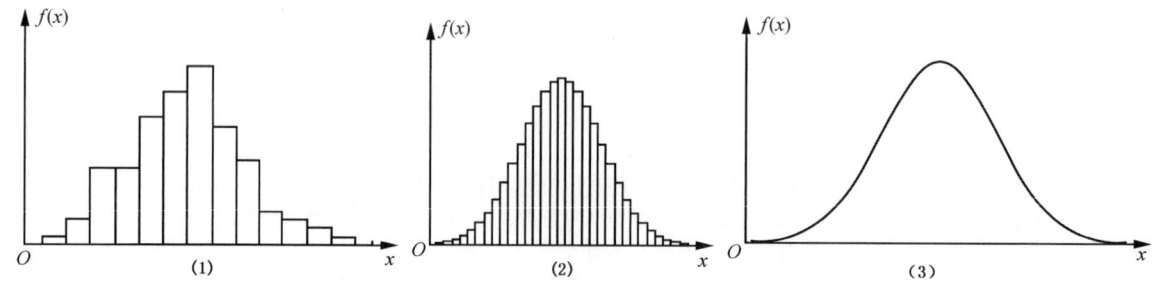

图 6-21 正态曲线与标准正态曲线的面积分布

为了应用方便，常对正态分布变量 X 作变量变换。

$$u=\frac{X-\mu}{\sigma}$$

该变换使原来的正态分布转化为标准正态分布（Standard Normal Distribution），亦称 u 分布。u 被称为标准正态变量或标准正态离差（Standard Normal Deviate）。实际工作中，常需要了解正态曲线下横轴上某一区间的面积占总面积的百分数，以便估计该区间的例数占总例数的百分数（频数分布）或观察值落在该区间的概率。对于正态或近似正态分布的资料，已知均数和标准差，就可对其频数分布做出估计。

正态分布应用在某些医学现象，如同质群体的身高、红细胞数、血红蛋白量、胆固醇等，以及实验中的随机误差，呈现为正态或近似正态分布；有些资料虽为偏态分布，但经数据变换后可成为正态或近似正态分布，故可按正态分布规律处理。

一般正态分布与标准正态分布的区别与联系如下：正态分布也叫常态分布，是连续随机变量概率分布的一种,自然界、人类社会、心理和教育中大量现象均按正态形式分布,例如能力的高低,学生成绩的好坏等都属于正态分布。它随随机变量的平均数、标准差的大小与单位不同而有不同的分布形态。标准正态分布是正态分布的一种,其平均数和标准差都是固定的,平均数为0,标准差为1。

6. 统计检验

统计检验亦称"假设检验"。根据抽样(案例)结果,在一定可靠性程度上对一个或多个总体分布的原假设作出拒绝还是不拒绝(予以接受)结论的程序。评价样本(案例)统计量的数值与假设的总体参数是否有显著差异。评价改进前后的差异是否显著。检验的推理逻辑为具有概率性质的反证法。例如,在参数假设检验中,当对总体分布的参数做出原假设 H_0 后,先承认总体与原假设相同,然后根据样本计算一个统计量,并求出该统计量的分布,再给定一个小概率(一般为 0.05、0.01 等,视情况而定),确定拒绝原假设 H_0 的区域(拒绝域)。

统计检验方法有。u 检验、t 检验、方差分析、卡方检验、秩和检验等。假设检验都是基于问题来组织的,只运用一种假设检验方法是无法得到研究所希望得到的所有信息的,表6-18是根据检验的问题及数据的类型对检验的分类。这将有助于我们更好地理解具有多面性的问题。

表 6-18 假设检验表

问题:参数存在差异吗?	样本组数	连续的 Y(正态)		分类的 Y	
		参数	检验	参数	检验
对比某一标准	1	μ σ	单样本 t 检验 卡方检验	比例	单比例检验
两组间	2	μ σ	双样本 t 检验 F 检验	比例	双比例检验
所有间组	$\geqslant 2$	μ σ	ANOVA(假设正态分布且方差相等)球形检验	比例	单独卡方检验

二十、t 检验

t 检验,亦称 Student t 检验(Student's t Test),主要用于样本含量较小(如 $n<30$),总体标准差 σ 未知的正态分布。t 检验是用 t 分布理论来推论差异发生的概率,从而比较两个平均数的差异是否显著。它与 F 检验、卡方检验并列。

1. t 检验适用范围

t 检验是通过比较不同数据的均值,研究两组数据之间是否存在显著差异。

(1) 样本均数与总体均数比较的 t 检验。

(2) 配对计量资料的 t 检验——配对 t。

(3) 两样本均数比较的 t 检验。

(4) 两样本几何均数比较的 t 检验。

(5) 两大样本均数比较的 u 检验。

两小样本均数比较时，要求相应的两总体方差相等，即方差齐，这时需要用方差齐性检验。t 检验的前提和条件是：

① 已知一个总体均数；

② 可得到一个样本均数及该样本标准差；

③ 样本来自正态或近似正态总体。

t 检验可分为单总体检验和双总体检验，以及配对样本检验。

2. 单总体检验

单总体 t 检验是检验一个样本平均数与一个已知的总体平均数的差异是否显著。当总体分布是正态分布，如总体标准差未知且样本容量小于 30，那么样本平均数与总体平均数的离差统计量呈 t 分布。

单总体 t 检验统计量为：

$$t = \frac{\overline{X} - \mu}{\dfrac{S}{\sqrt{n}}}$$

式中，$i=1,\cdots,n$；$\overline{x} = \dfrac{\sum\limits_{i=1}^{n} x_i}{n}$ 为样本平均数；$S = \sqrt{\dfrac{\sum\limits_{i=1}^{n} (x_i - \overline{x})^2}{n}}$ 为样本标准偏差；n 为样本数。该统计量 t 在零假说 $\mu = \mu_0$ 为真的条件下，服从自由度为 n 的 t 分布。

3. 双总体检验

双总体 t 检验是检验两个样本平均数与其各自所代表的总体的差异是否显著。双总体 t 检验又分为两种情况，一是独立样本 t 检验（各实验处理组之间毫无相关存在，即为独立样本），该检验用于检验两组非相关样本被试所获得的数据的差异性；一是配对样本 t 检验，用于检验匹配而成的两组被试获得的数据或同组被试在不同条件下所获得的数据的差异性，这两种情况组成的样本即为相关样本。

(1) 独立样本 t 检验统计量

$$t = \frac{\overline{X}_1 - \overline{X}_2}{\sqrt{\dfrac{(n_1-1)S_1^2 + (n_2-1)S_2^2}{n_1 + n_2 - 2}\left(\dfrac{1}{n_1} + \dfrac{1}{n_2}\right)}}$$

式中，S_1^2 和 S_2^2 为两样本方差；n_1 和 n_2 为两样本容量。

(2) 配对样本检验

配对样本 t 检验可视为单样本 t 检验的扩展，不过检验的对象由一群来自常态分配独立样本更改为二群配对样本之观测值之差。若二配对样本 x_{1i} 与 x_{2i} 之差为 $d_i = x_{1i} - x_{2i}$ 独立，且来自常态分配，则 d_i 之母体期望值 μ 是否为 μ_0 可利用 $t = \dfrac{\overline{d} - \mu_0}{s_d/\sqrt{n}}$ 计算统计量：

式中，$i=1,\cdots,n$；$\overline{d}=\dfrac{\sum_{i=1}^{n}d_i}{n}$ 为配对样本差值之平均数；$S_d=\sqrt{\dfrac{\sum_{i=1}^{n}(d_i-\overline{d})^2}{n-1}}$ 为配对样本差值之标准偏差；n 为配对样本数。该统计量 t 在零假说：$\mu=\mu_0$ 为真的条件下服从自由度为 $n-1$ 的 t 分布。

(3) 注意事项

① 选用的检验方法必须符合其适用条件。例如，t 检验的前提：

ⅰ 来自正态分布总体；

ⅱ 随机样本；

ⅲ 均数比较时，要求两样本总体方差相等，即具有方差齐性。

理论上，即使样本量很小时，也可以进行 t 检验，如样本量为 10，一些学者声称甚至更小的样本也行，只要每组中变量呈正态分布，两组方差不会明显不同。

综上所述，可以通过观察数据的分布或进行正态性检验估计数据的正态假设。方差齐性的假设可进行 F 检验，或进行更有效的 Levene's 检验。如果不满足这些条件，可以采用校正的 t 检验，或者换用非参数检验代替 t 检验进行两组间均值的比较。

② 区分单侧检验和双侧检验。单侧检验的界值小于双侧检验的界值，因此更容易拒绝，犯第Ⅰ错误的可能性大。t 检验中的 P 值是接受两均值存在差异这个假设可能犯错的概率。在统计学上，当两组观察对象总体中的确不存在差别时，这个概率与我们拒绝了该假设有关。

③ 假设检验的结论不能绝对化。当一个统计量的值落在临界域内，这个统计量是统计上显著的，这时拒绝虚拟假设。当一个统计量的值落在接受域中，这个检验是统计上不显著的，这是不拒绝虚拟假设 H_0。因为，其不显著结果的原因有可能是样本数量不够拒绝 H_0，有可能犯第Ⅰ类错误。

④ 正确理解 P 值与差别有无统计学意义。P 越小，不是说明实际差别越大，而是说越有理由拒绝 H_0，越有理由说明两者有差异，差别有无统计学意义和有无专业上的实际意义并不完全相同。

⑤ 假设检验和可信区间的关系结论具有一致性差异：提供的信息不同区间估计给出总体均值可能取值范围，但不给出确切的概率值，假设检验可以给出 H_0 成立与否的概率。

⑥ 涉及多组间比较时，慎用 T 检验。科研实践中，经常需要进行两组以上比较，或含有多个自变量并控制各个自变量单独效应后的各组间的比较（如性别、药物类型与剂量）。此时，需要用方差分析进行数据分析，方差分析被认为是 t 检验的推广。在较为复杂的设计时，方差分析具有许多 t 检验所不具备的优点。

⑦ 单样本检验：检验一个正态分布总体的均值是否在满足零假设的值之内。

⑧ 双样本检验：其零假设为两个正态分布的总体的均值是相同的。这一检验通常被称为学生检验。但更为严格地说，只有两个总体的方差是相等的情况下，才称为学生 t 检验；否则，有时被称为 Welch 检验。以上谈到的检验一般被称作"未配对"或"独立样本"t 检验。

检验同一统计量的两次测量值之间的差异是否为零。举例来说,我们测量一位病人接受治疗前和治疗后的肿瘤尺寸大小。如果治疗是有效的,我们可以推定多数病人接受治疗后,肿瘤尺寸变小了。这种检验一般被称作"配对"或者"重复测量"t检验,如检验一条回归线的斜率是否显著,不为零。

不同的t检验方法适用于不同的分析场景,具体分类情况,参见表6-19。

表6-19 不同的t检验方法应用一览表

分析方法	功 能	正态性(前提)	不服从正态时	方差齐性(前提)
单样本t检验	与某数字对比差异	服从正态分布	单样本Wilcoxon检验	—
配对样本t检验	配对数据差异	差值服从正态分布	配对Wilcoxon检验	无要求
独立样本t检验	两组数据的差异	两组数据服从正态分布	Mann Whitney检验	要求方差齐

4. t检验的前提条件

无论是单样本t检验、独立样本t检验还是配对样本t检验,都有几个基本前提:

(1) t检验属于参数检验,用于检验定量数据(数字有比较意义的),若数据均为定类数据则使用非参数检验。

(2) 样本数据是否服从正态或近似正态分布,若不满足,则可考虑使用非参数检验。

二十一、方差分析(ANOVA)

方差分析(ANOVA)又称"变异数分析"或"F检验",是由罗纳德·费雪爵士发明的,用于两个及两个以上样本均数差别的显著性检验。

由于各种因素的影响,研究所得的数据呈现波动状。造成波动的原因可分成两类:一是不可控的随机因素,一是研究中施加的对结果形成影响的可控因素。

方差分析的基本原理是认为不同处理组的均数间的差别基本来源有两个:

一是实验条件,即不同的处理造成的差异,称为组间差异。用变量在各组的均值与总均值之偏差平方和的总和表示,记作SSb,组间自由度dfb。

二是随机误差,如测量误差造成的差异或个体间的差异,称为组内差异,用变量在各组的均值与该组内变量值之偏差平方和的总和表示,记作SSw,组内自由度dfw。

$$总偏差平方和 SSt=SSb+SSw。$$

组内SSw、组间SSb除以各自的自由度(组内dfw=$n-m$,组间dfb=$m-1$,其中n为样本总数,m为组数),得到其均方MSw和MSb,一种情况是处理没有作用,即各组样本均来自同一总体,MSb/MSw≈1。另一种情况是处理确实有作用,组间均方是由于误差与不同处理共同导致的结果,即各样本来自不同总体。那么,MSb>>MSw(远远大于)。

MSb/MSw比值构成F分布。用F值与其临界值比较,推断各样本是否来自相同的总体。

1. 方差分析基本思想

方差分析的基本思想是通过分析研究不同来源的变异对总变异的贡献大小,从而确定可控因素对研究结果影响力的大小。

下面我们用一个简单的例子来说明方差分析的基本思想。

案例 6-13　方差分析举例：

某克山病区测得 11 例克山病患者和 13 名健康人的血磷值（mmol/L）如下：

患　者：0.84　1.05　1.20　1.20　1.39　1.53　1.67　1.80　1.87　2.07　2.11

健康人：0.54　0.64　0.64　0.75　0.76　0.81　1.16　1.20　1.34　1.35　1.48　1.56　1.87

问该地克山病患者与健康人的血磷值是否不同？

从以上资料可以看出，24 个患者与健康人的血磷值各不相同，如果用离均差平方和（SS）描述其围绕总均值的变异情况，则总变异有以下两个来源：

组内变异，即由于随机误差的原因使得各组内部的血磷值各不相等；

组间变异，即由于克山病的影响使得患者与健康人组的血磷值均值大小不等。

而且：$SS_{总}=SS_{组间}+SS_{组内}$；$\nu_{总}=\nu_{组间}+\nu_{组内}$。

如果用均方（离差平方和除以自由度）代替离差平方和以消除各组样本数不同的影响，则方差分析就是用组间均方去除组内均方的商（即 F 值）与 1 相比较，若 F 值接近 1，则说明各组均值间的差异没有统计学意义，若 F 值远大于 1，则说明各组均值间的差异有统计学意义。

实际应用中检验假设成立条件下 F 值大于特定值的概率可通过查阅 F 界值表（方差分析用）获得。

使用 Minitab 软件进行分析后的结果如下：

方差分析

来源	自由度	Adj SS	Adj MS	F 值	P 值
SS 组间（处理因素）	1	1.134	1.134 2	6.37	0.019（有统计学意义）
SS 组内（抽样误差）	22	3.918	0.178 1		
合计	23	5.052			

模型汇总

S	R-sq	R-sq(调整)	R-sq(预测)
0.421 987	22.45%	18.93%	7.71%

均值

因子	N	均值	标准差	95% 置信区间
患者	11	1.521	0.422	(1.257, 1.785)
健康人	13	1.085	0.422	(0.842, 1.327)

合并标准差＝0.421 987

统计检验结论说明差异显著，该地克山病患者与健康人的血磷值不同。

2. 分析方法

根据资料设计类型的不同,有以下两种方差分析的方法:

(1) 对成组设计的多个样本均值比较,应采用完全随机设计的方差分析,即单因素方差分析。

(2) 对随机区组设计的多个样本均值比较,应采用配伍组设计的方差分析,即两因素方差分析。

这两类方差分析的基本步骤相同,只是变异的分解方式不同,对成组设计的资料,总变异分解为组内变异和组间变异(随机误差),即 $SS_{总} = SS_{组间} + SS_{组内}$;而对配伍组设计的资料,总变异除了分解为处理组变异和随机误差外还包括配伍组变异,即 $SS_{总} = SS_{处理} + SS_{配伍} + SS_{误差}$。

3. 基本步骤

整个方差分析的基本步骤如下:

(1) 建立检验假设。

H_0:多个样本总体均值相等;

H_1:多个样本总体均值不相等或不全等。

检验水准为 $p = 0.05$。

(2) 计算检验统计量 F 值;

(3) 确定 P 值并做出推断结果。

4. 方差分析类型

(1) 单因素方差分析

① 单因素方差分析概念理解步骤。

这是用来研究一个控制变量的不同水平是否对观测变量产生了显著影响。这里,由于仅研究单个因素对观测变量的影响,因此称为单因素方差分析。例如,分析不同施肥量是否给农作物产量带来显著影响;考察地区差异是否影响妇女的生育率;研究学历对工资收入的影响等。这些问题都可以通过单因素方差分析得到答案。

单因素方差分析的第一步,是明确观测变量和控制变量。例如,上述问题中的观测变量分别是农作物产量、妇女生育率、工资收入;控制变量分别为施肥量、地区、学历。

单因素方差分析的第二步,是剖析观测变量的方差。方差分析认为,观测变量值的变动会受控制变量和随机变量两方面的影响。

单因素方差分析的第三步,是通过比较观测变量总离差平方和各部分所占的比例,推断控制变量是否给观测变量带来了显著影响。

② 单因素方差分析原理总结。

在观测变量总离差平方和中,如果组间离差平方和所占比例较大,则说明观测变量的变动主要是由控制变量引起的,可以主要由控制变量来解释,控制变量给观测变量带来了显著影响;反之,如果组间离差平方和所占比例小,则说明观测变量的变动不是主要由控制变量引起的,不可以主要由控制变量来解释,控制变量的不同水平没有给观测变量带来显著影响,观测变量值的变动是由随机变量因素引起的。

③ 单因素方差分析基本步骤。

第一步,提出原假设。H_0:无差异;H_1:有显著差异。

第二步,选择检验统计量:方差分析采用的检验统计量是 F 统计量,即 F 值检验。

第三步,计算检验统计量的观测值和概率 P 值:该步骤的目的就是计算检验统计量的观测值和相应的概率 P 值。

第四步,给定显著性水平,并做出决策。

④ 单因素方差分析的进一步分析。

在完成上述单因素方差分析的基本分析后,可得到关于控制变量是否对观测变量造成显著影响的结论,接下来还应做其他几个重要分析,主要包括方差齐性检验、多重比较检验。

Ⅰ. 方差齐性检验。

这是对控制变量不同水平下各观测变量总体方差是否相等进行检验。

前面提到,控制变量不同水平下观测变量总体方差无显著差异是方差分析的前提要求。如果没有满足这个前提要求,就不能认为各总体分布相同。因此,有必要对方差是否齐性进行检验。

Ⅱ. 多重比较检验。

单因素方差分析的基本分析只能判断控制变量是否对观测变量产生了显著影响。如果控制变量确实对观测变量产生了显著影响,进一步还应确定控制变量的不同水平对观测变量的影响程度如何,其中哪个水平的作用明显区别于其他水平,哪个水平的作用是不显著的,等等。

例如,如果确定了不同施肥量对农作物的产量有显著影响,那么还需要了解 10 公斤、20 公斤、30 公斤肥料对农作物产量的影响幅度是否有差异,其中哪种施肥量水平对提高农作物产量的作用不明显,哪种施肥量水平最有利于提高产量等。掌握了这些重要的信息就能够帮助人们制定合理的施肥方案,实现低投入高产出。多重比较检验利用了全部观测变量值,实现对各个水平下观测变量总体均值的逐对比较。由于多重比较检验问题也是假设检验问题,因此也遵循假设检验的基本步骤。

(2) 多因素方差分析

① 多因素方差分析基本思想。

多因素方差分析用来研究两个及两个以上控制变量是否对观测变量产生显著影响。这里,由于研究多个因素对观测变量的影响,因此称为多因素方差分析。多因素方差分析不仅能够分析多个因素对观测变量的独立影响,更能够分析多个控制因素的交互作用能否对观测变量的分布产生显著影响,进而最终找到利于观测变量的最优组合。

分析不同品种、不同施肥量对农作物产量的影响时,可将农作物产量作为观测变量,品种和施肥量作为控制变量。利用多因素方差分析方法,研究不同品种、不同施肥量是如何影响农作物产量的,并进一步研究哪种品种与哪种水平的施肥量是提高农作物产量的最优组合。

② 多因素方差分析的其他功能。

Ⅰ. 均值检验。

在 Minitab、SPSS 等软件中,利用均值分析功能还能够对各控制变量不同水平下观测变量的均值是否存在显著差异进行比较,实现方式有两种,即多重比较检验和对比检验。多重比较检验的方法与单因素方差分析类似。对比检验采用的是单样本 t 检验的方法,它将控制变量不同水平下的观测变量值看做来自不同总体的样本,并依次检验这些总体的均值是否与某个指定的检验值存在显著差异。其中,检验值可以指定为以下几种:

观测变量的均值;

第一水平或最后一个水平上观测变量的均值;

前一水平上观测变量的均值;

后一水平上观测变量的均值。

Ⅱ. 控制变量交互作用的图形分析。

控制变量的交互作用可以通过图形直观分析。

③ 多因素方差分析的进一步分析。

再如,通过对广告形式、地区对销售额的影响进行多因素方差分析后,建立饱和模型。发现广告形式与地区的交互作用不显著,再进一步尝试非饱和模型,并进行均值比较分析、交互作用图形分析等。

Ⅰ. 建立非饱和模型。

Ⅱ. 均值比较分析。

Ⅲ. 控制变量交互作用的图形分析。

④ 协方差分析。

通过上述的分析可以看到,不论是单因素方差分析还是多因素方差分析,控制因素都是可控的,其各个水平可以通过人为的努力得到控制和确定。但在许多实际问题中,有些控制因素很难通过人为控制,但它们的不同水平确实对观测变量产生了较为显著的影响。例如,在研究农作物产量问题时,如果仅考察不同施肥量、品种对农作物产量的影响,不考虑不同地块等因素而进行方差分析,显然是不全面的。因为事实上有些地块可能有利于农作物的生长,而另一些却不利于农作物的生长。不考虑这些因素进行分析可能会导致:即使不同的施肥量、不同品种农作物产量没有产生显著影响,但分析的结论却可能相反。

再例如,分析不同的饲料对生猪增重是否产生显著差异。如果单纯分析饲料的作用,而不考虑生猪各自不同的身体条件(如初始体重不同),那么得出的结论很可能是不准确的。因为体重增重的幅度在一定程度上是包含诸如初始体重等其他因素的影响的。

协方差分析将那些人为很难控制的控制因素作为协变量,并在排除协变量对观测变量影响的条件下,分析控制变量(可控)对观测变量的作用,从而更加准确地对控制因素进行评价。

协方差分析仍然沿承方差分析的基本思想,并在分析观测变量变差时,考虑了协变量的影响,人为观测变量的变动受四个方面的影响:即控制变量的独立作用、控制变量的交互作用、协变量的作用和随机因素的作用,并在扣除协变量的影响后,再分析控制变量的影响。

方差分析中的原假设是:协变量对观测变量的线性影响是不显著的;在协变量影响扣除的条件下,控制变量各水平下观测变量的总体均值无显著差异,控制变量各水平对观测变量的效应同时为零。检验统计量仍采用 F 统计量,它们是各均方与随机因素引起的均方比。

5. 方差分析假设检验

(1) 方差分析的假定条件

① 各处理条件下的样本是随机的;

② 各处理条件下的样本是相互独立的,否则可能出现无法解析的输出结果;

③ 各处理条件下的样本分布必须为正态分布,否则使用非参数分析;

④ 各处理条件下的样本方差相同,即具有齐效性。

(2) 方差分析的假设检验

假设有 K 个样本,如果原假设 H_0 样本均数都相同,K 个样本有共同的方差 σ,则 K 个样本来自具有共同方差 σ 和相同均值的总体。

如果经过计算,组间均方远远大于组内均方,则推翻原假设,说明样本来自不同的正态总体,说明处理造成均值的差异有统计意义。否则承认原假设,样本来自相同总体,处理间无差异。

① 各样本是相互独立的随机样本;

② 各样本分布均为正态分布;

③ 各样本的总体方差相等,即具有方差齐性;

④ 在不满足正态性时可以用非参数检验。

二十二、卡方检验

卡方检验(Chi-square Test,χ^2),也就是 χ^2 检验,用来验证两个总体间某个比率之间是否存在显著性差异。卡方检验属于非参数假设检验,适用于布尔型或二项分布数据,基于两个概率间的比较,早期用于生产企业的产品合格率等。

卡方(χ^2)检验是用途非常广的一种假设检验方法,它应用在分类资料统计推断中,包括两个率或两个构成比比较的卡方检验;多个率或多个构成比比较的卡方检验以及分类资料的相关分析等。

t 检验,主要用于样本含量较小(如 $n<30$),总体标准差 σ 未知的正态分布。t 检验是用 t 分布理论来推论差异发生的概率,从而比较两个平均数的差异是否显著。计量资料采用均数±标准差,计数资料以频数表示。计量资料组间比较采用独立样本 t 检验;计数资料主要采用 χ^2 检验。

这里不介绍 χ^2 是如何计算得到的,以及基于 χ^2 统计量的显著性概率的查询等,直接介绍以转化率来比较两种方法、网站改版前后转化率等,是否发生了显著性差异。下面介绍四格表资料的 χ^2 检验(两个样本率比较)。如在二乙基亚硝胺诱发大白鼠鼻咽癌的实验中,一组单纯用亚硝胺向鼻腔滴注(鼻注组),另一组在鼻注基础上加肌注维生素 B_{12},实验结果见表 6-20。问两组鼻咽癌的发病率有无差别?

表 6-20 两组大白鼠鼻咽癌发病率的比较

处 理	发癌鼠数	未发癌鼠数	合 计	发癌率/%
鼻注组	52(57.18)	19(13.82)	71	73.24
鼻注+肌注 $VitB_{12}$	39(33.82)	3(8.18)	42	92.86
合 计	91	22	113	80.53

表中
| 52 | 19 |
| 39 | 3 |
这四个格子的数据是整个表的基本数据,其余数据都是从这个四个基本数据推算出来的,这种资料,称为四格表资料。这里进行两个样本率的比较。卡方检验需要计算统计量 χ^2 值,卡方通过 $\chi^2 = \sum \frac{(A-T)^2}{T}$ 公式进行计算,T 为理论频数,它是根据检验假设来确定的。例如,本例中我们要做两个样本率的比较,我们先假设,"鼻注组"与"鼻注+肌注 $VitB_{12}$"组的发癌率相同,均等于合计的发癌率 80.53%($=91 \div 113 \times 100\%$),据此,则"鼻注组"理论发癌鼠数$=71(91 \div 113)=57.18$,与"鼻注+肌注 $VitB_{12}$"组理论发癌鼠数$=42(91 \div 113)=33.82$;同理,合计未发癌数为 22/113,仿此计算得到两组理论未发癌鼠数分别为 13.82 和 8.18,均记录在表 6-20 中的括号内。用公式表示为:

$$T_{RC} = \frac{n_R n_C}{n}$$

式中,T_{RC} 表示 R 行 C 列的理论频数;n_R 为相应行的合计;n_C 为相应列的合计,n 为总例数。

从 $\chi^2 = \sum \frac{(A-T)^2}{T}$ 公式可以体会到,χ^2 反映了实际频数和理论频数吻合的程度。如果检验假设成立,则实际频数和理论频数之差一般不会很大,出现大的 χ^2 值的概率 P 是很小的,若 $P \leqslant \alpha$(检验水准),我们就怀疑假设成立,因而拒绝它,若 $P \geqslant \alpha$,则没有理由拒绝它。χ^2 与 P 值的对应关系可查 χ^2 界值表。

但是,χ^2 值的大小,除决定于 $A-T$ 的差值外,还取决于格子数(严格地说是自由度)的多少,因为各格的 $\frac{(A-T)^2}{T}$ 都是正值,故格子数愈多 χ^2 值也会愈大。只有排除了这种影响,χ^2 值才能正确反映 A 和 T 的吻合程度,因此在查 χ^2 界值表时要考虑自由度的大小。

四格表专用公式介绍,参见表 6-21。

表 6-21 两组大白鼠鼻咽癌发病率的比较

处　　理	发癌鼠数	未发癌鼠数	合　　计	发癌率/%
鼻注组	52(a)	19(b)	71($a+b$)	73.24
鼻注＋肌注 VitB$_{12}$	39(c)	3(d)	42($c+d$)	92.86
合　计	91($a+c$)	22($b+d$)	113(n)	80.53

$$\chi^2 = \frac{(ad-bc)^2 n}{(a+b)(c+d)(a+c)(b+d)}$$

式中，a、b、c、d 分别为四格表的四个实际频数，总例数 $n=a+b+c+d$。

以上表为例进行假设检验。

H_0：两组大白鼠鼻咽癌发病率相等，$\pi_1=\pi_2$

H_1：两组大白鼠鼻咽癌发病率不等，$\pi_1 \neq \pi_2$

χ^2 计算结果为 6.48。

自由度是统计上的一个常用术语，是指能自由取值的变量个数。例如，有 x、y、z 三个变量，若规定此三个变量之和为 10，则三个变量中任何两个自由取值之后，剩下的一个变量，因受到总和要等于 10 的条件限制，就没有自由变动的余地，所以自由度等于 2。同理，四格表中，四个格子的理论频数，因为每行(列)的理论数之和要等于原已确定的合计数，所以用式 $T_{RC}=\dfrac{n_R n_C}{n}$ 算出其中任一格的理论频数之后，其余三个格子的理论频数就无自由变动的余地了，故可用减法求得，如前已算得 $T_{11}=57.18$，$T_{12}=71-57.18=13.82$，$T_{21}=91-57.18=33.82$，$T_{22}=42-33.82=8.18$。因此四格表的自由度 $\gamma=1$，$\gamma=(R-1)(C-1)$，$\gamma=$(行数-1)(列数-1)。

将卡方 6.48，查 χ^2 界值表，得 $0.025<P<0.01$，按照 $\alpha=0.05$ 水平，拒绝 H_0，接受 H_1，故认为两组发癌率有差别，说明增加肌注 VitB$_{12}$ 有可能提高大白鼠的鼻咽癌发病率。

现在有很多统计分析软件，都能实现自动计算、自动判断，不需要我们手工计算和查 χ^2 界值表分析，但其思想原理和计算方法，需要掌握后才能灵活应用。

案例 6-14　运用 Minitab 进行 χ^2 分析

Minitab 是目前市面较为流行的改进分析软件。对两组大白鼠鼻咽癌发病率的比较分析结果说明如下。启动 Minitab 17 后，在工作表中将数值输入后，点击统计—表格—相关性的卡方检验，按对话框点选、填写好后，单击确定，参见图 6-22，Minitab 系统输出结果如下：

相关性的卡方检验：工作表行，工作表列

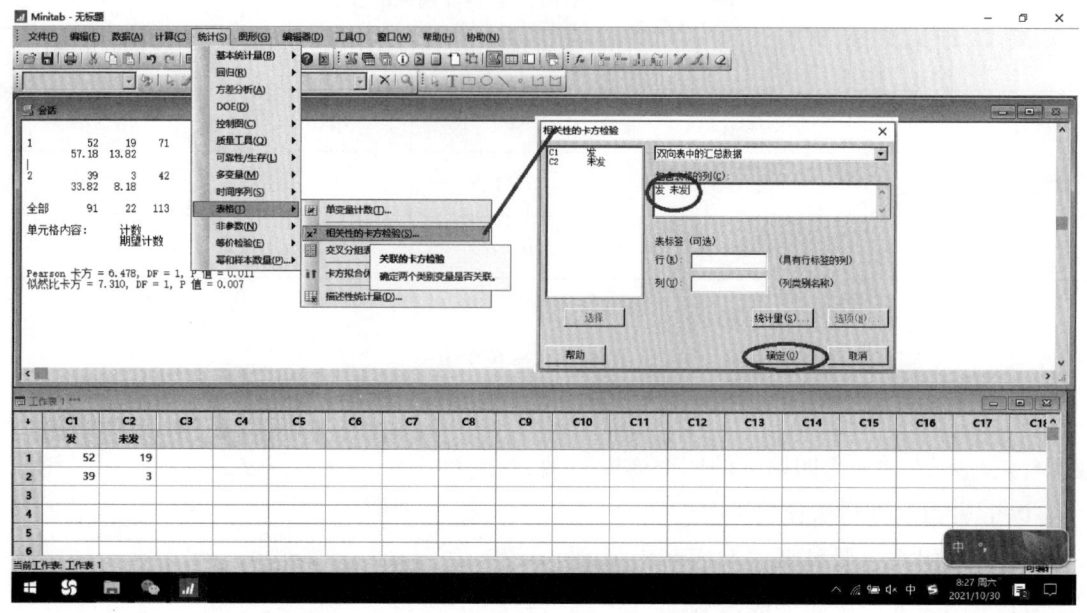

图 6-22　Minitab 分析界面图

行：工作表行　　　　　　　　列：工作表列

	发	未发	全部
1	52	19	71
	57.18	13.82	
2	39	3	42
	33.82	8.18	
全部	91	22	113

单元格内容：　　　　　　　计数
　　　　　　　　　　　　期望计数

Pearson 卡方 $=6.478$，$DF=1$，P 值 $=0.011$

似然比卡方 $=7.310$，$DF=1$，P 值 $=0.007$

读者可以比较 Minitab 和手工计算结果。

对阿米巴改进结果的评价，需要用统计检验方法进行推断性检验，这样才能得出科学的结论。

二十三、循环改善

在阿米巴经营中，通过员工不断质疑现有的做法，并对经营会计报表中反映出的问题进行分析，自发思考解决方案，循环改善也就由此而生。各个阿米巴单元可在符合企业的整体目标的前提下进行无限的循环改善，上一循环是下一循环的母体和依据，下一循环是上一循环的分解和保证。一个 PDCA 循环运转结束，意味着经过一次循环，解决了一批问题，经营水平有了新的提高。然后再制定下一个循环，再进行总结，提出新目标，

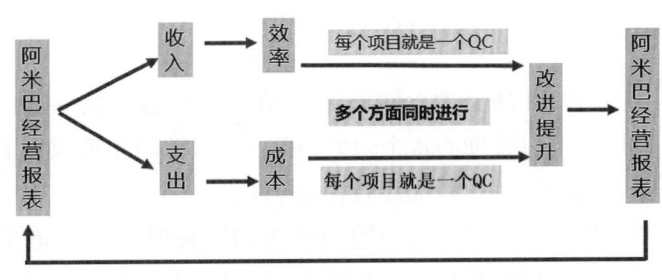

图 6-23　阿米巴经营循环改善示意图

进行下一次 PDCA 循环。各个阿米巴单元的循环改善又带动了整个企业大的循环改善，最终使得企业经营水平不断提高。参见图 6-23。

PDCA 循环实际上是有效展开任何循环改善的基本方法，并得到了广泛的应用，取得了很好的效果。然而人类的智慧是无穷尽的，还有一种追求完美、追求卓越，在永无止境的改善过程中获得自我满足的管理体系，就是以丰田生产模式为代表的精益生产。基于阿米巴经营绩效的循环改善体系，先构建利益共同体，再打造事业共同体，最后形成命运共同体，参见图 6-24。

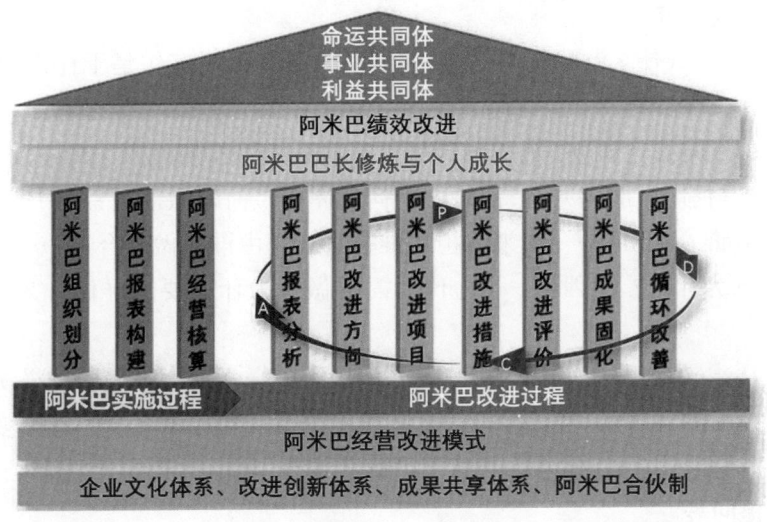

图 6-24　阿米巴经营循环改善追求命运共同体目标图

循环改善是工匠精神的体现，是追求卓越的方法，也是实现完美的路径，更是永无止境的目标。其目的是持续对现场进行分析评价，并不断优化流程，实现相关方满意。

改进不是一次就到位，也不可能一次就成功，只有坚持循环改善，每天进步一点点，才能无限接近卓越目标。阿米巴经营改进模式，强调循环改进，持续提升。

这里强调的是循环改善思想和方法建立，组织还应当建立循环改善体系，对绩效改进和方法创新进行系统管理，以推进阿米巴经营改进全面、开展系统，实现全员参与改善的良好氛围和状态。

阿米巴经营改进成果综合案例，参见案例 11-2。

二十四、5W2H 法

5W2H 法又称七何分析法,在二次世界大战中,由美国陆军兵器修理部首创,后来广泛运用于组织管理的各个领域,是一个非常简单而又实用的工具,它提供解决问题的基本思路,并有助于弥补考虑问题的疏漏。

提出疑问对发现问题和解决问题极其重要。创造力高的人,都具有善于提问题的能力,众所周知,提出一个好的问题,就意味着问题已经解决了一半。提问题的技巧高,可以发挥人的想象力。相反,有些问题提出来,反而挫伤我们的想象力。发明者在设计新产品时,常常提出:为什么(Why)、做什么(What)、何人做(Who)、何时(When)、何地(Where)、如何(How)、多少(How much)等。

这就构成了 5W2H 法的总框架。如果提问题中常有"如果……""是否……"这样的虚构,就是一种设问,设问需要更高的想象力。

该方法是 5 个以 W 开头的英语单词和 2 个以 H 开头的英语词组逐一提问,并逐一思考回答,从中发现解决问题的线索,发现新思路,然后在此基础上设计构思,从而达到解决问题或者实现发明创造的目的。我们可以把这一方法理解为"发现问题,解决问题"的方法。

1. 5W2H 工具内容

(1) What? ——(什么？目标与内容)完成了什么？这项工作是干什么用的,目的是什么？……

(2) Where?（何处？地点）—— 何处做？从何处入手？何处入手最适宜……

(3) When?（何时？时间）——何时做？何时完成？何时做最适宜……

(4) Who?（谁？人员）——谁来承担？谁去完成？由谁来做最合适……

(5) Why?（为什么？原因）—— 为什么需要做？为什么要这样做？为什么要做成这个样子……

(6) How to?（怎样？方式、手段）——如何做？怎样做效率最好？怎样实施……

(7) How much?（多少？定量指标)要完成多少数量？成本多少？利润多少……

这七问概括得比较全面,基本上包含了要做的事情、可能遇到的问题等。

2. 5W2H 提问表

5 个单词和 2 个词组,演化出的提问内容,参见表 6-22。

表 6-22 5W2H 提问一览表

英文	中文	提问范例
Why	为什么	为什么变色？ 为什么不能有响声？ 为什么采用机器代替人力？ 为什么采用这个技术参数？ 为什么产品的制造要经过这么多环节？ 为什么非做不可？ 为什么停用？ 为什么要做成这个形状？

续表

英文	中文	提问范例
What	什么	工作对象是什么？ 功能是什么？ 规范是什么？ 目的是什么？ 哪一部分工作要做？ 条件是什么？ 与什么有关系？ 重点是什么？
Who	谁	谁被忽略了？ 谁会生产？ 谁会受益？ 谁可以办？ 谁来办最方便？ 谁是顾客？ 谁是决策人？
When	何时	何时安装？ 何时产量最高？ 何时工作人员容易疲劳？ 何时是最佳营业时间？ 何时完成最为适宜？ 何时销售？ 何时要完成？ 需要几天才算合理？
Where	何地	安装在什么地方最合适？ 从何处买？ 何处生产最经济？ 何地有资源？ 何地最适宜某物生长？
How to	怎样	怎样避免失败？ 怎样才能使产品更加美观大方？ 怎样达到效率？ 怎样得到？ 怎样改进？ 怎样求发展？ 怎样使产品用起来方便？ 怎样增加销路？ 怎样做才能少用力？ 怎样做效率最高？
How much	多少	功能指标达到多少？ 销售多少？ 成本多少？ 输出功率多少？ 效率多高？ 尺寸多少？ 重量多少？

3. 5W2H 运用

应用步骤。使用 5W2H 法，通常分为六个步骤，而且是一个循环的过程。

第一步，利用 5 个 W 和 2 个 H 提问，分析现状。

第二步，在把握现状的基础上，利用 5 个 W 和 2 个 H 提问，预测未来状况。

第三步，如果上述两步的回答中，存在不能令人满意的，或者无法解决的问题，那么它或它们就是突破口。

第四步，根据突破口，再利用 5 个 W 和 2 个 H 提问，找到解决问题的思路。

第五步，作出决定，并执行决定。

第六步，利用 5 个 W 和 2 个 H 提问，评估执行效果。如果不满意，再进入下一轮的检查，即重复上述五步。

4. 5W2H 应用程序

（1）检查原产品的合理性。

① 为什么（Why）？

为什么采用这个技术参数？为什么不能有响声？为什么停用？为什么变成红色：为什么要做成这个形状？为什么采用机器代替人力？为什么产品的制造要经过这么多环节？为什么非做不可？

② 做什么（What）？

条件是什么？哪一部分工作要做？目的是什么？重点是什么？与什么有关系？功能是什么？规范是什么？工作对象是什么？

③ 谁（Who）？

谁来办最方便？谁会生产？谁可以办？谁是顾客？谁被忽略了？谁是决策人？谁会受益？

④ 何时（When）？

何时要完成？何时安装？何时销售？何时是最佳营业时间？何时工作人员容易疲劳？何时产量最高？何时完成最为时宜？需要几天才算合理？

⑤ 何地（Where）？

何地最适宜某物生长？何处生产最经济？从何处买？还有什么地方可以作销售点？安装在什么地方最合适？何地有资源？

⑥ 怎样（How to）？

怎样做省力？怎样做最快？怎样做效率最高？怎样改进？怎样得到？怎样避免失败？怎样求发展？怎样增加销路？怎样达到效率？怎样才能使产品更加美观大方？怎样使产品用起来方便？

⑦ 多少（How much）？

功能指标达到多少？销售多少？成本多少？输出功率多少？效率多高？尺寸多少？重量多少？

（2）找出主要优缺点

如果现行的做法或产品经过七个问题的审核已无懈可击，便可认为这一做法或产品可取。如果七个问题中有一个答复不能令人满意，则表示这方面有改进余地。如果哪方面的答复有独创的优点，则可以扩大产品这方面的效用。

(3) 决定设计新产品。克服原产品的缺点，扩大原产品独特优点的效用。

案例 6-15　某航空公司小卖部设置 5W2H 分析

某航空公司小卖部设在机场的二楼候车厅，生意非常冷淡，后来就用了 5W2H 来解决这个问题(What)。

谁是顾客(Who)？机场小卖部应该把出入境的旅客当主顾才对，但在现实中由于流程的安排，这些主顾用不着上二楼，在二楼徘徊的人大部分是送客和接客的人，这些人根本没有必要到机场小卖部来买东西，他们很少有人去光顾小卖部，所以机场小卖部的顾客很少(How much)。

小卖部设在何处(Where)？根据程序，出入境的人经海关并交付航空公司后，都从一楼走了，小卖部没有设在顾客的必经之路。

何时购物(When)？出境的顾客只有当行李进行海关检查并交付航空公司后，才有时间去购买物品，而旅客上机前，才能把自己的行李交给航空公司，这样自然旅客没有时间来买东西。

经过这些分析之后，航空公司采取了一些改进措施（How to）：把顾客当主顾；将出入境的旅客的海关检查路线改为必经二楼小卖部；服务方法改为随时可以把行李交给航空公司。经过这些改革后小卖部的生意就兴隆多了。

5. 5W1H

5W1H 分析法也叫六何分析法，是一种思考方法，也可以说是一种创造技法，是进行工作研究的最有力的工具。"5W1H"是美国机械工程师吉尔布雷斯设计的，它通过对问题的目的、对象、方法、人物、时间、地点六个方面提出的问题进行提问，了解问题的现状，并对问题提出建设性意见。

该方法是以 5 个以 W 开头的英语单词和 1 个以 H 开头的英语词组组成，所以简称为 5W1H 工作法。

(1) 主要内容。

① Why——为什么干这件事？（目的）；

② What——怎么回事？（对象）；

③ Where——在什么地方执行？（地点）；

④ When——什么时间执行？什么时间完成？（时间）；

⑤ Who——由谁执行？（人员）；

⑥ How——怎样执行？采取哪些有效措施？（方法）。

(2) 5W1H 分析法思考方向及内容，参见表 6-23。

表 6-23 5W1H 分析法示例表

项 目	思考方向及内容
Who	谁与此问题最相关？谁可能解决这问题
What	什么是解决问题的必要条件？什么是解决问题的助力或阻力？什么是解决问题的挑战
Where	问题发生在哪个地点？问题的范畴有多大？解决问题的着力点在何处
When	问题发生的时间、时段或期限？解决问题的时间、时段或期限
Why	为何在这个时候、这个地点出事？为何都是这种人出事？为何必须在这个时间、日期，才能解决问题
How	事情发生的经过如何？事件发生的频率如何？花多少时间才能解决问题？环境改变，事件本身如何变化

二十五、分类分层

分层法又叫分类法、分组法，是按照一定的标志，把搜集到的大量有关某一特定主题的统计数据加以归类、整理和汇总的一种方法。其目的是把杂乱无章和错综复杂的数据加以归类汇总，使之能准确地反映客观事实。

案例 6-16 用分层法查找关键问题

为找出产生废品的主要问题，某质量改进小组用分层法进行调查，查找关键问题所在，参见表 6-24。

表 6-24 废品缺陷频数统计表（第一级分层）

生产工序	频数/件	百分比/%	累计百分比/%
攻顶面孔工序	586	85.05	85.05
钻导管底孔工序	71	10.30	95.35
钻销孔工序	15	2.18	97.53
扩底面孔工序	17	2.47	100
合 计	689	100	

针对占比85%的关键工序，"攻顶面孔工序"进行第二级分层，废品缺陷频数统计表（第二级分层），参见表 6-25。

表 6-25 "攻顶面孔工序"废品缺陷频数统计表（第二级分层）

生产工序	频数/件	百分比/%	累计百分比/%
螺孔坏牙	458	78.16	78.16
气座孔扩深	79	13.48	91.64
顶面攻伤	20	3.41	95.05
其他工序	29	4.95	100
合 计	586	100	

通过表 6-25 可以看出,"攻顶面孔工序"废品缺陷主要由"螺孔坏牙"造成,占比 78.16%,是主要原因。通过两级分层调查,可以找到"攻顶面孔工序"中的"螺孔坏牙"缺陷是导致产品缺陷的主要问题,影响程度为:78.16%×85.05%=66.47%。

1. 分层法应用场景

(1) 调查目的:查找漏油情况。

(2) 调查方式:按不同操作者调查统计漏油情况。

(3) 分层标志:按操作者分层。

(4) 层数:三层(王师傅、李师傅、张师傅)。

(5) 调查结论:通过调查,得出总的漏油率为 42%,其中张师傅的漏油率最高,为 79%,其次为王师傅,为 32%,最低是李师傅,为 16%,参见表 6-26。

表 6-26 某装配厂漏油情况调查表

操作者	漏 油	不漏油	漏油率(%)
王师傅	6	13	32
李师傅	3	16	16
张师傅	15	4	79
合 计	24	33	42

分层有一级分层和多级分层,要根据实际情况选择分层层级,"层层剥皮,直到露出本质"。分类、分层方法一般应用步骤和使用流程,参见图 6-25。

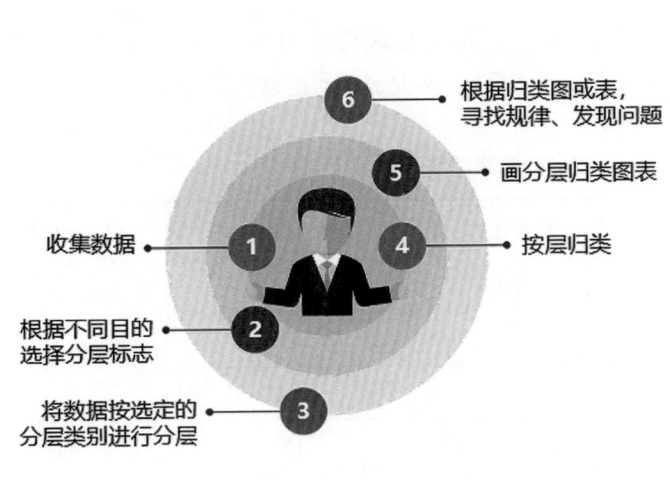 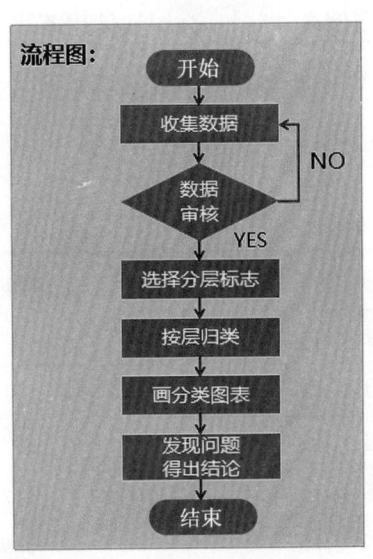

图 6-25 分类分层应用步骤流程图

分层标志有多种维度,主要可以从人员、机器、材料、方法、测量、时间、环境等维度进行分层,参见图 6-26。

图 6-26 分类分层应用示意图

2. 分层法使用注意事项

（1）严格遵循按同一层级进行分层原则，不同层级的项目不能放在同一层级里面；如表 6-27 中，"气座孔扩深"是按缺陷分层，而其他 3 项都是按工序分层，不在同一层面上，存在包含关系，分层不正确。

（2）分层项要具体、可量化，切忌人为编造数据；如表 6-28 中，这三个分层项太综合，是无法用数据来量化的，有人为编造数据的痕迹。

（3）分层分析，应该是立体的。横向上，要从多个角度对其进行分层分析，直到把不同层级之间波动幅度最大的因素找出来；纵向上，要一层一层往下分析，直到把问题查找清楚。

案例 6-17 | 分层法使用不当的错误案例

某质量改进小组为找出产生废品的主要问题，用分层法进行调查，查找关键问题所在，具体分层统计情况，参见表 6-27。分层内容不在同一个维度，不正确。

表 6-27　废品缺陷频数统计表

生产工序	频数/件	百分比/%	累计百分比/%	错误说明
攻顶面孔工序	586	85.05	85.05	按工序分层
钻导管底孔工序	71	10.30	95.35	
钻销孔工序	15	2.18	97.53	
气座孔扩深	17	2.47	100	按缺陷分层
合　计	689	100		/

再如，某市场推广小组为找出影响业扩周期原因相关问题，用分层法进行原因归类，查找关键问题所在，具体分层统计情况，参见表 6-28。"配网暂不能满足客户要求，需改造"等这三个分层项太综合，无法用数据来量化。

表 6-28 废品缺陷频数统计表

影响业扩周期原因	频数/户	累计/%	错误说明
业务总流程超过预期	235	47%	
配网暂不能满足客户要求,需改造	155	78%	分层项太综合
客户自身原因	109	100%	

案例 6-18 | 横向分层案例

某单位进行员工专业知识测试,经统计,共 100 名员工参加,测试达标率(80 分以上)仅为 70%,现用分层法分析查找达标率低的主要问题所在,参见表 6-29~表 6-31。

由表 6-29 看出,各年龄段人员测试未达标率差异不大,因此从年龄上分层看不出影响测试达标率低的主要问题所在。

表 6-29 不同年龄人员测试达标情况调查表

年 龄	总人数	达标人数	未达标人数	百分比
51 及以上	13	5	8	26.67%
41~50	22	14	8	26.67%
30 及以下	25	18	7	23.33%
31~40	40	33	7	23.33%
合 计	100	70	30	100%

由表 6-30 可以看出,本科学历测试人员占未达标的 66.67%,是影响测试达标率低重点。往往小组到这里就结束调查,是否还要再分层? 可以试一试。

表 6-30 不同学历人员测试未达标情况调查表

学 历	总人数	达标人数	未达标人数	百分比
本科	60	40	20	66.67%
中专及以下	10	2	8	26.67%
硕士及以上	30	28	2	6.67%
合 计	100	70	30	100%

由表 6-31 可以看出,部门 A 测试人员占未达标的 80%,是影响测试达标率低的主要问题所在。

表 6-31 不同部门人员测试未达标情况调查表

部 门	总人数	达标人数	未达标人数	百分比
部门 A	50	26	24	80%
部门 B	20	16	4	13.33%
部门 C	30	28	2	6.67%
合 计	100	70	30	100%

二十六、节拍分析

节拍分析是精益生产的方法和工具。通过对各工序的生产节拍分析,找出最佳作业状态,实现系统最优,效率最高,从而实现效益或收益最大。

阿米巴经营是基于现场的活动。我国国家标准 GB/T 29590—2013《企业现场管理准则》核心思想是用全面质量管理的理念和方法,提升现场管理活动要素的整体运行质量和效率,实现"一心、二效、三节",这是提高生产效率的核心

一心:以顾客为中心;

二效:提升效率和效能;

三节:节省时间、优化节拍、节约资源。

案例 6-19 | **总装线优化生产节拍改善案例**

流水线的各工序之间由于存在着彼此供应关系,为了实现整条线的生产效率最大化,企业需要对生产线上的工序进行平均化,调整各工序的作业负荷,使得各生产单元的作业时间尽可能相近。总装线优化前、优化中、优化后的情况,参见图 6-27~图 6-29。

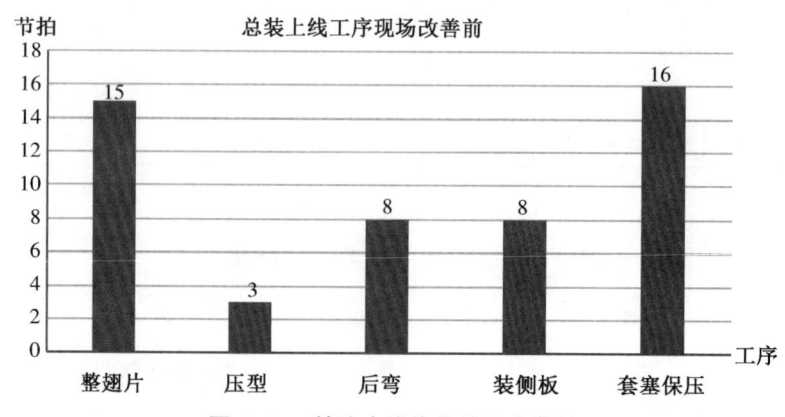

图 6-27 某流水线优化前生产节拍

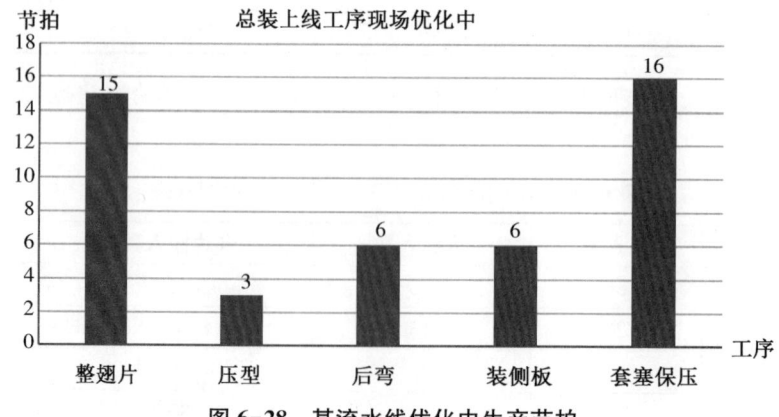

图 6-28 某流水线优化中生产节拍

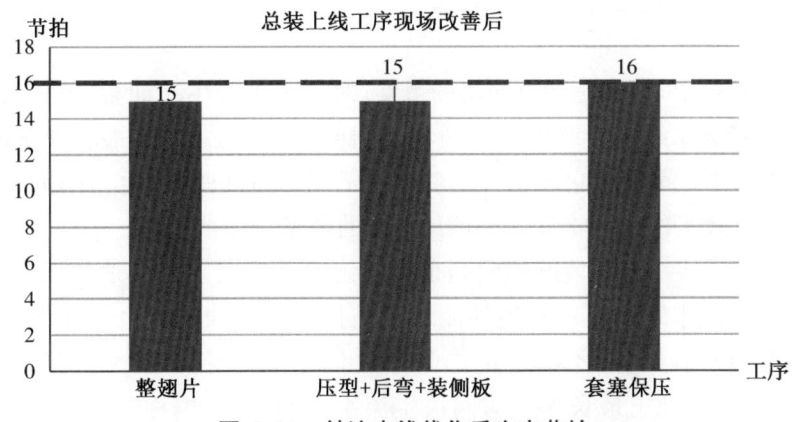

图 6-29　某流水线优化后生产节拍

通过节拍分析,减少因工序间作业时间不平衡和生产过剩而对整体流水线造成的效率损失。运用线平衡管理法,可以有效地减少在制品数量、改善瓶颈工序(生产短板)、提高单位时间产量,对企业提高产量及效率提升有相当大的作用。

节拍分析是精益生产的方法和工具。通过对各工序的生产节拍分析,找出最佳作业状态,实现系统最优,效率最高,从而实现效益或收益最大。节拍分析也常常是组织进行工艺流程优化和改进的前提、基础。优化生产节拍,是系统提升企业组织的生产效率,实现效益最大化。

案例 6-20　优化生产节拍,提高生产效率

某钢铁公司第一炼钢,千方百计优化各工序节拍,缩短生产作业时间,由原来冶炼一炉钢需要时间 40 分钟左右,优化提升为现在的 35 分钟左右,突破了瓶颈,提高了效率,实现了由 450 万吨到 520 万吨的产能突破。

同样的生产节拍优化,也适用于其他生产工序。

再如,2015 年特钢事业部刚刚成立时,产钢 401 万吨;2020 年实现了 606 万吨。平均每年增加 40 万吨的产量,实现了系统效益最大。

钢炼出来了,还需要进一步加工、生产成能使用的钢材产品,同样也需要对轧钢生产线的钢材轧制品种、规格、节拍等进行优化才能系统提高生产效率。

1. 作业时间分析

作业时间分析是指运用系统分析的方法,把工作中不合理、不经济、混乱的因素排除掉,寻求更好、更经济、更容易的工作方法,以提高系统的生产率。其基本目标是避免浪费,包括时间、人力、物料、资金等多种形式的浪费。

提高生产率或效率的途径有多种,如可以通过购买先进设备、提高劳动强度来实现。作业时间分析则遵循以内涵方式提高效率的原则,在既定的工作条件下,不依靠增加投资,不增加工人劳动强度,只通过重新组合生产要素、优化作业过程、改进操作方法、整顿现场秩序等方法,消除各种浪费,节约时间和资源,从而提高产出效率、增加效益、提高生产率。

这些理念和方法,是阿米巴经营改进的首选。

(1) 节拍时间分析

生产节拍源自德语,原意是调节演奏的节奏,对于流水线生产而言,节拍是一个非常重要的概念。它是指流水线上连续生产出两个相同或相似产品(对于混合流水线而言,相似产品并线生产)的时间间隔。它表明流水线的生产速度的快慢或生产率的高低。其公式为:节拍=计划有效工作时间÷计划期预计出产的产量。

流水线节拍确定后,一个关键的问题是如何组织流水线上工作地的任务分工,计算最少工作地数并进行流水线平衡。平衡的流水线是指在流水线的每个工作地上的作业时间都等于节拍时间,否则,如果工作地上的作业时间不同,必然导致工序之间的等待和在制品的产生。实际上,工作地上最长作业时间决定流水线的节拍,也称瓶颈工作地。很多针对流水线效率改进的六西格玛项目都是以平衡流水线和降低节拍为主要内容的。

流水线平衡的主要技术包括流水线组织的平衡和流水线工作地瓶颈工序的动作和时间研究。流水线组织平衡的基本思路是把需要在流水线上完成的所有工作进行详细分解成为作业单元,测量出每个作业单元的时间,并确定作业单元之间的先后顺序,用单代号网络将流水线上的所有作业单元绘制出来。采用一定的组合优化规则将不同的作业单元分配给不同的工作地,并尽量保证各工作地的作业单元时间之和与节拍相等。从理论上讲,该问题是一个组合优化问题,有关流水线组织平衡的技术,读者可以查阅生产管理的相关专业书籍。

流水线组织平衡一般适用于流水线的初始设计,一旦流水线设计完成,流水线的进一步平衡和节拍的降低就需要采用动作和时间研究,对瓶颈工作地上的作业进行深入研究,通过动作研究,找出浪费或不增值的动作细节,或优化作业顺序,达到降低节拍时间的目的。

(2) 动作和时间研究

动作与时间研究也称工时学、工作研究或作业研究,是指用系统、科学的方法测定、分析和研究作业动作与时间,以获得最佳的工作方法。动作与时间研究对于提高工作效率、降低疲劳以及劳动工时测定与管理方面有极其重要的作用。

动作与时间研究由动作研究和时间研究两部分组成。动作研究又称方法研究或工作方法设计,其主要内容是通过各种分析手段发现、寻求最经济有效的工作方法,动作研究的发明者是吉尔布雷斯夫妇,吉尔布雷斯于1885年受雇于一建筑商时,进行了著名的砌砖研究。在该研究中,他通过对砌砖动作进行分析和改进,使工人的砌砖效率提高了近200%。1912年,吉尔布雷斯夫妇在美国机械工程师学会会上,首次发表了题为《细微动作研究》的论文,在文中他们首创用电影摄影机和计时器,将作业动作拍摄成影片并进行分析的方法,同时通过自己的研究,将人的作业动作分解成3大类共17种基本动作(命名为"动素")。这些基本动作是伸手、握取、移物、装配、应用、拆卸、放手、检验、寻找、选择、计划、对准、预对、持住、休息、迟延和故延,其中前8种动作称为必需动作,中间5种动作称为辅助动作,最后4种动作称为无效动作。

他们指出,提高动作效率必须尽可能地删减第 2 类辅助动作,第 3 类无效动作。吉尔布雷斯又独创性地发明了灯光示迹摄影和设计灯光示迹摄影两种摄影方法,使动作分析的准确性和有效性有了很大提高。为了缓和、消除工人对早期动作研究的抵触和不满,在富有心理学造诣的 L.M.吉尔布雷斯的帮助下,吉尔布雷斯又逐渐地将动作研究范围扩大到工作疲劳与单调、动机及工作态度等方面。

时间研究又称作业测量或工作测量,其主要内容是通过科学方法测定工作的实际时用,以此作为制定工作定额、核算成本、计划生产以及检验工作方法效率等的基础。时间研究的主要发明者是 F.W.泰勒。他也被称为科学管理之父。

泰勒在美国伯利恒钢铁厂进行了著名的铁铲试验。在该研究中,他比较了工人铲煤与铲矿砂间的差异,对工人的铁铲进行了改进,并制定相应的劳动定额及奖励制度,从而在短短的三年半时间内,使厂原需 400~600 人的工作降低到只需 140 人即可完成。泰勒在时间研究上的最主要贡献之一是指出了时间研究的过程。他认为时间研究包括工作分析和工作建立两大范围,首先是工作分析,可总结成以下几个步骤:

① 将作业动作分解成最简单的基本动作;

② 删除无效动作;

③ 观测部分熟练工人的各项基本动作,借助秒表记下最佳及时间最短的动作方法;

④ 记录、说明、依次标出每一基本动作及恰当的动作时间;

⑤ 分析、记录各类宽放率或宽放时间。

其次是工作建立,由以下几个步骤组成:

① 将经常以同样顺序在作业中出现的基本动作合并成一组,记录并标示各组动作;

② 通过分析、比较,从所有动作组中选择适当的动作组应用于当前情境;

③ 将所有基本动作时间汇总,再加上各类宽放时间,即可估计出各类作业的工作时间。

除泰勒和吉尔布雷斯夫妇,其他还有一些人对动作与时间研究的发展也起到了很重要的作用。如 R.M.巴恩斯提出了"动作经济原则",A.H.莫金逊 1930 年提出了"工作简化原则",美国无线电公司的 J.H.奎克、W.J.希尔和 R.H.考霍列夫于 1935 年创立了"工作因素系统"技术,西屋电气公司的 H.B.梅纳德、G.J.斯坦门顿、修瓦伯于 1940 年创立了"方法时间测定"技术等。动作研究与时间研究在 20 世纪 30 年代起开始被合称为"动作与时间研究"。我国老一辈心理学家在纺织、机械及煤矿等行业中进行动作与时间研究,取得了一定的成就。

动作与时间研究由以下阶段组成:

第一阶段是发掘问题。在实际情境析中,有许多对象要求进行动作与时间研究,大至生产过程、工艺过程,小至工序或操作,选择的余地很大。为了把精力集中到最迫切、最重要的对象上,课题选择必须考虑经济、技术、心理等因素。

第二阶段是现状分析,即对所选定的研究对象进行描述和分析。在这一阶段,可利用许多具体的描述方法,如程序分析、动作分析、直接时间测定、预定动作时间研究、工作抽查等。在分析时,既可从对象、人员、地点、时间、方式、目的等方面加以考核(即 5W1H 原则,参见表 6-32），也可以利用"动作经济原则"去对照、比较。参见本章第二十四小节内容。

表 6-32　5W1H 原则

Why 为什么	● 为什么这项工作是必不可少的？ ● 为什么这项工作要以这种方式，这种顺序进行？ ● 为什么为这项工作制定这些标准？ ● 为什么完成这项工作需要这些投入？ ● 为什么这项工作需要这种人员素质？	what	这项工作的目的何在？
		how	这项工作如何能更好地完成？
		who	何人为这项工作的恰当人选？
		where	何处开展这项工作更为恰当？
		when	何时开展这项工作更为恰当？

第三阶段为新方法设计。利用取消、合并、重排、简化等手段将旧的工作方法进行改进，提出若干新的工作方法。

第四阶段是对新方法进行评选，以经济、管理、心理等因素为依据，选择"最佳"的工作方法加以实施。为了保证新方法正确实施，要制定材料、设备、环境等标准，并赋予特定的工时定额。

第五阶段是对前一阶段实施新方法的状况进行评估，以确定该项研究的效益。评估的内容包括产量、质量、成本、安全状况、士气等方面。

2. 动作研究

在具体应用时，动作研究可划分为程序分析与动作分析两大类。

程序分析的出发点是整个工作程序或流程，或者说，是一种将整个生产或制造过程中所有操作、检验、储存、搬运、停放等事实，用符号加以分析和依次排列，以供了解程序和达到改进目的的图示方法。根据目的的不同，程序分析又可区分为操作程序图、流程程序图、流程图、联合程序图及操作者程序图等五种。操作程序图顺序描述操作与检验两个事实，一般适用于分析整个生产或制造过程；流程程序图包括操作、检验、储存、搬运和停放所有五个事实，适用于分析产品或原料的流动；将流程程序图画在按比例缩小的工作场区平面图上，则构成流程图，因此，流程图具有详细、直观的双重特点；联合程序图是将同一工作地上人的活动及其与机器的关系依时间标尺图示出来，可作为人、机剩余能力分析及人、机数匹配设计的工具；操作者程序图是一种特殊的程序分析方法，它将操作者左、右手或其他部位的动作按发生的时间顺序加以描述、记录，它能清楚地反映左、右手或其他身体部位的操作关系。

与程序分析相反，动作分析是从较微观的角度出发，通过对身体细微动作的记录、分析，达到消除无效动作及提高动作效率的目的。根据使用的精确性程度不同，动作分析可区分为目视动作分析、动素分析与影片分析三类。前两者均利用研究人员直接观测、记录、分析及改进作业动作，它们之间的唯一差异是作业所划分的基本动作单位不同；而后者则是指利用摄影机将作业动作拍成影片然后进行放映、分析，影片分析根据拍摄速度不同，可区分为微动作研究与微速度动作研究。如果所研究的动作单位较小，周期短，这时可用每秒 16 框的速度进行拍摄，这种速度下可拍摄到较为细微的动作变化，故称为细微分析，如果动作单位相对较大，则可以每秒一框（或每分 100 框）的较慢速度进行拍摄，可以节省大量的费用,但拍摄到的动作变化相对较大,故称为微速动作研究。由早期影片分析发展而来的录像分析是当前动作分析的最重要、最精确和最实用的方法。

在动作分析时,经常需用到动作经济原则。动作经济原则是一组指导人们如何节约动作,如何提高动作效率的准则,它的目的是减少工作疲劳与缩短操作时间,动作经济原则可划分为3类,共22项。第1类是关于人体的使用,第2类是关于工作场所的布置,第3类是关于工具设备的设计。更综合地说,它可归纳为4点:

(1) 同时使用两手,避免一手操作一手空闲;
(2) 力求减少动作单位数,避免不必要的动作;
(3) 尽可能减少动作距离,避免出现全身性活动;
(4) 追求舒适的工作环境,减少动作难度,避免不合理的工作姿势或操作方式。

3. 时间研究

时间研究或时间测定技术,从其发展的角度出发,可依次划分为经验判断法、历史记录法和工作测量法三类。虽然前两类技术仍有某种程度的应用,但不可否认,第三类技术已成为目前最常用的时间测定技术。第三类技术是根据统计学原理,通过对工作细节内容进行分析、测定来确定标准工时的方法,它按特点的不同可区分为直接时间测定法、预定动作时间研究和工作抽查等类型。

(1) 直接时间测定法。这是时间研究中唯一直接测定的方法,是所有工作测量法的基础。它的特点是在现场对工作直接进行划分与测定,因此有具体、客观、适合情境等优点,缺点是不能对设计中的工作进行研究,研究费用高。

(2) 预定动作时间研究。预定动作时间研究以以往的时间研究资料为基础,即长期积累的时间资料综合考虑确定时间标准系统,将这种时间标准系统应用于当前的实际环境,因此,它具有可预测、费用少的特点,但精确性得不到保证。这一方法中最为常用、普遍的技术为MTM与WF。MTM是3位美国工程师H.B.梅纳德、G.J.斯坦杰门顿和J.L.修瓦伯在综合了前人的研究基础上,通过对钻床工作场所的大量摄影分析发展起来的。该技术将人类操作动作划分为伸手、搬运、旋转、加压、转动、抓握、定位、放手、拆卸、眼动和身体动作等项,通过动作级别、动作距离、动作形态、克服的阻力和重量、动作类型或特点等变量的分析以及同时动作、合并动作、复合动作情境的考虑,实现时间的测定,MTM按动作的精确程度划分为MTM-1,MTM-2,MTM-3三种形式。与此不同,WF则将人类操作动作划分为运送、抓取、预对、装配、使用、拆卸、脑力过程和放手8种,从身体的使用部位、运动距离、所要求的手工控制级别以及阻力或重量4个变量进行考虑。

(3) 工作抽查。这也称工作抽样技术,是利用统计抽查技术对作业动作进行随机、间断地观测、记录,它具有客观性强,费用少的双重特点,特别适用于对特定作业项目的时间或时间率测定。直接时间测定法和工作抽查的测定工时均涉及工作速度评定(或称速度评比)的问题,而所有这三类方法都需确定宽放时间或宽放率。应该说,直接时间测定法、预定动作时间研究和工作抽查的使用与发展是相辅相成的。

随着信息化、数字化、智能化,人工智能技术广泛应用,尤其人工智能作为一种革命性技术,它的发展和应用,有助于为劳动者提供更多高质量的就业岗位,提升劳动者的创造力和成就感;帮助劳动者更加自由地安排工作、生活、学习和个人事务,革命性地影响人类活动和工业制造流程,开展阿米巴经营改进时,需要重点关注。

二十七、因果图

因果图又称石川图、鱼骨图。这是一种表示结果与可能原因之间关系的图表。运用因果图有利于把所有潜在原因展示出来,加以组织、归并,以便找出问题的症结所在。因果图在质量管理和质量改进中,有非常广泛的应用。

1. 因果图应用步骤

(1) 简明扼要地阐明要研究的问题。

(2) 规定潜在原因的主要类别。制造业中通常是从"5M1E"开始考虑,即人员(Men)、设备(Machine)、材料(Material)、方法(Methods)、测量(Measure)与环境(Environment)。在服务业中,通常把"4P",即人员(People)、政策(Policy)、程序(Procedure)和场所(Place)作为主要类别。确定主要原因类别不限于上述划分方法。总之,以有利于更全面地分析潜在原因为原则。

(3) 开始作图,把"结果"画在右边的矩形框中(类似鱼头位置),然后把各类原因类别放在它的左边,作为其输入。参见图 6-30。

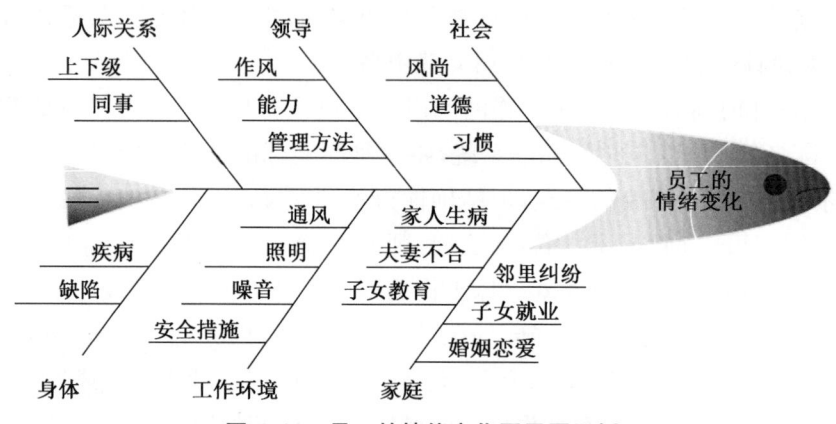

图 6-30 员工的情绪变化因果图示例

(4) 寻找下一层次的原因,可以采用头脑风暴,将其画在相应的各原因类别枝上,并继续一层层地展开。应展开到能够针对该原因采取措施的程度。

一张完整的因果图至少应展开两层以上,指主因、第一层原因、第二层原因或更细。

(5) 从末端原因中识别和选取少量(一般为 3~5 个)看起来对结果有最大影响的原因(简称要因),并对它们做进一步的研究,如收集数据、论证、试验、采取措施和控制等。注意,不能从中间原因中确定要因。

2. 因果图的特征

直观地表示出对所观察的效果有影响的可能原因;原因的内在关系被清晰地显示出

来,而且这种内在关系一般是定性的。

因果图经常与排列图、对策表联合使用,称为"两图一表"。其运用方式是用排列图找出最需要解决的问题,用因果图确定引起这些问题最可能的原因,根据确定的要因制定对策,解决问题。

3. 因果图应用应注意的事项

(1) 因果图中对结果,即要研究对象的特性要界定明确,如果仅定义"某产品不合格"就很难准确地分析原因。另外,一个因果图只能确定一个结果特性,同时研究多个结果就无法看清各个结果与可能原因之间的关系。

(2) 原因展开得要充分,要多问几个为什么,直到能够采取措施为止。

(3) 原因展开时要分清层次,否则容易遗漏原因。

(4) 不要把措施也当成原因写入因果图中使分析中断。

(5) 不要盲目罗列原因,最好是开展头脑风暴的结果。

二十八、过程能力分析

过程能力又叫加工精度,是指生产过程在一定时间内处于统计控制状态下制造的产品质量特性值的经济波动幅度。

对于任何生产过程,产品质量特性值总是分散的。如果过程能力越高,产品质量特性值的分散就越小;反之,如果过程能力越低,产品质量特性值的分散就越大。那么应当用一个什么样的量,来描述制造过程造成的质量特性值的总分散呢?一般都用质量特性值分布的 6 倍标准差,即用 6σ 来描述。

当生产过程处于控制状态时,在 $\mu \pm 3\sigma$ 范围内产品占了整个产品的 99.73%,即几乎包括了所有的产品,因此用 6σ 来描述是比较全面的。当然范围取得更大一些,比如,取 $\mu \pm 4\sigma$,在此范围内可包括整个产品的 99.994%;取 $\mu \pm 5\sigma$,在此范围内可包括整个产品的 99.9994%。这样会更全面些,但从 6σ 到 8σ(或 10σ),分散范围增加了 2σ,所付出的代价也是巨大的,而所包括的产品比例却增加不多,这从经济效果来看是不好的。因此,一般取 $B = 6\sigma$。这里 B 为过程能力(或加工精度)。这样就能兼顾全面性和经济性两个方面。

1. 过程能力指数

过程能力是描述加工过程客观存在着分散的一个参数。此外还要引进另一个参数来反映过程能力满足产品质量标准(规范、公差等)的程度。这个参数就叫做过程能力指数,一般记为 C_p。它是技术要求和过程能力的比值,即:$C_p = ($技术要求 $\div$ 过程能力$)$。

下面分别按不同情况来叙述过程能力指数计算的原理和方法。

(1) 分布中心与公差中心重合的情况

这是一种比较理想的情况,如图 6-31 所示。这时都

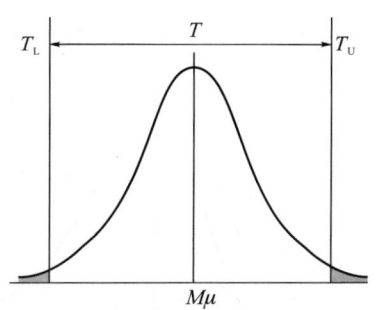

图 6-31 分布中心与公差中心重合的情况

用下面的公式来计算过程能力指数：

$$C_p = \frac{T}{6\sigma} = \frac{T_U - T_L}{6\sigma}$$

式中，T 为公差范围；T_U 为上偏差（公差上限）；T_L 为下偏差（公差下限）；σ 为标准差。

例如用车床加工某小轴，小轴的尺寸公差为 $\Phi 40^{+0.050}_{\ 0}$。今从小轴的加工过程中随机抽样求得 S 为 0.007，问：该工序的 C_p 值等于多少？

解：$C_p = \dfrac{T}{6S} = \dfrac{0.050 - 0}{6 \times 0.007} \approx 1.19$

随着生产力的不断发展，自动机床在生产过程中被广泛采用，有时即使费尽了心机，还是无法使分布中心同公差中心重合。也就是说，在现代化的生产中，分布中心与公差中心经常发生偏离。这时，如果还用公式 $C_p = \dfrac{T}{6\sigma} = \dfrac{T_U - T_L}{6\sigma}$ 来计算过程能力指数，就会发现，尽管 C_p 值很大，比如 $C_p = 1.33$，而工人也严格地按比较合理的操作规程进行作业，但是不合格品却大大超过 $C_p = 1.33$ 时的预测数，于是提出了分布中心同公差中心不重合时，应该如何计算过程能力指数的问题。

(2) 分布中心与公差中心偏离的情况

① 只能有单侧公差的情况。

对于某些特性值，如垂直度、不圆度、位置度等，它的公差只能是单侧的，即规定上限不能超过某一个数值，但不规定下限值，因为它的最小值只能为零，不可能出现负数。在制造过程中总是控制得越小越好，为此，它的分布不是正态性，而是偏态分布，如图 6-32 所示。

此时，过程能力指数可按下式进行计算：

$$C_{pU} = \frac{T_U - \mu}{3\sigma}$$

式中，C_{pU} 为只给出 T_U 的过程能力指数；μ 为总体的平均值；T_U、σ 为同前。

当 $\mu \geqslant T_U$ 时，则认为 $C_{pU} = 0$，就是说完全没有过程能力。

$C_{pU} = 0$ 时，过程可能出现的不合格品率为 50%～100%。

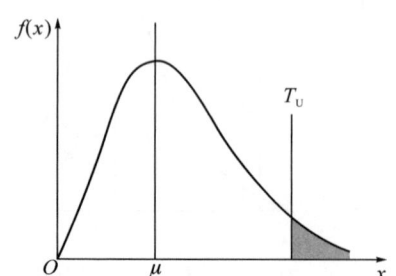

图 6-32 只规定上限的单侧公差情况

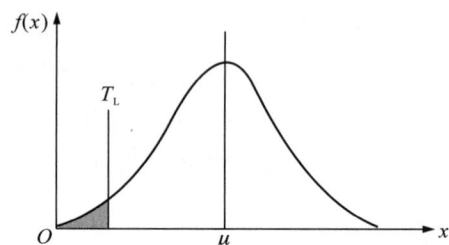

图 6-33 只规定下限的单侧公差情况

当只规定公差下限时,如图 6-33 所示,过程能力指数可按下式计算:

$$C_{pL} = \frac{\mu - T_L}{3\sigma}$$

式中,C_{pL} 为只给出 T_L 时的过程能力指数;μ、T_L、σ 为同前。

当 $\mu \leqslant T_L$,则认为 $C_{pL} = 0$,而过程可能出现的不合格品率为 50%~100%。

案例 6-21 | **过程能力指数计算举例**

某绝缘材料厂生产的 TJ1731 聚酯扁线漆,规定其击穿电压下限标准为 1 000 V。今从该生产工序抽取 $n = 71$ 份样本进行研究,测得样本平均值 $\overline{X} = 7.2 \text{ kV}$,样本标准差 $s = 1.5 \text{ kV}$。求该过程的过程能力指数为多少?

解:$C_{pL} = \dfrac{\overline{X} - T_L}{3s} = \dfrac{7.2 - 1.0}{3 \times 1.5} \approx 1.37$

该厂原生产的 TJ1730 聚酯扁线漆,其 C_{pL} 值只有 0.20 左右,可见,这种新牌号 TJ1731 聚酯扁线漆的质量有显著提高。

② 给出双侧公差的情况

如图 6-34 所示,当分布中心 μ 与公差中心 M 偏离一段距离 ε 后,显然用公式 $C_p = \dfrac{T}{6\sigma} = \dfrac{T_U - T_L}{6\sigma}$ 算出来的过程能力指数 C_p 已不能反映这时的过程能力实际情况。为了真实反映这道工序的加工能力,必须用一个考虑了偏离量 ε 的新的过程能力指数 C_{pk} 来评价过程能力,即

$$C_{pk} = (1 - K)C_p = \frac{T - 2\varepsilon}{6\sigma}$$

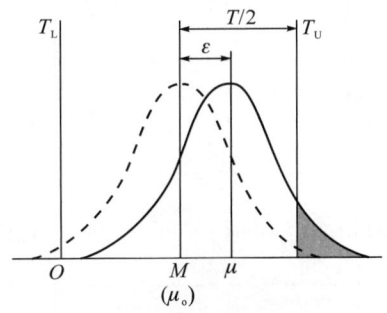

图 6-34 双侧公差有偏移 ε 的情况

式中,C_{pk} 为考虑偏离度的过程能力指数;K 为平均值偏离度(简称偏离度),它是平均值偏离量 ε 与公差一半的比值,即 $K = \dfrac{\varepsilon}{T/2}$,当 $K \geqslant 1$ 时,认为 $C_{pk} = 0$;ε 为平均值的偏离量(简称偏离量)。

当考虑偏离度的过程能力指数 $C_{pk} \geqslant 1$ 时,意味着中心稍有偏离,不调整过程也不会生产出太多的不合格品。这对某些自动机床有一定的意义,一般这种机床精度较高,但调整不易,因此可允许中心有一定范围的偏离。

当 $C_{pk} < 1$ 时,一般来说,会出现较多的不合格品。此时,应分析原因。若是由于分布中心偏离造成的,则应调整工序的分布中心,使之与公差中心尽可能一致;若不是分布中心偏离造成的,则说明需要提高加工精度。在实际生产中,对不同情况,其处理方法大致如表 6-33 所示。

表 6-33 过程能力指数一览表

过程能力指数	偏离度 $K/\%$	对分布中心是否采取措施
$1.33 \leqslant C_p$	$\|K\| \leqslant 12.5$	不必要采取措施
$1.00 \leqslant C_p < 1.33$	$12.5 < \|K\| \leqslant 25$	注意观察其变化,必要时采取措施
$0.67 \leqslant C_p < 1.00$	$25 < \|K\| \leqslant 50$	要采取采取措施
$C_p < 0.67$	$50 < \|K\|$	要采取纠正措施,或停止作业

2. 过程能力指数的评定

一般以过程能力指数评定工序等级,以便有重点、有主次地采取不同措施加以管理和控制。表 6-34 显示了过程能力指数不同值时的不同情况。

表 6-34 过程能力等级评定表

范 围	等 级	判 断	措 施
$C_p \geqslant 1.67$	特级	过程能力过剩	为提高产品质量,对关键或主要项目再次缩小公差范围,或为提高效率,降低成本而放宽波动幅度,降低设备精度等级
$1.67 > C_p \geqslant 1.33$	1 级	过程能力充分	当不是关键或主要项目时,放宽波动幅度;降低对原材料的要求;简化质量检验,采用抽样检验或减少检验频次
$1.33 > C_p \geqslant 1$	2 级	过程能力尚可	必须用控制图或其他方法对工序进行控制和监督,以便及时发现异常波动,对产品按正常规定进行检验
$1 > C_p \geqslant 0.67$	3 级	过程能力不足	分析分散程度大的原因,制定措施加以改进,在不影响产品质量的情况下,放宽公差范围,加强质量检验,全数检验或增加检验频次
$0.67 > C_p$	4 级	过程能力严重不足	一般应停止继续加工,找出原因,改进工艺,提高 C_p 值,否则全数检验,挑出严重不合格品

3. 提高过程能力指数的途径

由过程能力指数的计算公式 $C_{pk} = \dfrac{T - 2\varepsilon}{6\sigma}$ 可见,影响过程能力指数有 3 个变量,即产品质量规范(公差范围 T);过程加工的分布中心 $\bar{x}$ 与公差中心 M 的偏移量 ε;过程加工的质量特性值的分散程度,即标准偏差 s,因此,提高过程能力指数的途径有 3 个,即减少中心偏移量 ε,减少标准偏差 s,或增大公差范围 T。

(1) 调整过程加工的分布中心,减少中心偏移量 ε

减少过程加工的中心偏移量有如下措施:

① 通过收集数据,进行统计分析,找出大量连续生产过程中由于工具磨损、加工条件随时间逐渐变化而产生偏移的规律,及时进行中心调整,或采取设备自动补偿偏移或刀具自动调整和补偿等;

② 根据中心偏移量,通过首件检验,可调整设备、刀具等的加工定位装置;

③ 改变操作者的孔加工偏向下差及轴加工偏向上差等的倾向性加工习惯,以公差中心值为加工依据;

④ 配置更为精确的量具,由量规检验改为量值检验,或采用高一等级的量具检测。

(2) 提高过程能力,减少分散程度

过程加工的分散程度,即过程加工的标准偏差 S。由于材料的不均匀、设备精度等级低和可靠性差、工装模具精度低、工序安排不合理和工艺方法不正确等,对工序能力指数的影响是十分显著的。提高过程能力、减少分散程度的措施极为广泛,一般有:

① 修订工序,改进工艺方法,修订操作规程,优化工艺参数,补充增添中间工序,推广应用新材料、新工艺、新技术;

② 检修、改造或更新设备,改造、增添与公差要求相适应的精度较高的设备;

③ 增添工具工装,提高工具工装的精度;

④ 改变材料的进货周期,尽可能减少由于材料进货批次的不同而造成的质量波动;

⑤ 改造现有的现场环境条件,以满足产品对现场环境的特殊要求;

⑥ 对关键工序、特种工艺的操作者进行技术培训;

⑦ 加强现场的质量控制,设置过程质量控制点或推行控制图管理,开展 QC 小组活动,加强质检工作。

(3) 修订公差范围

修订公差范围,其前提条件是必须保证放宽公差范围不会影响产品质量。在这个前提条件下,可以对不切实际的过高的公差要求进行修订,以提高过程能力指数。

实践证明,在工序加工分析时,减少中心偏移量的防误措施,在技术上、操作上比较容易实现,同时也不必为此花费太多的人力、物力和财力,因此把它作为提高过程能力指数的首要措施。只有当中心偏移量 $\varepsilon=0$,而 C_p 值仍然小于 1 时,才考虑提高过程能力,减少过程加工的分散程度或考虑是否有可能放宽公差范围。放宽公差范围必须不影响产品质量,不影响用户使用效果。提高过程能力往往需要对现场的生产进行工艺上的改进和改造,技术上难度较大,需要花费较多的时间和费用,但提高过程能力却可以提高制造质量水平,对于企业是很必要的。

4. 过程能力调查

(1) 过程能力调查的意义。

过程能力是保证与提高产品质量的重要因素。过程能力指数综合地、定量地反映了过程质量因素的状态。因此,进行过程质量控制,就必须了解和掌握过程能力的状况,测算过程能力指数。通常将了解和掌握过程能力的这种活动称为过程能力调查。

过程能力调查的作用,主要是通过工序标准化,消除工序中的异常因素,发现和解决质量问题,经济合理地选择和确定工艺标准和操作标准。正确计算和确定过程能力,不仅是对工序能否保证质量的一种评定,而且也是经济合理地进行产品设计和工艺验证的有力措施。我国很多企业在推行全面质量管理工作中,从过程能力普查开始,积累了不少经验,收到了显著的效果。

(2) 调查过程能力的方法很多，不论哪种方法，其核心都是在过程处于稳定状态下，科学地计算过程质量分布参数 μ 和 σ，常用的方法有控制图法和直方图法。

① 直方图法，不但可以从观察直方图的形状，大致看出生产过程的状态，可以通过直方图的分散范围同公差范围比较，简便而又直观地判断过程能力能否满足质量要求；还可以根据直方图上算得的平均值 $\bar{x}$ 和标准偏差 S 值，简便地计算出过程能力指数 C_{pk}，为分析过程中系统因素的影响提供依据。但是，直方图法不能看出质量特性值随时间变化的情况，即不能反映生产过程的稳定性，有时因为在样本中包含了特性值特大或特小的样品，使 S 值较大，过程能力指数偏低。

② 控制图法，是过程能力调查中较为精确的一种方法。因为控制图绘制过程中反映了较长时间内过程处于稳定状态的质量波动状况，排除了系统因素的影响，因而其分布的标准偏差 σ 值较小，算得的过程能力较符合客观实际，从过程能力的定义来说，控制图法比较准确可靠。

以上两种方法，当生产过程处于稳定状态时，数值差别不大。但由于控制图法需要的时间较长，因而在实践中多用直方图法进行过程能力调查，并辅以控制图法，以补充直方图法的不足。取样时，应注意"5M1E"的标准化工作，尽可能排除系统因素的影响。

(3) 过程能力调查的程序。

① 明确调查的目的。刚开始调查过程能力时，调查的目的都是为了摸清某道工序保证质量的能力大小。

② 选择调查对象。根据调查目的来选择被调查的工序和项目。

③ 确定调查方法。包括决定调查范围、分层方法、调查期限、抽样方法、样本容量等内容。

④ 工序的标准化。就是对被调查工序的操作者、机器设备、使用的原材料、操作测量方法及工作地布置等制定出各项标准。

⑤ 严格按照各项标准进行作业。

⑥ 收集数据。

⑦ 画直方图或分析用的控制图。

⑧ 判断过程是否处于控制状态。

⑨ 计算过程能力指数。

⑩ 处理。

二十九、实验设计(DOE)

实验设计(Design of Experiments，DOE)是一种安排实验和分析实验数据的数理统计方法。通过对实验的合理安排，能以较小的实验规模和较少的实验次数，较短的实验周期和较低的实验成本，得到理想的实验结果和得出科学的结论。

把实验设计(DOE)的概念和方法，应用于产业界的产品设计研发、生产过程的控制、质量优化工程等方面，就能大大提高产品设计研发的效率，缩短周期，节约资源和成本，控制和提高产品质量,给企业带来优质的品牌和持续的经济效益,从而使企业在竞争中立于不败之地。因此,实验设计自20世纪初创立以来在发达国家的产业界得到了普遍的推广应用,并因此成就了一批优秀大企业和著名国际品牌,也创造了巨大的财富。我国正处在高质量发展阶段,正在崛起腾飞,走向世界,参与国际竞争,如果我们企业的广大工程技术人员、巴长们也能普遍掌握和运用实验设计,一定也能在创新发展中做到多、快、好、省,成就辉煌。

1. 实验设计(DOE)的由来

法国修道士为了谋生,在葡萄园中种植葡萄,自行酿制葡萄酒,以贴补一些开销。其中有位修道士却在思考这样的问题:葡萄汁通过一次发酵后就成为葡萄酒,如果发酵两次会是什么结果呢?于是,他进行了尝试,把葡萄汁发酵两次。结果,他发明了在各种喜庆宴会上大家喜欢喝的香槟酒。

假设,你是一家奶茶店的老板,希望争取更多的顾客来扩大营业额,你的奶茶味道非常好,现在唯一不足的是:常有顾客抱怨奶茶不够清凉。你决定通过实验来改善冰凉度,经过一夜冥思苦想后,你决定直接测量奶茶的实际温度作为品质特性,决定研究冰块类型、搅动方式、杯子类对温度的影响。

冰块类型:可选择碎冰或整块冰两种方式;

搅动方式:可选择不搅动和搅动;

杯子类型:可选择纸杯和玻璃杯。

对以上8种组合的每一种组合都做一次实验,记录实验结果,然后根据实验结果确定最佳组合方式。

再如,某工程师研究某产品的产量与化学反应的温度、时间、催化剂的用量间的关系,实验目的是寻找最佳生产条件。实验可按如下方法进行:选用两种温度:60 ℃、80 ℃;选用两种反应时间:40分钟、90分钟;选用两种催化剂的用量:200克、500克;共对以上8种组合的每一种都做一次实验。记录实验结果,然后根据实验结果寻找产量与化学反应的温度、时间、催化剂的用量间的规律,根据找到的规律,应用统计方法确定最佳的生产条件,并可预测产量的变化范围。以上思维方式和方法,完全可以用于炼铁、炼钢、热处理等各项工艺的改进、创新研究中。

我们通过特意干预系统,希望增加有关的知识。鼓励工程技术人员去思考、去尝试、去实验,看看目前是否是最佳状态,特意改变某个设置行不行?有意地改变一些设置是否会得到更好的效果?

2. 实验设计与回归分析的比较

为了加深对实验设计的理解,我们将实验设计与其他质量改善工具做些比较。

(1)回归分析。尽管回归分析与实验设计计算结果相同,但是,回归分析属于被动观察,就是静观过程变化,这些数据,可能是每两小时抽几个点,按照合理的抽样计划,被动地收集或整理数据,而不施加任何带有目的的改变。回归分析通常是收集历史数据(Passive Data)来发现 X 与 Y 之间的关系。

如发现有问题,往往收集以下几个月的数据,但是,对于是否能解答你的问题,是否改变了原材料,什么时间会用到这些数据,一些重要信息可能没有收集到,如谁设置的、改变了多少,这些重要的信息往往都被忽视掉了。

(2) 实验设计。实验设计(DOE)是研究正确的设计实验计划和分析实验数据的理论和方法,通过改变过程的输入因素,观察其相应的输出响应的变化,从而获取关于这个过程的知识,确定各个输入因素的重要性以及各输入因素如何影响输出响应,并如何达到最优化过程的目的。

实验设计是指主动控制自变量,并观察自变量 X 对应变量 Y(响应值)的影响。精心设计的实验有助于人们对事物的认识。

(3) 统计过程控制(SPC)。我们与应用广泛的质量控制工具,著名的统计过程控制(SPC)来做个简单的比较。统计过程控制始于 20 世纪 20 年代,是从休·哈特(Shew Hart)的控制图开发出来的,利用控制图监控一个过程的输入或输出。当发现异常输入或输出时,把过程停下来,对异常输入或输出的原因进行调查并予以消除;如果过程处于统计控制状态且在正常范围内波动,则可以杜绝或减少返工,达到稳定生产,输出一致的高可靠性产品。参见图 6-35。

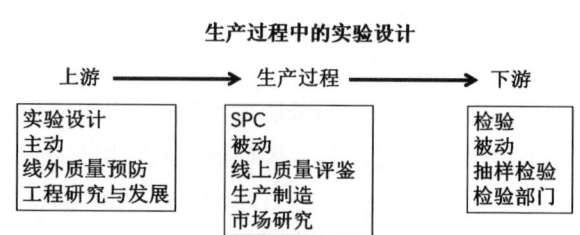

图 6-35 生产过程中的实验设计

从上面可以看出,作为一种主动型工具,实验设计强调的是线外质量预防,改善过程贯穿设计到制造的过程。设计阶段就设计出合理的工程参数,追求质量及资源的极致,从根本上消除或减少变异,最大限度地满足客户的需求。从质量发展的过程上来看,我们的认识也有了根本性的提高,从原来的"质量是检验出来的"→"质量是制造出来的"→"质量是设计出来的",就是强调实验设计在产品的研发阶段占有重要的地位,也决定着产品的生命周期与质量水平。

英国统计学家乔治·博克斯(George Box)在实验设计上有着特殊的贡献,也是将统计数据运用于实验的首批推行者之一,第二次世界大战期间发展了响应曲面方法(RSM),首先在化学工程中得到应用,后来在全世界普遍应用,使得实验设计的理论与方法达到了一个新的高度,从此,实验设计的应用步入了一个黄金时代。他在 *Techno Metrics* 杂志上说:"要了解你所干预的系统在发生什么,你必须介入,而不是仅仅被动地观察。"我们常说的"不入虎穴,焉得虎子"也正是说明了这个道理。在说到实验的重要性方面,更是呼吁要非常重视实验设计,而且要提高到国家振兴、增强企业核心竞争力的高度,他说:"如果我们能使我们的工程师开始学习运行一个简单的实验,将会极大地刺激他们的'胃口',在这个国家有成千上万的工程师,哪怕他们只会使用 2^3 实验设计方法,哪怕这是他们唯一掌握的数据驱动的分析方法,也将会极大提升实验的效率、创新的速率以及整个国家的竞争力!"

(4) 实验设计是个学习的工具。我们必须学习新能力,爱因斯坦说:"我们有学习新的策略、新的规划过程以及近代解决问题的过程和一大堆其他技术的需求,并非旧的技术总是不好,只是竞争环境改变了。""今日我们所创造出的过程,就是来自我们头脑思考的结果,所以一旦此过程产生问题,远远不能利用我们创造它的思路去解决它们。"

回顾一下人类的学习过程,我们通过向大自然学习、向宇宙学习,获得知识,从而更好地面对自然、改造自然,向自然索取财富,当然,这个过程是循序渐进的。一般是先根据已有的知识提出某种设想,设计一个实验去验证或否定它,从实验中获得的数据帮助人们验证或修正初始的设想,然后提出一个更新、更深入的设想,再设计新的实验……这个反复的过程会一直持续下去,直到形成较为完整的理论结果为止。我们进行实验也是一个学习过程,学习过程不可能一蹴而就。我们不要企图"毕其功于一役",进行一次实验就能结束战斗。一般来说,实验要进行好几批,我们通常序贯地进行实验,作为一般法则,在第一次实验中,投入的可用资源不要超过总预算的25%,因为实验往往不是一次就成功,要确保有足够的资源去做后面的实验,以及验证实验,并最终达到实验的目标,参见图6-36、图6-37。

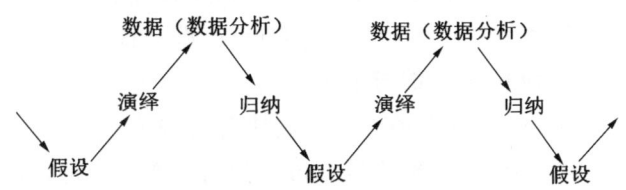

图6-36 迭代式认知过程

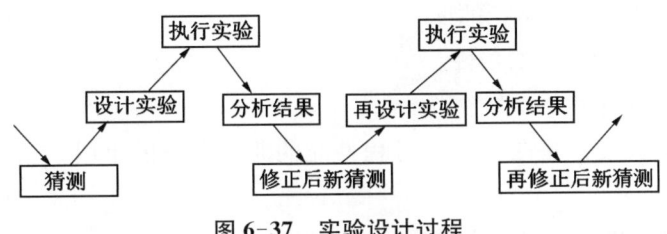

图6-37 实验设计过程

要想学到东西,必须要满足下列两个条件:关键事件(Critical Event)出现,另外就是有慧眼的观察者(Perceptive Observer),两者必须同时发生,缺一不可。

我们还必须学习深度知识,深度学习的结果产生戴明所说的深度知识,深度知识是了解控制过程的基本原理。某人具有深度知识就能回答诸如"何种化学或物理原理控制此过程"之类的问题。例如,滚动铝板的限制是摩擦力和热传导,哪一些限制此过程不能百分之百回收?如果人们理解了能量守恒定律,就不会在研究永动机上耗费大量的时间与精力。所以实验设计是一种寻找探索过程边界以及获得深度知识的方法。

解决问题是最佳化的一个集合,过程最佳化是在改善一个健康的过程,解决问题是在修补一个破碎的过程,两者只有程度上的差异,因为两者使用的工具相似,两者都针对一个过程而改善。正如博克斯所说:所有的工业过程都需改善。

(5)实验设计的实质。实验实际上是研究者在各个研究领域都会进行的,通常是要发现关于一个特定过程或系统的某些事情。从字义上说,实验的定义就是为了可以对输出变化的原因进行观察,在工程或系统的输入变量上增加计划好的变化的一连串实验。而实验设计是一种安排实验和分析实验数据的数理统计方法,实验设计主要对实验进行合理安排,以较小的实验规模(实验次数)、较短的实验周期,以及较低的实验成本获得理想的实验结果和正确的结论。由于客观的规律性,其输出是由输入、可控因子及噪声变量共同作用的结果,所谓的 $y=f(x)$ 基本模型,也就是探索 y 与 x 的关系,前面是响应变量后面是因子,内容包括:

① 确定哪些变量对响应 y 最有影响;
② 确定有影响的 x 设置在何处可使 y 几乎总是接近于所希望的额定值;
③ 确定有影响的 x 设置在何处使得 y 的变异性最小;
④ 确定有影响的 x 设置在何处使得不可控制变量 $n_1, n_2, \cdots, n_q$ 的效应最小。

实验设计方法在过程开发和为改善性能的过程故障分析中,能起到重要作用。多数情况的目标是去开发一种稳健的过程,即一种受外部(n)变异性来源影响最小的过程。

3. DOE 的目的与用途

实验设计方法在很多学科中都得到了广泛的应用。实际上,我们可以把实验视为科学方法的一部分、探究系统或过程如何工作的一种途径。

(1) 实验设计(DOE)的主要目的
① 关键因素 X 的确认和影响程度的掌握;
② 掌握选中的重要的 X 之间的交互效应;
③ 树立使用 X 的 Y 的预测模型;
④ 决定使 Y 最适合的 X 的条件。

(2) 实验设计主要用途
在工程领域,实验设计是改进制造过程性能的非常重要的手段,它在开发新过程中也有着广泛的应用。
① 研究几个因子共同影响的计划与分析实验;
② 减少实验成本、时间与资源;
③ 缩短新设备上线时间;
④ 建立工艺投入与产出的因果关系;
⑤ 确定产品或工艺性能的主要因子;
⑥ 优化产品或工艺性能;
⑦ 产品满足技术要求,达到目标,减少变异;
⑧ 寻找工艺窗口、改进产品/工艺的生产周期、合格率与可靠性;
⑨ 确定指标随因子变化的灵敏度;
⑩ 研究工艺改变的影响、开发新工艺、设置误差标准、评估实验模型。

(3) 实验设计的特征
实验设计是一种主动型工具,它与一般的被动型工具不同。被动型工具并不会增加关键事件发生的几率,有慧眼的观察员必须等着过程告诉他(即等待着特殊原因的发生)。而实验设计能够增加关键事件发生及有慧眼观察员看到关键事件的几率。所以实验设计是一种更有效的学习工具。实验设计从线外质量预防、工程研发及市场研究等方面都有着卓越的表现。因为实验设计具有以下特征：

① 解释相对容易的结果；
② 以最少的费用引导明确的实验结果；
③ 有输入变量的设置存在而进行深思熟虑的检查；
④ 与复杂的统计分析相比，恰当的实验计划更重要；
⑤ 各种实验计划可以根据情况（特定的问题、生产样本、样本的可利用性和实验约束条件等）进行调整。

(4) 应用实验设计的时机

① 要为产品选择最合理的配方（原料及其含量）；
② 要对生产过程选择最合理的工艺参数时；
③ 要寻找最佳的生产条件时；
④ 要研制开发新产品时；
⑤ 要提高老产品的产量和质量时。

4. 实验设计的策略

一般来说，实验要进行好几批，但总体上实验设计是两步战略思想。

首先，用筛选实验在大量的一般因素中，找出少数关键因素。

接着，再对少数关键因素进行优化，再加上实际生产环境的约条件，选择最适合的 X 的条件范围。如果验证实验的平均值被证实落在预先设定的置信区间内，则其结果是可靠的，我们即可安排小样进行实际的推进工作。以上所说的是典型的步骤。在实际工作中，可能跳过某个环节，也可能在某个步骤上反复进行好几次。总之，要不断筛选因子、不断调整实验的范围和进行因子水平的选择，经过几轮实验后，才能最终达到我们实验的总目标。

5. DOE 的操作步骤

粗略地说，完整的实验应该包含计划、实施、分析及得出结果四个阶段，参见图 6-38。

(1) 计划阶段

计划阶段又可以分为下面几个步骤，参见图 6-38。

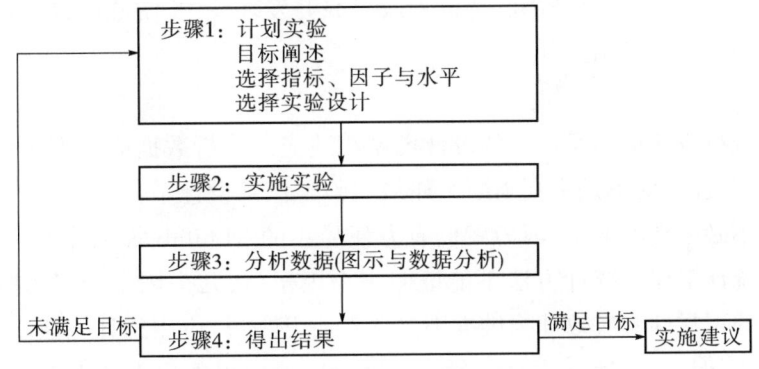

图 6-38 实验设计的操作步骤

① 阐述目标。这一点看起来似乎是再明白不过,但在实践中,确认存在需要实验的问题却不是那么简单,将问题摆明并变为都可接受的提法也不是那么简单。需要弄清有关实验目的的全部想法。通常,所有团队成员都要投入讨论,明确目标及要求。究竟是为了筛选因子还是为了找寻关系式?最终要达到什么要求?总之,清晰明了的问题提法对更好地理解现象和最终求得问题的解答有重大的帮助。

② 选择响应变量。在选择响应变量时,实验者应该确信,这一个变量会真正为研究的过程提供有用的信息,最经常的,是取测量特性的平均值或标准差(或两者)为响应变量。在一个实验中若有多种响应,则要选择起关键作用的。能用连续型指标做度量的响应变量远比只有二元响应(成和败)好得多。仪表性能(或测量误差)也是一个重要因素。如果仪表性能差,则只有相对大的因子效应才能通过实验检测出来,或者需要做附加的重复实验。

③ 选择因子及水平。用流程图及因果图(鱼骨图)先列出所有可能对响应变量有影响的因子清单,然后根据数据和各方面的知识进行细致分析,做初步筛选。不能确定该删除者就应该保留。对于水平的选择也要仔细处理,一般来说,各水平的设置应足够分散,这样效应才能检测出来,但也不要太分散以致将其他各种物理机械因素都包括进来,这会使统计建模和预测变得困难。要做到这一点,需要过程知识。这种过程知识通常是实践经验和理论理解的结合。

④ 选择实验设计。根据实验目的,选择正确的实验类型,确定区组状况、实验次数,并按随机化原则安排好实验顺序及实验单元的分配,排好计划矩阵(Planning Matrix)。一些较重要的实验设计类型,可以参考相应的参考书,它们可作为对广泛的各种问题选择合适的实验设计的目的来利用。

(2) 实施阶段

当进行实验时,谨慎监视实验的过程以确保每件事情都按计划做完是非常重要的。严格按计划矩阵的安排进行实验,除了记录响应变量的数据外,还要详细记录实验过程的所有状况,包括环境(温度、湿度、电压等)、材料、操作员等。实验中的任何非正常数据也应予以记录,以便日后分析使用。这个阶段中,实验方法的错误通常会破坏实验的有效性。"计划在先"是成功的关键。在复杂的制造过程或研究开发环境中,实施已设计好的实验,在逻辑和计划方面都容易被低估。

(3) 分析阶段

对数据的分析方法应与所应用的设计类型相适应。分析数据应该用统计方法,使得结果和结论都是客观的,而不是主观臆断。如果实验是正确设计了,并且按设计实施了,则所需的统计方法不必去费心准备,因为我们有方便易用的 Minitab 等统计工具来帮助我们进行复杂的数理统计工作。统计方法不能证明一个因子(或几个因子)有特殊的效应。它们仅对实验结果的可靠性和有效性提供准则。从本质上来说,应用统计方法不允许利用实验来证明任何事情,但是,统计方法允许我们去度量结论中可能出现的误差或者对一个命题附加上置信水平。统计方法的基本优点是它对做出判决的过程加入了客观性。统计方法和好的工程知识以及常识结合在一起通常会导出正确的结论。分析中应包括对数据的各种检验与检查、各种图形化比较、拟合选定模型、残差诊断、评估模型的适用性并设法改进模型等。当模型最终选定后，要对此模型所给出的结果做必要的分析、解释及推断，从而提出重要因子的最佳设置及响应变量的预测。

（4）得出结果

一旦数据分析过了，实验者必须写出有关实验结果的实践结论并推荐行动的路线。在这一阶段，图解法常常是有用的，特别是给其他人介绍成果时更是如此。还需要进行跟踪实验与确认实验以证实实验所得结论的正确性。当认定结果已经基本达到目标后，给出验证实验的预测值，并做验证实验，以验证最佳设置是否真的有效。

通贯整个过程，重要的是要在思想上牢记实验是学习过程的一个重要部分，在学习过程中，我们暂时提出关于系统的假设，然后进行实验来研究这些假设，根据实验的结果又提出新的假设，如此等等。这表明，实验是迭代式地逐步深化的。一种通常的主要错误，是在研究一开始，就去设计一个单一的、庞大的、内容广泛的实验。一个成功的实验需要重要因子的知识，这些因子可能变化的整个范围，使用合适的水平个数以及合适这些变量的度量单位。一般说来，我们不能完全知道这些问题的答案，但是，我们要不断加深对它们的认识。当一个实验规划进行时，我们经常会抛弃一些不重要的变量，而加进一些其他变量，改变了某些因子的研究范围，或者加进了新的响应变量。因此，我们通常序贯地进行实验，这将确保有足够的资源用来进行确认实验并最终完成实验的目的。

6. 实验设计基础

（1）基本术语

实际问题都是复杂的，任何数学模型都只是它的某种抽象概括，实验设计也不例外。要运用好实验设计工具，需要了解其简单基本概念方面的描述、概念及定义。

① 因子。分为可控因子与非可控因子。过程模型简化图，参见图 6-39。其中 $Y_1, Y_2, \cdots, Y_s$ 是我们关心的输出变量，称为响应变量或指标。一般情况下，需要考虑多方面的指标，这里介绍的实验设计，只考虑单个响应变量的情况。如果问题中确

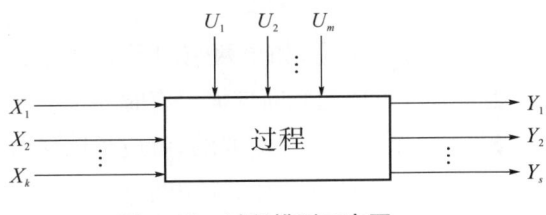

图 6-39　过程模型示意图

实要同时考虑多项指标，会使问题变得非常复杂，我们常常也是设法将之转化为单指标的情形来处理。

我们将影响响应变量的那些变量称为实验问题中的因子。我们假定，$X_1, X_2, \cdots, X_k$ 是人们在实验中可以加以控制的因子（称可控因子），它们是输入变量，是影响过程最终结果的。这些变量可以是连续型的（通常是这样），也可以是离散型的。影响过程及结果的变量除了这些可控因子还可能包含一些可以记录但不可控制的非可控因子，$U_1, U_2, \cdots, U_m$，它们通常包括环境状况、操作员、材料批次等。这些变量可能取连续值，也可能只取离散值。对于这些变量，我们通常很难将它们控制在某个精确值上，实际问题中它们确实也可能取不同的值。我们把这些非可控因子称为噪声因子，因为常把它们当作误差来处理。

② 水平及处理。为了研究因子对响应的影响,需要用到因子的两个或更多个不同的取值,这些取值称为因子的水平或设置。各因子皆选定了各自的水平后,其组合称为处理。一个处理的含义是:按照设定的因子的水平组合,我们就能进行一次实验,可以获得一次响应变量的观测值,因此处理也可以称为一次实验(简称一次运行)。

③ 实验单元与实验环境。对象、材料或制品等载体,处理(即实验)应用其上的最小单位称为实验单元。例如,按因子组合规定的工艺条件所生产的一件(或一批)产品,接受治疗的一个病人等。以已知或未知的方式影响实验结果的周围条件,称为实验环境,通常包括温度、湿度、电压等。

④ 模型与误差。考虑到影响响应变量 Y 的可控因子是 X_1, X_2, $\cdots$, X_k,在实验设计中建立的数学模型是:

$$Y = f(X_1, X_2, \cdots, X_k) + \varepsilon$$

式中,Y 是响应变量;X_1, X_2, $\cdots$, X_k 是可控因子;f 是某个确定的函数关系。

本式中的误差 ε 除了包含非可控因子(或噪声)所造成的实验误差,它还可能包含失拟误差。这里,失拟误差是指我们所采用的模型函数 f 与真实函数间的差异。实验误差与失拟误差这两种误差性质是不同的,分析时也要分别处理。有时为了简化,常假定函数关系 f 是准确的,从而可以忽略失拟误差。从上述概念中还可以看到,实验误差本身包含测量误差。为了不使测量误差影响分析结果,通常要在实验进行前,先进行测量系统分析,只有测量误差满足了对测量系统的最低要求后,实验才能开始进行。有关测量系统的分析请读者参考相关书籍,这里不做讨论。

⑤ 主效应和交互效应。如果因子 A 的将就依赖于因子 B 所处的水平,则称 A 与 B 之间有交互作用。

需要注意的是,如果两个因子间存在显著的交互作用,就不能只用主效应大小来作为该因子是否重要的判断依据。有时一个因子主效应很小,只要某个包含它的交互作用效应显著,则这个因子就是重要的,就应予以保留。

例如,在农田实验中,考虑两个因子,每个因子皆是两个水平,A:浇水。低水平:水少;高水平:水多。B:施肥。低水平:肥少;高水平:肥多。以产量 Y 为响应变量(单位:千克)。

(2) 实验设计的基本原则

实验设计中必须考虑三个基本原则:重复实验、随机化和区组化。

所谓重复实验,是指一个处理施于多个实验单元。这些单元是我们在统计推断中一个处理所形成的总体的代表,它使我们可以估计实验误差的大小。通常的显著性检验都是就不同处理间形成的差别与随机误差相比较,只有当处理间这种差别比随机误差显著大时,我们才说处理间的差别是显著的。没有随机误差就无法进行任何统计推断,因此在实验设计中安排重复实验是必不可少的。需要注意的是,我们一定要进行不同单元的重复,而不能仅进行同单元的重复。换言之,我们一定要重新做实验即重复实验,而不能仅是重复观测或重复取样。比如在提高合成氨纯度的工艺研究中,我们一定要用同样的工艺条件生产两罐或多罐合成氨，而不能只是从同罐合成氨中分次取不同的样品来测试纯度。显然，同罐合成氨中分次取不同的样品所测试出的纯度间差异要小，而不同罐合成氨中取不同的样品来测试的纯度间差异要大。以同单元重复得到的差异来估计随机误差将会低估实验误差，所得的结论就都是不可信的。我们在实验中一定要包含真正的重复。

随机化是第二个原则。随机化的含义是以完全随机的方式安排各次实验的顺序或所用实验单元。这样做的目的是防止那些实验者未知的但可能会对响应变量产生的某种系统的影响。例如，在提高合成氨纯度的工艺研究中，假使我们在同一天内进行的 8 次实验之顺序就按照表上所列顺序进行，会有什么问题呢？如果当天的电压有一种由高向低变化的趋势，而恰好电压的降低导致纯度的降低，那么很明显，前 4 次实验是在电压较高的情况下进行的，后 4 次实验是在电压较低的情况下进行的，如果后 4 次纯度明显低于前 4 次，而前 4 次实验恰好是因子 C（反应时间）处于低水平（20 分钟）时进行的，而后 4 次实验恰好是因子 C（反应时间）处于高水平（30 分钟）时进行的，那么后 4 次平均值变低，究竟是因子 C 的作用还是电压的作用，是无论如何也分辨不清的。如果将这 8 次实验顺序完全打乱，就不会再出现上述问题了。随机化并没有减少实验误差本身，但随机化可以防止未知的但可能会对响应变量产生某种系统影响的误差出现。

区组化是第三个原则。各实验单元间难免会有某些差异，如果我们能按某种方式把它们分成组，而每组内可以保证差异较小，即它们具有同质齐性，则我们可以在很大程度上消除由于较大实验误差所带来的分析上的不利影响。一组同质齐性的实验单元称为一个区组，将全部实验单元划分为若干区组的方法称为分区组或区组化。通过在同一个区组内比较处理间的差异，就可以使区组效应在各处理效应的比较中得以消除，从而使对整个实验的分析更为有效。例如，假定在上（下）午时段内差异不大，而上下午差异可能较大，那我们就把上午、下午当作两个区组。这时在分析中就可以去除上下午间的差异的影响，或尽可能把实验全都安排在上午（或下午）进行。如果分区组有效，则这种方法在分析时，可以将区组与区组间的差异分离出来，这样就能大大减少可能存在的未知变量的系统影响，这就是分区组的好处。当然，在区组内还应该用随机化的方法进行实验顺序及实验单元分配的安排。什么时候用分区组，什么时候用随机化呢？我们在实验的设计中应遵照下列原则：能分区组者则分区组，不能分区组者则随机化。

7. 实验设计的必要性

人类在认识自然界的过程中，持续地进行着多方面的探索。实验是构成学习过程的一个要素。通过实验的学习是一种综合了人们的期望、需要、知识和资源的复杂过程。在实验的统计设计方法开始形成的 20 世纪 20 年代以前，科技工作者在实验中走了不少弯路。

世界最著名的发明家爱迪生一生艰苦奋斗，经历了无数次的失败之后，为人类发明了许多重要科技产品。他的座右铭是"天才是百分之一的灵感，加百分之九十九的汗水"。他的助手特勒撒于爱迪生去世后第二天，在 1931 年 10 月 19 日的《纽约时报》发表纪念评论写道："如果在爱迪生工作的黑屋中能有一支蜡烛照亮他前进的方向的话，以他蜜蜂般的勤奋，他将会获得远比他已发明的东西多得多的成果""我非常同情地观察到他的工作状况，但凡有一点点理论和计算能帮助他的话,将节省他百分之九十的精力"。爱迪生是靠苦干拼出来的,他是在边实验边分析后确定下次实验该怎么做的。这种方法速度太慢,而且只能从已经得到的偶然出现的好结果出发,摸索着前进,无法形成理论上的知识,无法预测何处将有更好的成果。这种凭直观猜测逐步探索的方法已经无法适应当代快速发展的需求了。

另一种在多因子分析实验中常用的方法是单因子变化法或称一次一因子法。其做法是,多个因子中,每个因子依次改变,而其他因子则保持在固定或选定的水平上。这样做肯定能比全面搭配所需要的实验次数少,但它有许多缺点,与统计实验设计方法相比,要达到同样效应估计的精度,它需要更多的实验次数;它不能估计某些交互效应;它不能在实验区域内进行系统而全面的搜索,因而它的分析结论缺乏普遍性,它最后的结论对于固定因子的初始值的选定太敏感,因而可能错过最优的因子设置。这一方法现已弃之不用。

我们将全部因子全部水平的全部搭配都进行至少一次实验的安排方法称为全因子实验设计。这是人们容易想到的一个方法,而且可以获得相当多的信息。但是,是否可以永远使用全因子实验法呢?答案是否定的,因为这样做的实验次数太多,人们无法接受。如果有8个因子,每个因子只取二水平,那么全因子实验要 $2^8=256$ 次;每个因子取三水平,那么全因子实验要 $3^8=6\,561$ 次。这在实际工作中是办不到的,只能从中选择一部分来进行。那么怎样来选择条件呢?我们要寻求好的设计,就是要用最少的实验次数,获得尽可能多的信息,这就需要运用统计分析工具。如果不使用统计分析工具,即使是用全因子实验法,在拿到实验结果后,也只是从中挑选那个最优值就结束,从而浪费了大量的有用信息。实验设计的统计分析方法不但能从实验结果中找到最优值,而且可以判明哪些因子影响显著,哪些因子影响不显著,还可以得到有关的变化规律,预测将要达到的最佳值是多少和这个最佳值将在什么范围内波动,而这个最佳值可能根本未在我们的选定条件中实验过,这些就是统计分析方法的威力。

8. 实验设计的类型

根据不同的研究内容,可以对实验设计进行多种方法的分类。

根据实验的因子个数,可以分为单因子和多因子。

根据实验的目的,可以分为因子设计和回归设计。

在不考虑区组的设计中,常用的有完全随机化设计;在考虑区组的设计中,常用的有配对比较设计、随机区组设计、平衡不完全区组设计、部分平衡不完全区组设计等。

根据因子效应是固定效应还是随机效应可以分为两大类。在固定效应中,又可以分为单向分类、双向分类、多向分类。在随机效应中,主要是应用嵌套设计或称方差分量模型。这些实验设计用到的理论和方法都比较复杂,工程师用得较少。

根据实验目的不同可分为两大类:因子设计及回归设计。我们进行实验有两个基本目的:一是明确哪些自变量 X 显著地影响着 Y;二是找出 Y 与 X 间的关系式,从而进一步找出自变量 X 取什么值时将会使 Y 达到最佳值。

第一种实验的目的是确定在相当多的自变量中,哪些自变量 X 并不显著地影响着 Y,应予以删除;哪些自变量 X 显著地影响着 Y,应予以保留;我们称其为因子筛选设计。由于这种实验的目的是针对因子的,因此这种实验设计属于因子设计或称析因设计或因析设计。

第二种实验的目的是确定 Y 与 X 间的关系式,找出 Y 对于 X 的回归方程。由于这种实验的目的是针对回归关系的,这种实验设计称为回归设计。当然,这两类设计也有相通之处:一方面,筛选因子的方法其实也是先建立一个 Y 与 X 间的简单的线性回归方程,然后根据各项系数的显著性来筛选的。这里要注意的是,我们在实验设计中所说的线性,已经与通常数学概念中的线性有所不同:在实验设计中说的线性指的是在回归方程中除了可以包含各自变量的一次项,还允许包含有两个或多个自变量的乘积项,如可以含有 X_1X_2,$X_1X_2X_3$ 等,而通常的数学概念中的线性是不允许包含这些项的。在建立了线性回归方程后,除了可以判断变量是否显著,对于求最大值或最小值的问题也可以求出最佳值,以及达到此最佳值的自变量的最佳设置,这在实际工作中也常常是有用的。总之,筛选变量也是通过建立回归方程来实现的。另一方面,建立了回归方程,特别是建立了含平方项的响应曲面方程后,也可以在方程中判断是否有效应不显著的因子,可以删除它们,达到筛选因子的目的。

因此,因子设计和回归设计间确有相通之处,它们都要建立回归方程。但因子设计只要线性的,而这里的回归设计指的是二阶的。总的说来,筛选的要求是较粗糙的,实验次数较少;建立回归曲面方程的要求就细致多了,实验次数要大增。

在因子设计中,又可以按因子水平的个数分为二水平因子设计、三水平因子设计和混合水平因子设计几类。实验实践证明:在因子设计中,使用二水平正交实验法,再加若干中心点的设计方法最简单有效。再细分,又有全因子实验设计和部分因子设计两大类,这里不作详细介绍,有需要的读者请参考专业书籍。

另一类很重要的实验是寻求系统的稳健性。所谓稳健性,是指系统的抗干扰能力要强,即当系统受到难以控制的因子(或称为噪声)的严重影响时,系统输出的变异性要足够小。为做到这一点,我们尽量选择那些使系统对噪声变化不敏感的控制因子的某种水平的组合来达到目的,这就是稳健参数设计。在国内,这类设计通常称为田口参数设计方法。它在六西格玛设计中是非常重要的技术,这类问题在六西格玛改进工作中也是有重要意义的。如果讨论的是配方问题,如在橡胶、造纸、药品生产等行业中,我们研究的是在整个产品中各个分量所占的比率问题,显然,这些比率的总和应该为 100%。研究这类问题的实验设计称为混料设计(Mixture Design)。有时,现有的生产条件已基本上满足要求,但是我们希望获得更好的结果,这时可以在原有生产条件的基础上稍加调整来寻求解决,这就是调优运算。这些内容这里不作详细介绍,读者请参考专业书籍。

9. 实验设计的策划与安排

人类认识自然界的过程是个循序渐进的过程。一般是这样先根据已有的知识提出某种设想,设计一个实验去验证或否定它,从实验中获得的数据帮助人们验证或修正初始的设想,然后又提出一个更新更深入的设想,再设计新的实验。这个反复的过程会一直持续下去,直到形成了较为完整的理论结果。我们进行实验也是一个学习过程,不可能一蹴而就。我们不要企图"毕其功于一役",进行一次实验就可以结束战斗。一般地说,实验要进行好几批,一般采用下面几个步骤:

（1）用部分因子实验设计进行因子的筛选。最开始，情况不很清楚，考虑到影响响应变量的因子个数可能较多（大于或等于5），这时应在较大的实验范围内，先进行因子的筛选，通常应使用部分因子实验设计，这样获得的结果可能较为粗糙，但实验次数可以大大减少，筛选的目的能够达到就行了。如果认为部分因子实验设计的费用仍然太昂贵，则可以使用实验次数更少的设计方法来筛选因子。

（2）用全因子实验设计对因子效应和交互作用进行全面的分析。当因子的个数被筛选到少于等于5个之后，我们可以进一步在稍小范围内进行全因子实验设计以获得全部因子效应和交互作用的准确信息，进一步筛选因子直到因子个数不超过3个。

（3）用响应曲面方法确定回归关系并求出最优设置。当因子个数不超过3个时，我们就有条件采用更细致的响应曲面设计分析方法，在包含最优点的一个较小区域内，对响应变量拟合一个二次方程，从而得到实验区域内的最优点。

以上所说的当然是典型的步骤，在实际工作中，可能跳过某个环节，也可能在某个步骤上反复进行好几次。总之，要不断地筛选因子，不断调整实验的范围和因子水平的选择，经过几轮实验后才能最终达到实验的总目标。

三十、混料设计

1. 混料设计概述

在实际工作中，常常需要研究一些配方配比试验问题。这种问题常出现在橡胶、化工、制药、冶金等课题中。例如，不锈钢由铁、镍、铜和铬四种元素组成；闪光剂由硝酸钠、硝酸锶及固定剂组成；复合燃料、复合塑料、混纺纤维、混凝土、黏合剂、药品、饲料等都是由多种成分按相应比率制作而成的，统称为混料。

混料实验是一类特殊的响应曲面实验，其中所调查的产品由多种成分组成。设计这些实验很有用，因为工业环境下许多产品设计和开发活动都涉及配方或混料。在这些环境中，响应是混料中各种成分的比例的函数。

例如，某人可能正在开发一种由面粉、发酵粉、牛奶、鸡蛋和食用油组成的薄饼配方。或者可能正在开发混合四种化学成分的杀虫剂。

在最简单的混料试验中，响应（基于某些标准的产品质量或性能）取决于这些分量（成分）的相对比例。分量的量（以重量、体积或某些其他单位来度量）相加后得出标准总量。相比较而言，因子设计中的响应则随每个因子的数量而变化。

组成混料的各种成分称为混料成分或分量，也就是混料实验中的因子。这里我们关心的是各种分量的比而不是其绝对数值；而且显然所有分量之和总是为1。这里对分量的约束条件使内容与其他实验设计类型有所差别。对于这种分量之和总是为1的试验设计，我们称为混料设计。我们研究的混料成分至少应有三种，其约束如图6-40所示。

为了更直观显示各分量的组成状况，我们引入三线坐

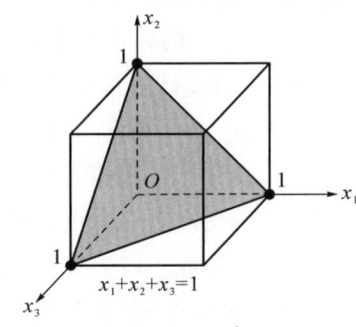

图6-40 混料设计的约束图

标系,其原理是这样的:平面几何的知识告诉我们,等边三角形内的任何一点,到三边的(垂线)距离的和等于该三角形的高。如果把三角形的高设为1,则任何一点就可以由其到三个边的三个距离给出三个坐标。当然,这三个坐标并不独立,三者之和恒为1。三线坐标系的示意图如图6-41所示。

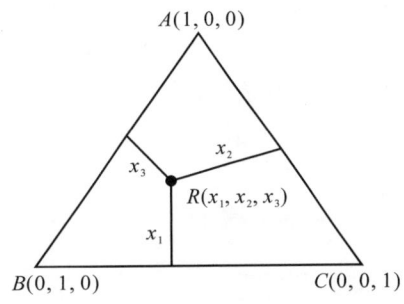

图6-41 三线坐标图

从图6-41中可以看出:三角形的三个顶点坐标分别为$A(1,0,0)$,$B(0,1,0)$及$C(0,0,1)$。三角形内任意一点都有三个坐标,可以理解为每个点到三个顶点对应边的"距离",越靠近某个顶点,这项坐标越接近于1,越远离某个顶点,这项坐标越接近于0。如果点移到了三角形的边上时(图中未显示),则表示三种成分中缺少一种(此缺少成分的名称,在此边所对的顶点处)。三角形的重心到三顶点距离相同,所以坐标为$(1/3,1/3,1/3)$。图6-41只是因子个数为3的示意图,4个因子将画为正四面体,5个以上则无直观图形了。以下我们将因子个数记为p(或称p维),对于设计及分析,我们将对一般的p值来讨论,但仍然以三因子的图作为示意。

当然,混料设计还可以有更细致的分类。第一种混料型最简单,最终结果只与各分量的比率有关;第二种混料——总量型,最终结果与各分量的比率及混料总量有关;第三种混料——过程变量型,最终结果与各分量的比率及某些过程变量有关,而这些过程变量并不是混料的一部分,但可能影响混料的搅拌性质。

2. 混料实验计划

为了全面考察各分量对于响应变量的影响,我们要在整个试验区域内布置一些点来做试验。点的选取方法有三种。

(1) 单纯形质心法

在p个因子的混料设计问题中,单纯形质心法的基本思想是:试验点由下列p批点组成。第一批是各顶点(共p个),第二批是上述顶点中,每两个顶点的重心[共$p(p-1)/2$个],第三批是上述顶点中,每三个顶点的质心[共$p(p-1)(p-2)/3$个],……总之,p批点总计有(2^p-1)个。

(2) 单纯形格点法

在p个因子(或称p维)的混料设计问题中,单纯形格点法的基本思想是将全部格子点集内每个点依次选中,格子点是由维数和阶数这两个参数给定的,此格子点集记为$\{p,d\}$。我们仍以$p=3$为例。三维一阶格子点集合(记作$\{3,1\}$)就是三个顶点全体。三维二阶格子点集合(记作$\{3,2\}$)就是将三条边各二等分,由三个顶点及三边中点全体组成的集合,三维三阶格子点集合(记作$\{3,3\}$)就是将三条边各三等分,过各分点画与另两边平行的直线,由平行线所交面形成的格点(共10个)组成的集合。依此类推,但阶数通常到三为止就够了。

(3) 极端顶点设计法

在很多实际的混料设计问题中,各分量常要受到上下界的限制。对这类问题有一最简便的极端顶点设计法。各限制平面的交点处称为极端顶点。利用极端顶点集所构成的混料试验方案称为极端顶点设计。这里，我们不准备讨论计算顶点的细节，在实际工作中，只要输入约束条件，计算机可以自动形成全部顶点坐标。

Minitab软件对混料实验方案计划表的形成步骤，参见图6-42。

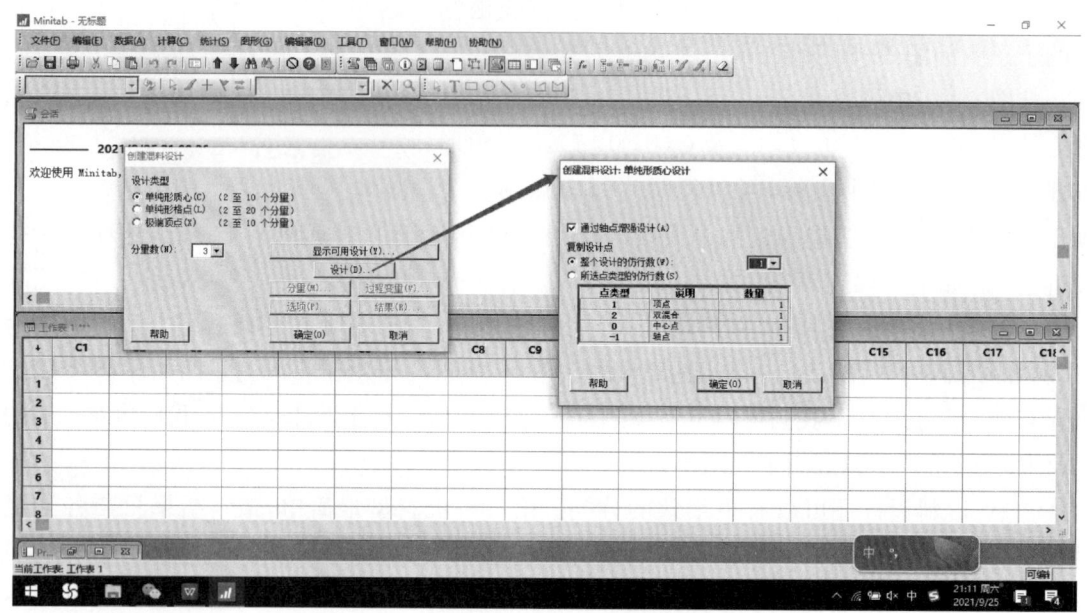

图6-42 Minitab软件混料实验路径方法图

从统计→DOE→混料→创建混料设计，选择单纯形质心法、单纯形格点法或极端顶点法三者之一，再填写因子个数后，即可得到相应设计。选定单纯形质心法后，在"设计"对话框中，要进一步加选"要增强设计"或"不要增强设计"，并要注明在哪些类型的点上要做重复，这些类型分"顶点""二阶点""三阶点""中心点"等，选定单纯形格点法后，在"设计"对话框中，要进一步指定阶数，加选"要增广"或"不要增广"，并要注明在哪些类型的点上要做重复，这些类型同样分"顶点""二阶点""三阶点""中心点"等。选定极端顶点法后，在"设计"对话框中，也要进一步指定阶数，加选"要增广"或"不要增广"，并要注明在哪些类型的点上要做重复，这里最重要的是要在"分量"对话框中，进一步给出各分量的直接约束条件或线性约束条件不等式。

3. 混料实验类型

Minitab提供了三种设计（单纯形质心、单纯形格点和极端顶点）并使用以下这三类实验进行分析。

（1）混料。假定响应仅取决于混料中各分量的比例。例如，油漆的颜色只取决于所使用的颜料。

（2）混料过程变量。假定响应取决于各分量的相对比例和过程变量，过程变量虽是试验中不属于混料部分的因子，但它可能会影响混料的混合属性。例如，蛋糕的口味取决于烹饪时间、烹饪温度以及蛋糕成分的比例。

（3）混料总量。假定响应取决于各分量的比例和混料的数量。例如，农作物的产量取决于杀虫剂成分的比例以及杀虫剂的施用量。

需要全面掌握混料设计方法的读者，请阅读相关专业书籍。

案例 6-22 | 混料设计降低用料成本

2020年，某公司高炉一车间值班室微巴郭巴长开始探索，炼铁高炉的最佳用料结构以最大程度降低和减少原料的成本支出。他们借助 Minitab 软件的混料设计功能，运用单纯形格点法设计混料模型，对用料成本和用料后的碱度进行分析对比。在满足工艺生产的需求的前提下，通过艰苦探索，最终做出了合理用料比例的红线。参见图 6-43、图 6-44。

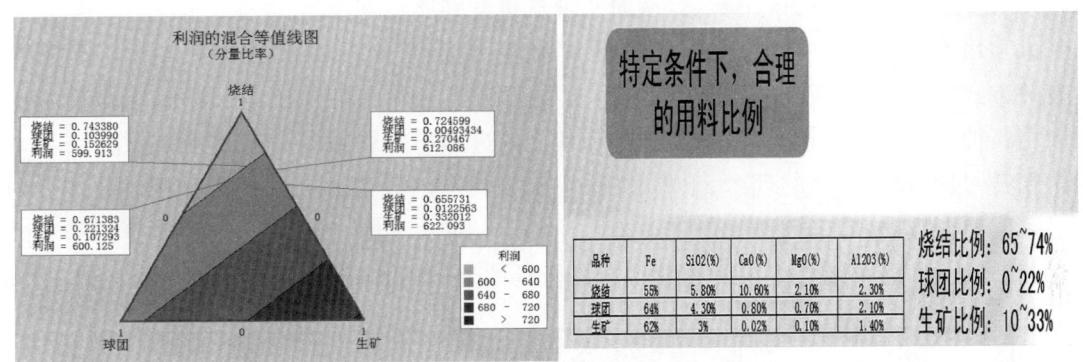

图 6-43　某炼铁高炉混料设计分析结果图

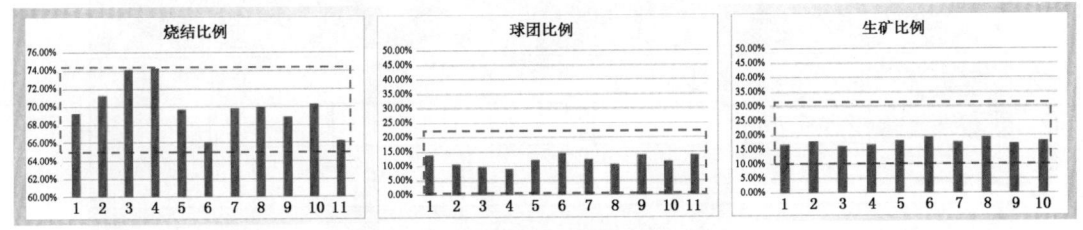

图 6-44　某炼铁高炉合理用料红线图

2020年1—11月份，微巴依此对用料比例微调。相比于2019年，实现每吨铁降本2.38元。

书中只列举了一些常用的阿米巴经营报表分析工具和阿米巴经营改进方法，仅供参考。其他如精益生产、《企业现场管理准则》等使用的分析工具和改进方法，也是阿米巴经营改进过程选择工具和方法的弹药库。

第七章

阿米巴经营改进方向

实施阿米巴经营的目的是改进提升组织经营绩效和培养人才,改进经营绩效是经营者的永恒主题,也是经营者的责任与义务,但采取怎样的方式进行改进? 才能取得比较优势,通过每天多进步一点点的微小积累,从而实现从量变到质变的飞跃?

人才培养是组织持续经营的基础。通过改进、提升经营绩效的方式,是培养经营人才的有效方式,也是人才成长的通道和道场,更是营造人人参与的氛围,实现"追求全体员工物质与精神两方面都幸福的同时,为人类和社会的进步与发展做出贡献"的路线图。

精益管理、精益生产的理念,工具、方法是确定阿米巴改进方向的得力助手。改进方向就是确定课题方向、明确问题情况等,参见图 7-1。阿米巴经营报表结果告诉我们需要改进,但怎样改进,需要结合组织的经营现况进行具体分析,而非就报表中的数据谈数据。

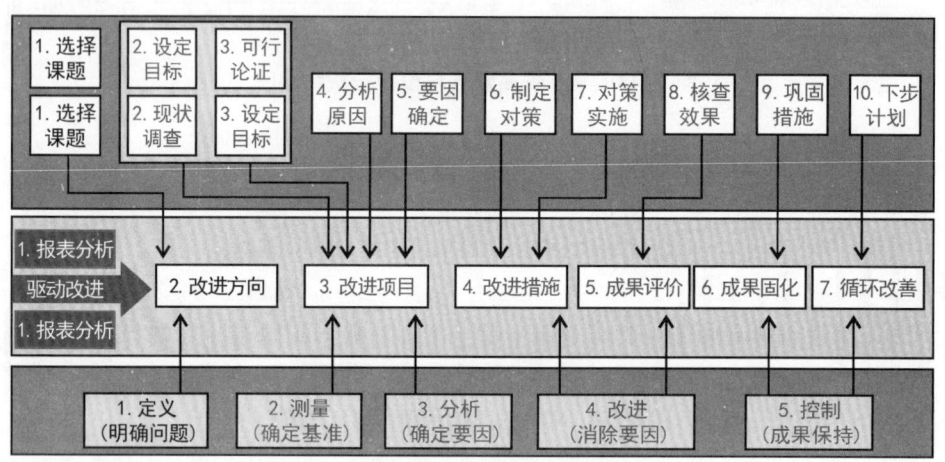

图 7-1 阿米巴经营改进模式示意图

一、如何确定阿米巴经营改进方向

阿米巴经营改进方向是开展阿米巴改进的出发点和切入点,需要结合阿米巴组织的型态来确定,生产利润巴与生产成本巴、预算巴的改进方向,可以基本一样,但侧重点可以不一样。

阿米巴经营改进有两大抓手:"开源"和"节流",如何确定阿米巴经营的改进方向? 如前所述,阿米巴经营的改进是基于阿米巴经营报表结果的改进,而这个改进动力的产生,需要提升阿米巴经营结果,提高组织的竞争力。阿米巴经营报表由收入和支出两大项目构成,首先要确定收入由哪些组成,支出由哪些组成,再分析确定,是提高收入还是改进支出,或者是从提高收入和减少支出两个方面同时入手?

改进方向的确定,就是确定是否通过提高效率来增加收入,还是减少不良来增加收入;是通过控制成本、降低成本来减少支出,还是费用控制、降低成本两手都要抓。大方向确定下来后,接下来,再分析收入或成本的构成、占比各是多少,哪些可控,哪些比较容易控制,哪些目前还没有能力控制等。从而确定改进提升的具体方向,改进方向指的是大概方向,不是具体项目,解决的是要"干什么",而不是"怎么干"的问题,这是在开展阿米巴经营改进前,阿米巴巴长们需要想清楚的关键点,否则,将造成改进过程的实施混乱,影响阿米巴经营改进的效率和效果。

确定改进方向的方法如下:

(1) 从"人、机、料、法、环、测"六个维度,寻找改进。本法对生产制造巴组织具有较好的适用性。

(2) 通过阿米巴报表,从"收入、支出"两个科目维度逐步展开。本法对贸易性巴组织针对性较好。

(3) 要增加收入,必须通过提高效率的方式来增加产量,或者通过减少不合格品提升有效产量。提高效率的方式有提高生产节奏,减少各种浪费。

(4) 提高效率的结果,是在同一时间内,能多生产出合格的、顾客愿意购买的产品,以提高单位时间产量的方式,增加阿米巴组织的经营收入。提高生产节奏的方法有优化流程、提高人员技能水平、提高设备作业水平、并行工程等、自动化智能化技术应用等。

(5) 减少支出,主要是控制消耗支出、费用支出,其中,减少各项消耗支出是核心和重点,控制原料、辅料、材料消耗,节约水电风气,这都是常用的成本控制手段。

(6) 运用精益生产工具和方法,以消除浪费的方式,开展提质增效,增加收入,适用于各种类型的阿米巴组织。生产有七大浪费,管理也有七大浪费。减少各种浪费也有增加收入和降低成本支出的双重作用。

以下都是改进方向的常见方式。

二、提高经营品质

众所周知"质量是企业的生命"。有一流的品质,才会有广阔的市场。那企业如何才能提高产品品质,将是每个企业关心的永恒话题。首先须从原材料把关,严格杜绝不良品入库,并进入生产线。

1. 采购业务的改进

采购人员需挑选有资质的供应商,确保所购买的物料,品质达到要求。品管人员协助采购督促供应商提高品质。物料到货后,品管需严加把关,合格品方可入库。比质比价是基础,质优价廉是目标,合作共赢是目的。

2. 物料储存业务的改进

物料的储存在品质管理中同样很重要,因搬运、储存不当而造成物料的不良时有发生。

所有仓管人员一定须按照重下轻上的原则,注意轻拿轻放;还要做些"防尘、防潮、防晒、防锈等"工作,不定期对物料进行查看,确保物料储存的质量。先进先出是常识,减少运输是方法,安全库存是手段。

3. 制造生产的改进

物料进入生产线后,首先须避免因为操作或使用不当,而造成物料作业不良。每工段及相互工段需进行自检、互检及抽检。成品需品管进行检查,合格品才可以入库,进行销售。"三不放过"是原则,客户思维是原点,消除浪费是原理。

4. 产品的运输业务的改进

为什么把产品的运输也放在品质管理当中?因为运输不当,同样会造成产品的损坏。所以物流部门,须选择有资质、信誉高的物流公司进行运输(另外有的企业,把售后服务同样放在品质管理的范围当中)。其实只要企业内部门各尽其职、相互监督、人人参与品质管理,相信产品的品质一定会有大幅度的提高,企业一定会飞黄腾达。贴心服务是理念,客户满意是目标,利他结果也利己。

5. 销售业务的改进

销售业务的经营绩效改进,是在提升客户满意的基础上,实现销售的价、量提高,同时降低销售的各项费用,从而提高巴组织的经营收益。顾客接受现价值,义务责任要利他,获取利润须有道。

三、提高生产效率

对企业来讲,致力于提高生产率,可以降低成本,经受得住价格竞争的压力,从而获得更多的市场占有率。如果价格不变的话,企业生产率的提高,意味着利润的增加。只有较高的生产率,企业才能真正具有竞争力,才能不被国内外竞争同行所替代。阿米巴经营组织的巴长应该明白,目前,我们企业的生产率还相对较低,应该注重生产率的提升,不要把所有的注意力和资金都投入到市场中,生产是业务的基础。如果没有较高的生产率作保障,较大的市场占有率并不意味着较高的利润,不利于企业的长远发展。生产率一般用来反映产出与生产过程中的投入之间的关系,它只是一个相对的衡量指标。

一般的生产率常用下面的公式表示:

$$生产率 = 生产的产品和服务的总量 \div 消耗的资源总量$$

生产率对任何企业组织都具有重要意义,对以营利为目的的企业来讲,生产率的提高意味着资源的有效利用程度得以提升。生产率的下降,意味着生产中出现了问题,运营部门可以通过检查影响生产率的因素来确定生产率下降的原因,并据此进行相应的改进以提高生产率。

影响生产率的因素比较多,一般包括资本、方法、技术、质量、员工工作绩效、企业文化。其中,资本投入影响生产率的主要原因是设备的投资以及设备的利用情况。技术因素主要是指技术的应用情况,只有技术被充分地应用,才能发挥技术的优势。员工工作绩效主要是指员工的工作能力和工作动机。企业文化时时刻刻都在影响着组织的生产率。

（1）工作环境。包括物料、作业规划及设计、机器设备、照明、温湿度、环境颜色等。

（2）工艺流程的标准化程度。工艺流程的标准化程度越高，产品的质量越高，生产率越高。

（3）质量差别造成生产率比较时的失真。

（4）废品率。废品率的高低表示了资源利用的有效性，显然过高的废品率意味着资源的浪费。产品的返工也会影响生产率。

（5）员工的流动性。员工流动频繁，不利于培养员工对企业的忠诚度和凝聚力。新招聘的员工必须经历一段时间才能适应企业的需要。并且员工的流动还可能造成技术、经营情况的外泄，不利于企业的生产率的保持和提高。

（6）员工的激励制度。它直接影响着生产率高低。

（7）员工的培训。员工培训是持续提高生产率的有效方法。

（8）设备故障。在制造业中，如果设备出现故障不能及时修复，将严重影响生产率。

（9）互联网的应用。互联网应用可以从快速反应，精确服务等方面，降低成本，提高生产率。

以上只是影响生产率的常见因素，涉及具体的行业还会有许许多多的因素，这里就不一一列举了。

四、提高生产效率的方法

企业提高生产率的方法比较多，但是一定要根据行业和本企业的具体情况，抓住关键因素来提高生产率。

1. 投资

投资在最合适的设备和技术上，能有效提高生产率。新设备和新技术是最有效提高生产率的方法之一。美国一家大型保险公司投资 $10\%\sim15\%$，用于提高其信息技术，可以获得每年 5% 的生产率的增加。

2. 消除瓶颈

生产系统是一个整体，整体生产率往往是由瓶颈生产率决定的。提高任何非瓶颈生产率不能提高系统整体的生产率，瓶颈生产率的提高才能提高整体的生产率。只有瓶颈的产出率和所有向其输入的产出率之和相等时，系统才是最具效率的。

3. 质量控制

质量控制的关键是实行源头质量控制，它要求必须一次就把工作做好，如果出现错误，就马上停止该工序的生产。一线员工，不仅仅是生产者，同时也充当质量监督者的角色。由于员工只是注意该部分，容易发现质量问题，有利于质量的提高。印包企业在生产包装盒时，如果印刷时质量就不合格，一线员工没有把不合格印张及时抽出，由于印张检查比较困难，很可能检查不出来。交货后，在客户使用时被检查出，影响企业与客户的关系，造成较大的经济损失。

4. 采用 JIT 生产

JIT(Just-in-Time)生产是一系列生产活动的组合,其目的是在保持库存最小的情况下实现原材料、在制品、产成品进行大量生产。该过程中,零件准时到达下道工序,并在该工序迅速被加工,然后往下道工序转移。JIT 生产的理念是:只在需要的时候生产,绝不过量生产。超过最低需求数量的任何东西都是浪费。

5. 设计员工的工作

由于生产一线的工作相对比较单调乏味,员工的生产积极性一般不高,尤其是流水线的工作更是如此,即便是工资较高时,也不能保证较高的生产率。可以采用工作扩大、工作加深、工作轮换和团队生产的方式提高员工的生产积极性,提高生产率。

6. 改进工作方法

通过提高一个操作或者一组操作的生产能力、减少成本和提高质量来提高生产率。员工在使用机器、工具、材料和工作方法时有一套习惯的动作模式,它直接影响了生产率。必须对员工所有的动作进行重新分析,去除没有必要的动作,纠正错误动作。必要时,采取新的更具效率的动作模式,大幅提高生产效率。

7. 员工培训

增加员工的培训,改变员工的错误认识,减少犯错误的概率,提高员工的认识水平和技术能力,有效提高生产率。员工培训成本比较低,却可以每年提高 6% 左右的生产率。

8. 激励员工

企业可以使用以团队为导向的激励性报酬机制有效提高生产率。该机制强调团队工作,通过认真评价,并根据团队中个人对团队目标贡献进行相应的奖励。管理者必须明确鼓励生产率的提高,对有贡献的员工进行激励,包括经济激励和非经济激励。

9. 管理员工每天的工作

企业必须对每天的生产进行管理,合理安排生产,减少时间浪费,提高工作时间的有效利用率,减少设备出故障时间,减少闲置的资产,使员工和资本发挥最大的效率。

10. 企业文化

在企业文化中倡导提高生产率的理念,使所有的员工在意识中形成提高生产率是优秀员工的强烈意识,群策群力,形成提高生产率的大环境。提高生产率对其有重要的意义,同样的产品,谁的价格低,谁就具有竞争优势,就能赢得订单。在价格竞争中,生产率是其基础。可以说谁提高了生产率,谁就有了价格竞争的最终优势。

五、 影响生产效率的因素

生产效率是生产制造企业的重要属性,对于影响生产效率的问题点,应当引起各级巴组织和巴长的重视并规避,积极协调资源去改进、改善,让组织能够有序、有章运行,企业组织才能实现科学发展、高质量发展。

1. 产品加工工艺变更频繁。产品的加工工艺标准应在一段时间内相对固定、不变动,标准应简单、便捷、易懂,员工轻松上手的信息才是保持产品效率及质量稳定的重要因素,尤其是流水线作业形式,必须做到的是将一个岗位分化为几个微小的动作,员工简单事,重复做,减少出错的概率,对于整体水平的发挥有着提高的作用。

2. 生产过程品质不稳定,频频出现返工或返修。生产系统的稳定,是保证效率的必由条件,开始加工前必须做到的准备手段是必须达成的,产品质量不合格导致的退回是很低级的错误,员工的接纳度低,同样影响整体效率的达成。

3. 紧急单或临时单太多,生产计划变更频繁临时增配的生产单太多,对于"人、机、料、法"会造成不同程度的影响。

4. 生产车间机器故障,维修时间长。生产期间的设备故障会导致制造加工的进度受损,进而影响整体的计划施行效率。设备的日常维护保养必不可少,日检、周检、月检、年检的设备应一应俱全,为整体的加工进度做铺垫。

5. 订单只有交货日,未设定加工开始日。

6. 采购物料计划与生产计划不能协调同步进行。

7. 采购物料时常延迟,采购品质经常不良。

8. 生产部门没有进行完善的产能分析,公司的标准产能是评价自身的加工能力的标尺,正常评价自身的产品产出能力,对于"质量、成本、交期"均能起到促进作用,反之过低过高的评价自身的加工能力,只能是适得其反,过高会造成自己产品的不足,延迟交期,影响整体的生产订单计划,过低会因为过量加工造成超期库存。

9. 销售部门漏下单。运用信息化管理系统,可以有效降低此类失误。

六、提升生产效率的手段

1. 5S管理。扎实提高基础管理水平,运用5S手法,结合生产运营流程优化,实现提升生产效率目标。不管是制程还是流程,让它们透明化、可视化、标准化、安定化,才是好的管理。

2. 减少浪费。生产现场所谓的浪费,就是降低生产效率的各种要素。通过行动方案,对现场诊断,组织通过识别生产现场七大浪费,以辨析确定影响生产运营管理效率损失的真正原因,从而消除生产过程中典型的七大浪费,参见图7-2。

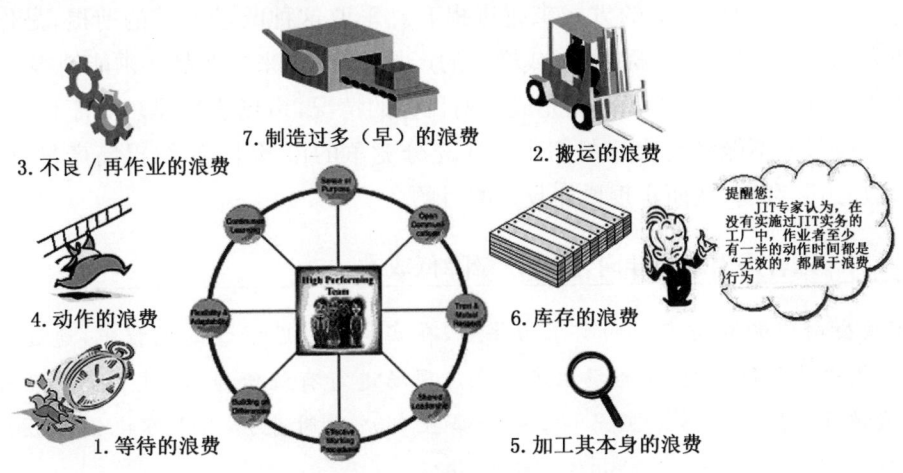

图7-2 现场管理中的七大浪费

3. 现场迅速改善。运用现场迅速改善手法，如 5W2H，1E"剔除、取消、重排或取代、简化"迅速改善四大构想等，进行源流管理，以提升效率。我们常说，"效率就是生命，时间就是金钱。"在激烈的市场竞争中，企业想要立于不败之地，关键在于"快"和"新"，有速则快，有力则新。发现有改善生产效率的方法和流程迅速改善，并对问题快速追踪。

4. 系统效益最大化。对计划做到充分的论证，降低计划性损失以提升效率。通过产销会议，确保生产与销售密切的配合，使产品的质量、产能等不断地提高，以最合理的生产效率，获得最大的经济效益。

5. 加强供应商管理。运用合理的采购机制，确保双方共存共荣意识，以提升生产效率。现代双赢模式是对供应商予以协助，帮助供应商降低成本、改进质量、加快产品开发进展；建立互信关系，共同提高效率，建立和供应商的长期伙伴关系。对于不同的供应商要做好考核区分等级，前提是建立有用的评价机制，按比例采购。对不同结果的供应商给予不同的激励措施。

6. 优化生产排产。物料、生产进度控制，避免等待浪费。生产管理部门自接单后，要动员全体人员对所安排的计划全力完成。做到不变更计划，各相关部门主动和积极配合，对工作进度主动与其他单位反应，共同完成所有计划。管理人员主动参与物料跟催，定期查看；仓储管理领发料的高效、合理；生产线快速换线、换模。

7. 精益改善。运用绩效指标改善法，以评估企业提升生产效率。采用精益方式，缩短交期时间，减少浪费，使质量、产量和效率都上一个新的台阶。常用衡量指标如从原材料到厂至产品出货时间的核算，首次合格率，设备综合效率，生产排程达标率等。

8. 其他方面。运用合理运营绩效，以激励士气提升效率，将激励制度合理化。活用生产运营快速变化的法则，让企业提升生产效率，及时应对情况的变化，能够迅速修改计划，迅速准确地传达，生产计划编制和修改的灵活性是最重要的条件。

七、组织常用改进方向

1. 产量提升

通过提高效率，增加产量的方式来改进提升。采取这种改进方式的前提，是你的产品和服务得有一定的市场容量，提高和/或增加的产量，生产出来的产品必须能销售出去。

这种改进方式，通常适用于不能完成计划目标的情况，市场表现是求大于供，或者组织当前的生产或服务不能满足客户的需求。在充分竞争的市场中，组织提高产量、增加销售量，可以增加边际利润，从而实现增加收入的目的。

案例 7-1 | 以客户需求为导向，提升产量降低成本

某钢铁公司以顾客与市场的需求为导向，在实施阿米巴经营的过程中，通过内部模拟市场交易，构建价值链系统，将市场温度向生产现场进行有效传递，促进了企业经营的自我感知、自我决策、自我改善。2015 年，特钢事业部成立时生产 402 万吨钢，2020 年生产 606 万吨钢。

人,还是那些人;设备,也还是那些设备,没有增加人也基本没有增加特别投入。通过导入和实施阿米巴经营,转变了思想观念,革出了"等、靠、要"陋习,培育出了"争、拼、抢"经营者思维。通过内部交易价值链,将市场温度向生产现场进行有效传递,各工序巴组织通过模拟市场交易的方式,以市场化的原则进行协同、配合,满足顾客与市场的需求。该钢铁公司特钢事业部平均每年以10%的产量增幅,一步一步地释放出产能。这不仅仅是多生产出10%的产品,而且还要将这增产的10%产品,销售给客户,服务好客户。

复盘分析认为,如果通过传统的计划方式,运用传统的管理手段,绝对达不到这个效果,也得不到这个结果。在原料采购、组织排产、物流运输、生产协调、客户开发、品种研发、资源配置等方面,只有模拟市场化交易,通过后道工序拉动,才能完美实现这个效果。因为每一道工序的巴长都是以老板的思维在工作,他们都是CEO。

这才是实施阿米巴经营的最高境界。

案例 7-2 │ 某特钢公司中高端齿轮钢市场开拓与销售放量改进案例

某特钢公司中高端齿轮钢销售微巴,主要负责开拓某区域中高端齿轮钢头部客户群、提高销售量,扩大中高端齿轮钢市场占有率。2019年3月,该微巴共销售中高端齿轮钢约950 t。通过阿米巴报表分析,微巴销量、收益、人员贡献度等,都不理想,销量构成比参见表7-1。

表7-1 某钢铁公司中高端齿轮钢销售微巴2019年3月销量统计报表

客 户	钢 种	销 量(t)	用户需求量(t)	客户用量占比
K1	20CrMnTiH	176.60	500	35%
K2	SCM420H	150.44	800	19%
K3	20MnCrS5	124.37	125	100%
K4	20CrMnMo	247.89	1 800	14%
K5	SCM420	1.35	30	5%
K6	20CrMoH-K	31.27	60	52%
K7	8620H	199.33	20 000	10%
K8	20MnCr5	17.59	20	88%
合 计		948.84	5 335	18%

通过对中高端齿轮钢8大用户的需求量与销量对比分析,该公司的中高端齿轮钢区域市场主要客户占有率仅10%左右,具有巨大的提升空间。微巴通过加强与用户深度交流,了解客户的个性化需求,加快推进现有用户放量;开发中高端齿轮钢新用户,与客户协同开发新项目;积极推进相关认证,取得相关资质等措施,制定增量销售目标,参见表7-2。

表 7-2　某钢铁公司中高端齿轮钢销售微巴 2019 年放量目标计划表

项　目	钢　种	现有销量(t)	增量目标(t)
A 项目	20CrMnMo	247.89	200
B 项目	20CrMoH-K	31.27	400
C 项目	20MnCrS5	124.37	300
D 项目	SCM420H	150.44	500
E 项目	8620H	199.33	2 000
F 项目	20MnCr5	17.59	300
合　计		770.89	3 700

通过努力,重点客户由原来的 8 个增加到了 11 个,新开发 7 个项目,增量约 1 300 t;老客户放量约 1 000 t,销量增加 2 296 t。公司中高端齿轮钢区域市场主要客户占有率提高到 40% 以上,参见表 7-3。

表 7-3　某钢铁公司中高端齿轮钢销售微巴 2021 年 8 月主要用户销量统计表

客　户	钢　种	销　量(t)	用户需求量(t)	客户用量占比	备　注
A1	20CrMnTiH-K	159.00	160	99%	新客户
A2	SCM420H	685.63	800	86%	老客户
A3	SCM420	97.82	30	326%	新客户
A4	20CrMoH-K	354.06	200	177%	新客户
A5	SAE8620H	90.36	50	181%	新客户
A6	20MnCr5	376.73	400	94%	老客户
A7	20CrMnTiH 系列	889.29	1 000	89%	老客户
A8	20CrMoH	229.38	500	46%	老客户
A9	19CrNi3	11.56	30	39%	老客户
A10	42CrMoA	314.74	1 000	31%	老客户
合　计		3 208.57	4 170	77%	老客户

2. 优化流程

优化流程的目的是通过优化工艺流程或者工作流程的方式,提高生产效率和节奏、工作效率和敏捷。

案例 7-3 小吃店流程优化改进案例

本案例参见第四章第九节相关内容和表 4-7、表 4-8。

报表分析发现,食材占比最大,其次是柴、米、油、盐等,这些总计虽有 2 500 元左右,常识告诉我们,这是小吃店饭菜质量的基本要求,很少有挖潜的空间,否则,就可能会影响小炒的质量,从而影响经营。

分析结论:从优化人员和提高效率入手改进。

改进方向:人员优化、提高效率,增加销量,提高收入。

改进措施:厨师的职能就是炒菜,标准时间为60 s。其他工作,如洗锅、配菜、装盘、准备等,让厨师做,浪费了资源,影响了效率。通过内部竞争的方式,留下排名靠前的4个厨师,重新商定待遇和分配方案,做得好,涨工资进行奖励;同时,新招收2名服务员,主要做好洗锅、配菜、装盘、准备等工作。

小吃店的小炒,采用流水方式生产、供应,即前台服务员根据顾客需求进行配菜,厨师根据配菜,快速地加工、生产,完成后,由后台服务员装盘后,交由顾客按照顺序取走,从顾客点菜到取菜的时间,严格控制在8 min以内。

为有效保证流水方式生产,小吃店需要新购买100口锅,用于炒菜流转,批量采购价大约是20元1口,按照120天的使用与折旧期限计算。

通过改进、磨合,一个月后,一个厨师有时候能同时在2个灶头上操作,能同时炒2个菜。整体效率提高了约1.5倍,日均能供应小炒1 000份以上。

第二月,对留下的厨师,每人每月增加1 000元工资,即每人7 000元/月;服务员的工资增加10%,每人2 200元/月。改进后,小吃店的盈利能力增强很多,每天的收益有3 600多元。后来了解到,小吃店每月净收益基本在12万元至15万元之间,年收入很可观。

案例7-4 | 持续优化工序流程,实现高效炼钢

某钢铁公司炼钢厂围绕提高冶炼效率,系统开展炼钢全流程提效攻关,最终实现从450万吨向570万吨产能提升大跨越。打破了10多年不能突破450万吨产量的瓶颈。

一是转炉工序推进以转炉"FG跨"组织、转炉生产节奏为中心的组织模式,将"五不等"制度执行到位。成立由指挥中心、区域工长组成的现场指挥小组,靠前指挥,杜绝转炉等待1秒钟。缩短转炉冶炼周期方面,通过压缩加废钢时间,减少废钢卡槽概率。综合降低冶炼周期50 s。实现对铁水成分快速精准分析,减少等待时间,指导现场稳定生产;对铁包挂钩进行改进,缩短行车挂钩时间20 s。自主研发改造氧枪枪头,冶炼时间缩短60 s。

二是打造的炉前无人值守智能化全自动钢样分析系统。钢样从进入分析室到分析结束整个过程完全不需操作人员的干预,试样分析结果通过DIA计算机自动发送到生产现场三级检化验系统数据库中。每个钢样直接节省时间150 s以上,提高生产冶炼效率。

三是优化炼钢工艺控制系统。在转炉吹炼过程的中后期,副枪启动第一次测量。炉长根据过程TSC的预判,结合炉口火焰和辅料结构的配比,指导一倒命中出钢,一倒出钢率95%以上。转炉静态控制、终点预测双模型构建。大数据拟合回归、烟气分析、声呐监测,提升静态模型预测准确性。利用智能算法,准确动态模型计算,寻求冶炼末期全局最优温度、成分命中路径。高供氧强度顶吹、大流量底吹,快速脱碳、脱磷、均匀成分。缩短转炉等样时间120 s,流程优化与控制,参见图7-3。

四是上下道工序协同优化,以提高效率,减少等待时间为中心,开展攻关。

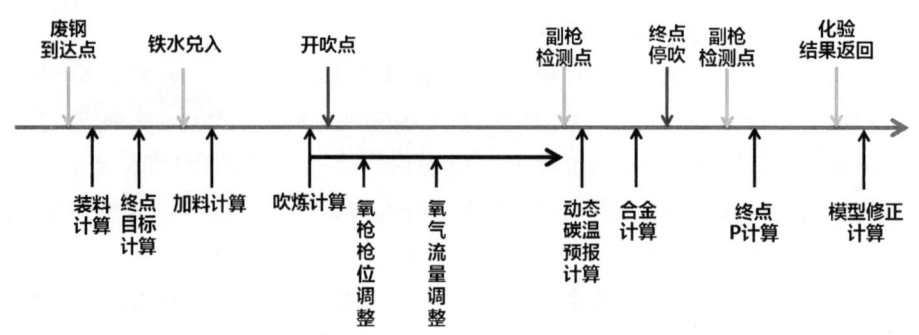

图 7-3 某钢铁公司炼钢工序控制图

通过 5 年多的持续改进、循环提升，2020 年，该厂实现年产钢 570 万吨目标，2021 年的目标是实现 600 万吨。

产量提升，效率提高，该钢铁公司取得了较好的边际效益。

3. 并行工程

并行工程(Concurrent Engineering)是对产品及其相关过程(包括制造过程和支持过程)进行并行、集成化处理的系统方法和综合技术。它要求产品开发人员从设计开始就考虑产品寿命周期的全过程，不仅要考虑产品的各项性能，如质量、成本和用户要求，还应考虑与产品有关的各工艺过程的质量及服务的质量。它通过提高设计质量来缩短设计周期，通过优化生产过程来提高生产效率，通过降低产品整个寿命周期的消耗，如产品生产过程中原材料消耗、工时消耗等，以降低生产成本。

并行工程要求产品开发人员从一开始就考虑到产品全生命周期(从概念形成到产品报废)内各阶段的因素(如功能、制造、装配、作业调度、质量、成本、维护与用户需求等)，并强调各部门的协同工作，通过建立各决策者之间的有效的信息交流与通信机制，综合考虑各相关因素的影响，使后续环节中可能出现的问题在设计的早期阶段就被发现，并得到解决，从而使产品在设计阶段便具有良好的可制造性、可装配性、可维护性及回收再生等方面的特性，最大限度地减少设计反复，缩短设计、生产准备和制造时间。

并行工程的研究一般包括：并行工程管理与过程控制技术；并行设计技术；快速制造技术三方面。

20 世纪 80 年代前，并行工程在我国计划经济时代就已经有了很多成功范例，如找石油、原子弹、航天工程等，并被称为社会主义优越性的表现之一，只不过当时并没有起名叫并行工程罢了。

并行工程自 20 世纪 80 年代提出以来，美国、欧共体和日本等发达国家均给予了高度重视，成立研究中心，并实施了一系列以并行工程为核心的政府支持计划。很多大公司(如麦道公司、波音公司、西门子、IBM 等)也开始了并行工程实践的尝试，并取得了良好效果。

进入 90 年代，并行工程引起中国学术界的高度重视，成为中国制造业和自动化领域的研究热点，一些研究院、所和高等院校均开始进行一些有针对性的研究工作。1995年"并行工程"正式作为关键技术列入863/CIMS研究计划，有关工业部门设立小型项目资助并行工程技术的预研工作。国内部分企业也开始运用并行工程的思想和方法来缩短产品开发周期、增强竞争能力。但是，无论从技术研究还是企业实践上，中国都落后于国际先进水平十年左右，许多工作仍处在探索阶段。

1988年美国国家防御分析研究所(Institute of Defense Analyze，IDA)完整地提出了并行工程(Concurrent Engineering，CE)的概念，即"并行工程是集成地、并行地设计产品及其相关过程(包括制造过程和支持过程)的系统方法"。这种方法要求产品开发人员在一开始就考虑产品整个生命周期中从概念形成到产品报废的所有因素，包括质量、成本、进度计划和用户要求。并行工程的目标为提高质量、降低成本、缩短产品开发周期和产品上市时间。

并行工程的具体做法是，在产品开发初期，组织多种职能协同工作的项目组，使有关人员从一开始就获得对新产品需求的要求和信息，积极研究涉及本部门的工作业务，并将所需要求提供给设计人员，使许多问题在开发早期就得到解决，从而保证了设计的质量，避免了大量的返工浪费。

（1）在产品的设计开发期间，将概念设计、结构设计、工艺设计、最终需求等结合起来，保证以最快的速度按要求的质量完成。

（2）各项工作由与此相关的项目小组完成。进程中小组成员各自安排自身的工作，但可以定期或随时反馈信息并对出现的问题协调解决。

（3）依据适当的信息系统工具，反馈与协调整个项目的进行。利用现代CIM技术，在产品的研制与开发期间，辅助项目进程的并行化。

（4）并行交叉强调产品设计与工艺过程设计、生产技术准备、采购、生产等种种活动并行交叉进行。并行交叉有两种形式：一是按部件并行交叉，即将一个产品分成若干个部件，使各部件能并行交叉进行设计开发；二是对每单个部件，可以使其设计、工艺过程设计、生产技术准备、采购、生产等各种活动尽最大可能并行交叉进行。需要注意的是，并行工程强调各种活动并行交叉，并不是也不可能违反产品开发过程必要的逻辑顺序和规律，不能取消或越过任何一个必经的阶段，而是在充分细分各种活动的基础上，找出各子活动之间的逻辑关系，将可以并行交叉的尽量并行交叉进行。

正因为强调各活动之间的并行交叉，以及并行工程为了争取时间，所以它强调人们要学会在信息不完备情况下就开始工作。因为根据传统观点，人们认为只有等到所有产品设计图纸全部完成以后才能进行工艺设计工作，所有工艺设计图完成后才能进行生产技术准备和采购，生产技术准备和采购完成后才能进行生产。正因为并行工程强调将各有关活动细化后进行并行交叉，因此很多工作要在我们传统上认为信息不完备的情况下进行。

4. 离线作业

产品生产和制造，需要在产线上进行，但是，出现各种不良后，需要进行返工、挽救等，如果这时占用产线，就挤占了正常生产时间，会影响效率和生产目标的完成，得不偿失。所以，在很多组织中，常常将返工、挽救等工作，进行离线作业，让产线正常生产产品。

5. 增加产品的附加值

单位附加值高的产品，售价自然就高，收入或收益就大，这也是经营者梦寐以求的。但前提是根据公司差异化战略，对细分市场充分了解、高端目标定位准确，有效满足细分的顾客与市场的需求，从而获得高收入和高收益。高端品牌产品就是这种方式，核心还是要做品牌、文化。

做品牌，是一个漫长的过程，更需要长期坚持，持续改进，循环迭代。经营者必须秉承"追求全体员工物质与精神两方面都幸福的同时，为人类和社会的进步与发展做出贡献"的理念，孜孜以求，才能修成正果。如果想快速提升经营绩效，立竿见影，这不是可选择的最佳方法。

6. 减少成本支出

一般组织的成本支出由"料、工、费"组成，"料"是原料、辅料、材料等总称，不同行业、不同产品之间的构成比也不一样。可采取的方法有替代、节约、采用新工艺，提高产出率（收得率）、优化流程，减少搬运等。"工"主要指人工工资、外包及劳务等人工费。可采自动化与人工智能等技术，取代人工应用等。在劳动强度大、工作环境恶劣、安全危险因素高、危害大的作业方面得到大量应用。"费"是指各项费用，如管理费用、财务费用、制造费用、维修费用、折旧费用等。减少费用支出，就是要对这些费用进行有效减少，常用的方法就是开展节约、修旧利废等。

7. 减少不良等赔偿支出

不良一般都是指质量不良，在阿米巴经营改进中，不良指的是所有差错造成的损失，而不仅仅是产品质量造成的损失，也包括服务造成的差错损失，提供设备、设施支持质量的不良等。在阿米巴经营报表中，所有不良都是以"赔偿费"的方式进行核算，阿米巴经营认为，质量是设计、生产出来的，不是检验出来的，所以，产品或服务，一旦完成有效交付，视同完成内部交易，阿米巴经营会计即进行交易核算，对巴组织形成收入与支出。后续过程中，产品出现质量不良，将通过追溯的方式，进行索赔，相应的巴组织以赔偿费和赔偿收入的方式计入阿米巴经营报表。

由于设备维修巴组织在对相关设备进行点检、维护、保养以及检修作业后，在规定时间内作业部位再次发生故障，即属于设备质量事故，需要按照事故进行处理，即需要对生产线的故障暂停时，按照赔偿标准进行赔偿。生产操作人员若因个人失误或其他原因产生误操作，导致的设备故障，即属于操作人员事故，需要对设备事故进行赔偿，因事故造成的直接损失，按照故障赔偿费计入本阿米巴的赔偿支出科目。

这些都是不良成本构成，需要避免。有研究表明，不良成本可能占组织销售总收入的20%左右。阿米巴经营报表的核算数据，也支持这一结果。

8. 原材料替代

在很多行业，原材料是重要的成本支出，有新技术、新工艺的支持，采用成本低、性价比好的新材料，是改进的重要方向。例如，用塑料板代替钢板，做产品的面板，在很多产品（如家电、仪器）中都得到了大量应用，有效降低了成本。

9. 能源节约，降低消耗

能源动力费由"水电风气"构成，节电、节水是生产中常抓不懈的工作。我国是能源消耗大国，节能降耗任重道远。中国社会科学院社会发展研究中心、甘肃省城市发展研究院、兰州城市学院联合发布的《中国生态城市建设发展报告(2014)》显示，2012年我国一次能源消费量为36.2亿吨标煤，消耗了全世界20%的能源，单位GDP能耗是世界平均水平的2.5倍，美国的3.3倍，日本的7倍，也高于巴西、墨西哥等发展中国家。在中国能源消费结构中，煤炭占68.5%，石油占17.7%，水能占7.1%，天然气占4.7%，核能占0.8%，其他占1.2%。也就是说，2012年中国消耗了占全世界近一半的煤炭，火电则燃烧了中国一半的煤炭。

10. 数字化、智能化等AI技术应用

"工业4.0"是人类历史上的第四次工业革命。本质是通过数据流动自动化技术，从规模经济转向范围经济，以同质化规模化的成本，构建出异质化定制化的产业。对于产业结构改革，这是至关重要的作用。

"工业4.0"驱动新一轮工业革命，核心特征是互联。互联网技术降低了产销之间的信息不对称，加速两者之间的相互联系和反馈，因此，催生出消费者驱动的商业模式，而"工业4.0"是实现这一模式关键环节。

"工业4.0"项目主要分为三大主题：

(1)"智能工厂"，重点研究智能化生产系统及过程，以及网络化分布式生产设施的实现；

(2)"智能生产"，主要涉及整个企业的生产物流管理、人机互动以及3D技术在工业生产过程中的应用等；

(3)"智能物流"，主要通过互联网、物联网、物流网，整合物流资源，充分发挥现有物流资源供应方的效率，而需求方，则能够快速获得服务匹配，得到物流支持。

阿米巴经营改进，也借鉴"工业4.0"第四次工业革命的成果，提升效率，改进成本，提高质量，从而推动企业经营组织的高质量发展。

第八章
阿米巴经营改进项目

阿米巴经营改进项目是对阿米巴改进方向的具体化,是对"做什么"的明晰化、具体化。改进方向"做什么"确定后,接下来就是确定改进项目,也就到了"怎么做"的环节。

实施阿米巴的目的是营造"主动参与,自主改进、持续改善、循环提升"的组织经营机制,要实现主动参与、自主改进目标,需要有方式、方法。所谓参与的方式,就是通过实施阿米巴经营,为全员打造参与的平台,通过现代企业制度,构建人人参与的机制。所谓参与的方法,就是通过实施具体改进项目,让不同的员工,根据自身条件、特长等,参与到具体的项目改进过程,在过程中成长,积累生产经营的经验,逐步培养员工的经营者思维模式,摒弃打工者心态,以老板的心态,积极的愿望,投入工作,自我成长。其结果是巴组织的绩效实现"持续改进、循环提升"。确定阿米巴改进项目是开展改进的关键,参见图8-1。

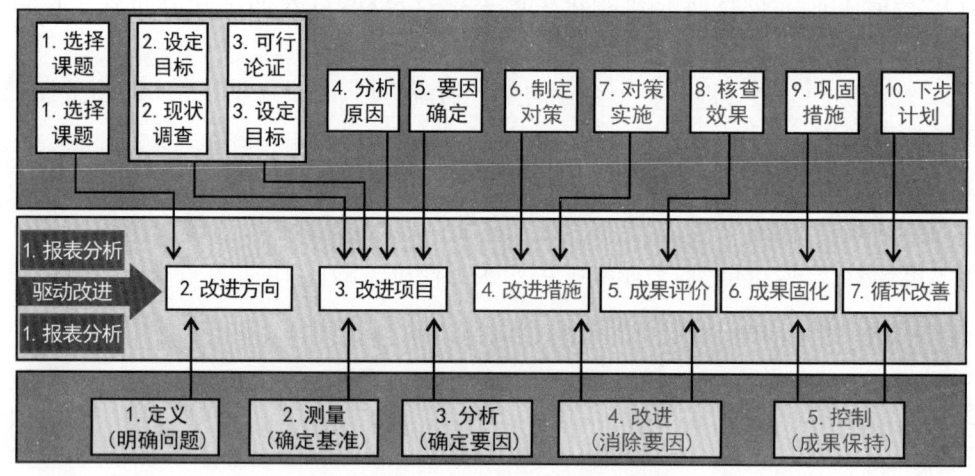

图8-1 阿米巴经营改进模式示意图

一、阿米巴经营改进项目的确定方法

通过对阿米巴报表的分析,结合现场和经营实际,确定阿米巴改进方向后,阿米巴巴长就需要组织巴员,以全员参与的方式,用头脑风暴的方法,落实具体改进项目,确定具体改进项目,是实施改进的前提。组织需要综合考虑"人、财、物"等资源状况,也要考虑管理幅度和边界的问题,对于超过巴组织的能力范围,需要上级巴组长协调、统一组织的改进项目,执行要慎重考虑。组织开展力所能及的改进项目是首选,这必须引起各级巴长们的高度重视,好高骛远做不好阿米巴经营改进,脚踏实地才是实施阿米巴改进的最佳路径。

不同的阿米巴组织形态和性质,确定阿米巴改进项目的方法也不完全一样。

可以这样理解,能运用巴组织内部资源进行改进的项目,可以参考 QC 改进的方法进行组织管理,QC 小组活动已经有成熟的系统和方法。但阿米巴改进是多项目、多维度改进,远远不是一个项目,而是好几个改进项目同时展开,需要注意的是,阿米巴要综合考虑组织的人员情况,同时展开项目最好不要超过 5 个,否则,在组织管理、资源协调等方面,都可能会受到影响。

阿米巴改进项目的确定方法,与 QC 改进项目的确定方法是一样的。每一个阿米巴改进项目,都是一个 QC 课题。

阿米巴经营报表,为巴组织在确定改进课题,确定改进的来源和改进目标提供立项依据。QC 改进的课题的目标来源有"指令性目标"和"自定目标"。阿米巴经营组织依据阿米巴经营报表的分析,确立了改进方向后,需要组织全体员工,以全员参与的方式,开展改进。要有效开展改进,须成立改进团队,按照规范的程度、方法进行展开。科学系统的方法,能指导项目改进团队规范开展改进,取得事半功倍的效果,也能培养员工的系统思维能力,通过实践,提升现场解决问题的能力。

依据阿米巴经营报表的分析,确立的绩效改进方向,也可为项目组织提供改进的参考目标。后续改进项目的展开流程,可以依据 QC 小组的活动流程展开。

需要注意的是,超出巴组织的能力范围和管理幅度,属于比较大的,或者系统性的改进项目,可以向上级巴组织提交,经讨论立项后,以项目攻关队或六西格玛管理团队的方式,通过上级巴组织的"指令"方式,开展改进。

同时实施的改进项目不能重叠,不能相互依存或影响。

阿米巴经营改进项目,源于阿米巴经营报表核算结果,所以是自主开展的改进,所谓课题来源,基本就是巴组织自行选择的项目。

要确定阿米巴改进项目,在项目确定前,需要对项目进行深入调查、分析。QC 小组改进开展已经建立了成熟的方法、流程,组织可以直接运用。

运用六西格玛管理、流程优化与再造、团队攻关等方法进行项目改进,其逻辑和思维方式、实现步骤与 QC 小组活动流程是一致的,增加了一些工具,提高了使用门槛。本书以 QC 小组活动进行展开说明。

二、阿米巴经营改进项目的确定流程

通过分析和跟踪阿米巴经营报表,能发现异常,如果有相应的目标值等参数设置,可以初步得出这些异常影响的大小和对结果的影响程度。

如果要确定改进项目,还需要进一步调查和深入分析。运用成熟的 QC 小组活动流程、工具、方法开展阿米巴改进,也是阿米巴巴长的必备能力。问题解决型 QC 活动流程参见图 8-2。

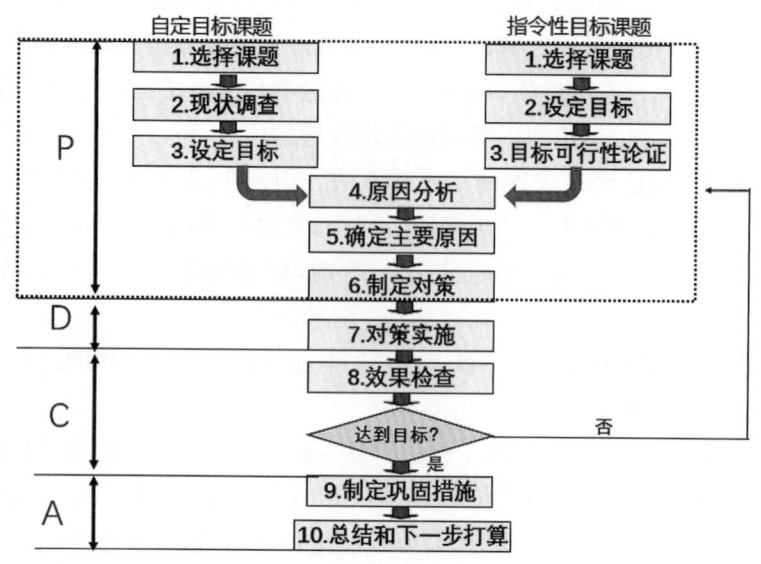

图 8-2　问题解决型课题活动程序图

1. 项目现状调查

要确定阿米巴改进项目,需要掌握问题的严重度,需要对现状进行深入调查分析,确认组织的阿米巴经营改进项目团队的能力、团队巴员素质及资源情况,推测能够改进的程度,从而为目标设定提供依据。因此,改进项目团队成员应对现状进行认真调查,通过对所收集的数据和信息进行分类、整理、分析,把问题的症结所在找出来,然后才可以设定目标、分析原因,一步一步地进行下去。现状调查做得好,会给解决课题打下一个扎实的基础。因此,现状调查这一步骤是一个很重要的环节,在整个阿米巴改进项目团队活动程序中,起到承上启下的作用。

阿米巴经营报表结果是经营核算数据,只能从结果层面提供信息,找到改进机会。需要分析为什么会出现这个结果,必须对数据进行穿透,深入分析,寻找造成这一结果背后的过程数据组成,要做好过程数据的收集。巴组织需要设计内部数据收集及分析表。虽然数字阿米巴系统能实现数据钻取,但个性的数据收集与分析,还不能实现智能化,需要巴长组织巴员,以全员参与的方式,分层、分类地对过程数据进行收集、统计、分析。现状调查要注意以下四个方面的问题:

(1) 用数据说话。用数据来表示事实,非常重要。它能准确地掌握实际情况,原来隐隐约约感到有什么疑问,通过核实数据,就能澄清问题,进一步了解现状。如果在选题时已收集了一定程度的数据,可在这基础上再收集有关的数据,以便更详细、准确地掌握实际情况。收集数据也要注意三点:

① 收集的数据要有客观性,避免只收集对自己有利的数据,或者从收集的数据中只挑选对自己有利的数据而忽略其他数据。

② 收集的数据要有可比性。不可比的数据不能作为说明采取对策有效性的证据。

③ 收集数据的时间要有约束。要收集最近时间的数据,才能真实反映现状,因为情况是会随时间的变化而不断变化的,时间相隔长的数据就不能反映现状。用时间相隔长的数据进行分析,可能会将下面的活动引入歧途。

(2) 对现状调查取得的数据要整理、分类,进行分层分析,以便找到问题的症结所在。对通过调查取得的客观数据,要从不同角度进行分类,对分类数据进行分析。如果从某个角度分类的数据来看,没有发现异常情况,就可把在这个角度产生问题的可能性予以排除;而从另一角度分类的数据看,发现了异常,就说明在该角度上存在问题。如果从该角度上看确实存在着问题,但问题还不够明朗,则可以在这个基础上,到现场作进一步的分层调查,取得数据后再进行分析,直到找出解决问题的线索,即问题的症结所在为止。为了对数据进行分类分析,通常可把数据按以下几种方式进行分类:

① 按时间区分,也就是按年、季、月、日、班次来区分。
② 按地点区分,也就是按位置、工地不同来区分。
③ 按症状来区分,也就是按缺陷种类、特性、状态来区分。
④ 按作业区分,也就是按生产线、机床来区分,或者按操作者来区分。

(3) 不仅收集已有记录的数据,更需亲自到现场去观察,去测量,去跟踪,掌握第一手资料,以掌握问题的实质。

(4) 以下两种情况可不做现状调查:

根据小组活动目标确定的方法不同,有两种情况在活动程序中可不进行现状调查这一步骤,组织必须结合阿米巴经营报表进行目标分析。

① 一是指令性目标。因为指令性目标的 QC 小组直接按照上级指令要求设定目标,活动目标明确,因此不需要进行现状调查,而是需要进行"目标可行性分析"。

② 二是创新型课题。创新型课题是 QC 小组以全新的思维,立足于研制原来没有的产品、项目、软件、方法以及材料等。因为此课题小组从未做过,无现状可以调查,故创新型课题可以没有现状调查这一步骤。

综上所述,现状调查在整个 QC 小组活动程序中是很重要的一环,它的作用是为目标值的确定提供充足的依据。

现状调查常用的方法有调查表、简易图表、排列图、直方图、控制图、散布图、分层法等。

2. 项目目标设定

设定目标是确定小组活动要把问题解决到什么程度,也为检查活动的效果提供依据。

有人说"只要解决问题就行了,要不要先确定目标无所谓"。这种说法是错误的。我们每做一件事情、要解决一个问题,不论这个问题的大小,都要制定目标。企业在每年年初要制定企业年度方针,以及在生产经营上到年底要达到什么样的水平。不制定目标,就没有明确的奋斗方向,一切活动将是盲目的。QC 小组搞质量改进,解决课题也是如此。所以,这种"只要把问题解决,先定不定目标无所谓"的说法,是没有自信心的表现。没有自信,就不可能去努力奋斗,克服困难。

活动目标一般分为自选目标和指令性目标。自选目标是小组经过现状调查,掌握了问题的症结,明确了可改进程度而制定的目标。指令性目标则分为两种情况:一是上级以指令形式下达给小组的活动目标;二是小组直接选定的上级考核指标。小组如果直接选定上级的考核指标为目标值,应该与考核指标完全一致。通常情况下,小组活动是指令性目标的,其课题多为上级下达的指令性课题;但是将指令性课题作为小组活动选题的,其活动目标不一定都是指令性目标,要视具体情况而定。因此,QC小组在活动中选题和设定目标时要引起注意,并加以适宜的区分。例如,某公司领导给某小组下达了指令性课题,要求该小组提高产品的合格率,但没有给定必须达到的程度,这就是指令性课题,这种课题不含目标值,所以小组必须自己进行现状调查,然后设定目标。如果领导在下达课题的同时说明,要把产品合格率由现状的70%提高到80%,"产品合格率80%"即为本次活动的指令性目标,而此活动课题则属于指令性目标的课题。小组可把领导给定的目标直接设定为活动目标,但是能否实现目标,就需进行目标可行性分析。设定目标要注意以下三个问题:

(1)目标要与问题相对应。例如,课题名称是"降低××零件的加工废品率",现状也已调查清楚,设定目标就是要回答废品率由现在的多少,降低到多少。如果通过对现状的反复分层调查分析已找出了问题的症结所在,数据已表明只要把症结解决,整个问题就能迎刃而解。那么,下一步分析原因,制定对策,采取措施,都是针对这症结来进行的,便可先设定这症结由现在的多少,解决到多少的目标,再设定整个问题由多少,解决到多少的目标。例如,"降低××零件加工废品率"的课题,通过现状调查分层分析,找出是A工序不合格率高所造成,A工序不合格率降下来,整个零件的加工废品率也就可大幅度下降。下面分析原因、制定对策都是针对解决A工序不合格率来进行的,则可先设定A工序的不合格率由目前的多少降到多少,再设定××零件加工废品率由目前的多少降低到多少的目标。

这样就完全对应起来。总的来说,目标不要设定得过多,以免把问题复杂化,通常以1个为宜,最多不要超过2个。

(2)目标要明确表示。所谓明确表示,就是要有用数据表达的目标值。没有量化的目标,在对策实施后就无法证明是否已实现了目标。例如,某小组以改变服务态度为目标,没有设定量化的目标值,通过对策实施,出现了一批好人好事,有的事迹很感人,但服务态度到底改变到什么程度?说不清楚。所以只有量化的目标,才能检查,才能对比。不能量化的目标,一般不能把它设为目标。

(3)制定目标要有依据。制定目标既要有一定的挑战性,又是要经过努力可以实现的,所以目标的设定应有依据。

自定目标的依据应在现状调查中体现,小组应在现状调查中陈述清楚制定这个目标的水平和理由,即:为什么要制定这样的目标,制定目标的依据是什么,并尽可能用事实、数据说话。例如,目前国内同行业先进水平达到什么程度,而我们在设备条件、人员条件、环境条件、原材料等方面都一样,所以我们也要达到这个水平;或是过去历史上曾接近或达到过这个水平,现在部分条件又得到了改善,就应该稳定达到这个水平;或是通过现状调查,找到症结所在,预计问题解决的程度,测算出能达到的水平;或是上级对我们的考核指标,我们必须达到;或是顾客提出要求,否则就不能占领市场,等等。应避免用豪言壮语、口号式的内容作为制定目标的依据,缺乏可信性。

指令性目标是上级布置的,小组要对目标能否实现进行可行性分析,这里的分析是要说明现实情况与指令性目标之间的差距如何,差距的症结所在,以便针对它进一步分析原因。由于在分析的过程中,小组也需要根据指令目标值的要求,围绕现状症结收集数据,进行深入的分层分析,所以其分析方法类似于现状调查。

指令性目标的活动程序是在选题之后先设定目标,然后进行目标可行性分析。设定目标所用的方法,通常有对标先进实践、历史最佳水平、经营目标最低要求等,常用柱状图等简易图表来表示。

阿米巴经营改进项目的来源,以自选项目为主,上级指导性项目为辅。

3. 问题分析原因

问题明确了,目标也已设定,接下来就可以针对问题进行分析,究竟是什么原因造成这个问题。原因分析从程序上来讲,只要能够针对现状调查所确定的问题,正确、恰当地应用统计方法,这一步就是正确的。但在分析的过程中,经常会因为小组成员考虑问题不全面或缺乏系统性,从而影响分析结果的有效性。

在分析原因时,应让 QC 小组成员充分开阔思路,从可以设想的所有角度收集可能产生问题的全部原因。这和医生看病的道理是一样的。医生看病时,在弄清病人的症状后,首先就必须考虑到能产生这个症状的所有疾病,然后运用各种检查、化验方法逐个排除,最后确诊。在分析原因时要注意以下问题:

(1) 要针对所存在的问题进行分析原因。分析原因必须针对所存在的问题进行。有的小组在解决课题过程中,明确了所存在的问题是"服务差",然而在分析原因时却针对"怎样当好顾客的朋友"来分析,这就犯了逻辑性错误。若在现状调查时,已经分析出问题的症结所在,把这个症结解决了,整个问题就可迎刃而解,就应针对这个症结来分析原因。如果已经找到症结所在而弃之不管,又回到针对课题的总问题来分析原因,则同样会出现逻辑上的混乱,也会使分析的原因针对性不强。

也有的小组在现状调查已经找到主要问题的情况下,却把课题作为结果进行分析,使现状调查失去了作用。例如,某小组的活动课题是"降低铝质链接件加工废品率",经过现状调查找出加工废品率高的主要问题是 A 工序废品率高,原因分析时小组没有针对 A 工序废品率高进行,而是回到课题分析铝质链接件加工废品率高。这样的分析使现状调查找出的关键问题失去了作用,制定目标的依据也没有意义,原因分析由于问题太大、太笼统,难以分析到可以直接采取对策。

(2) 分析原因要展示问题的全貌。分析原因要从各种角度把有影响的原因都找出来,尽量避免遗漏。为此,可从"5M1E"即人(Man)、机器(Machine)、材料(Material)、方法(Method)、环境(Environment)、测量(Measure)几个角度展开分析。如果要分析的是管理问题,则常从影响它的各管理系统展开分析。

在原因分析的小组会上,组长应从展示问题的全貌入手引导小组进行讨论。小组成员提出的每一条可能影响问题的因素,不管它目前状态如何,是否真正影响,只要是有可能影响的都应记录下来,以避免遗漏。

（3）分析原因要彻底。分析原因常用的方法是针对某一方面的原因,通过反复思考"为什么",把它一层一层展开分析下去,从原因类别展开到第一层原因,再展开到第二层原因,再到第三层原因。

所谓"分析彻底"就是展开分析到可直接采取对策的具体因素为止。例如,针对"喷漆质量色泽不均"问题分析原因时,从环境这一角度分析,是因为"操作时看不清",再往下分析为什么看不清呢？是因为"光线太暗",再往下分析为什么光线暗呢？有两个可能影响的因素：一个是"灯少"；另一个是"灯泡瓦数小"。分析到这里,原因就很具体了,而且已经到了可直接采取对策的程度。针对"灯少"的原因,对策就可定为"再安一个（或几个）灯"；针对"灯泡瓦数小",对策就定为"换一个瓦数大的灯泡"。所以原因分析彻底,就能使对策制定得简单、明确、针对性强。有不少小组在分析原因时,没有分析彻底,只分析到第一层原因就结束了,如分析到"工艺不合理""设备精度低""人员素质差"等就作为末端因素。这些因素包含的内容都很广,把这些作为末端因素,制定对策并实施,就很笼统,很难保证对策的有效性。

（4）要正确、恰当地应用统计方法。分析原因时常用的方法有因果图、系统图与关联图。各小组在活动过程中,可根据所存在问题的情况以及对方法的熟悉、掌握的程度选用。为使选用时不至于用错,将其主要特点归纳为表 8-1。

表 8-1 因果图、系统图、关联图主要特点一览表

方法名称	适用场合	原因之间的关系	展开层次
因果图	针对单一问题进行原因分析	原因之间没有交叉影响	一般不超过四层
系统图	针对单一问题进行原因分析	原因之间没有交叉影响	没有限制
关联图	对单一问题进行原因分析	原因之间有交叉影响	没有限制
	对两个以上问题一起进行原因分析	部分原因把两个以上的问题纠缠在一起	

系统图和关联图都有多种型式,选用的原则是只要能正确地表达清楚,能用简单的方法就不用复杂的方法,能用经常用的、大家都了解的形式,就不用不常用的、大家不熟悉的形式,更不要盲目追求方法应用的高、深、新,提倡简单化原则。因为衡量一个成果水平的高低,并不是看方法用得是否新颖,相反,如能够正确、恰当地应用方法,本身就已表现出小组掌握、应用方法的水平。反之,如果盲目追求应用新颖方法,又对新方法未准确掌握,反而会造成应用上的错误,甚至形成错误的结论。

4. 确定主要原因

通过分析原因,分析出有可能影响问题的原因有很多条,其中有的确实是影响问题的主要原因,有的则不是。这一步骤就是要对诸多原因进行鉴别,把确实影响问题的主要原因找出来,将目前状态良好、对存在问题影响不大的原因排除掉,以便为制定对策提供依

据。确定主要原因可按以下三个步骤进行：

（1）把因果图、系统图或关联图中的末端因素收集起来，因为末端因素是问题的根源，所以主要原因要在末端因素中选取。

（2）在末端因素中看看是否有不可抗拒的因素。所谓不可抗拒因素，就是指小组乃至企业都无法采取对策的因素。例如，"拉闸停电"这是供电部门由于城市供电能力不足而采取的分片拉闸限电措施，虽然对本问题造成影响，但这对小组来说是无法采取对策的，属于不可抗拒因素，所以要把它剔除出去，不作为确定主要原因的对象。

（3）对末端因素逐条确认，以找出真正影响问题的主要原因。确认，就是要找出影响该问题的证据，找出的这些证据，要以客观事实为依据，用数据说话。数据表明该因素确实对问题有重要影响，就"承认"它是主要原因；如数据表明该因素对问题影响不大，就"不承认"该因素为主要原因，并予以排除。个别因素一次调查得到的数据尚不能充分判定时，就要再调查、再确认。这和医生看病一样，根据病人的症状，分析可能有多种病因所造成。如何确诊是什么病因呢？就要通过对病人采取验血、X光透视、胃镜检查、B超、心电图、脑电图等手段，取得数据，并对这些数据进行分析，排除得其他病的可能性，从而确诊病人得的是什么病。如还不能充分证明时，还要做进一步的检查，取得进一步的证据，以最后确诊。要因确认的常用方法如下：

① 现场验证。现场验证是到现场通过试验，取得数据来证明。这对方法类的因素进行确认常常是很有效的。例如，对某一个参数定得不合适的影响因素进行确认时，就需要到现场做一些试验，变动一下该参数，看它的结果有无明显的差异，来确定它是不是真正影响问题的主要原因。又如，机械行业针对加工某零件产生变形所分析的原因是"压紧位置不当"，进行确认时，可到现场改变一下压紧位置，进行试加工，如果变形明显改善，就能判定它确实是主要原因。

② 现场测试、测量。现场测试、测量是到现场通过亲自测试、测量，取得数据，与标准进行比较，看其符合程度来证明。这对机器、材料、环境类因素进行确认时，常常是很有效的。例如，对机器某一部位的精度差、环境某一项指标高，可以借助仪器、仪表到现场实测取得数据。对材料方面的因素可到现场抽取一定数量的实物作为样本进行测试，取得数据，与标准比较来确认。

③ 调查、分析。对于人的方面的有些因素，不能用试验或测量的方法来取得数据，则可设计调查表，到现场进行调查、分析，取得数据来确认。

总之，确认必须要小组成员亲自到现场，亲自去观察、调查、测量、试验，取得数据才能为确定主要原因提供依据。只凭印象、感觉、经验来确认是依据不足的。采用举手表决、"01打分法"、按重要度评分法等，均不可取。

在确认每条末端原因是否为主要原因时，应根据它对所分析的问题的影响程度大小来确定，而不能根据它是否容易解决来确定。

末端因素要逐条确认，不逐条确认，就有可能把本来是主要原因的因素漏掉。

确定的主要原因，为制定对策提供依据，为此"确认"做得好，就可为制定对策打下好的基础。确定主要原因常用的方法有调查表、简易图表、散布图、正交试验设计法等。

主要原因确定以后,将进入对策制定阶段。对策是针对解决主要原因而拟定的解决方案;措施就是实现拟订方案的具体方法和路径。二者不能混为一谈。

对现状进行深入调查、论证、分析,要因确认是确定阿米巴改进项目的步骤方法。

三、确定阿米巴经营改进项目的其他方法

创新型QC小组活动内容,也有创新型课题活动程序图,参见图8-3。实施方法与逻辑与问题解决型相似。

确定阿米巴经营改进项目的方法,还有以下思路:

1. 产品提档升级。

结合公司经营战略进行创新,实现产品的提档升级。

2. 创造客户需求。

根据客户需求进行创新,引导客户消费,为客户创造新需求。

3. 新技术应用。

数字化、智能化技术应用,创新工艺技术路线,开拓新领域,新业务。

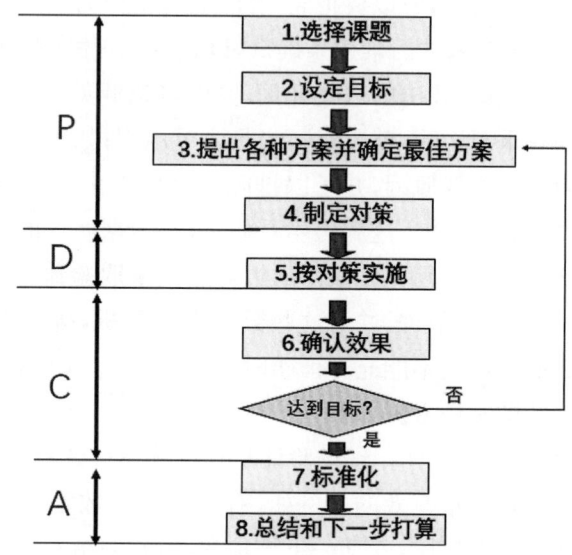

图8-3 创新型课题活动程序图

第九章
阿米巴经营改进措施

阿米巴经营改进措施,是针对巴组织确定的改进项目进一步落实,对形成的改进方案,进一步细化出实施路径、措施等。这是改进策划工作的重点,改进措施形成,需要结合组织的"人、财、物"及技术等资源,同样的问题,由于前提条件和环境等方面的差异,制定的改进措施也会不一样。所以,改进措施可以是个性化、订制化的,没有统一的规范要求。

改进措施实施后,结果必须是巴组织的经营绩效得到改进,最后经分析和评价、评审,确认有显著性差异或取得突破性改进成果的改进措施,属于组织的最佳实践、典型经验,还需要进行总结、固化、培训、分享、传承。

改进措施是落实阿米巴经营改进"做什么""怎么做"的关键环节和步骤。参见图9-1。改进对策是方法,是"做什么",改进措施是具体的做法,是"怎么做"。

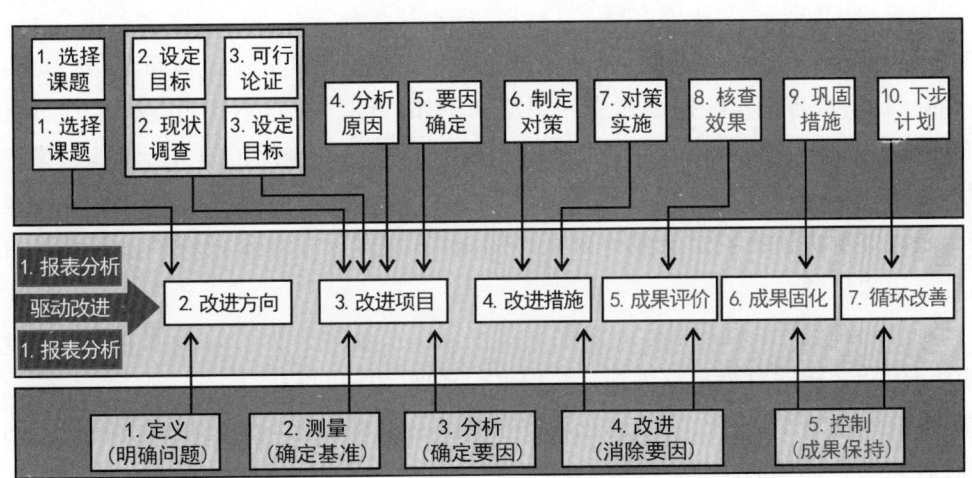

图 9-1　阿米巴经营改进模式

一、阿米巴经营改进措施制定方法

阿米巴经营改进模式由"合理化建议、QC小组活动、技术攻关、六西格玛管理、流程优化与再造"等改进工作体系及其方式、方法组成。

阿米巴经营改进措施的形成和制定,根据具体情况,可以运用如QC小组活动、技术攻关、六西格玛管理、流程优化与再造等改进工具,按照这些改进工具的具体要求,设计、制定阿米巴改进措施,即具体怎么做。

阿米巴经营改进,也是充分运用"合理化建议、QC小组活动、技术攻关、六西格玛管理、流程优化与再造"等系列改进或方法工具,根据阿米巴经营组织的改进项目大小、性质,分别应用这些改进体系中的具体改进方法、手法,组织实施阿米巴经营改善活动。

二、QCC式项目制订改进措施的方法

QC课题类型一般分为"现场型、服务型、攻关型、管理型、创新型"五种类型,是为了突出小组活动的广泛性、群众性,为了便于分类发表交流,有利于调动各方面人员的积极性。如现场型和服务型课题,通常以生产和服务一线员工为主体开展活动,攻关型课题通常由领导干部、技术人员和操作人员三结合进行活动,管理型课题通常由管理人员参与活动,创新型课题则为科研人员、设计开发人员、技术人员、营销人员与管理人员,提供了开展QC小组活动可选择课题的类型。

企业只有把各部门,各层次的职工都发动起来,围绕顾客、企业和员工所关心的各种问题,积极开展各种改进与创新活动,提高自身素质,保证工作质量,才能使整个企业做到优质生产、优质经营、优质服务。

1. 制定改进对策

主要原因确定之后,就可分别针对所确定的每条主要原因制定对策。阿米巴改进措施制定,通常可以按如下三个步骤进行:

(1) 提出对策。首先针对每一条主要原因,让小组全体成员开动脑筋,敞开思想,独立思考,相互启发,从各个角度提出改进的想法。例如,针对"工具不好用"这一主要原因,是在原有基础上改进,还是重新设计制造出一个新的工具,还是用别的工具替代,对策提得越具体越好。这样,每条原因都可提出若干个对策。这里可先不必考虑提出的对策是否可行,只要是可能解决这条主要原因的对策都提出来,这样才能尽量做到不遗漏真正有效的对策,才能集思广益。

(2) 研究、确定所采取的对策。从针对每一条主要原因所提出的若干个对策中分析研究,究竟选用什么样的对策和解决到什么程度。还要考虑以下几点:

① 分析研究对策的有效性。首先就要分析研究该对策能不能控制或消除产生问题的主要原因,如果感到没把握或该对策不能彻底解决问题,则不宜采用,而要另谋良策。

② 分析研究对策的可实施性。选用的对策起码是可以实施的,不可实施的对策就不能采用。例如,对策需要某一手段,而企业没有,目前企业又不可能拿出这么多资金购买,所以就无法实施;又如,该对策实施后会使环境保护指标严重超标,所以,涉及违反国家法规法令的对策也不可实施采用。除此之外,还要从经济性(花多少钱,能不能花得最少)、技术性(有没有这方面的专业技术能力)、难易度(是很容易实现的,还是有一定难度)等方面综合考虑确定。必要时作多方案的可行性分析论证再确定。

③ 避免采用临时性的应急对策。例如,修理行业常用的"垫块铜皮"来消除间隙的应急对策就是属于这种性质。这种临时应急对策不能从根本上防止问题再发生。

④ 尽量采用依靠小组自己的力量,自己动手能够做到的对策。依靠小组自身的力量实施对策,能更好地调动小组成员的积极性、创造性,能提高小组成员解决问题的能力。由于对策是小组成员自己实施完成的,就更能激发小组成员的自豪感,对成果也会倍加爱护。如果大部分对策要依靠别人帮助,要上级领导予以协调,则往往会产生"命运不掌握在自己手中"的想法,而不能顺利解决问题。

(3) 制定对策表。针对每一条主要原因采用什么对策确定之后,就可制定对策表。把对策内容落实到对策表中去。对策表要注意按"5W1H"原则制定。

对策表是整个改进措施的计划,是下一步实施对策的依据,必须做到对策清楚、目标明确、责任落实。为此需按"5W1H"原则来制定。"5W1H"是六个英文单词的第一个字母,即What(对策)、Why(目标)、Who(负责人)、Where(地点)、When(时间)、How(措施)。按"5W1H"的原则,QC 小组常用的对策表的表头,参见表 9-1。

表 9-1 QC 小组常用"5W1H"对策表格式

序号	要因 Essential Factor	目标 Why	地点 Where	负责人 Who	对策 What	时间 When	措施 How
1							

上述对策表的排序前后是有逻辑关系的,所以,前四项的位置是不能变的。一般来说,对策表中的对策是相对宏观的,措施是具体的,要注意两者的区别。目标应尽可能量化,如果确实不能量化,要做到可以检查。

例如,要解决"光线暗"的现实问题,对策为安装灯管,目标是光线明亮,措施应是安装几盏灯、怎样安装、谁来安装、安装在哪儿等具体行为,确保光线足够明亮。

对策表中的地点对于在固定场所活动的小组,可以省略不写。但如果小组的活动场所是经常变动不固定的,则需要写清楚。例如,港务局等单位的小组在不同的码头或船舶上作业就必须予以说明。

对策表中的负责人是指组织该项对策实施的负责人,可以是小组组长,也可以是其他组员,主要根据小组的分工来确定,并不特指小组组长。

(4) 在活动总结中,如果对策表中的措施比较具体,实施过程可以简单说明,如果对策表中的措施简单,实施过程就应具体。

制定对策常用的方法有简易图表、矩阵图、PDPC 法、矢线图、优选法、正交试验设计法等。

2. 实施对策

对策制定完毕,小组成员就可以严格按照对策表列出的改进措施计划加以实施。在实施过程中,组长除了完成自己负责的对策外,要多做一些组织协调工作,并定期检查实施的进程。

在实施过程中如遇到困难无法进行下去时,应及时由小组成员讨论,如果确实无法克服,可以修改对策,再按新对策实施。

每条对策实施完毕,要再次收集数据,与对策表中所定的目标比较,以检查对策是否已彻底实施并达到了要求。

在实施过程中应做好活动记录,把每条对策的具体实施时间、参加人员、活动地点与具体怎么做的,遇到什么困难,如何克服的,花了多少费用都加以记录,以便为最后整理成果报告提供依据。

3. 检查效果

对策表中所有对策全部实施完成后,即所有的要因都得到了解决或改进,就要按新的情况进行试生产(工作),并从试生产(工作)中,收集数据,用以检查所取得的效果。

(1) 把对策实施后的数据与对策实施前的现状以及小组制定的目标进行比较。

与对策实施前的现状比较,是要明确改善的程度。更主要的是要与小组制定的目标值进行比较,看是否达到了预定的目标。这里可能出现两种情况,一种是达到了小组制定的目标,说明问题已得到解决,就可进入下一步骤,巩固取得的成果,防止问题的再发生。另一种是未达到小组制定的目标,说明问题没有彻底解决,可能是主要原因尚未完全找到,也可能是对策制定得不妥,不能有效地解决问题,所以就要回到第六步(创新型课题是第四步)。重新分析原因开始,再往下进行直至达到目标。这说明这个 PDCA 循环没有转完,在 C 阶段中还要进行一个小 PDCA 循环。

(2) 计算经济效益。

解决了问题,取得了成果,就可以计算解决这个问题能为企业带来多少经济效益,这样能更好地鼓舞士气,增加自豪感、调动积极性。计算经济效益时一定要实事求是,千万不可夸大。一般计算时间不超过活动期(包括巩固期在内)。计算出的经济效益还应减去本课题活动中的耗费,才能得出 QC 小组本次活动课题所带来的直接经济效益。

阿米巴报表的核算结果,能让我们直观地看到阿米巴组织实施改进项目后的效果。

4. 制定巩固措施

取得效果后,就要把效果维持下去,并防止问题的再发生。为此,要制定巩固措施,对成果进行固化。

(1) 把对策表中通过实施已证明了的有效措施(如变更的工作方法、操作标准;变更的有关参数、图纸、资料、规章制度等)初步纳入有关标准,报有关主管部门批准。至少要纳入班组作业指导书和班组管理办法、制度。

(2) 再到现场确认,是否按新的方法操作(工作)和执行了新的标准、办法、制度。

(3) 在取得效果后的巩固期内要做好记录,进行统计,用数据说明成果的巩固状况。巩固期的长短应根据实际需要确定,只要有足够长的时间说明在实际运行中效果是稳定的就可以。

三、 六西格玛管理制定改进措施的方法

通过报表分析,确定了改进方向,明确了改进项目,接下来,需要制定改进措施。在六西格玛管理中,改进阶段处于第四阶段,通过前面定义、测量、分析三个阶段的项目工作,改

进团队对要解决的问题以及引起该问题的根本原因等,也有了比较准确的把握,从而奠定了从根本上解决这些问题的基础。

至此,六西格项目工作进入了关键的改进阶段。改进阶段的目标是形成针对根本原因的最佳解决方案,并且验证这些方案是有效的。一般来说,为了达到上述目的,需要完成以下工作。

1. 改进阶段的目标

(1) 产生解决方案:通常这些解决方案的产生,需要专业知识和对流程的认知与经验等。但是,也有一些方法和原则,将帮助绿带、黑带及其项目团队,制定出最佳解决方案。实验设计(Design of Experiment,DOE)是帮助团队产生最佳解决方案的强有力工具,除此之外,还有很多精益改进工具可以使用。

(2) 评价解决方案:改进方案产生后,需要对其优劣进行评价。一般将从改进方案的效果、可行性、成本投入、周期等方面,评价改进方案的优势与劣势。在许多六西格玛项目实践中,团队会产生多个改进方案,一般选用因果矩阵的评价方法,从项目综合优势上,选择出一个最好的方案加以验证实施。

当然,对改进方案的评价,不仅要从技术方法上评价,还应该考虑到这些方法的接受程度,即它们将对使用这些方法的人员(包括操作人员、管理人员等)造成什么影响,他们是否愿意接受这样的改进等。有时需要退而求其次,因为没有较高的接受程度,就不会有较好的改进效果。有时团队选用的方案不一定是技术上最佳的,而是最容易被大家所接受的。

(3) 完成改进方案的风险评估:一个改进方案的实施是否会给顾客以及流程带来其他问题?这是每一个黑带和项目团队需要把握的问题。一个好的改进方案,是不能够以给顾客或企业带来较高的风险为代价的。评价改进方案的风险,并且对高风险项加以有效控制,是改进阶段项目团队必须完成的一项工作。对改进方案进行风险评估的方法比较多,但最常用的是使用FMEA方法。需要强调的是,对改进方案进行风险分析是非常必要的。而改进方案的FMEA结果,也将是控制阶段产生控制计划的必要基础。

(4) 改进方案有效性的验证:任何改进方案均需要验证其有效性,才能最终确认为团队将采取的方案。而其有效性必须通过量化结果加以证明,这些量化结果包括:通过对样本的测量和统计分析得到的改进方案实施效果的数据以及做出推断的置信程度;改进后缺陷率降低的情况或者改进后过程能力的评估数据等。

(5) 改进方案的实施:产生的最佳的解决方案需要实施,而在实施时要考虑如何实施六西格玛管理以及其实施进度、全面推广还是局部实验、纠正措施等问题,以便能够使有效实施,并取得好的结果。

(6) 常用的创造性思维方法是突破传统的思维模式,对遇到的难题进行计划、设计和改进的系统性问题解决方法。

2. 创造性思维方法

用创造性思维方法激发的构思或创意越多,获得高质量的问题解决方案的可能性就越大,它是提出有效改进方案的一个强有力的工具,它能帮助你预期自己需要达到的目标,并使之顺利实现。

创造性思维是一种理性的思维方式,是在实践的基础上发展的,是对问题在原有的知识、经验的基础上以全新的、独创性的、新颖的方式进行的一种高水平的复杂思维活动。创造性思维有别于一般思维,主要表现在思维形式的反常性、思维过程的辩证性、思维成果的独特性和新颖性及思维主体的能动性。只有采用正确的思维方法,才可以获得成功、有效的方案。创造性思维方法主要包括头脑风暴法+亲和图法、发散性思维、随机词汇、六顶帽子思考法、五个为什么等,创造性思维方法是提出有效改进方案的一种工具,除此之外,提出有效改进方案的方法还包括横向比较、借鉴其他项目、实验设计、FMEA、防错技术、通过查找根本原因确定改进方案、变异源分析等。下面我们将重点介绍几种常用的创造性思维方法。有些方法在阿米巴报表分析章节,已经进行了详细介绍。阿米巴改进工具、方法,是在改进的所有过程中都能使用的方法、工具,而非仅仅是分析过程中,改进的所有阶段,都能应用。这一点我们需要注意,不能机械思维。

(1) 头脑风暴法+亲和图法。头脑风暴法的主要作用就是收集创意,在改进阶段主要是产生有效的改进方案。头脑风暴就是让与会者相互交流,进行智力碰撞,产生智慧火花,使与会者的讨论不断地集中、精化。在进行头脑风暴的过程中,所追求的就是更多的创造性构思。头脑风暴法的核心在于创造一种自由奔放的思考环境,诱发创造性思维的共振和连锁反应,产生更多的方案。

头脑风暴法的参与人数以5~10人为宜,一般以会议的形式,设有一名主持人,负责主持会议,不参与提出创造性的意见。为了使头脑风暴会议的效率较高,效果较好,可在会议前做一点准备工作。例如,收集一些资料预先发给大家参考,以便与会者了解与议题有关的背景材料和外界动态。头脑风暴法追求方案数量,越多越好,同时主张与会者独立思考、自由畅谈。过程中严禁评判,提倡在别人创意的基础上提出更好的创意,头脑风暴法一般划分为三个阶段:第一阶段关注小组创造出的方案的数量;第二阶段是审视这些方案,删除与实现目标无关的方案;第三阶段主要是对筛选出来的方案进行进一步的审视,并根据小组意见,对它们进行优先排序。

头脑风暴法强调集体思维,使信息分散在不同的人员之间,有利于以后方案的实施,使方案更容易被大家接受。在六西格玛项目管理工具中,我们已经讲述了亲和图,亲和图主要用于归纳思想,认识事物。在改进阶段主要用于在头脑风暴法之后,对罗列的方案进行组织。有两种方式做亲和图:先创建分类,然后将方案分类组合。先将所有的方案按相似性分组,在组合完成后给分组命名,从而得到改进方案的亲和图。

(2) 发散性思维。发散性思维,又称扩散性思维、辐射性思维、求异思维,是把问题的"点"引向"面"的思维,是围绕一个问题向不同方向、角度、全面扩散的思维方法,是对问题寻求多种解决方案的思维。其特点是限定条件,而不限定结果。它的核心是对信息尽量产生多个发散点,在改进过程中它的核心则是尽量产生多个解决方案。通过发散性思维,可以活跃人的思路,使人的思维敏捷,在探究问题的过程中,能提出大量可供选择的方案、办法或建议,特别是能提出一些别出心裁、出人意料的新鲜方案,使问题奇迹般地得到解决,这些方案的提出有可能使人的思维方式得到改变,使问题的假设受到一定的挑战。

(3) 五个为什么。五个为什么是一种通过持续提问"为什么会发生这种问题"来逐步揭示问题深层次原因的方法。一般情况下,通过五个甚至五个以内的为什么的分析,就可以发现问题产生的深层次原因,从而有利于我们提出有效的解决方案。读者可参考本书相关内容。

(4) 六顶帽子思考法。六顶帽子思考法是英国学者爱德华·德·波诺博士开发的一种思维训练模式,或者说是一个全面思考问题的模型。在面临挑战性的重大决策时,这个方式可以帮助人们进行创造性的思考。这个技巧所依据的观点认为,存在六种不同的思维类型,每一种都与某种颜色相联系。下面我们着重介绍这六种思维类型。

蓝帽子表示组织安排。我们的进展如何?现在应使用哪种颜色的帽子?接下来应该做什么?

白帽子表示信息和数据。我们现在有什么数据信息?需要什么信息?还缺少什么信息?该如何获取信息?

红帽子表示直觉、感觉、情绪以及基于直觉的想法。我们只需即时说出自己的想法、自己的感觉是什么,不需要考虑太多。

黑帽子表示谨慎、判别、系统的思考。这是不是真的?是不是可行?会不会成功?存在哪些缺陷?

黄帽子表示向好的方向进行思考。实施这种方案有什么好处?谁会得到好处?好处来自何处?这种方案为什么可以做?为什么会成功?

绿帽子表示异见、新意、创新。有没有其他解决方案?虽然六种帽子代表了六种思维方式,不同人思维方式可能不同,但是我们在进行讨论时,六种帽子每个人都应该尽量试戴,从而全面地来看待问题,这有利于产生最佳的效果。

值得一提的是,除上述创新性思维方法,还有一些其他创新性解决问题的工具或思考模式。创新性地解决企业的问题,不仅需要恰当的工具,更重要的是需要创新文化的支撑,企业没有创新的文化氛围,创新性的工具就不可能得到有效应用,如最简单的工具——头脑风暴法。如果一个企业的员工在思考问题时瞻前顾后,害怕得罪其他部门的领导或同事,那就不可能产生创新性的思想。实施六西格玛管理本身就是帮助企业建立一种管理和技术创新的文化。当然,创新本身是一个很复杂的过程,不可能一帆风顺,企业高层领导应该容忍失败、承担风险。

除了定性的创新思维方法,一些定量的技术也可以用于复杂问题的解决,尤其是过程的输入和输出关系非常复杂,需要通过实验设计技术揭示过程的输入(X)是如何影响输出(Y)的。

四、技术攻关制定改进措施的方法

技术攻关制定措施的方法,一般也是按照 QC、六西格玛管理的思维、原理、方法、过程要求制定的。技术攻关是各个组织或企业自发组织的解决问题的团队,其组织的规范性、改进过程管理的科学性、标准化程度等参差不齐。

对技术攻关改进措施的确认,大多是通过会议讨论决策,技术人员对技术进行说明,领导和相关负责人参加技术论证和决策。

技术攻关在实施中,目的性很强,以结果论英雄。例如,达到什么程度,可以得到哪些奖励,实现什么目标,进行怎样奖励等。

技术攻关改进过程管理、改进措施制定等方面的要求,基本采取项目制管理方法进行要求、跟踪及检查、考核。

为有效推进技术攻关,很多地方政府出台了"技术攻关项目管理办法"。对技术攻关的管理进行了规范,其目的是增强地方高新技术产业核心竞争力,提升产业整体自主创新能力,提高政府专项资金使用效率,规范技术攻关项目管理等。更多是对重点领域、优先主题、重大专项的关键技术攻关予以资助、扶持。

例如,为强化技术攻关项目过程管理,规定了项目管理机制和验收机制,强调技术攻关项目,实行合同制管理,规定了项目的执行期。明确了项目过程中发生信息变更或影响项目正常进行的事件时的处理程序,制定了项目验收要求和验收流程等。

技术攻关也是阿米巴经营改进模式的重要方法组成。

五、流程优化与再造的改进措施制定

要对流程进行优化与再造,同样,也需要识别、筛选出关键的业务流程。

公司层面即大巴层面,基于战略布局,通过组织结构调整,以获得结构性效益;中巴组织主要通过流程优化,提高组织的流程效率来提高组织收益;基层车间、班组主要通过精细化的操作,提高运营效率,提高组织收益,参见图9-2。

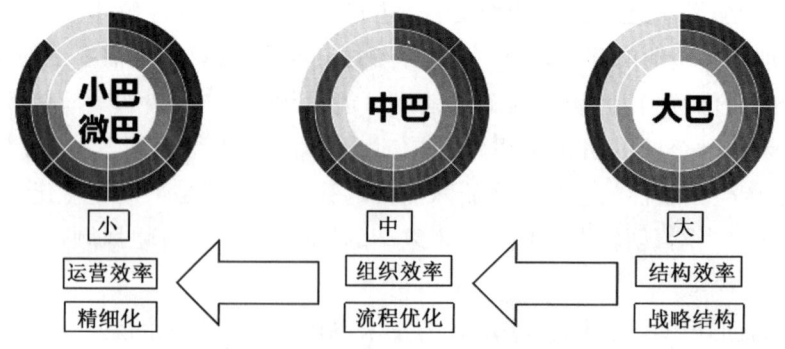

图9-2 不同层级巴组织的收益来源

1. 筛选关键的业务流程

组织的流程有很多,从哪些流程开始优化呢?一条原则就是,筛选关键业务流程,从能切实见效的流程开始。

巴组织大大小小的流程往往成百上千,如果一一进行优化,工作量过于庞大。那么,流程优化到底该从哪些流程入手呢?粗略地看,哪些流程的绩效特别差,需要改进?进一步分析,流程管理的核心在于增值,为客户创造价值的同时,要让组织得到回报,这是好流程和差流程的分水岭。因此,从客户的视角来看,含有以下活动的流程是可以重点关注的流程。

(1) 客户可见的活动流程;
(2) 出现问题和投诉最多的活动流程;
(3) 回报率最高的活动流程;
(4) 占用资源量最多的活动流程;
(5) 与核心业务相关的活动流程。

我们把筛选出来的流程称为"关键流程"。如何确定关键流程,并不存在唯一的数学评估公式,但有一些可用的方法和工具,组织可以综合使用。

2. 确定关键流程的方法

(1) 流程重要度选择矩阵。确定重要的流程这个矩阵从三个方面来体现流程的重要性:流程的增值性、流程的独特性和流程类型。一个流程的重要性可以依据这三个方面来综合判断,参见图9-3。

第一步,流程的增值性与独特性判断。企业的使命就是创造价值,流程管理的使命是为了更快更好地创造价值。哪些流程在创造价值方面是主力军,是我们衡量流程重要度的一个维度。流程的独特性也是确定其重要程度的要素。一个有别于行业竞争对手且运作良好的流程必将为企业创造竞争对手难以复制和超越的客户价值,越发挥其独特性则越能为企业创造价值,参见图9-4。

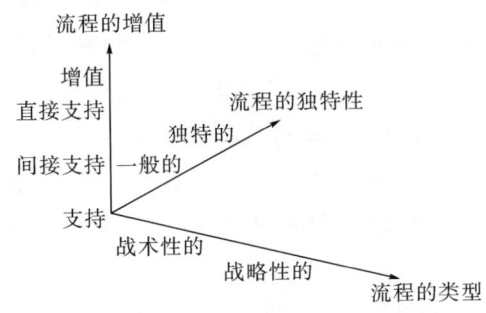

图9-3 流程重要性三维描述

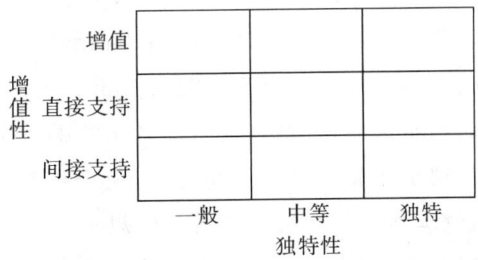

图9-4 流程的增值性/独特性对照图

第二步,流程的独特性与类型判断。对流程的划分除了依据增值性和独特性之外,还可以按流程类型划分为战略性、战术性和支持性三类。根据大量案例分析和以往经验可以得出,"战略性/独特"和"战术性/独特"流程对企业来说是比较重要的,而"支持性/独特""战略性/一般"和"战术性/一般"流程的重要程度为中,"支持性/一般"流程的重要程度则相对较低。

第三步,关键流程确定。上面两步可以分别用来判断流程的重要程度,为了全面,也可以结合上述两种方法,将这些判断出来的相对重要的流程置于"流程重要性三维描述"的框架中综合考虑,最终找出相对重要的流程,作为关键流程率先进行优化。

(2)流程优先选择矩阵。确定流程优化的优先级这个矩阵根据待选流程优化的风险与收益的对比关系,找到优化流程的先后顺序,参见图9-5。

在比较出流程的重要程度后,选择重要程度为中以上的流程,进行流程改进所可能取得的效益以及带来的风险分析,根据风险和收益的对比分析,明确需要优化的关键流程。高效益、低风险的流程正是企业进行流程优化的时候,需要关注的关键流程。

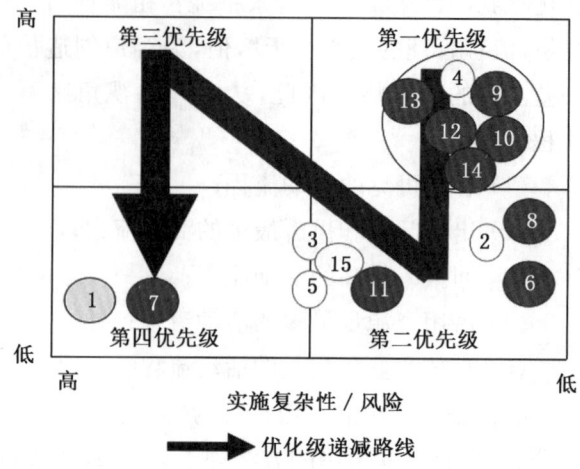

图9-5 某企业流程优化的优先级路线

3. 端到端流程优化

使流程优化的着眼点不再局限于流程上的活动,而是跳出流程,从整个业务链的视角来分析,优化业务模式,明确管控授权,落实业务管理组织,形成PDCA业务闭环,最后落实到标准的业务流程和操作规范上。从端到端流程整体业务模式优化开始,从本质上进行改进,形成PDCA业务闭环。

案例9-1 | **端到端流程系统优化案例**

市场需要有计划地提供适销的、高品质的、独特的产品,但受新产品开发整体能力的限制,区域市场对新产品的要求长期没有得到满足;为了满足区域市场对新产品的要求,某公司集中导入了500种新产品,新产品数量占总数量的80%,但新产品的销量仅占总销量的5%,新产品上市1年后80%已经退市或计划退市,销售前20位的产品仍然是老产品;外部导入的畅销产品,订单欠货率每月平均高达30%左右。面对这一系列严峻的问题,该公司自己梳理了产品系列的导入流程,整个流程有50多项活动,但是仅有15项活动有操作规定,其他工作如何开展没有明确的规定。

经分析,该公司新产品导入流程存在三个方面的问题:

(1)新产品导入流程的需求管理方面。新产品需求没有得到完全认可,在执行中对源头存在质疑;产品需求的提出缺乏计划性和完整性;全球市场的复杂度,使公司缺乏对一线市场和竞争对手的深刻认识。

(2)新产品导入流程的管理方面。新产品开发成功不是以最终市场的表现来衡量的;没有任何部门的指标和新产品的成功与否挂钩,没有人真正对新产品成功与否负责;项目组在一个部门内组建,项目成员往往站在部门的立场考虑问题;产品决策委员会的评审机制不可操作;开发过程中还没有建立有效的精品选择机制;产品开发部分关键流程缺失,流程职责还没有全部落实到岗位;新产品开发的活动没有规范,标准不统一。

(3) 新产品导入流程的人员方面。新产品导入人员需求缺口大;犯过错误的经验不能积累,人员反而在流失。针对上述问题,E公司决定:借鉴集成产品开发的实践,规范新产品的管理体系,变各职能部门分工运作为设立跨部门的两级组织——产品审批委员会和核心小组,以项目方式运作;设立阶段评审漏斗机制和结构化的过程活动管理,保证新产品上市成功率。

在此基础上,再进行新产品运作体系的优化,明确业务管理组织及职责;建立从概念形成到业务评估的分类分级流程体系。为了确保新流程的运行状况能够得到有效监控,同时确保流程能够得到有效执行,该公司为该流程建立了面向流程的新产品开发指标体系。为了推动流程的落地执行,在建立和完善指标体系的基础上,公司又设立了一整套的操作表格和标准化的操作手册。这些系统设计不能只停留在书面报告上,为了使新流程能够落地实施,还需要制订相应的推广与实施计划,并通过相应的IT系统进行固化。

4. 审批流程的优化

随着企业规模的扩大,企业高层会面临如何有效掌控企业的困惑,时时警惕和规避企业管理失控的风险;中层管理者也很痛苦,每天都有那么多的待办工作需要签字;内部员工也越来越多地抱怨,什么事情都要层层上报审批,导致业务执行效率低下。究其原因,企业规模扩大,出现更多专业化分工,组织范围、管理层级都不断增加,因此对管控授权以及信息及时上传下达的要求提高。

我们面临着客户、上下管理层不同的要求,领导层及总部职能部门提出要规范管理和规避风险,要求加强管控和审批;下属业务单位要求简化流程,提高对市场的快速响应能力。那么在具体的流程设计优化中,如何既简化流程又满足对风险管理的要求,这似乎是两个截然不同的流程优化目标。经过对问题的分解细化和流程优化方法工具的应用,我们发现,其实"鱼和熊掌可以兼得"。

(1) 分析是决策点还是沟通点。我们发现很多管控问题的提出,是由于不了解或沟通不到位造成的。可以理解,在一个大的企业内部,由于一线的业务信息不能及时传达,领导层或者总部管理层会由于不知情而产生失控的担心,因此,提出要对流程环节增加审批节点,实际是出于知情的考虑。

在流程优化时,我们要分析管理目的和需求,然后在具体的流程环节中,区分是决策点还是沟通点,从而从不同角度考虑优化。例如,对于知情权的需求,可将决策点改为沟通点,将审批变为定期的报告和备案,使领导定期(比如密度大到每天一次)得到动态情况,从而知情,而不是介入流程、成为流程的一个必经环节(耗费时间甚至不增值)。流程直接执行,并行地让领导知情,既解决了高层信息知晓和监管的需求,又提高了流程的效率,不会因为高层出差而产生业务停滞。

(2) 通过提炼规则实现事前管理。现实中很多企业领导虽身居高位,却处理着很多事务性的工作,对下属不放心,要用自己的丰富经验来把关和判断。正如一位企业高层所说:"我很想放权,但放权是基于信任和默契,是对能力的信任。现在更多的审批,是避免错误和帮助下属各主管把关,同时,更深入地了解一些新上任主管的能力、风格,增加双向了解的机会,审批的过程就是为了逐步地放权。"可见,流程上的管理授权和企业高层的领导风格、企业面临的组织变革、人事调整等背景相关。

在企业现场开展流程优化时,可以采取如下对策,企业领导既然经验丰富,可以把经验要求写成规则和指导,提前发布,让下属来参照执行。对于一些可结构化的规则,还可以借助信息系统来实现强制控制。例如,某快消品企业,每个销售季都会发布营销指导意见,对下一个销售季的销售策略进行明确,比如可以在哪些媒体投放哪些版本的广告,形成标准化选项,并将这些要求落实到IT系统上。这样下属业务单位在制订营销活动计划时,就可以选择总部已经规定的营销组合,变事后的核对审批为事前的控制。当然,即使不能通过IT系统去识别,有了明确的指导,也可以授权一个职位相对低的人员去进行相应的核对工作,解放领导的时间,用于处理更重要的工作。

(3) 决策流程优化1W2H。当我们明确流程中的决策点时,如何提高决策的效率和科学性,就成为优化的关注点。关于决策流程优化有以下几种方法:

① When——明确决策时机,实现管理前置。例如,在一个新供应商引入流程中,其主要步骤分为确定入选条件—供应商初选—现场考察确定最终入选者。如果只在最后一个步骤设置决策点,会发现实际业务操作多了很多不必要的投入和返工,如现场考察完后发现此供应商在初选名单时就应该被淘汰,或者开始设置的人选条件就不太合适,导致后期做了很多多余的工作。根据分析,我们对流程设置了三个决策评审点:

第一个决策点,在招标遴选之前先由决策者对人选条件进行审批;

第二个决策点,在初选名单之后由决策者进行审批;

第三个决策点,在通过现场考察等环节做出进一步的评价之后由决策者进行审批。虽然流程图看起来复杂了,但是通过管理前置,使实际业务执行效率得到了提高。因此我们说,"流程简化≠流程图简化",而应该是管理规范化和精细化。

再如,项目管理流程,它被分为年度项目规划及预算决策、单个项目立项审批决策两个重要管控环节。项目执行单位对以下事项有所质疑:项目年度规划预算中都已经对项目审批过了,为什么单个项目立项时还要再审批?而高层决策者却认为,年度规划预算制定得太粗了,项目目标及预算都不明确,评审也不充分,因此必须在执行立项时进行控制,但由此必然带来工作量的增加。最终,我们提出以下流程优化方案:加强对年度项目规划及预算的决策过程,明确项目规划、预算的输出要求和评审决策程序,既达成高层风险控制的目的,同时也督促项目执行单位提高项目规划/计划管理能力。前端控制好了,单个项目立项审批则只需关注计划预算外的项目,从而使执行层和决策层实现双赢。

② How——明确决策方式,提高决策科学性。决策的过程如果都是靠主观判断,那么不管增加多少审批环节都无法从根本上解决问题。因此对于流程中的每一个决策点,都要明确决策依据和决策方式是什么。例如,对于一个广告宣传片的评审,这是一个仁者见仁、智者见智的事情,因此评审决策就不能是谁职位高、权力大就由谁决策,而应该是以消费者测试或专业机构评审意见为决策依据,发挥群体智慧的科学决策。

③ How Much——分析流程频率,在管控和成本间取得平衡。在流程中增加审批管控节点,看起来加强了管理和风险控制,但是同样带来效率的损失和成本的增加,因此要规避事无巨细的管理过度。那么哪些该管控呢?根据 8/2 原则和流程分类的思想,按照重要度的相关属性对业务进行分类,从而分析不同类型业务的流程运行频率,以及每种类型流程可容许的审批效率,进而设置不同的决策机制。例如,对于 20% 的重点分类进行事前审批控制,对于其余 80% 进行抽样检查和监督。以往企业也有一些类似的做法,如 1 000 万元以上由总经理审批,1 000 万元以下由部门经理审批等。但是这些分类规则一般比较简单,更多的是基于金额,分类标准也是基于历史情况的延承,因此在流程优化中要结合实际运行情况的统计分析,以及影响该业务的重要因素重新来考虑分类管控方式的设置,从而在管控和成本间取得平衡。

5. 流程中的无效活动优化

上面谈的"检查"(具体表现形式往往就是"签字")等流程中的一些无效活动,要如何整改呢?我们可以进一步来分析,这些活动到底是必要的,还是可以被优化的。如果要优化,可以按照 ESIA 进行。ESIA 是 Eliminate、Simplify、Integrate、Automate 四个英文单词的缩写,其含义分别是"清除、简化、整合、自动化",参见表 9-2,这是减少流程中非增值活动以及调整流程的核心增值活动的实用原则。

表 9-2 流程优化的口诀

清 除	简 化	整 合	自 动 化
过量产出 活动间的等待 不必要的运输 反复的加工 多余的库存 缺陷、失误 重复的活动 活动的重组 反复的检验 跨部门的协调	表格 程序 沟通 物流	活动 团队 顾客(流程上游方) 供应商(流程下游方)	脏活 累活 乏味的活 数据采集与运输 数据分析 知识的积累 知识的复用 评估和总结

(1)清除。主要指清除企业现有流程内的非增值活动。非增值活动中,有一些是不得已而存在的,有一些则是多余的,我们所清除的应该是多余的非增值活动。因而在设计流程时,对流程的每个环节(或要素),可以思考"这个环节为何要存在""这个流程所产出的结果是整个流程完成的必要条件吗""它的存在直接或间接产生了怎样的结果""清除它会解决怎样的问题点""清除它可行吗"。通过一系列的问题,判断其是否为非增值环节、是否多余,它的存在,产生了怎样的不利影响,而清除是否可行。如何消除或最小化这些活动,同时又不给流程带来负面影响,是重新设计流程的主要问题。

① 过量产出。超过需要的产出对于流程而言就是一种浪费,因为它无效地占用了流程

有限的资源,在一定意义上,它带来的问题是增加库存和掩盖问题。

② 活动间的等待。指流程内任何时刻由于某种原因导致的对人或物的等待。带来的问题是待处理文件和库存物品增加,通行时间加长,追踪和监测变得更加复杂,却几乎未增加顾客价值。

③ 不必要的运输。任何人员、物料和文件移动都要花时间,浪费了员工时间,增加了成本。

④ 反复的加工。在公司运营流程的实际运作中,很多产品或文件会被多次处理。那么这些处理增值吗?如不增值,是不是由于产品设计不佳或流程不完善?

⑤ 多余的库存。不但指物品的库存,还包括流程运营过程中大量文件和信息的淤积。

⑥ 缺陷、失误。一般来说,产生故障的原因除了人员外,很大原因在于流程结构的不合理。

⑦ 重复的活动。例如,信息需要重复的录入,而运用了数据库共享技术就可以在整个价值链的任何一点上输入,被整个价值链共享。

⑧ 活动的重组。这是指相似的活动在处理上有部分不同时,为了适应某些特定的习惯就采取不同流程方式,造成流程资源的浪费。这种活动应进行清除与重组。

⑨ 反复的检验。有些检验、监视与控制已成了一种官僚作风和形式主义,已不具有它本来的意义,甚至成了设置管理层次和管理岗位的理由。应将部分检验、审核工作进行授权,不要事无巨细地全都上报,造成审核的形式化和上层领导工作的繁重与低效化。

⑩ 跨部门的协调。跨部门的协调已经成了本位主义、官僚作风的一个代名词。应加强流程的整体观,进行职责的重新定义。

(2) 简化。在尽可能地清除了非必要的非增值环节后,对剩下的活动仍需进一步简化。一般来说,可从下列各方面进行考虑:

① 表格。这么多表格在流程中根本没有实际作用,或在表格设计上有许多重复的内容。通过重新设计表格和IT技术的介入,可以减轻工作量,减少很多环节。

② 程序。在原来设计流程时,通常认为流程内员工的信息处理能力非常有限,因而一个流程通常被割裂成多个环节,以让足够多的人参与完成流程任务。通过运用IT手段,信息处理能力得以加强,可以简化流程的程序,整合一些工作内容,提高流程结构性效率。

③ 沟通。简化沟通,避免沟通的复杂性。

④ 物流。虽然大部分物流的初始设计都是自然流畅且有序的,但在使用过程中为了局部改进而进行的零敲碎打式的变动,在很大程度上使流程变得低效。有时,调整任务顺序或增加一条信息,就能简化物流。

(3) 整合。对分解的流程进行整合,以使流程顺畅、连贯,更好地满足顾客需求。

① 活动。授权一个人完成一系列简单活动,对活动进行整合,从而可以降低活动转交的出错率,缩短工作处理时间,实现流程与流程之间的"单点接触"。

② 团队。合并专家组成团队,形成"个案团队"或"责任团队"。这样使得物料、信息和文件"旅行"距离最短,改善同一流程上工作的人与人之间的沟通。

③ 顾客(流程下游方)。面向顾客,和顾客建立完全的合作关系,整合顾客组织和自身的关系,将自己的服务交送于顾客组织的流程。

④ 供应商(流程上游方)。消除企业和供应商之间的一些不必要的官僚手续,建立信任和伙伴关系,整合双方的流程。

(4) 自动化。对于流程的自动化,不是简单地从手工操作改为信息系统实现,而是要在对流程任务的清除、简化和整合基础上应用自动化,同时,任务的清除、简化和整合也要依靠自动化来解决。

① 脏活、累活与乏味的活。

② 数据采集与传输。减少反复的数据采集,并降低单次采集的时间。

③ 数据分析。通过分析软件,对数据进行收集、整理与分析,加强对信息的利用率。

流程优化口诀在我国企业里得到了进一步的发展,有的企业在应用 ESIA 口诀时,提出了自己的想法:不能只是像 ESIA 强调的那样做"减法",国内的企业还需要做"加法",即填补增值的活动,口诀也就演变为 ESEIA,在"清除、简化"的"减法"完成以后,再做 E(Establish,填补)的"加法",然后进行"整合"与"自动化"。那么应该增加哪些方面的增值活动呢?可以从以下方面考虑:

知识的积累。在流程的活动中,哪些活动中的产出应该作为知识进行归档和存储,如何归档存储有利于知识的复用。

知识的复用。在进行此项业务活动时,有哪些资源和知识库可以帮助此项活动开展得更好?如客服人员在解答客户问题的时候,可以增加一个对已有问题库的搜索,以获取更好的解决方案,提高处理效率。

评估和总结。在流程的关键里程碑或者活动结束后增加总结评估活动,找出有哪些知识经验可以记录固化下来,有哪些还需要进一步改进。

案例 9-2　江苏省淮安市国税局"一窗式"流程改革

作为国家税务总局征管改革的试点,江苏省淮安市国税局以方便纳税人为出发点,进行了一场流程再造的改革。

记者:各位观众,这里是江苏省淮安市国税局的一个办税大厅,我们看到,它们改变过去窗口式服务的方式,运用流程再造,与纳税人实现零距离接触,实现了在任何一个柜台办理任何一项涉税服务的工作流程。记者看到,流程再造改革的核心内容就是,改变过去按职能窗口划分的服务方式,运用信息技术,在税务机关内部,把涉税事务分解成受理、审核、发票、发证等170多个工作流程,这些流程通过信息系统,在每个综合柜台都可以办理。在对外服务方面,从纳税人首次到税务机关办理税务登记时,就一次性采集纳税人所有的涉税信息资料近300条,避免纳税人在办理不同涉税事务时需提供各种材料、证明等烦琐的手续。江苏省淮安市钢铁公司财务人员张海玲说:"我今天来办三件事,一是纳税申报,二是领购发票,三是发票认证。以前办理这三件事要跑很多次,现在只需一次,而且只在一个柜台就办完了,所以现在感觉办事很轻松"。据统计,江苏省淮安市国税局进行流程改革后,办税环节由原来的 200 个减少到 80 个,平均办事时间缩减了 60%,对纳税户考察、检查次数减少了一半,彻底解决了纳税人反映强烈的多头跑、多次跑、排长队等问题。

6. 从提升单个流程效率到提升企业整体流程效率

在实际工作中,我们时常碰到流程不能按计划执行的问题。如流程上需要领导参加和决策的会议,领导却出差了,只能一拖再拖;本来应该 12 月份完成的年度经营计划预算要到第二年的第二季度才能定下来,指导意义大打折扣;产品上市了,才发现新品画册、POP 海报还没到;都说市场和销售应该像空军和陆军一样协同作战,可是我们的线上线下总也配合不好……

分析以上问题,我们发现,或者是多个流程上运作的时间没有协同,如市场部门和销售部门分别按照自己的节奏进行工作推进,同向不同力;或者是多个流程上都需要的流程执行人员出现了资源冲突,尤其是需要高层参与的节点。我们说企业运作是一个整体系统,因此最终目标是要解决企业整体流程效率提升,实现流程间的运作协同。正如某企业高层所说,"希望能有一张企业的运营全景图,可以看到各条业务线都能有计划地运作,整体协同配合"。那么这张所谓的"运营全景图"就是我们要对流程的运作时间进行协调,对流程所需要的资源进行整合,从而保证所有人员按照统一的时钟有序运作,形成稳定的节奏,实现多组织多流程的运作协同。

(1) 流程运作时钟的设计和优化。从宏观上看,流程运作时钟的设置首先要考虑企业的业务特征和外部的环境影响,如服饰企业生产运营表现出的明显的季节特征,快消品企业的淡旺季特征等,这种运行时钟多半以年为周期,是企业战略流程和重大业务运营活动所遵循的运作时钟。例如,某鞋服企业将每年分为 6 个产品季,明确各产品季的运作时钟,横向形成各产品季计划运作主线,保证各产品季的目标计划达成,纵向在同一时间点上进行各部门资源的协同;某企业大型经销商年会时钟的优化,既要考虑避免与外部大型事件冲突,同时还要考虑市场启动因素、春运因素等。

从中观上看,通过流程运作时钟优化,从时间的角度来解决跨组织资源难以统筹协调的问题。现实中,我们经常发现临时召开一个会议,难以召集齐需要参加的所有人员,或者要处理的问题都是零散的,难以提高效率。针对这种情况,则需要对多个流程的时钟和会议进行整合。例如,某营销组织通过流程时钟优化,使得总部的品牌和销售职能管理人员在每月上旬可以跑市场,收集信息和问题,下旬则集中在总部讨论问题和改进;同时,对于区域自下而上提报的一些产品、价格、促销等需求审批流程,统一时钟,使总部的审批时间统一放在每月下旬。通过这种改进,推动品牌和销售线上线下的配合,提高了流程的审批效率,同时在总部和区域公司自上而下形成了一个稳定的运营节拍。

从微观上看,通过逐步将一些运营时钟固化,使例外管理向例行管理转移,使过去的随机式管理向计划式管理转移。例如,某企业高层的重大运营决策会,以前是按需召开,流程优化时我们建议最好固定在每月的 20 号左右召开,从而对未来时间有了明确的预期,方便高层统筹安排时间计划。通过以上案例,不难发现会议是运营时钟的关键节点和校时器,很多决策和协同的问题都是通过会议来解决的,那么实现协同,也可以从流程上的配套会议着手。

（2）流程上会议的配套设计。例如，日化行业的 C 企业是全球 500 强之一，在中国，该企业新产品上市的成功率在 80% 左右，而一般企业新产品上市的成功率也就在 20%～30%，那么 C 企业是如何获得这么高的新产品上市的成功率的呢？C 企业有一个端到端的新产品上市流程，新产品上市前先确定一个上市时间，然后倒排工期。也就是说，产品研发、生产、市场宣传、销售等各个环节都是围绕上市时间来展开的。

企业通过什么来控制整个流程的各个环节的进度、质量和成本呢？一般有三种会议形式，分别用三种不同的符号表示。例如：

（i）表示本次新品推进的具体操作项目组需要召开的会议。每个月项目组都要召开一个对各个方面进度、质量和成本进行监控的会议。

（ii）表示品类经理召开的会议。每两个月左右就要召开一个对某产品品类下各个新产品推进的进度、质量和成本进行监控的会议。

（iii）表示公司高层召开的会议。这种会议很少召开，只在几个关键点，比如项目立项、上市计划书确认的环节才组织召开的会议。

流程优化与再造，非常系统，需要慎重，详细掌握流程现状和流程的输出与期望之间的差异，是前提，需要认真对待。

7. 生产工艺流程的优化

阿米巴经营改进，需要重视对生产工艺流程的优化与改进，这需要各级巴长时刻追踪国际、国内的新技术、新方法、新工艺。这对巴长的认识力、学习力、洞察力等又提出了更高要求。巴长个人综合素质修炼、提升，是开展阿米巴经营改进的基础。

第十章
阿米巴改进成果评价

阿米巴经营组织使用相关改进工具,对阿米巴组织经营过程进行改进、改善后,需要对改进绩效、效果及成果等有效性进行评价。

运用QC改进方法,开展改进并取得成果时,可以用QC成果评价方法进行评价,同时还需要对阿米巴经营报表的结果和数据变化情况,尤其是收入、支出及收益的变化趋势,适当时,还要结合下道工序巴组织的阿米巴报表、上级巴组织的阿米巴合并报表,进行综合评价,以确定阿米巴经营改进结果和改进措施的有效性。

同理,如果使用六西格玛方法来开展阿米巴改进,在使用六西格玛方法评价结果的基础上,也要结合相关阿米巴报表进行综合分析、评价。

也就是说,在使用改进方法常用的工具,如趋势分析等,对改进结果进行评价基础上,还需要结合阿米巴经营报表的绩效结果进行综合评价,这正是阿米巴经营改进模式的特色之处。改进项目始于阿米巴经营报表,也终于阿米巴经营报表。阿米巴经营改进模式,参见图10-1。

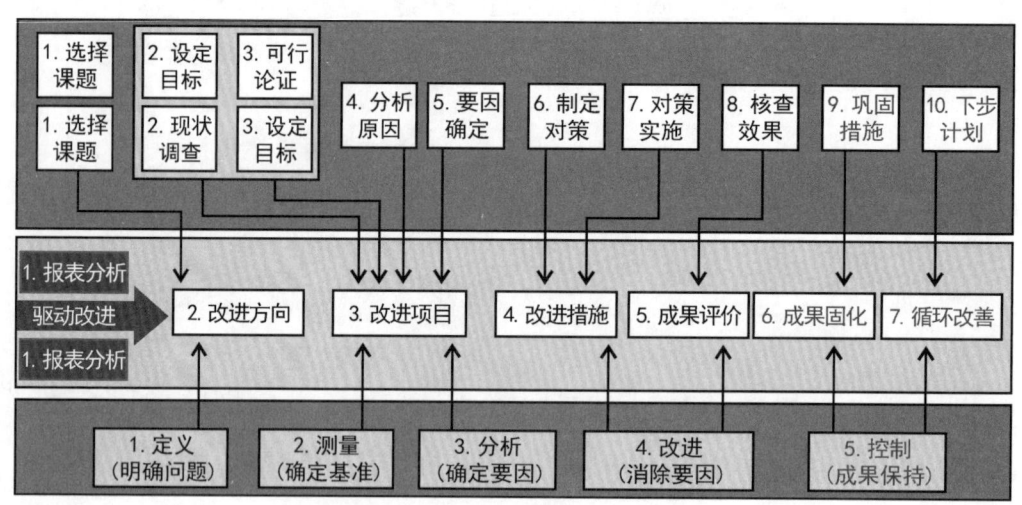

图10-1 阿米巴经营改进模式图

传统成熟的改进方法,系统、科学、体系化、程序化,有利于应用、使用和推广。但在结果的评价方面,由于其自身的局限性,不能做到系统、全面评价。尤其是对成本是否存在转嫁的评价,更是回避不说。所以很多企业开展了很多改进项目,奖金没少发,成果也没少评,可结果就是公司的效益没见提升,老板们也非常郁闷,百思不得其解。这是上有政策、下有对策现象的延续,也是人性使然。这也有深层次的原因,是片面的要求造成的。你要指标,下面就把指标做得好好的,只要你没有全面、系统的评价方法,人人都会钻空子,只关心自己完成任务的好处,公司的、系统效益最大化,那是老板的事,当然没人去考虑、负责。

所以阿米巴经营改进模式,需要巴长每日跟踪阿米巴报表数据,通过对阿米巴经营报表中数据的变化情况进行全面、综合分析,才能做出准确判断。

阿米巴改进模式,利用报表的数据信息,给巴长提供改进课题选择、改进成果评价依据。通过对其他改进方法的整合应用,并通过阿米巴经营报表,对所有的改进结果、改进方法进行有效性评价。各种改进方法都有系统要求,而对改进结果的评价,还需要借助财务来审核,而传统的财务审核,由于核算方式的原因,不能很科学地对改进项目进行评价。例如,工序降耗,财务的结算数据,常常是总量,不能做到用工序数据进行核算、评价。传统的成本管理思想,也没有对成本进行细分,很难对工序和巴组织的边际效益进行计算。

一、阿米巴经营改进结果评价方法

要做好对阿米巴经营改进的评价,首先,使用改进方法常用的评价工具进行评价,主要是评价目标是否达成,改进结果的趋势是否向好,通过改进、组织的竞争优势是否得到保持等。其次,还需要进行改进前、后阿米巴报表经营核算结果的比较,回到阿米巴经营报表中,以绩效跟踪的形式,评价相关改进措施实施后,对巴组织经营结果的影响,是否有助于提升组织的经营绩效。

1. 结果对比,目标达成法

简单地说,就是将改进的结果与设定的目标进行对比,得出比较的结论。一般有达成和没有达成两个方面的结果。

评价分析中,对设定目标进行回顾性分析也很有必要,尤其是方法、技术、标杆的选取等方面,需要进行再分析、再评价。这种方法对单项改进目标的评价,一般具有针对性。

案例 10-1 | **某高炉实现喷煤量从 36 t/h 提升到 42 t/h 目标**

高炉炼铁的主要能源是焦炭和煤,由于焦炭和煤存在价格差异,多用价格较低的煤替代焦炭是众多炼铁高炉的重要降本措施。某钢铁公司喷煤微巴,通过对阿米巴经营报表分析,确定了将高炉喷煤量从 36 t/h 提升到 42 t/h 的阶段目标,通过优化制粉生产组织流程,不断地探索最佳罐压,改进煤流阀开度程序控制瞬时喷煤量波动幅度过大时,及时清理煤枪堵塞,提高氮气压力和喷吹介质的输送能力,降低布袋脉冲压力减少氮气消耗等,通过 1 年的努力,成功达到了将高炉喷煤量从 36 t/h 提升到 42 t/h 的目标。参见图 10-2。

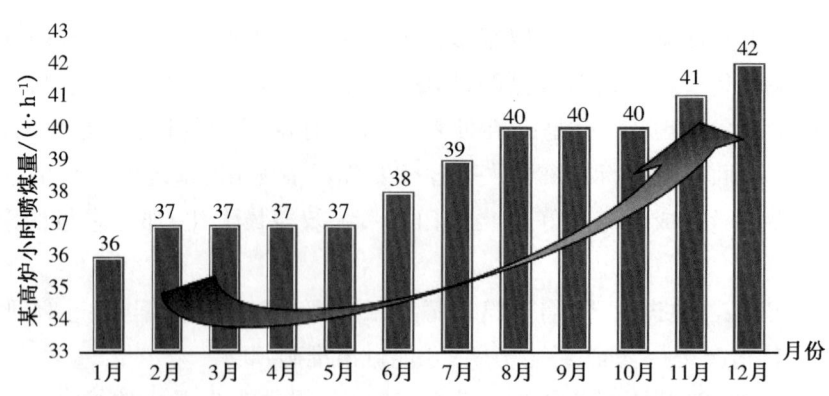

图 10-2　某高炉实现喷煤量从 39 t/h 提升到 42 t/h 目标图

2. 趋势判断,结果向好法

本方法是对综合性指标的分析、评价,如对阿米巴收益的改进情况进行分析,收益＝收入－支出,而收入项又是许多项目组成,支出项也是如此。对综合性指标一般采用趋势分析,看结果是不是向好发展。

案例 10-2　某高炉提高煤气利用率

高炉炼铁的主要能源是焦炭和煤,在冶炼过程中,会产生高炉煤气,为降低炼铁成本,降低燃料比是重要方法,高炉煤气回收利用率是重点关注的指标。阿米巴经营报表分析发现,降低燃料比可以降低燃料成本。每降低 1 kg/t 燃料比,每吨铁可以降低成本 1.17 元/t。如果保持燃料比不变的情况下,每提高 1 kg 煤比,每吨铁就可以节省 1.17 元/t 成本,提高高炉煤气回收利用率,可以间接降低燃料比,在确保炉况稳定的前提下,降低燃料比和提高煤比是炼铁永恒的目标追求。

该微巴在与其他高炉进行指标对比和排名分析时,发现高炉煤气回收利用率这一过程指标,处于落后状态,需要改进。通过调整高炉操作方式,2021 年 9 月上半月的高炉煤气回收利用率,稳中向好。参见图 10-3。

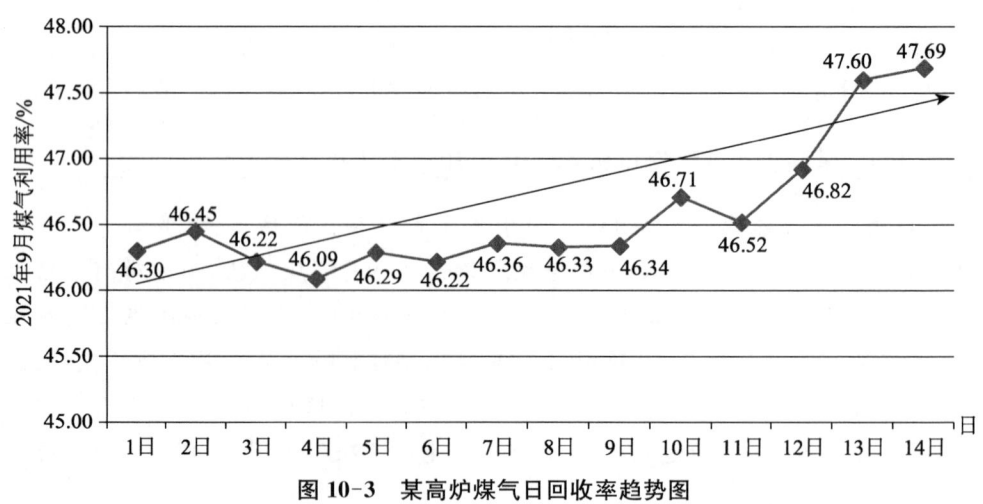

图 10-3　某高炉煤气日回收率趋势图

3. 综合评价,绩效改善法

综合绩效的概念比较宽泛,主要是那些不好计量的工作,如原料采购到货周期、及时率,以单位时间进行评价的指标,如有效工作时间,投入产出比等。这些都可以通过指标结果的变化趋势情况,对绩效是否有改善进行评价。

案例 10-3 | 某钢铁集团系统降低火车停时

某钢铁集团炼铁所需的煤炭、焦炭等燃料,炼钢所需的合金,轧钢厂需要的部分钢坯等,均以铁路运输为主。根据统计,2019 年,某钢铁集团使用铁路局的路用车 120 595 辆,约产生运量 7 235 700 吨。

随着某钢铁集团产能增加提升,铁路用车量将不断增加。根据铁路部门的相关规定,企业使用路用车需支付货车使用费,并且使用费的金额随着停时(厂内停留时间)的增加呈几何增长,停时 42 h 以上收取费用最高,达 22.8 元/小时被称为"老牌车"。2019 年该钢铁集团支付铁路局货车使用费 1 910 万元,公司增加了经营成本。2020 年,在公司阿米巴推进办公室的组织下,组织铁路运输部门、物流主管部门进行沟通,通过构建信息化系统、提高取卸排效率、老牌车动态管控等一系列措施,系统降低停时,减少货车使用费支出,系统降低经营成本费用。

"系统降低停时"跨界阿米巴项目团队通过"构建信息化系统,提高取卸排效率,对高使用费的'老牌车'实施动态管控"等措施。铁路运输、物流中心及制造部、相关事业部等部门协调,督促优先抢卸老牌车。

通过跨界阿米巴小组的共同努力,主动与铁路局驻公司站点进行沟通,优化取排车作业模式,及时获取铁路局到车编组信息,提高取排车效率;与铁厂、燃料厂等卸车单位协同服务,提高卸车效率和对车效率;设置阿米巴单项奖励基金,按照跨界阿米巴小组对路用车运输管理的情况进行奖励考核,2020 年平均停时 17.1 h,较 2019 年同期的 23.17 h 降低 6.07 h,参见表 10-1;支付货车使用费 775 万元,较 2019 同期的 1 910 万元下降 1 135 万元。参见表 10-2。综合绩效得到显著改善。

表 10-1 某钢铁集团火车停时统计表 单位:h

日期	1月	2月	3月	4月	5月	6月	7月	8月	9月	10月	11月	12月	全年
2020年	20.00	17.98	16.14	16.02	14.76	16.72	20.72	15.38	17.59	15.45	15.24	18.80	17.10
2019年	22.88	26.44	26.89	25.58	17.11	24.12	21.59	21.75	22.81	33.11	21.86	12.62	23.17
停时差	2.88	8.46	10.75	9.56	2.35	7.40	0.87	6.37	5.22	17.66	6.62	−6.18	6.07

表 10-2 某钢铁集团货车使用费明细表

月份	2019 年费用/元	2020 年费用/元	减少费用/元
1	1 334 290.70	813 464.10	520 826.6
2	1 560 831.00	818 896.20	741 934.8

续 表

月 份	2019年费用/元	2020年费用/元	减少费用/元
3	1 876 582.50	532 972.8	1 343 609.7
4	1 691 104.50	558 463.20	1 132 641.3
5	756 435.60	366 994.50	389 441.1
6	1 803 326.10	618 415.80	1 184 910.3
7	1 361 923.80	1 347 440.10	14 483.7
8	1 330 271.70	465 758.40	864 513.3
9	1 760 986.50	604 348.20	1 156 638.3
10	3 283 439.40	425 248.50	2 858 190.9
11	1 378 949.70	419 599.80	959 349.9
12	965 369.10	779 212.80	186 156.3
合计	19 103 510.60	7 750 814.40	11 352 696.2

4. 标杆分析,持续领先法

通过对行业标杆、竞争对手等同类指标的对比、分析,以持续保持领先的趋势结果,判断优势保持和持续领先的程度。

案例 10-4　南钢集团某精轧机维修微巴在作业效率上等方面持续领先

南钢集团某精轧机维修微巴,负责高线厂预精轧机、吐丝机等关键机械设备的维修,重点设备有精轧机、减定径、吐丝机等。对这些设备进行维修更换(换模)时,需要停机,设备停机就不能生产。减少换模时间,就增加了生产时间,从而提高生产效率,增加产品产量。该微巴坚持标杆对比分析,开展连续改善、循环提升活动,从行业最后一名,做到了行业世界第一。

为实现"不管谁来更换吐丝盘,结果都一样"目标,班组(微巴)夯实管理基础,创新了"标准作业指导书"编制与实施推进方法(该成果2014年获冶金行业现代化管理创新成果二等奖),成果以可视化、模块化、量化、综合性为目标,结合质量、安全、设备、现场等进行整合。形成可视化SOP,即可视化标准作业指导书。

该微巴在改进方面得到提升、突破后,及时采用SOP固化各项改进措施并展开培训,员工作业效率提升较为明显。吐丝盘更换作业SOP修订并进行培训后,各班平均作业耗时稳中有降,基本趋于一致,实现了"不管谁来更换吐丝盘,结果都一样"的良好局面。参见图10-4、图10-5。

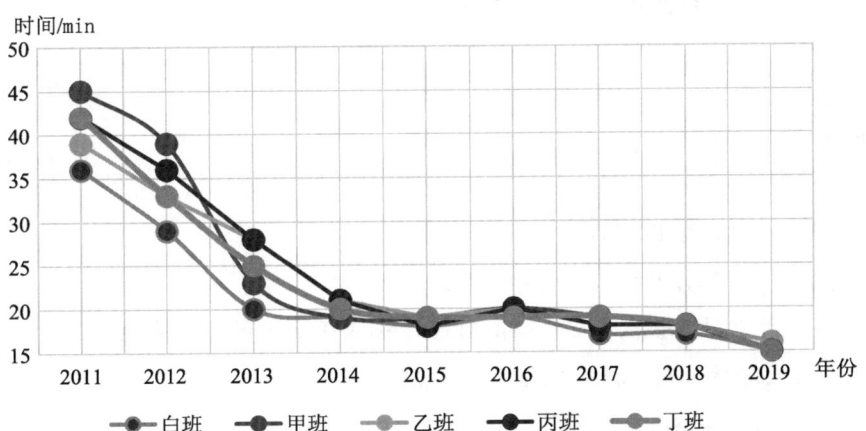

图 10-4　南钢集团某精轧机维修微巴更换吐丝机连续改善趋势图

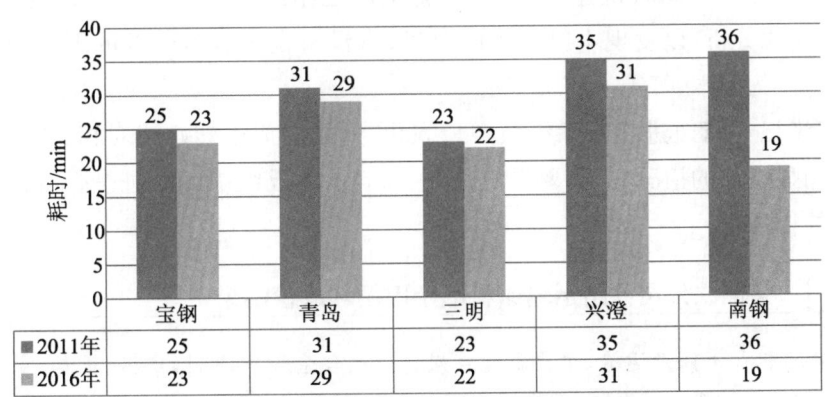

图 10-5　我国各高线厂吐丝盘更换耗时改善趋势对比图

5. 统计检验，差异显著法

通过对改进结果的统计检验，如 t 检验、方差分析、卡方（χ^2）检验等，找出产生显著差异结果的方法，对有效的方法进行发掘、保持，通过标准化的方式，形成组织的知识进行传承、分享。

案例 10-5 ｜ 某钢铁公司连铸微巴改善结果分析

某钢铁公司连铸微巴的职能是通过连铸工艺，将合格的钢水制造成一定规格的钢坯，这些钢坯将用于下道轧钢工序的生产，以制造出合格的钢材产品，满足市场与客户的需求。该连铸微巴在阿米巴经营过程中，通过报表分析，发现要增加收入，首先需要提高生产效率，进一步分析发现，非计划停机时间高于计划时间，运用排列图分析发现影响占比约 35%，深度分析后，发现因液压油管漏油发生的故障时间占比 50% 以上，是连铸机故障的主要原因，巴组织确定为优先改进项目。连铸微巴将改进目标设定为小于 3 次/月，通过 2 个月的努力，成功将连铸机液压油管漏油发生频次降至 3 次/月，并进行了保持。连铸微巴运用卡方(χ^2)检验方法,对改进效果进行了统计检验分析。

	漏油	正常	全部
1♯垫圈	9	171	180
2♯垫圈	3	177	180
全部	12	348	360

Pearson 卡方＝3.103,DF＝1,P 值＝0.078

似然比卡方＝3.243,DF＝1,P 值＝0.072

χ^2 值＞P,所以,1♯垫圈与2♯垫圈对连铸机液压油管的漏油发生结果具有显著性差异,2♯垫圈可有效降低连铸机液压油管的漏油发生率。

6. 报表对比,收益改善法

阿米巴经营改进结果评价,相比其他改进方法的评价维度,多了一个阿米巴经营报表改进前、后的对比分析,同时也建议对上、下游工序巴组织和上级巴组织的经营报表改进前、后的动态对比分析,以发现本巴组织的改进,有没有发生成本转嫁的现象,有没有增加相关工序巴组织的成本,等等。

可见,阿米巴经营改进追求系统效益最大化,如果有成本转嫁或对相关工序巴组织造成成本支出明显增加的情况时,需要系统分析,以确认本巴组织的改进是否有效,是否有助于系统效益的提高。

案例 10-6 某钢铁公司铁路运输原料站小巴循环改善结果

铁路运输的职责是保产运输,主要负责煤炭、焦炭、合金等原燃料,中板、板卷、宽厚板等成品材、水渣、铁水等的生产运输。铁路运输作业具有专业性强、影响因素多、沟通联络频繁等。

随着公司的提产、运输量的增加,同时降本压力也越来越大。2018年4月,成立原料运输原料站小巴,建立了"水渣运输微巴",构建并完善了原料站小巴阿米巴报表,参见表10-3。

表 10-3　某钢铁公司铁路运输原料站小巴 2019 年某月阿米巴经营报表

科 目				数 据		
一级	二级	三级	四级	数量/t	单价/元	金额/元
收入	内部	运输收入	原燃料到达	646 500	4.6	2 973 900
			成品发送	2 590	6.3	16 342.9
			板材	209 339	2.3	481 479.7
			水渣	122 760	1.9	233 244
			一铁厂铁水分流	40 430.5	6.3	254 712.3
			二铁厂铁水分流	5 974.3	3.8	22 702.3
	外部	运输收入	金贸钢宝网运输	9 480	4.6	43 608
	合 计			1 037 073.8		4 025 989.2

续 表

科目				数据		
一级	二级	三级	四级	数量/t	单价/元	金额/元
支出	巴内成本	柴油	柴油	90 250	4.9	441 322.5
		电	电	5 860	0.6	3 398.8
		辅料	砂	1	510	510
			铁鞋	6	280	1 680
			木鞋	60	24.9	1 494
			其他			579
		管理费用	生活水	689	3.2	2 204.8
			劳保费用			58 379
			其他			3 359
	费用	巴内费用	设备设施租赁费			521 568
			环保费用			2 333
			正式员工工资			2 064 000
		分摊费用	事业部分摊			11 816
			中巴分摊			117 421
	合 计					3 230 065.1
收益	合 计					795 924.1

在小巴长的带领下,组织巴员对数据进行讨论、分析,再用头脑风暴法明确改进方向。

(1) 运用阿米巴经营"分、算、奖"原则,提高效率,通过增加运量,提高巴体收入。

(2) 在提高效率的前提下,开展机车节约柴油竞赛,从而降低机车油耗,减少成本支出。

依据以上改进方向,小巴制定了以下改进措施:

(1) 对水渣、板材、路用车等按运输作业种类实施按收计奖。微巴根据运量计奖,多运、多收,才能多得。同时,小巴按增运增收增奖的原则,对微巴的其他作业进行单项奖励。

(2) 在机车成本消耗中,柴油约占98.5%,控制机车"柴油消耗"是降本的关键。各微巴按0.093 9 L/t进行作业核定,以阿米巴日报表进行跟踪、控制。

(3) 对机车操作、熄机等进行针对性的节油管控,通过现场、电子添乘系统、安控系统等一系列措施进行检查,分析不足,改进提升。

在小巴长的带领下,将确定的改进项目,以QC小组改进的流程和方法,全员参与改进、创新,提高了效率,增加了火车的转运量。

2018年8月,公司阿米巴推进领导小组,专门进行了座谈,成果参见表10-4。

(1) 水渣运输微巴5月试运行后,当月完成二铁厂水渣100%通过火车转运的任务,服务满意度为优,有效解决了"拖拉"现象,效果显著。

(2) 水渣运输微巴在正常完成水渣运输任务的同时,还主动辅助其他机车完成板材、路用车等其他运输工作1 022车,上货位及时率由85%提高至92%。

(3) 增强了巴员降本意识。合理组织调车作业计划,主动做好熄机和备件消耗管理。

(4) 巴员工作积极性明显提高。试行阿米巴经营模式后,巴员主动向调度要计划,开始从被动干活到主动要活干的转变,工作态度的转变促进了工作效率的提升。

(5) 经营核算意识增强。巴员自己为自己算"效益",每天交班后在阿米巴看板上记录自己的工作量,小巴每月将对微巴的核算结果、巴员奖金等公示在看板上。有效调动了巴员参与经营的意识。

表10-4 某钢铁公司铁路运输原料站小巴阿米巴经营月报表比较表

科目				单价	2018年7月		2019年7月	
一级	二级	三级	四级		数量/t	金额/元	数量/t	金额/元
收入	运输	内部	原燃料到达	4.6	541 332	2 490 127.2	646 500	2 973 900
			成品发送	6.3	3 132	19 762.9	2 590	16 342.9
			板材	2.3	197 928	455 234.4	209 339	481 479.7
			水渣	1.9	118 008	224 215.2	122 760	233 244
			一铁铁水分流	6.3	34 500	217 350	40 430.5	254 712.3
			二铁铁水分流	3.8	3 452.1	13 117.8	5 974.3	22 702.3
	运输	外部	金贸钢宝网	4.6	0	0	9 480	43 608
	合计				898 352.1	3 419 807.5	1 037 074	4 025 989.2
支出	巴内成本	柴油	柴油	4.9	80 560	393 938.4	80 065	392 322.5
		电	电	0.6	6 931	4 020	5 860	3 398.8
		管理费用	生活水	3.2	723	2 313.6	689	2 204.8
			劳保费用			59 455.1		58 379
			其他			3 420.9		3 359
	费用	巴内	巴内费用			2 635 605.5		2 587 901
		外部	分摊费用			131 619.3		129 237
	合计					3 285 265.4		3 025 802.1
收益	合计					134 542.1		820 187.1

(6) 小巴在实施阿米巴经营后,5台机车完成了以前6台机车才能完成的运输任务,实现了增量不增车。

二、阿米巴经营改进评价形式

组织对经营绩效和结果的评价,一般有经营分析会、计划会等方式。

1. 计划会

计划会议是作为一个迭代周期开始的团队活动,担负着确定整个团队在本周期中工作范围的作用,是工作展开、项目开发能否顺利进行的先决条件。

一个成功的周期离不开一个好的计划会议,而一个糟糕的计划会议则可能毁掉整个经营项目和计划。

很多组织都有成熟的计划会的召开、决议流程,制定有明确的议事规则。计划会主要回顾、分析前一阶段时期工作中的经营成绩、困难影响等,同时展望下一个时间周期的有利、不利条件,可能有哪些机会和挑战等,我们通过什么方式、方法进行应对,从而制定了下一阶段的生产经营计划。组织通过计划会的形式,向下级部门、各相关组织、主要领导进行工作计划安排,同时配置相关资源,提出经营目标。

计划会是一个"设立目标、下达目标、配置资源、进行动员"的会议。

案例 10-7 　某钢铁公司定期召开计划会

某钢铁公司一直在当月的2—3日,召开当月计划工作会;若遇到"五一""十一"等法定节假日,一般会提前2天召开。会上通报主要经营绩效结果、质量问题、安全问题、环保问题、设备问题等对生产经营的影响,分析原因、总结经验,提出改进要求。同时制定下发当月的生产经营计划,对各部门、组织提出具体目标要求,同时对资源进行平衡、调配。通报、安排当月公司的一些重大的事项和工作安排。

最后,公司主要领导,要进行动员讲话,对一些重点工作进行强调,提出要求。

2. 经营分析会

经营分析会是由各级经营长(巴长)组织的分析会,旨在分析经营计划目标的完成情况,是否按照时间进度要求,达成了相关经营目标要求。取得了哪些经验,还存在什么问题,计划进行中可能会发生的事情及应对措施、方法,需要哪些外部资源要求等。

经营分析会主要是检查经营目标完成进度,总结经验、预判困难,协调资源、制定措施。

经营分析会常见的输出结果是会议纪要、政策调整、改进措施、各种计划调整方案、资源配置方案等。

3. 事故分析会

事故分析会有层次上的差异,如轻微、一般、重大、特大等程度上的区别。这样区分是为了在不同级别和层次进行教训分析,制定相关措施,处理事故结果。

按照业务或者专业管理分类,一般有质量事故、安全事故、环保事故、设备事故、生产事故、经营事故、风险事故等。目前也没有形成广为接受的统一分类标准。

故事分析会必须执行四不过原则:

(1) 事故原因未查清不放过;

(2) 事故当事人和群众没有受到教育不放过;

(3) 事故责任人未受到处理不放过;

(4) 事故单位没有制定切实可行的预防措施不放过。

"四不放过"原则是在对调查、处理事故原因分析、事故责任者和群众的教育以及事故防范措施这三个方面指出的严格要求。这些要求也正是我们进行事故的调查和处理的真正目的所在。

"四不放过"原则的第一层含义是要求在调查、处理事故时,首先要把事故原因分析清楚,找出导致事故发生的真正原因,不能敷衍了事,不能在尚未找到事故主要原因时就轻易下结论,也不能把次要原因当成真正原因,未找到真正原因绝不轻易放过,直至找到事故发生的真正原因,并搞清各因素之间的因果关系才算达到事故原因分析的目的。

"四不放过"原则的第二层含义是要求在调查、处理事故时,不能认为原因分析清楚了,有关人员也处理了就算完成任务了,还必须让事故责任者和广大群众了解事故发生的原因及所造成的危害,并深刻认识到其重要性,使大家从事故中吸取教训,在今后工作中更加重视。

"四不放过"原则的第三层含义是要求在对事故进行调查、处理时,对事故责任人、单位,按照相关规定,法律法规要求进行追责、问责,事故责任人需要承担事故责任。

"四不放过"原则的第四层含义是要求在对事故进行调查、处理时,必须针对事故发生的原因,提出防止相同或类似事故发生的切实可行的预防措施,并督促事故发生单位付诸行动。只有这样,才算达到了事故调查和处理的最终目的。

4. 复盘分析

复盘不仅是个人能力提升的基本方法,而且是一种简单易用的团队学习机制,是激活组织学习机制、打造学习型组织的核心修炼。近年来受到了越来越多企业的欢迎。这并不是偶然的,也不是一阵风,而是时代的大势所趋,是企业创新、转型升级、打造敏捷学习力的必然之选。

复盘的逻辑与操作简单,但要想真正做到位并不容易,虽然绝大多数读者对复盘都非常认可,也有少量不以为然者。有的认为复盘不过是工作总结或者PDCA,有的认为其功效有限,不如创新或试验啥的"来劲",还有人认为它的逻辑似乎很简单,操作手法也没什么稀奇之处,其实,这都是认识不深入所致。

的确,复盘的逻辑与机理真的很简单,但是,随着我们对复盘的了解越多、实践越多,就愈发心存敬畏。只有你实践过了,你就会明白,复盘的学问很大,涉及团队学习与引导技术、系统思考、改善心智模式、知识萃取等深层次的技能。

(1) 复盘的含义。"复盘"原是围棋术语,本意是对弈者下完一盘棋之后,重新在棋盘上把对弈过程"摆"一遍,看看哪些地方下得好,哪些地方下得不好,哪些地方可以有不同甚至是更好的下法,等等。

这个把对弈过程还原并且进行研讨、分析的过程,就是复盘。

通过复盘,棋手们可以看到全局以及整个对弈过程,了解棋局的演变,总结出适合自己和不同对手的套路,或找到更好的下法,从而实现自己棋力的提升。唐代诗人杜牧在《重送绝句》一诗中曾形象生动地描述了他与一位围棋高手对弈之后复盘的场景:"绝艺如君天下少,闲人似我世间无。别后竹窗风雪夜,一灯明暗覆吴图。"

用到企业经营管理中,复盘指的是从过去的经验、实际工作中进行学习,帮助管理者有效地总结经验、提升能力、实现绩效的改善。正如联想集团创始人柳传志先生所说:所谓复盘,就是一件事情做完了以后,做成功了,或者没做成功,尤其是没做成功的,坐下来把当时的这个事情理一遍:我们预先怎么定的、中间出了什么问题、为什么做不到。理一遍以后,下次再做的时候,自然这次的经验教训就吸收了。

(2) 复盘的三个关键词。作为一种基本方法论,要理解复盘的精髓,须掌握以下三个关键词:

① 亲身经历。我们人类的学习途径与方式有很多,按照来源,可以分为"从自己学习"和"向他人学习"两大类。从自己学习的主要方法就是复盘,因为自己过去经历的事件是成年人获取信息、对信息进行加工与处理的主要途径。其他的方式与来源可能还包括顿悟、创新性的涌现(如U型理论)等。向他人学习也很普遍,大家都比较熟悉,如前人总结出来的教科书、案例或经验教训,以及标杆学习(Bench Marking)等。

② 过去。组织学习大师彼得·圣吉曾讲过,从本质上看,我们人类只能通过"试错法"进行学习。大卫·库伯提出的"经验学习"模型,也是成人学习领域最主要的基础理论之一。虽然按照麻省理工学院奥托·夏莫博士的说法,仅仅向过去学习是不够的,我们还需要向正在涌现的未来学习(参见他提出的"U型理论"),但不可否认的是,成年人最主要的学习来源仍是过去的经验,而复盘就是从自己过去的经验中进行学习的结构化方法。

③ 学习。复盘的本质是从过去的经验中学习,但大家对"什么是学习"仍存在诸多理解上的差异,有的认为获取一些知识或信息就是学习,有的甚至将培训、听讲等具体形式看成学习。所谓学习,指的是获得一些启发、见解,提升自己的见识和能力,从而提高个人的有效行动能力。这是"知行合一"的,不仅要获得一些经验或教训,更要落实到行动中,提高人们未来行动的能力与绩效表现。正如人们常说的"实践是检验真理的唯一标准",只有落实到行动上,让自己的行动更为有效(绩效得以改进),才是学习的出发点和落脚点,是学习的根本目的。事实上,《荀子·儒效篇》中讲到:"学至于行而止矣",也就是说,只有真正知晓,才能指导自己的行动;只有能够践行,才算是完整或真正的学习。在这方面,复盘也要注重行动的改进,不能仅仅明白了"这样做不对"就完了,也不能只是做了一些所谓的"推演"、假设就完事大吉了,必须跟进、落实,看看后续的行动是否更加有效。这才是检验复盘质量的关键要素。

(3) 复盘,而非总结。许多人都有做工作总结的习惯。那么,这是不是复盘呢?从某种意义上讲,复盘与工作总结有着本质上的区别。具体来说,复盘与总结的区别有以下三个方面。

第一,以学习为导向。复盘的目的是让个人和团队能够从刚刚过去的经历中进行学习,因此必须有适宜学习的氛围和机制,包括不追究哪个人的功过得失、不批评、不表扬,只是忠实地还原事实、分析差异、反思自我,学到经验或教训,找到未来可以改进的地方。而一般工作总结的目的,是对前一阶段的工作进行小结(画个"句号"),往往会以陈述自己的成绩为主,经常与绩效考核或能力评定等挂钩,因而不提或少提缺陷与不足,也不必然包含深入的反思与剖析。

第二，结构化的流程与逻辑。我们都知道，总结是对一定时期的工作或某个事件的梳理、汇报，每个人依自己的习惯和悟性，对已经发生的事件、行为及结果进行回顾、描述，通常并没有固定的模板和结构，并不必然包括对目标与事实差异原因的分析，以及经验提炼等要素。但复盘是以学习为导向的，为了让学习发生，必须遵从特定的步骤与逻辑，不仅回顾目标与事实，也要对差异的原因进行分析、得出经验与教训，并转化应用，才能算是一次完整的复盘。

第三，复盘更适合以团队形式进行。虽然个人也可以进行复盘，但在更多情况下，由于现代组织中许多活动都是多人、多部门协同完成的，因此复盘通常是以团队形式进行的。

事实上，复盘是一种非常重要的团队学习与组织学习机制，通过集体深度会谈，团队成员不仅可以相互了解彼此的工作以及相互关系，而且可以超出个人的局限性，让人们看到整体，并激发出新的观点。而工作总结往往只是个人的观点，不可避免片面、局部和主观的描述。

（4）复盘为什么受欢迎。复盘为什么会越来越受到人们的重视，原因大致有如下几点：

首先，随着环境变化日趋多变、不确定、复杂、模糊（所谓的"VUCA"），无论是个人还是组织，都需要更快、更有效地进行学习。复盘作为一种从经验中学习的结构化方法，虽然深入、做到位并不容易，但基本操作手法易学易用，快捷有效。这使其受到了人们的广泛关注。

其次，当今在许多领域（如新的或发生了颠覆式创新的领域），没有惯例或成熟的经验可以直接"拿来"，人们需要"摸着石头过河"，把握当下，有效地总结行动中的经验教训或进行知识创新，实现快速迭代。对此，复盘是一种基本的方法，可以适应商业竞争与社会发展的需要。

再次，正如古老的太极图蕴含的哲学智慧，伴随着社会日益浮躁，越来越多的人开始让自己"静"下来，注重深潜和内求。复盘作为一种反思自我、深入探究的学习方法，其价值也愈发明显。

最后，复盘的核心目的是从工作中学习。通过复盘，让大家在很短的时间里，相互学习与分享，不仅有助于增进相互的了解、促进团队协同作战，而且其本身就是一个知识分享的过程。此外，我们可以把复盘的结果变成案例，萃取出一些经验和教训，做成微课，再放到公司知识库里进行分享。所以，它也是移动互联时代快速萃取组织经验，传播、共享组织智慧的一种方法。

（5）复盘的由来。如果作为一种思想和工作方法，复盘的历史可谓源远流长，许多个人和组织曾使用过类似方法。例如，中国有许多古谚都揭示了类似道理，像"前事不忘后事之师""吃一堑长一智"等。一些先贤也通过不断总结、反思来提升自身的修为，像曾子曰："吾日三省吾身"等；在近代，中国工农红军就是在打仗中学习打仗，红军长征途中，也曾进行过数次具有重大历史意义的"复盘"会议。

复盘作为一种管理方法在企业中应用，在中国最早是由联想集团开始进行的。或多或少受到联想的影响,国内一些企业也广泛地使用了复盘这种方法,包括万达、阿里巴巴、拉卡拉、江淮汽车、西南水泥等。

在美国,最早采用复盘的是美国军队,它们将其称为"行动后反思"(AAR)。美国陆军对 AAR 的定义是"对一个事件的专业讨论,以绩效表现为核心,重点放在帮助参与者自己发现发生了什么,为什么发生,如何保持优势以及改正缺点"。

AAR 是在 20 世纪 70 年代中期被引入美军的,最初是为了从国家培训中心(National Training Centers)的模拟战斗中快速学习。后来,该项技术慢慢得以扩散,按照陆军参谋长的话来讲,他们花了十多年的时间,才让这一过程被一线军官广所接受,并融入部队的文化之中;只是在最近几年,AAR 才成为一项通行的做法。转折点就是海湾战争。在沙漠之中,一组组士兵聚集在散兵坑中或者坦克周围,回顾最近的行动,寻找可能的改进。就这样,AAR 自发地流行开来。美军在海地的军事行动又使其向前走了一大步。在那里,AAR 第一次被纳入整个运作过程之中,并被广泛用来捕获和散播知识。

由于成功地应用了 AAR,美军的执行力、领导力和作战能力得以持续提升,开始受到许多企业的重视。向美军学习,一时之间成为一种潮流。受此影响,复盘也逐渐走入更多企业,包括英国石油公司、联邦快递、巴克曼实验室等。

与 AAR 在本质上相通的类似实践包括"项目回顾"以及"知识收割"等,也在不少企业中得到了应用,并有日益重要和普及的趋势。

哈佛大学戴维·A. 加尔文教授在《学习型组织行动纲领》中曾指出:学习型组织的快速诊断标准之一是"不犯过去曾犯过的错误"。要想避免"重复交学费",让整个组织快速分享个人或某个单位的经验教训,提升组织整体智商,也离不开复盘机制。

(6)复盘的优势与局限。在围棋中,棋手们为了提高自己的棋力,既可以采用"复盘"的方法,也用"打谱"的方法,即研究、观摩前人或高手的经典棋局对策来学习。

复盘与打谱这两种学习方法各有优势,也各有局限,参见表 10-5。

表 10-5 复盘与打谱的优势与局限

项 目	优 势	局 限
打谱	简单、快捷、广博	"纸上得来终觉浅",经过他人的抽象、概括,需要学习转化,"知易行难"
复盘	"绝知此事要躬行",具体、生动、深刻	数量或机会有限,悟性因人而异,且存在一定的偶然性

相对于复盘,打谱的优势有两个:一是站在前人总结、提炼出的经验基础上,可以快速入门,不走弯路,不用"自己发明车轮";二是避免个体实践的偶然性局限,有助于打开视野。但是,打谱的劣势或局限性在于"纸上得来终觉浅",也就是说,前人提炼的知识有一定抽象性、概括性,个人的理解可能参差不齐,不像个人实践那样具体、生动、深刻,因而在"学以致用"环节中,往往存在"知易行难"的鸿沟,学习转化率不高。

相反,复盘的优势是它基于每个人具体、生动的实践("躬行"),如果能够深入地反思,可以实现"绝知此事",也就是说,通过个体的身体力行,我们可以获得大量第一手信息,深入分析、举一反三,可以把握事物的一般规律,从而更好地将其应用于未来类似的场景或工作任务与挑战中。当然,要做到这一点,前提是把复盘做到位,而不是走形式。

与此同时,复盘这种学习方法也有局限性:一是它基于个人实践,每个人的反思、分析、提炼的深度都有差异,你以为发现了事物的规律,实际上可能并非如此;二是个人实践终归是有限的,就像职业围棋棋手终其一生,高质量的对弈也只有数千盘;如果只是依赖复盘,即使个人悟性很高,也可能存在一定的偶然性。

因此,我们每个人不要迷信任何一种方法,需要综合使用,以扬长避短、各取所长,更快、更好地提高自己的能力。

(7)复盘与行动学习、培训、绩效改进的区别与联系。近年来,在企业学习领域,行动学习、绩效改进都是比较热门的话题与技术,许多人搞不清楚它们与复盘之间的区别与联系。因此,在行动时犹豫不决。简单说来,行动学习是一种正式学习的项目设计方法论,指的是针对一个具体问题,组建一个团队,让其在一位教练的引导下,发挥探寻与质疑精神,通过解决这个问题的具体行动过程,获得相关的知识、见解或展现某些能力。而复盘是通过对自己亲身经历、已经发生的事件或行动进行回顾、总结来学习。因此,复盘与行动学习有着很大的差异,参见表10-6。

表10-6 复盘与行动学习、培训与绩效改进的区别

项目	复盘	行动学习	培训	绩效改进
表现形式	一次团队会议及之前的设计、准备与之后的跟进、落实过程	一项任务、课题及一系列学习活动	一次事件/活动,或一个过程	一个定义目标及问题分析与解决的过程
学习来源	对自己亲身经历的事件或行动,进行结构化反思	一个团队通过解决某个问题的行动过程来学习,包括探寻与质疑、团队讨论、教练指导、结构化知识等	讲师或引导者设计并实施的教学活动,包括听讲、讨论、角色扮演等方式	对造成绩效差距的根本原因进行分析,并采取有针对性的干预措施,如培训或工作辅助工具等
发起与实施主体	人人均可设计与实施;可以个人复盘,但更主要的是以团队方式进行	需要专门的设计和运营(通常是培训部门或外部顾问)	通常是培训部门或培训师	通常是培训部、培训经理或绩效改进顾问、HRBP
场域	通常是在工作现场	包括集中学习、讨论和分散行动	通常是在工作场所以外进行	通常是与工作结合

按照表10-6所列的特征,复盘属于发生在工作现场,可以由每个管理者或员工发起的"非正式学习",而行动学习、培训均需要专人设计与实施,属于"正式学习"范畴。与表中其他三类不同,绩效改进的目的在于提升员工或部门的工作表现,其采取的措施可能包括培训(正式学习)、工作辅助工具(绩效支持,属于非正式学习范畴),也可能是改进工作流程、

环境、调岗、明确工作职责与范畴等组织措施。在某种程度上，绩效改进类似一个咨询项目。表中的几种学习技术都有其优点，也有其适用条件，不可偏废。

在实际工作中，可以根据需要，选择最适合的方法。当然，也可以把它们组合起来使用。例如，把复盘嵌入行动学习、绩效改进项目之中，对每个阶段进行回顾，快速调整；项目结束之后，也可以进行系统、全面的复盘。再如，每次培训结束之后，也可以进行复盘，以便后续改进；在一定时间之后（如一个月或季度），对做过的各种培训进行复盘，发现调整的方向或潜在的提升空间。

（8）关于复盘的几个常见误解。在与许多人交流中发现，我们对复盘有很多误解。概括而言之，有以下几个常见误解：

① 可否对他人之事进行复盘？有些人会问，我们可不可以对其他人的事情进行复盘？有一本书也提出可以"复盘他人"。其实，这是因没有理解复盘的本质而产生的误解。复盘的本质就是每个人从自己亲身经历的事件中进行总结、学习。所以，我们不能对他人的事件进行复盘——综合各方面的信息，对他人的事件进行研究、推演或模拟，从中获得一些启发或借鉴，这种方法是"案例研究"。虽然案例研究也是一种很重要的学习方法，但是，因为你不是当事人，不管这个案例写得多么详细，其实都很难还原事实，也无法复现当时的情境，无法让人完整地执行整个复盘的逻辑。所以，案例研究与复盘的信息来源截然不同，学习发生的原理也有明显差异，两者属于不同的学习类型。

② "项目后评估"是复盘吗？很多公司都有类似"项目后评估"的机制，也就是说，做完一个项目或一件事之后，大家坐下来，对其进行讨论、评估或反思。这是不是复盘呢？要回答这个问题，不要只看形式或使用的术语，而应把握其本质。按照复盘的学习机理，真正的复盘一定要对成功的关键要素或者失败的根本原因进行分析，从中学到经验和教训，而不只是简单地回顾或回想，更要与绩效评定与奖惩适当区隔开。虽然简单的事后回想也有价值，但如果没有进行系统的分析，你以为"要是怎么怎么做就更好了"很可能只是一厢情愿的臆测，也许还有其他限制因素；如果真的那么做了，说不定会出现其他问题。因此，要包括一个完整的学习逻辑，从严格意义上说，简单的事后回想不是复盘。

当然，如果你在做"项目后评估"（或者其他术语）时，能有开放的心态、适当的氛围，大家也进行了系统的分析与反思，产生了集体的学习，那么这本质上也就是在做复盘。

③ 复盘是不是一种问题分析与解决的方法？在实际工作中，很多人把复盘当作一种问题分析与解决的办法，通过回顾，找出工作中存在的问题，对其进行原因分析、找出对策，制定行动计划。这种做法合适吗？复盘是一种问题分析与解决的办法吗？

虽然按照复盘的一般过程，需要回顾目标与过程、评估结果，也可以找出一些亮点或不足（问题），并对其进行根本原因分析，但是，这并不意味着复盘就是一种问题分析与解决的方法。事实上，不能把复盘和问题分析与解决混淆，原因有两点：

首先，二者目的不同。复盘的目的是从经验中学习，虽然"学习"也包括解决问题、改正不足，但这只是学习的一部分，并非学习的全部。在实践中，除了一些短平快的非正式复盘可用于或侧重于解决问题，大多数复盘都需要超越问题分析与解决，从广度和深度两个方面进行拓展，以充分体现学习的价值。从广度上看，不仅要从失败、不足或问题中学习，也要全面权衡，把握对学习最有价值的点，包括亮点或成功的做法；从深度上看，不只是解决问题、改正不足，也要深入反思，并举一反三，找出本质与规律。

其次，将二者混一起会产生"副作用"。在复盘时，只注重问题分析与解决，不仅无法发挥复盘这种方法的威力，而且可能让人们过于关注工作任务或问题本身，削减了反思和学习的成分，达不到复盘的效果。若为了解决问题而采用复盘的方法，这个过程就会显得过于"笨重"或烦琐（就像"杀鸡用牛刀"），也不一定能很好地达到解决问题的目的。

因此，在实际工作中，如果你的目的就是解决问题、推进工作，那就可以不做复盘，直接采用市面上很多问题分析与解决的方法；相反，如果你希望不只是解决问题，而是能从工作中学习、帮助我们个人和团队提升能力，就不应该只是关注问题或任务，而应按照复盘的精髓和流程，进行深入的探寻、系统的分析，真正从中学习。

④ 对于变化快的行业，复盘有意义吗？有些人认为，现在变化那么快，复盘只是对过去经验进行总结，会不会没有意义？从过去经历中"复"出来的经验或教训，对于未来是否有指导作用？

这个担忧是不必要的。因为复盘不是简单地回顾、重复过去事情的经过；复盘需要进行深入的分析，找到事物的内在规律，并以开放的心态进行全面的反思，包括目标制定得是否合理，环境是否发生了变化，现有的策略打法是否有效，有无创新的可能，等等。如果发现环境变了，导致我们的目标、组织方式、策略打法等需要调整，也要及时去调整。事实上，虽然行业变化快，但肯定也存在一定规律和关键成功要素，尤其是应该快速试错、迭代优化。为此，复盘不仅有重要意义，也是成功之关键。它不是让你去"低头拉车"，而是让你"抬头看路"、洞悉本质、把握关键、快速创新应变。虽然从过去的事件或项目复盘得出的具体结论并不能（也不应该）直接应用于未来，但这并不意味着我们可以不做复盘，或者复盘没有意义。恰恰相反，对于变化快的行业而言，谁能真正善用复盘，谁才能更快地迈向成功。

⑤ 复盘会不会影响创新？复盘主要是从工作经历中学习，有人担心，复盘会不会"固化"成功，导致僵化，从而影响到我们的创新？甚至有人认为复盘只是看"后视镜"。有这样的担心或错误看法，是因为他们还没有理解、把握复盘的精髓。虽然总结过去的经验，可能让有些人形成"经验主义"，但是，如前所述，复盘是以学习为导向的，真正到位的复盘要挖掘到成功背后的关键因素和失败的根本原因，找到问题的本质与规律，并且保持一个开放的心态，对内外部环境、目标、策略以及执行过程进行反思、分析，这也是复盘必不可少的要素。因此，真正的复盘不是只看"后视镜"，它不仅不会导致封闭、僵化，反而有助于激发创新，让组织不断变得更敏捷。

事实上，一些领先的互联网公司，像谷歌、腾讯、阿里巴巴、小米、美团等，都在积极地利用复盘，推进快速迭代与创新。实践表明，复盘中的集体反思有助于激发创新，实现持续改进与提升。

阿米巴经营的核心是培养人才，复盘是我们从经验中提升能力的重要方法。

三、阿米巴经营改进评价作用

PDCA循环作为科学的工作程序,最早是由美国贝尔实验室的休哈特博士于20世纪30年代提出,后经戴明博士在日本推广应用,所以又称为"戴明环"。PDCA循环——改善提升,原本是产品质量控制的一个原则,作为一个工具和方法,它不仅能控制产品的质量管理过程,还可以有效控制工作质量和管理质量。

阿米巴经营改进评价实现了阿米巴经营改进的工作闭环。

1. PDCA闭环管理

PDCA即是计划(Plan)、实施(Do)、检查(Check)、调整(Adjustment & Action)的首字母组合。

P(Plan)——计划,确定方针和目标,确定活动计划;

D(Do)——执行,实地去做,实现计划中的内容;

C(Check)——检查,总结执行计划的结果,注意效果,找出问题;

A(Action)——行动,对总结检查的结果进行处理,成功的经验加以肯定并适当推广、标准化;失败的教训加以总结,以免重现,未解决的问题放到下一个PDCA循环。

PDCA循环实际上是有效进行任何一项工作的合乎逻辑的工作程序。在质量管理中,PDCA循环得到了广泛的应用,并取得了很好的效果,因此有人称PDCA循环是质量管理的基本方法。之所以将其称之为PDCA循环,是因为这四个过程不是运行一次就完结,而是要周而复始地进行。一个循环完了,解决了一部分的问题,可能还有其他问题尚未解决,或者又出现了新的问题,再进行下一次循环,其基本模型参见图10-6。

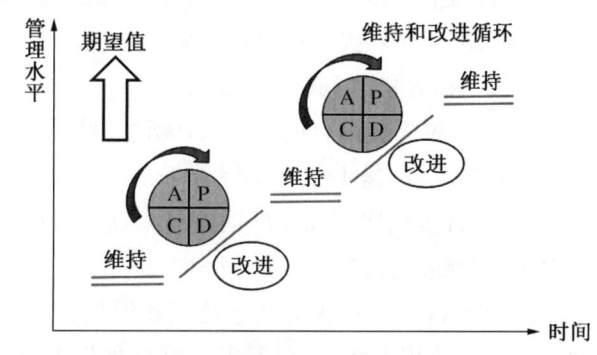

图10-6 PDCA闭环管理示意图

(1) P(Plan)——计划。第一阶段是计划,就是制定质量目标、活动计划、管理项目、措施和方案。计划阶段包括下列工作内容:

① 分析现状,找出存在的质量问题;

② 分析产生质量问题的各种原因和影响因素;

③ 从各种原因中找出影响质量的主要原因;

④ 针对影响质量的主要原因,制定技术组织措施方案,提出措施执行计划和预计效果,并具体落实到执行者、时间进度、地点、部门和完成方法等方面。

(2) D(Do)——实施和执行。第二阶段是实施。就是将制订的计划和措施,进行组织实施和执行。

(3) C(Check)——检查。第三阶段是检查。就是把执行的结果与预定的目标对比,检查计划执行的情况,是否达到预期的效果,哪些做对了,哪些做错了,成功的经验是什么,失败的教训是什么,原因在哪里。

(4) A(Action)——行动。第四阶段是总结它包括两个内容:

① 总结经验教训,巩固成绩,处理差错。把成功的经验肯定下来,定成标准,以便再干时有所遵循,失败的教训也要加以总结整理,记录在案,作为借鉴,防止以后再度发生;

② 把没有解决的遗留问题,转入下一个管理循环,作为下一阶段的计划目标。

PDCA 循环四个过程不是运行一次就结束,而是周而复始地进行,一个循环完了,解决一些问题,未解决的问题进入下一个循环,实现阶梯式上升。

PCDA 循环实际上是有效进行任何一项工作的合乎逻辑的工作程序。在质量管理中,因此有人称其为质量管理的基本方法。无论哪一项工作都离不开 PDCA 的循环,每一项工作都需要经过计划、执行计划、检查计划、对计划进行调整并不断改善这四个阶段。

2. PDCA 循环运用注意事项

① 应用 PDCA 循环首先必须制定好目标、标准、法规、程序。一般来说,PDCA 循环就是各级组织按照产品或劳务的质量要求,沿着特定的制造或服务程序,为达到某一时期的目标,而周而复始地循环的管理过程。可见,PDCA 循环像链条一样把企业的目标、标准、法规、程序连在一起,从而增强了企业的凝聚力,使企业的管理工作得到提高和发展。

② PDCA 循环要有针对性。就是要把影响质量的根本性问题作为解决的对象,选准目标,有的放矢,才能收到较明显的效果。

③ PDCA 循环具有期限要求,无论在哪个层次的 PDCA 循环都要有明确的期限。没有时间约束的循环,是不会有实际效果的。对于不同的管理层次,循环时间的长短也是不同的。一般来说,层次越高循环周期越长,层次越低循环周期越短。有了时间约束,管理工作的效率也会随之提高。

④ PDCA 循环应做好奖惩兑现和原始记录。一个循环结束后,如果不搞好奖惩兑现,就不利于调动积极性,不利于下一循环的顺利进行。做好原始记录,可以为以后的管理工作提供信息,还可以为奖惩兑现提供可靠依据。此外,还可以为领导决策提供依据,为转入下一循环提供原始资料。

总之,运用 PDCA 循环,可以使各项管理工作更加条理化、规范化、系统化、科学化,从而使企业经营管理工作不断提高到新的水平。可以这样说,PDCA 程序的转动过程,就是质量管理活动(或其他各项工作)开展和提高的过程。

3. 实现阿米巴经营改进的闭环管理

PDCA 循环每循环一次都会有螺旋上升,每一轮循环结束后,进行评价的目的就是实现阿米巴经营改进闭环管理。经过一次 PDCA 循环,阿米巴组织面对的一些问题被解决了,其经营水平得到了一定的提高。通过评价,运用方法和依据,将上一轮遗留的问题进行总结,提出新的目标,进行下一轮 PDCA 循环。这样周而复始地无限循环改善,最终将阿米巴组织打造成一个坚强而有活力、全员主动参与的团队。阿米巴经营是组织精益求精的修炼过程,要将阿米巴经营做到极致,PDCA 循环是持续经营、良好经营的保障,如果一个组织 PDCA 循环的速度比较快,其经营水平就比较高;反之,就比较低。

阿米巴经营就像一场赛马,我们要在"赛马"中成长,在"改善"中成熟。

阿米巴经营是把一个个阿米巴组织通过独立核算加以运用,在企业内部不断地培养经营人才,实现全体员工共同参与的全员参与性经营。这一定义中,有几个核心的词语,第一个是人才培养,第二个是独立核算,第三个是全员参与。

阿米巴经营成果评价,是 PDCA 管理的最后一环,也是实现 PDCA 闭环管理的关键步骤。通过阿米巴经营评价,将有助于阿米巴组织经营目标的实现。

① 通过阿米巴经营评价,为巴组织提升经营能力,开展循环改善打下基础。

② 通过阿米巴经营评价,对巴组织已经既得的经营成果有效性认定,有利于发现亮点、找出不足,聚焦改进和提升,发扬优势,提高竞争力。

③ 通过阿米巴经营评价,能有效培养巴长的系统思维能力,实现"事上练",在实践中,为组织培养具有老板意识和经理能力的人才。

④ 通过阿米巴经营评价,让全体员工深刻体会 PDCA 闭环管理思想的实现方法和路径。

⑤ 通过阿米巴经营评价,是组织提炼总结、分享经验、积累知识、传承学习、改进提升的重要方式。

4. 构建阿米巴经营赛马机制

实施阿米巴经营的目的是培养人才,而经营人才需要在现场得到成长。人才成长的快慢,需要比较才能得出结论,通过比较寻找改进空间。某钢铁公司运用基于阿米巴经营改进模式、组织各工序微巴,开展多层次"赛马",通过"比、学、赶、帮、超"营造奋力追赶的竞争氛围,实现增益降本,提升 M 端极致竞争力,实现"一马当先"到"万马奔腾"的竞相超越局面,参见图 10-7。

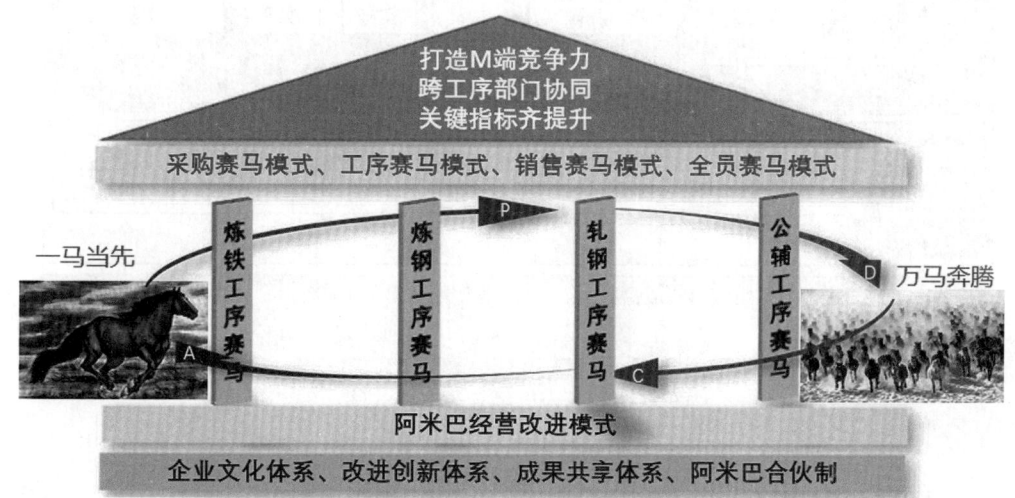

图 10-7 某钢铁公司赛马机制模式图

第十一章
阿米巴改进成果固化

成果固化是将通过认定、审核和评审后的改进成果的取得方法,按照一定流程和程序,进行整理、审核、发布。用以替代原来的工作流程,实质是建立新的秩序、标准、准则和流程的过程。

凡成功的、有效的阿米巴经营改进成果,都需要在评审、评价后,对这些成果进行固化。固化的作用与目的是形成组织的知识,用于传承、交流与分享。阿米巴经营改进,是真正意义上的全员参与的改进,项目众多,成果丰富。巴组织对成果的提炼、确认、固化也更加重要。阿米巴经营改进成果固化,也与组织建立的改进体系及其运行水平密切相关。

很多组织都建立有质量管理体系和基于质量管理体系的改进工作体系。对改进成果的确认、固化,也都有相关流程和程序控制,如一般是通过修改、完善工艺文件,编制、改善标准作业指导书,发布新的标准与作业文件等方式实现。

新编制或修订可视化标准作业指导书,是进行成果固化最常用方法。标准化是培养工匠精神的基础,更是开展精细化管理的重要手段(图11-1)。

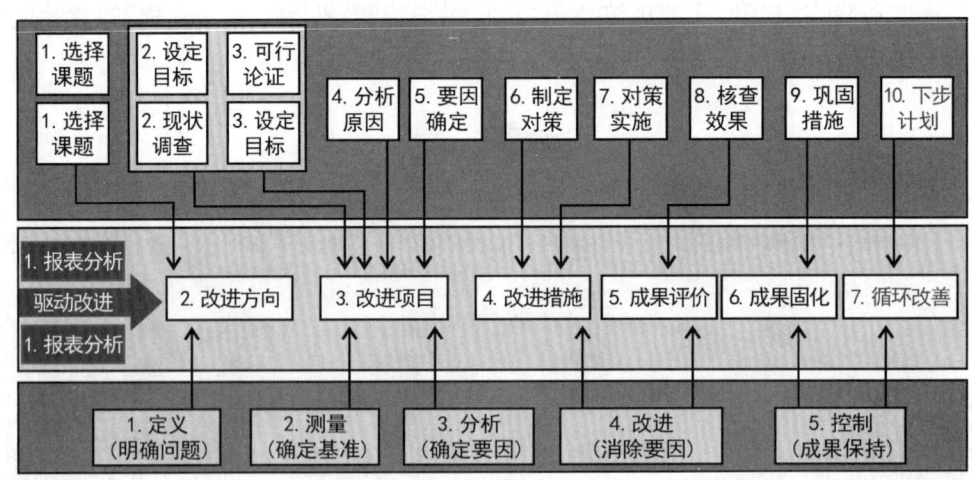

图11-1 阿米巴经营改进模式图

一、标准化管理

规范、标准是统一的技术要求、管理要求,是进行规范化管理、复制与推广的基础。

标准是科学、技术和实践经验的总结,所谓标准化就是在一定的范围内获得最佳秩序,对实际的或潜在的问题制定共同的和重复使用的规则的活动。有技术标准和管理标准两类标准。

技术标准是对技术活动中,需要统一协调的事物制定的技术准则,它是根据不同时期的科学技术水平和实践经验,针对具有普遍性和重复出现的技术问题,提出的最佳解决方案。

管理标准是企业为了保证并提高产品质量,而规定的经营管理、业务管理的具体要求。

根据使用目的,标准还可以分为维持标准和改善标准。维持标准是标准化作业的依据;改善标准是改进提升的目标,一旦固化、发布,它就是新的维持标准。标准需要强制执行。

标准化管理是指企业在生产经营、管理范围内获得最佳秩序,对实际或潜在的问题制定规则的活动。

1. 标准与标准化

(1) 标准。标准是"为在一定的范围内获得最佳秩序,对活动或其结果规定共同的和重复使用的规则、导则或特性文件。该文件经协商一致制定并经一个公认机构的批准。"

《中华人民共和国标准化法》规定,我国标准分四级,分别是国家级标准、行业标准、地方标准以及企业标准。另外,在四级标准之外,又增设了"国家标准化指导性技术文件",作为对四级标准的补充。按性质,标准可以分成管理标准、技术标准和作业标准,其中技术标准是企业进行生产技术活动的基本依据,是企业标准化体系的核心;管理标准是确保产品质量和服务质量的不可缺少的条件,是企业管理现代化、科学化的基础;工作标准是使企业员工职责分明,提高劳动效率和工作水平的基础,是保证技术标准和管理标准贯彻实施的必要条件。按约束力分类,标准可以分为强制性标准和推荐性标准。强制性标准是技术法规的一部分,是指具有法律属性,在一定范围内通过法律、行政法规加以实施的标准;推荐性标准是指生产、交换、使用等方面,通过经济手段调节而自愿采用的一类标准。

标准和质量是两个密切联系的概念,两者在循环过程中互相推动,共同提高。"没有规矩,不成方圆"。标准是衡量产品或服务质量和各项工作质量的尺度,也是组织开展运营活动和经营管理的依据。

(2) 标准化。标准化是"是在一定的范围内获得最佳秩序,对实际的或潜在的问题制定共同和重复使用的规则的活动"。标准化有四大目的和作用:技术储备、提高效率、防止再发、教育训练。

标准化的活动贯穿于质量管理的全过程,是推动质量管理的重要举措。在质量管理的基本程序——PDCA 循环过程中,标准化是处置(A)阶段的核心内容和重要环节。没有标准化,就不能对改进的成果进行固化,也不能保证质量改进活动,一步一步地向更高水平迈进,实现循环改进提升目标。

组织开展标准化工作,就是按照标准化的原理,将业务活动中经常重复出现的"事"和"物",用标准的形式统一起来,作为指导业务活动的准则和依据。没有种类标准,就无从进行质量管理;从一定意义上而言,质量管理的过程也就是标准化的过程。

标准化是组织管理的重要基础和手段,它为实现各项管理职能提供了共同的准则。同时,它也是提高产品/服务质量和发展新品种的重要手段。通过标准化工作,将有利于使组织的生产、技术、经营等业务活动合理化,改进质量、提高效率、降低成本,以利于组织目标的实现。

2. 标准化的方法

标准化包括产品标准化、零部件标准化、质量标准化、作业标准化等方面的内容。标准化是开展组织管理工作的基础,也是提升组织管理水平的基础。这里我们只讨论作业标准化方面的问题。

怎样将标准"化"作为工作、实践中需要的准则、行为、习惯。这是标准化需要和解决的系列问题。从目前资料来看,国内还没有一个企业能像国外优秀企业一样建立起属于自己的、有特色的标准化管理体系。很多企业虽然也进行了探索,取得了一些成果,但却没有持之以恒地坚持和坚持不懈地实施。

"化"的目的是让标准简单、直观,对员工行为能产生"随风潜入夜,润物细无声"的效果。

当然,制定发布的标准首先应当具备标准的特点。它对于过程的要求或产品、服务的性质的表述,应当是唯一和精准的、没有任何歧义,并且全面、科学。

标准化就是把标准化成指导我们行为准则的方法或过程,使不同人的工作过程一致、过程输出结果一致。实践证明,将标准以目视化或可视化的方式来具体化、步骤化,即编制"可视化标准作业指导书"(SOP)是最为有效的标准化方法。

二、标准作业

标准作业是以人的动作为中心,以没有浪费的操作顺序和有效的生产作业方法。前提是以人的动作为中心和反复作业。是在总结提炼现场最佳实践的基础上,集成各项要求而成。

在组织的现场管理中,通常会涉及作业标准和标准作业两个不同的概念。

作业标准是指导作业者进行标准作业的要求,强调的是作业的过程和结果,如气压、轴承温度、设备振动幅度、转动速度等条件和作业方法。

作业标准有如下特点:代表了最好、最容易、最安全的工作方法;将专业技巧和最佳技术固化保存;提供了一个衡量绩效的基准;创建维持和改善的基础;防止错误再发生,使变异最小化;实施有效的教育培训。

标准作业包括确定生产/服务节拍时间、人的纯作业时间、设备加工时间、最少的中间在制品数量和制定标准作业程序等。

作业标准是每个作业者的基本行动准则;标准作业应满足作业标准的要求。

1. 标准作业流程的含义

作业程序就是将要做的事情按预先设定好的步骤进行工作。标准作业流程(程序)

（Standard Operation Procedure，SOP）是将某一事件的标准操作步骤和要求以统一的格式描述出来，用来指导和规范日常的工作，其精髓是将关键控制点细化和量化。让员工知道做好事情的要求和基本点，并可用于对员工绩效的量化考核。标准作业流程有以下三个要素：

（1）周期时间。周期时间是指完成本流程所需的必要的全部时间。在我们的工作中，如果没有周期时间限制，而是我们任意的按照自己的想法，推迟或提前完成规定的工作，这两种情况均是不可取的。慢了下道工序将出现等待，快了便也增加了消耗，从而使下道工序出现工作积压，造成浪费。所以说，不管我们在做哪一道工序，都需要一个标准的工作时间，保证服务的及时、准确。

（2）作业程序。作业程序就是将要做的事情按预先设定的好的步骤进行工作。如果没有作业程序或者作业程序不明确，或不遵守，都会造成延迟工作的完成，造成工作完成质量的不合格，甚至根本就完不成工作。如果我们每一道工序都没有标准程序，试想整个工作现场将会变得如何的混乱不堪，将会造成多大的浪费，会有多少不均衡，不合理的现象发生。这种状况，除了客户不满意外，就连本公司的员工也很难满意。作业程序既是作业者执行的标准也是上级考核下级的依据。所以，要想创造客户、员工满意度，各个工序都必须制定一个严格的、益于执行的作业程序。按照作业程序进行作业也是确保在周期时间内完成工作的重要保障。符合标准、满足标准的要求，是工作和作业的起码条件、基准。

（3）标准手头存活量。标准手头存活量是指维持正常工作进行的必要的库存量，其中包括即将消化的库存。

所有事情的发生不会绝对按人们的计划来发生，而是充满了可变性和不可预见性。为了预防这种情况的发生，给工作造成不便与紧张，我们必须备有适当的，可以随时调用的资源。这一步是保证前两步实现的基础，是保证所有工作进行的前提。因此无论什么时候都必须有标准手头存活量，而过多将视为浪费。

2. 标准作业流程的作用

在工厂，所谓"制造"就是以规定的成本、规定的工时、在规定的时间内生产出品质均匀、符合规格的产品。要达到上述目的，如果制造现场工序的前后次序随意变更，或作业方法或作业条件随人而异的话，一定无法生产出符合上述目的的产品。因此，必须对作业流程、作业方法、作业条件加以规定并贯彻执行，使之标准化。

此外，标准化还可以用作目视化管理的工具，通过图、表、文字的方式，进行可视化描述。

标准化的作用主要是把企业内的成员所积累的技术、经验，通过文件的形式来加以保存，而不会因为人员的流动，整个技术、经验跟着流失。达到个人知道多少，组织就知道多少，也就是将个人的经验（财富）转化为企业的财富；更因为有了标准化，每一项工作即使换了不同的人来操作，也不会因为不同的人，在效率与品质上出现太大的差异。如果没有标准化，老员工离职时，他将所有曾经发生过问题的对应方法、作业技巧等宝贵经验装在脑子里带走后，新员工可能重复发生以前的问题，即便在交接时有了传授，但凭记忆很难完全记住。没有标准化，不同的师傅将带出不同的徒弟，其工作结果的一致性可想而知。

3. 标准作业流程界定

作业标准化，就是在对作业系统调查分析的基础上，将现行作业方法的每一操作程序和每一动作进行分解，以科学技术、规章制度和实践经验为依据，以安全、质量效益为目标，对作业过程进行改善，从而形成一种优化作业程序，逐步达到安全、准确、高效、省力的作业效果。创新改善与标准化是企业提升基础管理水平的两大抓手。改善创新是使企业管理水平不断提升的驱动力，而标准化则是防止企业管理水平下滑的制动力。没有标准化，企业不可能维持在较高的管理水平。

标准化作为一门科学、方法，是对人们有组织，有目的的社会实践活动，进行规范化管理的方法，其目的是提高效率，控制输出结果的一致性。随着改进深入开展，这种实践的成果和方法总结，实现量变到质变，推动标准化理论的发展。标准化的形式是由标准化的内容决定的，并随着标准化内容的发展而变化，但标准化的形式有其相对的独立性和自身的继承性，并反作用于内容，影响内容，标准化过程是标准化的内容和形式的辩证统一过程。

三、SOP 编制流程和方法

标准化是组织非常重要的一项基础管理工作，一般都会有部门和人员负责标准化工作的开展。按照组织的统一规划，各相关职能部门应首先识别和确定主流程，然后根据主流程，识别确定相应的子流程，再依据每一子流程，识别确定出对应工作流程或程序。在每一程序中，要识别确定出相关方要求，怎样控制，如何测量评价，关键质量控制点是什么等。哪些控制点需要形成 SOP，哪些控制点不需要 SOP 等，每一级的管理标准都应当清清楚楚。

1. 岗位工作任务统计表

组织根据确定的生产工艺、内部管理等工作流程，安排相应的岗位和人员进行工作，为加强管理，组织按照区域或工艺流程，划分成不同的组织形态，如车间、班组或小巴、微巴进行管理，实现生产经营目标。这时，车间、班组或小巴、微巴等组织，就有具体的工作任务和流程，班组、微巴需要对组织的工作任务进行梳理统计，形成"岗位工作任务统计表"。对每一个工作或流程要有清晰的顾客或向下道工序进行流转的说明。

"岗位工作任务统计表"是班组（或基层巴组织）编制 SOP 的基础。在编制 SOP 前，首先要明确班组或基层巴组织有哪些工作任务，工作任务如何分解（如检维修岗位更换部件时可以分为更换前准备、停机拆卸、设备检测及组装试运行等）。明确需要编制的 SOP 名称、完成时间、责任人等。

"岗位工作任务统计表"的内容，一般涉及工作类别、具体工作任务、SOP 名称、SOP 编号、责任人、完成时间、跟踪人等内容。参见表 11-1。

梳理岗位工作任务统计表时注意事项如下：

① 班组全员讨论，形成大家认同的分类方式。最好请上一级业务主管部门，尤其是 SOP 推进部门的老师或领导参加讨论会，能够现场得到指导，少走弯路。

② 形成的岗位任务统计表要经班组所有成员签字认可。

③ 形成的岗位任务统计表要报请上级主管部门领导进行审批，通过后方可进行任务的

再分解。

④ 岗位任务统计表的内容、格式不强求一致,以充分说明问题为原则。

⑤ 统计表一定要做到不遗漏、不重复。

⑥ 有工作任务与流程转接时,要明确与上、下道工序的具体岗位对接,通常在备注栏说明。

表 11-1　某公司检验岗位工作任务统计表

序号	工作类别	任务	SOP 名称	SOP 编号	责任人	完成时间	跟踪人
1	烧结矿样品	分析	烧结矿样品 X 荧光仪分析可视化标准作业指导书	QZ/NG 31 04 19800-01	张梅	2021年3月	邱霞
2	…	…	…	…	…	…	…

2. 岗位任务识别表

班组或基层巴组织是企业最基层的一级组织形态,面对许多具体工作,安全管理、质量管理、设备管理、生产成本、人员培训、绩效考核等诸多方面。可谓是"上面要求千条线,班组工作一针穿"。班组长或巴长可以通过 SOP 这个工具来穿好"千条线",使这些要求在班组工作中都能得到体现,班组通过梳理、总结、归纳,形成"岗位任务识别表"可以对工作任务的要求如"安全、质量、设备、成本、人员资质、时间节拍"等,结合实际工作,识别出每一过程可能会产生的问题和意外,同时梳理总结出岗位人员最佳实践,总结提炼出应对这些问题的方法和最佳个人。促进先进经验的分享,使员工知识显性化并得到沉淀和总结,以便更好地传承。

"岗位工作任务识别表"由"工作任务、使用资源、技术与管理要求、指标、管理值、可能出现的差错、可能结果、应对措施、谁做得最好"等方面组成。其中"工作任务、使用资源、技术与管理要求、指标、管理值"由生产单位或部门、车间等组织梳理完成,"可能出现的差错、可能结果、应对措施、谁做得最好"由生产单位或部门、车间等组织班组成员、巴员讨论完成,参见表 11-2。如果作业流程比较复杂,可以分阶段进行,参见表 11-3~表 11-5,某微巴对"更换精轧机辊箱"工作流程,就分为"准备、拆卸、安装"三个小阶段。

"岗位工作任务识别表"需由组织的相关专业管理的科室和车间、班组所有成员(或巴员),共同参与梳理、讨论形成,并提炼现场组织的最佳实践经验。最佳实践必须是安全、高效、低成本、简单、适用,是组织经营的典型方法。

"岗位工作任务识别表"一旦确认后,参加梳理、讨论人员,现场岗位所有成员必须签字认可。它是编制 SOP 的依据,也是生产工艺管理的机密性文件,必须做好保密,防止外漏,影响公司竞争优势的保持。

"岗位工作任务识别表"是该岗位作业的具体作业标准,该作业标准满足了安全、质量、技术、工艺、设备、成本、效率等多方面的综合性要求,是编制 SOP 的标准依据,属于企业的机密性文件,也是构成公司核心竞争力的重要组成。

表11-2 某公司烧结矿元素分析工作任务识别表

序号	主要工作任务	使用资源	技术与管理要求	指标	管理值	可能出现的差错	可能结果	应对措施	最佳实践
1	称取试样	BSA124S 电子天平	精确度为万分之一的电子分析天平	烧结矿样品质量	0.6000 g± 0.0002 g	外环境振动，天平不稳定	称量不准确	外环境稳定，振动消除后，再称量	邱灵
						天平没有校正	称量不准确	天平校正后重新称量	
2	熔样	TNRY-01A 电熔样炉	将试样装入白金坩埚后，并置于电熔样炉中	温度	(950±5)℃	熔样温度过低	熔样不完全，影响分析结果	熔样前查看电熔样炉温度，及时调整	杨参
						熔样温度过高	脱模剂挥发加快，试样取不出来	熔样前查看电熔样炉温度，及时调整	
				时间	20 min	熔样时间不足	熔样不完全，影响分析结果	确认熔样计时器准确时，否则须更换	邱灵
						熔样时间过长	过熔，试样取不出来	确认熔样计时器准确时，否则须更换	
				安全防护率	100%	防护不符合规范	烫伤	作业前确认防护用品是否穿戴齐全	
3	目视检查样片		熔样片	将熔样片置于操作台面，从上垂直，斜面45°目测样品是否平整度	平整度	≥98%	不平整	分析不准确	取样时，样品在铂金坩埚内充分摇匀	李东红
			样片中心点1.4 cm半径的圆形区域范围内，肉眼看不到气孔	样片中心气孔	0	有气孔	分析不准确	保证环境无尘，样品在铂金坩埚内摇匀时间为3~5 s	
4	仪器校准校定曲线	X荧光分析仪，2个烧结矿标样	每天白班接班时用烧结矿标样连续分析三次，间隔一分钟，连续三次分析，常规元素数据误差±0.35内	三次读数准确率	100%	标样分析数据超出误差范围	烧结矿熔片曲线漂移	重新做烧结矿熔片曲线	陶玲

344

续　表

序号	主要工作任务	使用资源	技术与管理要求	指标	管理值	可能出现的差错	可能结果	应对措施	最佳实践
5	样片分析	X荧光分析仪	用X荧光仪分析样片	连续三次分析数据误差	±0.35	超出误差范围	样片表面污染	重新熔片分析	龙友震
			将分析数据准确记录在化验登记本上	记录准确率	100%	数据错误	样片未放正	放正后，重新分析	
6	数据录入	ERP系统	登录ERP系统，录入样片分析数据	录入准确率	100%	数据错误	影响ERP系统中录入数据准确	记录数据与X荧光分析仪的显示结果进行核对，确认	
							影响生产组织的调整	与记录核对无误后，向ERP提交分析结果	

表11-3　某钢铁公司更换精轧机辊箱（准备）工作任务识别表

序号	主要工作任务	使用资源	技术与管理要求	指标	管理值	可能出现的差错	可能结果	应对措施	最佳实践者
1	人员分工	岗位人员	A、B角分工明确，作业内容无遗漏	遗漏率	0	遗漏部分作业内容	造成设备事故	作业前分工明确，A、B角按规定流程进行作业	沙鹏飞
2	工具准备	所需工具	所需工具及时到位，正确、无遗漏，百分表误差在范围内，型号	工具准确率	100%	工具型号不对	时间有延误，影响生产	作业前核对工具数量	徐永贵
				百分表误差	<0.02 mm	误差过大或损坏	影响检测精度，影响成品质量	作业前仔细校对精度	杨学军
				遗漏率	0	工具准备有遗漏	时间有延误，影响生产	作业前核对工具型号	丁可俊

续表

序号	主要工作任务	使用资源	技术与管理要求	指标	管理值	可能出现的差错	可能结果	应对措施	最佳实践者
3	行车协调	行车	提前协调好行车，到位准时	行车等待时间	<2 min	等待行车时间长	时间有延误，影响生产	提前协调好	刘玉平
4	备件确认	辊箱备件	新备件编号无误，需更换架次无误。	编号准确率	100%	装错辊箱	时间有延误，影响生产甚至引起质量事故	提前核对备件编号	杨学军
				架次准确率	100%	换错架次	可能造成设备及质量事故	提前确认架次	杨学军

表 11-4 某钢铁公司更换精轧机辊箱（拆卸）工作任务识别表

序号	主要工作任务	使用资源	技术与管理要求	指标	管理值	可能出现的差错	可能结果	应对措施	最佳实践者
1	挂牌、停电、停站	检修牌	作业前必须挂牌、停电，登记停3#润滑站	挂牌执行率	100%	作业人员未按要求挂牌停电	设备突然启动造成安全事故	作业人员按要求挂牌停电	杨学军
				停站执行率	100%	未停润滑站	造成大量润滑油泄漏，易产生火灾，环保事故	作业人员按要求停3#润滑站	杨学军
2	启动按钮，打开护罩	操作箱	找到"精轧机护罩开启"并按住，开启护罩，开启到位后插上安全销	按钮操作正确率	100%	按错按钮	时间有延误，以及发生安全事故	操作前确认按钮无误	徐永贵
				安全销投入执行率	100%	未插上安全销	发生安全事故	操作前确认安全销是否投入	徐永贵

续 表

序号	主要工作任务	使用资源	技术与管理要求	指标	管理值	可能出现的差错	可能结果	应对措施	最佳实践者
3	拔出定位销	拔销器	拔销器丝杆旋入销子螺孔,拉锤平稳向外敲击,拔出定位销	丝杆旋入深度	>12 mm	旋入深度不够	造成丝杆拉脱、螺纹损坏,拆卸困难,作业耗时长	保证丝杆旋入深度	沙鹏飞
4	退出调整杆	拔销器	用拔销器拔出调整杆	拔出长度	>12 mm	拔出长度不够	起吊时,无法吊出辊箱,损坏丝杆部件,造成设备损坏	保证调整杆完全退出	沙鹏飞
5	安装吊耳	吊耳	在正确的吊点入吊耳	吊点位置正确率	100%	吊点位置不正确	辊箱失衡,吊出困难,耗时长	在正确位置安装吊耳	沙鹏飞
				吊耳旋入深度	>15 mm	旋入深度不够	造成吊耳拉脱,产生安全事故	保证吊耳旋入深度	徐永贵
6	起吊	行车、吊链	清理辊箱周围杂物,指挥行车平稳吊出辊箱	异物掉入率	0	有异物掉入设备内	影响油品质量,损坏设备	起吊前清理辊箱周围,无异物掉入设备内	丁可俊
				吊链倾斜角度	<5°	吊绳过于倾斜	辊箱失衡,吊出困难,耗时长	起吊前指挥行车,使吊链倾斜度<5°	徐永贵

表 11-5 某钢铁公司更换精轧机辊箱（安装）工作任务识别表

序号	主要工作任务	使用资源	技术与管理要求	指标	管理值	可能出现的差错	可能结果	应对措施	最佳实践者
1	清洁贴合面	锉刀、擦拭纸、破布	贴合面清洁干净，无凸起物或毛刺	表面凸起处数量	0	有凸起点	有漏油现象	清理表面，干净平整无凸起物	沙鹏飞
2	安装前最后一次确认备件	新辊箱备件	新备件完好，完全符合使用要求	编号正确率	100%	编号不对，用错备件	造成设备或产品质量事故	作业前确认备件编号是否正确	杨学军
3	安装	行车	安装时保证辊箱上表面在水平位置	高低落差	<2 mm	落差大	装配困难，影响作业总耗时	调整到水平位置	杨学军
4	安装定位销	手锤	对正销孔，安装定位销	销孔对正偏差	<0.5 mm	销孔偏差大	定位销安装困难，影响作业总耗时	调整辊箱位置，对正销孔	徐永贵
5	紧固螺栓	扳手、手锤	紧固时要两边对称紧固，同时合缝，无缝隙。	对称紧固执行率	100%	两边紧固不对称	安装不到位，不合缝，有间隙	两边对称紧固	沙鹏飞
6	关闭护罩	护罩、操作箱		合缝率	100%	不能够合缝，有间隙	有可能致使开机后漏油	保证贴合合面无缝隙	沙鹏飞
7		检修牌	没有异物遗留在护罩内	异物遗留率	0	有异物遗留在设备内	造成设备及安全事故	护罩关闭前仔细检查设备内	徐永贵
	摘牌送电		作业完成后及时（两分钟内）摘牌送电	摘牌及时率	100%	不及时（超过两分钟）	影响总作业时间，延误开机生产	作业后及时摘牌	丁可俊

3. 编制 SOP

SOP 一般由"图示区、详细作业步骤、关键点、管理值、注意事项、编制依据及变更记录"等六大要素组成。这些要素基本体现了岗位工作流程要求及工作经验、技巧等。通过 SOP,将组织的最佳实践和经验进行显性化、固化,使员工的知识能够传承,实现了"员工可以离开,但知识要留下"的管理目标,同时也营造了员工自我改进、自我完善良好机制,有利于组织的知识管理和经验分享,是人人参与的重要形式,也是员工实现自我成长的重要方式,参见图 11-2。

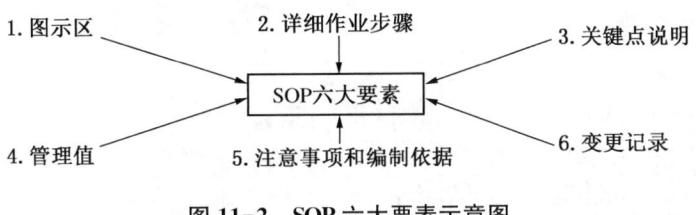

图 11-2　SOP 六大要素示意图

(1) 图示区。编制 SOP 时,编制者要充分考虑梳理确认的"岗位工作任务识别表"中各步骤的要求和现场人、机、料、法、环、测等要素,综合运用图片进行说明。图片运用过程中,可以运用制图软件对图片进行标注、说明,力求直观、无歧义。对最易出现误差、说不清楚的地方,最好使用图片,图片使用的目的性要强,不能为了可视化而可视化。

(2) 详细作业步骤。主要对工作流程与步骤顺序进行说明,要求按"5W1H"的原则进行"可视化"描述,即描述性语言必须精准,体现精细化要求,以所有人阅读后都不可能产生歧义为原则。可以结合图示区进行说明。详细作业步骤中应对实施每个步骤设定标准时间,体现工作节拍,使整个生产流程高效,避免流程节点出现等待等浪费现象。

(3) 关键点。这是对本作业流程或过程中的关键性步骤,运用"二八原则"进行提炼,在 SOP 中,一般结合与之相对应的管理值来体现。

(4) 管理值。这是用于控制、考核或评价该工作的效率与效果的指标与目标值,体现出工作过程的关键性结果要求。管理值与关键点配合使用,可突出关键和重点。

(5) 注意事项。这是指做本工作或流程时,需要特别强调的,一般是对资质、工前准备及特殊要求的重点提醒。

(6) 编制依据及变更记录。编制依据是用来说明此份 SOP 是依据哪些标准、制度和要求编制的。

变更记录是用来说明对 SOP 的改进、提升情况及版本号变更、调整等相关信息,参见图 11-3。图 11-3 是按照表 11-2 识别的内容,编制出的可视化标准作业指导书(SOP)。流程式 SOP,参见图 11-4。

流程式 SOP 比较粗,不能表达精细的操作要求和技巧。为充分、完整表达标准作业的精髓,对需要进行细化描述的作业,按照可视化要求,编制 SOP,突出标准化作业的详细要求。参见图 11-5~图 11-7。

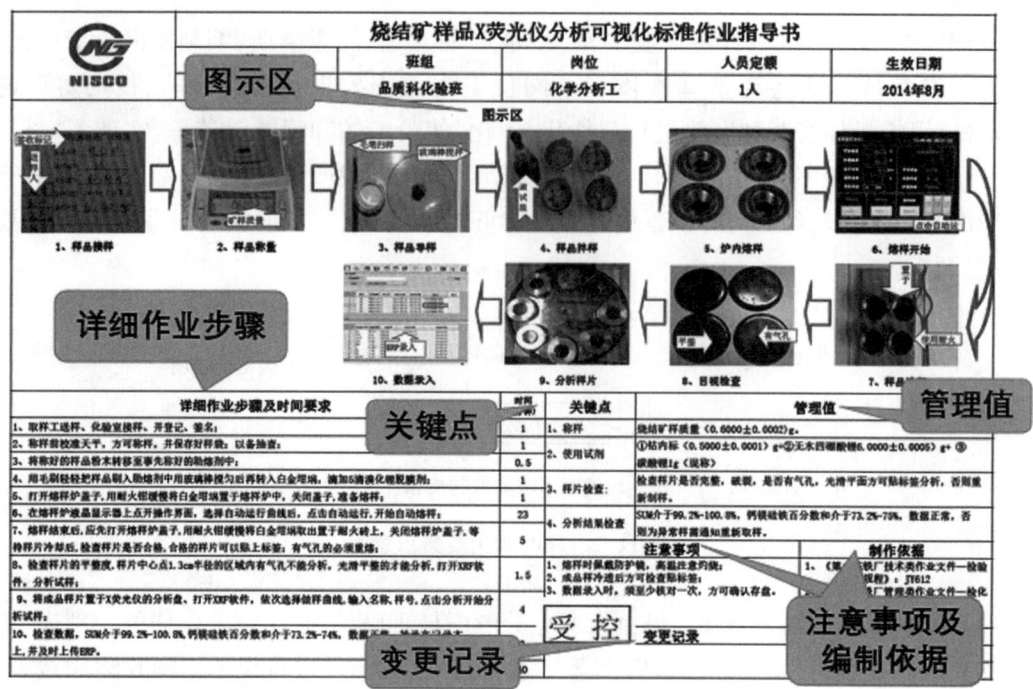

图 11-3 可视化标准作业指导书(SOP)实例示意图

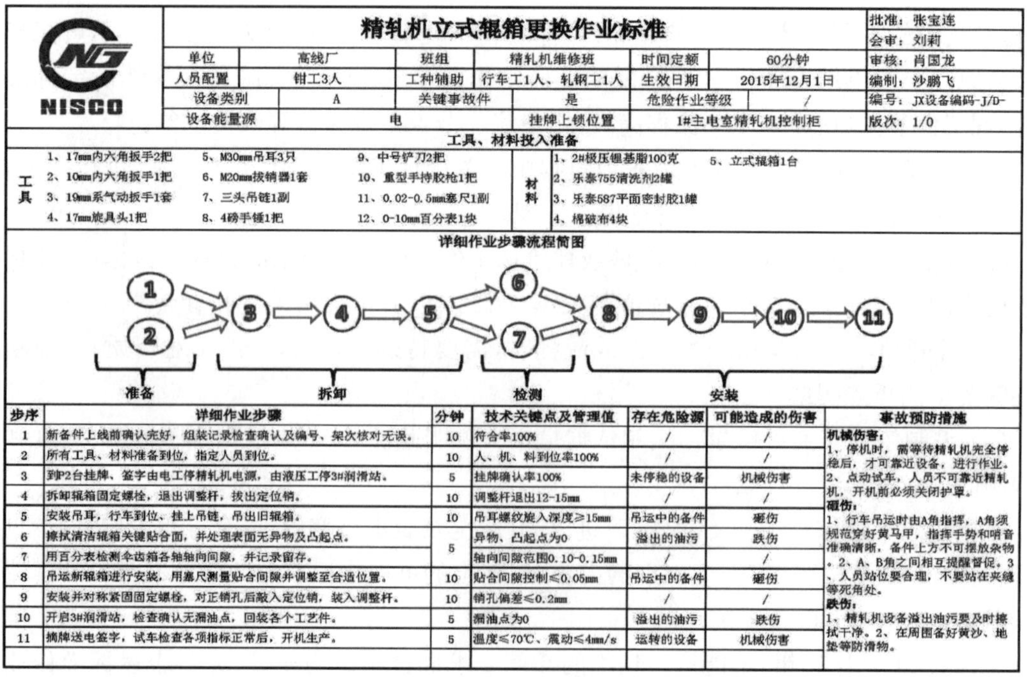

图 11-4 流程式标准作业指导书(SOP)实例示意图

第十一章 阿米巴改进成果固化

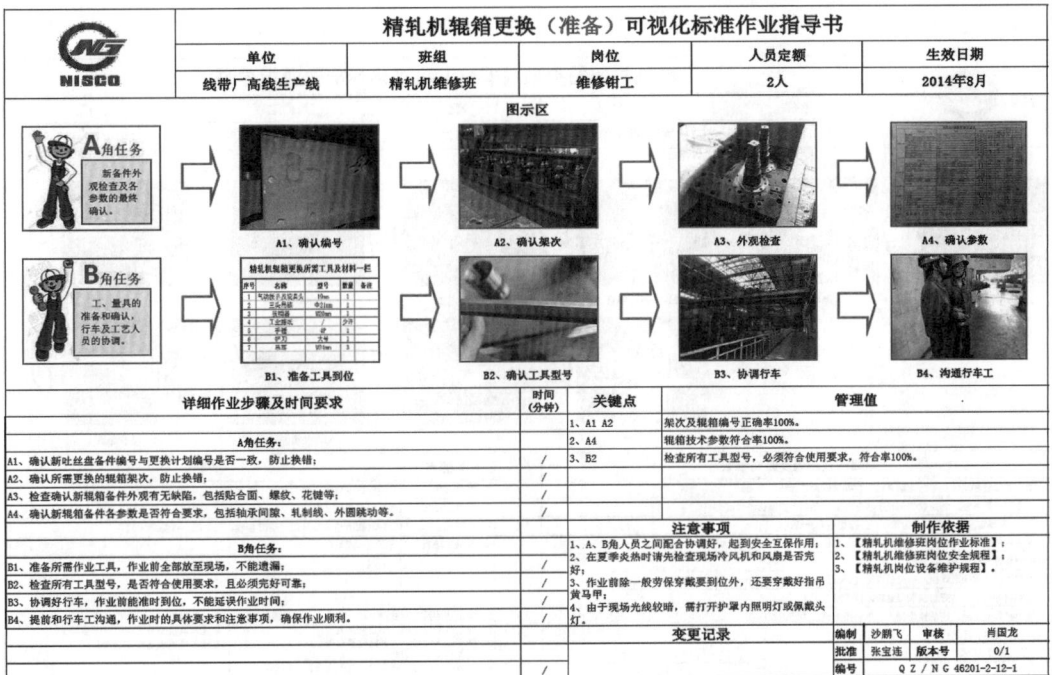

图 11-5 某公司可视化标准作业指导书实例(1)

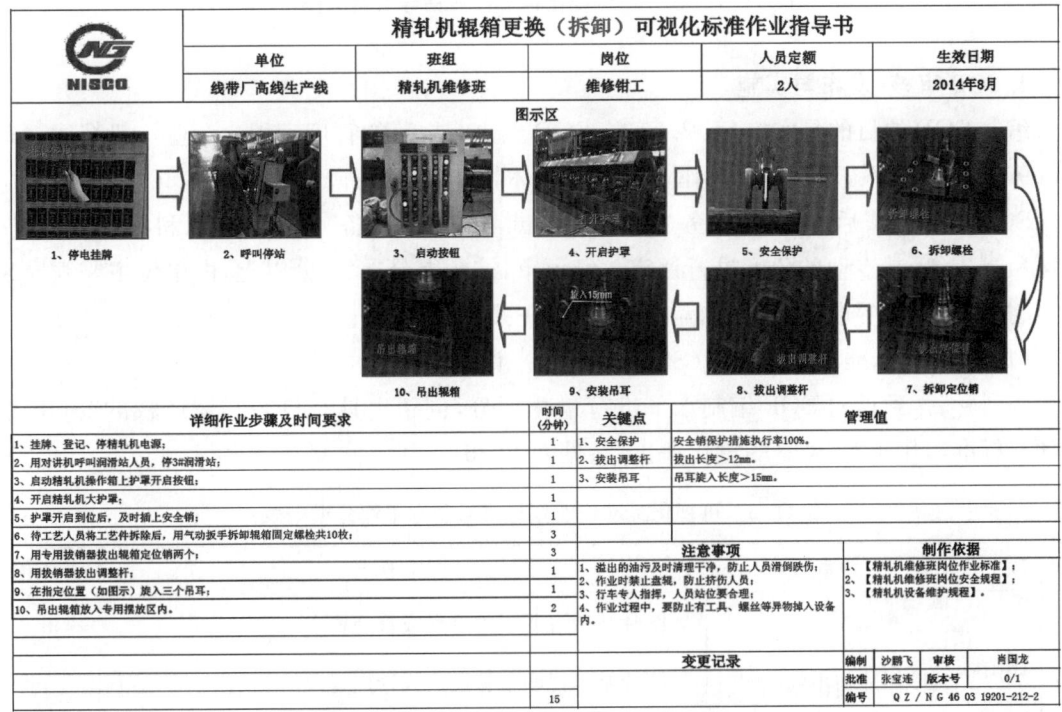

图 11-6 某公司可视化标准作业指导书实例(2)

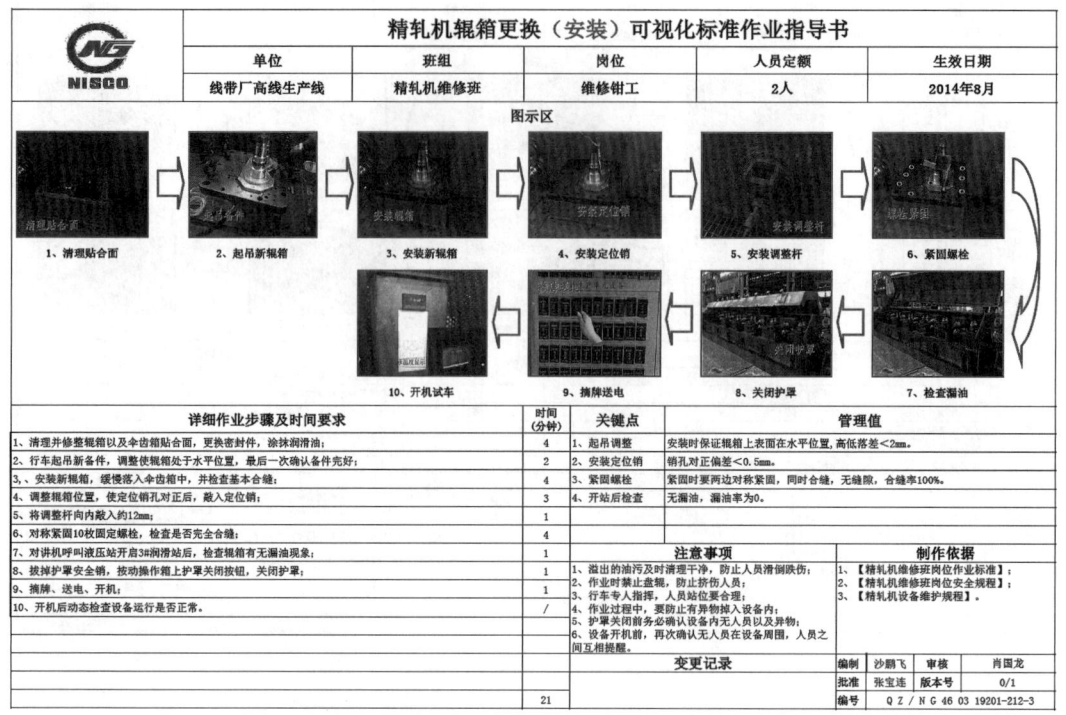

图 11-7　某公司可视化标准作业指导书实例(3)

4. SOP 审核、发布与实施

编制 SOP 的目的是实施 SOP。实施 SOP 也要有规范的管理流程。企业一般都建立有 ISO 9001 质量体系,质量体系对作业文件有具体管理要求,可以参照执行。

SOP 编制完成后,由单位业务主管部门人员,如技术、设备、质量、安全、科室、车间或作业区负责人等,从专业的角度进行评审。经评审,综合得分在 90 分以上,由单位主要领导或工艺、技术负责人签名发布,并加盖"受控"章,正式发布、实施。

(1) 可视化标准作业指导书(SOP)编制水平评分表

为科学、一致地对 SOP 编制水平进行量化评分,创新出具有自主知识产权的"SOP 编制评分标准",用于对 SOP 的量化评价,参见表 11-6。

表 11-6　可视化标准作业指导书编制水平评分细则表

序	项目	评审项	评审要求	分值
一	图示区 (20)	1. 图片与主题说明	图片清楚说明了关键点或管理要求	5
			图片基本说明了关键点或管理要求	3
			图片没有说明关键点或管理要求	1

续 表

序	项 目	评审项	评审要求	分 值
一	图示区（20）	2. 图片选择	图片选择合理,不是为可视化而可视化,重点突出	5
			图片选择基本合理,有为可视化而可视化倾向,重点不突出	3
			图片选择不合理,基本为可视化而可视化,没有重点	1
		3. 图片组织	图片组织合理,说明了主题,对关键点进行了清晰地标注、说明	5
			图片组织合理,说明了主题,对关键点进行了适当标注、说明	3
			图片组织一般,没有说明主题,对关键点没有进行标注、说明	1
		4. 图片与现场结合度	结合现场具体操作的最佳位置、方位进行拍摄、重点突出	5
			结合现场具体操作的最佳位置、方位进行拍摄、没有突出重点	3
			没有结合现场具体操作的最佳位置、方位进行拍摄、重点不突出	1
二	详细作业步骤（15）	1. 工作流程细分	工作流程细分步骤适当,并经过全体组员讨论、确认	5
			工作流程细分步骤适当,没有经过全体组员讨论、确认	3
			工作流程细分步骤不适当,没有经过全体组员讨论、确认	1
		2. 每个步骤要求明确	每个作业步骤有详细作业要求	5
			每个作业步骤基本有详细作业要求	3
			每个作业步骤的作业要求不全面	1
		3. 可视化描述准确	可视化描述语言准确,不会产生歧义	5
			可视化描述语言较准确,受过专门培训的人不会产生歧义	3
			可视化描述语言不准确,会产生歧义	1
三	关键点（15）	1. 关键点要求识别充分	关键点在 5 个以内,体现了过程管理的重点和考核要求	5
			关键点在 5 个以内,基本体现了过程管理的重点和考核要求	3
			关键点在 5 个以内,没有体现出过程管理的重点和考核要求	1

续 表

序	项 目	评审项	评审要求	分 值
三	关键点（15）	2.关键点要求有指标、有量化	对每一关键点均设立了指标和目标值，且要求明确	5
			对主要关键点均设立了指标和目标值，且要求明确	3
			对主要关键点均设立了指标和目标值，但要求不明确	1
		3.关键点个数合理	5个以内	5
			7个以内	3
			多于7个	1
四	SOP编制依据（5）	列举全面	全面列举了依据	5
			主要依据进行了列举	3
			没有列举编制依据	1
五	管理要求（10）	1.管理要求明确、有指标、目标，管理要求科学性强，能被测量评价	要求明确、有精细的指标、目标和能被测量评价	5
			要求基本明确、设立了指标、目标和能被测量评价	3
			要求不明确、没有指标、目标，也不能被测量评价	1
		2.管理要求与过程输出结果能用于对员工的绩效考核	管理要求充分体现了过程输出的特性、结果能用于员工绩效考核	5
			管理要求基本体现了过程输出的特性、结果能用于员工绩效考核	3
			管理要求没有体现过程输出的特性、结果不能用于员工绩效考核	1
六	注意事项（15）	1.注意事项（人、机、料、法、环、测）识别充分	从安全、质量、从业人员资质与健康状态等方面充分识别了全部的注意事项	5
			基本识别出了注意事项	3
			没有识别出注意事项主要内容	1
		2.提醒全面	根据注意事项内容一一对应提出了方法与措施	5
			对大部分注意事项内容一一对应提出了方法与措施	3
			没有对注意事项内容提出应对方法与措施	1
		3.采取措施得当	应对措施得当、科学	5
			应对措施基本得当、科学	3
			应对措施有遗漏、不科学	1
七	变更记录（5）	变更信息栏目	有预留，不少于3行	5
			有预留，但不到3行	3
			没有预留	1

续 表

序	项 目	评审项	评审要求	分 值
八	标题及辅助信息栏（10）	1. 内容全面没有遗漏	标题、辅助信息栏全面	5
			标题、辅助信息栏基本全面	3
			标题、辅助信息栏不全面、有缺失栏目等	1
		2. 内容是 A3 幅面、版面美观	满足要求	5
			基本满足要求	3
			没有达到要求、有缺陷	1
九	整体印象（5）	对编制图片选择、可视化描述、版面等综合判断	良好	5
			一般	3
			较差	1

编制 SOP 的目的，是用来指导现场岗位员工进行作业，所以 SOP 的编制质量尤为重要。各单位业务主管部门相关人员，如技术、设备、质量、安全专业人员及科室、车间或作业区负责人等，从专业的角度、管理要求等，结合《可视化标准作业指导书编制水平评分细则》要求，进行综合评审，确保 SOP 符合专业管理要求和现场作业要求，具备可执行性、可操作性。

SOP 编制评分细则从"图示区、详细作业步骤、关键点、SOP 编制依据、管理要求、注意事项、变更记录信息栏、标题及辅助信息栏、整体印象"九个方面明确评审点、评审要求及每条要求的分值，将评审内容细化、量化，同时也有助于各班组有针对性的改进。

(2) SOP 发布。SOP 编制完成后，须经相关人员讨论，确定最终的文件内容后，交由相关人员如技术、设备、质量、安全、科室、车间或作业区负责人等，从专业的角度进行评审。经评审，合计得分在 90 分以上者，由单位主要领导或工艺、技术负责人签名发布，并加盖"受控"章，并按照质量管理体系中的文件管理流程下发和管理。SOP 发布流程参见图 11-8。

(3) SOP 实施。SOP 发布后，各岗位需要按照 SOP 的规范要求，实施。

实施前，需要由 SOP 的编制者，对需要实施和执行该 SOP 的岗位人员进行培训，培训需要培训者和受培训者双方签字。培训者说明对培训者进行了哪些培训，以什么方式，在什么地点，对什么对象进行了培训，结果如何等；受培训者要说明在什么地点，接受了什么培训，是否掌握了培训知识和技能，还有什么需求等，进行详细记录后，培训者、被培训者，双方签字，对培训内容和效果进行确认。

在 SOP 实施过程中，组织的标准化管理与推进部门人员，需要进行过程跟踪，对实施过程进行评价，根据实施情况，调整实施进度和相关资源安排。

5. SOP 实施效果评价

SOP 实施后，要对其实施效果进行评价，评价内容一般从"效率提升、执行有效性提升、成本改进、差错减少、质量与安全提升、正确率与准确率提升、设备稳定运行效率提升"等方面进行效果评价。

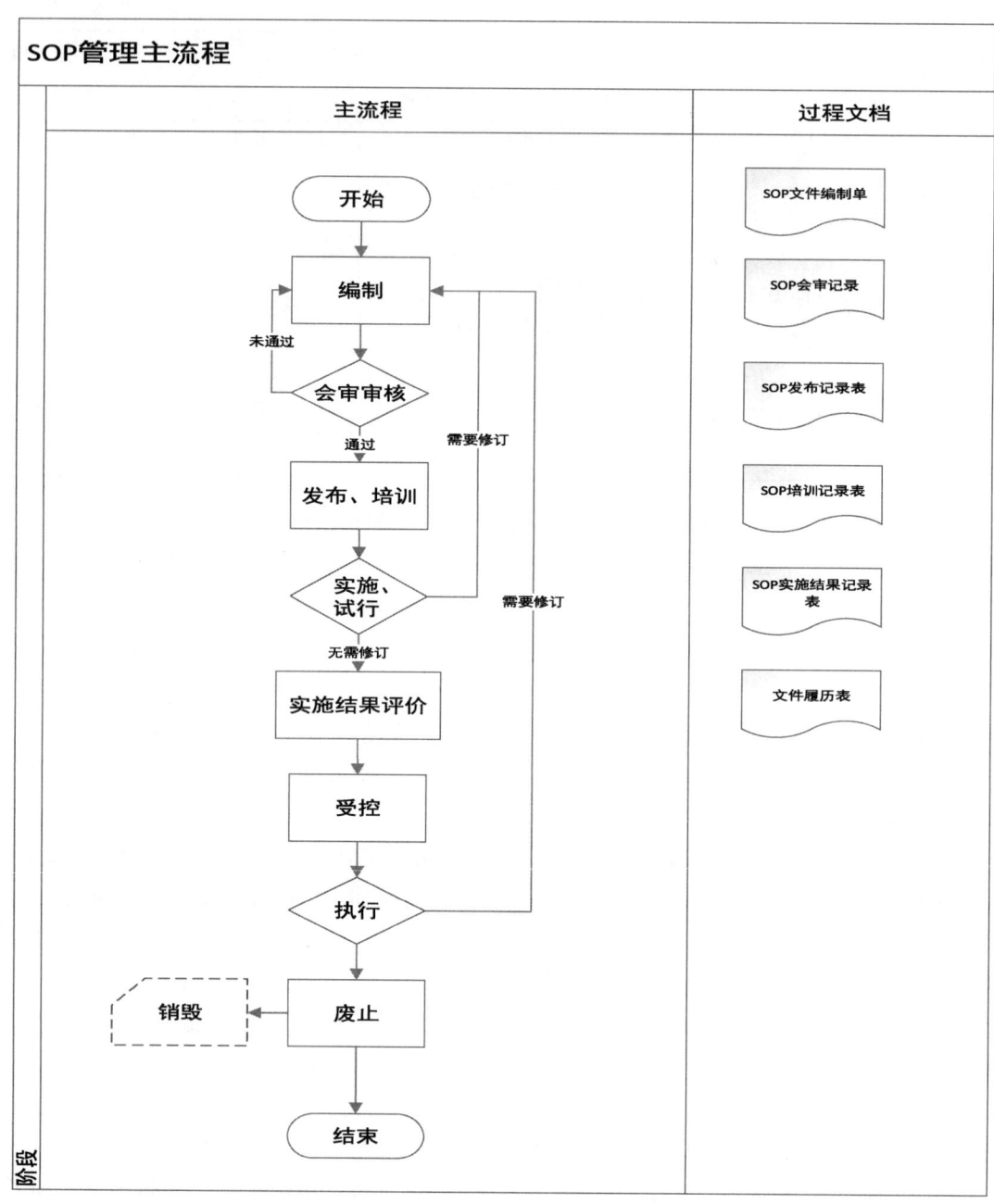

图 11-8　某钢铁公司 SOP 编制与发布流程

在 SOP 实施过程中，注重实施效果的数据统计。班组各岗位在实施 SOP 时，要求对实施前后的绩效数据进行收集、对比和分析，并进行评价。

为做好实施跟踪的有效评价，很多优秀企业都构建了企业标准化作业管理信息化系统，将 SOP 编制审核、批准发布、教育培训、实施跟踪、效果评价、改进提升等管理要求，运用信息化手段，进行固化，定期评审，是有效实施标准化作业的方法。企业一般会有成千上万个 SOP,如果没有信息化手段,很难对 SOP 实施的效果管理、跟踪评价、改进提升等工作进行有效管理。

案例 11-1　某公司可视化标准作业指导书(SOP)程序管理文件

为进一步加强对可视化标准作业指导书(以下简称 SOP)管理,经公司相关部门讨论,确定了 SOP 标准文本规范,现将 SOP 编制规范和要求进行发布,从下发之日起执行。

一、SOP 分类

公司可视化标准作业指导书(SOP)体系构成,由产品检试验类、设备管理检修类、生产操作类和其他辅助类等四部分构成,详见图 11-9。

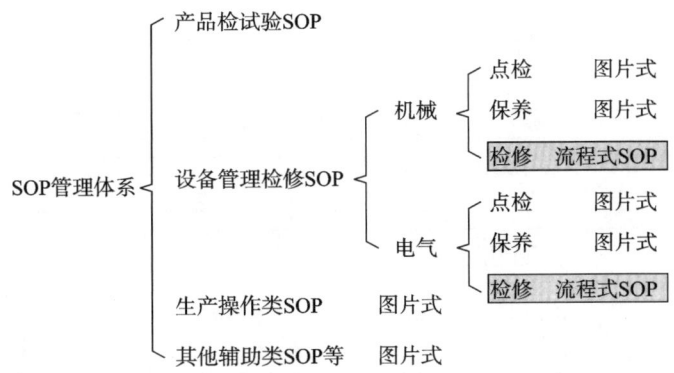

图 11-9　某公司 SOP 管理体系构成示意图

二、产品检试验 SOP

产品检试验 SOP 是用于产品生产的过程检验、原料检验及产品性能试验过程等工序作业的 SOP。它是由图片进行辅助说明的可视化 SOP,其基础设计标准规定如下。

1. 设置标准

(1) 在打印机设置中,设置默认打印机为 Microsoft Office Document Image Writer 或 Microsoft XPS Document Writer。

(2) 编制 SOP 时,选择在 Excel 中编制,综合考虑兼容问题,格式尽量存为 excel 97—2003 工作簿(.xls)。

(3) 页面布局:页边距,上下各为 1、左右各为 0.5、页眉页脚各为 0.5;纸张方向为横向,纸张大小为 A3。

2. 编制要求

(1) 列宽要求:SOP 中共 24 列,自左到右分别为 8、8、8、5,每 4 列为一组,共 6 组,最后一组为 8、8、8、8。

(2) 行高要求:主标题行(第 1 行)行高 40;标题行(第 2、3、4、6、8 行)行高 30;图片区行高 120。

(3) 图片要求:图片属性中,取消锁定纵横比;Logo 图片 3×3;其他图片 4×5;图片放在列宽 8、8、8 的区域,箭头放在列宽 5 的区域。

（4）布局设置：详细作业步骤及时间要求栏占 SOP 列宽的一半（3 组的位置）；图示区尽量不超过 2 行（12 张图片）。参见图 11-10。

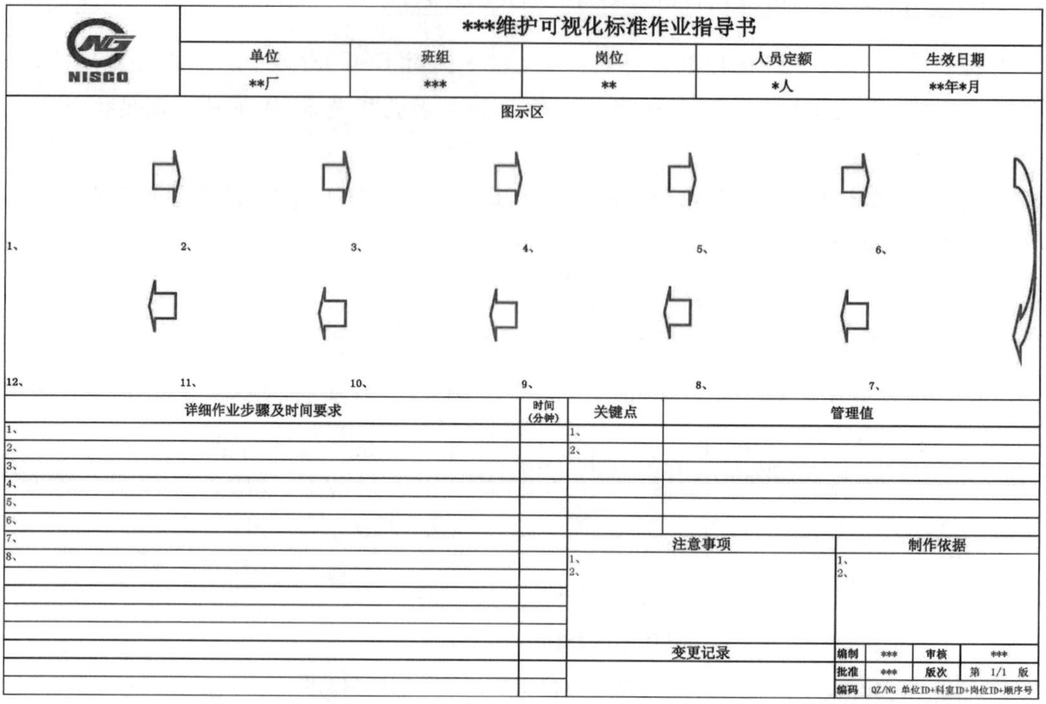

图 11-10　某公司 SOP 模板示意图

（5）宋体字体要求：主标题（24 号），标题（16 号），一般文字（12 号）。
（6）关键点和管理值、注意事项、制作依据等三项内容中不设横线。
（7）当 SOP 内容在 1 张 SOP 放不下时，建议分成 2 张或多张 SOP 进行编制（如检修类 SOP 可分为"准备、拆卸、安装、调试"等）。

3. 编码规格

编码由"公司作业标准代号＋企业代码＋部门代码＋车间代码＋岗位代码＋顺序号"组成，详见图 11-11。

如某厂技术科化学分析岗位的 SOP 编码为 QZ/NG 31 04 19801-01。

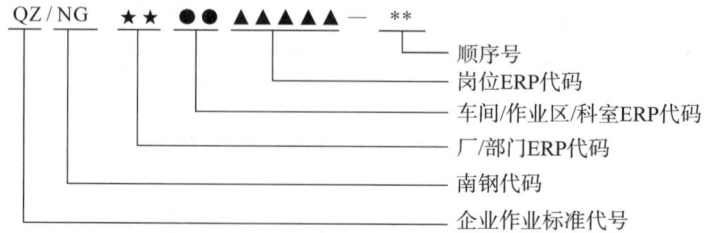

图 11-11　某公司 SOP 编码管理格式要求

三、设备管理检修 SOP

按照公司级管理类作业文件《设备维护检修规程管理办法》，设备管理检维修 SOP 纳入管理 SOP 体系。设备管理检修 SOP 由流程式 SOP 和图片式 SOP 构成，流程式 SOP 主要说明设备检修时的主要流程步骤，编制大型设备检修 SOP 时，需要对工作进行细化分解，以将维修工作步骤聚焦到零部件为原则，对特别复杂的检修工作，若流程式 SOP 不能完全说清楚，建议编制图片式 SOP 进行说明。

1. 表格设计要求

表格格式设计要求参见“二、产品检试验类 SOP—2.编制要求”。详见图 11-12。

NISCO	****作业标准						批准：***
							会审：***
	单位	**厂	班组	***班	时间定额	**分钟	审核：***
	人员配置	钳工3人	工种辅助	行车工1人、轧钢工1人	生效日期		编制：***
	设备类别	A/B/C	关键事故件	是/否	危险作业等级	//1级/2级	编码：JX设备编码-J/D-
	设备能量源	***		挂牌上锁位置	******		版次：第 1/0 版

工具材料准备			
工具		材料	

详细作业步骤流程简图

步序	详细作业步骤	分钟	技术关键点及管理值	存在危险源	可能造成的伤害	事故预防措施
1						
2						
3						
4						
5						
6						
7						
8						
9						
10						
11						
12						

图 11-12　某公司 SOP 编码管理格式要求(1)

2. 编码规则

按如下规则进行编码：JX 设备编码—J/D—＊＊＊。

J：机械；D：电工；＊＊＊：3 位数顺序编码。

3. 维护保养类 SOP

维护保养类 SOP，采用图片式 SOP。其编制方法、要求等，参见“二、产品检试验 SOP”相关内容。内容与格式参见图 11-13。

4. 电器检修类 SOP

电器类 SOP 由流程式 SOP 和图片式 SOP 构成，流程式 SOP 主要说明检修电器时的主要流程步骤，对特别复杂的电器检修工作，若流程式 SOP 不能完全说清楚，建议编制图片式 SOP 进行说明。对电器故障排查时，推荐使用树图式 SOP，详见图 11-14。表格格式设计要求，参见“二、产品检试验类 SOP—2.编制要求”。

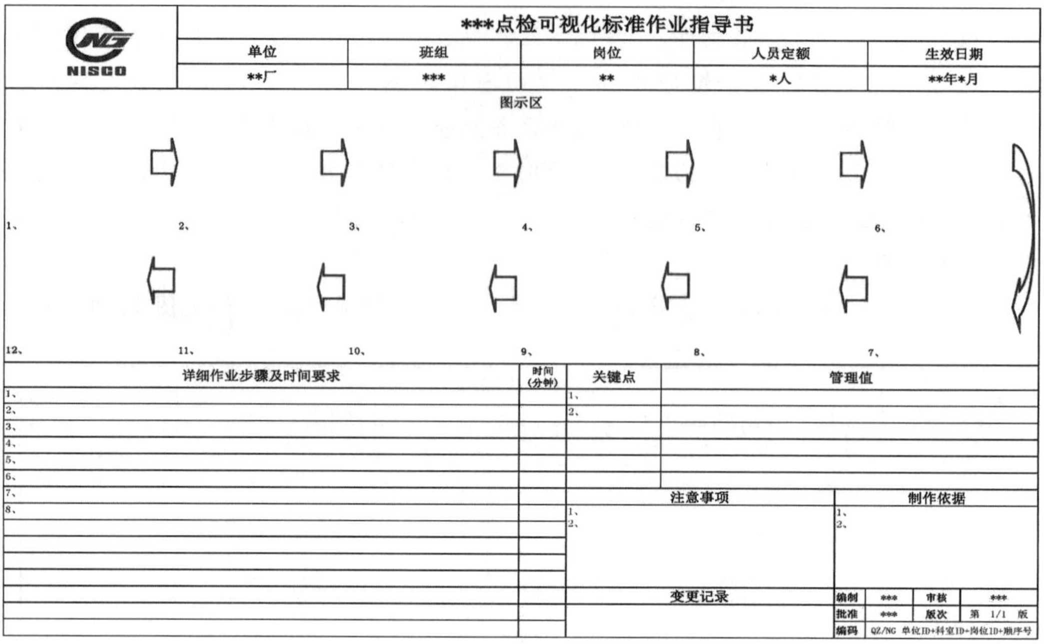

图 11-13 某公司 SOP 编码管理格式要求(2)

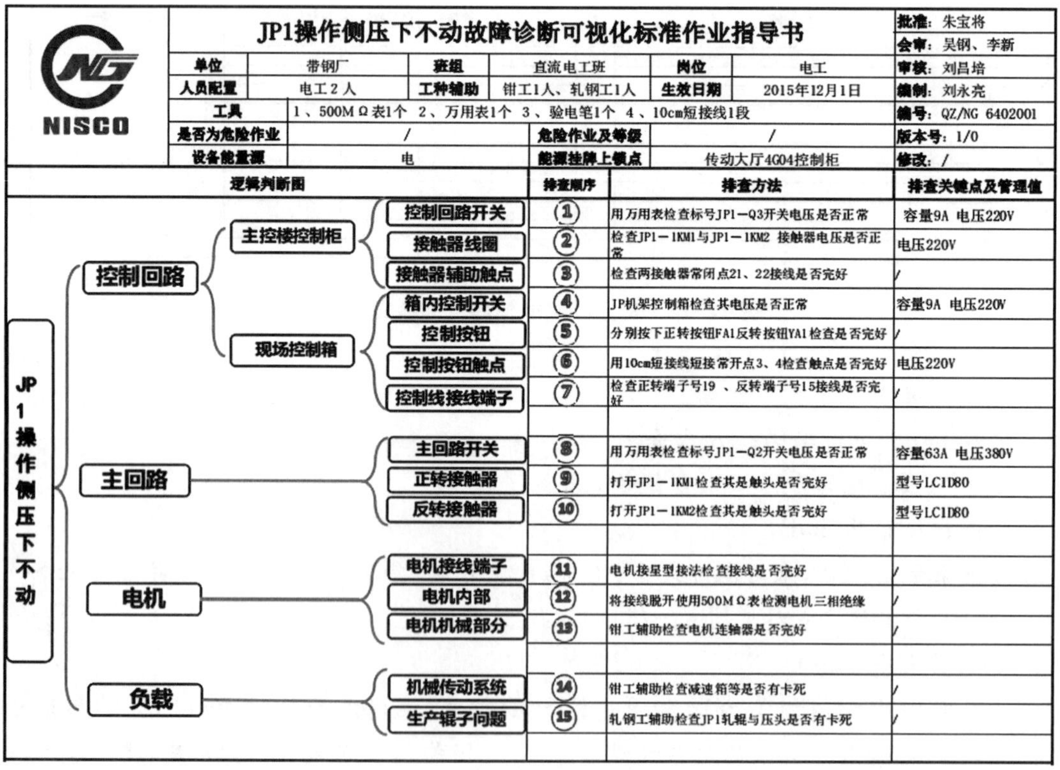

图 11-14 某公司 SOP 编码管理格式要求(3)

四、生产操作类 SOP

编制设计要求,同"二、产品检试验类 SOP"要求。

五、其他辅助类 SOP

编制设计要求,同"二、产品检试验类 SOP"要求。

六、SOP 编制流程

首先梳理形成"岗位工作任务统计表",确定后,再根据要求,讨论填写"岗位任务识别表",识别出工作任务详细要求、每一步可能出现的差错、避免差错的最佳实践等,经充分讨论、审核通过后,根据岗位任务识别表,拍摄相片,依据可视化标准作业指导书"图示区、详细作业步骤、关键点、管理值、注意事项、编制依据及变更记录"六大要素组成原则,编制可视化 SOP。

SOP 编制完成后,需要经岗位相关人员讨论,确认确实代表了相关岗位的最佳实践后,再结合《可视化标准作业指导书编制水平评分细则》要求,对 SOP 进行打分评价,只有得分在 90 分以上的 SOP,才能进入审核发布的程序。经相关质量、安全、技术、工艺等审核通过后,由管理者进行发布、实施。

七、SOP 实施效果评价

公司已完成 SOP 信息化管理系统构建,相关单位要组织安排并跟踪辅导基层班组(或微巴),对运行中的 SOP 定期评价,评价指标包括但不限于"效率提升、执行有效性提升、成本改进、差错减少、质量提升、正确率提升、准确率提升、违章减少、安全性提升"等。

四、SOP 是固化阿米巴改进成果的有效方法

用运 SOP 方法对阿米巴改进成果进行固化,是对取得成果的方法进行固化,通过固化、培训、实施及分享、推广等方法,使得成果能够保持,方法能够传承。

某钢铁公司实施 SOP 已经多年,具有深厚的基础,该公司也建立了 SOP 信息化管理系统,用于对 SOP 的立项编制、发布实施、培训跟踪、效果评价等管理工作。

导入和实施阿米巴经营、建立阿米巴经营改进体系后,各级巴组织成员都能自觉运用 SOP 方法,通过修改、完善 SOP 的方式,对取得改进成果的方法进行固化,以利成果的保持和方法的传承。

案例 11-2 实施阿米巴经营,提产降耗增收益案例

1. 巴体简介

热处理微巴成立于 2019 年 1 月,有成员 16 人,是生产型利润微巴。主要对板材进行热处理,改善板材的力学性能或加工性能,从而获得具有高质量、高技术含量、高附加值的板材产品,如高强度船板及海上石油平台用板、桥梁板、低温压力容器板、石油储罐用钢、耐磨工程机械用板、水电钢、核电钢等。微巴构建了完备的管理制度、活动制度、考评制度、培训制度及人才培养计划等,定期组织评比,对巴员采取津贴、补贴、奖金、争先评优、职称评定、优先培训等物质奖励与精神奖励相结合的方式,激励全体巴员。我们的经营理念是"效益

共享、人才培养"。生产工艺流程图参见图11-15。

热处理主要工序有钢板抛丸、钢板备料、行车上料、热处理炉加热（正火/淬火加热/回火）、钢板淬火/控冷、钢板矫直/压平、冷床冷却、钢板标识等。本巴的上道工序为精整，下道工序为取样切割入库，生产流程的顺畅依赖于精整工序及时对钢板进行分段切割及探伤，入库工序及时将钢板入库，如上下道工序不能及时完成本工序任务，将造成钢板积压，影响热处理生产效率。

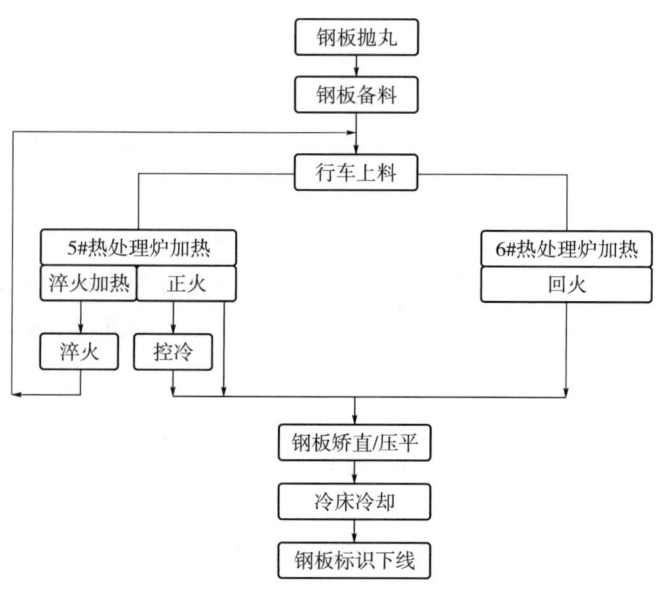

图11-15 热处理微巴生产工艺流程图

热处理微巴主要设备有5#无氧化辐射管热处理炉，6#明火+热风混合式回火热处理炉，抛丸机、淬火机、矫直机、标印机、压平机等。可热处理钢板规格为厚度8~150 mm，宽度1 800~4 500 mm，长度4 000~24 000 mm。加热温度范围150 ℃~980 ℃，基本涵盖所有热处理品种需求温度。具备批量稳定生产高强度船板及海上石油平台用板、桥梁板、低温压力容器板、石油储罐用钢、高强度的耐热电站锅炉用钢板、工程机械用板、水电站用钢等品种钢的能力。热处理微巴具有高生产效率、高产品质量、低能源消耗和低生产成本等优势。

2. 报表构成

热处理微巴阿米巴经营报表构成，参见表11-7。

表11-7 2019年1月份热处理微巴经营月报简表

一级	二级	三级	四级	量	单价/元	金额/元
收入	内部	产品交易	热处理收入	15 526.00	500.00	7 763 000.00
		服务收入	内部压平收入	2 604.00	180.00	468 720.00
		赔偿收入	赔偿收入	22.00	180.00	3 960.00
	外部	服务收入	外部压平收入	145.00	180.00	26 040.00
支出	巴内成本	能源支出	循环水	1 722 702.00	0.72	1 240 346.06
			电	593 557.00	0.59	350 199.80
			煤气	15 886.00	32.40	514 717.95
			氮气	488 600.00	0.10	48 860.32
			压缩空气	138 000.00	0.09	12 420.80

续　表

一级	二级	三级	四级	量	单价/元	金额/元
支出	巴内成本	辅料	标印耗材	30.00	1 800.00	54 000.00
			丸料	20.00	6 000.00	120 000.00
		工资	劳务费用	25.00	1 000.00	25 000.00
		管理费用	差旅费用	1.00	500.00	500.00
			生活水	111.00	0.72	80.00
			办公费	22.00	5.00	110.00
			网络通信费	1.00	150.00	150.00
			家具用品费	3.00	50.00	150.00
			劳保费用	6.00	50.00	300.00
			其他	0.00	0.00	0.00
	费用	巴内费用	设备设施租赁	30.00	280.00	8 539.30
			正式工工资	16.00	3 200.00	51 200.00
			环保费用	30.00	40.00	1 200
			预提费用	1.00	5 000.00	5 000.00
			运输费	175.00	12.00	3 105.20
			赔偿费	20.00	180.00	3 600.00
			其他费用	0.00	0.00	0.00
		分摊费用	公司分摊	31.00	260.00	8 060.00
			事业部分摊	31.00	120.00	3 720.00
			中巴分摊	31.00	60.00	1 860.00
收益(元)						5 808 600.57

热处理微巴的主要收入为热处理收入,占比94%。其次为压平收入,占比6%,压平收入又分为内部压平收入和外部压平收入;支出包含成本17项,占比97%,费用9项,占比3%。成本17项主要包含能源支出6项,占比90%,辅料2项,占比8%,其他成本项,占比2%。能耗6项中主要为循环水,占比56%,电,占比16%,煤气,占比23%,氮气,占比2%,压缩空气,占比2%,氧气占,比1%。参见图11-16、图11-17。

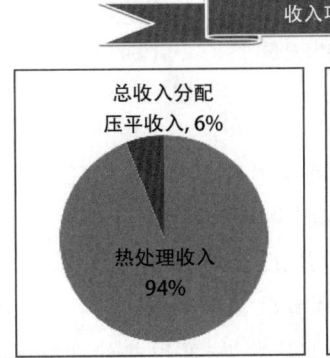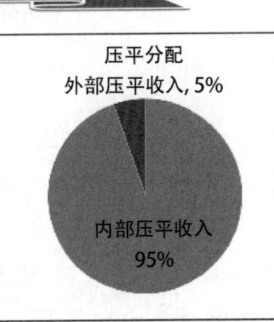

图 11-16　热处理微巴收入构成比饼图

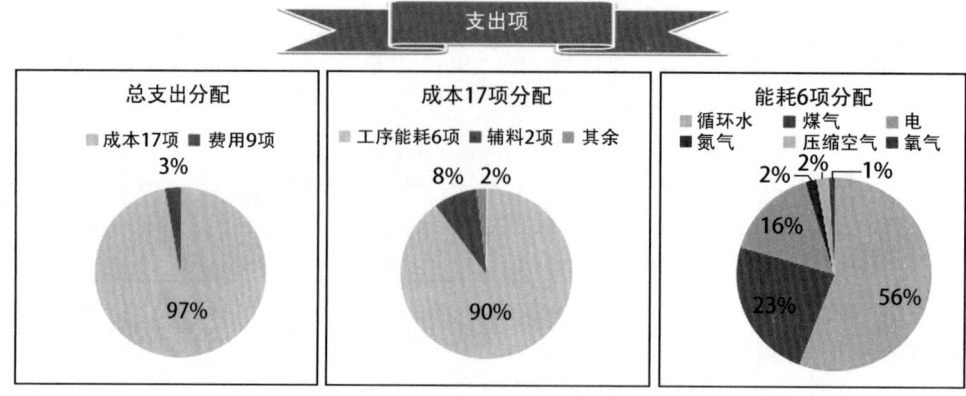

图 11-17　热处理微巴支出构成比饼图

3. 报表分析

报表数据与标杆、目标对比，差距在哪儿？要缩短差距，就需要改进，热处理微巴是生产型利润巴，所以必须提高效率，提升产量来增加收入，同时全面控制生产成本，减少相关支出，从而整体提高巴组织的经营收益。

热处理微巴的收入包括热处理收入、压平收入、赔偿收入等，其中热处理收入与热处理产量直接相关，可通过提高生产效率等方法增加收入；压平收入主要为其他微巴压平钢板的服务收入，基本不可控。支出包含基础能源支出、辅料、工资、管理费用、巴内费用、分摊费用、赔偿费等，其中能源支出可通过降低吨钢消耗量控制，为可控支出；赔偿费也为可控支出；辅料、工资、管理费用、巴内费用、分摊费用等受上、下道工序影响大，基本不可控。

将微巴 2019 年 1 月份热处理产量与目标计划产量、历史产量及行业标杆进行对比，发现微巴的月度热处理产量，低于计划产量、历史产量及行业标杆，参见图 11-18。需提高热处理效率、提升热处理产量。

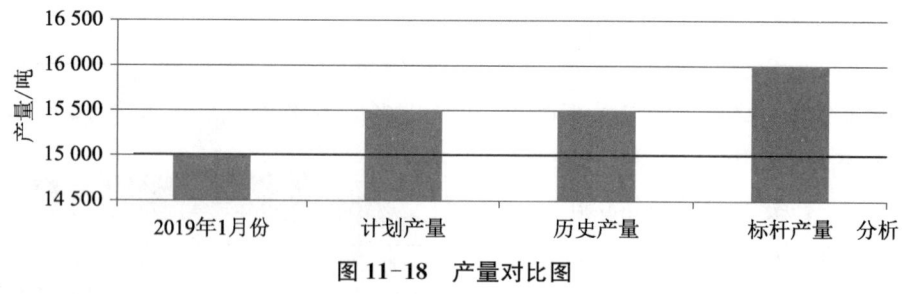

图 11-18　产量对比图

综合分析微巴 2019 年 1 月吨钢水耗，发现高于计划水耗、历史水耗及行业标杆的水耗，参见图 11-19。需要采取措施，降低吨钢水耗。

深入分析 2019 年 1 月微巴经营报表数据，制作了收入、支出、收益趋势图，参见图 11-20。1 月 10 日，1 月 24 日收益明显异常。

进一步分析 2019 年 1 月数据，发现热处理收入及吨钢水耗支出超出控制范围，是收益异常原因。参见图 11-21、图 11-22。

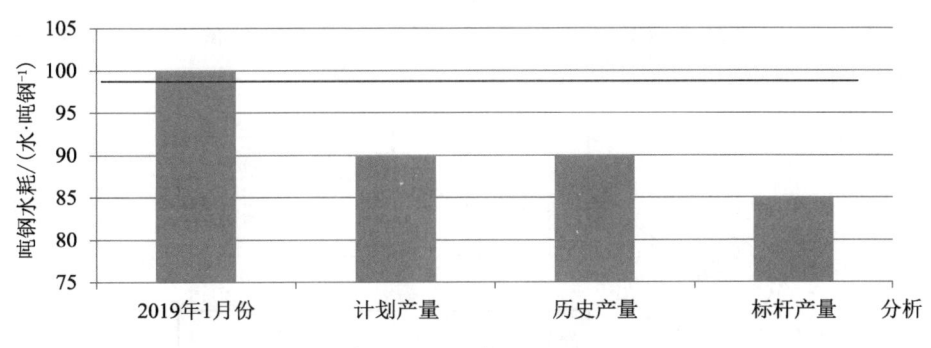

图 11-19 吨钢水耗对比图

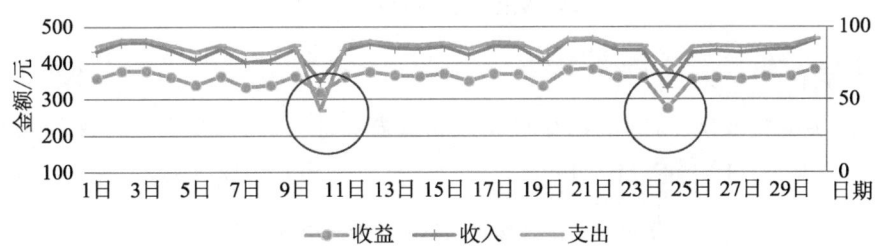

图 11-20 热处理微巴 2019 年 1 月份收入、支出及收益趋势图

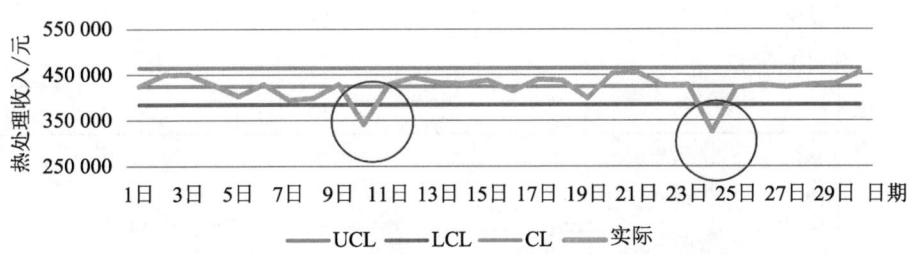

图 11-21 2019 年 1 月份热处理收入控制图

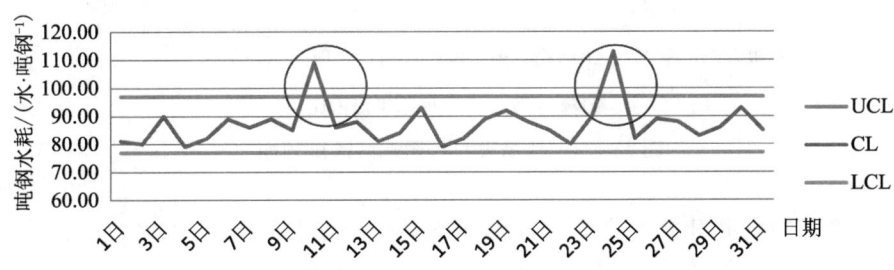

图 11-22 2019 年 1 月吨钢水耗支出控制图

4. 改进方向

通过报表分析,确定提高热处理收入(即提高热处理产量)、降低水耗的改进方向,具体方向及目标见图11-23。

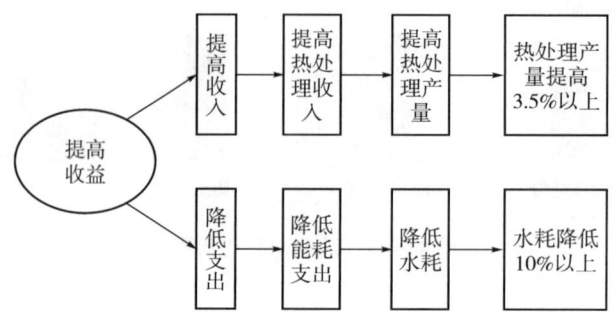

图 11-23　热处理微巴阿米巴改进方向

5. 改进项目

(1)运用头脑风暴法,对影响热处理收入相关因素进行分析,编制热处理收入影响因素分层调查表,参见表 11-8、图 11-24。

表 11-8　热处理收入影响因素分层调查表

序 号	类 别	频 数	累 计	占 比	累计占比
1	热处理炉产量低	188	188	94%	94%
2	上料用时多	5	193	2%	96%
3	生产计划不合理	4	197	2%	98%
4	其他	3	200	2%	100%

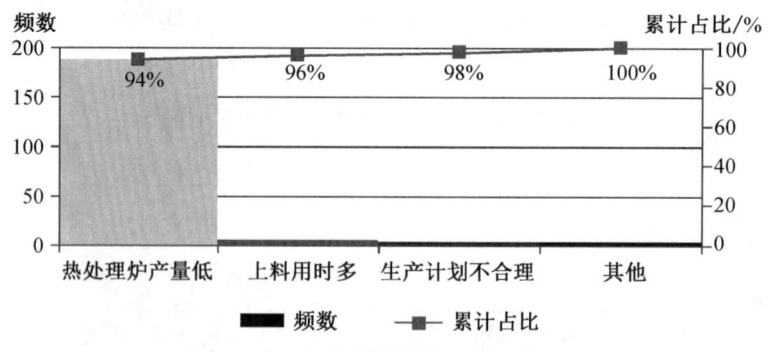

图 11-24　热处理收入影响因素排列图

由图 11-24 可知,热处理炉产量低占比 94%,占据绝对多数,是关键的少数。根据 2/8 原则,从中找到问题的症结,是解决热处理收入异常问题的关键。

微巴进一步对造成热处理炉产量低的因素进行分类统计,编制了分层调查表和排列图,见表 11-9、图 11-25。

表 11-9 热处理炉产量低影响因素分层调查表

序号	类别	频数/min	累计	占比	累计占比
1	工艺停时	4 992	4 992	49%	49%
2	热处理炉利用率	3 991	8 421	39%	88%
3	备料不足	501	9 484	5%	93%
4	操作停时	490	9 974	5%	98%
5	其他	210	10 184	2%	100%

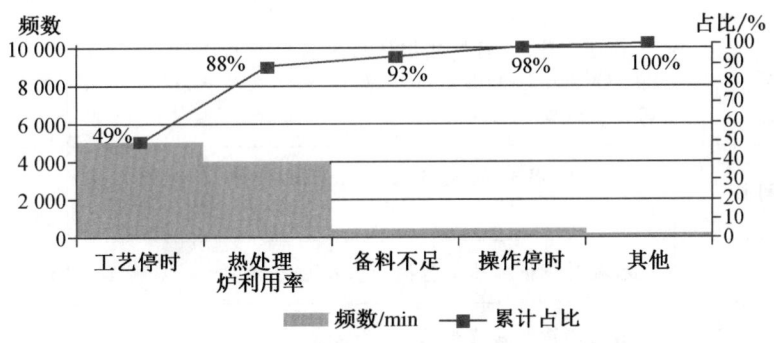

图 11-25 热处理炉产量低影响因素排列图

由统计表及排列图可看出，工艺停时多及热处理炉利用率低累计占比 88%，是真正影响问题的症结所在。

① 工艺停时多末端因素分析。

从人、机、料、法、环、测量几大因素入手，运用因果图分析、查找工艺停时多的末端因素，参见图 11-26。

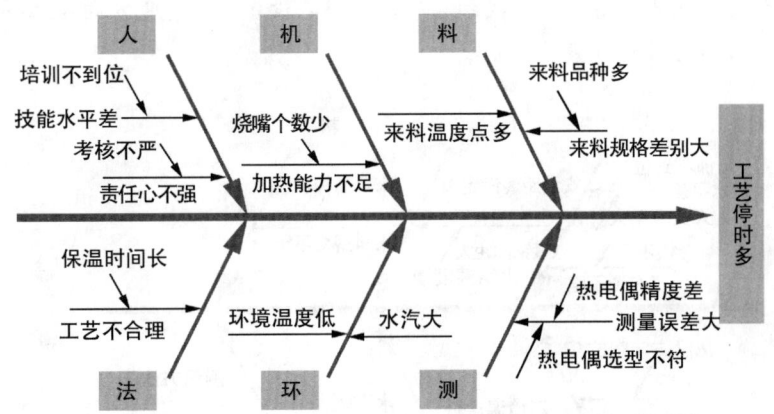

图 11-26 工艺停时多末端因素因果图

根据图 11-26，分析确定了 10 个末端因素，剔除"环境温度低、来料品种多"2 个不可控因素，对其他 8 个末端因素，编制要因确认表逐条确认，找到了"保温时间长，温度点多"2 个工艺停时多的要因,参见表 11-10。

表 11-10 工艺停时多要因确认表

5M1E	项 目	原因结论	要因确认
人	培训不到位	小组成员每月至少进行 2 次技能培训,且考试成绩大于 90 分,满足要求	非要因
	考核不严	有完善的考核制度且按制度考核,满足要求	非要因
机	烧嘴个数少	热处理炉共 320 个烧嘴,满足加热能力	非要因
料	温度点多	不同品种、不同厚度钢板加热温度有 880 ℃、890 ℃、895 ℃、900 ℃、905 ℃、910 ℃ 等多个温度点,温度点来回转换造成工艺停时多	要因
法	保温时间长	钢板保温时间大于 20 min,比国内其他钢厂多 15～20 min	要因
环	水汽大	水汽对钢板加热工艺执行基本无影响	非要因
测	热电偶精度差	热电偶精度满足要求	非要因
	热电偶不合格	热电偶均检测合格	非要因

② 热处理炉利用率低末端因素分析。

从人、机、料、法、环、测量几大因素入手,运用因果图分析、查找热处理炉利用率低的末端因素,参见图 11-27。

根据图 11-27,分析确定了 10 个末端因素,剔除"环境温度低、来料品种多"2 个不可控因素,编制了要因确认表逐条确认,找到了"安全距离设定大、宽度方向空位多"2 个导致热处理炉利用率低的要因,参见表 11-11。

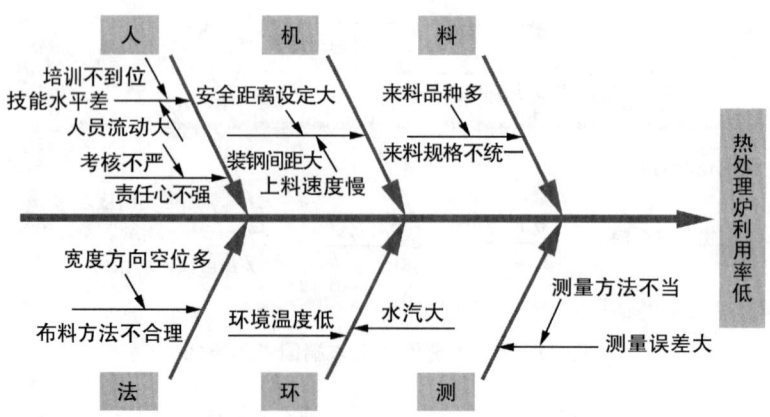

图 11-27 热处理炉利用率低末端因素因果图

表 11-11 热处理炉利用率低要因确认表

5M1E	项 目	原因结论	要因确认
人	培训不到位	小组成员每月至少进行 2 次技能培训,且考试成绩大于 90 分,满足要求	非要因
人	考核不严	有完善的考核制度且按制度考核,满足要求	非要因
人	人员流动大	热处理炉岗位人员无变动,满足要求	非要因
机	安全距离设定大	热处理炉设定装钢安全间距为 2.5 m,间距较大,有改进空间	要因
机	上料速度慢	上料速度满足装钢要求	非要因
料	来料品种多	此项不可控,不做分析	不做分析
法	宽度方向空位多	实际生产钢板宽度窄,小于炉宽 50% 钢板占比多,导致宽度方向空位多,有改进空间	要因
环	水汽大	水汽对钢板加热工艺执行基本无影响	非要因
测	测量方法不当	热处理炉利用率测量方法满足要求	非要因

综上分析,影响热处理收入的要因共有 4 项,分别是"温度点多、保温时间长、安全距离设定大、宽度方向空位多"。

(2) 吨钢水耗支出超标原因分析。微巴组织巴员对经营报表数据进行了深入分析,编制了淬火水耗高原因统计表及排列图,参见表 11-12、图 11-28。

表 11-12 淬火水耗高原因统计表

序号	项 目	月平均影响水耗/($m^3 \cdot t^{-1}$)	所占比例/%
1	升频稳定时间长	12.192	30%
2	淬火工艺水量大	11.182	28%
3	开始升频时间不统一	9.82	25%
4	品种调试	4.124	10%
5	其他	2.682	7%
	合 计	40	100%

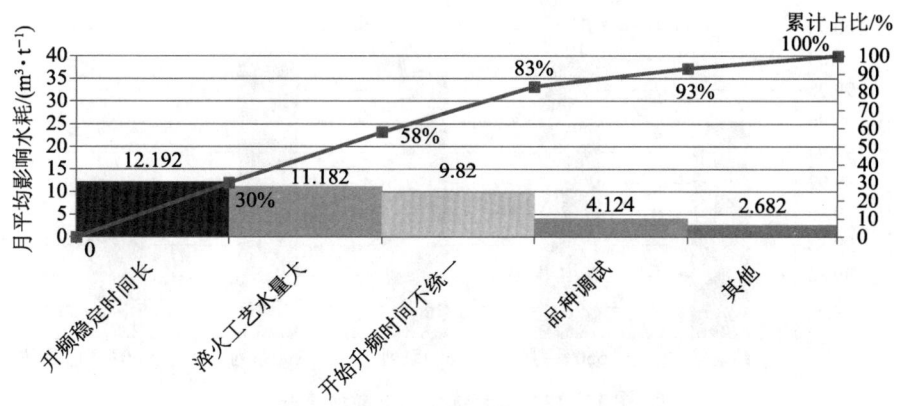

图 11-28 淬火水耗高因素排列图

"升频稳定时间长、淬火工艺水量大、开始升频时间不统一"合计占比83%,是主要影响因素。

(3) 改进项目。

通过对阿米巴报表的分析,找出影响微巴效益的7个主要因素,分别为温度点多、保温时间长、安全距离设定大、宽度方向空位多、升频稳定时间长、淬火工艺水量大、开始升频时间不统一,将这7个主要因素确定为改进项目。

6. 改进措施

确定改进项目后,微巴对生产工艺过程进行了深度分析和总结,通过外出对标、头脑风暴、亲和图等方法,按照轻重缓急,确定改进的优先次序,制定改进措施,并实施改进。

微巴依据5W1H的原则,对7个主要改进项目制定了对策实施计划表,由责任人按计划,组织实施,参见表11-13。

表11-13 改进措施实施计划表

序号	目标	项目	问题	对策	措施	责任人	完成时间
1	提高收入	提高热处理产能	温度点多	优化温度点	合并工艺温度点	刘超	6月30日
			保温时间长	优化保温时间	缩短保温时间	刘超	7月1日
			安全距离设定大	缩短间隔	将装炉间隔由2.5米减小至1米	朱美君	5月30日
			宽度方向空位多	倍尺生产	窄板并排装炉	朱美君	5月31日
2	减少支出	降低热处理水耗	开始升频时间不统一	将升降频时间规范化	统一升频开始时间	朱美君	2月15日
			升频稳定时间长	优化淬火程序	缩短升频稳定时间	赵帅朋	3月16日
			淬火工艺水量大	优化淬火工艺	减小淬火工艺用水	朱美君	6月30日

7. 改进评价

通过组织全体巴员,按照改进计划和方案,持续实施改进、跟踪结果,评价改进效果,及时修改、调整改进对策和措施。

改进后的结果,满足了组织的生产经营需要。如工艺改进后,性能满足要求且工艺待温时间明显缩短,参见图11-29、图11-30。

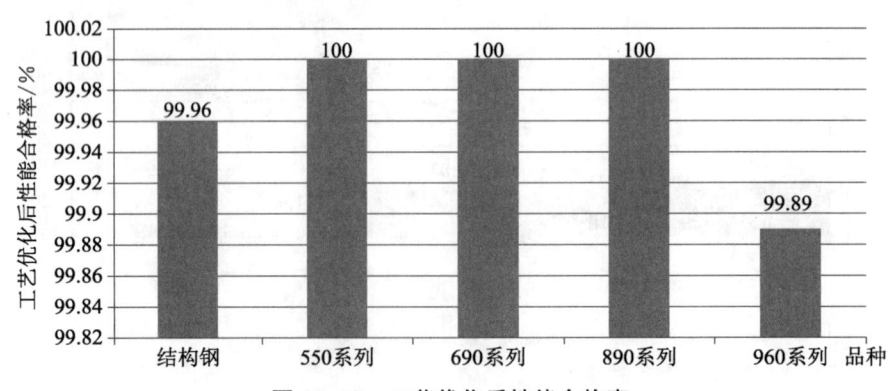

图11-29 工艺优化后性能合格率

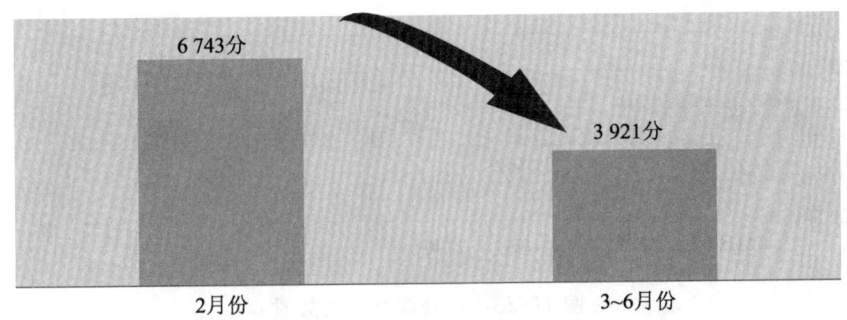

图 11-30 工艺待温停时对比图

热处理炉利用率由 82.3% 提高至 87.5%，效果明显，见图 11-31。

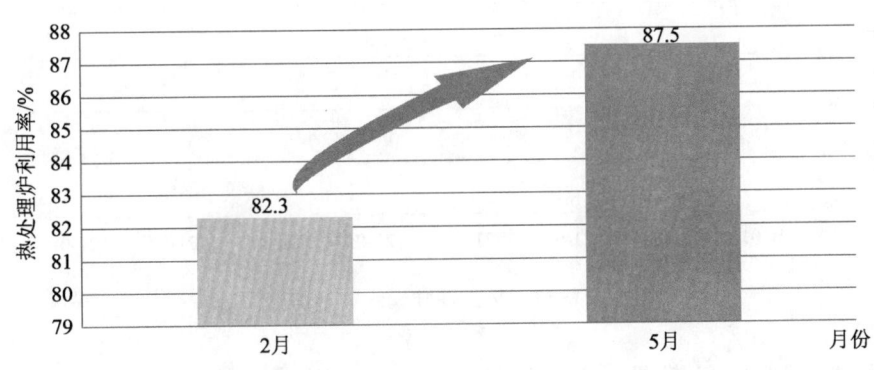

图 11-31 热处理炉利用率前后对比图

热处理水耗由 101.69% 下降至 89.36%，效果明显，见图 11-32。

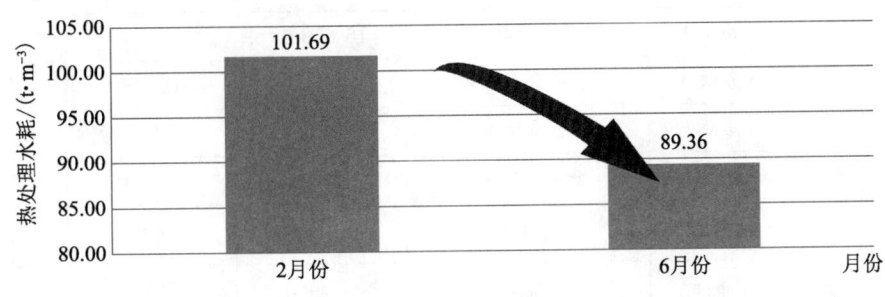

图 11-32 热处理产能趋势图

通过对"温度点多、保温时间长、安全距离设定大、宽度方向空位多、开始升频时间不统一、升频稳定时间长、淬火工艺水量大"7个主要因素进行改善后，热处理产量及水耗指标，持续向好，参见图 11-33、图 11-34。热处理产量持续提高，热处理水耗持续降低。

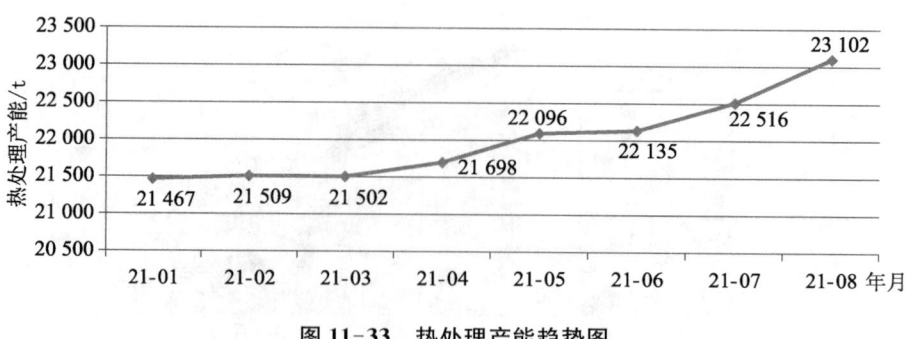

图 11-33　热处理产能趋势图

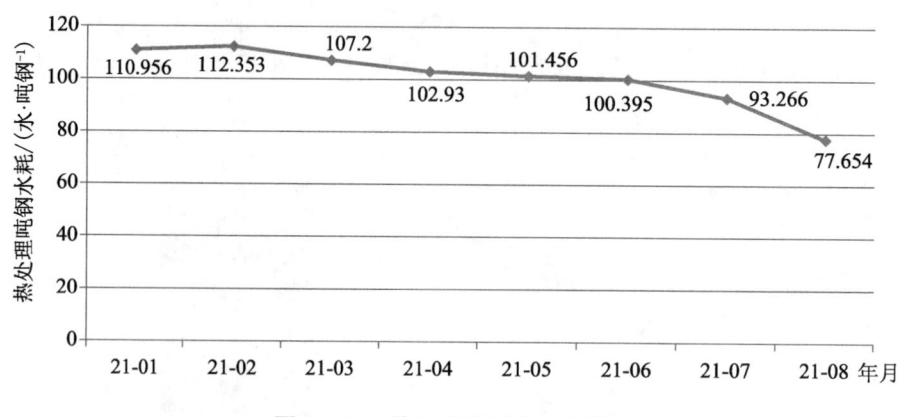

图 11-34　热处理吨钢水耗趋势图

分析微巴阿米巴经营报表，收益提高明显，参见表 11-14。由 2019 年 1 月的 5 808 470.20 元提升到 2 021 年 1 月的 6 430 721.00 元，月收益增加 622 251 元。

表 11-14　2021 年 1 月热处理微巴阿米巴经营月报表

一级	二级	三级	四级	量	单　价(元)	金　额(元)
收入	内部	产品交易	热处理收入	16 609.00	500.00	8 304 500.00
		服务收入	内部压平收入	2 595.00	180.00	467 100.00
		赔偿收入	赔偿收入	15.00	180.00	2 700.00
	外部	服务收入	外部压平收入	144.00	180.00	25 950.00
支出	巴内成本	水	循环水	166 500.00	0.72	1 199 436.00
		电	电	547 227.00	0.59	322 864.00
		气	煤气	15 613.00	32.40	505 873.00
			氮气	455 240.00	0.10	45 524.60
			压缩空气	125 413.00	0.09	11 287.20

续 表

一级	二级	三级	四级	量	单 价(元)	金 额(元)
支出	巴内成本	辅料	标印耗材	30.00	1 800.00	54 000.00
			丸料	20.00	6 000.00	120 000.00
		工资	劳务费用	25.00	1 000.00	25 000.00
		管理费用	差旅费用	1.00	500.00	500.00
			生活水	111.00	0.72	80.00
			办公费	22.00	5.00	110.00
			网络通信费	1.00	150.00	150.00
			家具用品费	3.00	100.00	150.00
			劳保费用	6.00	50.00	300.00
			其他	0.00	0.00	0.00
	费用	巴内费用	设备设施租赁	30.00	280.00	8 539.30
			正式工工资	16.00	3 200.00	51 200.00
			环保费用	30.00	200.00	970.38
			预提费用	1.00	5 000.00	5 000.00
			运输费	175.00	12.00	3 105.20
			赔偿费	10.00	180.00	1 800.00
			其他费用	0.00	0.00	0.00
		分摊费用	公司分摊	31.00	260.00	8 060.00
			事业部分摊	31.00	120.00	3 720.00
			中巴分摊	31.00	60.00	1 860.00
		收益(元)				6 430 721.00

根据阿米巴结果,热处理收入及水耗趋势图,参见图11-35、图11-36。通过阿米巴经营改善,微巴收入由776.3万元提高至878.8万元,提高了13.2%。水耗费用由124.3万元降低至98.2万元,降低26.1万元,降低了20.9%。

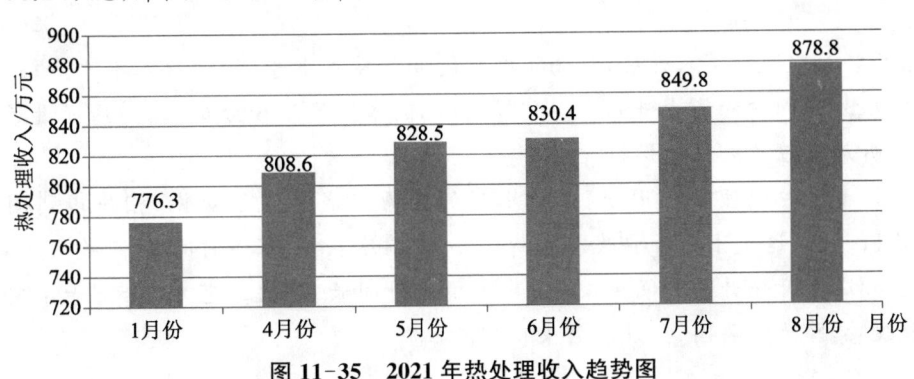

图 11-35 2021 年热处理收入趋势图

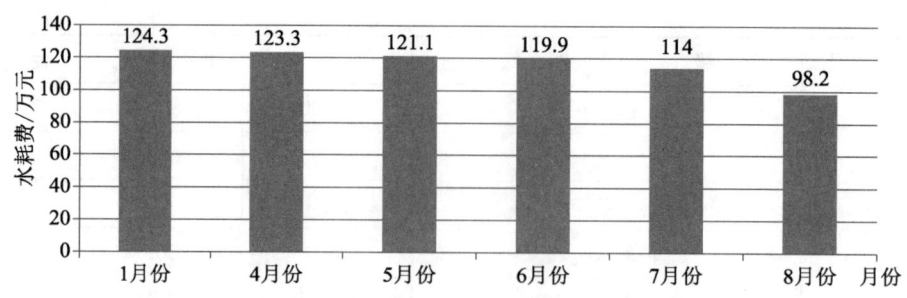

图 11-36　2021 年热处理吨钢水耗趋势图

微巴收益趋势图，参见图 11-37，收益由 581.1 万元提高至 705.7 万元，21.44％。

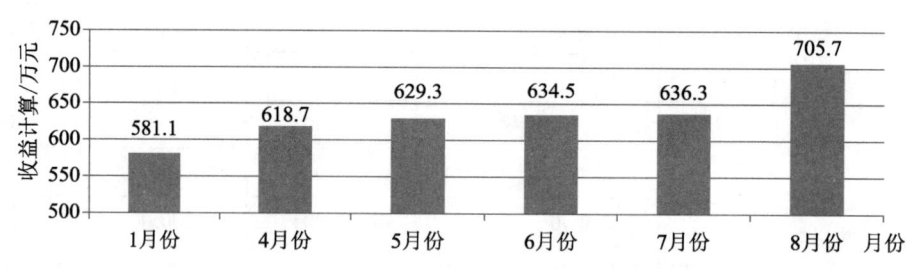

图 11-37　2021 年热处理微巴收益趋势图

微巴 2021 年 8 月收益控制图，参见图 11-38。收益控制稳定，无异常波动。

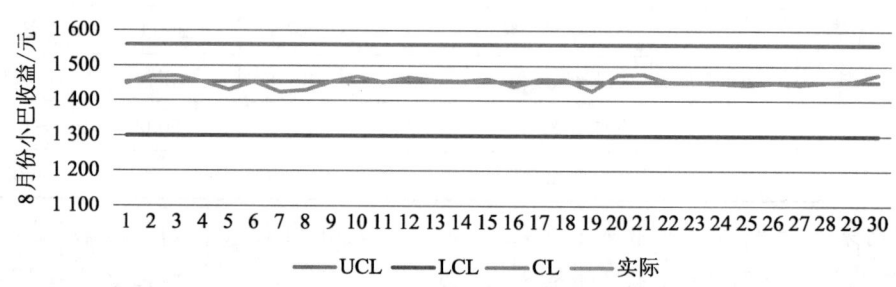

图 11-38　2021 年 8 月热处理微巴收益趋势图

阿米巴经营改进的深入开展，提高了巴员的专业技术水平、管理技术水平和综合素养，使巴员发现、处理问题的能力进一步得到提高，他们掌握了多种分析工具后，促进了改进的持续、循环开展和改善效果的保持。

改善后，影响热处理炉利用率、影响水耗的因素组成出现了变化，相关排列图参见图 11-39、图 11-40。这是下一步要改善的新项目。"温度点多、保温时间长、安全距离设定大、宽度方向空位多、开始升频时间不统一、升频稳定时间长、淬火工艺水量大"等主要因素均得到有效改善，降为次要因素，改善效果良好。

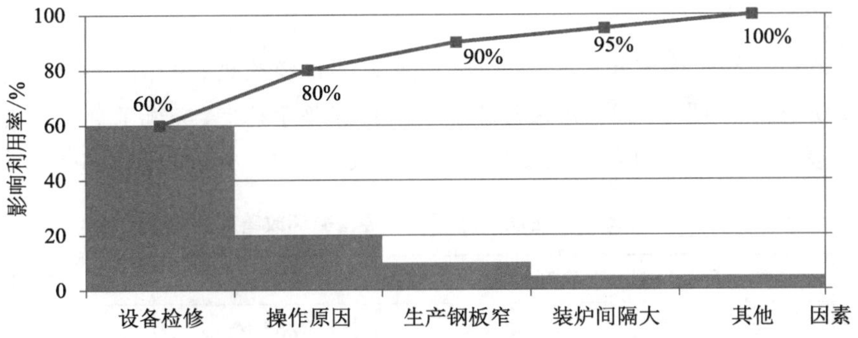

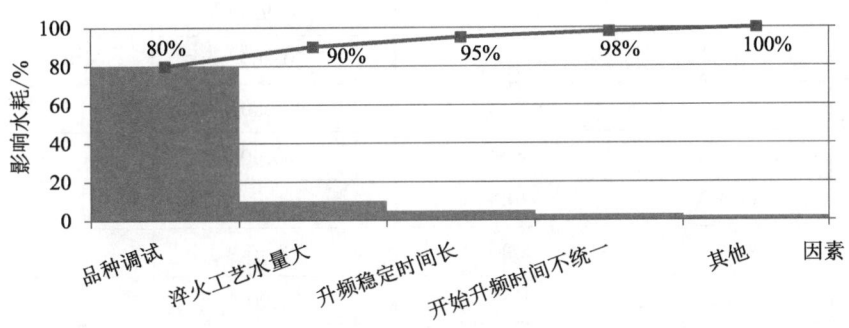

图 11-39　影响热处理炉利用率因素排列图

图 11-40　影响水耗因素排列图

8. 成果固化

为使改进成果能够得到巩固，热处理微巴运用 SOP 方法，对有效措施进行标准化，编制了可视化标准作业指导书，参见图 11-41。

热处理双排装钢生产流程可视化标准作业指导书

单位	班组	岗位	人员定额	生效日期
宽厚板厂	热处理微巴	热处理主操工	12人	2019年6月

图示区

1、钢板先在地面提前摆放到位
2、用行车一次性将两张钢板一起吊上辊道
3、钢板进行对中测长
4、钢板出炉
5、钢板出淬火机
6、钢板上横移台架
7、钢板逐块下料
8、钢板进入矫直机矫直

详细作业步骤及时间要求	时间（分钟）
1、热处理加热工艺相同的两块钢板先在地面提前摆放到位，两块钢板并排摆放，钢板间距离≤15mm，如两块钢板长度不一致则长钢板靠传动侧摆放，短钢板靠非操作侧摆放。	10
2、用行车一次性将两张钢板一起吊上辊道，吊运时非传动侧钢板用靠边装置进行靠边。	2
3、钢板进行对中测长，对中时注意两块钢板实际对中情况，不得出现重叠，不得歪斜。	3
4、钢板出炉，钢板高速出炉，出炉过程中注意观察钢板运行状态，两块钢板不得出现跑偏。	5
5、钢板出淬火机，钢板在淬火机内按工艺速度运行，出淬火机后及时转动淬火机机后辊道将钢板开出。	5
6、钢板上横移台架，横移装置上料梁将两块钢板全部托起后再继续动作，在中间位置停止。	5
7、钢板逐块下料，横移装置下料梁先将非传动侧钢板托起运送到矫直机机前辊道，然后再运送传动侧钢板至矫直机机前辊道。	5
8、钢板进入矫直机矫直，先矫直非传动侧钢板，按钢板板型设定矫直力，矫直结束非传动侧钢板上冷床进行冷却，再矫直传动侧钢板。	5

关键点	管理值
1、钢板吊运上辊道	钢板吊运前必须检查钢板表面有无异物、割渣及丸料等，必须提前处理好，确认无问题再上辊道。
2、钢板对中	钢板对中后实际宽度≤4500mm，且对中后钢板不重叠
3、钢板淬火	淬火时辊缝按钢板厚度+2mm设置，喷嘴边腔水量设定40%
4、钢板矫直	钢板分开后逐块矫直，矫直力1000N-2000N

注意事项	制作依据
1. 钢板入炉前表面不允许带油、水、丸料、杂物。 2. 钢板必须摆正，避免钢板歪斜。	1. 依据热处理车间《热处理炉操作规程》 2. 依据热处理车间《热处理炉工艺技术规程》

受控

变更记录	编制	朱美君	审核	顾小阳
	批准	廖仕军	版本号	0/1
	编号	JX38120001J-36		

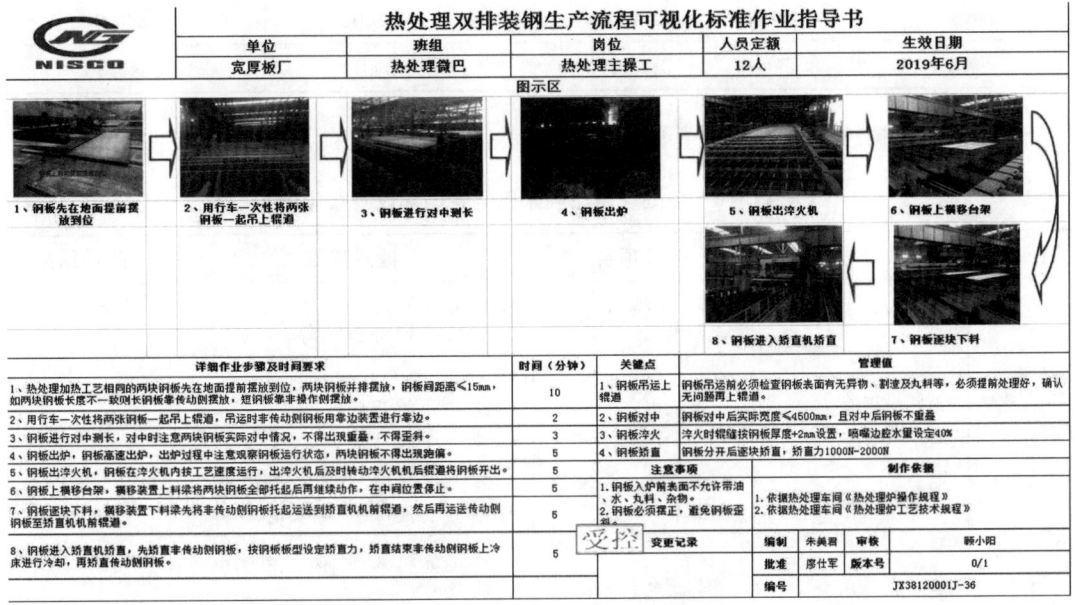

图 11-41　双排装炉生产流程 SOP

9. 循环改善

热处理微巴持续开展阿米巴经营改进,微巴也在持续改进、循环改善中取得了一定的成果,微巴的收益有了明显改善,收入与各项成本控制趋于稳定,实现了稳中有升的改进目标,实现了提效降本的经营目标。热处理微巴循环改善结果,参见表11-15。

表 11-15　热处理微巴阿米巴经营循环改善对比表　　　　　　　　单位:万元

科　目	类　目	2019年	2020年	2021年
收入	热处理收入	7 681.60	8 286.10	9 383.10
	压平收入	498.30	500.90	501.20
支出	水	1 398.10	1 419.50	1 218.10
	电	705.10	703.60	694.70
	煤气	985.40	980.50	978.40
	氮气	358.90	359.60	358.40
	压缩空气	97.60	97.70	96.10
	氧气	95.90	96.40	95.30
	标印耗材	91.60	91.90	91.70
	丸料	117.10	117.30	116.80
	设备租赁	100.30	100.30	100.30
	员工工资	43.20	43.20	43.20
	环保费用	12.00	12.00	12.00
	预提费用	6.00	6.00	6.00
	其他	230.00	−230.00	−230.00
收益		3 938.70	4 529.00	5 843.30

热处理微巴持续开展循环改善的措施对策表,见表11-16。

表 11-16　热处理微巴阿米巴经营循环改善措施表

时　间	改进方向	改进项目	改进措施	改进结果
2019年	提高热处理产量	提高热处理炉作业率	1. 正火板双排入炉 2. 缩短装钢安全距离	作业率提高 0.2%
	降低能源消耗	降低水耗	1. 缩短升频稳定时间 2. 统一升频开始时间 3. 减小淬火工艺用水	水耗降低 15.6%
2020年	提高热处理产量	提高热处理炉作业率	1. 淬火板双排入炉、双排淬火 2. 缩短钢板对中、测长时间	作业率提高 0.3%
	降低能源消耗	降低电耗	1. 优化生产流程,减少钢板吊运次数 2. 提高板型合格率,减少矫直	电耗降低 8.3%

续 表

时间	改进方向	改进项目	改进措施	改进结果
2021年	提高热处理产量	提高热处理炉作业率	1. 热处理板组料入炉 2. 合并工艺温度点、缩短保温时间	作业率提高0.5%
	降低能源消耗	降低燃耗	1. 调整空燃比 2. 提高热处理保温性	燃耗降低5.2%

热处理微巴将根据阿米巴改进模式,建立持续改进、循环改善机制,组织充分总结、做好内部知识、经验诀窍的传承,利用数字阿米巴报表数据,运用先进分析方法,组织全员开展阿米巴经营改善,持续提升,不断改进,追求卓越,实现人人参与,共同追求高效益、高收益、低成本、少费用的微巴经营目标。

五、PDCA 到 SDCA 循环提升

SDCA 循环就是标准化维持,即"标准化、执行、检查、总结(调整)"模式,包括所有和改进过程相关的流程的更新(标准化),并使其平衡运行,然后检查过程,以确保其精确性,最后作出合理分析和调整,使得过程能够满足愿望和要求。SDCA 循环——标准化维持的目的,就是标准化和稳定现有的流程,参见图 11-42。PDCA 与 SDCA 关系,参见前图 10-6。

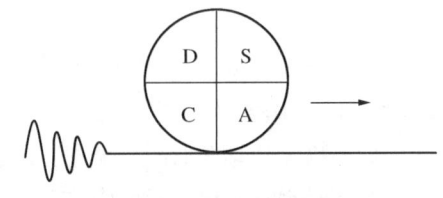

图 11-42 SDCA 循环图

S 是标准(Standard),即企业为提高产品质量编制出的各种质量体系文件;

D 是执行(Do),即执行质量体系文件;

C 是检查(Check),即质量体系的内容审核和各种检查;

A 是总结(Action),即通过对质量体系的评审,做出相应处置。

不断的 SDCA 循环将保证质量经营管理体系有效运行,以实现预期的质量经营目标,PDCA 与 SDCA 是企业提升管理水平的两大轮子。PDCA 是使企业管理水平不断提升的驱动力,而 SDCA 则是防止企业管理水平下滑的制动力。没有标准化,企业不可能维持在较高的管理水平,参见图 11-43。

所谓标准化,就是将企业里有各

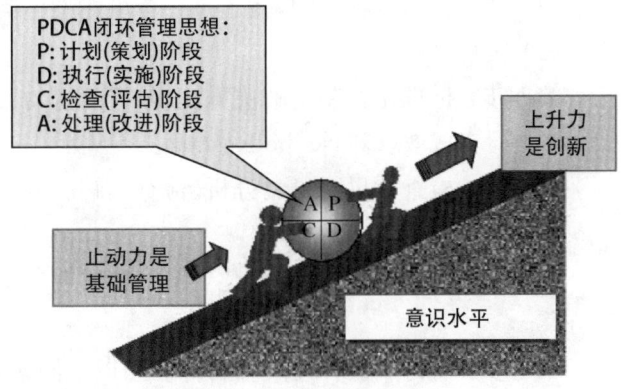

图 11-43 PDCA 循环图

种各样的规范,如:规程、规定、规则、标准、要领等,这些规范形成文字化的东西统称为标准(或称标准书)。制定标准,而后依标准付诸行动并不断完善的过程则称之为标准化。

编制或改定了标准即认为已完成标准化的观点是错误的,只有经过指导、训练、实施、改善才能算是实施了标准化。

1. 标准化的四大目的

(1) 技术储备——保存技巧和专业技术的最好方法,否则,企业或组织就没有技术、技巧和经验的积累,技术、技巧和经验随人转移。

(2) 提高效率——便利性和兼容性,减少变化,降低成本。

(3) 防止再发——防止问题发生及变异最小化的方法。不以人的变化而变化。

(4) 教育训练——这是企业培训的基础和根本。

2. 良好标准的六个制定要求

(1) 目标指向——标准必须是面对目标,即遵循标准总是能保持生产出相同品质的产品。

(2) 显示原因和结果——比如"安全地上紧螺丝"。这是一个结果,应该描述如何上紧螺丝。

(3) 准确——要避免抽象表述,如"上紧螺丝时要小心"。什么是要小心?这样模糊的词语是不宜出现的。

(4) 数量化即具体化——能让每个读标准的人,都能以相同的方式解释标准,没有歧义。为了达到这一点,标准中应该多使用图和数字。

(5) 现实——标准必须是现实的,即可操作的。

(6) 修订——标准在需要时必须修订。在优秀的企业,工作是按标准进行的,因此标准必须是最新的,是当时正确的操作情况的反映。

3. SDCA 具体运用步骤

(1) 标准化(Standardization)。

第一步:寻找与标准有差距的问题,召集有关员工把要改善的问题找出来。

第二步:研究现时方法,收集现时方法的数据,并做整理。

第三步:找出各种原因,找出每一个可能发生问题的原因。

(2) 实行(Do)。

第四步:标准化及制定解决方法,依据问题,找出解决方法,安排流程后立即实行。

(3) 检查成效(Check the Result)。

第五步:检查效果,收集、分析、检查其解决方法是否达到预期效果。

(4) 处置(Action)。

第六步:把有效方法制度化,当方法证明有效后,标准化为工作守则,各员工必须遵守。

第七步:检讨成效并发展新目标。当以上问题解决后,总结其成效,并制定解决其他问题方案。

4. PDCA 与 SDCA 循环实现螺旋上升

PDCA 循环与 SDCA 循环分别对应于企业管理工作的维持与改善两个方面，相辅相成、缺一不可。如果 PDCA 循环改善成果没有得到有效巩固，SDCA 循环就只能坚持现有水平，不能取得突破和提高，更不能高水平、高质量运行。通过 SDCA 循环和 PDCA 循环，管理和技术水平得到了持续巩固和提高。

第十二章
阿米巴循环改进体系

连续改善（Continuous Improvement）是当今国际上流行的管理思想。它是指以消除浪费和改进提升思想为依托，对生产与管理中的问题，采用由易到难的原则，不断地改善、巩固、改善、提高的方法，经过不懈的努力，以求长期的积累，获得显著效果。连续改善是"追求精益求精""力求尽善尽美"的路线图。

阿米巴经营改善是以量化的方式，引导你跟踪、评价，从而建立循环改进体系，持续提升、连续改善，参见图 12-1。

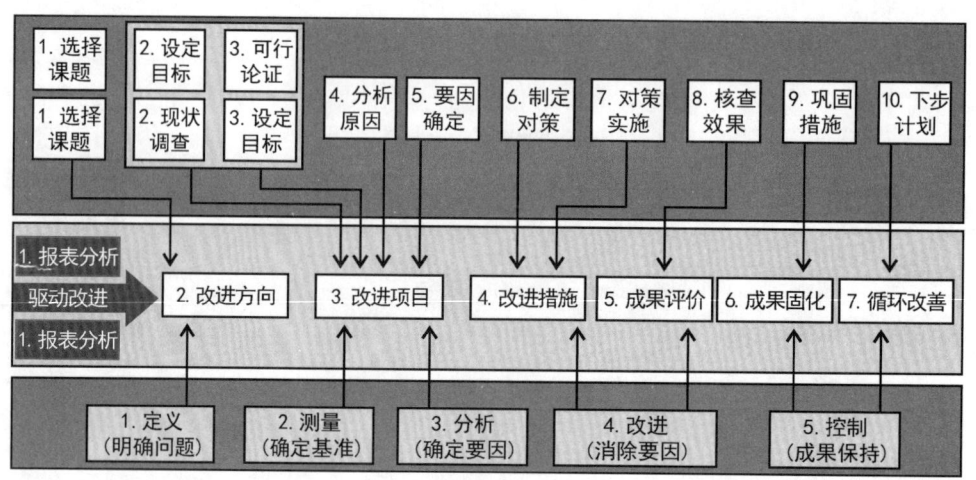

图 12-1　阿米巴经营改进模式图

现代管理方法和工具中，多是用来进行工作改进或绩效提升的。可见，改进是经营管理的第一课，持续改进、循环改善是卓越组织的经营之道。

阿米巴经营的"分、算、奖"方法，"量化授权"体系，"阿米巴经营核算"原则、阿米巴循环改进体系构建等，都是对现代管理方法的综合运用，是系统的体现、全面的要求。阿米巴经营有"整体综合、结果全面、着眼人才、聚焦战略、体现责任、客户思维、协同协作、利他共赢"等思想。而不仅仅是过程有效、个人的努力有效，重要的是实施阿米巴经营，通过连续、循环改善，对人才进行锤炼，通过经营绩效跟踪，培养老板思维型人才，在改进的过程中，员工的经营思维能力得到提升，从而为企业培养经营人才。人才需要在连续、循环改善中得到持续锤炼，连续、循环改善也是人生修炼的过程，更是锻造企业家的"铁匠铺"。

稻盛和夫创造的阿米巴经营模式,似乎是向我国企业阐述了一个几近完美的组织经营系统的解决方案。这是京瓷从20世纪60年代开始,经过几十年不断循环改善,通过长期积累达成的结果。无论是中国企业还是日本企业,要想达成那种最高级别的阿米巴经营状态都不可能一蹴而就,需要进行漫长的学习、实践和持续改善。

循环改进、持续改善。需要注重系统思维方法,提倡从企业的整体利益出发,分成许多项目,同时进行改善,大家一起努力,这样才会避免"按下葫芦浮起瓢"的现象。曾经有许多企业出现过这样的现象:公司为生产系统的改善,设置了很多改善奖励计划,员工也的确展开了很多改善项目,然而,年终总结下来,改善奖金发下去不少,整个生产系统的总成本却并没有得到下降,这是很让人纳闷的事情。

企业的高层必须规划出一个长期的发展战略,再将其细化为中期和短期目标,然后将其自上而下层层细化分解,从而逐渐形成行动计划,如果在实践中很随意地凭感觉来改善,往往由于不系统,从而造成上述情况。

比如说,面对成本不断上升的经营压力,根据"销售最大化,费用最小化"的经营原则,公司要求必须降低整体经营费用的5%,那么,企业就可以发动全员。通过"提高生产能力、降低库存、降低废品率、降低运输耗、改善生产流程、提升营销费用使用效率"等方式共同来实现。要想通过某一个部门的努力,来降低5%的整体费用,或许谁也办不到,但是只要通过大家共同努力不见得是一件困难的事情。

将长期目标划分成阶段性的改善目标来完成。我们知道,台塑集团的创始人王永庆的利润中心管理模式与阿米巴经营有着异曲同工之妙,台塑集团的核算,也是第二天就可以看到清晰的结果。为了实现王永庆要求的每天核算,台塑集团花了整整10年时间去改进。阿米巴经营体制的构造建设,在每天不断的自我运行中改善提升。

因此,阿米巴经营不是完成任务式的文化,也不是单打独斗的文化,需要我们协同协作,取得团队的最大效益,竞争服从于合作、协同。这也不是唯KPI为唯一的绩效文化,KPI是重点方向,但合作、协同也重要,系统效益最大化才是根本。上一级巴组织须确保下属巴组织在经营过程中,实现系统效益最大化。

阿米巴原点思维的绩效文化,是以满足社会需求、创造使用价值,满足了顾客的需要后,结果就会盈利的思想。这个结果体现的是,我们为组织创造了多少价值,做出了多少贡献,其根本是为社会、为人民做出了多少贡献。

阿米巴经营是真正意义上的全员参与,通过建立精细核算,使团队参与的每一个成员都能清楚自己的作用、贡献大小等,为了团队的整体绩效,合作、协同的精神,将促进"比、学、赶、帮、超"的氛围越来越浓。

阿米巴经营是利润思维的绩效文化,市场经济环境下,你对社会的贡献的大小,其结果是以盈利的多少来衡量的。因为你不盈利,就没有再为社会更好服务的基础和能力,也就没有竞争力。

成本中心的文化与利润中心的文化,看似没什么不一样,但最终导致的行为却是大相径庭。

阿米巴经营是基于精细核算、全成本管理的利润导向思维模式。组织构建阿米巴循环改进体系，其目标聚焦于组织的经营利润。组织的经营利润待续提升，经营管理的过程控制水平持续改善。精细核算和全面成本管理，是构建阿米巴经营循环改进体系的基础。

一、循环改进是组织追求卓越之道

持续改进方能与时俱进、追求卓越。现代质量管理更加强调基于顾客满意的持续改进。持续改进的逻辑非常简单，因为顾客需求是动态和持续提升的，所以一个组织必须循环地、持续地在质量、周期、成本、服务、品种等方面持续改进，才能获得和保持竞争优势。这里说的改进，已经不是单指质量改进，是对经营活动所有业务的综合、全面的改进，是大质量的改进、高质量的改进。因此，实施阿米巴经营，基于经营利润提升的改进模式，整合了对标管理、合理化建议、QCC、六西格玛改进、技术攻关、技改技措、创新发展、转型提升等改进方法，建立循环改进体系，是组织持续改进、追求卓越的最佳路径。

实施阿米巴经营的目标是追求卓越绩效，是要做得更好。因此，循环改进是实施阿米巴经营的另一大魅力。

循环改进与持续改进在意义上还有微小差异。循环改进除持续改进的意思外，更多的是改善，是基于现状的持续改善，突出的是工匠精神和精益求精。

循环改进还有一步一个脚印，脚踏实地，每天进步一点点的含义。突出的是永不停止，是基层的一种方法。

持续改进是一种理念、机制，是对组织的一种管理要求，甚至是对组织的一种文化、氛围营造要求。

达尔文在《物种起源》一书中指出，"在自然界的进化中，能生存下来的不是最强大的动物，也不是最聪明的动物，唯一能生存下来的是最快适应变化的动物"。因为卓越绩效模式是对以往的全面质量管理实践的具体化、条例化和标准化。组织如果定期对照标准进行自评、梳理，将公司好的方法进行总结、提炼、固化；通过标杆管理方法，与竞争对手、行业先进和标杆企业等进行对标，找出改进方向和提升空间，进而建立持续改进体系，使组织更加健康地发展、壮大。

在与全国质量奖评审员众多老师交流卓越绩效管理模式的基本原理时，大家一致认为，企业的三年发展靠运气、十年发展靠创新、三十年发展靠战略、百年发展靠文化。企业文化与经营哲学、经营理念是从不同角度，对企业核心竞争力组成的表述，所以都可能存在以偏概全的现象。

1. 战略是方向

组织的战略是决定企业长期表现的一系列重大管理决策和行动，他们可以围绕如下方面展开，如新的产品、服务和市场；规模扩张（包括兼并与收购）；新的伙伴关系和联盟；新的员工关系等。组织的战略所追求的可能是成为受欢迎的供应商、主要顾客市场的本地供应商、低成本制造商、市场创新者、高端或定制化产品和服务的提供者等。组织制定战略的目的是要不断提高组织的绩效和确保竞争优势。

战略制定是组织为将来做准备的正式或非正式的方法。战略制定会运用各种类型的预测、估计、选择、设想或者其他预见未来的方法,以达到制定决策和配置资源的目的。战略制定可能会涉及关键的供应商、分销商、合作伙伴和顾客。战略制定过程是一个科学的策划过程,往往有几个具有显著特点的工作需要完成,包括确定战略制定的方式、分析组织内外部环境、确定战略目标、选择战略方案、评估和确定战略。这些工作任务的完成也就构成了战略制定的主要步骤。

战略制定过程的主要参与人员,因组织所采取的战略制定方式不同而有所区别。但是,普遍达成共识的是:公司的每位管理者都在战略的制定和战略的执行过程中扮演着一定的角色,认为战略管理只是高层管理者的责任是大错而特错的。公司成员广泛参与公司的战略制定通常是一件很好的事情。一般来说,公司的高层领导者亲自主持,职能部门管理者、技术专家、关键的基层管理者及相关的员工参与,有时还要有顾客、咨询机构和供应商的参与。这样做的好处是,战略执行的管理者参与战略的制定,有利于战略的落实;顾客的参与确保了对顾客需求的重视。

长、短期计划(也可理解为策划)与长短期目标对应绩效预测、绩效对比与战略制定的时间坐标也要协调起来。时间区间的确定不是简单的一种时间分割,与行业发展的整体状况有很大关系。

2. 市场是核心

员工的利益来自市场。外部市场是员工利益的根本源泉,只有实现企业发展的各项指标,员工才能得到实际收益。这样在实际工作中,岗位就从原来的任务完成者变为市场满足者和指标实现者。现场是实现市场需求的经营场所。

3. 资源是关键

实现各项经济技术指标必须要有合格的资源,没有合格的资源,指标是无法实现的,岗位在使用、输出资源的过程中,一方面必须对资源供应者(上一环节岗位)进行考核,另一方面则要想方设法实现资源的增值。从这种意义上说,岗位职能就从过去单纯完成任务的单一职能,演变成了资源使用、资源供应、资源考核、资源增值四位一体的综合体。卓越绩效管理模式的核心就是通过这种岗位职能的转变,实现人的根本转变,进而实现管理的根本目的资源增值最大化,最终实现企业的可持续发展。

4. 薪酬是杠杆

大部分员工是为了薪酬和考核而工作的,将绩效考核的主体由原来领导考核转变成由服务对象考核,可以使被考核人直接感受来自市场的压力,也容易使考核人建立强烈的责任意识,通过这种链接的岗位责任关系,实现企业绩效考核自运转。

阿米巴经营树立人人都是老板,都是经营者思想,需要改变为薪酬和考核而工作的打工者心态,在阿米巴经营改进中,通过"赛马"机制,成长自我,实现自我;做到不可替代,实现从"赚钱"到"值钱"的转变。

案例 12-1 | 许巴长通过"赛马"机制,实现从"赚钱"到"值钱"的转变

某钢铁公司于 2018 年在所有班组实行阿米巴经营,开展阿米巴经营改进,定期组织各

事业部举办经验总结、分享交流,呈现出你追我赶的喜人局面。某厂装辊微巴的许巴长,组织2名正式员工和11名劳务员工,成立装辊微巴,负责该厂(中巴)粗中轧1#~14#轧机工艺准备,为轧线提供合格的轧机设备,参与精轧机换辊服务等工作。

为增加巴组织收入,许巴长决定,将轧机设备由外委维修变为自主维修。工作中发现,拆卸1台轧机需要4人6天(24人日),效率低下,不能满足生产需求。需要解决拆卸轧机的瓶颈,才能真正实现微巴自主维修。这时,许巴长利用一切工余时间,带领骨干巴员请教老师傅、技术人员等,经不懈努力,发明了专业工器具,利用机械手实现轧机压下快速拆卸,使轧机拆卸由原来的4人6天(24人日)降为2人次1天(2人日),解决了拆卸轧机的瓶颈问题。

同时,许巴长还设计、制作了适用于摩根RE滚动导卫(RE75型与RE115型)导辊高度调整组合工具台;设计、制作了螺纹式扁头套专用工具;设计、制作了迷宫槽检测样棒;设计、制作了可拆卸过滤式冷却水管等,突破设备维护保养过程中多年的瓶颈。

该微巴2018年收益亏损78.74万元,2019年实现收益18.74万元,2020年实现收益76.3万元。3年来,他向国家共提交实用新型发明专利24项,其中有18项获得授权,成为公司一名副其实的专利大王,做到了不可替代。2020年被提拔为准备车间主任,同时,他也带动了一大批人,通过创新增效,实现了从"赚钱"到"值钱"的转变。据不完全统计,两年来,该公司新提拔的晋升的各级人员中,有30多名微巴巴长得到了进一步成长的机会。

5. 阿米巴经营是追求卓越的有效方法

持续改进,追求卓越,是理念;卓越绩效模式是框架;卓越绩效评价准则是细则。但这些标准、要求需要落地,而阿米巴经营就是落地的有效方法之一。

阿米巴经营也是实现全员参与的最有效的方法。人性告诉我们,每个人都有自私趋利的一面,也有善良奉献的一面。卓越绩效模式给我们提供了一个改进的方向,而要追求卓越,要有适宜的方法。

一般企业都存在以下困惑现象。如为何只有老板关注经营利润,员工却只关注做事本身?因为员工的工作距离利润太远,没法去关注。如何能让每一位员工也能像老板一样关注利润?只有让他也成为老板。再如,为何部门之间总爱扯皮推诿,最终只有老板才能协调解决?因为他们是同事关系,而非买卖关系。如何让部门之间能像外部一样形成市场机制?只有构建内部模拟市场交易核算机制。还如,为何员工总是觉得报酬太低或者觉得报酬不公平,总是觉得工资不够满意?却把原因归于老板小气?因为工资是由老板给的,不是他们买卖赚来的。如何让员工明白,报酬是他赚来的而不是老板给的?构建全面合伙机制,实现全员合伙,自己挣钱了才能享受工资,工资是自己挣来的、赚来的。

很多企业还存在以下现象:

(1) 为什么自己苦心培养的人才总在流失,出去就成为竞争对手?

(2) 为什么企业里的跑、冒、滴、漏,比利润还要多,员工都视而不见?

(3) 为什么苦苦奋斗很多年,企业还是没做大?

(4) 为什么薪酬涨了又涨,绩效变了又变,问题还是无所改善?

(5) 为什么管理层级越来越多,真正干事的却没几个?

(6) 为什么老板事必躬亲,无暇分身专注企业宏观战略?

如何破解?直指人性的阿米巴经营模式、阿米巴全员合伙机制等,都是行之有效的方法。

当今,发源于日本的科学管理方法有很多,卓越绩效模式是美国对日本的戴明奖进行创新的结果,因此,质量奖模式根本上还是起源于日本。阿米巴经营,是土生土长的日本企业经营管理经验,是日本四大"经营之圣"之一,稻盛和夫总结创立的,由于他将3家不同的企业都带入了世界500强,其阿米巴经营方法才广为人知,今天的企业家们争相学习、模仿、研究。

阿米巴经营的"分、算、奖"方法,有助于调动员工的积极性,从而真正地实现全员参与,只有与自己的利益相关、相连,员工才会关心、深入参与。

增加的利润来源于收入的提高和成本的节约,传统的成本管理,缺乏清晰的目标,结果就是完成任务,有时候甚至可能会出现为完成任务而出现造假、蒙骗、坑人的现象,钻考核的空子,对成本进行转嫁,对缺陷进行掩盖,对顾客进行欺骗。因为只要满足上级的考核要求,就能完成任务,得到收入和奖金,其他的责任由别人承担。

阿米巴经营是通过划分阿米巴组织,以利润思维原则,满足顾客需求为目标,对产品和服务进行交易,实行经营核算。每个人都知道自己的价值,知道应该怎样才能把事情做对、做好。

循环改善,优秀日企的经营精髓就浓缩在"循环改善"这四个字上,我们如何实现?

二、循环改进体系构建

实施阿米巴经营,就是要通过精细核算的方法,精准地做好改进,对制造业来说,尤其要做好成本的控制与改善。中巴、小巴、微巴都要建立循环改进机制,而大巴、总巴就需要建立循环改进体系,体系有全面、全部、系统、整体的含义。

循环改进体系包括"组织机构建设、工具方法使用、持续实施机制、绩效跟踪评价、成果共享平台、考核奖励机制"等,参见图12-2。

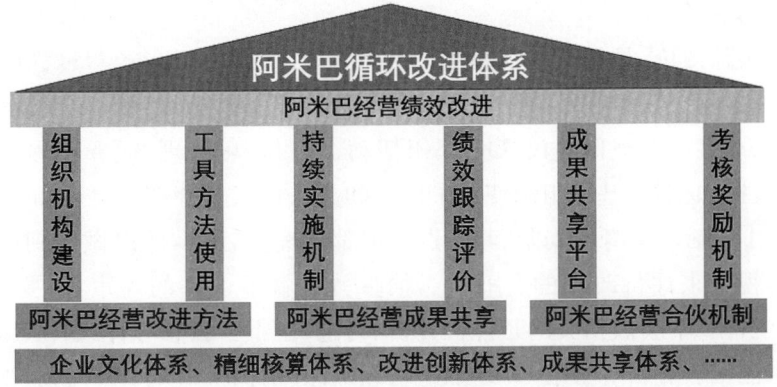

图12-2　阿米巴循环改进体系示意图

1. 组织机构建设

建立由公司主要领导担任组长或主任的组织领导机构,是有效推进和实施阿米巴改进的组织保障,领导的支持非常重要,阿米巴经营是一把手工程,而且是从上至下的推进方式,所以领导是核心。不同组织实施阿米巴经营的目的可能也不完全一样,优秀的组织导入和实施阿米巴经营的一个重要目标就是实施阿米巴循环改进,持续改进是追求卓越的唯一路径,改进也是创新的源泉。

领导要确立改进的文化,经营成果共享机制,人才成长与使用机制等。

2. 工具方法使用

使用工具方法是推动改进创新的基础,建立阿米巴循环改进体系,整合改进工具和方法,建立模式化或标准化的要求,有助于改进体系的实施,成果的提炼总结和经验的分享、复制。

案例 12-2　某公司阿米巴改进方法培训

为提高阿米巴巴长分析问题、改进提升的能力,结合阿米巴经营改进特点与要求,设计形成了《阿米巴改进方法培训讲义》,对基层小、微巴长进行系统培训,通过实操的方式,培训巴长们掌握阿米巴经营报表的分析方法,发现问题的技巧,确定改进项目的能力,组织实施阿米巴经营改进项目的管理技能等,考试合格后,发给培训合格证书,作为今后竞选巴长的条件。

目前已经完成 200 多人的培训发证,参加培训后的巴长,在阿米巴经营改进经验分享中,都能聚焦于改进方法应用和阿米巴经营思想,其逻辑性、科学性都得到提高,得到了公司内、外部领导的肯定。

3. 持续实施机制

持续实施机制要求组织构建 PDCA 和 SDCA 两个循环,这两个循环将促进组织的改进螺旋上升,改进成果也将得到沉淀与巩固。读者可参见相关章节内容。

组织要持续实施阿米巴改进,需要设立专门机构,定期跟踪与及时评价,检查、考核是落实持续改进机制的重要方法。

4. 绩效跟踪评价

对绩效的跟踪评价,是做好改进的管理抓手。阿米巴组织在经营过程中,会遇到多种多样的问题,为了解决发生在不同层次、影响程度和难度各异的问题,全员参与、有针对性地运用适宜的方法(如合理化建议、QC 小组活动、六西格玛管理、业务流程再造、技术难题攻关等)进行改进和创新,基层组织使用最广泛的方法仍然是合理化建议和 QC 小组改进。

由于 QC 小组活动本身的局限,其特点一般都是完成任务,所以做不到循环改进,更不会站在更高的视野来评价改进的有效性。很多就是就事论事的评审,只要保证本课题数据、逻辑严谨就行。不会做相关的延伸性分析、讨论,也不会去思考什么"循环改进"。

利用阿米巴报表分析等方法,对组织进行绩效跟踪评价,将有助于识别改进的有效性,避免成本转嫁。避免本工序降本了,而下道工序或者相关工序的成本却增加了的现象,这都需要进行甄别、评价。

阿米巴经营改进模式的循环改进思想,与其他改进模式的最大区别在于,通过阿米巴经营报表综合判断、评价改进的有效性,防止成本转嫁、出现钻空子的现象,避免开展"得不偿失"的改进。

案例 12-3 | 阿米巴持续改善结果

本案例为案例 10-6 的持续改善结果,参见表 12-1。

通过阿米巴经营报表可以看出,组织经过持续改进,2020 年 7 月的收益,比 2018 年 7 月,增加了 102 万元以上,显著提升了巴组织的经营绩效结果。

5. 成果共享平台

阿米巴经营是全员参与的经营,是一种家文化的体现。组织的经营成果,须由巴组织的全员共享。目前较为流行的阿米巴合伙制就是阿米巴成果共享方式之一,不同的组织可以选择符合组织自身特点和员工要求的共享方式。常见的成果方式有"增量分红模式、虚拟股模式、实股注册模式、风险投资模式、内部交易模式、项目跟投合伙模式"等。有兴趣的读者,可以参考其他专业性书籍。

6. 考核奖励机制

这里的考核激励是指对单项的改进成果进行奖励的机制。巴组织在经营过程中,对有突出贡献或者在某些方面(如改进、创新等)的成绩,进行奖励。这不同于经营结果的共享。

阿米巴经营从"力求最佳"到"追求完美"。利用 PDCA 闭环管理原理,大循环套小循环,所有循环螺旋上升,永无止境。这就是"循环改进",连续改善。

案例 12-4 | 海底捞的阿米巴循环改进

素材来源于"南方略咨询"及"清华管理评论"。

自 2010 年,海底捞开始了组织结构变革。一方面简化组织层级,取消大区经理、小区经理的层级;另一方面成立若干个"教练组",负责开设新店和整改 C 级店(A 级店为优秀,B 级店为良好,C 级店需要整改)的辅导工作。

大小区经理分流为两类人:有的加入了教练组,有的回归门店当店长。回归店长岗位的大小区经理不可避免地感到了心理落差。对于离职的店长,张勇并不纠结——公司规定,店长如果不想干了,公司给几百万安置费;也可以自己创业,公司给补贴。进入教练组的人一开始并不适应新的角色,还习惯性地依仗行政权力做事;教练组的成员也习惯性地把组长当成领导。张勇不得不经常提点教练组要认清自己的位置——应该起到设置考核标准、组织培训和考试以及实施考核和检查的作用,教练组要学会使用非正式权力。

2011 年继续进行组织变革,让海底捞门店只剩下一个层级,这也好比阿米巴原虫一样只需考虑自我生存。谈到阿米巴时,张勇曾提到它改变了中国传统管理中"肉食者谋之"的观念。然而,海底捞在门店中推行阿米巴理念时,却没有全盘地考虑到如何复制的问题。

表 12-1 阿米巴持续改善结果一览表

一级	二级	科　目 三级	四级	单价	2018年7月 数量/t	2018年7月 金额/元	2019年7月 数量/t	2019年7月 金额/元	2020年7月 数量/t	2020年7月 金额/元
收入	运输收入	内部收入	原燃料到达	4.6	541 332	2 490 127.2	646 500	2 973 900	659 220	3 032 410
			成品发送	6.3	3 132	19 762.9	2 590	16 342.9	5 802	36 610.6
			板材	2.3	197 928	455 234.4	209 339	481 479.7	224 174	515 600.2
			水渣	1.9	118 008	224 215.2	122 760	233 244	124 740	237 006
			一铁铁水分流	6.3	34 500	217 350	40 430.5	254 712.3	42 130.0	265 419.0
			二铁铁水分流	3.8	3 452.1	13 117.8	5 974.3	22 702.3	440.0	1 672
		外部收入	金陵钢宝网	4.6	0	0	9 480	43 608	15 156.52	69 720.01
		合　计			898 352.1	3 419 807.5	1 037 074	4 025 989.2	1 071 662.14	4 158 438.1
支出	成本支出	巴内成本	柴油	4.9	80 560	393 938.4	80 065	392 322.5	71 732	351 486.8
			电	0.6	6 931	4 020	5 860	3 398.8	5 730	3 438
			生活水	3.2	723	2 313.6	689	2 204.8	676	2 163.2
		管理费用	劳保费用			59 455.1		58 379		57 903
			其他			3 420.9		3 359		3 246
	费用支出	巴内费用	巴内费用			2 635 605.5		2 587 901		2 462 901
		巴外费用	分摊费用			131 619.3		129 237		119 843
		合　计				3 285 265.4		3 025 802.1		3 000 981
收益	合　计					134 542.1		820 187.1		1 157 457.1

张勇的循环改进一步破解了"师徒"之困、计件工资与包干制、自我裂变等企业经营难题。现在，不仅门店独立核算，底料生产基地亦独立核算，原来的职能部门都已经独立，为海底捞门店提供服务，同时自己对外也提供相关的业务托管服务并获得收入。截止到2018年，海底捞的底料生产基地、人事部、工程部、供应链、信息部等机构全部成立独立公司，公司还孵化了Hi捞送（火锅外卖）、U鼎冒菜（简式单人小火锅）。

三、阿米巴经营改进案例提炼

开展阿米巴改进案例总结，一方面是对已有的和完成的改进成果，进行总结沉淀、固化，形成知识与经验，在组织内、外部进行分享、传承。

一些实施阿米巴经营、开展阿米巴改进，取得较好成果的基层微巴长，往往很快得到提拔。他们得到提拔后，由于没有培养好人才，这些微巴缺乏持续实施阿米巴经营，推动循环改进的动力。人才是掌握了相关管理技能、具备处理异常和开展改进，提升组织经营绩效才能的人，需要锻炼、训练、培养。企业管理中，很多创新不能坚持、很多特色不能保持，究其原因，一是我们不太注意人才培养，二是也没有好的方法来培养人才，所以很多工作，常常是随着一个人的离开就慢慢终止了。

人才培养，首先需要统一思想和认识，建立一个共同的平台。巴组织对阿米巴经营改进的成果总结提炼，就是在统一思想、建立平台，推动组织的巴员在组织的共同目标下思考、行动、改进、创新。

阿米巴改进模式，是试图通过建立一种范式，让巴长、巴员，通过目标对比、标杆分析等方法，思考分析，我们为什么要改进、怎样进行改进。通过阿米巴报表的数据分析，说明为什么要改进？为什么是这样改进？

阿米巴报表的分析逻辑，要清楚、清晰、严紧、科学。分析思维方法才是别人学习的核心要素，也是传承的重点。别人能学习到的是思想和方法，思想和方法是可以复制的。至于具体的改进实施，不同行业，差异比较大，绝大多数不能直接借鉴，隔行如隔山。

组织提炼撰写阿米巴改进案例，是为了将巴组织的经验、知识，在内部进行传承，使后人能够在前人已经取得成效的基础之上，持续改进，循环提升，永不言弃。为建立统一的阿米巴改进模式案例提炼标准，方便评价，探索建立了阿米巴经营改进模式案例评价打分表，参见表12-2。经验表明，总分要在85分以上，案例才能达到优秀的标准。阿米巴经营改进案例还需要结构清晰、语言简练、图文并茂、数据详细、逻辑严密。

表12-2 阿米巴经营改进模式案例评价打分表

序号	评价类目	回答的问题	要求	方法或建议	分值
1	巴体简介	我是谁？做什么	清楚、清晰、严紧、科学	简单描述，介绍巴组织的特点与类型，用工艺流程图辅助说明	5
2	报表构成	巴组织的阿米巴报表是啥样	完整的阿米巴经营报表，并有简单介绍	报表完整，简单描述收入、支出构成比，指出可控科目，不要展开	5

续 表

序号	评价类目	回答的问题	要　　求	方法或建议	分　值
3	报表分析	如何对报表数据进行分析	用阿米巴报表数据，分析、推导巴组织经营中需要改进的问题	目标对比、标杆分析、趋势对比、缺陷分析、2/8原则、统计检验等，需要展开分析，越详细越好，展开有理有据，思路清晰	30
4	改进方向	如何确定改进方向	清晰的改进方向，开源与节流	用报表分析数据推导、结合组织的内外部形势，通过SWOT分析，寻找巴组织的机会与优势组合	10
5	改进项目	如何确定改进项目	用数据分析、推导出改进方向	项目不能超过5个，且所有项目都有数据支持，方法科学，同时开展的项目最好在3个以内	10
6	改进措施	如何对改进项目制定和确定改进措施	运用QCC、六西格玛等工具方法	逻辑清楚、科学、实用、简单	10
7	改进评价	怎样评价改进结果的有效性	目标对比分析、统计检验、阿米巴经营报表对比性、趋势性分析	改进项目来源于阿米巴报表分析，而改进成果的评价也需要对报表进行整体分析，说明有哪些变化。适当时，需要结合上级巴组织和上下道工序巴组织的报表进行综合分析，确定改进的有效性，没有发生成本转移，也没有增加相关工序的成本、费用支出等	20
8	成果固化	如何对成果进行保持	制度、流程、规范等的修订与完善	标准化的方法	5
9	循环改善	怎样开展持续改进的	对持续开展阿米巴改进项目、方法等进行回顾	描述性回顾总结，建议用表格列出近几年持续改进的方向、项目、措施及成果等	5
合　计					100

第十三章

阿米巴经营长自我修炼

阿米巴经营长即阿米巴巴长,是阿米巴团队组织的长官。实施阿米巴经营的目标之一是培养人才,培养老板一样的经营人才。

在组织的经营发展过程中,不断有新知识、新方法涌现,无论理念、技术、方法、模式等,都需要学习,老板们需要与时俱进,自我更新,才能保证老板经营理念的先进,才能成为员工的榜样,修炼学习力是老板们应对一切变化和发展的基础。《大学》是我国古代科举考试的必考书目。

案例 13-1 | 《大学》原文

大学之道,在明明德,在亲民,在止于至善。知止而后有定,定而后能静、静而后能安、安而后能虑,虑而后能得。物有本末,事有终始。知所先后,则近道矣。

古之欲明明德于天下者,先治其国。欲治其国者,先齐其家,欲齐其家者,先修其身。欲修其身者,先正其心。欲正其心者,先诚其意。欲诚其意者,先致其知。致知在格物。

物格而后知至,知至而后意诚,意诚而后心正,心正而后身修,身修而后家齐,家齐而后国治,国治而后天下平。

自天子以至于庶人,一是皆以修身为本。其本乱,而末治者否矣。其所厚者薄,而其所薄者厚,未之有也。此谓知本,此谓知之至也。

所谓诚其意者,毋自欺也。如恶恶臭,如好好色,此之谓自谦。故君子必慎其独也。小人闲居为不善,无所不至,见君子而后厌然,掩其不善,而著其善。人之视己,如见其肺肝然,则何益矣。此谓诚于中,形于外,故君子必慎其独也。曾子曰:"十目所视,十手所指,其严乎!"富润屋,德润身,心广体胖,故君子必诚其意。

《诗》云:"瞻彼淇澳,菉竹猗猗。有斐君子,如切如磋,如琢如磨。瑟兮僴兮,赫兮喧兮。有斐君子,终不可喧兮!""如切如磋"者,道学也。"如琢如磨"者,自修也。"瑟兮僴兮"者,恂慄也。"赫兮喧兮"者,威仪也。"有斐君子,终不可喧兮"者,道盛德至善,民之不能忘也。

《诗》云:"於戏!前王不忘!"君子贤其贤而亲其亲,小人乐其乐而利其利,此以没世不忘也。《康诰》曰:"克明德。"《大甲》曰:"顾諟天之明命。"《帝典》曰:"克明峻德。"皆自明也。

汤之《盘铭》曰:"苟日新,日日新,又日新。"《康诰》曰:"作新民。"《诗》曰:"周虽旧邦,其命维新。"是故君子无所不用其极。

《诗》云:"邦畿千里,维民所止。"《诗》云:"缗蛮黄鸟,止于丘隅。"子曰:"于止,知其所止，可以人而不如鸟乎？"《诗》云："穆穆文王，于缉熙敬止！"为人君，止于仁；为人臣，止于敬；为人子，止于孝；为人父，止于慈；与国人交，止于信。子曰："听讼，吾犹人也。必也使无讼乎！"无情者不得尽其辞。大畏民志，此谓知本。

所谓修身在正其心者：身有所忿懥，则不得其正，有所恐惧，则不得其正，有所好乐，则不得其正，有所忧患，则不得其正。心不在焉，视而不见，听而不闻，食而不知其味。此谓修身在正其心。

所谓齐其家在修其身者，人之其所亲爱而辟焉，之其所贱恶而辟焉，之其所畏敬而辟焉，之其所哀矜而辟焉，之其所敖惰而辟焉。故好而知其恶，恶而知其美者，天下鲜矣。故谚有之曰："人莫知其子之恶，莫知其苗之硕。"此谓身不修不可以齐其家。

所谓治国必先齐其家者，其家不可教，而能教人者，无之。故君子不出家而成教于国。

孝者，所以事君也；弟者，所以事长也；慈者，所以使众也。《康诰》曰："如保赤子。"心诚求之，虽不中；不远矣。未有学养子而后嫁者也。一家仁，一国兴仁；一家让，一国兴让；一人贪戾，一国作乱：其机如此。此谓一言偾事，一人定国。

尧、舜率天下以仁，而民从之。桀纣率天下以暴，而民从之。其所令反其所好，而民不从。是故君子有诸己而后求诸人，无诸己而后非诸人。所藏乎身不恕，而能喻诸人者，未之有也。故治国在齐其家。

《诗》云："桃之夭夭，其叶蓁蓁。之子于归，宜其家人。"宜其家人，而后可以教国人。《诗》云："宜兄宜弟。"宜兄宜弟，而后可以教国人。《诗》云："其仪不忒，正是四国。"其为父子兄弟足法，而后民法之也。此谓治国在齐其家。

所谓平天下在治其国者，上老老而民兴孝，上长长而民兴弟，上恤孤而民不倍，是以君子有絜矩之道也。所恶于上，毋以使下；所恶于下，毋以事上；所恶于前，毋以先后；所恶于后，毋以从前；所恶于右，毋以交于左；所恶于左，毋以交于右。此之谓絜矩之道。

《诗》云："乐只君子，民之父母。"民之所好好之，民之所恶恶之，此之谓民之父母。《诗》云："节彼南山，维石岩岩。赫赫师尹，民具尔瞻。"有国者不可以不慎，辟则为天下僇矣。

《诗》云："殷之未丧师，克配上帝。仪监于殷，峻命不易。"道得众则得国，失众则失国。是故君子先慎乎德。有德此有人，有人此有土，有土此有财，有财此有用。德者本也，财者末也。外本内末，争民施夺。是故财聚则民散，财散则民聚。是故言悖而出者，亦悖而入；货悖而入者，亦悖而出。

《康诰》曰："惟命不于常。"道善则得之，不善则失之矣。《楚书》曰："楚国无以为宝，惟善以为宝。"舅犯曰："亡人无以为宝，仁亲以为宝。"《秦誓》曰："若有一个臣，断断兮无他技，其心休休焉，其如有容焉。人之有技，若己有之；人之彦圣，其心好之，不啻若自其口出。实能容之，以能保我子孙黎民，尚亦有利哉！人之有技，媢嫉以恶之；人之彦圣，而违之，俾不通：实不能容，以不能保我子孙黎民，亦曰殆哉！"

唯仁人放流之，迸诸四夷，不与同中国。此谓唯仁人为能爱人，能恶人。见贤而不能举，举而不能先，命也；见不善而不能退，退而不能远，过也。好人之所恶，恶人之所好，是谓拂人之性，菑必逮夫身。是故君子有大道，必忠信以得之，骄泰以失之。

生财有大道。生之者众,食之者寡,为之者疾,用之者舒,则财恒足矣。仁者以财发身,不仁者以身发财。未有上好仁,而下不好义者也,未有好义,其事不终者也,未有府库财,非其财者也。孟献子曰:"畜马乘,不察于鸡豚;伐冰之家,不畜牛羊;百乘之家,不畜聚敛之臣。与其有聚敛之臣,宁有盗臣。"此谓国不以利为利,以义为利也。长国家而务财用者,必自小人矣。彼为善之,小人之使为国家,灾害并至;虽有善者,亦无如之何矣!此谓国不以利为利,以义为利也。

稻盛和夫说:出人头地、追求成功可以,想过一个潇洒多彩的人生也可以,但是,那都是人生的一个过程,人生的目的在于塑造高尚的人格。

塑造高尚的人格,就是我们一生的"人格修炼"。

稻盛和夫27岁创立京瓷;52岁创立第二电(KDDI);78岁,作为经营者的最后一战,航空管理门外汉稻盛和夫临危受命接下重建日航这一烫手的山芋,短短两年半的时间,让代表日本的"日本航空"重新上市。接连创造的这三个奇迹,可谓是一篇波澜壮阔的财经界史诗,值得我们认真研究。作者认为,我们更应该研究稻盛和夫的为人,他的人生哲学"作为人,何谓正确"是他修炼的原点。

一、人格修炼立"三观"

1. 中国人的八大人格修养之道

从本质上讲,中国传统人生哲学,其终极目的是教人成为圣贤。就像孟子所说,"人皆可以为尧舜"。孟子认为人性相同皆为善,人与动物之间的区别是道德;普通人与圣贤之间的区别在于人格修养的高低。

不管是主张性善的孟子还是主张性恶的荀子,其实都主张人可以成为圣贤。孟子说"人皆可以为尧舜",荀子说"涂之人可以为禹",其人生的根本目标都是相同的,只是实现方法不同而已。孟子主张修炼道德存心养性,提倡自律;荀子主张用礼法规范人的行为,主张他律,但他们的共同点是修炼完美的人格,走向成圣成贤之境。所以说中国古代人生哲学,特别是儒家哲学是强调人格修养的学问。认识到这一点,就能弄清楚中国何以为中国,中国文化何以为中国文化。这八大人格修养之道分别是:

第一是无志不立,有志者事竟成。立下远大的志向,是我们人生的起点与风帆,没有志向则万事不成。孔子说他15岁就立下了学习礼仪学术的志向,他说"吾十五有志于学",并沿着这个志向努力前行,终于从一个平民子弟成为儒家学派的大师,成为中国文化的承上启下者,成为一代宗师。宋代哲学家张载也说,"人若志趣不远,心不在焉,虽学无成",可见立志的重要性。

第二是为己。此处的为己,并非说事事都为私利考虑,否则我们将成为自私自利的民族。这是说我们为了什么、为了谁而努力。孔子说,"古之学者为己,今之学者为人",意思是说,古代的人学习修炼道德,是为了提升自我人生境界,而现在人学习修炼道德目的不纯,是为了做给别人看。所以为己就是纯粹为了自我提高自我完善,并不是要炫耀什么而沽名钓誉。

第三是慎独。人是环境的产物,也就是说不同的环境下可以造成不同的人格,人也是缺少自律的动物,特别容易受到诱惑。尤其是一个人独处的时候,总是会搞出点什么幺蛾子出来。因此古人特别重视自我约束,越是在独处的时候越是要警惕自己,防止心中的那个恶、"皮衣下的那个小"跑出来,这叫慎独。《中庸》上说:"是故君子戒慎乎其所不睹,恐惧乎其所不闻。莫见乎隐,莫显乎微,故君子慎其独也"。告诫我们,越是在无人看见无人听见的时候,越是要把持好自己的内心,作为一个纯正的"心底无私天地宽"的君子。这虽然很难,但吾辈当力行之。

第四是求诸己。孔子说"君子求诸己,小人求诸人",意思是说君子总是想着自己应该做什么,做错了要先反思自己,而小人则相反。他们总是揽功于自己诿过于别人。反求诸己是中国人重要的人文精神,它让中国人有了反思反省自我担当的境界。孟子说"事有不得反求诸己",一件事做不成,先要想想自己做得是否到位,而不是把责任都推给别人。

第五是自我反省。自省也是中国人重要的人格精神,它可以提升我们人生的境界,提升思想深度。古希腊哲学家也说没有经过反思的人生,不是智慧的人生。可见反思和自省的重要性。儒家大师曾子特别重视自省精神,他提倡我们要时刻反省自己,叫"吾日三省吾身"。因为反思可以让人更加冷静地审视自己,观察世界,可以让人少走弯路,更好地走向成功之境。

第六是改过。如何对待错误是人格修养中的原则问题。是知错就改还是屡教不改,代表了人生的两种分野。犯错并不可怕,古人很早就有"人谁无过,过而能改,善莫大焉"的说法。孔子也说"过则勿惮改",相反"过而不改,是谓过矣",一个人如果屡屡在同样的地方栽跟头,那不是因为傻,而是因为不愿改错的原因。

第七是力行。知行合一是中国人格修养学说的重要问题,因为人总是喜欢说而不愿去做。孔子说"君子耻其言而过其行",说大话是做不成大事的,只有脚踏实地地去做才有可能取得成功。所以孔子崇尚的君子,是"君子欲讷于言而敏于行"的人。宋代哲学家朱熹认为,学问无非是两件事,致知、力行而已,而王阳明则认为学问其实就是一件事——知行合一而已。知道就马上去做,这才是人生的成功之道。

第八是磨炼。千里马不可能生于庭院,鸡窝里飞不出金凤凰,没有一番寒彻骨,哪得梅花扑鼻香。所以孟子说,"故天将降大任于斯人也,必先苦其心志,劳其筋骨,饿其体肤,增其益所不能"。宋代哲学家张载说得更明白,把艰难困苦当作上天给我们的礼物,它是来促进我们成长、促进我们成功的,他说,"富贵福泽,将厚吾生也;贫贱忧戚,庸玉汝于成也"。如果我们遇到困难畏缩不前的话,不妨想想司马迁遭受奇耻大辱的宫刑,尚能挺立起来,完成伟大的著作《史记》,我们那一点挫折算什么?

2. 确立"真、善、美"三观目标

三观一般是指"世界观、人生观、价值观",这是被大多数人所认知的三观,它们辩证统一,相互作用,崇高的"真、善、美"为三观的追求目标。

简单地说,"真"是指真诚、真实,就是要求人们要真诚待人,不要虚心假意,更不能存心不良。"善"是善良,做善人、有善心,与人为善,就是要求人们不但不要做有损于他人利益的事,而且还要多做有利于他人及社会的事,淡泊名利。"美"是美好,完美,就是要求人们去做一个心灵美好人。总而言之,真善美,是人的理想追求。人类追求真善美,就是追求品位,追求觉悟、追求奉献,就是追求快乐的人生。

(1) 世界观,也叫宇宙观,是哲学的朴素形态。世界观是人们对整个世界的总的看法和根本观点。由于人们的社会地位不同,观察问题的角度不同,形成不同的世界观,也叫宇宙观。哲学是其理论表现形式。世界观的基本问题是精神和物质、思维和存在的关系问题,根据对这两者关系的不同回答,划分为两种根本对立的世界观基本类型,即唯心主义世界观和唯物主义世界观。

(2) 人生观是指对人生的看法,也就是对于人类生存的目的、价值和意义的看法。人生观是由世界观决定的。人生观是一定社会或阶级的意识形态,是一定社会历史条件和社会关系的产物。人生观的形成是在人们实际生活过程中逐步产生和发展起来的,受人们世界观的制约。不同社会或阶级的人们有着不同的人生观。

(3) 价值观是指人们在认识各种具体事物的价值的基础上,形成的对事物价值的总的看法和根本观点。一方面表现为价值取向、价值追求,凝结为一定的价值目标;另一方面表现为价值尺度和准则,成为人们判断价值事物有无价值及价值大小的评价标准。一个人的价值观一旦确立,便具有相对稳定性。但就社会和群体而言,由于人员更替和环境的变化,社会或群体的价值观念又是不断变化着的。传统价值观念会不断地受到新价值观的挑战。对诸事物的看法和评价在心目中的主次、轻重的排列次序,构成了价值观体系。价值观和价值观体系是决定人的行为的心理基础。

二、中华文化是宝库

中国传统文化源远流长,其中儒、道、释统贯着学术与文化的命脉;作为中国传统文化的精髓,三家思想犹如三枝奇葩,故有所谓"以佛治心、以道治身、以儒治世"的说法。时代将儒家的"三修"境界进行了提升,从单一走向综合、融合。

儒学以教化为核心,是进取文化,体现的是积极进取、建功立业;提倡的"仁礼安邦"是修行思想。

道学以治理为核心,是规律文化,体现的是顺其自然、自我完善;提倡的"无为而治"是修性思想。

佛学以大爱为核心,是奉献文化,体现的是慈爱众生、无私奉献;提倡的"万法皆空"是修心思想。

佛学六度"布施,持戒,精进,忍辱,禅定,般若"是修行的具体内容。修行是检视、反思后,对行为的一种修正、改善。这个修行的过程就是净化,心灵净化的过程就像是一条抛物线,一开始不需要净化,行至中间就要在磨炼的基础上进行净化,一直净化到开始数值为零。人在出生的那一刻,心境是非常澄明的,此时拥有的便是个纯净的心灵。然而随着年龄的增长,生活阅历越来越多,面临的选择和诱惑也更加多元,致使心中布满杂念杂尘。这时候,我们就需要去磨炼自己的心灵,尽自己最大的努力使之回归初生时候的纯净,让心灵的抛物线达到一种闭合的状态。

人往往在面临生死的时候,才能真切体会到心灵的状态,很多人会惧怕死亡,会逃避生命的终结,但这不过是徒添烦恼罢了。稻盛和夫从来不指望自己能够长命百岁,他认为自己的生命随时都可以终止。对于人生,稻盛和夫已经很满足了,在接下来的日子里,他唯一想要做的事情就是净化和升华自己的心灵,随时准备迎接死亡,同时迎接新的旅程的到来。

稻盛和夫在 65 岁的时候皈依了佛门,并且认为自己生命的时间已经不多了,但却到了一个最应该磨炼灵魂的时候。佛寺是最能净化心灵的去处,所以稻盛和夫选择了出家。稻盛和夫曾说:我认为人在迎来死亡之前,是需要磨炼自己心灵的,也就是要把自己的心灵变得更美好。心灵就是灵魂,死亡是肉体的死亡,灵魂却是能够永存的。我们有义务把永存的灵魂磨炼得更纯净、更美好"。那么,如何才能磨炼出一个更为纯净的灵魂,让我们能够坦然面对未来的死亡呢?稻盛和夫结合佛学六度指出,要"布施,持戒,精进,忍辱"才能"禅定,般若"。

1. 善于布施

作为佛学用语的"布施",体现在普通人的生活当中就是奉献,有时候是奋不顾身的奉献,是竭尽所能与人为善。即便是力不从心,也要心存善良。

稻盛和夫认为,每个人都应该心存利他之心,重视别人的利益高于自己的利益,要相信,为他人着想最终获益的将会是自己,这是在为自己积累善行。对此,稻盛和夫提出了"因果报应法则",凡事有因便有果,种下善因,自然会得善果。稻盛和夫在企业经营当中也提倡贯彻利他之心,他指出,如今的很多公司都会想方设法地通过一些策略和手段去迎合员工的利己之心,以此来激励员工们提高工作业绩。只要员工努力干出成果,公司就会支付相应的报酬。这样的行为是在刺激人们的利己欲望,大多数企业都会这么做,所以生活当中利己的人就非常之多。但是在稻盛和夫看来,即便是商业领域,也需要有利他思想的人。常存利他之心,心性才会得到提升。

"布施"有"财布施""法布施""无畏布施"。布施的根本,其实就是一个"舍"字,古人常说"舍得",越舍越得,越舍越自在。

"财布施"是属于物质的布施,即以衣食住行资身用物帮助别人,当别人遇到困难时,以财富和经济手段去帮助别人。财布施有内财施、外财施两种,把自己的金钱、财产、物品等捐出去令人获益,是外财施;以做志愿者,以体力、智力、技术、知能乃至用身体生命来布施,是内财施。

"法布施"是智慧、聪明、才艺的修因,凡是别人想知道的、想学习的,只要我会、我能,就热心地去教导他。

"无畏布施"指的是运用自己的内外财、知识智慧和言语等,在他人有急难、困苦的时候,抚慰人心,使人身心安稳,脱离恐惧。

财布施越多,财富越多;法布施越多,聪明智慧就增长越多;无畏布施修得越多,病苦就会越来越少。

2. 懂得持戒

"勿以善小而不为,勿以恶小而为之",持戒就是在生活当中,要戒除一些不可为的恶行,并且全心全意地遵守戒律。稻盛和夫提到,任何人都会有烦恼,而烦恼的种类又多种多样,尤其是"贪、嗔、痴、慢、疑"五种禁条,往往是最难摆脱的,佛学中也称其为"五毒"。五毒的诱惑力非常大,这就更加需要我们克制自己的烦恼,而避免烦恼来袭的日常法门就是端正自己的言行举止。生活当中的不知足、怀疑、妒忌、贪得无厌、憎恨等都是带来烦恼的源头,要从源头上避开烦恼,就要克制这些烦恼和欲望本身,而克制本身就是一种持戒。

"贪":贪念一生,万物损。人的贪念有很多种类:贪美色、贪美食、贪金钱、贪物品、贪功能等贪世间一切虚幻之物。对顺的境界起贪爱,非得到不可,否则,心不甘,情不愿。

"嗔":嗔指生气,生闷气,生大气,内心责怪别人,口语埋怨人、事、物等。嗔的时候,心和肝的能量场会遭到干扰和损害。对逆的境界生嗔恨,没称心如意就发脾气,不理智,意气用事。

"痴":世上多少痴迷事,唯有情字最要命。痴表现最突出的是情痴,尤其是沉浸在恋爱中、失恋中的人,当与自己的情人分开后,心要么完完全全活在过去,要么完完全全活在未来的期待中,几乎没有处在现在时刻。不明白事理,是非不明,善恶不分,颠倒妄取,起诸邪行。

"慢":所谓慢,就是傲慢、骄傲的意思。很多人都会不知不觉产生傲慢或者骄傲的情绪。这是每个人貌似利于生存的情绪。自己内心高举,看不起别人。

"疑":是怀疑正知、正见,怀疑良知的存在,怀疑性本善的存在,凡是怀疑一切本源的东西都属于疑的部分。毫无道理就怀疑、否定别人,自以为是、想当然地下结论,迷信自己的一切。"世上本无事,庸人自扰之"。

3. 精益求精

在生活当中,为人处世、对人对事都应该尽心尽力,必要之时全力以赴,追求精益求精。每个人都处在一定的人生高度,但每个人的高度层次不一,我们应该做的不是满足于当下的高度,而是放眼寻找更高的层次。和比自己强大的人做对比,才能找到进步的空间,才能看到前进的方向,才能做到精益求精。

稻盛和夫认为,人的能力绝不是一成不变的。人生道理就好比跨栏运动,应该始终把跨栏设置在比现有能力高两三成的高度。精益求精可以看作是努力的层面,唯有拼命精进,拼命努力,才能提升自己的心性,升华自己的人格。

4. 懂得忍耐

忍耐是修炼心性的静态行为,一人只有内心强大才能做到遇事忍耐,懂得克制好自己的情绪。大多数人的人生都是跌宕起伏,不如意之事十之八九,经历苦难和烦恼往往在所难免,但是一个懂得经营人生的人不会被苦难打败,更不会选择逃避。稻盛和夫指出,面对苦难和烦恼,我们应该忍耐再忍耐,然后在此基础上加倍努力,以改变现状,追求相对顺利的人生境遇。这样才能磨炼我们的灵魂,砥砺我们的人格。

5. 时常静心求禅定

当今社会的生活节奏越来越快,我们往往会有做不完的事情,真正闲暇空余的时间少之又少,导致什么事都无暇细想。在这纷纷扰扰的社会中,常常被时间追着跑的我们,只能一天天忙碌地度过,以至于都来不及思考人生的意义。因此,我们需要些时间静下心来,哪怕每天抽出一点点时间,好好观察自己,审视人生,让日益浮躁的心安定下来。这样的静心会让自己气定神闲,把一天的烦闷之情一扫而光。这个过程不一定必须非要像出家人那般盘膝坐禅,也不一定坐在桌前闭目冥想,只要在忙碌的生活中抽出一点时间,安静地坐下来,闭上眼睛深呼吸,让心慢慢静下来就可以。在这个过程中,你将会获得前所未有的轻松。感恩社会、感恩企业、感恩一切,以感恩的心态,服务他人、回报社会。

6. 获得智慧

在生活中,修行"布施、持戒、精进、忍辱、禅定"等磨炼灵魂的法门,可以让人获得通往天地的"智慧"(般若),也就是佛家所讲的开悟的境界。稻盛和夫追求的是释迦牟尼法师在菩提树下的禅定开悟,这是一种参透天地正理的智慧,也只有在磨炼心灵的过程中,才能了悟这样的智慧。

稻盛和夫表示:"现在的我没有一丝一毫的烦恼或困惑,相反,我认为自己很幸福。我很少再去公司,大部分的时间都待在家里。对于吃饭也相当简单,妻子总会在家中准备很多鸡肉杯装拉面,到了中午该吃饭的时候,妻子会说:'不如今天吃鸡肉面吧。'一般情况下,再加一个鸡蛋就算是午饭了。像吃饭这样不大但也不小的事情,能够简简单单吃饱就行了,不必在乎吃得有多好或是有多昂贵。"

在生活中,我们总是渴望得到的东西多一点,享受的东西好一点,然而稻盛和夫一盒泡面就感觉很幸福了。他一直在为死亡做准备,并随时准备生命的终结,不贪恋生命的长短,这是真正的洒脱和放下。然而,稻盛和夫的内心仍然充满着积极的担当,虽然已经退出日本航空公司,只是一个纯粹顾问性质的名誉会长,但是他仍然会经常一个人坐新干线从京都赶到东京为日航处理要务。因此,稻盛和夫结合了禅宗意义上的"放下",指的是放下当下的名利和享受,甚至不去考虑生命的长短。但是时刻不能放下并且要努力担负起的,则是做人的责任和使命。放下是有选择的放下,不是"一刀切"地甩开手一走了之,无论是谁,责任和使命都是不能放下的。

三、人生追求是远方

京瓷在西之京原町创业之后不久,还是一个很小的企业时,就已经确立了宏伟的目标,即"现在要成为原町第一的企业,成了原町第一之后,就要成为中京区第一,之后是京都第一。当成了京都第一之后,接下来就是要成为日本第一。成了日本第一之后,就要成为世界第一"。

稻盛和夫认为"要想成功,就要付出与之相应的自我牺牲。如果想要大的成功,就要付出大的自我牺牲,如果想要最大的成功,就要付出最大的自我牺牲"。

细数稻盛和夫一路走来的丰功伟业,心中不禁好奇,稻盛和夫手上到底有什么武器支持着他走过这些风风雨雨?在面临一系列抉择的时刻,又是什么样的信念引领着他?

稻盛和夫在《思维方式》一书中写道:"之所以自己能有今天,就是因为秉持了积极的思维方式。"

"思维方式里面蕴含着让每一个人的人生都发生180度转变的巨大力量。"

"如果每一个人都改变意识,都持有善的思维方式,那么就可以掌握超越个人、改变整个集团命运的力量。日航重建就证明了这一点。"

积极的思维方式犹如黑暗中的一束光。如果自觉自己很平凡,能力一般,那就从思维方式着手改变,你的人生就一定会开始良性循环,活出自我人生。

稻盛和夫的成功方程式:人生·工作的结果=思维方式×热情×能力。

稻盛和夫称"只有这个方程式才能解读我自己的幸福人生,才能解读京瓷和KDDI的顺利发展,以及日本航空的成功重建。"这个方程式中,他将"思维方式"放在了第一位,而将"能力"放在了第三位,原因何在?

正是稻盛和夫与众不同的思维方式,才能开悟"作为人,何谓正确",才能指出"人生该追求的不是前方,而是远方"。领悟到了,就实施,践行,因此独创了阿米巴经营模式。这个经营模式的核心是培养经营人才,是为企业发展的远方订制方案,划分阿米巴组织是培养人才的方式、手段,即如何培养人才的落地方法。在过程中,结合他自己对"人性、人心"的悟道成果,提出了阿米巴经营哲学、京瓷二十条等。这些都是京瓷核心竞争力,也公开告诉大家了,但很多企业家却学不会,难道不值得深思吗?是思维方式有问题,还是修炼得还不够?

四、巴长必备的七大能力

"学习力、反省力、决策力、钝感力、专注力、沟通力、演讲力"是巴长的必须具备的七大能力。

1. 学习力

学习力,是把知识资源转化为知识资本的能力。学习力有"学习动力,学习毅力和学习能力"三要素。学习力是指一个人或一个企业、一个组织学习的动力、毅力和能力的综合体现。拥有学习力代表着你进步的速度比别人快,也意味着,即使我们不具备某项能力,只要我们懂得如何高效学习,就能在较短时间内,习得这项能力;找到学习的方向和学习目标是核心。

2. 反省力

反省力是反思、省悟的能力。《道德经》中说,"知人者智,自知者明"。一个人具备了了解自己的习惯,能够做到时刻反省,才能生活得更好。一个人最不容易原谅的是别人,最容易原谅的是自己,要敢于把自己每天的所思所想及所错所误都记下来,勇敢并不只是面对别人,那叫匹夫之勇,真正的勇敢是敢于面对自己。曾国藩是既好学又有毅力的人,他此后一生都写日记,反省自己的得失,他通过反省获得重塑自我的智慧,把自己做过想过的事情全部记录下来,以便时刻自我反省,发现自己存在的问题,这就是自省的精神,时时检点自己且不暇,岂有功夫检点他人。时刻去检查自己的错误都已经应接不暇了,哪有时间去找别人的问题呢。

学习力和反省力是巴长七大能力中排在前面的两项能力,优于后面的五大能力。一名合格的巴长,价值观是被考虑在首位的,其次是百分百承担责任,而能力排在最末;尤其是在选择比较重要岗位的负责人时,更侧重于价值观。而且你会发现,一名优秀的巴长,价值观或者说立场格局,需要五年甚至十年才能培养出来,而能力可能只需要一到两年即可培养成功。一个人学习的态度和学习的心态以及能力很重要,如果他能够很积极地去学习,即使目前能力不足够胜任,也会很快提升到合格的水平。另外,一个人是否能够自我反省,决定了这个人能否走得更长远,因为这个世界上最难战胜的人,就是我们自己。

3. 决策力

决策力是指领导者或经营管理者对某件事拿主意、做决断、定方向的综合性能力,决策力是每位领导者都必备的能力,决策力告别纠结的人生,参见图13-1。

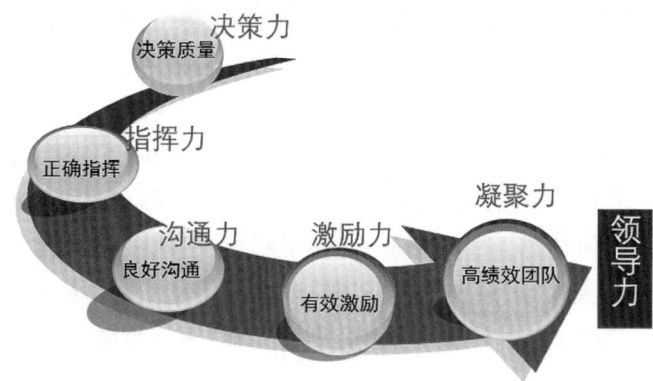

图13-1 决策力是领导、管理的基础

无论是生活中还是工作中,处处都充满了决策。有一句话说:管理的核心是决策,正确的决策决胜千里,而错误的决策则南辕北辙。在阿米巴经营中,每个巴长都是"老板",老板就意味着"老是拍板",总是在决策并勇于承担决策的责任。很多人当不了领导者,原因是其没有勇气决策,是勇气能量值不够。在企业里工作,如果你发现领导者决策非常精准,非常快,那一定是他之前做过很多次决策,逐渐变得越来越具有决策的"灵感"。所以,"没有犯过错的巴长不是一个好巴长",没有决策失误过的老板不是好老板,一个优秀的老板,都经历过多次决策失误,承担过很多次失败责任,逐渐决策能力越来越高。

什么是决策?决策就是在组织外部环境及内部条件的约束下,为实现组织特定目标,从所拟定的若干个备选方案中选出较为满意的方案付诸实践的管理活动,决策就是在做选择题。好的管理者和经营者,一定是好的决策者,决策是管理的基础。

4. 钝感力

这个词是由日本当代著名作家渡边淳一发明,出自他的书《钝感力》。按照渡边淳一自己的解释,"钝感力"可直译为"迟钝的力量",即从容面对生活中的挫折和伤痛,坚定地朝着自己的方向前进,它是"赢得美好生活的手段和智慧"。"钝感力"不等于迟钝,它强调的是对困遇的一种耐力,是厚着脸皮对待外界的能力,仍是一种积极向上的人生态度。

"钝感力"有五项铁律:

(1)迅速忘却不快之事。愉快的事情我们要长久记得,这样时常想起来仍会觉得幸福、知足、浑身充满正能量;不快的事情我们要迅速忘却,这样就不会把烦恼挂在心上,久不久想起来还是一肚子气。如果我们能够拥有钝感力,能够迅速忘却不快的事情,那么生活中的很多争吵就可以避免,很多烦恼事都会烟消云散。

(2)认定目标,即使失败仍要继续挑战。不走心的努力,都是在敷衍自己,失败的人找借口,成功的人找原因,从哪里跌倒就要从哪里爬起来。风雨不弃、荣辱不惊、不卑不亢、砥砺前行,用努力编写生命的华彩篇章,要相信阳光总在风雨后,生活不会辜负每一个努力的人。记住一句话——永远没有压力,只有挑战。

(3)坦然面对流言蜚语。不在乎讽刺和打击,坚定自己的信念,不要理会周遭目光,做自己认为对的事情。稻盛和夫《六项精进》中所提到的第六条"不要有感性的烦恼",大概说的是同样的意思。

(4)对嫉妒讽刺常怀感谢之心。要感谢生活工作中每一个让自己"难受"的时刻、事情和人,正是因为这些让我们痛苦,也才让我们有机会"涅槃重生"。

(5)面对表扬不得意忘形。任何时候都不可以骄傲,满招损、谦受益,时刻保持空杯心态,保持精进。胜不骄,败不馁。

拥有钝感力更容易做到:不以物喜,不以己悲。成功或是失败,责难或是表扬,于我而言都不重要,我要做的只是认清自己的道路,然后勇往直前地走下去。

5. 专注力

就是精神集中的能力,关注的是注意力集中的程度,即是否能将全部精神能量集中在某一目标上,并完全摆脱一切次要的外部影响。回顾一下你自己做过的事情,坚持最长的时间是多久?

美国著名心理学家特瑞斯曼教授指出,如果想成功地控制工作和生活,就需要具有足够的专注力。在神经系统科学家看来,我们的专注肌肉其实是由三部分构成的。第一是中央执行系统,中央执行系统存在于我们大脑中的前额皮层处,负责思考和计划。第二是焦点,把注意力焦点集中于你手上的任务,可以助你更为高效地工作。第三是意识,意识到你的内部环境和外部环境正在发生什么,可以帮助你更专注细致地工作。其实我们从钻木取火和放大镜点火这两个小实验就可以看出,当专注于一点的时候,力量是无穷的。

6. 沟通力

是指说服他人、接收信息与条件的能力。沟通能力包含着表达能力、倾听能力和设计能力(如形象设计、动作设计、环境设计等),沟通能力看起来是外在的东西,而实际上是个人素质的重要体现,它关系着一个人的知识、能力和品德。

7. 演讲力

演讲就是一对多的沟通,是把自己的知识输出给听众,你的听众越多,注视你的目光越多,挑战也会更大。巴长要具备通过演讲把内容输出给听众的能力。有不少员工可能因为对上级的讲话感到莫名其妙而愤怒,甚至离职,这就是上级演讲力不足造成的问题。

如果想进步得更快,除了对自己输入知识和能力,还应该把自己的精华输出给更多的人,也就是演讲给其他人,从而培养更多的人才,演讲是我们必不可少的一个技能,很多场景都需要演讲力。

五、在"赛马"中成长

稻盛和夫曾经发现一个有趣的现象：跟他在一个时代打拼的中小企业家中间，有很多精力充沛、富有才干的人物，他们具有敏锐的商业目光，善于捕捉机会，才能非凡，但是能够获得很大成功的，却只是极少数。

这种现象在现今的中国也是司空见惯。中小企业的企业家创业之初，依靠个人的智慧和能力，全身心投入工作，他们同样头脑灵活、心思机敏，对市场上的机遇有着超乎常人的嗅觉。可是公司发展到一定的规模以后，这些企业家们的困惑越来越多。

对外，不得不周旋于大客户与社会各界之间，应酬不断；对内，营销、生产、研发、财务等都需要自己拿决策，内部管理分身乏术。如何从创业者向企业家转移，从个人能力转向团队能力。强大的个人能力，在昨天是企业成功的主因，在今天却成了继续发展的巨大障碍。那么如何突破呢？

通过构建阿米巴经营体系，稻盛和夫将企业经营的权力和责任同时下放给各阿米巴单元的负责人，让员工的经营能力在实践中得到迅速成长。依照这种方法，京瓷集团成功进入世界500强；此后，稻盛和夫又进军通信业，以同样的手法带领KDDI（第二电信）进入世界500强。

美的、海尔是国内向日本企业取经最早的一批企业，通过构建"事业部量化分权"的系统经营体制快速培养内部企业家，美的从"竞争最激烈的家电业"突出重围，2011年，集团整体销售额达到1 400亿元；海尔通过搭建"赛马平台"，实现人人参与经营，迅速发展成为"全球第一家电品牌"，2011年，集团整体销售额超过1 500亿元。

事实上，无论是"阿米巴经营""事业部量化分权体制"，还是"赛马平台"，背后都体现出相同的经营目的：将员工从被动的"管理者、执行者"培养成为主动思考的"经营者"，释放员工潜能。

因此，企业实施阿米巴经营的第一目标就是培养人才。

每个人都有远大理想和目标追求，修炼的目的是让自我成长为对社会贡献更大的人，更加有益于社会。结果就是，使自己实现从赚钱到值钱的转变与提升。

六、老板成功方程式

老板思维就是要培养与企业家理念一致的经营人才。对于一个企业来说，这样的人才，才是有用之才？

前面提到，在稻盛和夫的经营哲学里，有一个被称为"成功方程式"的重要内容：成功＝思维方式×热情×能力。

这个方程式里，稻盛和夫道出了评价人才的三大要素：能力，热情和思维方式。

1. "能力"

按稻盛和夫先生的解释，主要指先天的智力和体力，包括健康、运动神经等。既然属天赋条件，自己就无法决定和负责。这种"能力"有个人差异，用0～100分来表示。

2. "热情"（或称努力）

这也因人而异。从饱食终日无所事事的懒汉到忘我工作的模范，也用0~100分来表示。但这个努力与上述能力不同，不是先天的，可以由自己的意志决定。

稻盛和夫先生举例说，一个天资聪明又很健康的人，"能力"可打90分。但他自恃聪明不思进取，"热情"只能得30分。那么两者之积：90×30=2 700分。另一个人天赋差些，"能力"只评60分，但他笨鸟先飞，特别勤奋，"热情"可打90分。这样他的乘积为：60×90=5 400分。后者得分比前者高一倍。就是说，天资一般而拼命努力的人，可以比天资优良而不肯努力的人，取得大得多的成就。我们周围很多人就是这样。

稻盛和夫曾经这样形容京瓷的热情：就好比把42.195 km的路程，按照短跑的方式全力跑完。相对于能力而言，热情显然是更为重要的一个因素。

3. "思维方式"

最后一个要素，就是人生态度与哲学认知。中国传统典籍中就有关于人才等级的分类：一流人才"深沉厚重"，二流人才"磊落豪雄"，三流人才"聪明雄辩"，其实就阐述了人的品性及思维方式的重要性。

在能力、热情、思维方式这三个要素中，稻盛和夫最看重思维方式。

这个要素是一个矢量，有方向性，从-100分到+100分。一个人能力越强热情越高，但如果他一味地以自我为中心，损公肥私，损人利己等，那么他的人生就是负数，并可能给他人给社会造成很大损害。这样的例子，古今中外屡见不鲜。下面是两个一心只为钱的思维方式案例，造成的社会后果非常严重。

案例13-2 | **只为赚钱、没有责任的企业，贻害无穷**

2003年以来，发生在我国大陆地区的制造、销售劣质奶粉和一系列因为食用"劣质奶粉"导致婴幼儿致病、致死相关事件。劣质奶粉危害对象为以哺食奶粉为主的新生婴幼儿，主要危害是由于蛋白质摄入不足，导致营养不足，症状表现"头大、嘴小、浮肿、低烧"，由于以没有营养的劣质奶粉作为主食，出现造血功能障碍、内脏功能衰竭、免疫力低下等情况，还有的表现为脸肿大、腿很细、屁股红肿、皮肤溃烂和其他的幼儿严重发育不良特征；由于症状最明显的特征表现为婴儿"头大"，因此又称为"大头娃"。史称阜阳劣质奶粉事件。安徽阜阳劣质婴儿奶粉事件，充分暴露了政府、企业以及个人的信用缺失，教训惨重。

案例13-3 | **一心只为赚钱的企业，害人终害己**

2008年，很多食用三鹿集团生产的奶粉的婴儿被发现患有肾结石，随后在其奶粉中被发现化工原料三聚氰胺。三鹿集团前董事长田文华，因为三鹿牌婴幼儿配方奶粉被发现含有三聚氰胺导致全国大量婴幼儿患肾结石，涉嫌生产、销售含有三聚氰胺的婴幼儿配方奶粉、液态奶制品，于2008年9月被免职、刑事拘留。后被判处无期徒刑。

思维方式给稻盛和夫留下的烙印，最早可以追溯到他13岁时的那场肺结核病。当时他的叔叔患上了肺结核,他的爸爸和哥哥都悉心地照料叔叔,只有他避之唯恐不及,连经过叔叔的房间时都要捂着鼻子跑过去。后来他的爸爸和哥哥都安然无恙,而他却染上了肺结核。那次患病的经历使他真切体会到,利他、大爱和关切,是躲过灾难的关键;而自私、躲避、冷漠,则是祸根的因。

稻盛和夫大学毕业之后在一家快要倒闭的公司工作,感觉在这里看不到前途,便与几个同事报考了国民自卫队,并被录取。办手续的时候,哥哥却不给他寄身份证,并严厉批评他说:"你在别人都不干活的地方都干不出点名堂。还能做什么?"一句话点醒了稻盛和夫。此后他调整情绪,把铺盖和锅碗瓢盆都搬进了实验室,没日没夜地做实验。结果,他研究出超越电器巨头通用公司的精密陶瓷产品,给公司带来了源源不断的订单。

种种这样的人生经历,让稻盛和夫的思维方式开始大变,也直接影响到了日后形成的以"作为人,何谓正确"为起点的稻盛和夫哲学体系。

不管在京瓷、KDDI,还是日航,对于企业人才的培养,稻盛和夫其实都是围绕思维方式、热情和能力这三个要素来进行的。

阿米巴经营培养的人才,是与企业家理念保持一致的经营人才。

七、思路决定出路

培养人才,首先从建立正确的思维方式开始。

日航破产退市,稻盛和夫受邀出任 CEO。此时已年近 80 岁的他,对于航空业来说可以是一窍不通,是一个彻彻底底的"门外汉"。他有什么绝招呢?我们通过"成功方程式"来分析和体会其中奥妙。

在成功三要素中。首先,"能力"方面的得分,稻盛和夫由于是"门外汉",得分上肯定要大打折扣;其次,他 80 岁的高龄也无法像以往一样拼命地工作了,"热情"的得分也不会很高;最后,只剩下"思维方式"这一项,要想带领日航实现复兴,必须在这方面取得非常高的得分才行。

事实证明,稻盛和夫正是通过为日航植入稻盛和夫哲学,让日航全员拥有了"正确的思维方式",日航迅速扭亏为盈,并实现重新上市。

稻盛和夫刚上任的时候,有些人迫不及待地想知道答案:"在这种情况下接手日航,您有什么高招吗?"

稻盛和夫回答:"虽然在航空事业方面我是门外汉,但长期以来,作为经营者,我在经营企业的经验中归纳出了正确的经营思想和有效的管理模式。同时,我在自己的人生中总结出了作为人应该持有的正确的思维方式。我希望将这些传授给日航的每一位员工,我希望全体员工想法一致、齐心协力投入日航的重建。我认为,日航重建成败的关键,就在于能否有效地建立起上述这种体制。我没有什么特别的高招,我到日航去,就是要把我的经营哲学渗透到日航的员工中去,再没有另外的技巧。"

日航的员工并不缺乏热情,个个都是各自岗位上的专家,稻盛和夫要做的就是为全体员工植入正确的思维方式,只要日航全体员工的思维方式正确了,日航的重生一定为期不远。事实上也证明了这一点。

只要具备了正确的思维方式,人才的热情和能力随之而来,很容易提升。因此,要培养与企业家理念一致的人才,首要任务是培养员工正确的思维方式。

中国企业推行阿米巴经营的成败与否,从是否能够为全员植入正确的思维方式开始,也就是从所谓的"哲学共有"开始。而要达成这一点,除了经营哲学以外,还离不开全体员工对于经营原理·原则的学习。

关注日航重生的人可能会注意到,稻盛和夫到日航之后,立刻在企业内部展开了高密度的培训,第一个月就举办了17次,稻盛和夫亲自讲解6次,讲完后还与大家一起讨论。正因为这样,日航的阿米巴经营才得以顺利推进。

阿米巴经营也是一篇优美的乐章,中国企业在推行时要时刻牢记:实施阿米巴经营的根本目的,就是要为企业又好、又快地培养经营人才。

为企业培养经营人才,也是一种布施。

案例13-4　什么是沟通

生活中,沟通是有了误会及时说明,有了意见直接提出,有了矛盾互相认错。工作中,沟通是需求要说明,有了变化要通报,有了成果要分享。所以沟通很重要。为什么要沟通?因为没有沟通,人和人之间就有了隔阂,心和心之间就有了距离,事和事之间就有了矛盾,人和人之间就有了冲突。

两个人之间,没有沟通就没有延续,没有联系就没有感情。如果一个不问,一个不说,再熟悉的人,也会渐渐没了共同语言,再深的感情,也会渐渐找不到支点。企业等各类组织也是一样,组织和企业的代表是人。

两个人的沟通,70%是情绪,30%是内容。情绪不对,内容就会被扭曲。没有良好的情绪,心里话就说不出来,真心话就听不进去。说话阴阳怪气,让人误以为是挑衅。脾气一触即发,把沟通变成了吵架。要沟通,就诚心实意。平和的情绪,诚恳的语气。

有人说,治得了你脾气的,是你爱的人;受得了你脾气的,是爱你的人。

也有人说,控制得了情绪,你就是主动的人;被情绪所控制,你就注定是被动的人。

有时,生活就是一种妥协,一种忍让,一种迁就。并非所有的事情,都适宜针锋相对,铿锵有力。

强硬有强硬的好处,忍让有忍让的优势。妥协不一定全是软弱,忍让不一定就是无能。千万不要对最爱你的人发火,千万不要让你最爱的人伤心!

案例13-5　换位思考,感恩与理解

生活本来不容易,当你觉得容易的时候,肯定是有人在替你承担属于你的那份不容易,生活经常换位思考,珍惜才配拥有。

一人请一个瞎子朋友吃饭,吃得很晚,瞎子说很晚了我要回去了,主人就给他点了一个灯笼,他很生气地说:"我本来就看不见,你还给我一个灯笼,这不是嘲笑我吗?"

主人说：因为我在乎你才给你点个灯笼，你看不见，别人看得见，这样你走在黑夜里就不怕别人撞到你了，瞎子很感动！

理解不同，结果就不一样，我们要学会换位思考。每一件事用不同角度看，就会有不同的见解！

换位思考，尊重别人就是尊重自己。

你有一个女儿，你希望她的婆家要多给彩礼；你有一个儿子，你嫌亲家要的彩礼太多；你有一个儿媳，你嫌儿媳事太多，不懂事；你有一个女儿，你希望她掌管婆家大权。

你开车时，讨厌行人；你走路时，讨厌车。

你打工时，觉得老板太强势太抠门；你当老板后，觉得员工太没责任心没执行力。

你是顾客，认为商家太暴利；你是商人，觉得顾客太挑别。

做人，要懂得换位思考，善待别人。别在自己的位置上看别人，要多在别人的位置上看自己，换位思考，将心比心。能感受别人的难处，是关怀；能体谅别人的不易，是宽厚；能饶恕别人的错误，是大度。

生命，是一种回声。赠人玫瑰，手有余香。爱出者爱返，福往者福来。

八、"敬天爱人"源于"阳明心学"

稻盛和夫本身并没有"创造"哲学。他"敬天爱人"的经营哲学，源于日本明治维新的干将西乡隆盛，而我国的王阳明才是西乡隆盛的精神导师。"敬天"说的是要尊重规律；"爱人"就是仁爱。这是对我国先人智慧的提炼总结。通过稻盛和夫的"作为人，何谓正确"得到了落地，而且在企业经营中，始终如一地贯彻，最终成就了稻盛和夫的伟大。

王阳明心学的精髓在于"心即理""知行合一"和"致良知"。王阳明要求人们"知行合一"，通过提高自己内心的修养和知识水平，去除自己的私欲与杂念，从而达到社会的和谐运行，即所谓的"致良知"；教化人们，应将道德伦理融入人们的日常行为中去，以良知代替私欲，就可以破除"心中贼"。王阳明主张"致良知"，认为只有疗救人心，才能拯救社会，只有每一个人去掉内心世界的"恶欲"和"私欲"，才能解决现实社会问题。王阳明的哲学思想就是他所主张的"心外无物""心外无理"说，认为事物的道理或规律离不开心或意识。

王阳明心学体系由"心外无物""知行合一""致良知"构成。有道是"无善无恶心之体，有善有恶意之动，知善知恶是良知，为善去恶是格物。"良知是人的是非之心，良知是存在于人们心中的自然本能。纯善无恶的良知本来是与生俱来，人人皆有的，但人的私欲会蒙蔽良知，而使人表现出恶，所以要去恶，就须重新发明良知，即所谓"致良知"。"知行合一"是由明朝思想家王守仁（阳明）提出来的，"知行合一"的"知"，不是"知道"，而是"良知"，是每个人内心与生俱来的道德感和判断力。找到并遵循内心的良知，复杂的外部世界就将变得格外清晰，制胜决断，了然于心。

王阳明，是中国历史上唯一没有争议的"立德、立功、立言"三不朽的圣人，是曾国藩、梁启超、伊藤博文、稻盛和夫等中外名人共同的心灵导师。王阳明创立了解决一切心灵问题的利器"阳明心学"，这是集"儒、释、道"三家之大成，是500年来中国人最精妙的神奇智慧。

曾国藩研习阳明心学，编练湘军平定太平天国，历时十二年克尽全功；稻盛和夫将阳明心学应用于现代企业管理，缔造了3家"世界500强"企业，成为日本"经营之圣"……读懂了阳明心学，没有任何人能伤害你，也没有任何事能困扰你。

"阳明心学"，能够最大限度地开发个体生命和心灵的潜能，使自身的精气神与道一体化。阳明心学是净化心灵的工具，与真善美相契合。研究王阳明的思想，来净化我们的心灵，塑造成功心理与高尚人格。

我们大谈稻盛和夫的"作为人，何谓正确"，却很少有人去研学我们古代先贤的智慧，并践行发扬。其实，稻盛和夫也只是一个传统哲学、宗教伦理的实践者和坚守者，无时无刻不在督促自己回归到原点——一个自然朴素的人。日本企业家从我国传统文化中源源不断吸取养分，而中国自家的思想藏于深闺，国人却不知。

稻盛和夫的经营哲学只能由稻盛和夫自己说，别人一说就错。学习稻盛和夫的经营哲学最好的方式就是联系自己实际经历体悟，体悟到的才是自己的；同时不断总结，而后形成自己的体验报告，并贯彻到企业经营的实践中去，形成自己的经营管理体系，才能真正产生生产力。

稻盛和夫的经营哲学给中国企业提供了一个"巨人的肩膀"。成功是有捷径的，稻盛和夫的经营学问也无不折射出"经营之神"松下幸之助和"日本实业之父"涩泽荣一的影子。而王阳明是他们共同的心灵导师。

璀璨的中国文化，我们根本不缺哲学。在现代商业活动中，我们缺乏如何将经营哲学在企业进行实践的经营框架系统，即中国企业领袖如何带领全体员工展开集体修炼。

稻盛和夫经营哲学依靠阿米巴经营会计和阿米巴经营原则落地，是帮助稻盛和夫完成"从个人修炼到集体修炼"实践的系统方法。

稻盛和夫依据其长期经营经验，总结出的独特阿米巴经营体系，我们绝对不能够将其方法论照单全收。而是要以本企业的经营哲学为指导，遵从经营的原理·原则，来量身定制真正属于本企业的经营管理体系（阿米巴经营体制）。

集"商人、企业家、哲学家、经营顾问"于一身的稻盛和夫，具有日本人双面的性格特质——凶狠与慈悲、粗俗与儒雅共存。他是遵守企业经营科学与艺术高度融合的典范，同时将其两面性的性格极端发挥到极致。

主要参考文献

［1］朱迅，王芳，郑斌.阿米巴经营与现代企业管理［M］.南昌：江西科学技术出版社，2021.

［2］胡八一.阿米巴组织划分［M］.北京：中国经济出版社，2017.

［3］胡八一.从交付到交易［M］.北京：企业管理出版社，2017.

［4］帅超.阿米巴合伙制［M］.北京：北京联合出版公司，2019.

［5］邱昭良.复盘＋［M］.3版.北京：机械工业出版社，2018.

［6］朱兰，德费欧.朱兰质量手册［M］.6版.中国质量协会，卓越国际质量科学研究院，译.北京：中国人民大学出版社，2013.

［7］谭浩波.阿米巴自运营［M］.北京：中华工商联合出版社，2020.

［8］史殿魁，高峰.质量4.0助力高质量发展［EB/OL］.https://mp.weixin.qq.com/s/R8EC2SLfgUbYkMjYHwXMeg.

［9］任保平.我国高质量发展的目标要求和重点［EB/OL］.http://theory.people.com.cn/n1/2018/1229/c4053130494750.html.

［10］杨剑锋.利他共赢：以关怀之心，诚实处事［EB/OL］.http://blog.sina.com.cn/s/blog_18a369ecb0102z66y.html.

［11］冯少华.阿米巴经营实操手册［M］.2版.北京：机械工业出版社，2018.

［12］健峰管理技术培训学校.提高生产效率的十大方法［EB/OL］.https://www.sohu.com/a/249395347_226814.

［13］华谋咨询.提高生产效率的10大方法［EB/OL］.https://www.sohu.com/a/461898715_128794.

［14］好玩的国学.中国人的八大人格修养之道［EB/OL］.https://baijiahao.baidu.com/s?id=1625229801067648156&wfr=spider&for=pc.

［15］中国质量协会.QC小组基础教材［M］.2版.北京：中国社会出版社，2000.

［16］中国质量协会.全面质量管理［M］.4版.北京：中国科学技术出版社，2018.

［17］王玉荣，葛新红.流程管理［M］.5版.北京：北京大学出版公司，2016.

［18］瓶子.阿米巴经营心性修炼要过五关六将［EB/OL］.https://www.douban.com/note/581592259.

［19］闵亚能.实验设计（DOE）应用指南［M］.北京：机械工业出版社，2011.

［20］何桢.六西格玛管理［M］.3版.北京：东方出版社，2019.

后　记

阿米巴经营模式已经越来越受到企业组织的欢迎，落地创新方式也层出不穷，但企业界的很多朋友却并没有清晰的实施阿米巴经营的目标。阿米巴经营的结果，是企业实现了高收益，为什么要实施阿米巴经营？难道我们只是追求企业有高收益这个结果？

办企业的初心、原点，是为人类和社会的进步与发展做出贡献，与此同时，也要为企业员工的幸福和成长负责。员工是企业发展的基础，履行社会责任是企业的使命和存在的价值。因此，唯有企业家朋友坚持初心目标，以"仁爱之心、利他之心、利润中心"原则经营企业，坚持持续改进、循环改善，方能追求卓越，更好实现社会责任。稻盛和夫的阿米巴经营模式，将"追求全体员工物质与精神两方面幸福的同时，为人类和社会的进步与发展做出贡献"作为办企业、做经营的核心理念。

追求卓越是大多数企业家的愿望，但缺乏行之有效的方法和持之以恒的毅力。很多企业正在寻求转型发展，阿米巴经营及阿米巴经营改进模式，能够为企业组织培养经营人才、营造人人参与的机制和氛围，通过共享阿米巴经营成果方式，使全体员工摒弃打工者心态，树立老板思维，逐步成为经营者或CEO；人人参与经营绩效改进、个个都为公司的利润负责。阿米巴经营模式可促使企业组织发生根本的转变，一是人人成为企业的主人，用"主人翁经营者"的思维去工作；二是利益驱动，在这套经营模式的影响下，每个员工都将成为企业利益创造的工作者、追求者、分享者；三是企业全员上下达成一致目标，这个目标就是给企业创收！所以，阿米巴经营模式的导入会大幅降低传统企业的管理成本。

阿米巴经营改进，以每天进步一点点的方式，追求卓越。一些优秀企业确立的导入和实施阿米巴经营模式的目的，就是改进提升、降本增益。通过构建阿米巴经营改进模式，整合生产、质量、安全、设备、成本等改进体系，树立"收入最大化、成本最小化、费用最少化、时间最短化"四最经营目标，实现系统效益最大化。由于所有的改进、提升都是由各级组织的领导（阿米巴经营长即巴长）和员工来实施，所以阿米巴经营改进模式，还特别重视个人能力和素养的改进和提升，而以往的文献很少有这方面的介绍。

阿米巴经营改进模式由"合理化建议、QC小组活动、技术攻关、六西格玛管理、流程优化与再造"等方式构成，企业组织已经建立的改进工作体系、方法体系，是开展阿米巴经营改进的基础。实施阿米巴经营改进，首先要导入和实施阿米巴经营，成功实施阿米巴经营，是开展阿米巴改进的前提性基础条件；阿米巴经营"报表分析、改进方向、改进项目、改进措施、改进评价、成果固化、循环改善"是阿米巴经营改进模式的具体实施过程的步骤，简称阿米巴经营改进模式"七步法"。企业组织根据阿米巴经营改进项目的大小，选择运用"合理化建议、QC 小组活动、技术攻关、六西格玛管理、流程优化与再造"等具体改进方法，组织实施，开展改进和创新。

阿米巴经营改进模式追求无边界合作与突破性过程改进，阿米巴经营改进团队通过组建跨职能、跨层级、跨组织、无边界的阿米巴经营改进项目团队，实现突破性过程改进。

阿米巴经营改进模式也不同于其他改进模式，是基于阿米巴经营报表结果的趋势变化，以全员参与的方式，从组织经营的层面，全面而系统地、自动自发地开展的阿米巴经营改进。经营改进，源于阿米巴经营报表，终于阿米巴经营报表。

实施阿米巴经营改进模式的组织，应建立系统的、面向组织不同层次需求的培训体系，激励员工积极参与阿米巴经营改进项目，促进个人职业发展、能力提升和组织经营绩效的系统改进。

"高质量发展"突破了"全面质量管理"框架，"全面质量管理"从广度出发，以"三全一多样"为特点，是面的概念；"高质量发展"从"广度""深度"出发，其核心内容是"高效益、稳增长、创新驱动"，突破了"全面"概念，从"广度""深度"对质量概念进行了创新，从"相关方满意"上升为"社会生态质量"观，是体的概念。阿米巴经营改进模式的目的，就是通过全员主动参与的持续改进，实现企业组织的"高质量发展"目标。

阿米巴经营改进模式突破了全面质量管理从面的广度上聚焦质量改进的思想，阿米巴经营改进是基于经营绩效的全面改进，涵盖质量、安全、效率、设备、成本、环境、人事、制度、流程、考核等诸多方面，也包括企业家及所有员工自我成长的改进。企业家的自我修炼与提升，已经得到政府相关部门、企业家群体等重视，对企业家自身改进的关注，是阿米巴经营改进模式的独门特色。

阿米巴经营改进模式从"敬天爱人"阿米巴经营哲学出发，系统思考"作为人，何谓正确"确立"客户思维、利他共赢、人才培养、全员参与、循环改进、高质量发展、经营盈利是社会责任、付出不亚于任何人的努力、自我的改进、系统改进、基于数据和事实的管理"等阿米巴经营改进模式的核心理念。

阿米巴经营改进模式强调持续改进、循环改善、系统效益最大化，同时更加注重个人的成长与修炼改进。经营过程的改进以实现"收入最大化、成本最小化、费用最少化、时间最短化"为目标，个人的改进以"仁爱之心、利他之心、利润中心"三心为核心理念，树立正确的人生观、价值观，与时俱进，使个人成为对社会有更大作用的人，充分思考"作为人，何谓正确"等原点问题，从而造福社会、贡献企业、成就自我。

本书是阿米巴经营改进经验的总结，提出的"阿米巴经营改进模式"定有很多不妥和欠缺之处，意在抛砖引玉，以期共同完善。

在成书过程中，先后得到了众多领导、同事、朋友的全力支持，在这里一并感谢！

著　者

2022 年 8 月 16 日于南京